Gabriele und Johannes Samuel

CÔTE D'AZUR PROVENCE

VERLAG MARTIN VELBINGER

Erhältlich im Buchhandel oder gegen Voreinsendung von DM 42,- auf das Postgirokonto München, Konto-Nr. 2o 65 6o-8o8, BLZ 7oo 1oo 8o oder gegen Verrechnungsscheck im Brief.

VERLAG MARTIN VELBINGER, Bahnhofstr. 1o6, 82166 Gräfelfing/München

INHALT

Anreise

Transport an der Côte d'Azur und in der Provence

Allgemeine Tips

Unterkunft

Essen und Trinken

Sport

Natur

Côte d'Azur

MENTON ➳ NIZZA

NIZZA ➳ CANNES

DIE SEEALPEN

VENCE ➳ GRASSE

Provence

CANNES → MARSEILLE

GRASSE/CANNES → AIX

VERDON

AIX-EN-PROVENCE -> ARLES

CAMARGUE

LUBERON

VAUCLUSE

MONT VENTOUX

Handwerkszeug

Dieser Reiseführer ist in Ost-West-Richtung aufgebaut. Es wird zunächst das Kernland der Côte d'Azur (von Menton bis Cannes) und dann die provenzalische Küste (nach Cannes bis Marseille) behandelt. Im Anschluß an das Küstenkapitel das angrenzende Hinterland, ebenfalls von Ost nach West, bis Avignon und Orange.

KARTENMATERIAL: gute Straßenkarten erleichtern die Routenplanung sowie die Suche nach kleinen Nebenstraßen und abgelegenen Dörfern. Sparen Sprit und Nerven!

Für die Anreise: die Große Shell Autokarte Frankreich, Mairs Geographischer Verlag, im Maßstab 1:75o.ooo hat sich bestens bewährt. Leicht findet man abgelegene Schleichwege und hat Stadtpläne der wichtigsten Städte dabei. Landschaftlich reizvolle Strecken sind grün nachgezeichnet.

Reist man über Italien an: auch hier Tip die Große Shell Autokarte Italien, Maßstab 1:75o.ooo. Sehr übersichtlich kartographiert, landschaftlich schöne Strecken grün markiert. Oder: die Straßenkarte "Italien" vom TCI (Touring Club Italia), Maßstab 1:8oo.ooo, sehr übersichthlich.

Für's Zielgebiet: in Frankreich üblich sind die gelben Michelinkarten (1:2oo.ooo). Sie gelten mit als das Beste, was zur Region zu kaufen ist. Sehr übersichtlich, landsch. schöne Strecken grün markiert. Einheimische finden sich, wenn man nach dem Weg fragt, bei den Michelinkarten am besten zurecht. Gibt's in jedem Buchladen (BRD, A, CH und Frankreich, dort billiger).

Die gelbe Michelinkarte No. 84 deckt praktisch das ganze Zielgebiet ab. Noch umfangreicher die gelbe No. 245. Wer nur die Côte d'Azur und deren Hinterland bereist, hat die noch exaktere grüne Michelinkarte No. 195 (1:1oo.ooo) zur Wahl. Selbst Wanderwege sind darauf problemlos abzulesen.

TOURISTINFO: die Fremdenverkehrsämter im Heimatland geben erste Informationen.

BRD: 6o311 Frankfurt/Main, Kaiserstr. 12, Tel. o69/ 75 6o 83o
4o212 Düsseldorf, Berliner Allee 26, Tel. o211/ 8o 375

ÖSTERREICH:	1o3o Wien, Hilton Center 259, Landstraßer-Hauptstr. 2, Tel. o222/ 75 7o 62
SCHWEIZ:	12o1 Genf, 2, Rue Thalberg, Tel. o22/ 32 86 1o 8o22 Zürich, Bahnhofstr. 16, Tel. o1/ 21 13 o85
FRANKREICH:	Délégation Régionale du Tourisme, 372, Rue de Paradis, 13oo8 Marseille.

Die Standardinformationen der o.g. Touristbüros sind nicht sehr umfangreich. Wer Genaueres wissen will, z.B. Hotelliste oder Campingplatzverzeichnis, muß seine Wünsche präzise äußern. Kommt der Umschlag, wird man im Begleitbrief höflichst gebeten, sich mit 2,5o DM an den Versandkosten zu beteiligen. Davon wird der Einzelne nicht arm, auch wenn es freiwillig ist.

Touristenbüros vor Ort: praktisch jeder Ferienort hat sein Office de Tourisme, oft auch Syndicat d'Initiative genannt. Öffnungszeiten und Adressen bei den einzelnen Orten. Man bekommt oft Stadtpläne und Informationen über den Ort, Unterkünfte, Museen etc. In vielen Orten werden hier auch Ferienwohnungen vermittelt.

PER AUTO/MOTORRAD: mit eigenem Fahrzeug hat man größtmögliche Freiheit. Routen lassen sich individuell planen. Rechnet man nur die Betriebskosten, ist das eigene Fahrzeug ab zwei Personen das billigste Verkehrsmittel. Details siehe im Anschluß.

MIT DER BAHN: preisgünstige, recht bequeme Art zu reisen. Bahnfahrt dauert allerdings lange, und man muß meist umsteigen. Erhebliche Unterschiede ob Anreise über Italien oder durch Frankreich.

In der Provence/Côte d'Azur gibt es ein gutes öffentliches Verkehrsnetz, vor allem an der Küste und zwischen den größeren Städten. In Minidörfern des Hinterlandes ist die Beweglichkeit logischerweise eingeschränkter. Ein paar Französischkenntnisse vereinfachen alles sehr.
Details siehe ....Seite 12

FLÜGE: Direktflüge ab den großen Flughäfen. Eindeutig schnellste und bequemste, leider aber teuerste Anreiseart. Angebotene Ermäßigungen, Flieg&Spar etc., machen Flüge - besonders für Alleinreisende - interessant. Gute Busverbindungen bereits ab den Flughäfen. Details siehe ....Seite 15

Anreise Auto/Motorrad

Die Provence läßt sich ab Mittel- und Süddeutschland, Österreich und der Schweiz durchaus in einem Tag erreichen. Doch: Time is money, wer schnell sein will, zahlt die teuren Autobahngebühren. Landstraßenfahrer müssen erheblich mehr Zeit einplanen.

Je nach Heimatort kommen unterschiedliche Routen in Frage.

★ Ab Nord-, Mitteldeutschland, Rhein und Ruhr

Die schnellste Verbindung über die "AUTOROUTE DU SOLEIL" (A 7 ab Lyon). In der Regel günstigster Einstieg in diese Route via Trier-> Luxembourg-> Metz-> Dijon-> Lyon. Ab Dijon dichterer Verkehr, da Autobahn ab Paris hinzukommt. Autobahngebühr bis Nizza ca. 9o DM im PKW.

Tip: wer via Luxembourg fährt, sollte dort am großen Autorastplatz nochmals billig volltanken. Extrashop für Zigaretten und Schokolade.

Sparmöglichkeit: Autobahn A 31 von Luxembourg bis Toul kostet nichts.

Ab hier auf der Landstraße an der Mosel entlang bis Epinal, und über Besancon nach Lyon. Man spart ca. 35 DM Autobahngebühr sowie geringfügig Kilometer (= Sprit), braucht aber 1-2 Stunden länger.

Weiterer Einstieg in die "Autoroute du soleil" ist die A 36 via Mulhouse-> Besancon nach Lyon. Autobahngebühren Mulhouse -> Lyon ca. 40 DM, für südl. Rheinländer günstiger. Alternative, um Gebühren zu sparen: ab Besancon auf die Landstraße N 83, die landschaftlich teils recht schön nach Lyon führt, aber mehr Zeit braucht.

Ab Lyon Richtung Aix-en-Provence auf der Autobahn A 7 (ca. 30 DM). Alternative Landstraße (N 7): sie führt weitgehend parallel zur Autobahn, ist aber nach wie vor sehr unfallträchtig. Will man ab Aix-en-Provence weiter an die Côte d'Azur, kann man durchaus die N 7 bis kurz vor Fréjus (Autobahnausfahrt Puget-sur-Argens) wählen, spart einiges bei wenig Zeitverlust.

Wesentlich mehr Zeit benötigt man für die Anfahrt durch die französischen Seealpen über Freiburg-> Genfer See-> Chamonix-> Grenoble-> Gap-> Sisteron-> Digne. Vor Digne geht's entweder Richtung Aix-en-Provence oder weiter an die Côte d'Azur. Landschaftlich wunderbar, aber keinesfalls in einem Tag zu schaffen. Ideal für Motorradtourer.

✶Ab Südwestdeutschland und westl. Schweiz

Autobahn Lausanne -> Genf (Vignette für Schweizer Autobahnen ca. 35-50 DM!). Weiter: entweder über Lyon auf die "Autoroute du soleil" A 7.

Schöner und billiger ist die Strecke über Chambery und Grenoble. Ab Autobahnende sind es 160 km Landstraße bis Digne, wo man dann entweder durch die Seealpen an die Côte d'Azur fährt (zwar nur 180 km, dauert aber sehr lange), oder kurz vorher über Manosque in den Verdon bzw. auf Autobahn nach Aix.

✶Ab Süddeutschland, Berlin, deutschspr. Schweiz und West-Österreich

Wer ans Meer und vor allem die Côte d'Azur will, fährt am günstigsten via Italien. Das letzte Stück Autobahn ist für alle ab Tortona-> Richtung Genua-> Savona-> XXmiglia nach Nizza gleich. Hier lohnt es sich nur für Leute mit sehr viel Zeit, die Autobahn zu verlassen.

Ab MÜNCHEN geht die schnellste Strecke via Innsbruck -> Brenner -> Verona -> Brescia -> Piacenza -> Tortona -> Savona nach Nizza. Rund 900 km bis Nizza, Autobahn-Gebühr/PKW mit Brenner ca. 95 DM. Zur Hauptreisezeit um München und an den Mautstellen jedoch absolute Überlastung. Wer will, kann sich die rund 20 DM für Autobahn Innsbruck -> Brenner sparen durch Benutzung der alten Landstraße; braucht aber Zeit.

Dito gilt für die km-kürzere Landstraße via Gardasee/Westufer nach

Brescia. Zwar landschaftlich großartige Strecke; lohnt für Leute mit Zeit und spart die Autobahngebühr für den Umweg via Verona.

Alternativ- Anfahrt ab München via Olympia-Autobahn (A 95) bis kurz vor Garmisch, weiter Landstraße via Zirler Berg (Gefälle 15 %) nach Innsbruck. Von hier entweder über Brenner und Gardasee auf zuvor erwähnter Strecke oder sehr zeitintensiv (ca. 2 Anfahrtstage einplanen), dafür aber landschaftlich wesentlich reizvoller über A 12 bis Landeck und weiter auf Landstraßen -> Pfunds-> Ri. Davos - vorher ab nach St. Moritz-> Ciavenna-> Comer See-> Mailand (Autobahn) -> Genua -> Monaco -> Nizza.

Via BASEL entweder weiter gebührenpflichtige (Vignette-)Autobahn nach Bern - > Lausanne -> Genf -> Grenoble und Landstraße: Einstieg Digne. Oder via Autobahn Basel -> Luzern-> Gotthard -> Milano -> Nizza. Zur HS insbesondere im Bereich des Gotthards Staus.

Ab Region STUTTGART/ULM via Autobahn-> Lindau. Setzt sich als vignetten-pflichtige Schweizer Autobahn via Chur/Thuis fort (die parallel nach Chur auf der schweizer Seite verlaufende Landstraße ist schnell und spart die Autobahngebühr). Ab Chur dann Landstraße und Autobahn via Bellinzona -> Lugano/Italien nach Mailand. Alternative: die Variante via Schaffhausen und Autobahn Zürich -> Gotthard -> Mailand -> Nizza.

Ab WESTÖSTERREICH: je nach Heimatort viele Strecken. Ab Bludez via Schweiz/Chur, - ab Landeck: schön aber sehr zeitaufwendig die Landstraße durchs Engadin, - ab Innsbruck via Brenner (siehe oben) ab Salzburg entweder Brenner oder Villach/Venedig.

Parallel zu allen oben genannten Strecken gibts eine Vielzahl an weiteren Landstraßen im Bereich der Alpenüberquerung, die Extrazeit brauchen. Z.B. Grenoble -> Sisteron -> Manosque -> nach Aix, oder Turino/Italien -> Gap bzw. Seealpen/Frankreich.

★ Mecklenburger, Sachsen und Berliner

Entweder über die Autobahn Hof -> Nürnberg -> München (weiter siehe oben). Oder der etwas längere Anreiseweg, dafür weniger Verkehr: Über Dresden in die Tschechische Republik nach Prag und Brünn. Von dort nach Wien und über die Autobahn Graz -> Klagenfurt -> Venedig -> Brescia -> Savona nach Nizza. Bringt als Vorteil eine Reihe interessanter Städte und lohnt, wer Zeit für Zwischenstop hat.

★ Wiener, Grazer und Klagenfurter

Aus dem östlichen Österreich verläuft die kürzeste Anfahrt über Venedig und Verona. Wer alles Autobahn fährt und durchdüst, kann es in einem Tag schaffen (15 Stunden Fahrzeit rechnen). Will man sich aber diesen Horrortrip ersparen, ist es am günstigsten in zwei Tagen zu fahren. Interessanter Zwischenstop in Venedig und am südlichen Gardasee.

Fazit: Bei der Menge an Anreisemöglichkeiten in die Provence/Côte d'Azur entscheidet letztendlich neben dem Wohnort die zur Verfügung stehende Zeit und der geplante Einstieg in die Region. In den meisten Fällen werden aber die Schnellverbindungen über Großraum Mailand oder Turin mit dem Einstieg in Nizza der beste Weg sein.

VERKEHRSBESTIMMUNGEN IN TRANSITLÄNDERN:

ITALIEN: außerorts 9o, auf Schnellstraßen (je 2 Fahrstreifen pro Richtung, baulich voneinander getrennt) 11o, ab 1.2oo ccm auf Autobahnen 13o.

Motorräder unter 149 ccm dürfen nicht auf Autobahnen. Auf Landstraßen gilt ebenfalls 9o. PKW mit Anhänger auf Landstraßen 8o, auf Autobahnen 1oo. Achtung: In Italien in den letzten Jahren häufige Änderung der Geschwindigkeitsbestimmungen. Daher vor Antritt der Reise sicherheitshalber nochmals beim Automobilclub fragen bzw. dann an der Grenze.

Für Italien empfehlen sich Benzingutscheine, die man beispielsweise beim ADAC erhält. Das Netz mit Bleifrei-Tankstellen ist inzwischen dicht.

ÖSTERREICH: Es gilt Tempo 13o auf Autobahnen und 1oo auf Landstraßen (Bundesland Vorarlberg 8o). PKW mit Anhänger bis 75o kg 1oo km/h, darüber 8o km/h. Spritpreise sind in Österreich etwas höher als in Deutschland, dennoch lohnt es sich vor Eintritt nach Italien vollzutanken. Bleifrei überall.

SCHWEIZ: außerorts 8o km/h, auf Autobahnen 12o km/h. In Tunnels gilt bei zwei Fahrspuren pro Richtung Tempo 1oo, bei nur einer Tempo 8o. PKW mit Anhänger bis 1.ooo kg nur 8o km/h, darüber gar bloß 6o km/h. Lästiges Muß ist die Vignette für Autobahnbenutzung. Bekommt man beim ADAC oder am Grenzübergang für 34.5o DM und gilt ein Kalenderjahr. Benzinpreise etwas unter deutschem Niveau. Erheblich billiger als in Italien. Alle Tankstellen verkaufen auch bleifreies Benzin.

FRANKREICH: siehe Seite 18 **Autoreisezüge:** **siehe S. 15**

Anreise Bahn

Attraktive Alternative zum eigenen Fahrzeug: preisgünstig, bequem, nervenschonend und kontaktfördernd.

Es gibt im Prinzip drei Anreisestrecken: via ITALIEN, via SCHWEIZ und via FRANKREICH. Welche Strecke von Preis und Fahrzeit die günstigere ist, hängt zunächst vom eigenen Heimatort ab.

PREISE: Italien hat die mit Abstand günstigsten Eisenbahnpreise. Die Route (1) via Brenner ist daher für den Raum München, Ulm, Nürnberg mit Abstand billiger als (3) via Schweiz und (4) via Frankreich.

Zu berücksichtigen ist auch das gewünschte Zielgebiet: Wer z.B. in die Region Nizza will, reist (ausgenommen weniger Gebiete Deutschlands z.B. Saarland, Südschwarzwald) billiger via (1) Italien.

Wer dagegen in die Region Aix, Marseille will, billiger via (3) Schweiz und (4) Frankreich. Allerdings ab Heimatort nördl. Frankfurt nur noch geringe Preisunterschiede auf den 3 Strecken.

Preisvergleiche: in DM, ca. und für einfache Strecke, retour das Doppelte. Hinzu kommen gerinfügige Zuschläge ca. 6 DM für Platzkarten, für Benutzung deutscher IC- Züge und ca. 12 DM für Benutzung des deutschen ICE- Hochgeschwindigkeitszug. Wer Liegewagen will: plus ca. 25 DM.

München -> Nizza via Italien (1) Brenner, Mailand, Genua: 14-16 Std. ca. 11o DM.

München -> Marseille via Italien (1): 16-2o Std., ca. 15o DM. Selbe Strecke via Karlsruh -> Kehl-> Frankreich (4) -> Lyon: trotz Umweg zunächst nördl. bis Karlsruhe nur 14-16 Std., allerdings wegen mehr km ca. 21o DM. Via Schweiz (3): -> Zürich -> Genf 14 1/2 -15 1/2 Std., ca. 24o DM.

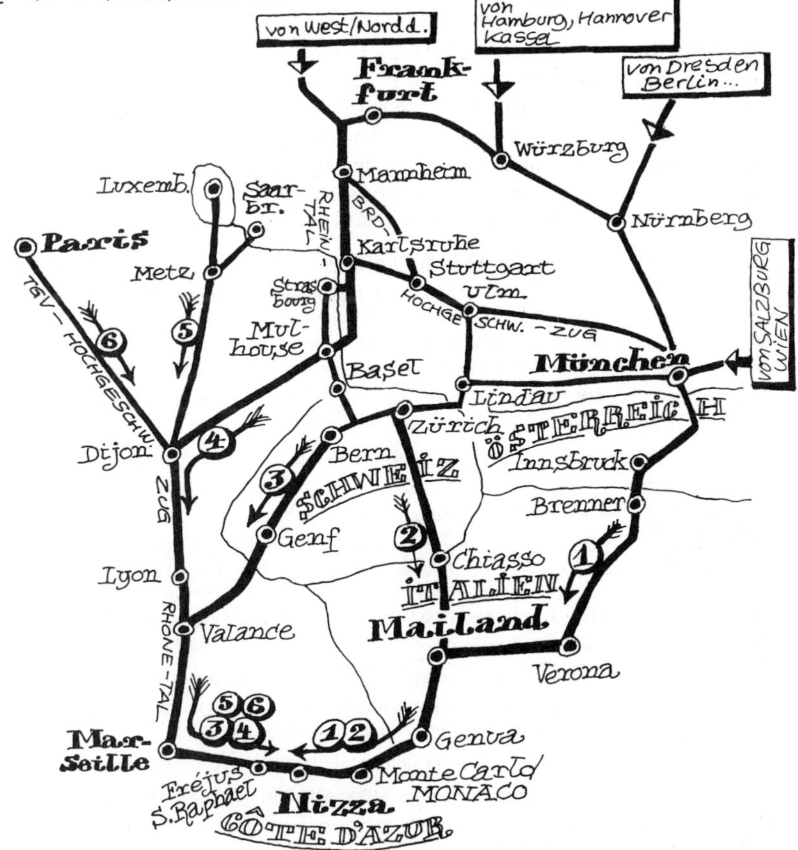

Frankfurt -> Nizza: ca. 21o DM via (1) Italien, bzw. Franfurt-> Marseille ca. 18o DM.

★ZEIT: ebenfalls ins Kalkül zu ziehen. Einerseits dauern Gleisstrecken über die Alpen länger als die weitgehend geradlinige Strecke durch's Rhein-Rhônetal (4). Andererseits verkürzen die neuen ICE Hochgeschwindigkeitsstrecken erheblich: sie führen nach München, dem Einstieg für die Route via Brenner/Italien (1).

★Via PARIS: sicher keine schlechte Idee, hier Zwischenstop einzubauen. Mit dem schnellsten Zug der Welt, dem TGV, kann man die Strecke Paris Avignon-> Marseille -> Nizza fahren (Paris -> Avignon nur ca.3 1/2 Std., bis Marseille 4 Std. 1o Min., bis Toulon 5 Std., bis Nizza 6 1/2 Std.). Wer will, kann mit dem Flugzeug (per günstigem "Super Flieg & Spar) bis Paris fliegen, die Metropole einbauen und anschließend mit dem TGV fix runter in die Provence rauschen.

ERMÄSSIGUNGEN: für Jugendliche bis 26 die Eurotrain- und Twentourtickets. Ermäßigen den regulären Fahrpreis um 25-3o %. Sie sind an bestimmte Strecken und Zielbahnhöfe gebunden. Eurotrain bietet die Möglichkeit, im Ausland Zwischenstops einzulegen; die Reiseunterbrechung unbedingt am Bahnhof bestätigen lassen.

Für Familien der "Familienpass" und "Rail Europ F". - Für Senioren der "Seniorenpass" und "Rail Europ S". Nach Kauf des jew. Passes (1 Jahr gültig) ermäßigen sich die Normaltickets um ca. 5o %. Erhältlich bei Reisebüros und der Bundesbahn.

ERMÄSSIGUNGEN im AUSLAND: In ITALIEN das sogen. "Biglietto Chilometrico", ein Heft mit beliebig zu verwendenden 3.ooo km innerhalb Italiens. Gilt 2 Monate und darf von max. 5 Personen benutzt werden. Bei ca. 2oo DM für 3.ooo km sehr preiswert, erhältlich an italienischen Bahnhöfen (z.B. auch Brenner) oder gegen geringfügigen Aufpreis an großen deutschen, Schweizer und österreichischen Bahnhöfen. Es lohnt sich in der Regel dann, wenn man in Anreise die Côte d'Azur mit einem Rundtrip in Italien verbindet. Weitere Details: VELBINGER- Italientitel.

In FRANKREICH gibts das"Euro Domino": eine Art Pass, der zur Benutzung des gesamten innerfranz. Eisenbahnnetzes berechtigt. Dabei kann man beliebig oft fahren, kostet innerhalb von 3, 5 oder 1o Tagen. Zudem gibts 25 % Anreiseermäßigung ab Deutschland bis zum franz. Grenzbahnhof. Preise Eurodomino: 3 Tage: 26o DM, 5 Tage: 36o DM, 1o Tage: 56o DM. Auch zuschlagpflichtige Züge (z.B. TGV) können ohne Zahlung eines Aufpreises benutzt werden, Schlaf- oder Liegewagengebühren gehen jedoch extra. Erhältlich ist das Euro Domino außerhalb von Frankreich, z.B. an Bahnhöfen der DB, ÖB und der Schweiz.

"Carte Couple": für Ehepaare und Lebenspartner, die gemeinsam reisen 5o % Ermäßigung auf innerfranz. Strecken bei Abfahrten zur blauen Periode (in Fahrplänen eingetragen). Karte ist nur in Frankreich (an Bahnhöfen der SNCF) erhältlich.

"Carte Kiwi": für Jugendliche unter 16 Jahren, die in einer Gruppe von bis zu 4 Personen reisen. Erhältlich gegen Vorlage Reisepass und Passfoto. 5o % Ermäßigung auf An-reisestrecke nach Frankreich sowie 5o % Ermäßigung auf innerfranz. Strecken. Die Karte kostet 13o DM, Rechenexempel, ob sich das lohnt.

★ SITZPLATZ- RESERVIERUNGEN: zu Feiertagen, Weihnachten, Ostern etc., insbesondere aber in der sommerlichen Hochsaison sind die Züge extrem voll. Dies egal ob Anreise via Frankreich, Schweiz oder Italien.

Es empfiehlt sich daher, langfristig vorab schon den Sitzplatz zu reservieren (in Italien zwischenzeitlich auf internationalen Strecken Pflicht!). Gilt insbesondere auch für Liege- und Schlafwagen!

★ AUTOREISEZUG: superbequem, wer eigenes Fahrzeug mitführen will. Z.B.: Frankfurt/Neu Isenburg -> Fréjus eine Nacht (statt sommerlicher Staus, Quälerei über Alpenpässe, Warterei an Mautstationen etc.). Kostet aber seinen Preis!

Je nach Saison einfach Ffm -> Fréjus ca. 5oo-7oo DM für Fahrzeug und Fahrer (im Liegewagen). Plus ca. 15o DM weitere Person. (Preise ab Düsseldorf -> Fréjus ca. 53o-85o DM, plus weitere Person ca. 17o DM.)

Es ist allerdings zu berücksichtigen, daß man sich pro Richtung durch den Schlaf im Zug (gegenüber Autobahnanreise) 1 Urlaubstag einspart. Zudem muß man die Spritkosten und Autoabnutzung gegenrechnen. Auch kostet die Benutzung der Autobahn z.B. Mühlhausen -> Fréjus retour ca. 15o DM.

Weiterhin: 3 Personen per Zug ohne Auto kosten Ffm-> Fréjus retour ca. 9oo DM, plus vor Ort Mietwagen 2 Wochen = zusammen ca. 2.ooo DM. Dem gegenüber kostet der Autoreisezug für 3 Personen retour je nach Saison ca. 1.5oo-2.ooo DM. Noch günstiger die Rechnung im Preisvergleich Flug & Automiete zu Autoreisezug.

VORBUCHEN: für Hochsaison-Termine mehrere Monate vorab nötig! Alternativen: via Frankreich, franz. Autoreisezüge ab Metz und Straßburg (bequem per Autobahn zu erreichen, zudem mehr Zielbahnhöfe und teils billiger). - INFOS: Heft "Autoreisezüge" der DB und Heft "Autoreisezugverbindungen" der französischen SNCF.

Weitere Infos zu Zugreisen in Frankreich geben auf schriftliche Anfrage die SNCF-Büros. BRD: Rüsterstr. 11, 6o325 Frankfurt/Main, Schweiz: Effingerstr. 31, 3oo1 Bern, Österreich: Opernring 1, 1o1o Wien.

Anreise Flugzeug

Schnellste und bequemste Anreise. Günstigster Zielairport in der Regel NIZZA. Flugzeit z.B. ab München 1 1/2 Std.

PREISE: günstige Tarife per "Flieg & Spar" bzw. "Super Flieg & Spar", teils auch abhängig je nach Saison: nach Nizza ab München retour ca. 5oo - 66o DM, ab Frankfurt ca. 54o - 69o DM, ab Hamburg ca. 87o - 97o DM, ab Berlin 81o - 91o DM.

Nach Marseille: ab München ca. 69o DM, ab Frankfurt ca. 58o DM, ab Hamburg ca. 76o DM, ab Berlin ca. 74o DM. Weitere Auskünfte: Lufthansa. Ähnliche Tarife gibts ab Schweiz und Österreich.

TIPS: Für Leute, die im Einzugsbereich der Flughäfen Straßburg oder Mulhouse/Basel wohnen, kann es wesentlich preiswerter sein, Inlandsflüge in Frankreich mit Air France oder Air Inter zu nehmen (u.U. auch Zuganreise bis Straßburg etc.).

PARIS: u.U. günstiger, über die französische Hauptstadt zu fliegen. München -> Paris retour ab ca. 5oo- 55o DM (bzw. ab Köln, Düsseldorf ca. 32o - 43o DM). Weiter mit dem TGV bzw. Flug der Air Inter Paris -> Nizza (mit "Vol-Vacance"-ähnlichen Bedingungen) ca. 275 DM. Unterm Strich ab München oder Köln gleich teuer wie Direktflug an die Côte d'Azur, aber beim Vorteil eines Zwischenstops in Paris.

Keine schlechte Idee, via PARIS zu fahren und dort 2 , 3 Tage die Stadt anschnuppern. Jede Menge Tips in unserem Paris Band, VELBINGER Reihe Band 7.

Anschließend dann mit dem TGV in nur rund 5 Std. runter an die Côte d' Azur.

Gewissermaßen ein Côte d' Azur-Einstieg mit Stil: so wie früher die Leute runterfuhren (siehe S.11o). Im Gare de Lyon übrigens schöne Deckengemälde zum damaligen Côte d'Azur Tourismus.

GARE DE LYON, der Paris-Bahnhof für die Strecke zur Côte d'Azur

TIP: praktisch alle innereurop. Flugverbindungen nach Paris landen auf dem Charles de Gaulle Airport im Norden der Stadt. Wer Paris lediglich als Schnelleinstieg wählt (ohne in die Stadt reinzufahren), hat direkt im Charles de Gaulle einen SNCF- Bahnhof mit den TGV- Hochgeschwindigkeitszügen in den Süden (Lyon -> Marseille -> Nizza), braucht also nicht mehr extra in die Innenstadt von Paris.

Jugendtarif bei Lufthansa: gilt für Personen bis 24 Jahre. Start und Endpunkte sind frei kombinierbar. Z.B. Hinflug nach Nizza, retour ab Marseille. Die Strecke München -> Nizza -> Hamburg kostet ca. 600 DM. Vorteil: Man kann z.B. ab Marseille (oder Rom oder wo sonst) rückfliegen. Frage allerdings, ob sich das gegenüber den Retour-Flugtickets der normalen "Flieg & Spar" preislich lohnt.

ACHTUNG: Reisebüros mit Billigflugangeboten haben oft günstige Preise für Flüge nach Nizza, Marseille und Paris, die günstiger als "Flieg & Spar" sind und/oder mit Unterkunft gekoppelt sind. Rumfragen lohnt sich.

Transport: Côte d'Azur Provence

Eigenes Fahrzeug/Mietwagen

Mit eigenem Auto hat man die weitgespanntesten Möglichkeiten, die Sehenswürdigkeiten der Côte d'Azur/Provence zu erobern. Da das aber viel zu viele machen, kommt es zur Hauptsaison in den Städten und vor allem an der Küste zu Staus.

WOHNMOBILFAHREN macht wegen der guten Straßen viel Freude. Auch wenn sich die Verbotsschilder vermehren, wird Wildcampen für eine Nacht meist geduldet. Gleiches gilt für Wohnwagengespanne, obwohl es damit auf manchen Pfaden im Hinterland ganz schön stressig sein kann. Auf jeden Fall, bereits daheim Rückwärtsfahren üben. Vorteil ist eindeutig die größere Unabhängigkeit und die Möglichkeit des Selberkochens.

GELÄNDEFAHRZEUGE fanden bis vor kurzen in der Provence und an der Côte d'Azur "Off-road"-Paradiese vor. Da dies aber nun dermaßen Überhand genommen hat, so daß man nun mit schweren Umweltschäden rechnet, diskutiert die französische Regierung augenblicklich ein Verbot des Geländefahrens abseits autorisierter Pisten.

Vor allem MOTORRADFAHRER haben hier ihren Spaß: entweder man promeniert mit seiner blankgebohnerten Maschine ein paarmal die Strandpromenade rauf und runter oder man macht Touren ins landschaftlich reizvolle Hinterland. Hier sind Strecken sehr abwechslungsreich, in den Seealpen auch kurvenreich und sehr sportlich. Werkstätten (für Japaner und

BMW) allerorts und gut bestückt.

Das **Straßennetz** ist sehr dicht und gut. Lediglich Nebenrouten in den Seealpen und dem provenzalischen Hinterland sind unübersichtlich und extrem kurvenreich. Da die Sommerhitze den Teerbelag gelegentlich aufreißt, ist mit Schlaglöchern zu rechnen.

In Ost-West Richtung gibts 3 HAUPTVERKEHRSROUTEN:

Die Autobahn A 8 von Menton bis Aix-en-Provence. Sie ist größtenteils gebührenpflichtig, die ganze Strecke kostet 28 DM. Zeitsparende, wichtige Gratisstrecke führt von Cannes nach Mandelieu. Ab Puget-sur-Argens (nach Fréjus) bis Aix-en-Provence verläuft die Nationalstraße N 7 parallel und gut ausgebaut (teilweise 4-spurig) neben der Autobahn. Wer geringen Zeitverlust in Kauf nimmt, kann hier Geld sparen.

Die Nationalstraße N 7 - wie gesagt - liegt in etwa neben der Autobahn. Besonders zwischen Nizza und Fréjus dauert es auf der Landstraße sehr lange. Zunächst Stop-and-go-Verkehr, danach Gebirgsstraße zur Durchquerung des Esterelmassivs zwischen Cannes und Fréjus. Landschaftlich sehr reizvoll, Straße jedoch kurvenreich und viele Schlaglöcher.

Am Meer entlang verläuft die N 98 von Menton über Nizza und Cannes bis nach Hyeres/Toulon. Besonders schön zwischen Monaco und Nizza sowie Cannes-St.Raphael-St.Tropez. Allerdings führt diese Nationalstraße durch alle Küstenorte und ist stark befahren. Für den, der Zeit hat, die schönste Strecke.

Die HAUPTROUTEN in Süd-Nord-Richtung:

Ab Nizza die unfallträchtige N 2o2 (Route de Digne), welche erst ab Plan du Var reizvoll wird und zuvor eine typische Ausfallstraße der Großstadt ist. Ab Grasse ist es die - ebenfalls unfallreiche - N 85, die "Route Napoléon".

Die im Hinterland der Provence beschriebenen Gebiete werden meist über Nebenrouten angefahren (siehe Ortsbeschreibungen).

★ Verkehrsbestimmungen Frankreich:

In Ortschaften 5o km/h, - Landstraßen: 9o km/h (bei Nässe: 8o km/h).
Auf autobahnähnlich ausgebauten Schnellstraßen (ausgeschildert mit Geschwindigkeitshinweis) gilt 11o km/h, jedoch nur, wenn derartige Hinweistafel angebracht ist.
Auf Autobahnen 13o km/h.

Achtung: Die Franzosen fahren oft erheblich schneller als erlaubt. Wer in eine Radarkontrolle gerät, zahlt saftig! Oder aber kann Versicherungsschutz bei Unfall verlieren (Bremsspuren!). - Besondere Vorsicht gilt auf den 3-spurigen RN, deren mittlere Spur von beiden Fahrtrichtungen (!) zum Überholen benutzt wird!

Führerschein-Neulinge dürfen im ersten Jahr max. 9o km/h fahren.

Anschnallpflicht, auch auf dem Rücksitz (sofern dort Gurte vorhanden!). - Helmpflicht für motorisierte 2-Radfahrer. Bei Regen- und Schneefällen Pflicht für Abblendlicht, für Motorradfahrer generell auch tagsüber.

Gelber Streifen am Fahrbahnrand bedeutet PARKVERBOT.

Kreisverkehr: ist die Vorfahrt nicht durch Schilder geregelt, gilt: rechts vor links. Manche dieser Rundläufe sind dem Verkehraufkommen nicht mehr gewachsen, so daß nur Autofahrer mit starken Nerven vorankommen.

Serpentinen- und Bergstrecken: teils in der Provence, insbes. aber auch landein Küste/ Côte d'Azur oft sehr kurvenreicher Verlauf. Hier unbedingt defensiv fahren und damit rechnen, daß eventuell entgegen kommende Fahrzeuge die Kurve schneiden.

Für unser Verständnis wird zu forsch, schnell, teils auch rücksichtslos gefahren. So doch erstaunlich sicher. Zumindest von der typisch französischen Gelassenheit spürt man im Straßenverkehr wenig.

ADAC-NOTRUFZENTRALE München ist rund um die Uhr von Frankreich aus unter Tel. 19 49 89/ 22 22 22 zu erreichen. Außerdem deutschsprachiger Notrufdienst in Lyon, Tel. 72 17 12 22, ganzjährig und rund um die Uhr.

Ein Auslandsschutzbrief (beim ADAC oder anderen Versicherungen) bietet im Pannenfall und bei Unfällen viele Vorteile (Krankenrücktransport, Ersatzteilbeschaffung etc.). Werkstätten gibt es an sich genug. Jedoch unterhalten viele im Monat August nur einen Minimaldienst oder sperren ganz zu. So kann es selbst für Bagatellreparaturen durchaus zu ein paar Tagen Wartezeit kommen. Ersatzteilprobleme bei den gängigen Autotypen gibt es nicht, allenfalls für japanische Exoten.

BENZIN: Bleifreies Normalbenzin ist sehr selten, überall im Angebot ist bleifreies Super, dabei zwei Qualitäten: 95 Oktan und 98 Oktan (Superplus). Benzinpreise: etwa auf deutschem Preisniveau. Am günstigsten fahren Dieselkutschen. Preise schwanken von Ort zu Ort und ob man Markenbenzin oder freie Tankstellen, bzw. Supermarktsprit wählt. Über aktuellen Preisstand informiert der ADAC.

Mietwagen: zahlreiche internationale und regionale Vermieter tummeln sich am Markt. Z.B. am Flughafen Nizza, an großen Bahnhöfen, sonst im Hotel/Campingplatz fragen oder Gelbe Seiten (Location d'automobiles) zu Rate ziehen.

Bei den internationalen Vermietern (Avis, Budget, Hertz, Europcar etc.) kostet ein Renault Clio, Ford Fiesta ca. 9o DM plus Kilometergeld. Für mehrere Tage wird es günstiger. Opel Corsa unbegrenzte Kilometer bei 7 Tagen Mietdauer etwa 1.ooo DM, weiterer Tag 9o DM. Regionale Kleinvermieter sind vielfach etwas billiger, Citroen AX für 3 Tage inkl. 1.2oo km ca. 27o DM.

Meist muß der Fahrer über 21 Jahre alt sein und wenigstens ein Jahr lang seinen Führerschein besitzen. Kaution ist zu hinterlegen.

MOTORRADMIETEN: Mopeds gibt es ab 35 DM pro Tag, größere Maschinen etwas teurer. Man sollte sich aber der Gefahren bewußt sein und stets den Helm tragen. Außer in der Stadt sind Motorroller nicht recht geeignet, da es im Hinterland viele Schlaglöcher gibt. Bei den kleinen Rädchen fällt man da schnell auf's Maul.

Taxi: an der Côte d'Azur mit am teuersten von ganz Frankreich, wesentlich mehr als in Paris. Die gestaffelte Tarifliste klebt irgendwo im Taxi. Ist aber nur Augenwischerei, da fast alle Fahrten in die höchste Kategorie fallen. Grundgebühr 4 DM, meist 3 DM pro gefahrener Kilometer. Bei Stau/Wartezeit wird die Stunde mit 3o DM berechnet. Alle Taxis sind mit Taxameter (compteur) ausgerüstet, oft so plaziert (versteckt?), daß Fahrgast diesen nicht sehen kann. Wem verlangter Beförderungspreis zu hoch erscheint, sollte vor Bezahlen Rechnung (facture) verlangen. Darauf muß stehen: vom Compteur abgelesener (!) Betrag, Datum, Ort, Uhrzeit des Ein- und Aussteigens, Name und Adresse des Chaffeurs.

Trampen

Es kommt sehr auf's Glück an. In der Regel haben es hübsche Mädchen am leichtesten. Ansonsten stehen die Chancen eher gering, besonders für kleine Gruppen. Um an der Côte d'Azur/Provence vorwärts zu kommen, hat es sich als am günstigsten erwiesen, Privatkontakte, z.B. auf Campingplätzen oder in Jugendherbergen zu knüpfen.

Noch ein Tip: Nicht irgendwo in der Prärie aussteigen, sondern sich wenigstens bis zum nächsten Ort mitnehmen lassen.

✶Öffentliche Verkehrsmittel

Mit ihnen kommt man gut voran. Im Grunde ist - bei ausreichender Planung und genügend Zeit - das ganze Gebiet damit zu bereisen. In den größeren Städten gibt es gutes innerstädtisches Bussystem.

Bus

Busfahren sehr einfach. Ticket kauft man in der Regel beim Chauffeur. Man nennt den Zielort.

Es gibt einige große Linien, die mehrmals täglich gefahren werden. Kleinere Nester im Hinterland werden oft nur einmal pro Tag angesteuert. Die meisten Linien befahren private Gesellschaften, die Busse sind modern. In der Regel verkehren die Busse nur untertags. Wer an einem Ort länger bleibt, kann sich Busfahrplan beim Touristbüro geben lassen. An Zwischenstationen Hand rausstrecken, damit der Bus anhält.

HAUPTBUSSTRECKEN sind: Menton-> Nice (Nizza), sehr viele Verbindungen täglich. Es fahren zwei Linien, Rückfahrt am selben Tag im Einzelticket inbegriffen, also billiger.

Nice-> Cannes, ebenso häufig befahren, etwas teurer als der Zug, dafür wesentlich mehr Haltestellen. Sehr moderne Busse.

Cannes-> St.Raphael, wochentags ein Dutzend Verbindungen/Tag, an Sonn- und Feiertagen wesentlich weniger. Busse fahren am Meer, halten auch in kleinen Badeorten wie Theoule, Miramar, Antheor oder Agay.

St.Raphael-> St.Tropez-> Toulon, mehrere Verbindungen täglich, führt durch die Badeorte. St.Raphael-St.Tropez dauert 8o Minuten.

Draguignan-> Toulon ist Hauptroute im Hinterland. Mehrere Verbindungen täglich. Man kommt durch die Orte Les Arcs, Vidauban, Le Cannet und Le Luc. Ab Draguignan auch Verbindung nach Aups und Fréjus.

Näheres zu kleineren Buslinien bei den entsprechenden Orten.

Zug

Zugfahren in Frankreich kein Problem. Ähnlich wie daheim, gilt auch für Fahrpreise der S.N.C.F., der französischen Staatsbahn. Kurzstreckentickets werden oft an Automaten gelöst. Steht darauf "Rend la monnaie" (wechsle Geld), so tut er dies mit maschinenartiger Beflissenheit. Vor Fahrtbeginn muß das Ticket am "composteur", dem orangen Entwertautomaten, abgestempelt werden.

Achtung beim Überqueren der Gleise: Züge fahren in Frankreich mit Linksverkehr, also andersherum als in Deutschland!

Ermäßigungstips im "Anreise mit dem Zug"-Teil beachten. Gutes Geld kann gespart werden.

Die Hauptstrecke verläuft von Menton über Nizza bis Toulon und weiter. Besonders schön ist die Strecke von Menton bis St. Raphael, da direkt am Meer. Danach geht es durch die Provence über Vidauban und Le Cannet/ Le Luc nach Toulon.

Zwei echte Schmankerl für Eisenbahn-Fans sind die Route Nizza-> Sospel-> Breil durch die Seealpen zum Fuße des Mercantour-Nationalparks und der "Train des Pignes" von Nizza nach Digne, vor allem auf der Strecke St.Martin-du-Var bis Puget-Theniers. Details siehe Kapitel "Seealpen".

FAHRRAD AM BAHNHOF zu mieten ist in manchen größeren Orten möglich, leider aber so teuer, daß es durchaus rentabel sein kann, das eigene Velo mitzubringen.

Schiff

Je nach Saison gibt es mehr oder weniger viele Fährverbindungen zwischen den größeren Hafenstädten untereinander und den vorgelagerten Inseln. Details siehe dort.

Wer noch auf eine "richtige" Insel will, kann ab Nizza, Toulon und Marseille günstig nach Korsika. Eventuell sogar weiter nach Sardinien und über Italien als Mittelmeertrip zurück. Einfache Fahrt für Erwachsenen mit Sitzplatz kostet ab Nizza 75 DM, ab Toulon oder Marseille 85 DM.

Helikopterservice

Besteht für Supereilige zwischen Nizza und Monaco (11o DM einfach), Nizza und Saint-Tropez (4oo DM) sowie nach Sophia-Autiöplis und Cannes. Mehrere Anbieter am Airport.

Fahrrad

Außer im Juli/August (wegen der Hitze) eine gemütliche Art das Land kennenzulernen. Man sollte aber gut durchtrainiert sein, da viele Steigungen, selbst an der Küste. Besonders reizvoll ist es im Verdon.

In bestimmten Zügen auf kurzer und mittlerer Distanz kann das Fahrrad kostenlos mitgenommen werden. Broschüre "Guide du train et du vélo" besorgen. Gibt es kostenlos an französischen Bahnhöfen (siehe auch oben: Fahrrad am Bahnhof).

Allgemeine Tips

✶Einreise

PERSONALAUSWEIS oder REISEPASS reicht für Anreise und Frankreich aus. Günstig ist es, beides mitzunehmen, da man auf Campingplätzen fast immer ein Dokument für die Aufenthaltsdauer als Pfand hinterlegen muß. Bis 16 Jahre genügt Kinderausweis oder Eintrag bei den Eltern. Laut Gesetz ist bei einem Aufenthalt über drei Monaten in Frankreich eine Aufenthaltsgenehmigung erforderlich.

FÜHRERSCHEIN und FAHRZEUGSCHEIN reichen. GRÜNE VERSICHERUNGSKARTE (wird von der Versicherung kostenlos ausgestellt) empfohlen, bei Anreise über die Schweiz obligatorisch.

HUNDE und KATZEN dürfen mit, wenn sie älter als drei Monate sind und man ein Impfzeugnis gegen Tollwut hat. Impfung muß mindestens einen Monat vor Einreise stattgefunden haben und darf nicht länger als 12 Monate zurückliegen.

✶Zollbestimmungen

Seit Einführung des EU-Binnenmarktes können Reisende beliebig Waren zum eigenen Verbrauch bei sich haben. Doch es gibt Höchstgrenzen zwecks Unterbindung unangemeldeten Handels. So dürfen beispielsweise maximal 9o l Wein (oder 6o l Sekt/Champagner und 3o l Wein), 1o l hochprozentiger Schnaps oder 8oo Zigaretten mitgeführt werden. Sonderfall Schweiz/Österreich (vor EU-Beitritt): wesentlich geringere Mengen zollfrei, z.B. 2oo Zigaretten, 2 l Wein, 1 l hochprozentiger Schnaps. Achtung bei Wein in Kanistern, da nachzuweisen ist, daß der Wein den deutschen Bestimmungen entspricht. Lohnt erfahrungsgemäß nicht, da offener Wein nach stundenlanger Heimfahrt transportgeschädigt als Essig ankommt.

Waren für den persönlichen Gebrauch, die wieder ausgeführt werden, sind selbstverständlich zollfrei. Außerdem zollfrei: persönlicher Schmuck bis maximal 5oo Gramm, Sport- und Campingausrüstung, Kinderwagen, Fahrrad, 2 Photoapparate mit normaler Menge Filmmaterial, Filmkamera, Fernglas, Radio, Fernsehportable, Schreibmaschine und diverses Gerätezeug (bei Zweifel beim Konsulat anrufen!).

Mehr als 1o l Benzin im Reservekanister müssen verzollt werden.

✶Devisen

Ein- bzw. Ausfuhr von Zahlungsmitteln nicht beschränkt, jedoch sind Beträge von mehr als 5o.ooo Francs oder dessen Gegenwert zu deklarieren.

★Geldsachen

Währungseinheit ist der Französische Franc, abgekürzt FF. 1oo Centimes sind 1 Franc. Geldscheine gibt es zu 2o, 5o, 1oo, 2oo und 5oo FF. Geschäftsleute lassen sich nur ungern mit 5ooer Scheinen bezahlen. Geldmünzen gibt es zu 1/2, 1, 2, 5, 1o FF und 5, 1o und 2o Centimes. Viele Automaten fressen die neuen, kleineren 1o FF Münzen nicht!

Um das ganze noch etwas zu komplizieren, kursieren monegassische Franc-Münzen, die selbstverständlich gleichberechtigtes Zahlungsmittel sind.

Gleich vorweg gesagt: Bargeld tauscht sich am günstigsten im Heimatland. Das gilt aber nicht für die Anreise über Italien. Lire günstiger in Italien (Wechselstuben beispielsweise gleich nach der Grenze am Brenner). Also Bargeld nur als Notreseve, sonst je nach Gewohnheit und persönlichem Geschmack Euroschecks, Travellerschecks (bei Bank abchecken, ob in DM oder FF günstiger) oder Postsparbuch.

BANKEN gibt es in Frankreich sehr viele, aber nicht alle wechseln Geld. Die Öffnungszeiten sind absolut uneinheitlich, einige haben montags geschlossen, aber samstags auf. Wochentags selten länger als 16.45 Uhr geöffnet. Abends und am Wochenende bleiben lediglich die privaten Wechselstuben bzw. Hotels oder Campingplätze, wo zwecks Gewinnmaximierung der Kurs schlechter ist.

EUROSCHECK hat sich als günstigstes Zahlungsmittel bewährt. Wird in jeder Bank, den größeren Hotels, Campingplätzen u.s.w. akzeptiert. In Restaurants oder Geschäften mit Euroscheck zu bezahlen ist nicht möglich. Wer's versucht wird schief angesehen. Euroscheck muß in FF ausgestellt werden. Umgerechnet wird von der eigenen Bank in Deutschland, welche auch die Umtauschgebühr von 1,75 % (wenigstens aber 2,5o DM) berechnet. Französische Banken erheben oft eine Bearbeitungsgebühr (6-8 DM pro Scheck). Wechselstuben in Hotels, auf Campingplätzen verlangen oft, den Euroscheck in der Heimatwährung auszustellen, die dann zum schlechten Kurs umgetauscht wird.

TRAVELLERSCHECKS haben den Vorteil, daß es bei Schäden durch beispielsweise Klau und Unterschriftenfälschung, Komplettersatz gibt. Nachteil: man kauft sie für eine bestimmte Summe vorab, beim Euroscheck hingegen trägt man ein, was man braucht.

CREDITCARDS sind in Frankreich sehr verbreitet. Plastikkartenfans schwören darauf, doch sollte man sich durch eine Alternative, z.B. etwas Bargeld, absichern, immer liquid zu sein.

POSTSPARBUCH ist in größeren Städten mit Tourismus kein Problem. Sticker "Postsparkasse" beachten. Das Abheben geht wie daheim, Ausweispapiere nicht vergessen. Übrigens kann man auf manchen Postämtern (Symbol "Change") auch Geld wechseln oder mit "Visa"-Creditcard oder

Euroscheck Geld holen (Symbol "CB/VISA" und "EC" für Eurocheques).

GELDNACHSCHUB geht telegraphisch, kostet einiges an Gebühr und dauert mindestens einen Tag. Günstiger fährt man mit Auslandspostanweisung, dauert aber etwas länger.

Noch eins: ALTE (anciens Francs) und NEUE FRANCS (nouveaux Francs, Francs lourds). Obwohl seit dem 1. Januar 1960 der Neue Franc offizielle Währungseinheit ist, wird umgangssprachlich oft noch der alte Franc benutzt. Erscheint der Preis also absolut überhöht, nachfragen. 1 Centime entspricht 1 Alten Franc. 100 Alte Francs entsprechen 1 Neuen Franc. Bei der Umrechnung tun sich selbst die Franzosen schwer. Umgangssprachlich nennt man Francs auch "balles".

✶Öffnungszeiten

Franzosen sind Individualisten, denen die Mittagspause heilig ist. Daher auch uneinheitliche Öffnungszeiten. Traditioneller Ferienmonat ist der August. Trifft zwar für Läden in reinen Urlaubsgebieten nicht so zu, wie etwa für Paris, kann aber beispielsweise bei einer Autoreparatur zu Wartezeiten führen. An manchen Läden steht: Geöffnet, wenn das Personal kommt, geschlossen, wenn der Patron genug hat!

GESCHÄFTE haben ungefähr von 9 bis 12 Uhr und von 16 bis 19 Uhr wochentags auf. Besonders nachmittags verschiebt sich das, je nach individuellem Bedarf, zwischen 14 und 20 Uhr. Samstag ist Wochentag. Viele Läden sind Sonntag vormittags geöffnet. Einen Tag pro Woche sperren die meisten Geschäfte zu, die Boulangerien häufig mittwochs, wobei aber wenigstens eine am Platz offen hat.

In Touristenhochburgen wie Juan-les-Pins oder St. Tropez sind die Boutiquen oft bis weit in die Nacht auf Kundenfang.

GROSSKAUFMÄRKTE wie "Carrefour", "Géant Casino" ,"Rally" etc. sind sonntags geschlossen, kennen aber meist keine Mittagspause. In Ballungszentren abends bis 21 oder gar 22 Uhr offen.

BANKEN: Jede Bank hat individuelle Öffnungszeiten, die in der kalten Jahreszeit nochmals variiert werden. Normalerweise stehen die Chancen nicht schlecht, Montag mit Freitag zwischen 9 und 11.30 Uhr und 14 bis 15.45 Uhr eine geöffnete Bank anzutreffen. Haben sie Samstag geöffnet, ist dafür fast immer montags zu. Genauere Angaben im Text.

Post

POST: Im Prinzip wie in der Heimat, also Montag bis Samstagmittag, aber halt nur im Prinzip. Jeder Postmeister regelt das für seine Stelle. Vormittags zwischen 9 und 11.30 Uhr trifft man meist jemanden an, nachmittags recht unterschiedlich. Genauere Angaben kommen im Text.

MUSEEN: uneinheitliche Regelung, wechselt manchmal urplötzlich. Dienstag (bei staatlichen) oft Ruhetag. Näheres im Text.

DISKOTHEKEN/NIGHTCLUBS: öffnen oft erst um 23 Uhr.

★Telefonieren

in Frankreich kein Problem. Telefonnetz auf hohem technischen Standard, viele Fernsprechautomaten. Für die Telefonkabinen braucht man aber eine TELECARTE, Plastikkarten mit 5o, 9o oder 12o Einheiten. Kann man solange verwenden, bis die Einheiten verquasselt sind. Télécarte bekommt man in Postämtern oder Tabakläden, wenn Sticker "Télécarte" dran ist.

Ins Heimatland telefonieren geht von jeder Zelle aus. Durchwahl 19 wählen, Brummton abwarten, dann Landeskennzahl plus Ortsvorwahl ohne die "o" wählen, danach die Nummer. Landeskennzahl BRD 49, Österreich 43, Schweiz 41. Nach München also: 19 (Brummton!) 4989 und Rufnummer.

Sehr praktisch (für den eigenen Geldbeutel) ist, daß man sich in den öffentlichen Telefonkabinen meistens auch zurückrufen lassen kann. Die entsprechende Rufnummer steht in der Zelle angeschrieben. Um von BRD, Österreich oder Schweiz nach Frankreich zu telefonieren, wähle man oo33 und die angegebene Rufnummer. Telefonieren im Hotel oder einer Bar ist oft teurer.

Normaltarif nach BRD und Schweiz ist 3,65 FF, nach Österreich geringfügig teurer. Auslandsgespräche Montag mit Freitag von 21.3o bis 8 Uhr, Samstag ab 14 Uhr und an Sonn- und (französischen!) Feiertagen um etwa ein Drittel billiger. Innerfranzösisch gelten andere Ermäßigungszeiten.

★Post (PTT)

Die Briefkästen sind gelb, etwas heller als daheim, in Monaco orange. Häufig haben sie zwei Einwürfe. Den Touristen betrifft fast immer "autres destinations" für Sendungen ins Ausland und andere Départements. Der zweite ist für's jeweilige Département, z.B. "Alpes-Maritimes". Innerstädtischer Schlitz befindet sich an manchen Briefkästen größerer Städte, z.B. Nice.

Briefmarken (timbres-postes) kauft man logischerweise im Postamt, darüberhinaus kriegt man sie auch in autorisierten Tabac-Läden und als Service beim Postkartenkauf.

Postlagernde Sendungen, Poste Restante, in Frankreich ohne weiteres möglich. Gibt es mehrere Postämter pro Ort, geht die Postsendung automatisch ins Hauptpostamt. Ausweis und ein paar Sous für die Gebühr beim Abholen nicht vergessen. Zweimal monatlich wird alles was länger als zwei Wochen liegt zurückgeschickt. Kostenlose Nachsendung von Post zu Post möglich, nennt sich "Ordre de réexpedition temporaire".

Beförderungszeit ab Frankreich: Standardbriefe und Postkarten dauern nach unserem Erfahrungswert etwa fünf Tage, dickere Briefe und Päckchen etwas länger.

Was beim Postsparbuch zu beachten ist, steht im Kapitel Geldsachen.

★Strom

Wer Batterieladegerät, Radio oder Rasierapparat dabei hat, braucht in Frankreich nichts umzustellen: 22o V/5o Hz Wechselstrom kommt aus jeder Steckdose. Mit Flachsteckern hat man keine Probleme. Bloß deutsche Schukostecker passen nicht, also Adapter besorgen. Kriegt man auch in Frankreich im Elektrofachhandel, Elektroabteilungen der Baumärkte.

★Wasser

An der Côte d'Azur ist wegen Alpennähe das Wasser an sich reichlich da. Schlechter sieht es bei Trockenheit in der Provence aus. Hat es einen Sommer lang nicht geregnet, wird zum sparsamen Umgang mit Wasser aufgerufen. Leitungswasser ist trinkbar, ob es überall gut schmeckt steht auf einem anderen Blatt. Viele Einheimische nehmen sich beim Wochenendausflug in die Berge Trinkwasser von Quellen mit. In vielen Städten und Dörfern gibt es Brunnen, wo man sich ebenfalls kostenlos bedienen kann, z.B. in Vence. Übrigens "eau non potable" heißt "kein Trinkwasser", also Finger weg.

Wer auf Nummer sicher gehen will (Babys, Kleinkinder), sollte Mineralwasser (heißt "eau minerale") kaufen, weil auf den Flaschen Analysewerte stehen, was die Auswahl erleichtert. Die meisten Mineralwasser sind still, sprudeln also nicht. Manche bekannte Marken haben übrigens schwer zu kämpfen, damit ihre Nitratwerte (wegen der Überdüngung intensiver Landwirtschaft) nicht zu hoch werden. Und noch eins: manche Wasser sind fluoriert. Wer das nicht mag, andere Marke kaufen!

Üblicherweise wird Mineralwasser in 1,5-Liter-Plastikflaschen (nicht umweltfreundlich, weil Plastik kaum verrottet) verkauft, Pfandflaschen gibt es gar nicht. Nur wenige Marken liefern in Glasflaschen.

★Klima/Günstigste Reisezeit

Côte d'Azur und Provence sind geprägt von mildem, mediterranem Klima und demnach ganzjährig Feriengebiete. Je näher man am Meer ist, desto spürbarer ist der regulierende Einfluß des "Wärmespeichers" Mittelmeer.

Das ganze Jahr blüht es, z.B. Mimosen bereits Ende Januar.

WINTER (Mitte November mit Februar): Besonders milde Winter an der Küste zwischen Menton und Cannes, Tageshöchstwerte von 2o°C sind möglich, Temperaturen unter 12°C sehr selten. Nicht umsonst wurde dieser Küstenstreifen vor gut 1oo Jahren als Winterurlaubsgebiet entdeckt. Kaum ein Tag, an dem die Sonne nicht scheint, untertags zwischen 11 und 16 Uhr ist es "frühlingshaft".

Die Provence steht dank der wärmenden Sonne den Werten der Côte d'Azur kaum nach, ist aber erheblich dem Mistral ausgesetzt. Dieser Nordwind aus dem Zentralmassiv pfeift wild und kalt das Rhônetal herunter und kann urplötzliche Temperaturstürze von 1o°C mit sich bringen. Schnee fällt so selten, daß jeder weiße Flocken, der vom Himmel fällt, in die Annalen der Lokalpatrioten als Naturkatastrophe eingeht.

Die Wassertemperaturen liegen um 15°C, so daß nur unerschrockene Frauen und Männer am halbtraditionellen Neujahrsbaden teilnehmen können.

In den Seealpen hochgebirgige Kälte und Schnee, sehr zur Freude der Wintersportler. Zu dieser Jahreszeit sieht man die Grenze zwischen subtropischer und alpiner Klimazone im Departement Alpes-Maritimes besonders gut.

Unterm Strich: besonders die Côte d'Azur ist Winterurlaubsgebiet, da ganzjährig was los ist. Weihnachten/Neujahr ist meist prima Wetter. Ambitionierte Skifahrer bringen ihre Ausrüstung mit, da man nur eine Autostunde von herrlichen Skigebieten entfernt ist. Da sie nicht ganz schneesicher sind, wurden sie kanonenbestückt.

FRÜHJAHR (März bis Mai): Ideale Reisezeit, für Leute, die keinen Trubel lieben. Noch nicht zu überlaufen und die angenehmen Temperaturen gestatten es durchaus in Straßencafés einen kleinen Schwarzen zu schlürfen oder in geschützter Südlage Sonne zu tanken. Die Temperaturen klettern hinauf. Mit voller Pracht setzt die Blütezeit ein, das Meer ist am azurblausten, die Natur grünt. Der Mistral bläst oft im Frühjahr und kann besonders die Provence noch einmal für ein paar Tage abkühlen. Regenfälle können zwar sehr heftig sein, sind aber nur von kurzer Dauer.

Im Gebirge nicht täuschen lassen. Hier ist es erst später Frühling, Temperaturen unter Null noch ganz normal.

SOMMER (Juni mit September): Besonders heiß und trocken in der Provence. Wassertemperaturen im Juli liegen bei 23,5°C. Mitte Juli bis Mitte August steht die Hitze manchmal einige Wochen. Es regnet kaum, allerhöchstens mal ein Sommergewitter. An der Küste macht ein Seewindchen die Temperaturen bis 3o°C erträglich. Bläst jedoch der Scirocco aus Afrika, wird der Midi zur Sahara.

Die Côte d'Azur ist auch jetzt etwas milder.

Im Hochgebirge herrscht im Vergleich zur Küste eine angenehme Sommerfrische.

Kurz: Juli und August ist es am heißesten und alles ist proppenvoll, etwas weniger los ist im Juni und September, wo aber die Spitzentemperaturen nicht erreicht werden. Heiß ist es allemal.

HERBST: (Oktober/November): Bis Mitte Oktober ist das Meer noch so warm (19-2o°C), daß man baden kann, doch ist diese Zeit auch von heftigen Stürmen, die Regenfälle bringen, geprägt. Sie dauern aber nicht lange und danach herrscht wieder eitel Sonnenschein. Dank des Regens erholt sich die ausgebrannte Vegetation wieder.

Wer Baden mit Kultur und Landeserkundung verbinden möchte liegt im Herbst nicht schlecht, da die Massen an Touristen das Feld geräumt haben. Vom 15. November bis 15. Dezember haben viele Hotels, Restaurants u.s.w. ihren (wohlverdienten) Jahresurlaub.

REGEN: fällt hauptsächlich im Frühjahr und Herbst vom Himmel. Man kann aber nicht von einer Regenzeit sprechen. An ca. 7o Tagen regnet es 86o mm, 2oo mm weniger als in Frankfurt. An der Côte d'Azur schifft es sich äußerst selten ein. Einem Tag mit heftigen Schauern folgt Sonnenschein, so als wäre nie etwas gewesen. Die Einheimischen haben es sich schon angewöhnt, sich bei Touristen für Regen zu entschuldigen. Unangenehm wird es aber erst, wenn innerhalb von 24 Stunden 1oo mm Wasser vom Himmel herabströmt. Mulden in Campingplätzen metamorphisieren sich dann bisweilen zu kleinen Teichen. Südostwind bringt an der Côte d'Azur oft Regen.

✶Ausrüstung/Kleidung

Vorweg: Alles, was man zu Hause vergessen hat, gibt es in Frankreich zu kaufen. Das Preisniveau ist in etwa gleich.

Was man mitnimmt, hängt von den geplanten Aktivitäten im Urlaub und der Jahreszeit ab. Obwohl an jeder Strandpromenade unzählige Palmen rumstehen, werden die Nächte oft recht kühl. Also unbedingt Wollpullover oder Wolljacke einpacken.

Bei Wanderungen in den Bergen kann es ebenfalls plötzlich kühl werden. Außerdem braucht man unbedingt gutes, eingelatschtes Schuhwerk: Wandererfüße wollen Wanderstiefel (Felsgestein wird bei Feuchtigkeit oder Nässe sehr rutschig), keine Sportschuhe, Tennisschuhe etc. Eine lange, strapazierfähige Jeans hat sich auch sehr bewährt, da überall Dornen lauern, die die Beine zerkratzen. Bewährten Rucksack oder Tasche für Karten, Wasserflasche, Brotzeit etc. mitnehmen.

Oberteile sollten immer aus Baumwolle sein, da sie bei den hohen Temperaturen angenehmer auf der Haut liegen. Kunstfaserkleidung läßt einen nur unnötig schwitzen (und stinken).

Wer gerne ausgeht, wird sowieso ein paar chice Sachen ins Reisegepäck legen.

Hat man noch Platz, ist es nie verkehrt - und vor allem im Frühjahr und Herbst - einen Regenschutz mitzunehmen.

Hat man an Kleidungssachen etwas vergessen, ist das nicht schlimm, da diese in Frankreich günstig einzukaufen sind. Preiswerte Klamotten findet man auf Wochenmärkten und in den Boutiquen der Altstadt größerer Städte wie Nizza oder Toulon.

Wenn man durch Flug-, Zugabfahrt etc. an ungewohnte Aufstehzeiten gebunden ist, Reisewecker nicht vergessen.

Zwei Dinge sind zweifelsohne in Good Old Germany am billigsten: Sonnenschutzcremes und Fotomaterial.

✶Ärztliche Versorgung

Frankreich verfügt über eine medizinische Versorgung auf sehr hohem Niveau. Also, keine Sorgen machen, wenn der Fall der Fälle eintritt.

Vor längerem Aufenthalt in Frankreich sollte man sich trotzdem vorab die Zähne kontrollieren lassen und regelmäßig benötigte Medikamente in ausreichender Menge besorgen. Muß man doch zum Arzt, ist das nicht kompliziert. Hauptsächlicher Unterschied zu beispielsweise Deutschland: Arzt wird in Frankreich nach der Konsultation bar bezahlt. Dafür kriegt man eine Quittung, das "feuille de soins". Eine normale Konsultation kostet etwa 4o DM. Darin kann man auch einen Vorteil sehen, da man exakt weiß, was der Arzt mit einem macht.

Kostenrückerstattet wird in Frankreich der gemäß normaler Mindestversicherung übliche Satz, oft lediglich die Hälfte der Arztrechnung.

Es gibt zwei Möglichkeiten der Kostenrückerstattung:

Entweder man überläßt der heimatlichen Krankenkasse nach dem Urlaub die Arbeit und hat somit Vorschuß geleistet, oder man läßt direkt in Frankreich rückerstatten. Dafür ist der Vordruck nötig, der nachweist, daß man krankenversichert ist. Für Bundesbürger also E 111, für Österreicher SE 11oo7. Vordruck gratis bei Krankenkasse erhältlich. Mit Vordruck und Arztquittung marschiert man zur "Caisse primaire d'asurance maladie", der Ortskrankenkasse. Wird umgangssprachlich "Securité Sociale" genannt (Arzt bereits nach Adresse fragen!). Dort bekommt man die, dem Tarif entsprechende Rückerstattung. Bei stationärer Krankenhausbehandlung ist der Vordruck E 111 bzw. SE 11oo7 (als Versicherungsnachweis) sehr von Vorteil. Bei Notfallaufnahmen übernimmt das Krankenhaus die Verwaltungsangelegenheiten. Also, wenn's einen erwischt: nix Panik!

Klappt wie alles en France.

Auslandskrankenversicherung als Zusatz zum normalen Versicherungsschutz sind sehr empfehlenswert, da damit der Selbstkostenanteil (Vertrag lesen) zurückerstattet wird. Wie bei allen Versicherungen lohnt sich ein Preis-/Leistungsvergleich. ADAC-Mitglieder fahren recht günstig!

APOTHEKEN erkennt man am grünen (meist beleuchteten) Kreuz. Wie Krankenhäuser haben sie natürlich einen Notdienst. Liste hängt - in der Regel - an Apothekentüren, wenn nicht im Hotel, auf Campingplatz etc. fragen. Bei kleineren Krankheiten im Urlaub, kann man in der Apotheke Arzneimittel auch ohne Rezept direkt besorgen. Meist ziemlich billig und ohne Verwaltungsstreß!

Sprachprobleme können selbstverständlich auftreten. Meist findet sich aber ein Deutsch-, zumindest Englischsprechender.

Zwei Probleme treten im Urlaub häufig auf: Sonnenbrand und Montezumas Rache.

Zum ersteren: Sonnenbrand. Am besten gar nicht kriegen. Also Haut langsam daran gewöhnen, auch im Schatten auf Reflektion achten, Sonnenschirm, Sonnenschutzcreme. Rothaut geworden, schwört jeder auf irgendwelche Hausmittel. An Rat wird es nicht fehlen. Übrigens hilft ein Mützchen gegen Sonnenstich. Hat es einen erwischt, unbedingt zum Arzt!

Das andere kann passieren. Man ist das Trinkwasser nicht gewohnt, hat Klima-Anpassungs-Probleme, ißt zu (olivenöl-)fette Speisen. Kurzum der Darm revoltiert. Dagegen helfen Kohletabletten, Schwarztee, stopfende Bananen etc. Meist ist es schnell überstanden. Wenn nicht, dann unbedingt zum Arzt.

Noch eins zum Schluß: AIDS heißt in Frankreich SIDA und der (davor schützende) Pariser "Capote (anglaise)". Präservativ verstehen sie auch in den Apotheken.

✶Taschendiebstahl/Autoklau

Leider an der Tagesordnung. Deshalb Mindestmaß an Vorsicht angebracht. Nicht nur klassisch-heimlicher Taschendiebstahl, sondern oft reißen 1-2 Typen auf Motorrad brutal die Tasche weg. Modernste Methode: bei Ampelstops wird Autotüre urplötzlich aufgemacht und Taschen, Foto-, Videokamera, aber auch Lederjacke gestohlen.

Autoklau europaweit im Vormarsch, so auch die Zahl gestohlener Fahrzeuge in Frankreich alarmierend. Besonders gefährliches Pflaster die Côte d'Azur. Internationale Mafiabanden verschieben auf Vorbestellung Autos via Mittelmeerhäfen Genua und Marseille in den Nahen Osten und nach Nordafrika sowie über Mailand in osteuropäische Länder. Auch die Versorgung mit gebrauchten Autoersatzteilen scheint zum Teil auf Klau zu basieren. Demnach zumindest allseits bekannte Ratschläge beachten: Nichts im Auto liegen lassen, neuralgische Punkte wie Strandparkplätze oder Ausfallstraßen meiden, nach sicherem Parkplatz im Hotel fragen. Laut Polizei passieren die meisten Autoaufbrüche in der ersten Viertelstunde ab Parkbeginn. Nach einigen Minuten nochmals zum Auto zurückgehen, kann manchen Ganoven abschrecken.

Wenn's passiert ist: Diebstahl von Geld, Papieren, Fahrzeug etc. bei zuständiger Polizei melden, Déclaration de vol. Dort gibt es eine Bestätigung für Verlust von Personal- oder Kfz-Papieren mit der Urlaub fortgesetzt und deutsch-französische Grenze überschritten werden kann.

Wenn alles weg ist, also auch Zahlungsmittel: Vom Konsulat wenig Unterstützung erwarten, rät nur zur Selbsthilfe (wir bitten für die nächste Ausgabe um Erfahrungsberichte; anscheinend Generalkonsul in Marseille hilfsbereiter als Honorarkonsul zu Nizza). Einzige Möglichkeit Anruf bei Familie/Freunden in Deutschland per R-Gespräch (N° 19.oo.49, dann meldet sich das Fräulein und will die anzurufende Telephonnummer wissen). Anrufpartner soll eine posttelegraphische Bargeldüberweisung an französische Postlageradresse (heißt "poste restante" und ist in der Regel im Hauptpostamt) schicken. Dabei angeben: eigenen Familien- und Vorname, Poste Restante, Anschrift des französischen Postamts, Geldbetrag. Zum Abholen Ausweis nötig. Falls Personalpapiere auch weg sind, an Mitreisenden oder, falls einverstanden, an Polizeidienstelle (sind meist sehr verständnisvoll) überweisen lassen. Für die ganze Prozedur wenigstens einen Tag rechnen und einiges an Gebühren

✶Müll und Umwelt

Frankreich hinkt im Umweltschutz hinten nach. Richtig. Aber es brennt noch nicht so, wie daheim, da weniger dicht besiedelt. Also verständlich, daß noch nicht wünschenswert weit fortgeschritten.

Als Tourist kann man die Dinge tun, die einem logischerweise in Fleisch und Blut übergehen sollten:

Ordentlich mit seinem Müll umgehen. Allerorts sind Mülltonnen aufgestellt.

Altglas sammeln. In jedem Ort sind Altglascontainer aufgestellt. Glas wird nicht nach Farben sortiert eingeschmissen. Auf keinen Fall Glasflaschen in die Landschaft schmeißen, da der Brennglaseffekt zu verheerenden Waldbränden führen kann. Pfandflaschen kaufen. Leider gibt es in Frankreich nicht viele Getränke in Pfandflaschen, im Grunde nur Bier und (nicht allzu guten) Wein in Literflaschen.

Nicht den Plastiktütenexzeß in französischen Geschäften mitspielen. Oft schon für kleinste Einkäufe kriegt man gratis Plastiktüten hingeschoben.

Vor allem aber: nicht bloß gescheit daherreden und belehren wollen, sondern selber etwas tun. Es ist doch unser Europa, ein Teil der Erde aller Menschen. Umweltverschmutzung kennt keine Grenzen!

Zwei große Problembereiche nennen die Umweltschützer, die Bevölkerungsexplosion an der Côte d'Azur und den Massentourismus.

An der Côte d'Azur gibt es zwei große Agglomerationen, das Gebiet von Nizza mit 450.000 Einwohnern und das Dreieck Antibes-Cannes-Grasse mit 300.000 Einwohnern. In den nächsten zwanzig Jahren wird sich die Einwohnerzahl beispielsweise von Antibes, Cannes und Grasse den Prognosen zufolge verdoppeln. Umweltschützer befürchten, daß man dem nicht gewappnet ist.

Zweiter Problemkreis: der Massentourismus. Das beschriebene Gebiet ist eines der touristischsten der Welt. Alleine der "Carneval de Nice" hat zwei Millionen Besucher, im 28.000 Einwohner zählenden Fürstentum Monaco schaut sich alljährlich eine Million Menschen das Ozeanographische Museum an, im mittelalterlichen Städtchen St. Paul mit 2.600 Einwohnern zählt man im privaten Museum Fondation Maeght tausendmal soviele Kunstpilger pro Jahr wie Einwohner..., um von St. Tropez im Hochsommer noch gar nicht gesprochen zu haben. Segen und Fluch! Das füllt zwar allseits die Kassen, doch bedroht es zunehmend die Umwelt, deren Intaktheit auch Grundlage des Wohlstandes dieser Region ist.

An Stränden und Flußufern wird man kaum mehr mit dem Urlaubsmüll fertig, Abwässer verpesten das Mittelmeer... Die französische Regierung schreitet dem mit vielen Maßnahmen, z.B. der Schaffung von Naturparks, entgegen. Jedoch befürchten viele, daß man auch damit das Problem nicht in den Griff bekommt. Der Mercantour-Park droht zum Opfer seines Erfolges zu werden: 500.000 Besucher während des Sommers. Ganz übel sind die Ausflüge mit Allradfahrzeugen, die in den Hotels der Alpen fürs Valée des Merveilles angeboten werden. Momentan im Gespräch, daß es bei hohen Geldstrafen verboten werden soll, mit Allradfahrzeugen in Naturparks zu fahren. Wie schützt man nur die Natur vor ihren Bewunderern?

✶Feiertage

Etwas anders als daheim.

Neujahrstag, Ostersonntag, Ostermontag. Karfreitag nicht.

1. Mai, Tag der Arbeit, 8. Mai, das Ende des Zweiten Weltkriegs.

Christi Himmelfahrt, Pfingstsonntag, Pfingstmontag.

14. Juli, der Nationalfeiertag überhaupt. Sturm auf die Bastille.

15. August (Mariä Himmelfahrt).

1. November (Allerheiligen), 11. November, das Ende des Ersten Welt-

krieges.

25. Dezember, Weihnachtstag.

Da in Südfrankreich gerne gefeiert wird, gibt es anläßlich der Gedenktage örtlicher Heiliger oft Stadt- und Dorffeste, "la fete au village", siehe St. Tropez (15. Juni), Antibes (11. Juli) etc.

Unterkunft

Man hat die Wahl zwischen Hotel, Jugendherberge, Ferienwohnung von Privat oder Profianbietern und Camping. Je nach persönlichen Ansprüchen und Vorlieben sowie Fülle der Brieftaschen. Reist man zur absoluten Hochsaison, Juli/August, muß man vor allem an der Küste vom Luxushotel bis zum Platz fürs Wildcampen mit Engpässen rechnen. Doch sind wir bislang immer noch irgendwie untergekommen.

✶Hotels

Als eins der Haupturlaubsgebiete Europas ist die Côte d'Azur/Provence natürlich reichlich mit Hotels versehen. Daraus aber den Schluß zu ziehen, dabei handele es sich um monotone Schlafretortenstädte, wäre ein bedauernswerter Trugschluß. Allerorts findet man die kleinen, familiär geführten Hotels, an die man immer gerne zurückdenkt.

Allgemein sind die preisgünstigen Hotels in Südfrankreich gut, wenngleich auch etwas unter deutschem Standard. Die offizielle Klassifizierung nimmt das Commissariat Général du Tourisme vor, indem es der NN (Nouvelles Normes, neue Normen) entsprechend Sternchen verteilt.

**** L	kriegen die Luxushotels ersten Ranges. Preislich beginnt es für's DZ bei etwa 3oo DM, meist wesentlich mehr,
****	sind ebenfalls Luxushotels,
***	bedeutet sehr komfortable Hotels,
**	Hotels mit gutem Komfort und
*	Stern mittlerer Komfort

Besonders zwischen 2- und 3-Sterne-Hotels ist die Grenze verschwommen. Meist liegt man damit aber nicht schlecht. Die Zimmer sind sauber, haben sogar oft Telephon und Fernseher. Preise für's Doppelzimmer in der Regel ab 6o DM, kann aber in Städten wie Cannes oder St. Tropez gut doppelt so teuer sein. In dieser Kategorie fiel auf, daß permanent sehr viel renoviert und verbessert wird. In ausgesprochenen Bruchbuden landet man selten.

1-Sterne-Hotels sind zwar billig (ab 4o DM, meist aber 6o DM) dafür jedoch recht simpel. Das Mobiliar ist fast ausnahmslos ziemlich strapaziert. Sich auf ein bißchen Schmutz, wenig Service und etwas triste Umgebung einzustellen, ist hier durchaus angebracht (auch wenn man oft eine ganz nette Atmosphäre vorfindet).

Manche Hoteliers haben die Unsitte eingeführt, daß man (besonders im Juli und August) zur Halbpension verpflichtet wird. Wer das nicht mag, sagt schlichtweg "Nein danke" (Non merci) und sucht weiter. Bei den Hoteltips in den einzelnen Orten haben wir das jeweils vermerkt. Erfreulich hingegen, daß in manchen Hotels günstigere Nebensaisonspreise praktiziert werden. Noch eins: Frühstück ist in Hotels meist teuer. Wesentlich billiger kommt es in den Café-Bars. Hat man Kind/Kinder dabei oder reist man zu mehreren Personen, gibt es bei Anfrage oft die Möglichkeit, ein Mehrbettzimmer zu bekommen oder es wird ein zusätzliches Bett aufgestellt.

Die Preisangaben bei den Orten verstehen sich für Doppelzimmer (DZ), also für zwei Personen, ohne Frühstück. Die Halbpensionspreise hingegen sind (falls nicht anders vermerkt) pro Person im Doppelzimmer aufgeführt.

✶Jugendherbergen

Juhes heißen in Frankreich "Auberge de Jeunesse" (A.J.) und sind recht dünn gesät. Deshalb nicht nur zu Hauptreisezeiten gut belegt. Für die Übernachtung braucht man einen internationalen Jugendherbergsausweis, den man auch erst in Frankreich erwerben kann. Qualität, Größe und Stil der Jugendherbergen ist sehr unterschiedlich. In den üblichen Punkten (getrennte Schlafsäle für Männlein und Weiblein, Juhe-Ausweis) herrscht meist strenge Zucht und Ordnung, während es sonst recht locker hergeht.

Die Häuser sind meist nicht mehr modern, die Fassaden bröckeln ab. Erfreulich ist, daß es fast überall Kochgelegenheit oder warme, billige Verpflegung gibt. Juhes sind in der Regel von 1o.3o bis 17 Uhr geschlossen. Für Übernachtung mit Frühstück 2o DM rechnen.

✶Ferienwohnung

Möblierte Wohnungen mit Kochgelegenheit, auch ganze Häuser sind eine Urlaubsunterkunft, die ständig mehr Freunde gewinnt. Sehr geeignet für Familien mit Kindern oder Urlaubscliquen.

Ferienwohnungen heißen in Frankreich "Meublées (touristiques)". Studio ist eine 1-Zimmer-Wohnung mit Kochnische, Appartement eine Mehr-Zimmer-Wohnung. Als Mindestmietdauer hat sich 1 Woche eingebürgert, was aber - besonders in der Nebensaison - kein undurchbrechliches Gesetz ist.

Es gibt professionelle und private Anbieter. Die professionellen vermarkten sich meist international (über Ferienwohnungsprospekte im Ausland, die man in heimischen Reisebüros kriegt). Meist handelt es sich hierbei um konzernmäßige Holiday-Makers, die übers ganze Land verstreut, möblierte Reißbrettwohnungen in Holiday-Villages anbieten.

Bei den Privaten geht es individueller und vielfältiger zu: Entweder bieten sie sich international über einschlägige Makler feil (z.B. ebenfalls in Ferienwohnungsprospekten). Oft sind es dieselben Vermittler wie bei den Profi-Holiday-Makers, oft auch Einzelkämpfer mit Kleinanzeigenkampagnen in den Reiseteilen größerer Zeitungen.

Vermarktung in Frankreich durch Makler: Es fallen für den Mieter von Ferienwohnungen keine Maklergebühren an, da diese vom Vermieter gezahlt werden. Kann man also durchaus ins Auge fassen.

Besser hingegen ist die Vermittlung durch die örtlichen Fremdenverkehrsbüros. Hier gibt es zwei Möglichkeiten: Wenn man schon (möglichst früh im Jahr) weiß, in welchem Ort und wann man Urlaub machen will, läßt man sich vom betreffenden Syndicat d'Initiative oder Office du tourisme eine Liste der Ferienwohnungen schicken, wählt daheim aus und reserviert (Anzahlung meist nötig).

Wer sich nicht festlegen will, geht - als zweite Möglichkeit - erst bei Ankunft im Urlaubsort auf's Touristbüro und reserviert sich seine Ferienwohnung. Dabei telephoniert in vielen Orten das Touristbüro für ein "Merci", also gratis, zwecks Vermittlung der Wohnung (näheres bei den einzelnen Orten). In der Nebensaison ist so meist problemlos an eine Wohnung zu kommen, zur Hauptsaison gibt es Engpässe.

Preisangaben sind schwer zu machen, da sie vom örtlichen Niveau der normalen Mieten abhängen, also Rentabilitätsfrage für den Vermieter sind. Es gibt Häuschen bei St. Maximin unter 1.000 DM im Monat, aber auch Top-Villen am Cap d'Antibes für 10.000 DM die Woche. (Was wiederum ein Schnäppchen wäre im Vergleich zur Luxussuite des Carlton in Cannes, wo man für gleiche Summe noch nicht mal eine Nacht kriegt.)

Kurz zusammengefaßt: Wer auf Nummer sicher gehen will, bucht vorab im Heimatland. Wer in der weiteren Planung seines Urlaubes flexibel bleiben möchte, probiert es aufs Geratewohl im Urlaubsort. Mit Ferienwohnungen fährt man als Familienurlauber recht günstig, vor allem, weil man selbst kochen kann. In Urlaubshochburgen der Côte d'Azur kostet eine 4-Personen-Kleinwohnung in der Nebensaison etwa 600 DM, zur Hochsaison fast das Dreifache.

✶Camping/Wohnwagen mieten

Frankreich ist Campingreich, hat die meisten Plätze Europas. Sie werden wie Hotels mit Sternen klassifiziert (u.a. wieviele Plätze pro Hektar, wieviele Toiletten und Waschbecken pro Person) und haben im internationalen Vergleich einen hohen Standard. Ab 3 Sternen befindet man sich schon (fast) im Camperhimmel (wenn man gelegentlich bei den Sanitäranlagen ein bis eineinhalb Augen zudrückt).

Billigplätze sind meist für Zeltler. Zwei Personen mit kleinem Zelt und

Auto zahlen dort etwa 15-2o DM pro Tag. Warme Duschen kosten extra. Braucht man dafür eine Marke, muß man nach "Jeton" fragen. Anspruchsvollere Plätze verlangen wenigstens das Doppelte.

Stromanschlüsse findet man auf fast allen Plätzen (zwischen 4 und 1o Ampère, Eurostecker mitnehmen, da fast nie Schukosteckdosen vorhanden), Wasseranschluß etwas seltener. Strom wird meist pauschal abgerechnet (als "branchement" oder "emplacement avec branchement"). Auf den besseren Plätzen für 4 Personen im Wohnwagen oder Wohnmobil mit Strom 35 bis 5o DM rechnen.

Fast alle Campingplätze (nicht nur die guten) sind im Juli/August ausgebucht, also Reservierung sehr empfehlenswert.

Tip (leider noch weltweit zutreffend): Campingplatzbesitzer wollen verständlicherweise verdienen. Klopft man also alleine oder zu zweit, als naiv ans Gute im Menschen glaubender Rucksacktourist im Juli/August an die Pforten eines Campingplatzes und bittet gnädigerweise um Einlaß, heißt es: "Complet", alles voll. Glatte Lüge ins unschuldige Touristen-Gesicht, jedoch Pokerface Campingplatzbesitzer (zur Hauptsaison jegliche menschliche Regung abgelegt) will nicht lediglich zwei, sondern wenigstens vier potentielle Sanitärversiffer pro Platzeinheit. Also: Camper aller Länder, vereinigt euch! Bildet wenigstens Vierergruppen, und ihr werdet Einlaß finden.

Auf zunehmend mehr Plätzen, mehr als jeder vierte in Frankreich, werden Wohnwagen oder Mobilehomes vermietet. Wer schon mal in Großbritannien oder USA Urlaub machte, kennt die Dinger. Campen wie Gott in Frankreich heißt Mobilehomes mieten. Diese Wohncontainer, meist 8,5o x 3 m bieten neben richtigem Klo, warmer Dusche, separaten Schlafzimmern und Einbauküche meist noch kleine Gartensitzgruppe und Strandnähe. Preislich knapp unter Ferienwohnungen offerieren sie zusätzlich den Vorteil der gesamten Campinganlage. Es gibt inzwischen Großanbieter wie HAVEN-VACANCES oder EUROCAMP, die gleich auf mehreren Plätzen vertreten sind. Die kleinen Mobilehome-Vermieter, z.B. FRED'S CARAVANS auf Camping Eden/Biot, sind meist etwas billiger.

Starke Preisschwankungen für Mobilheime je nach Region und Saison, meist 5oo-1.ooo DM/Woche für 4 Personen. In Toplagen noch mehr.

Campingplätze gibt es im beschriebenen Gebiet überall, jedoch haben sich einige Zentren herausgebildet. Für die Französische Riviera ist das die Gegend östlich von Antibes, bei Fréjus, um St.Tropez (Halbinsel) und die Halbinsel Giens bei Hyères. Auch im Verdon gibt es am Lac de Ste. Croix viele Plätze.

WILDCAMPEN

Mit dem Zelt verboten, auch um Waldbrand zu vermeiden. Wohnmobile müssen auf dem Campingplatz abgestellt werden. Allenfalls 1 Tag am

Straßenrand und selber Stelle ist (meist) genehmigt. Allerdings sind viele Gemeinden dazu übergegangen, an schönen Punkten Verbotsschilder aufzustellen, die auch unbedingt zu beachten sind, will man sich keinen Ärger einhandeln. Ärger droht auch, wer sich mit seinem rollenden "Home" häuslich z.B. vor reichen Villen niederläßt, oder in verbotene Forstwege reinfährt.

Problematisch kann es werden, wer am Strand im Freien schlafen will. Zunächst mal ist es bei der Bevölkerung nicht gerne gesehen, wenn Fremde an ihren meist im Umkreis von Teuerhotels/-Restaurants gelegenen Stränden den Schlafsack ausrollen. Die Polizei vertreibt. Allerdings nicht mit der "chemischen Betäubungs-Keule" (wie mehrfach publiziert wurde), sondern durch Ausweis- (Drogen-) Kontrolle und Strandverweisung bzw. Gefängnis. Zudem haben sich auf die nächtlichen Strandschläfer Diebe spezialisiert, die Besuch abstatten.

WALDBRAND:

Die Provence und speziell Côte d'Azur gehört zu den Waldbrand-gefährdetsten Gebieten Europas. In der heißen Sommerhitze ist das Land wie ausgedorrt, und die Maccia sowie harzhaltigen Bäume und Sträucher brennen wie Zunder.

Zum Löschen der alljährlichen Brände werden spezielle Löschflugzeuge (siehe Graphik) eingesetzt. Sie fliegen knapp über die Wasseroberfläche von Stauseen, wobei eine Art große "Schaufel" ausgefahren wird, die den Bauch des Flugzeuges mit Wasser füllt. Letzteres wird dann über den Bränden abgelassen. Ein für die Piloten sehr gefährliches Verfahren, da wegen der Hitze über den Bränden Luftturbulenzen entstehen. Auch ist hohes Geschick der Piloten nötig, um das Wasser zielgerecht und effizient zu plazieren.

Am Boden sind große Feuerwehr- Trupps zur Löschung nötig, mit Planierraupen werden Gräben gezogen, um das Feuer regional einzugrenzen. Insgesamt daher auch ein sehr teurers Verfahren. Daher herzliche Bitte:

* Keine Zigaretten wegwerfen, * striktes Verbot von Lagerfeuer! Wer erwischt wird, zahlt hohe Strafen. Auch weggeworfene * Glasflaschen können durch ihren Brennglas-Effekt zu Entzündung und Feuer führen!

Essen und Trinken

Knoblauchfans kommen voll auf ihre Kosten. Die Provence betrachtet sich als dessen "geistige Heimat". Früher aß man Knoblauch schon zum Frühstück (statt Marmelade) auf's Brot. Der traditionelle Pausensnack der Schulkinder war eine mit Knoblauch und Olivenöl bestrichene Stulle, das "chapon". Im Vergleich zur guten alten Zeit wird Knoblauch heute beinahe sparsam verwendet - aber immer noch reichlich.

Die weiteren Säulen der provenzalischen Küche sind Kräuter (Thymian, Rosmarin, Basilikum, Salbei, Lavendel...), Oliven und Olivenöl. Um diesen Zutaten etwas Fülle zu verleihen, ist alles Eßbare willkommen: Fische, Meeresfrüchte, Fleisch von Schafen, Rindern, Kaninchen, Ziegen, Schweinen, Wildschweinen, alle denkbaren Geflügel, Gemüse von Artischocke bis Zucchini. Unüberschmeckbar ist der italienische Einfluß, vor allem in Nizza. Es gibt da gute Pizza.

★Provenzalische Spezialitäten

AIOLI: im engeren Sinne eine Mayonnaise mit viel Knoblauch, manchmal mit Kartoffeln, Weißbrot oder Brühe gestreckt. LE GRAND AIOLI: ein Sommermahl aus gedünstetem Fisch, verschiedenen Gemüsen, gekochten Kartoffeln und Eiern. Das ganze wird mit viel Aioli genossen. Dazu ein Rosé aus der Provence.

BOUILLABAISSE: eine ganz spezielle Fischsuppe. In einer sämigen Brühe, der eigentlichen Suppe, wird möglichst vielerlei Fisch (Drachenkopf, Wolfsbarsch, Seeteufel, Meeraal, Petersfisch, Merlan, Langusten, Muscheln...) exakt gargekocht, damit nichts zerfällt. Wegen der verschiedenen Garzeiten ist die Zubereitung recht kompliziert. Dazu gibt es "rouille", geriebenen Käse und geröstete Brotscheiben. Jeder Koch hat sein Originalrezept. Bouillabaisse ist ein üppiges, nicht gerade billiges Essen. Selber kochen lohnt erst ab 2o Personen.

ROUILLE: eine scharfe, geknofelte Mayonnaise.

BOURRIDE: helle, mit Eigelb legierte Suppe mit großen Brocken weißfleischiger Fische. Dazu Aioli und geröstete Brotscheiben.

SOUPE AU PISTOU: Üppige Gemüsesuppe, gewürzt mit dem "pistou", einer Paste aus frischem Basilikum, Knoblauch und Olivenöl.

DAUBE: viele Arten, z.B. "Daube de lapin", "Daube des gardians", "Daube du pay varois" etc. Immer Fleischstücke, mit Knoblauch, Kräutern, Zwiebeln und je nach Art, Möhren, Tomaten, Mandeln und anderen Zutaten sowie stets mit Wein einige Stunden leise schmoren lassen.

AIDO und GIGOT FARCI A L'AIL: Lammschulter oder -keule mit Knoblauch, Olivenöl und Kräutern gefüllt und gebraten.

TIAN: im Ofen gebackener Gemüseauflauf. Je nach Saison unzählige Varianten möglich.

RATATOUILLE: Gemüseeintopf mit Zwiebeln, Auberginen, Paprikaschoten, Zucchini, Tomaten, Knoblauch, Kräutern und Olivenöl. Original zubereitet wird jedes Gemüse extra in der Pfanne mit Olivenöl geschmort. Erst dann wird alles vermischt und nochmals eine gute halbe Stunde durchgeschmort. Faulere Köche schmeißen gleich von Anfang an alles zusammen in einen Topf.

COURGETTES FARCIES: gefüllte, überbackene Zucchini. Auch mit Auberginen (aubergines farcies) oder Tomaten (tomates farcies).

ROUGETS GRILLÉS: gegrillte Seebarben. Grillfisch wird in der Provence übrigens nicht ausgenommen oder geschuppt. Wie uns ein Fischer erklärte, ist eine Seebarbe ohne Leber wie Paganini ohne Geige.

OLIVEN: gibt es auf hunderterlei Arten, klein und schwarz sind die Nizzaer, gemischt mit Kräutern und Knoblauch diejenigen aus der Provence.

TAPENADE: Paste aus Oliven (grün oder schwarz). Lecker auf Butterbrot zum Wein.

✶Nizzaer Spezialitäten

GNOCCHI: (sprich Njokki) kleine, längliche Rugby-Bällchen aus Weizengries nudelartig, italienisch anmutend oder nizzatypisch aus Kartoffelteig.

SALADE NICOISE: weltberühmter gemischter Salat, siehe Rezept.

PAN BAGNAT: runde Brote, die mit "salade nicoise" gefüllt werden und ordentlich mit Marinade durchtränkt (daher bagnat!) sein müssen.

SOCCA: dünner Pfannkuchen aus Kichererbsenmehl. Wird wie Crepes zubereitet und stückweise verkauft. Man ißt sie stark gepfeffert zum kühlen Wein.

FLEURS DE COURGES: in Teig ausgebackene Zucchini-Blüten.

PORQUETA: mit Innereien, Knoblauch und Kräutern gefülltes Spanferkel, bei dem der Kopf noch erhalten ist. Vom hinteren Ende werden Scheiben abgeschnitten. Ißt man wie Pastete. Original kriegt man sie noch in der Altstadt von Nizza.

PISSALADIÈRE: eine Art Pizza, aber bloß mit Zwiebeln, Oliven und

Sardellen belegt. Ohne Käse und Tomaten.

STOCKFISCH: Spezialität mit Geschichte! Der getrocknete, eingesalzene Fisch kommt schon seit dem Mittelalter aus Finnland und Norwegen. Er wurde gegen Olivenöl und Zitrusfrüchte getauscht. Aufwendig zuzubereiten, da er mehrere Tage lang in Wasser eingeweicht werden muß.

Restaurants

gibt es wahnsinnig viele, für alle Geschmacksrichtungen, Lebensstile und Geldbeutel. In den quirligen Ballungs- und Touristenzentren variiert das Angebot gemäß der Internationalität der Wirte: asiatische Boatpeople (mit Minirestaurants versuchen sie Großfamilien über die Runden zu bringen), Marokkaner und Tunesier (Couscous), Spanier (Paella), Elsässer, Bayern, Amerikaner (Mc's und Co.), Engländer, Nordfranzosen, Vegetarier, 3-Sterne-Köche, Nouvelle-Cuisine-Jünger, Halsabschneider... Im Hinterland werden die Restaurants eher bodenständig geführt.

Typisch ist das **MENÜ** (selbst internationale Fast-Food-Ketten haben es auf der Karte). Normalerweise eine gute Wahl. Das gleiche Essen à la carte käme etwa doppelt so teuer. Menü besteht aus wenigstens drei Gängen. Bei jedem Gang kann man aus mehreren Vorschlägen einen auswählen. Bei der Bestellung gibt man alles an, außer dem Nachtisch. Die schwere Entscheidung, ob man als Ausklang Käse, frisches Obst oder etwas Süßes will, wird erst nach dem Hauptgericht gefällt. In üppigeren Menüs ist der Käse, der vorletzte, eigene Gang. Brot und Leitungswasser gibt es gratis. Wird es nicht automatisch gebracht, einfach verlangen. Also, gegen den Durst braucht man nicht extra Mineralwasser bestellen. Für den Genuß schlürft man Wein.

Übliches Ritual der Franzosen ist es, nach dem Essen noch einen kleinen Kaffee zu nehmen, um die Rechnung besser zu verdauen. Man bittet die Bedienung die Rechnung zu bringen: "L'addition, s'il vous plait." Diskret wird sie auf einem Teller gebracht, wo man sie ebenso diskret begleicht. Hat man es recht, legt man die Summe (und etwas Trinkgeld) drauf und geht. Muß gewechselt werden, verschwindet die Bedienung erstmal mit dem Schein und bringt dann das Wechselgeld auf dem Teller zurück. Man läßt etwas Trinkgeld liegen und geht. Nach einem gemeinsamen Essen getrennt zu bezahlen ist unüblich und stellt ein oft schwer und - wenn überhaupt - nur mit vielem Hin und Her lösbares Problem dar.

BAR ist kein Nachtlokal, sondern das Lokal, wo man den kleinen schwarzen Kaffee zu jeder Tages- und Nachtzeit bekommt. Oft geht es gar nicht um den Kaffee, sondern um den Sitzplatz. Manche können stundenlang auf den Straßenterrassen sitzen, den Leuten beim Flanieren zuschauen, Zeitung lesen...

Natürlich gibt es auch Alkoholisches. Man nennt das je nach Tageszeit Apéritif oder Digéstif (Verdauungsschnaps).

Stehend am Tresen ist alles gerechterweise billiger als sitzend. Zum Beispiel der Pastis, ein klarer Anisschnaps, der mit Wasser aufgefüllt milchig wird. Je nach Geschmack mehr oder weniger Wasser. Es gibt den "Ricard" und "Pernod" (vom gleichen Hersteller Paul Ricard, der erste mazeriert, der zweite destilliert) und den "51". Eine Gewissensentscheidung! Spritzt man den Pastis mit einem Schuß Minzensirup, trinkt man "Peroquet". Für Kir wird "Creme de cassis" (schwarzer Johannisbeerlikör) mit Weißwein oder Champagner (Kir Royal) 1:4 aufgefüllt. Bier, auch alkoholfreies, ist stark im Vormarsch. Wer das alles nicht mag, trinkt Wein.

Für Kinder empfiehlt sich "Orange pressé" (frisch gepreßter Orangensaft). Aber meistens wollen die lieben Kleinen dann lieber Cola, Limonade (die schönen Flaschen der "Orangina" beachten) oder "Menthe à l'eau" (der knallgrüne, pappig-süße Minzensirup mit Wasser).

SALON DE THÉ ist das, was am ehesten unseren heimischen Vorstellungen von einem Kaffeehaus entspricht. Hier gibt es "Café au lait" (Milchkaffee), "Café creme" (mit Sahne), Capuccino und selbstverständlich Tee. "Thé" ist schwarzer Tee, "Infusion" oder "Tisane" ein Kräutertee. Dazu "Patisseries maison", süße Teilchen und Kuchen, die man in der Vitrine aussucht.

Wein

Der typische Provence-Wein ist der Rosé. Man trinkt ihn jung und kühl (8-1o Grad). Paßt zu jeder Mahlzeit. Rosé-Weine sind übrigens die ältesten Weine der Geschichte. Seine Farbe ist desto intensiver, je länger der farblose Traubensaft in einer Bütte mit der farbgebenden Traubenhaut zieht. Rot- und Roséweine werden aus den gleichen Rebsorten hergestellt, Weißweine (nur 5 % der Provence-Produktion) aus anderen.

QUALITÄTSKATEGORIEN:

A.O.C. (Appellation d'Origine Controlée): Weine mit kontrollierter Ursprungsbezeichnung. Unterliegen strengen Vorschriften bezüglich Anbau, Weinbereitung, Rebarten und Ertrag (Qualität statt Quantität).

VIN DE PAYS: z.B. "Vin du Var", also Landweine mit Ursprungsbezeichnung, d.h. definiertes Herkunftsgebiet. Meist gutes Preis-/ Leistungsverhältnis.

V.C.C. (Vin de Consommation Courante): Billigweine ohne Herkunftsbezeichnung, ein Massenprodukt.

In der Provence wurden Weinreben schon von Griechen und Römern gehegt. Es waren mit die edelsten Tröpfchen der Antike (nachzulesen bei Gajus Julius Cäsar). Der gute Ruf hielt sich wesentlich länger als die Römer, fast bis in unsere Zeit.

Doch dann fielen die Heerscharen der Touristen ein. Der Rosé war süffig, die Kehlen trocken, die Stimmung stieg, die Winzermoral sank. Das Ende vom Lied: Kater und Katzenjammer. Das Image der Provence-Weine war ordentlich angekratzt. Das wollten die Winzer letztlich doch nicht auf sich sitzen lassen und so achtet man seit einigen Jahren auf Qualität. Anstatt Massenträger werden wieder edle Rebsorten gepflanzt, z.B. Mourvèdre, Cinsault, Grenache, die bereits von den Römern hochgeschätzte Syrah und die älteste Rebsorte Tibouren. Prestigetröpfchen haben somit ihren - gerechtfertigten - Preis, aber auch billige Weine sind besser geworden.

"Côtes de Provence" mit A.O.C.-Prädikat dürfen sich nur Weine, die von bestimmten Anbauflächen stammen, nennen. Die Weinberge, insgesamt 18.000 Hektar, liegen größtenteils im Departement Var. Sie sind terrassenförmig an Berghängen angeordnet oder flach zwischen Kieferwäldern. Entsprechend der unterschiedlichen Standorte ist auch der Geschmack nicht einheitlich. Es gibt kräftige, leichte, würzige, blumige Rosé-, Rot- und Weißweine.

Bellet, ebenfalls mit A.O.C.-Prädikat, heißt der Weinberg Nizzas, ein nur 60 Hektar großes Anbaugebiet, ein Kuriosum. Diese guten Qualitätsweine kriegt man außerhalb Nizzas kaum zu kaufen.

Sehr gute Weine liefern auch die Anbaugebiete "Côteaux d'Aix-en-Provence" und "Chateauneuf-du-pape", "Côtes du Ventoux", "Côtes du Luberon", "Cassis", "Bandol" und einige Domainen "Côtes du Rhône".

Einkaufen

Die für Selbstversorger wichtigen Läden sind:

BOULANGERIE: Hier gibt es das "Baguette". Dessen größere Variante heißt "Restaurant" oder "Gros pain", die knusprige, kleine "Flute" und die noch knusprigere, noch dünnere "Ficelle". "Baguette à l'ancienne" wird mit feingemahlenem Vollkornmehl gebacken. Manchmal findet man "Pain de seigle" und "Pain cereale", grobes, kastenförmiges Vollkornbrot. Schmeckt hervorragend.

"Pain de campagne au feu de bois" (Landbrot auf Holzkohlefeuer gebacken) hört sich besser an als es schmeckt. Außerdem kriegt man die nicht ganz so gehaltvollen, süßen Teilchen wie "Croissants" oder "Pain au chocolat" (Kinder werden darauf süchtig).

PATISSERIE: Auf Brand- oder Blätterteig als Grundgerüst werden mit Sahne, Schokolade, Früchten, Zuckerglasuren, Marzipan und Nüssen verzehrbare Kalorienbomben geschaffen. Nicht immer halten sie dem Gaumen das, was sie dem Auge versprechen. Die größten Verführer sind die "Tartes", Obstkuchen, die mit Äpfeln, Birnen, Zitronen, Erdbeeren und allen erdenklichen Früchten belegt sind. Sehr lecker auch "Tarte au flan", mit Puddingauflage.

VIENOISERIE: Im Unterschied zur Patisserie gibt es hier zusätzlich große Sahnetorten ("Wiener Art"), "Foret noir" (Schwarzwälder Kirsch) und Sachertorten.

CONFISERIE: Das Edelste vom Edlen, hausgemachtes Zuckerwerk, Schokoladen, Pralinen, Bonbons, aber auch französisches Nougat und kandierte Früchte. Ein nicht ganz billiges Vergnügen.

Fleisch gibt es in der BOUCHERIE, Wurst und Pasteten in der CHARCUTERIE.

TRAITEUR: Pikante, leckere Pasteten, Fischpasteten, Salate mit und ohne Mayonnaise, Quiche, Frühlingsrollen, Paella... Man kann beim Traiteur für's Picknick einkaufen oder sich einen kleinen Snack zusammenstellen.

CREMERIE: Alle Arten von Käse, kleine Ziegenkäse in Olivenöl eingelegt, Brousse, ein ganz milder Schafskäse. Köstlich schmeckt auch "Fromage frais", ein sehr weicher, sahniger Quark, den es in 1-kg-Pötten zu kaufen gibt. Die Crèmerie-Abteilungen in den Supermärkten sind natürlich billiger und es lohnt sich auf jeden Fall erstmal dort nachzusehen, was man bekommen kann.

SUPERMARCHÉ: der Supermarkt, wo man alles bekommt, z.B. Casino, Genty etc. Sehr preisgünstig sind Leclerc oder Intermarché.

GRANDE SURFACE: Großkauf, Freßpalast, z.B. Carrefour oder Géant Casino. Hier gibt es alles: Essen, Kleidung, Campingartikel, Fernseher.

MARCHÉ: sympathischste Art, sein Essen einzukaufen. In vielen Orten ist vormittags Markt. Besonders das Gemüse- und Obstangebot lohnt sich. Und das Schönste: man darf sich nach Herzenslust selbst bedienen (ausgewählte Waren in die Körbchen oder Schüsseln tun, dann abwiegen lassen). Sollte sich wirklich da und dort ein Stand mit Schildern wie "ne pas toucher" (Nicht berühren) einschleichen, wird er kurzum boykottiert. Fleisch und Wurstwaren sind am Markt nicht immer preisgünstig.

EXTRATIP FÜR SELBSTVERSORGER: In der Tiefkühlabteilung der Supermärkte (z.B. Leclerc) kann man eine wirklich einwandfreie Fischsuppe (soupe de poisson) erstehen. Sie ist in 1-l-Plastikbeuteln eingefroren und wird mit ungefähr der gleichen Wassermenge erhitzt. Mit Rouille (im Supermarkt), geriebenem Emmentaler und gerösteten Brotscheiben ein schnell zubereitetes und preiswertes Festessen (kommt für 4 Personen auf keine 1o DM).

Manchmal werden in den Grand Surface kleine schwenkbare Grillgeräte aus Guß mit batteriebetriebenem Drehspieß ganz billig angeboten (ca. 3o DM). Lammkotelette, Fisch in Alufolie, Brathähnchen (funktioniert wirklich), alles gewürzt mit Knoblauch und "Herbes de Provence" sind so ohne großen Aufwand wesentlich preiswerter als im Restaurant zu haben. Mit Fischsuppe als Vorspeise und überzuckertem Brousse (siehe Crèmerie) als Dessert, begleitet von einem anständigen Wein kann man sich so ein leckeres, provenzalisches Menü selber kochen.

Groß ist die Versuchung, die vielerorts angebotenen frischen Nudeln und Ravioli zu probieren. Doch Vorsicht! Oft ganz schön gesalzene Preise. Auch das Nudelangebot an normalen, getrockneten Nudeln im Supermarkt ist recht einfallsreich.

REZEPTE:

EINGELEGTE OLIVEN:

je 1oo-15o g schwarze, grüne und violette Oliven
2 Teelöffel Provencekräuter
2-3 Lorbeerblätter
2 rote, getrocknete Chilischoten
bloß 6 Knoblauchzehen
1/2 Liter Olivenöl
Alles in ein genügend großes Glas füllen und wenigstens 4 Tage durchziehen lassen. Zwischendurch ein paarmal schütteln.

POULET A L'AIL (Knoblauchhähnchen)

Man braucht eine Terrine für den Backofen mit Deckel.
1 Hähnchen
1/2 Tasse Olivenöl
4 Eßlöffel - möglichst viele verschiedene - frische Kräuter (z.B. Thymian, Rosmarin, Lorbeer, Majoran, Petersilie, Fenchel, Schnittlauch, Isop)
Salz, Pfeffer
4o (in Worten: vierzig) Knoblauchzehen
wer will, ein Schuß Cognac
1 Tasse Mehl, Wasser
geröstetes Brot
Backofen vorheizen (2oo Grad). Olivenöl in Terrine leicht erwärmen. Hähnchen in vier Teile schneiden und in die Terrine legen. Kräuter, Salz und Pfeffer darüberstreuen und alles gut im Öl wälzen. Knoblauch (und gegebenenfalls Cognac) zugeben. Deckel schließen.
Aus Mehl und Wasser eine dicke Paste herstellen und den Spalt zwischen Deckel und Topf damit zustreichen, um die Terrine hermetisch abzuschließen. Ab in den Ofen. Nach 9o Minuten ist es fertig. Deckel öffnen und den Duft einziehen. Dazu gibt es geröstete Brotscheiben. Und nicht nur das Hähnchen, sondern auch den Knoblauch aufessen!

TOMATES PROVENCALES:

4 große Fleischtomaten
3 Knoblauchzehen
etwas frischer Thymian
ein paar Stengel Petersilie
4 Eßlöffel Olivenöl
Salz, Pfeffer und Zucker
Tomaten quer halbieren. Mit Salz, etwas Zucker, Pfeffer, Thymian, Petersilie und den durchgepreßten Knoblauchzehen würzen. Tomatenhälften in ausgefettete Form setzen, mit Olivenöl beträufeln. Bei 2oo Grad etwa 2o Minuten überbacken. (Original provenzalisch müßten die Tomatenhälften etwa 2 Stunden leise geschmort werden, so daß sie praktisch keine Konsistenz mehr haben. Uns schmecken sie anders besser.)

SALADE NICOISE:

Der "echte" besteht ausschließlich aus rohen Gemüsen. Viele Tomaten in Achtel schneiden, in Abständen 3x salzen, Gurke und Paprikaschoten in Stücke, Zwiebeln in Ringe. Je nach Saison Saubohnen oder Artischocken und Thunfisch oder Sardellen zugeben, niemals beides. Alles mischen. Nur mit Olivenöl beträufeln, kein Essig. Hartgekochte Eierscheiben und eine Handvoll kleine, schwarze Oliven darüberstreuen. Auf Salatblättern anrichten. Schmeckt aber auch gut, wenn man Artischocken oder Saubohnen durch gekochte (!) grüne Bohnen oder gar Kartoffeln ersetzt und den Stand mit Rotweinessig würzt.

Gespielt wird um die Ehre oder um Geld oder um beides. Die Spielregeln: 2 Mannschaften spielen gegeneinander. Zunächst wird ein Wurfkreis auf dem Boden markiert; er muß so groß sein, daß 2 Füße so Platz haben, daß man bequemen Stand zum Wurf der Kugeln hat.

Das Los entscheidet, welche der beiden Mannschaften beginnt. Deren erster Spieler wirft aus dem Wurfkreis zunächst das "Schweinchen", eine Holzkugel (meist Buchsbaumholz) mit ca. 25-35 mm Durchmesser, nennt sich in Frankreich "Cochonnet" oder "Cornichon" (= Gürkchen) bzw. in Südfrankreich "Bouchon". Das Schweinchen muß in einer Entfernung von 6-8 m vom Wurfkreis liegenbleiben.

Der selbe Spieler muß dann eine seiner Stahlkugeln (Durchm. 7o,5-8o mm, Gewicht bei Wettkampfkugeln ca. 65o-8oo g) so werfen, daß sie möglichst nah am Bouchon liegenbleibt. Es gibt nun verschiedene Varianten des Boule-Spieles: Nach der einen wirft zunächst die eine Mannschaft ihre Kugeln möglichst nahe ans Schweinchen, der Abstand wird ausgemessen und mit Punkten dotiert. Dann kommt die andere Mannschaft dran. Gewonnen hat, wer die meisten Punkte erreichte.

Nach anderer Variante spielen die einzelnen Teilnehmer pro Mannschaft abwechselnd gegeneinander, wobei man die zunächst günstig plazierte Kugel des Gegners im eigenen Wurf "wegditschen" kann. Gepunktet wird auch hier der möglichst nahe Wurf ans Schweinchen.

Im "Tête-à-Tête" spielen 2 Personen a 3 Kugeln gegeneinander, - im "Doublette" 2 Mannschaften a 2 Spieler und 3 Kugeln, - im "Triplette" 2 Mannschaften a 3 Spieler und 2 Kugeln. Am gebräuchlichsten ist jedoch die Spielform "Pétanque" mit Großmannschaften.

BOULES ist, zumindest auf dem Dorfplatz Lebensphilophie, Genuß und soziale Kommunikation, wobei sich ein Spiel entsprechend in die Länge ziehen kann.

SPORT

Ideales Urlaubsgebiet für Sportsfreunde. Es wird fast alles geboten, auch sehr Ausgefallenes wie DRACHENFLIEGEN, SEGELFLIEGEN (Fayence), LEICHTFLUGZEUGFLIEGEN (an manchen Stränden), KANU/KAJAK (an vielen Flüssen) oder FALLSCHIRMSPRINGEN (an kleineren Flughäfen).

Baden

Badeurlaub an der französischen Riviera ist heute die klassische Art, hier seine Ferien zu verbringen. Alleine das kleine Departement Alpes-Maritimes hat 115 km Küste, wovon 4o km Strand sind. Der größere Teil blieb wild. Deshalb findet man auch noch kleinere, ruhige Buchten. Ab Ende Mai bis in den Oktober sind die Wassertemperaturen hoch genug geklettert (18-24 Grad).

Die Wasserqualität ist im Vergleich zum übrigen Mittelmeer nicht schlecht. An einigen überfüllten Stränden riecht es aber im Juli/August stark nach Sonnenöl. Die angelegten Strände werden regelmäßig gereinigt. Sandstrände sogar mit Spezialmaschinen in aller Frühe 2o cm tief. Wer nicht zuviel Rummel mag sollte seinen Badeurlaub im Juni/September planen.

"Oben ohne" ist weit verbreitet, Nacktbaden hingegen nur auf speziellen FKK-Plätzen (siehe Ile du Levan).

Die chicsten Strände sind in Monte Carlo und St. Tropez. Schöne Sandstrände findet man aber viele, z.B. in Antibes/Juan-les-Pins oder Cannes. Ausgedehnte Kiesstrände zwischen Nizza und Antibes. Einsame Buchten gibt es auf den Halbinseln, am Corniche de l'Esterel zwischen Agay und Théoule-sur-Mer und vor allem auf den Lérins-Inseln.

Neben den vielen Freibädern geht Süßwasserbaden vor allem am Lac de St. Croix und am Lac St. Cassien. Achtung bei Stauseen. Oft ist Baden verboten, da zu gefährlich. Die Flüsse haben im Sommer meist zu niedrigen Wasserstand.

Windsurfen

Surfen zunehmend beliebter an der französischen Riviera. Vom Anfänger bis Halbprofi kommt jeder zu seinem Spaß. Am besten von nicht zu überfüllten Stränden aus. Die Küste des Departements Var steht etwas besser im Wind. Topstellen dort der "Brutal-Beach" in Sanary, die Rade von St. Mandrier oder "Le Marillon" in Toulon. Boardvermietungen allerorts (pro Stunde 2o-3o DM rechnen), meist an Privatstränden. Nicht immer hochwertiges Material. Leidenschaftliche Surfer nehmen am besten eigenes Brett mit. Manche Strandverleiher lassen auch unterstellen, was sehr bequem ist. Kostet 8 DM pro Tag.

Tauchen

Was wollen die letzten Fische im Mittelmeer am liebsten: Überleben! Also nicht Unterwasser jagen, sondern fotografieren.

Tauchschulen und Flaschennachfüllen in allen größeren Touristenorten. 5-Tages-Tauchkurse in 1oer Gruppen kosten etwa 45o-55o DM. Zu den schönsten Tauchgebiete im Mittelmeer zählen die Gewässer ums Cap d'Antibes, Agay-Anthéor, die Poquerolles-Inseln und die Callanques von Marseille. Zu sehen außer Meeresfauna und -flora auch Unterwassergrotten, abgestürzte Flugzeuge, verlorene Anker und Schiffswracks, darunter U-Boot Rubis.

Schnorcheln

Überall ein Vergnügen. Preisgünstige Ausrüstung kriegt man auch vorort. Bei der Maske soll der Rand dicht anliegen. Separate Schnorchel am besten ohne Verschlußball. Mundstück muß gut passen. Wegen der oft rauhen Klippen Flossen mit Gummifersen kaufen. Größe je nach Kraft, für Anfänger sind die nachgebenden, weichen Flossen zu empfehlen. Wer auf Luftmatratze mit Taucherbrille "schnorchelt", muß Nacken und Rücken vor der Sonne schützen! Nicht zu unterschätzen der Lupeneffekt knapp unter der Wasseroberfläche. Bei empfindlicher Haut deshalb mit T-Shirt schnorcheln.

Wasserski

Nach wie vor sehr beliebt, aber nicht einfach. 15 Minuten kosten meist 35 DM, 1oer Ticket 25o DM. Für Spezialisten an manchen Stränden auch Skurfs, mit welchen auch bei unruhiger See gefahren werden kann. Laut gesetzlicher Vorschrift müssen im ziehenden Boot wenigstens zwei Personen sein.

Bootfahren

Gefragtes Gebiet für Motorjachten und Segelschiffe, da allerorts Häfen und Marinas. Erhebliche Schwankungen für Liegegebühr (taxe dàmmarage) zwischen Haupt- und Nebensaison. Liegegebühr für 8x3,2o-m-Jacht im Sommer um 35 DM/Tag, sonst 1o DM/Tag. 1ox3,7o-Boot pro Monat 1.o5o/3oo DM. In manchen Häfen werden Liegeplätze auch verkauft. Die Preise ziehen einem die Schuhe aus: rund 5o.ooo DM für ein 12-Meter-Schiff.

Leute ohne Boot können bei den Bootsvermietern (sprechen alle Englisch) eines mieten. Kein billiges Vergnügen. Einen Catamaran bekommt man auch ohne Segelschein. Pro Stunde ca. 5o DM (Cat 16). Wer schon ein paarmal mitgesegelt ist, kommt schnell damit zurecht. Meistens bieten die Verleiher auch Kurse an. Kleinere Motorboote (ohne Schein) kosten ab 18o DM pro Tag, größere, z.B. 6 m/13o PS (5. Kat.) 54o DM. Segelschiffchen pro Woche ab 6oo DM in der Nachsaison, sonst gut das doppelte.

Bei Wettermeldungen heißen die Seegebiete in diesem Mittelmeerraum auf französisch "Ligure, Elbe, Minorque und Maddalena".

Segelkurse: bieten die Club Nautique in fast allen Küstenorten, meist sechs Halbtage um 2oo DM. Für Kinder ab 7/8 Jahren (müssen freilich schwimmen können) auf Optimist, sonst Cats etc. Ein Segelschein (den es in Frankreich noch nicht gibt) wird dabei nicht erworben.

Wildwasser

Kanu/Kajak wird an manchen Flußläufen der Seealpen und des Departements Var praktiziert. Schöne Flüße sind der Roya, Caramy zwischen Tourves und Brignoles, Aille in Vidauban, Siagne vor Montauroux und Verdon ab Castellane zum Pointe Sublime. Abfahrt des Argens-Flusses durch abwechslungsreiche südfranzösische Landschaft. Für die gut 1oo km 5-7 Tage einplanen. Ausgangspunkt ist Chateauvert, einige Kilometer nach der Argens-Queele in Saillans. Zunehmend beliebter auch das Paddeln entlang der Mittelmeerküste, sehr schön in den Callanques vor Marseille.

Angeln

Ein erholsamer Sport. Im Meer darf jeder fischen, für Binnengewässer benötigt man einen Angelschein. Den gibt's in Waffen- und Angelgeschäften, allerdings undurchschaubares Tarifsystem, da diverse Angelvereine untereinander im Clinch stehen. Angelschein demnach mit 5o-1oo DM nur für ein paar Stündchen im Urlaub teuer. Campingplätze oder Hotels an Flüßen gestatten ihren Gästen oft Angeln ohne Schein. Auch gibt es Weiher in Privathand, wo gegen Eintrittsgebühr geangelt werden kann. Fischreich sind Verdon, Lac St. Croix, Lac de Corcés (Toulon) und Lac St. Cassien, wo regelmäßig Karpfen über 2o kg gefangen werden (Rekord liegt bei 36,2 kg).

Tennis

Auf vielen Campingplätzen und den besseren Hotels gibt es Tennisplätze. Auch die auf gemeindlichen Sportplätzen kann man benützen.

An der Küste kostet die Stunde meist ab 2o DM. Für Nicht-Cracks gibt es Kurse, 1o Stunden ab ca. 25o DM.

In der Hauptsaison ist fast immer eine Platzreservierung nötig.

Highlight der Tennissaison ist Monte-Carlo-Open. Mitte/Ende April mit den weltbesten Spielern, wovon nicht wenige im Steuerparadies Monaco leben.

Golf

Seit 1971 Apollo-Astronaut Alan Shepard den ersten Drive auf dem Mond geschmettert hat, schießen Golfplätze in der westlichen Welt wie Pilze aus der Landschaft. Demnach in Südfrankreich große Auswahl. Nähere Angaben bei den einzelnen Orten. Da die Anzahl der Golfplätze schneller wächst als die Anzahl der Clubmitglieder, sind Touristen gerne gesehen. Einziges Handicap: die Hochpreispolitik. Für 18-Loch-Parcours ab 65 DM, meist aber mit 80 DM rechnen.

Der exklusivste Platz ist der Golf Country-Club von Cannes (in Mougins). Mitglieder sind u.a. der niederländische Brauer Heineken und die Wilkinsons (Rasierklingen). Wer in diesen Club eintreten will, braucht zwei Mitglieder (Aktionäre des Clubs) als Bürgen und sollte es nicht nötig haben, über Geld zu sprechen. Bei den anderen Clubs variiert der Jahresbeitrag zwischen 1.000 und 4.000 DM. Aufnahmegebühr je nach Club 1.000 bis 12.000 DM.

Reiten

Wie Golf absolut auf dem Vormarsch. Reitzentren gibt es in fast allen größeren Orten. Reitausflüge gehen hauptsächlich durch die umliegenden Wälder. Tagespreis liegt bei 125 DM, die Stunde bei 25 DM. Für Kinder gibt es meistens Ponies.

Große Pferderennbahn in Cagnes-sur-mer und Hyères.

Radsport

Nationalsport Frankreichs. An manchen Bahnhöfen werden Räder verliehen, in manchen Orten Mountain-Bikes. Am besten aber eigenes Velo mitbringen, da billiger.

Viel Spaß mit Mountain-Bikes vor allem im Hinterland und auf Porquerolles-Insel. Neben "Tour de France" ist "Paris-Nice" im März das große Radsportereignis in Frankreich.

Boules

An den sandigen Stadtplätzen kann jeder spielen. Ist aber nicht so leicht wie es aussieht. Die meisten Einheimischen haben es aufgegeben, den ausländischen Greenhorns die Regeln zu erklären.

Wandern

Die Region ist reichhaltig, sehr in Mode derzeit der Mercantour Nationalpark. Aber auch sonst vielerorts, sehr reizvoll das Esterelgebirge. Wandern ist in Südfrankreich noch naturverbunden: kaum Lifte, keine Brotzeithütten, kein Schilderwald von Wegweisern, sondern (meist) farbige Markierung an Steinen, Bäumen etc.

Beste Wanderzeiten sind Mai und Juni (alles steht in Blüte) und ab September bis Mitte Oktober.

Wandertips im Hauptteil dieses Bandes unter den einzelnen Ortsbeschreibungen, hier auch auf kürzere, leichtere Sachen von 1 oder 2 Std.

Wanderkarten kauft man am besten in den Zeitschriftenläden am Ausgangspunkt. Gebietskarten gibt es im Maßstab 1:25.ooo (gut ablesbare Höhenlinien). Für die Alpes-Maritimes existiert neben den IGN-Karten (série bleue) die neue Reihe "Carte-Guide Promenade et Randonnée". Für einfache Wanderungen ausreichend die "Carte-IGN-touristique".

Die Wanderwege werden jedoch nicht überall wünschenswert gut gepflegt. So kann es durchaus vorkommen, daß durch einen Erdrutsch der Weg unpassierbar wurde. Ungeübte (oder mit Kindern) sollten dann unbedingt umkehren. Es gibt genug einfachere Routen.

Noch eins zu den Zeitangaben: Wir haben versucht, Angaben für durchschnittliche Wanderer zu geben, die abschätzen lassen, ob man Verpflegung mitnehmen muß, ob man es mal nebenbei machen kann oder ob es Planung erfordert. Ein durchtrainierter Klettermax wird unsere Zeiten leicht unterbieten, während man mit Kindern, vollem Rucksack oder wenn man vor jedem Blümchen stehen bleibt (wie die Gabi) einiges hinzuzählen kann. Besonders reizvoll ist es, (auch kürzere) Wanderungen mit einem Picknick zu kombinieren. Etwas zu trinken sollte man immer dabei haben, Jausestationen wie in den österreichischen Alpen gibt es hier nicht.

In den Nationalparks werden oft Wanderungen organisiert. Manche stehen unter thematischem Schwerpunkt, z.B. die Tier- oder Pflanzenwelt im Mercantour. Auch mehrtägige Wanderungen mit Übernachtung in Hütten (Refuge). Auskünfte geben die Touristbüros.

Klettern ist ebenfalls möglich, neben den Alpen vor allem im Verdon. Auch im Department Var einige Gebiete, z.B. Faron bei Toulon und Roquebrune bei Fréjus, sowie Free-Climbing in den Callanques bei Marseille.

Unerfahrene sollten aber die Finger davon lassen. Klettern ist eine der schwierigsten Sportarten!

Drachenfliegen

Am Mont-Bastide oberhalb Monaco tummeln sich immer Drachenflieger. Zur Badesaison ist selbstverständlich die Strandlandung in Eze-Plage gefährlich. Weitere Zentren sind Gourdon, Bar-sur-Loup, bei Signes im Ste. Beaume-Massiv oder zwischen Le Castellet und Bandol. Die Clubs bieten Mitflug in Begleitung eines Lehrers für 1oo-13o DM und einwöchige Einführungskurse mit ersten Soloflügen für 7oo-95o DM.

Der französische Weitflugrekord liegt übrigens bei 287 km (Von Poitiers nach Millau).

Drachensteigen

Weniger gefährlich, da beide Beine auf dem Boden bleiben. Drachen basteln oder in Sportgschäften kaufen, heißen auf französisch "cerf-volant". Bei Wind ein Heidenspaß am Strand. Geht aber auch gut auf Anhöhen des Hinterlands, z.B. beim Gipfelkreuz oberhalb Garde-Freinet.

Langlauf-Stadtmarathons

Einige Städte veranstalten jährlich einen Lauf, z.B. Nizza oder Antibes. Mordsspaß bei geringer Teilnahmegebühr. Sieger kommt mit Bild in die Zeitung und erhält attraktive Preise. In Antibes gibt es für jeden als Trostpreis eine Blume.

Wintersport

In den Seealpen einige Skigebiete, z.B. Valberg (1 Autostd. von Nizza): zwar nicht schneesicher, dafür (leider) die umweltbelastenden Schneekanonen. In Isola 2ooo gibt's Skizirkus, Langlaufpisten, Motorschlitten etc. Alleine zum Skifahren nicht unbedingt lohnend. Wer aber gerne Ski fährt und im Winter an der Côte d'Azur weilt, könnte sich die Skier auf's Autodach schnallen (kann man auch vor Ort leihen).

Passivsport

Reiches Angebot: einige Fußball-Erstligisten (Marseille, Nizza, Cannes, Monaco), - Tennisveranstaltungen von Weltniveau (Monaco), - Golf (Cannes), - Segelregatten und Leichtathletik (Nizza) mit internationalem Niveau. Sehr verbreitet ist Rugby, für den, der es etwas herber mag. Viele Motorsportveranstaltungen: Nicht nur der Grand-Prix von Monaco oder die Rallye Monte Carlo, sondern auch regionale Rallyes und Motorbootrennen.

Pflanzenwuchs

Selten sieht man die Pflanzenwelt so vielfältig und abwechslungsreich, von der Wildnis bis zum Treibhaus. An der dichtbesiedelten Küste der französischen Riviera sind zahlreiche hochinteressante botanische Parks und Gärten mit seltenen exotischen Pflanzen (beinahe eine Genbank für Pflanzen) und überall viel Stadtgrün, alles bestens gehegt und gepflegt.

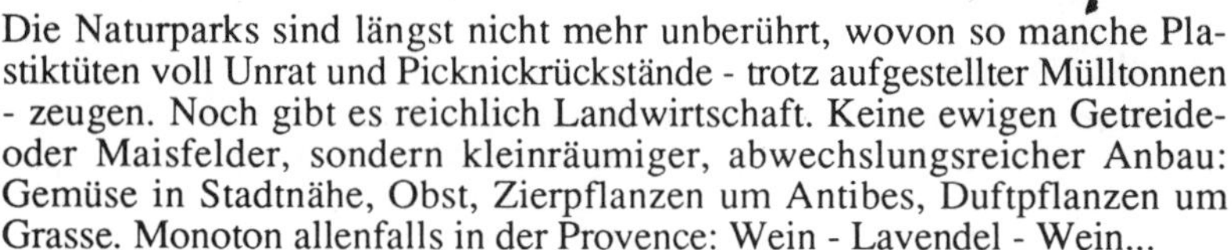

Die Naturparks sind längst nicht mehr unberührt, wovon so manche Plastiktüten voll Unrat und Picknickrückstände - trotz aufgestellter Mülltonnen - zeugen. Noch gibt es reichlich Landwirtschaft. Keine ewigen Getreide- oder Maisfelder, sondern kleinräumiger, abwechslungsreicher Anbau: Gemüse in Stadtnähe, Obst, Zierpflanzen um Antibes, Duftpflanzen um Grasse. Monoton allenfalls in der Provence: Wein - Lavendel - Wein...

DIE PFLANZEN IN WILDNIS UND NATURPARKS

Südostfrankreich blieb die vierte Eiszeit erspart, die anderswo zum gnadenlosen Vegetationskiller wurde. Viele Pflanzenarten sind heimisch und haben sich von hier aus wieder in andere Gebiete ausgebreitet. Im Mercantour-Nationalpark wurden an die 3.000 verschiedenen Pflanzenarten gezählt. Das sind nicht weniger als 3/4 derer ganz Westeuropas. Auf engem Raum hat man je nach Höhenlage, Bodenart und Exposition zur Sonne ein anderes Pflanzenbild.

Problempunkt: Wasser. Manchmal monatelang kein Regen. Doch gleicht die hohe Luftfeuchtigkeit einiges aus. Darüberhinaus haben die Pflanzen Survivaltricks gefunden (oder genauer: evolutionsmäßig erreicht), um trotzdem zu überleben: eine Möglichkeit ist, die Verdunstung über die Blattflächen herabzusetzen. Blätter werden zu kratzenden Dornen (ganz typisch: der Dornbusch in der Wüste), klein, nadelartig, rundlich, dick mit Wachs überzogen. Pflanzen scheiden ätherisches Öl aus (Duftpflanzen), das sie wie eine Schutzschicht umgibt. Eine andere Möglichkeit ist die Ausbildung von Überdauerungsorganen, die unter geeigneteren Bedingungen wieder austreiben, z.B. Zwiebeln, Wurzelstöcke, Rhizome.

GARRIGUE, die spärlich wirkende, mit nackten Felsen durchsetzte Landschaft gibt es auf den Hügeln um Vence oder bei Draguignan in Richtung Comps. Genau genommen versteht man unter Garrigue die Pflanzengemeinschaft der kalkreichen, oft steinigen Böden, die nicht landwirtschaftlich genutzt werden. Der Name kommt von dem provenzalischen Wort für Kermeseichen "garoulio". Typische Pflanzen: wilder Thymian, Rosmarin, Lavendel (ätherisches Öl) und die im Frühjahr blühenden Liliengewächse (Zwiebel), buschförmige Kermeseichen und Aleppokiefern.

MAQUIS, der Vegetationstyp der Silikatböden, ein üppiger, dichter, oft undurchdringlicher Buschwald von 2- bis 4-m-Höhe, wie z.B. im Esterelgebirge. Der Name leitet sich über Macchia von "mucchio", der korsischen Bezeichnung für Zistrose ab. Maquisards wurden die französischen Partisanen im Zweiten Weltkrieg genannt, da sie sich im Maquis bestens verstecken konnten. Neben der Zistrose (blüht im Mai/Juni) wachsen hier Erdbeerbaum, Myrthe, Baumheide, Ginster, grüne Eichen, Kermeseichen und Seestrandkiefern.

ADRET, die der Sonne zugewandte, also trockene Südseite der Berge. Die Farbe der natürlichen Vegetation ist eher bläulich grün, beispielsweise Lärchen oder Rotkiefern. Diese Südhänge nutzen die Bauern häufig für Gemüse- und Obstanbau. Mit Lesemäuerchen und Terrassen wurden sie urbar gemacht, in höheren Lagen dienen sie als Schafweiden.

UBAC, die feuchte Nordseite der Berge, saftig grün, z.B. Weißtannen oder Fichten. Das Ubac nützt der Mensch als Wald, eventuell Kastanien.

PINIEN: Pinien und Kiefern sind aus der gleichen Pflanzenfamilie, botanisch Pinus species.

Die Samen der Schirmpinie, Pinus pinea, heißen auch Pinien und sind eßbar. Sie fallen aus den großen, lockeren, kugelförmigen Zapfen heraus. Drumherum ist noch eine harte Schale, die mit schwarz-rotem Staub bedeckt ist. Auf pinien-beschatteten Spielplätzen (z.B. der Pinède in Juan-les-Pins) kann man die einheimischen Kinder beobachten, wie sie diese mit Steinen aufknacken und genüßlich verzehren. Schirmpinien erkennt man an ihrem im Alter schirmartigen Aussehen und den langen, dunkelgrünen Nadeln.

Kurze Nadeln hat die Aleppokiefer, Pinus halepensis, die auf steinigen, trockenen Kalkböden (Garrigue) vorkommt. Die dritte im Bunde heißt Seestrandkiefer, Pinus maritima, und hat extrem lange (2o cm) Nadeln und fest geschlossene, spitze Zapfen. Sie wächst auf trockenen, armen Böden. Aus ihrem Harz wird Terpentin gewonnen, das Holz geht an die Papierindustrie.

IMMERGRÜNE EICHEN: Kermeseiche (in der Garrigue) mit kleinen, stachelig gezähnten, harten Blättern, also ganz anders als Eichenblätter. Auf diesen Blättern leben die Kermesschildläuse, aus deren Weibchen man früher roten Lack herstellte. Die Steineiche liebt Kalkböden.

Kork

KORKEICHEN findet man vor allem im Mauren- und Esterelmassiv. Beim Korkschälen (= démasclage) wird die Korkschicht rund um den Stamm mit Äxten abgelöst. Das ist schwieriger als es aussieht, da die darunterliegende Rindenschicht nicht verletzt werden darf. Sonst würde der Baum absterben. Da der Kork für den Baum ein Schutzschild vor Überhitzung, Verdunstung und

Schädlingen ist, wird auch nur ein Stück des Stammes ausgezogen. Frischgeschälte Stämme sind ganz glatt und gelblich, später dunkeln sie rotbraun nach. Korkeichen rentieren sich erst nach vielen Jahren. Die erste Schälung erfolgt nach 15 Jahren. Zehn Jahre dauert es, bis jeweils wieder eine genügend dicke Korkkruste nachgewachsen ist. Erst ab der zweiten Ernte entspricht der Kork den Anforderungen für Flaschenkork.

Die BAUMHEIDE sieht ähnlich aus wie unser Heidekraut, kann aber meterhoch werden. Aus dem rotbraunem Wurzelholz werden die Bruyèrepfeifen hergestellt.

STADTGRÜN

Mildes Klima und ausreichend Wasser zum Gießen, was will der Hobbygärtner mehr? Genau das sagten sich die gewitzten Briten, die in der zweiten Hälfte des 19. Jh. die Côte d'Azur als Touristen entdeckten. Noblesse oblige! Geld spielt keine Rolle! Also ließ man sich prunkvolle Villen, umgeben von parkähnlichen Gärten herzaubern. Bepflanzt wurde nach dem Motto: Wenn schon heimische Gewächse, dann möglichst üppig, ansonsten vor allem ausgefallene Raritäten: Bougainvilleen aus Südamerika, Eukalyptus und Mimosen aus Australien, Kamelien aus China, Palmen aus den Tropen. Viele dieser Gärten stehen heute im Eigentum des Staates oder der Gemeinden bzw. sind gemeinnützige Stiftungen und somit der Öffentlichkeit zugänglich. Andere sind immer noch (britisches) Privateigentum, können aber manchmal nach schriftlicher Voranmeldung besichtigt werden.

PALMEN: Leitmotiv und Prestigepflanze. Zwei Arten sind besonders häufig, die chinesische Hanfpalme mit fächerartigen Wedeln und die kanarische Dattelpalme mit den typischen langen Palmwedeln. Sie trägt jedoch keine Datteln, sondern ungenießbare, holzige Früchte.

EUKALYPTUS: Der gute alte Käpt'n Cook brachte sie schon 177o nach Europa, hat sich jedoch erst vor gut 1oo Jahren dank der Akklimatisationsbemühungen des Botanikers Thuret in Antibes (siehe Jardin Thuret) so richtig eingewurzelt. Es gibt viele Arten, allesamt mächtige Bäume mit silbrig glänzenden, mehr oder weniger länglichen Blättern und einem glatten Stamm, wovon die Rinde häufig in Fetzen herabhängt. Zu bestimmten Zeiten strömen sie einen starken, würzigen Duft aus. Da der Eukalyptus schnell wächst und ein kräftiges, gieriges Wurzelwerk entwickelt, ist er sehr nützlich, um beispielsweise erosionsbedrohte Hänge wieder aufzuforsten oder Sümpfe trocken zu legen.

MIMOSEN: Nicht verwechseln mit der Sinnpflanze (Mimosa pudica), die ihre feingefransten Blätter bei der kleinsten Erschütterung zusammenklappt und Poeten an schüchterne Mädchen erinnert. Hier geht es um die australischen Mimosen (Acacia sp) mit den typischen fein zerteilten Blättern. Und eines Morgens im Februar stehen sie wie gelbe Wolken, die aus unzähligen, wolligen Kügelchen bestehen, da. Mimosenblüten sind ein zunehmend begehrter Exportartikel. Hauptanbaugebiet ist die Gegend um Cannes (8o % der Mimosen-Weltproduktion), wo den Mimosen der kalkarme Boden zusagt. Bei Waldbränden sind Mimosen sehr gefährlich, da ihr Holz funkensprühend herumspritzt. Bei den Waldbränden 1986 gab es so große Einbußen.

SUKKULENTEN sind in den botanischen Gärten von Monaco, Menton und Eze besonders vertreten. Zwei aus Mexiko stammende Arten haben sich hier so gut eingewöhnt, daß sie auch wild wachsen und als typische Mittelmeerpflanze gelten: Agaven mit gezähnten, dolchartigen, dicken Trieben. Nach etwa 15 Jahren treiben sie eine baumhohe Blüte und sterben danach ab, aber nicht ohne sich vorher durch Ableger vermehrt zu haben. Agaven sind ideal für Gießfaule, man sieht sie besonders oft an Tankstellen. Die andere heißt indischer Feigenkaktus (Opuntia ficus india) und ist mehr Unkraut denn Zierpflanze. Seine tellergroßen, stacheligen Glieder gehen auseinander hervor. Im Frühjahr blüht er gelb, ab August kann man die stacheligen Früchte (natürlich geschält!) essen oder Marmelade daraus kochen.

PLATANEN: im Sommer idealer Schattenspender, im Winter kahl. Der Stamm ist glatt und hellgrau, bräunlich, grünlich gescheckt. Platanen werden ähnlich wie Korbweiden geschnitten. Aus den übriggebliebenen, dicken Knoten schießt ein Schopf neuer Triebe. Manche Kronen sind sehr ausladend und überschatten ganze Dorfplätze. Als Alleebäume wirken sie wie ein grüner Tunnel.

ZÜRGELBAUM, ein weiterer Schattenspender auf Dorfplätzen, ganz typisch für die Provence.

MAULBEERBÄUME wurden im Mittelalter zur Seidenraupenzucht eingeführt. Der "Gute König René" schuf damit für Aix einen neuen Erwerbszweig. Die himbeerartigen Früchte sind übrigens eßbar.

MAGNOLIEN wirken sehr edel. Sie haben große, seerosenartige, weiße Blüten und ganz dunkelgrünes Laub.

ZYPRESSEN sind landschaftsprägend, ob einzeln, in Gruppen, als Allee oder Hecke. Stets lang, schmal und kerzengerade.

OLEANDER, sehr robuste, ganzjährig grüne Heckenpflanze. Steckt Trockenheit und Autoabgase locker weg und blüht dabei im Juli und August wunderbar.

EFEU umrankt hohe Baumstämme, bildet dichte Hecken, gibt alten Häusern Patina und deckt Bausünden zu. Es gibt viele Efeuarten, mit kleinen oder großen, dunkelgrünen, fast weißen, gelbgerandeten oder gescheckten Blättern.

LANDWIRTSCHAFTLICHE PFLANZEN

Seit Jahrtausenden bewirtschaften hier Menschen das Land. Schwerpunkt liegt bei pflanzlichen, gärtnerischen Produkten wie Wein, Obst, Schnittblumen, Zierpflanzen, Gemüse und Oliven. Den Fleiß der Vorfahren sieht man an den terrassierten Berghängen. Das Anlegen war eine Schufterei, die ganze Generationen auslastete.

OLIVENBAUM, gilt gewissermaßen als Leitpflanze des Mittelmeerraumes. Wo der Ölbaum wächst, herrscht mediterranes Klima. Vor 2.5oo Jahren führten die Griechen ihn in der Provence ein. Den silbergrauschimmernden Bäumen mit bizarr verkrüppelten Stämmen, die einen Umfang von 4 Meter erreichen können, sagt man nach, daß sie unsterblich sind. Es ist in der Tat beeindruckend, mit welch zähem Lebenswillen diese Bäume immer wieder austreiben, selbst wenn sie am Rande verkehrstosender Straßen stehen, zubetoniert bis zum Kragen, zurückgeschnitten bis auf den Stumpf.

Tausendjährige Exemplare sind keine Seltenheit, z.B. im Cimiez-Park Nizzas. Erst nach 2o-25 Jahren bringt der Olivenbaum vollen Ertrag. Wenn man also einen Olivenhain anlegt, genießt man die Früchte seiner Arbeit erst im Austrag.

Zur Olivenölgewinnung werden verschiedene Pressungen vorgenommen, die immer minderwertigeres Öl ergeben, die letzte Pressung ist für die Seifenindustrie, der Rest Viehfutter. Hochwertiges Speiseöl liefert ausschließlich die erste, kalte Pressung (extra vierge). Nur das sollte man kaufen, es ist es wert. Hochwertiges Olivenöl kann, wenn es kühl gelagert wird (z.B. im Kühlschrank) ein trübes Aussehen bekommen, was der Qualität jedoch nicht schadet. Beim Erwärmen verschwindet die Trübe wieder.

CITRUSFRÜCHTE gedeihen vor allem in den milden Gegenden der Côte d'Azur, beispielsweise um Menton (Zitronenfest). Die Provence ist fast schon zu rauh. Weil die Schalen viel ätherisches Öl enthalten, heißen sie auch Ölfrüchte oder Agrumen. Bunt und kugelrund hängen sie 15 Monate in den Baumkronen. Vor der Ernte in den Wintermonaten brechen bereits die neuen Blüten auf. Außer den allseits bekannten Orangen, Mandarinen, Zitronen und Pampelmusen gibt es noch die Pomeranze, eine wilde, bittere Orange, aus der man den Curacao-Likör oder Marmelade (englische Orangenmarmelade!) macht, die Bergamotte, woraus Bergamottöl gewonnen wird, sowie die Zitratzitrone, welche praktisch nur aus Schalen für Zitronat besteht. Citrusbäume sind sich im Aussehen alle sehr ähnlich, manche haben Dornen.

LAVENDEL, die Duftpflanze der Provence. Kleine, rundliche, etwa kniehohe Sträucher mit blaugrauen, schmalen, also nadelartigen Blättern. Für die Provence ist der Lavendel ein Segen. Seit Beginn unseres Jahrhunderts wird er im provenzalischen Hügelland und vor allem um den Mont

Ventoux intensiv gepflückt und ab den 5oern systematisch angebaut. Violette Lavendelfelder in der Blüte - je nach Art von Mai bis August - sind eine herrlich duftende, bienensummende Augenweide.

Der echte Lavendel (Lavendula vera) ist eine Heilpflanze und wirkt bei Verbrennungen, Insektenstichen, Schnittwunden, Husten, Erkältung und sogar gegen Diphterie und Typhus. Lavendelessenz wird hauptsächlich aus der Lavendelart "Großer Speik" gewonnen und kommt in Seifen, Parfum und Waschmittel. Ein Teil der knapp 1.ooo Tonnen Jahresproduktion wird direkt von der Parfumindustrie in Grasse verbraucht. Hauptexportland sind die USA. Preiswertes, nettes Mitbringsel sind die mit Lavendelblüten gefüllten Duftsäckchen für den Kleiderschrank.

SCHAFE

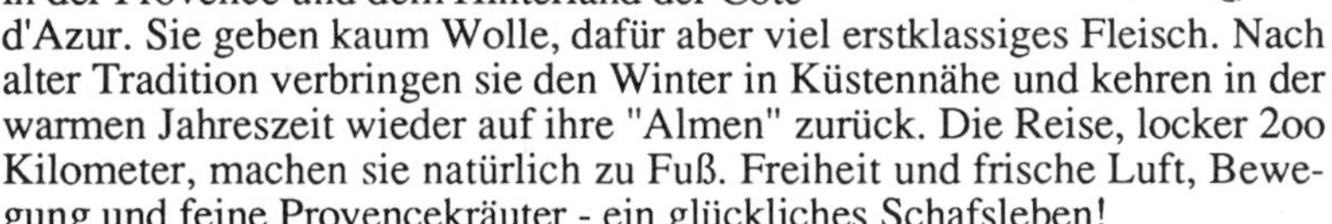

Obwohl sie in vielen ehemaligen Schäfereien durch Touristen ersetzt wurden, gibt es immer noch 5 Millionen robuste, wanderfreudige Schafe in der Provence und dem Hinterland der Côte d'Azur. Sie geben kaum Wolle, dafür aber viel erstklassiges Fleisch. Nach alter Tradition verbringen sie den Winter in Küstennähe und kehren in der warmen Jahreszeit wieder auf ihre "Almen" zurück. Die Reise, locker 2oo Kilometer, machen sie natürlich zu Fuß. Freiheit und frische Luft, Bewegung und feine Provencekräuter - ein glückliches Schafsleben!

Wer Schaffleisch kaufen will, muß folgende Kategorien kennen:

Agneau de lait: 3-6 Wochen alt, 1o-2o Kilogramm. Hat nur Muttermilch zu sich genommen.

Agneau blanc: etwa 1oo Tage alt, 3o Kilogramm schwer, hat außer Muttermilch schon Kraftfutter gefressen.

Agneau gris: 6-12 Monate alt, 4o Kilogramm, hat gute Kräuter gefressen, ist gewandert und durchtrainiert, daher gute Fleischqualität.

Brousse ist ein ganz milder Schafskäse, der sehr lecker schmeckt. Als Nachspeise wird ein Stückchen Brousse mit Zucker überstreut.

Große Schafmärkte sind in Salon (6.-22. Mai), in Arles (3.-2o. Mai) und im provenzalischen Alpenstädtchen Guillaumes (16. Sept., 9. Oktober).

Tip für Wandersleute: Niemals sich dabei erwischen lassen, in Tiertränken zu baden oder planschen, so sehr das bei klarem Gebirgswasser verlockt. Kann Ärger mit den Schäfern geben. Wer erwischt wird, darf die Tränke säubern und dies zu Recht!

GESCHICHTE

★Prähistorie

In Südostfrankreich wurden erste menschliche Spuren bereits 300.000 Jahre vor unserer Zeitrechnung nachgewiesen (andere Quellen sprechen von 400.000 und noch mehr Jahren). Auf dem heutigem Stadtgebiet Nizzas hausten damals Jäger in Grotten, deren Werkzeuge man fand. Sie werden zweifelsfrei ins fortgeschrittene Acheuléen eingeordnet. Daraus schließt man, daß der Raum Nizza zu den ältesten besiedelten Gebieten der Menschheitsgeschichte zählt. Unser direkter Vorfahre, der Cro-Magnon-Mensch (30.000-20.000) hinterließ aufschlußreiche Spuren in der Gegend von Nizza bis Menton. Die Skelettfunde (z.B. in Grimaldi-Grotten von Menton) sind Grabfunde. Demnach war die Kultur schon so weit entwickelt, daß es Begräbnisriten gab, was Grabbeilagen, mit Ocker gefärbte Leichname u.ä. beweisen. Dabei sind zwei Dinge bemerkenswert: der Cro-Magnon-Mensch glaubte wohl schon ans Jenseits und entwickelte Kunst (Schmuckgegenstände, Skulpturen als Grabbeigaben).

★Griechen und Römer

Die Mittelmeerkolonisation der Griechen wird auf das Jahr 600 v. Chr. (als Gründung Marseilles) festgeschrieben. Von den damaligen zahlreichen Bewohnern weiß man nicht allzuviel. Es handelte sich jedenfalls um Ligurer, ein vorindogermanisches Volk, das bis Genua und Oberitalien verbreitet war. Entlang der Küste hatten sie Stützpunkte und betrieben in recht bescheidenem Umfang Handel. Ziel der griechischen Kolonialisten war es ebenfalls zu handeln. Auf der Positivseite ihrer Aktivitäten steht vor allem die Einführung nützlicher Pflanzen, wie Olivenbaum oder Weinstock. Desweiteren beschränkten sich die Griechen auf die Gründung von Handelskontoren entlang der Küste. Mit den Ligurern vermischten sie sich in vorsichtiger Distanz. Man mißtraute ihnen, ließ sie nicht hinter die Stadtmauern. Gleichzeitig bedrängten die Kelten die Ligurer von Norden her. Der Grundstock für ein Völkergemisch war gelegt.

Da die aufstrebenden Römer ein straßenverkehrsorientiertes Volk waren, kamen sie sich zunächst mit den seefahrenden Griechen nicht in die Quere (z.B. Nizza: Nikaia am Meer griechisch und gleichzeitig, sogar ergänzend im Landesinneren an der Straße das römische Cemenelum). Sie drangen etwa 150 bis 50 v. Chr. in das Gebiet ein, hatten aber ständig Querelen mit den keltisch-ligurischen Stämmen.

Es gelang ihnen die Befriedung. Sie gründeten Städte, bauten Handelsstraßen (z.B. Via Aurelia) und machten das Gebiet zur römischen Provincia. Noch heute wird der östliche Teil Südfrankreichs deshalb "Provence" genannt. Südfrankreich bildete eine der Lieblingskolonien des römischen Weltreiches (vgl. Fréjus).

Erste christliche Einflüsse waren bereits im 2. Jh erkennbar, wenig später zeigten sich Vorboten der Völkerwanderung. Im 4. und 5. Jh. gewann das Christentum zunehmend an Bedeutung. Die Völkerwanderung löste das römische Reich schließlich auf.

★Die Provence auf dem Weg zur Vereinigung mit Frankreich

Das 8./9. Jahrhundert war geprägt von Überfällen der "Sarazenen", der damalige Sammelbegriff für (nordafrikanische) Araber. Sie plünderten und brandschatzten die gesamte Küste und siedelten sich in den Mauren an. Gegen diese Piratenüberfälle schützte sich die Bevölkerung durch den Bau von Wehrdörfern, den "Villages perchés". Auf felsigen, schwer zugänglichen Hügeln wurden enge Dörfer aus den vorgefundenen Natursteinen erbaut. Besonders im heutigen Departement Alpes-Maritimes gibt es jede Menge davon, die berühmtesten sind EZE, ST. PAUL-DE-VENCE und GOURDON.

Die Provence als ein Reich gab es im Grunde nie. Immer war das Land östlich der Rhône ein Spielball der Mächtigen, um den geschachert und gekämpft wurde.

Nach dem Zerfall des Frankenreiches Karl des Großen wurde die Provence als Niederburgund (auch Arelat genannt) erstmals Königreich. 935 vereinigte sich Hoch- und Niederburgund zum Königreich Burgund. Obwohl seit 1o33 unter Hoheit des Kaisers des Heiligen Römischen Reiches Deutscher Nation, herrschten und intrigierten relativ selbständig die kleinen Fürstenhäuser in der Provence. Einige Städte, etwa Nizza oder Marseille, hatten sich sogar frei erklärt. Durch Heirat fiel die Provence 1246 an den Königsbruder Karl von Anjou. Unter der Herrschaft des "Guten Königs René" (14o9-148o) erlebte die Provence eine Blüte, was sich v.a. an der aufstrebenden Hauptstadt Aix-en-Provence zeigt.

Doch änderte das an dem Einfluß anderer Mächte wenig. 1297 wurden die Grimaldis erstmals Herrscher von Monaco, 13o9-1376 regierten die Päpste, weltlichen Lebensfreuden nicht abgeneigt, in Avignon unter dem Einfluß des französischen Königshauses. Ein Zeichen des Zerfalls des Hl. Römischen Reiches. 1365 gab der deutsche Kaiser seinen Anspruch auf die Provence auf. 1388 kam die Grafschaft Nizza an Savoyen. 1481 vererbte schließlich der Neffe des "Guten Königs René d'Anjou" die Provence der französischen Krone.

Weiterhin trafen die Auswirkungen der Weltgeschichte die Provence hart. Kriegerische Auseinandersetzungen brachten immer wieder Leid und Not für die Bevölkerung mit sich: Begonnen beim Zwist zwischen König Franz I. und Kaiser Karl V., bis hin zum österreichischen Erbfolgekrieg, wo 1746 Ludwig XIV. die Savoyen bei Antibes besiegte. Das Ganze wurde von verheerenden Pestepidemien (1629 und 172o-22) begleitet.

★Die Provence nach der Französischen Revolution

Mit nur knapper Verspätung kam auch die Französische Revolution mit Mirabeau an der Spitze in die Provence. Deren Technokraten formten drei Departements: Bouches-du-Rhône, Var und Basses Alpes.

Zwei Städte bildeten eine Ausnahme: Nizza wurde für kurze Zeit zum Zufluchtsort der davongejagten Adeligen und Toulon wollte unter allen Umständen royalistisch bleiben. Die Touloner gingen sogar soweit, daß sie die Stadt an die Engländer auslieferten, also so etwas wie ein kleines Gibraltar auf französischem Boden werden wollten. Kein geringerer als Napoléon Bonaparte setzte diesem Vorhaben militärisch ein Ende.

Überhaupt sollte der kleine Korse immer wieder hierher kommen: 1799 landete er nach seinem siegreichen Ägypten-Feldzug in St. Raphael, 1814 wurde er von hier in die Verbannung nach Elba verschifft. Doch schon 1815 landete er wieder in Golfe-Juan um seinen Triumphzug auf der "Route Napoléon" nach Paris zu beschreiten. Nochmals hundert Tage war er an der Macht, bis er für immer nach St. Helena verbannt wurde, wo er 184o an Magenkrebs starb.

Ab 186o gab es nochmals eine Machterweiterung Frankreichs, indem Nizza, Menton und Roquebrune hinzukamen. Über das Fürstentum Monaco hatte man Schutzherrschaft und ab 1865 eine Zollunion.

★Der Zweite Weltkrieg

Nach 1933 wurde Südfrankreich Asyl vieler Emigranten aus Hitlers NS-Staat. Allerorts liest man bekannte Namen in den Chroniken. Zeitweise lebten hier beispielsweise Thomas Mann, Erwin Piscator, Arnold Zweig, Bertolt Brecht, Siegfried Kracauer, Lion Feuchtwanger, Alfred Döblin, Max Ernst, Hermann Kesten, Bruno Frank oder Walter Hasenclever.

Obwohl Antifaschisten, wurde es mit Kriegsausbruch für die deutschen Flüchtlinge knüppelhart. Als feindliche Ausländer kamen sie zusammen mit gefangenen Nazis in französische Internierungslager, z.B. in die alte Ziegelei Les Milles bei Aix-en-Provence. Walter Hasenclever wählte bei Annäherung der deutschen Truppen dort am 21. Juni 194o den Freitod.

Erste Kriegsauswirkung war die italienische Okkupation von Menton.

Der deutsch-französische Waffenstillstand 194o teilte das unterlegene Frankreich in die nördliche, von Deutschen besetzte, und die südliche, autonome Zone (Vichy-Regime des Maréchal Pétain). Viele Emigranten hofften über Marseille in die Freiheit zu gelangen. Besonders schlimm wurde es für Juden, da das Vichy-Regime selbst starke antisemitische Tendenzen hatte. Nach dem Waffenstillstandsbruch der Deutschen 1942 unterstützten manche aus diesen Reihen die Judenverfolgung. Eine der letzten Refugien blieb die italienisch besetzte Côte d'Azur. 2o.ooo hatten alleine in Nizza Unterschlupf gefunden. Nach Mussolinis Sturz im Jahre 1943 wurden sie erbarmunglos gejagt und in Konzentrationslager gesteckt.

Für viele zu spät, im August 1944, wurde die Provence befreit. Unter Führung der 7. amerikanischen Armee des General Patch und mit französischen und britischen Truppen begann am 15. August in den frühen Morgenstunden die überraschende Aktion. Die deutschen Truppen ergaben sich in Toulon am 26. August, in Nizza am 3o. August. Die Kämpfe waren verheerend und hatten große Schäden zur Folge, besonders in Toulon.

✶Geschichte des Tourismus

1988 feierte man bombastisch das 1oojährige Bestehen der Côte d'Azur. Stephen Liégard schrieb 1888 einen Reisebericht über die Riviera, das er "Côte d'Azur" nannte.

Tatsächlich entdeckte aber bereits 1763 der schottische Schriftsteller Tobias Smollett mit seinen Reiseberichten die französische Riviera für reiche, britische Touristen. Sein Arzt hatte ihm empfohlen, eine Lungenkrankheit am Mittelmeer auszukurieren. Aus gesundheitlichen Gründen verbrachten fortan Schwindsüchtige der besseren Kreise Londons ihren Winterurlaub an der Côte, in Hyères, Nizza und Cannes. Ein medizinischer Irrtum, wie man heute weiß. Dabei stand aber keinesfalls das Meer im Interesse der Touristen (auch wenn sich Smollett bereits mit entblößtem Oberkörper ins Meer warf), sondern das milde Klima in Meernähe. Baden gingen hauptsächlich Einheimische, und das derart, daß sich der Nizzaer Stadtrat am 3o. Mai 1856 gezwungen sah ein Gesetz zu erlassen, welches das Schwimmen im Meer ohne Badehose untersagte.

Die reichen Ausländer ließen sich Luxusvillen im Belle-Epoque-Stil erbauen, eine imposanter als die andere.

Anfangs war die Anreise überaus strapaziös. Von Calais bis Nizza benötigten sie gut 14 Tage, dabei wurden mehr als 1oomal die Pferde gewechselt. Aber erst kurz vor ihrem Reiseziel kam die Hauptschwierigkeit: zur Überquerung des Flußes Var wurden die noblen Dämchen auf die breiten Schultern starker Einheimischer gesetzt, die kräftigen Hände hielten sie an den Oberschenkeln. Empfindliche Moralapostel entsetzte das in ihrer schmutzigen Phantasie.

Grundlegend änderte sich das mit dem Anschluß der Côte ans Eisenbahnnetz (Nizza 1864). Damit brach der erste Boom des Massentourismus über die französische Riviera herein. Die gekrönten Häupter Europas verbrachten ihren Winterurlaub traditionell hier. Dementsprechend wurde gebaut: Hotelpaläste, Privatschlösser, Casinos... Angereist kamen sie in Luxuszügen, u.a. dem berühmten "Orientexpress", der eine eigene Stich-Strecke an die Côte unterhielt. Bahnhof in Paris der "Gare de Lyon", wo heute Deckengemälde der Badeorte zur Jahrhundertwende an die Côte d'Azur erinnern. Das Bahnhofsrestaurant heißt übrigens "Train bleu".

Eine gravierende Veränderung dieser Entwicklung brachte der 1. Weltkrieg und das damit verbundene Verschwinden der Monarchien mit sich. Nach einer neuen Klientel wurde Ausschau gehalten. In geringem Ausmaß wurde bereits seit dem 19. Jh. im Meer gebadet. Dabei trug man allerdings volle Montur, die Damen beispielsweise anfangs weite, meist bläuliche Hemdchen, später Schnürleibchen, an den Fesseln gestraffte Pumphosen, darüber neckische Röckchen mit vielen Schleifchen. Das erscheint uns heute recht prüde, jedoch schien auch das seine Reize zu haben: nach dem Bade klebten die Hemdchen hauteng auf der Haut, unter der Montur trug man zwecks erotischerer Figurbetonung Korsetts.

Doch so richtig an eine Badesaison glaubte kaum jemand. Erst als der Nizzaer Wirt Baudoin einen Film über Floridas Badestrände sah, kam ihm eine geniale Idee: er kaufte das Casino von Juan-les-Pins, einen Topstrand, eröffnete ein Restaurant, Unterhaltung wurde geboten (Dolly Sisters)... und auf einmal waren sie da: die Touristen, die Investoren, all die Leute, die aus der Côte d'Azur eins der bedeutendsten Urlaubsgebiete der Welt machten.

Wie es weiterging? In Juan-les-Pins präsentierte man in den zwanziger Jahren unzüchtige, eng anliegende, beinfreie Badeanzüge, 1922 brachten die Amerikaner die sündige Jazzmusik mit, 1931 wurde auf den Porquerolles-Inseln das erste FKK-Dorf Europas gegründet. Alle Welt war entsetzt, aber auch neugierig.

Es ging stetig aufwärts: 1925, Coco Chanel lanciert mit gebräunten Schultern (bislang war man auf noble Blässe bedacht) in Grasse ihr weltberühmtes Parfum "No. 5". 1947: das erste Filmfestspiel findet in Cannes statt. 195o: B.B. läßt sich in St. Tropez nieder, wo 1971 Mick Jagger Bianca ehelicht. 1973 stirbt Pablo Picasso bei Cannes, 1982: der neue Festivalpalast in Cannes wird eingeweiht...

Buchtip: "Bon Voyage, die Goldene Zeit des Reisens 185o-195o", exzellenter gestalteter Text/Bildband zur touristischen Entwicklung insbes. auch Côte d'Azur, Monaco Spielcasino, Form des Reisens und vieles mehr. Erschienen bei Heyne, 68 DM.

Maler der Provence/Côte d'Azur

Die großartigen Lichtverhältnisse, aber auch Motive machten ab Mitte des 19./Anfang 2o. Jh. die Region zur Heimat der bedeutendsten Künstler der modernen Malerei.

Schon seit Mitte des 15. Jh. hatte die Malerei Tradition in Südostfrankreich. Inspiriert von der italienischen Renaissance genoß die Malerschule um LOUIS BREA (144o-1533) in Nizza ("les Primitifs") hohes Ansehen. Werke in Kirchen der Region. Berühmtester Maler Ende des 18. Jh. war JEAN-HONORE FRAGONARD (1732-18o6): geboren in Grasse brachte er viele galante Szenen auf die Leinwand, u.a. auch angeblich im Kloster auf der Insel St. Honorat (siehe Seite 172).

PAUL CEZANNE (1839-19o6) wurde in Aix geboren und verbrachte viele Jahre seines Lebens hier. Er gilt als Wegbereiter der Modernen Malerei und beeinflusste u.a. den Kubismus (Details siehe ab S. 341).

IMPRESSIONISTEN: Berthe Morisot war zeitweilig in Nizza, Claude Monet in Antibes, Paul Signac ließ sich in St. Tropez nieder.

AUGUSTE RENOIR (1841-1919) und einer der bedeutendsten Impressionisten, wählte Cagnes-s.-M. an der Côte d'Azur zu seinem Alterssitz wegen der idealen Lichtverhältnisse und des milden Klimas. Renoire litt stark an Rheuma und erhoffte sich Besserung. Seine landschaftlich großartig gelegene Villa "Les Collettes" heute Museum, Details siehe Seite 137.

Renoir, geboren in Limoges kam aus sehr armer Familie. Sein Vater war Schneider und konnte vom Lohn kaum die Familie ernähren. Sohn Pierre Auguste begann mit der Porzellan-, aber auch Wandmalerei, um Geld fürs Leben zu verdienen. 1862 hatte er so viel Geld auf die Seite legen können, um sich in die Akademie Gleyres einzuschreiben, wo er auch Claude Monet kennenlernte, der ihn Maltechnik sehr inspirierte.

Themen Renoirs sind das Licht, Lebensgenuß (beispielsweise in Gartenrestaurants), insbesondere aber auch der weibliche Körper. Im Lauf der Jahre verband ihn enge Freundschaft mit Monet, wobei nicht selten beide Maler das gleiche Motiv malten und sich im Vergleich gegenseitig inspirierten.

In der berühmten Ausstellung der Impressionisten 1874 war auch Renoir vertreten. Ab 1881 verschiedene Reisen, so nach Algerien und Italien, 1883 Guernesey/Kanalinsel. Zwischenzeitlich hatte Renoir so große Bekanntheit und Beliebtheit erreicht, daß er durch Aufträge in guten finanziellen Verhältnissen lebte.

Im Gegensatz anderer Maler plagten ihn die letzten rund 2o Jahre seines Lebens weniger die Finanzen als die Gicht: Renoir konnte sich den Kauf seiner relativ feudalen Villa in Cagnes leisten und bemerkt positiv "ich zumindest kann noch malen, während Degas in seinem Atelier fast erblindet ist...". Tod 1919 in Cagnes-sur-Mer.

HENRI MATISSE (1869-1954) widmete sich der Malerei ab 188o und erfuhr Anregung zunächst durch Cezanne. Ähnlich wie andere Genies entwickelte er jedoch seinen eigenen Stil, der stark graphisch geprägt war, Farbflächen in Kontrast gegenübersetzte und mit Formelementen harmonisierte. 1917 ließ sich Matisse im Nizza-Villenviertel Cimiez nieder. (Heute Matisse-Museum "Villa les Arenes", siehe Seite 125.) Sehenswert auch die "Chapelle du Rosaire"/Vence, die Matisse gestaltete (S. 2o3).

RAOUL DUFY (1877-1953) zunächst mit Matisse einer der führenden Vertreter der "fauves" (der "Wilden"). Die Fauves schufen ihre Bilder mit großen Farbflächen, die wegen der Effekte von Farbe und Farbkontrast wirken. Dies stand in krassem Gegensatz zu den Impressionisten, der Meister der feinen Farbnuance.

Ähnlich wie Matisse fand Dufy seinen eigenen Stil: Dufy in heiter anmutende Landschaftsschilderungen u.a. der Côte d'Azur, bei denen die Farbe lebt und zusammen mit leichtem und lebendigem Pinselstrich viel an Atmosphäre rüberbringt.

GEORGES BRAQUE (1882-1963) verdiente sein Brot zunächst im Handwerk des Anstreichers, schloß sich jedoch wegen Talente nach 19o3 den Kunstmalern hier "fauves" an. Er entwickelte u.a. mit Picasso den Kubismus, führte die Kollagentechnik in die Moderne Malerei und lebte zeitweilig im Norden von Cannes.

FERNAND LEGER (1881-1955) begann Lehrzeit in einem Architekturbüro und widmete sich der Malerei ab ca. 19oo. Zunächst beeinflußt von Paul Cezanne kam er über Kubismus zu eigen entwickeltem Stil einer geometrischen Abstraktion. Museum in Biot bei Antibes.

MARC CHAGALL (1887-1985), in Weißrußland geborener Kosmopolit, pendelte zwischen seiner Heimat, Frankreich und USA. Er ist einer der phantasiereichsten modernen Künstler in Umgang mit Form und Farbe.

Neben Gemälden der Leinwand (z.B. fantastisch schönen Liebesszenen!) war Chagall in vielen anderen Bereiche tätig, so Deckengemälde der Pariser Oper, in Buchillustrationen, Bühnendekoration, aber auch Glasfenstern (z.B. Jerusalem 1961) und Mosaiken (z.B. Chicago 1974). 1949 wählte er als Hauptwohnsitz VENCE oberhalb von Nizza, 1965 Übersiedelung ins benachbarte Künstlerdorf ST. PAUL-DE-VENCE.

Weitere Künstler der Moderne wählten die Côte d'Azur zum Domizil, so Jean Cocteau in Menton (Musée J. Cocteau), Nicolas de Stael (Antibes, dort Exponate im Picasso-Museum) und Hans Hartung. In St. Paul-de-Vence auch die bekannte FONDATION MAEGHT, ein Kulturzentrum mit wechselnder und ständiger Ausstellung moderner Kunst, so Miro, Leger, Chagall, Matisse.

PABLO PICASSO (1881-1973), geboren in Malaga/Spanien, verbrachte in Südfrankreich den Großteil seines Lebens.

1896 Kunstschule Barcelona, 1897 Kunstakademie Madrid, ab 19oo oft in Paris und 19o4 endgültige Übersiedlung. In den 2oer Jahren besuchte er das Gebiet um Antibes. Es gefiel ihm an der Côte d'Azur so gut, daß er im Lauf seines weiteren Lebens hier mehrere Häuser hatte, - so 1947 im Ort Vallauris (Seite 151), 1958 kaufte er das Schloß in Vauvernagues (S. 344, östl. von Aix), in seiner Villa "Notre Dame de la Vie" im Ort Mougins bei Cannes (S. 169) starb er 1973, beerdigt jedoch im Park seines Schlosses.

Auch heute leben viele Künstler an der Côte d'Azur. Die vielen Galerien in den bekannten Städten (vor allem St.Paul-de-Vence, Nizza, Cannes und Cagnes-sur-mer) verschaffen den Malern nötige Anerkennung und Einkommen. - Zudem viele MUSEEN, Details siehe Text.

PROVENCE/CÔTE D'AZUR - ZWEI MYTHEN

Vorweg gesagt: So leicht man auch die Begriffe Provence und Côte d'Azur in den Mund nimmt, so schwer sind sie wiederum geographisch, geschichtlich und politisch einzuordnen (siehe Kapitel Geschichte).

Es hat sich eingebürgert, unter PROVENCE in etwa den Teil Südfrankreichs östlich der Rhône zu sehen, ohne freilich allzu exakte Grenzstriche zu ziehen. Die vielzitierte "Region Provence-Alpes-Côte d'Azur" ist jedenfalls räumlich wesentlich größer als das provenzalische Gebiet. Provence dabei aber nicht mit "Province" (Provinz) verwechseln. Bewohner der französischen Hauptstadt verstehen darunter alles außer Paris.

CÔTE D'AZUR ist im Grunde nur die wohlklingende Namensgebung eines Schriftstellers, was die Tourismusbranche zu Werbezwecken in den allgemeinen Sprachgebrauch eingeführt hat. So kann man (je nach eigener Interessenslage) darunter die Küste zwischen Menton und Cannes verstehen (Leute, die hier Immobilien besitzen und Geschäfte betreiben), - oder aber die gesamte französische Riviera bis Hyères/Toulon (Leute, deren Immobilien und Geschäfte nicht zwischen Menton und Cannes sind).

Nach obiger Definition müßte die Côte d'Azur als Teil der Provence bezeichnet werden. Das paßt aber auch wieder nicht, da sich beide Gegenden - besonders in ihrer jeweiligen Lebensart - wenig ähneln.

Die Provence, ursprünglich das Land der Schäfer und der Fischer, ist auch heute noch weniger dicht besiedelt. Alles wirkt ländlich, man spricht im provenzalischen Dialekt. Als Tourist sieht man sein Klischeebild bestätigt: weite Weingüter, Getreidefelder, Lavendelduft, vermischt mit Salbei, Thymian und Rosmarin. Schafherden am Wegrand unter südlicher Sonne, daneben ein leise plätschernder Bach. Kleine Dörfer mit patinierten, geschachtelten Häusern. Am Platz sitzen Leute auf einer Bank neben dem

Brunnen unter der Platane... Welche Gemütlichkeit, Lebenslust! Man nimmt sich Zeit. Das ist "savoir vivre"...

Eine Pseudoidylle: gerade in den kleineren, abgelegeneren Dörfern gibt's hohe Landflucht. Die Leute am Brunnen sind eher Rentner, und im Dorf kaum noch Jugend. Diese verdienen ihren Lebensunterhalt als Kellner oder Zimmermädchen an der Küste, oder in einer Fabrik bei Marseille. Oft gibt's nur für 4-5 Monate einen Job. Danach heißt es Arbeitslosenunterstützung beantragen und schwarz arbeiten, etwa bei der Ernte oder am Bau.

Ganz anders die Côte d'Azur, vor allem zwischen Menton und Cannes. Eine reiche Gegend. Laut Statistik sind 37 % der Bevölkerung des Departements Alpes Maritimes auch hier geboren. Das heißt aber noch lange nicht, daß die Familien schon seit mehr als zwei Generationen an der Côte wohnen. Der offizielle Ausländeranteil beträgt 1o %, die Hälfte davon aus Tunesien, Algerien und Marokko, ein Viertel Italiener. Keiner spricht gerne über seine Vergangenheit. Jetzt ist man hier, man hat es geschafft. Eine mondäne, chice Welt mit internationalem Flair. In der Nachbarschaft wohnt immer wenigstens ein Künstler, Millionär, Star oder Starlet.

Dabei gibt es auch Gemütlichkeit, nur ist sie paradoxerweise mit einem Touch von Hektik und Geschäftigkeit verbunden. Gemütlichkeit bedeutet hier, in Straßencafés sitzen, Flanieren und vor allem gut leben und leben lassen, aber auch Geschäfte machen und Geld haben. Man läßt sich zwar nicht auf die Füße treten, ansonsten aber herrscht sehr große Toleranz.

Wirtschaftlich geht es der Côte d'Azur hervorragend. Nicht nur der Tourismus ist bedeutend, wenigstens ebensoviel verdient man mit Spitzentechnologie. Besondere Bedeutung hat hierbei Sophia Antipolis, ein Technologie-Park in der Nähe Nizzas, der in manchen Gebieten die Führungsrolle in Europa übernommen hat. Ähnlich Silicon Valley (nur kleiner und weitgehend ohne Umweltschäden) hat sich dort eine "neue urbane Zone" herausgebildet, die materiellen Wohlstand mit hohem Freizeitwert verbindet, kurz High-Tech plus High-Life.

Literatur:

Bildbände

M. Meuth/B. Neuner-Duttenhofer: Provence. Küche, Land und Leute. Ein prachtvoller Band mit ca. 7oo Farbfotos, ca. 15o Rezepten und Texten, die einen zum Selber-Erleben motivieren, empfehlenswert. Droemer Knaur Verlag, 252 Seiten, 98 DM.

A. Décotte/M. Bruggmann: Provence und Camargue. Farbfotos, die Landschaft und Leute zeigen, feuilletonistische Texte zu Geschichte, Essen, Trinken etc. Silva Verlag, 19o Seiten, 58 DM.

Jaccques Thirion: Romanik der Côte d'Azur und der Seealpen. Für kunstgeschichtlich Interessierte ein sehr informatives und kenntnisreiches Buch. Zodiaque-Echter Verlag, 5oo Seiten, 6 Farbtafeln, 147 s/w Abb., 68 DM.

I. Tetzlaff (Hg.): Licht der Provence. DuMont Reise Dokumente. Interessante Zusammenstellung von Reiseberichten bekannter Schriftsteller über die Provence. Von der Landschaft über Bauten und Städte bis zu kulturgeschichtlichem. 253 Seiten, mit 14 Farb- und 43 s/w-Fotos, 32 DM.

Naturführer

Lippert/Podlesch: Pflanzen der Mittelmeerküsten, erschienen bei Gräfe und Unzer, München. Sehr viele Farbfotos zur Bestimmung von Blütenpflanzen, Bäumen und Sträuchern des Mittelmeerraumes. Der handliche Führer ist nach Blütenpflanzen aufgebaut sowie mit einer ausführlichen Beschreibung zur Bestimmung versehen. 254 Seiten, 4oo Farbfotos, 4oo Zeichnungen, 28,8o DM.

P. u. I. Schönfelder: Was blüht am Mittelmeer, Kosmos-Naturführer. Handlich, die jeweilige Seitfußleiste mit Kurzschlüssel zu Blütenzeit, Vorkommen, Größe der Pflanze, hervorragende Texte und Fotos! 32o Seiten, mehr als 3oo Farbfotos, 1oo Farbzeichnungen, 39,8o DM.

Reisigl/Danesch: Mittelmeerflora. Kleines, handliches Buch, das eine Auswahl der weitverbreitetsten und interessantesten Arten vorstellt. Hallwag Verlag, 144 Seiten, 2o4 farbige Fotos, 14,8o DM.

Romane

Patrick Süskind: Das Parfum. Die Geschichte eines Mörders. Diogenes Verlag, 1985. Makabrer Kriminalroman, der im Parfumhersteller-Milieu spielt. Schauplatz ist zum Großteil Grasse und sein Umland. 32o Seiten, 29,8o DM.

Otto Rombach: Der gute König René. Fischer Taschenbuch. Der König, der in Aix-en-Provence residierte, war ein Zeitgenosse Jeanne d'Arcs, die auch mehrfach im Buch in Erscheinung tritt. Sehr lebendig und interessant geschrieben. 9,8o DM.

Karten

Euroregionalkarte Provence: 1:3oo.ooo, RV-Verlag. Zeigt das Gebiet San Remo bis Nimes und nördlich bis zum Lac Léman. 12,8o DM.

Michelinkarten: gelten nicht nur in Frankreich als d e r Standard. Michelin No. 84 deckt praktisch das gesamte Zielgebiet ab. Wer nur die Côte d'Azur und Hinterland bereist: die noch detailliertere Michelin No. 195 (Maßstab 1:1oo.ooo), dort auch Wanderwege.

Magazine

OLIVE, deutschsprachiges Magazin der Côte d'Azur-Provence, erscheint alle zwei Monate. Gibt es in sämtlichen Kiosken mit internationaler Presse an Küste von Menton/ Nizza bis Marseille. Liefert Infos zu Veranstaltungen und Background zu aktuellen Themen, auch Wirtschaft, Immobilien (Kleinanzeigenmarkt), Kochrezepte etc.

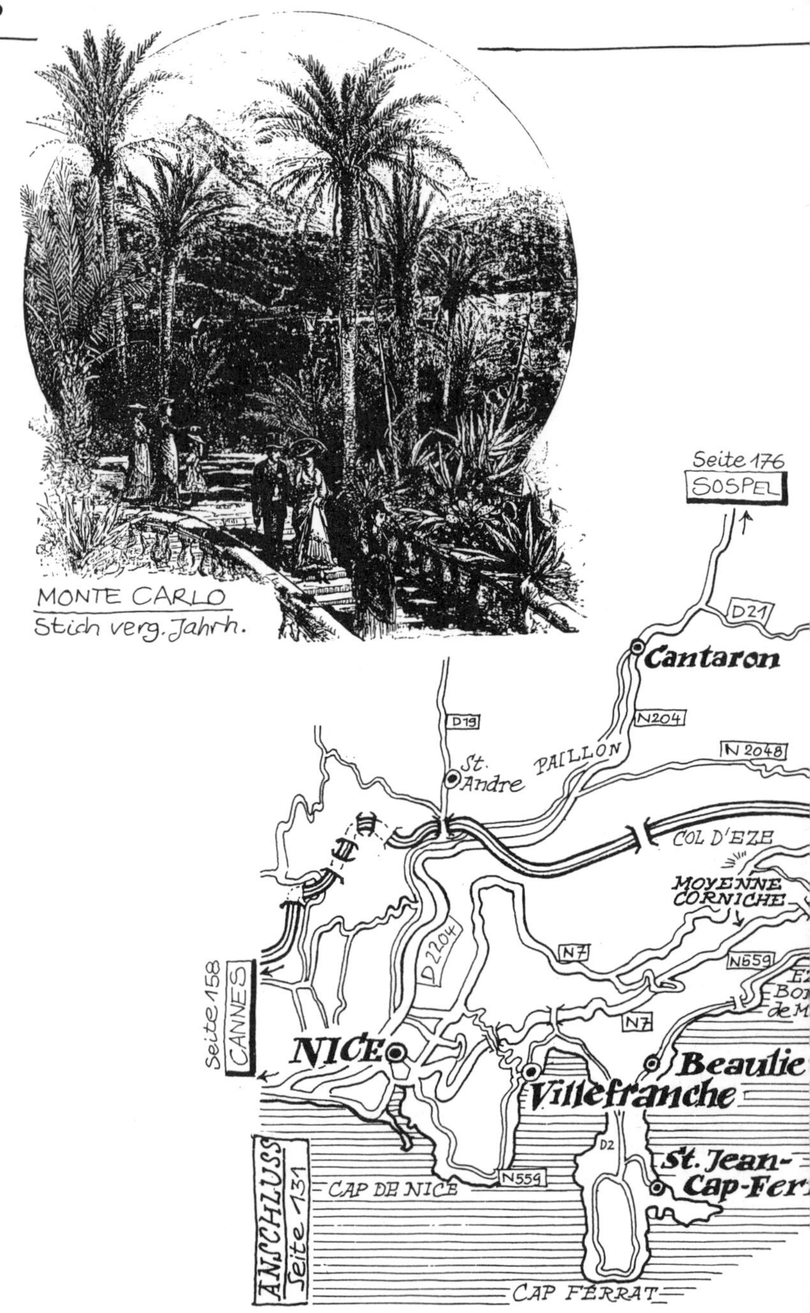

MONTE CARLO
Stich verg. Jahrh.

Côte d'Azur

Menton ⟶ Nizza

Felsige Steilküste bis Nizza, die Alpen reichen bis ans Meer.

Im östlichen Teil des Kernlandes der Côte d'Azur: schöne Buchten, kleine Bergdörfer mit steilen, verwinkelten Gäßchen und mittendrin das kleine, aber reiche und weltberühmte Fürstentum Monaco.

Die Orte bis Nizza gehören eher dem gediegenen, klassischen Tourismus: hübsche Hotels in alten Herrschaftshäusern, exquisite Lokale, aber auch preisgünstige, kleine Restaurants, Spielcasinos, Museen und sehr viele schöne Möglichkeiten für Spaziergänge oder für lohnenswerte Ausflüge ins Hinterland.

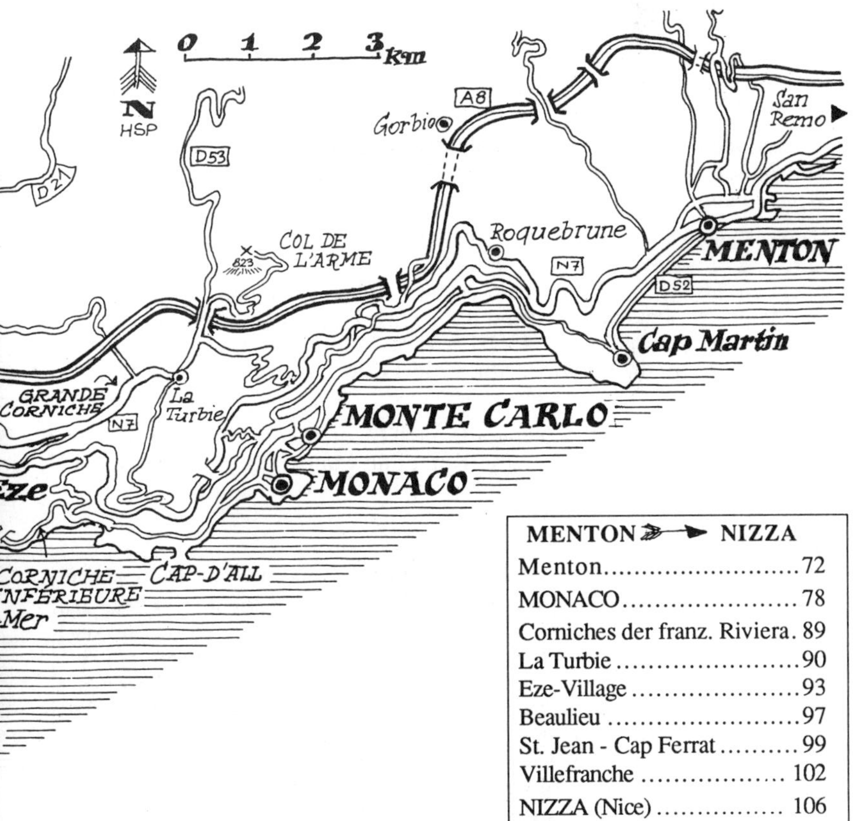

MENTON ⟶ NIZZA

★Menton (3o.ooo Einw.)

Mit steilen Hängen und terrassierten, blühenden Hügeln beginnt bei der Zitronenstadt Menton gleich nach der italienischen Grenze die Côte d'Azur malerisch und zeigt sich sofort von ihrer mildesten Seite. Die Winter sind warm, da mistralgeschützt, im Sommer weht eine kühle Brise vom Meer her. Zitronen, die sonst bereits bei 3 oder 4 Minusgraden absterben, gedeihen hier prächtig, und selbst Bananen und Datteln reifen (mit etwas Glück). Gärten und Parkanlagen protzen in üppiger Fülle.

Im Gegensatz zum italienischen Charakter Nizzas wirkt das Städtchen sehr französisch, besonders ums Casino herum. Hier scheint man auch die Nase etwas hoch tragen zu müssen, humorlos bourgeois. Charme findet man in der Altstadt um die enge Rue Longue und in der Hafengegend.

Menton weist zwei Rekorde auf, die die Lokalpatrioten entweder hinauf- oder herunterspielen: Dem wärmsten Winter an der Côte d'Azur legen die Mentonesen gerne ein paar Grade zu und den Zahlen, die den höchsten prozentualen Rentneranteil Frankreichs (3o % der Stadtbewohner) kundtun, sprechen sie jeglichen Wahrheitsgehalt ab. Da seien die Zweitwohnsitzler und Touristen irrtümlich mitgerechnet worden!

An der Bucht "Golfe de la Paix" findet man gepflegte Strände. Der östliche Teil davon wird "Baie de Garavan" genannt, was "gare le vent" (kein Wind!) heißt, also auch schlecht Surfen möglich.

Menton bietet zwei große Festivals: Das Zitronenfest ("Fête du Citron", Eintritt 11 DM, Bälle 8o DM) im Februar, wo Tausende von Südfrüchten, Zitronen, Orangen, Mandarinen zu farbreichen Ornamenten im Bioves-Garten geschmückt werden, und das Festival der klassischen Musik ("Le Festival de Menton"), seit 45 Jahren im August mit Weltstars (Karten zwischen 1o und 1oo DM). Über die Feste informiert das Office du Tourisme.

Wie so viele Stätten der Côte wurde auch Menton von Künstlern sehr geliebt. Hier lebten beispielsweise Katherine Mansfield, Franz Liszt und Jean Cocteau.

GESCHICHTE

NEGROIDE VON GRIMALDI: Das milde, gesunde Klima erklärt die Funde ältester Menschheitsgeschichte in und um Menton (Musée de la Prèhistoire): Skelette und Kulturzeugnisse der Neandertaler, Cro-Magnon-Menschen (vor ca. 2o.ooo Jahren) und die ersten Homo Sapiens wurden entdeckt. Doch die Sensation schlechthin waren zwei Skelette in den Grimaldi-Grotten (heute im prähistorischen Museum von Monaco) mit negroiden Zügen: niedriger, flacher Schädel, lange Beine bei relativ kleinem Wuchs. Das revolutionierte die Menschheits- und Besiedelungsgeschichte Südeuropas. Gab es also scheinbar neben den Vorfahren des Homo sapiens, dem Cro-Magnon-Menschen, noch eine andere, negroide Rasse, die ausstarb? Funde ähnlicher negroider Skelette in Südrußland und Südafrika werfen viele offene Fragen auf.

MENTON STIMMT FÜR FRANKREICH: Nach dreihundert Jahren Spekulation und Unruhe um die Stadt unter Hoheit der Grimaldi-Fürsten von Monaco, kam Menton 1641 unter französische Schutzherrschaft. Nach Volksentscheid wurde es 186o französisch und es begann der Aufstieg zum exquisiten Winterkurort der Reichen und Gekrönten, z.B. Gustav V. von Schweden, die belgische Königin Astrid oder die österreichische Kaiserin Sissy.

Tourist-Info: Office du Tourisme, Palais de l'Europe, 8, Av. Boyer. Man kriegt Stadtplan und Hotelliste. Am Jardin Biovés hinter dem Casino gelegen. Geöffnet: 8.3o-18 Uhr, im Sommer bis 19.3o Uhr.

Post: Cours George V, Montag mit Freitag 8 bis 18.3o Uhr, Samstag 8 bis 12 Uhr.

Bank: Credit Lyonnais, 8.15-11.5o, 13.35-17 Uhr, Avenue Boyer.

Verbindungen ab Menton

Auto/Parken: Über die Autobahn oder RN 7 nicht zu verfehlen. Parkplatzsuche im Hochsommer bisweilen langwierig. Parkplätze z.B. beim Cocteau-Museum oder Parkhaus Loredan-Larchey.

Zug: Gute Zugverbindungen entlang der Küste und nach Italien.
Bahnhof im Zentrum, Rue de la Gare.

Bus: Gare Routière neben dem Zugbahnhof an der Route de Sospel. Gute Verbindung nach Ventimiglia (2,5o DM) und Sospel. Nach San Remo (5,5o DM), Sainte-Agnes und Annonciade je nach Saison und Wochentag unterschiedliche Verbindungen. Für die innerstädtischen Buslinien gibt es einen Plan am Busbahnhof oder beim Touristinfo. Bei längerem Aufenthalt Monatskarte 3o DM.

Schiff: März mit Oktober kann man im Alten Hafen per Schiff nach Monaco. Rundfahrten Monaco und Rade von Villefranche 2o-35 DM.

"**Hotel Vista Palace**", am Grande Corniche, einige Kilometer außerhalb, mit sagenhaftem Blick auf Monte Carlo. 4-Sterne-Superluxus mit jeglicher Schikane, ein Grundighotel. Piano-Bar, Fitness-Center, zwei Restaurants, DZ ab 37o DM bis zur Präsidentensuite für 1.5oo DM, im Preis inbegriffen: kostenloser Minibus nach Monaco!

"**Hotel Princess et Richmond**", 617, Promenade de Soleil, DZ 1oo bis 15o DM, entspricht seinen 3 Sternen, vis à vis Meer, distinguiertes Publikum, aber toller Name für ein Hotel, nicht wahr?

"**Paris-Rome**": hinter rosa Fassade mit Fähnchen fast am Grenzübergang, 79, Porte de France, verbirgt sich ein gemütliches Strandhotel mit Restaurant, Menü 39 DM. Vom langgezogenen Hinterhof hoch zur Rezeption. DZ mit Dusche/WC 9o-14o DM.

"**Mont-Fleuri**", 25, Av. Riviera. Erdgeschoß eines alten Herrenhauses, Atmosphäre einer Familienpension. Geräumig, durch den Gang kann man links und rechts Reisetaschen-schlänkernd schreiten. Ruhig, eigener Parkplatz. Zimmer zum Garten mit Meerblick, teilweise große Balkone. DZ mit Dusche/WC 93-13o DM. Menüs im Restaurant 28-55 DM.

"**Narev's**": 12, Rue Lorédan Larchey, gegenüber prähistorischem Museum. Neues Hotel, Ballustert und Schmiedeeisen als Balkongeländer. Funktional möblierte Zimmer, Teppichböden, alle mit Dusche/WC. Kleines DZ je nach Saison 93-1o8 DM, größere oder Zusatzbett 3o DM mehr. Frühstück 11 DM.

"**Hotel Mondial**", 12, Rue Partouneaux, netter Empfang; da alter Kasten mit einfachen Zimmern, relativ billig, DZ ab 65 DM, mit Du./WC 95 DM, Frühstück 8 DM.

"**Terminus**: Place de la Gare. Typisches Globetrotter-Hotel in altem Haus gegenüber Bahnhof. Der bodenständige Wirt ist im Schützenverein und sammelt Schießscheiben. Rezeption im günstigen Restaurant, eigentlicher Hoteleingang daneben. DZ mit Waschbecken 4o DM, mit Dusche/WC 67 DM.

Jugendherberge: Auberge de Jeunesse, am Plateau Saint-Michel gelegen. Man muß hinaufklettern. Mit Frühstück 2o DM pro Person.

Ferienwohnungen: Liste der Ferienwohnungen im Office du Tourisme, das einen weiter nicht unterstützt. Man muß selber auf Französisch herumtelefonieren oder sich an einen Immobilienmakler wenden.

CAMPING MUNICIPAL, einfacher Platz neben der Jugendherberge am Plateau Saint-Michel, mit Superblick. 1o Min. über Treppengassen in die Stadt. Kein Stromanschluß. Restaurant, Shop.

CAMPING FLEUR DE MAI: 67, Route de Gorbio, auf Gemeindegebiet von Roquebrune, vergleichbar, aber etwas kleiner. Terrassierter Garten. Supermarkt in der Nähe. Bus Nr. 7 fährt ins Zentrum. Stromanschluß 5 DM pro Tag.

LA VERANDA im Hotel des Ambassadeurs, 3 Rue Partouneaux, gilt als eines der besten Lokale der Stadt. Küchenchef Eric Marsanne wurde dafür bereits mit einem Michelin-Stern belohnt. Edler Ballusteraufgang. Auf feingedeckten, runden Tischen werden die Menüs, 56-8o DM, serviert.

PARIS-PALACE, 1, Promenade du Soleil, großer Speisesaal mit Aquarium, feines 3-Gänge-Menü mit Muscheln und Coq au Vin 3o DM, noch mehr für 56 DM.

LE NAUTIC, gegenüber Jean-Cocteau-Museum, 27, Quai de Monléon. Zu Rauhputz und Deckenbalken viel blaue Farbe, damit sich Seeleute wohl fühlen. Fischgerichte, auch Bouillabaise 56 DM. Menü 37 DM, à la carte mit 6o DM rechnen.

LA RIVIERA, 1563, Promenade du Soleil, Ziegelmauerdekor, vielleicht nicht perfekt, aber sympathisch, simple Tagesplatte ab 19 DM, normale Pizza ab 11 DM, Menü 3o DM bis 43 DM.

LE PELICAN, Rue Prato, Restaurant, wie man es sucht, äußerst gemütlich mit Bildern und Buffet im familiären Speiselokal. Hohe Eingangsstufe, nicht stolpern! 3 Gänge mit Lammbraten 24 DM, 4 Gänge 37 DM, o,7 l Landwein 13 DM.

PICCOLO MONDO, Rue Trenca. In Grüntönen von Polster bis Tischdecke funktional eingerichtetes Pasta-Ristorante. Nudelgerichte mit fein gewürzten Saucen, sorgsam mit Knoblauch, Pepperoni oder Basilikum "al pesto" präpariert. Spaghetti 11-13 DM, Tagesplatten 12-16 DM.

Viele Restaurants in der Fußgängerzone um Rue St. Michel, auch Chinesen und Pizzerien. Ordentliche Pizzas für 11-14 DM im GOLFE DE NAPLES gegenüber BRAZZA-BAR am Plce. Clementceau. Im großen Saal mit Gewölbedecke sitzen Gäste leider sehr eng.

Tip auch das Restaurant ST. MICHEL mit Natursteinfassade. Abends angenehm auf Straßenterrasse. Leckere Fischgerichte. Menüs 27-4o DM.

LE BALICO mit großer Straßenterrasse, 3 Place aux herbes. Provenzalische Tischdecken. Freundliche Bedienung serviert traditionelle Menüs, 25-4o DM.

Markt/Einkaufen: Vormittags ist am Alten Hafen, Quai der Monléon, Markt.

SALLE DE VENTE, Av. Edouard VII., verkauft Trödel und Antiquitäten. Allein der Geschäftsraum, eine Säulenhalle mit Stuck, ist sehenswert.

SEHENSWERTES

ALTSTADT: Um die enge Rue Longue herum befindet sich das mittelalterliche Menton, teilweise Fußgängerzone mit Straßencafés und Läden, engen Gäßchen und steilen Treppen. Den Place Saint Michel ziert ein ca. 4oo Quadratmeter großes Kieselsteinmosaik und umgrenzen prachtvolle Bauten, vor allem aber die Kirchen Saint-Michel, im reichen, italienischen Barockstil und die Chapelle der Pénitents-Blancs ("Kapelle der weißen Büßer"), auch "Chapelle de la Conception" ("Kapelle der unbefleckten

Empfängnis") genannt, die voller weißer Heiligenstatuen ist. Führung jeden Dienstag um 14.3o Uhr für 1o DM. Sammelpunkt vor St. Michel-Kirche. Auskunft Touristbüro.

LA PROMENADE DU SOLEIL: Prachtboulevard am Meer, zum Flanieren in der Sonne und der Abendschwüle zwischen dem Casino und dem Quai Napoléon, das den Alten Hafen mit seinen Jachten und Fischerbooten schützt.

In der Bastion ist das MUSÉE JEAN COCTEAU (sämtliche Museen sind 1o-12 und 15-19 Uhr, im Winter 14-18 Uhr geöffnet, Dienstag und an Feiertagen geschlossen, Eintritt frei) untergebracht, wo sich der Dichter und Maler selbst ein Denkmal gesetzt hat. Zu bewundern: Mosaik "La Salamandre", eine Serie phantastischer Tiere und Gemälde über Liebende, "Innamorati".

Den Hochzeitssaal "Salle des Mariages" (geöffnet: Mo.-Fr. 8.3o-12.3o und 13.3o-17 Uhr) im Rathaus gestaltete Jean Cocteau mit großen Wandfresken.

Außerdem ein Museum für zeitgenössische Kunst im Palais Carnolès am Parc de la Madone am Westende der Promenade du Soleil und das Musée de la Préhistoire, Rue Lorédan-Larchey, eine Sammlung prähistorischer Funde aus dem Umland und Heimatkundeabteilung.

JARDIN BIOVES: öffentlicher Park, in welchem das Zitronenfest stattfindet. Über Brunnen und Statuen hinweg ein imposanter Blick auf die Alpen, umgeben von Prachtbauten der Belle Epoque.

JARDIN BOTANIQUE EXOTIQUE: Av. Saint Jacques (6,5o DM Eintritt). 7oo verschieden Pflanzenarten aus aller Welt und ein Überblick der Mittelmeerflora sowie ein Naturmuseum.

PARC DU PIAN: am Bd. du Garavan, umwerfend. 55o hundertjährige Olivenbäume auf drei Hektar.

LES COLOMBIERES: imposante Ansammlung von Zypressen, vom Maler Ferdinand Bac gestaltet, sehenswert das Schwimmbad mit Fresken aus des Meisters Hand. Eintritt: 6,5o DM.

In Menton gibt es noch weitere Gärten zu besichtigen, den Parc de la Palmosa (Palmen), den Parc Gorre, den großen Parc de la Madone, die im viktorianischen Stil erbaute Villa Maria Serena mit Palmen und subtropischen Pflanzen oder die Jardins du Palais Carnoles (5o verschiedene Südfrüchtevarietäten!).

Die VILLA FONTANA ROSA im Jardin des Romanciers wurde 1922 vom spanischen Schriftsteller Blasco Ibanez erbaut, um sein Sammelsurium, darunter 5o.ooo Bücher, zu bewahren. Im romantischen Garten Schriftsteller-Statuen und Don-Quichotte-Szenen auf den Fayencen beim großen Becken. Kann jeden 3. Samstag im Monat um 1o Uhr besichtigt werden. Einschreibung dafür bei Service du Patrimoine, 15, Rue Ciapetta.

EXKURSIONEN

FORET DE MENTON (UBAC FORAN) an der Route de Sospel (D 2566), drei Kilometer außerhalb, mit Wanderwegen und zum Reiten.

ITALIEN liegt vor der Haustüre. Lohnend ist vor allem eine Fahrt nach SAN REMO, mit dem Zug oder dem Auto an der Küstenstraße entlang (3o Kilometer). Der mondäne und elegante italienische Kurort ist voller Gemütlichkeit und Atmosphäre, besonders am samstäglichen Markt (Käse, Schinken, Lederwaren und Pastis, da Alkohol in Italien wesentlich billiger als in Frankreich).

Aber schon der Markt in VENTIMIGLIA (freitags) ist einen Ausflug wert, wenngleich die Stadt nicht den Charme anderer italienischer Orte ausstrahlt. Hier befindet sich auch der HANBURY-PARK, auf der Halbinsel Capo Mortola, ein im Jahre 1867 von Sir Thomas Hanbury geschaffener, 45 ha großer botanischer Garten und Akklimatisationspark für exotische Pflanzen. Einzigartig, für naturinteressierte Côte d'Azur-Touristen: ein Muß!

Um Menton herum findet man mehrere MITTELALTERLICHE DÖRFER (Busverbindung ab Gare Routière) mit kieselsteingepflasterten Gäßchen und Kunsthandwerksboutiquen. Schattige Zufluchtsorte im Hochsommer: Sainte-Agnes (D 22), Gorbio (D 23), eingerahmt von provenzalischen Landhäusern mit großen Gärten, oder Castellar (D 24) auch als Ausgangspunkt für Wanderungen. Superblick auf der Terrasse des Café des Alpes am Place Clemenceau.

ROQUEBRUNE/CAP MARTIN, auf einer Halbinsel zwischen Menton und Monte-Carlo, Kirche aus dem 12. Jh. Das Cap ist nobelste Wohngegend (Steuer-Monegassen haben hier Zweitwohnsitz) und besitzt vortreffliche Strände, vor allem den "Plage du Cabbé". Ausgangspunkt einer 3/4 Std. Wanderung vom Cap Martin nach Monte-Carlo-Beach und zurück. Das Auto an der Spitze der Halbinsel am Parkplatz Av. Winston Churchill lassen und der "Promenade Le Corbusier" folgen. Wilde Natur und Zäune der Privatgärten wechseln sich ab. Übrigens werden Luxusvillen hier per Mundpropaganda in der High-Society verkauft. Man munkelt von Preisen in Höhe von 25 Millionen DM.

Sehenswert die ALTSTADT von Roquebrune mit dem Château aus 13. Jh. und der ESPACE ANANKE, mit zeitgenössischen Kunstausstellungen. Im August findet eine Passionsprozession statt. Seit 1467 stellen die Dorfbewohner alljährlich die Leidensgeschichte Jesus dar. Damit erfüllen sie ein Gelübde, welches einst die Vorfahren während einer Pestepidemie abgelegt hatten.

L'ANNONCIADE, eine Kapelle aus dem 11. Jahrhundert und ein Kloster. Über eine steile Straße, die von der Avenue du Sospel abgeht,

Beschilderung beachten. 225 Meter über dem Meer hat man hier Panoramablick.

Monaco

**(35.000 Einw. auf 2 qkm!
davon nur 4.000 Monegassen)**

Entweder mag man den monarchischen Zwergstaat, oder nicht. Zumindest zieht er alljährlich Millionen Touristen an, obwohl es zwischen den Betonsilos nur wenige Überbleibsel der Belle-Epoque gibt.

Was lockt, ist mal zu sehen, wie denn die oberen Zehntausend von Boris Becker bis Björn Borg, von Stephanie bis Simmel in dieser internationalen Steuer-Beton-Oase leben. In gewisser Weise spielt bei manchen Besuchern auch die Hoffnung mit, diesen "Größen" persönlich über den Weg zu laufen. Schließlich hat man ja Einiges über ihr Leben in der Boulevard- und Regenbogen Presse "erfahren"!

Vue de la Caserue Monaco, Stich 19. Jahrhundert

Vorweg: Zu sehen bekommt man sie normalerweise nicht, - aber ihre Statussymbole, wie geparkte Ferrari-Testarossa (VB für Neuwagen derzeit ca. 600.000 DM), blankgeputzte Rolls Royces vor dem Casino und Hotel de Paris, livrierte Diener etc. sowie extrem teure Boutiquen, fast alle Banken der Welt. Und: Unmengen an Touristen, die mit Bussen rangekarrt werden, pro Jahr mehr als 3 Millionen!

★STEUERPARADIES MONACO: Wer die Staatsbürgerschaft bekommt, zahlt keine Einkommenssteuer. Allerdings haben Normalsterbliche selbst bei Jahreseinkommen von 250.000 DM keine Chance auf Staatsbürgerschaft, das derzeitige Minimum liegt bei rund 1 Mio. DM/Jahr. Darüber hinaus ist gewisser finanzieller "Rückhalt" nötig, da selbst 1 Zimmer Appartements ca. 800.000 DM oder mehr je nach Lage kosten.

★GESCHICHTE: Von den Griechen gegründet und "Herakles Monoikos" genannt. 1297 kam es unter die Herrschaft Genuas: Francisco di Grimaldi hatte sich als Mönch verkleidet und bat nachts Einlaß, was ihm auch gewährt wurde. Als dann alle schliefen, öffnete er seinen ebenfalls als Gottesmännern verkleideten Kämpfern von innen das Tor zur Burg, die erobert wurde. Zwar konnte Genua nur wenige Jahre Monaco halten. Doch sind seit 1308 zwei schwerterzückende Mönche die Wappenfiguren der Grimaldis zu Monaco. Name und Waffen der Grimaldis gehen auf den nächsten Thronfolger über.

Der Familienclan regierte im weiteren nach seiner Fasson: 1505 wurde Jean II. von seinem Bruder Lucien getötet, der wiederum von seinem Neffen. 1604 sahen sich die Seinen gezwungen, Honoré I. zwecks Lösung eines politischen Konfliktes ins Meer zu werfen...

Darüber hinaus war das Regieren nicht leicht: diplomatisch geschickt jonglierten sie ihr kleines, aber einträgliches Reich durch Jahrhunderte der Besetzung oder Schutzherrschaft der Genueser, der Sarden, der Spanier und der Franzosen. Dabei gelang es ihnen, bis zum heutigen Tage mehr oder weniger autonom zu bleiben.

★GLÜCKSSPIEL UND STEUERFLUCHT: Die Französische Revolution veränderte auch die monegassischen Verhältnisse. 1848 erklärten sich die, seit 500 Jahren zu Monaco gehörenden Städte Menton und Roquebrune frei und unabhängig. Die bisherige Haupteinnahmequelle des Fürstentums war somit versiegt.

Da im benachbarten Frankreich und Italien Glücksspiel verboten war, setzten die Grimaldis auf den Bau eines zunächst einfachen Casinos in Monte Carlo. Erst als der Direktor des Bad Homburger (heute deutsche Startstadt der Rallye Monte Carlo) Casinos Francois Blanc im großen Stil investierte und Monaco an die Eisenbahnlinie angeschlossen wurde, fing es an, rentabel zu werden.

1873 untersagte Bismarck auch für das Deutsche Reich das Glücksspiel, und somit war der Run auf das Casino in Monte Carlo nicht mehr zu bremsen. Nobelhotels, ein neues Casino, ein
renommiertes Theater entstanden, und 1911 starteten zum erstenmal die Rennwagen zur Rallye Monte-Carlo. Die Jahre waren golden. 1929 lancierte man den 1. Grand Prix von Monaco, damals noch ein staubiger Stadtkurs.

1933 bereitete die Machtergreifung Hitlers den Monegassen weniger schlaflose Nächte als das Ende des Glücksspielverbotes in Frankreich und Italien. Das Monopol des

Casinos von Monte-Carlo war gebrochen. Machte Ende des 19. Jahrhunderts die Casinoeinnahme noch 95 % des Staatshaushaltes aus, sind es heute nur noch 4 %. Allerdings sorgte man diesmal vor. Obwohl das Fürstentum von Frankreich abhängig war, hatte man Steuerhoheit und betrieb eine großzügige Politik, die hochkarätige Steuerflüchtige der Welt anlockte und für entsprechende Einnahmen sorgte.

MONACO HEUTE: Seit 17.12.1962 eine konstitutionelle Monarchie. Regent ist Fürst Rainier III., der übrigens die Filmschauspielerin Gracia Patricia ehelichte, letztere kam bei einem Autounfall in Monaco ums Leben. Tochter Stephanie wählte als Beruf Popsängerin, wobei der Karriere sicher auch das Image als Prinzessin half.

Grundfläche des Fürstentums: nur 1,95 qkm! Da Platz knapp ist (kurz hinter dem Meer bereits steile Küstenberge und die Landesgrenze), wurden weitere rund 1/2 qkm Land durch Aufschüttung ins Meer gewonnen. Aktivitäten, die trotz hoher Kosten sich lohnten, denn die Grundstückspreise sind horrend. Zum Vergleich: 1 qm bebaute Wohnfläche kosten in Deutschlands teuerster Region München zwischen 4 und 8 Tausend DM, - in Monaco nicht unter 20.000 DM. Mit anderen Worten zahlt man für eine 40 qm große Eigentumswohnung in Monaco nicht unter 800.000 DM! Wenn es sich aber um eine 40 qm Wohnung in höherem Stockwerk und insbesondere mit unverbautem Meeres-Blick handelt, liegt der Verhandlungspreis schnell bei 1,5 Mio. DM!

Steuerfreiheit in Sachen Einkommen besteht für Monaco-Paßbesitzer seit 1869. Hierbei lavierte das Fürstentum geschickt zwischen seinem Privileg, als eigenständiger Staat seine Belange selbst bestimmen zu können, - aber auch bestehender Gefahr, als Ministaat von nur 2 qkm Fläche von fremden Mächten "geschluckt" zu werden. Es verbündete sich mit seinem Nachbarn Frankreich, dem es zusicherte, daß zumindest Franzosen keinen Paß (= EK-Steuerfreiheit) für Monaco erhalten.

Dafür erhielt Monaco vollen Schutz von Frankreich auch militärisch. Somit Einsparung der Kosten für eine eigene Armee (Monaco hat lediglich Gendarmerie). Offene Grenze zu Frankreich, Zollunion und als Zahlungsmittel der Französische Franc.

MONACO: Burgberg, – im Vo… anschließend Altstadt. Vorne lin…

Einwohner: Auf nur rund 2 qkm Fläche leben 35.000 Einwohner (!), davon nur ca. 4.000 Monaco-Staatsbürger (rund 500 Multimillionäre, sowie die in Monaco geborenen). Der "Rest" sind diejenigen, die die Arbeit erledigen: unter anderem ca. 2o.ooo Franzosen und 5.ooo Italiener, diese ohne Monaco-Staatsbürgerschaft.

Wirtschaft: Auf Druck Frankreichs wurden 1963 die Steuervergünstigungen weiter eingeschränkt, so daß sich der Hauptwohnsitz Monaco heute nur für Höchstverdiener lohnt. Sicher der bekannteste Deutsche in Monaco ist Boris Becker.

Für Monaco bestehen nicht unerhebliche Verdienste aus Tourismus und Kongressen, insbesondere aber aus dem Immobiliengeschäft: Für viele Käufer ist allein die prestigeträchtige Adresse "Monaco" Anreiz, 1 Mio. DM oder mehr hinzulegen. Ausländische Firmen mit Sitz Monaco zahlen 8 % Gewerbesteuer, gewisser Mindestumsatz vorausgesetzt.

Wegen vielfältiger finanzieller Verflechtungen gilt Monaco heute als einer der größten Finanz-Dienstleistungsbetriebe der Welt.

Viele Stellen der Stadt sind elektronisch überwacht und abgesichert, von Juweliershops bis Aufzüge. Auch patrouilliert Zivilpolizei. Von daher praktisch auch keine Klein-Kriminalität wie Autoaufbrüche, Einbrüche oder Drogenhandel im kleinen Stil.

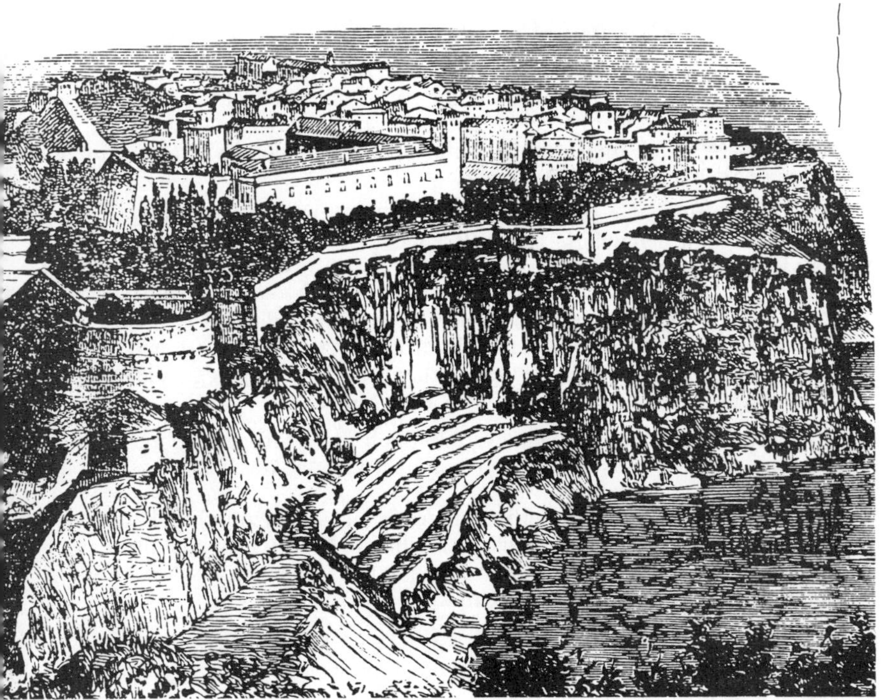

dergrund Bastion, dahinter Palast Fürst Rainer und anschließend Bahnhof. - Stich 19. Jahrhundert.

Tourist-Info: Office de tourisme, Bd. des Moulins, Nähe des Casinos, geöffnet 9-19 Uhr.

Post: Gleich beim Bahnhof. Eigene Marken. Briefkästen nicht gelb, sondern orange. - Bank: jede Menge, So. geschlossen.

Der Ministaat besteht aus 4 Stadtteilen: MONACO-VILLE, die Altstadt und das Schloß auf dem Felsen, - MONTE-CARLO, die moderne Stadt mit Casino und Luxushotels, - das Hafen- und Geschäftsviertel LA CONDAMINE sowie - FONTVIEILLE, das Industrieviertel.

Der schönste Badestrand ist der feinkieselige Larvotto in Monte Carlo.

Viele Veranstaltungen: Januar: Rallye Monte-Carlo; Februar: Zirkusfestival; April: Monte-Carlo-Open; Mai: Grand-Prix.

Monegassischer Nationalfeiertag ist traditionell der Namenstag des Fürsten, also der 19. November.

Verbindungen Monaco/Monte Carlo

Auto/Parken: Anfahrt ab Nizza am besten über die Corniche Moyenne oder die Autobahn. Die Corniche Inférieure unten am Meer ist zwar sehr schön, aber die Autos stauen sich meist an der Zufahrt nach Monaco. Nicht unbedingt schneller geht es über die Autobahn.

Parkplätze gibt es an sich reichlich, oft jedoch besetzt, insbes. die Suche ums Casino oft langwierig. Hohe Parkplatzgebühren. Rigoroses Vorgehen mit Radklammern gegen Falschparker.

Zug: Sicher das ideale Anfahrtsmittel, da die Eisenbahnstrecke ab Nizza idyllisch am Meer entlang führt, und der Bahnhof direkt im Zentrum beim Burgberg liegt. Viele Zug verbindungen ab Nizza nach Monaco.

Monaco-Ville ist sehr fußgängerfreundlich und verfügt darüber hinaus über ein städtisches Aufzugsystem zur Überwindung der Höhe.

Bus: Direktverbindung nach Nizza und zum Flughafen. Es gibt 5 innerstädtische Buslinien. Nr. 2 ist am wichtigsten, fährt durch die ganze Stadt vom Ozeanographischen Museum bis zum Botanischen Garten.

Es gibt eine stattliche Anzahl an 5-Sterne-Luxushotels, pro Nacht ab 45o DM. Das berühmteste:

"**Hotel De Paris**" am Place du Casino im Belle Epoque- Stil, DZ 53o-9oo DM. Ähnlich das "**Hotel Hermitage**", Square

le piquet	Hering	faire la lessive	Wäsche waschen
le marteau	Hammer	la lave-linge	Waschmaschine
le gravier	Kies	faire la vaisselle	Geschirr spülen
la lessive	Waschpulver		

Speiselexikon

Grundnahrungsmittel

le lait entier/	Vollmilch/	la farine	Mehl
écremé	entfettete Milch	les pâtes	Nudeln
la crème	Sahne	frais, fraiche	frisch, kühl
le fromage frais	Quark	l'huile (d'olive)	(Oliven-) Öl
le beurre	Butter	le vinaigre	Essig
la confiture	Marmelade	le sel	Salz
le miel	Honig	le poivre	Pfeffer
le fromage	Käse	les plats cuisinés	Fertiggerichte
rapé	gerieben	un morceau	ein Stück
		une tranche	eine Scheibe

Fleisch (la viande)

le porc	Schweinefleisch	les brochettes de ..	... - Spießchen
l'escalope	Schnitzel	la cervelle	Hirn
le sanglier	Wildschwein	le poulet	Brathähnchen
le veau	Kalbfleisch	la cuisse	Schenkel
le boeuf	Rindfleisch	l'aile	Flügel
le steack haché	Hacksteak	le canard	Ente
l'agneau	Lamm	le lapin	Kaninchen
le mouton	Hammel	le lièvre	Hase
le gigot	Keule	la charcuterie	Wurstwaren

Fisch (poisson)

le cabillaud	Kabeljau	les huitres	Austern
le rouget	Seebarbe	les oursins	Seeigel
la truite	Forelle	la morue séchée	Stockfisch
les moules	Muscheln	le requin	Haifisch

Gemüse (légumes)

l'ail	Knoblauch	la salade verte	grüner Salat
la tomate	Tomate	la salade de mesclun	Mischung aus verschiedenen grünen Salatblättern
le poivron	Paprikaschote		
la courgette	Zucchini		
la courge	Kürbis	l'oignon	Zwiebel
l'aubergine	Aubergine	la pomme de terre	Kartoffel

Obst (les fruits)

la pomme	Apfel
la poire	Birne
la fraise	Erdbeere
la pastèque	Wassermelone
le melon	Honigmelone
les raisins	Trauben
la pêche	Pfirsich
la figue	Feige
la framboise	Himbeere
la mure sauvage	Brombeere

Kräuter (les herbes)

le thym	Thymian
le romarin	Rosmarin
le basilic	Basilikum
la sariètte	Bohnenkraut
le persil	Petersilie
la ciboulette	Schnittlauch
la sauge	Salbei
la marjolaine	Majoran
la menthe	Minze

Im Restaurant

une table pour ... personnes	ein Tisch für ... Personen
l'assiette	Teller
la fourchette	Gabel
le couteau	Messer
la cuillière	Löffel
le verre	Glas
la tasse	Tasse
l'hors d'oeuvre, l'entrée	Vorspeise
le plat principal	Hauptgericht
le plat du jour	Tagesgericht (ohne Vor- und Nachspeise
le dessert	Nachspeise
la soupe	Suppe
les beignets de ...	in Teig ausgebackene
sauté	gekocht
au four	im Backofen gebrutzelt
(à la) provencale	auf provençalische Art (mit Knoblauch und Kräutern)
farcie	gefüllt
civet (de porcelet)	(Jungschwein-) Pfefferfleisch
la mousse (au chocolat)	(Schokoladen-) Schaum
le flan	eine Art Pudding
les patisseries	Gebäck, Kuchen

Kunst und Kunsthandwerk

l'artiste	Künstler
l'oeuvre d'art	Kunstwerk
le tableau	Gemäle
l'artisanat	(Kunst-) Handwerk
l'artisan	(Kunst-) Handwerker
la poterie	Töpferei, Töpferware
la verrerie	Glasbläserei, Glaswaren
sculpter sur le bois	schnitzen
sculpter sur la pierre	in Stein hauen
les santons	Krippenfiguren

ARZTBESUCH

le (médecin) généraliste	Arzt (ohne Spezialisierung)	un remède contre	ein Mittel gegen
le dentiste	Zahnarzt	le rhume	Schnupfen
le pédiatre	Kinderarzt	la toux	Husten
l'hopîtal	Krankenhaus	la diarrhée	Durchfall
j'ai mal		la constipation	Verstopfung
à la tête	ich habe Kopfweh	les douleurs	Schmerzen
au ventre	" Bauchweh	la fièvre	Fieber
la pharmacie	Apotheke	le pansement	Pflaster

SPORT

les randonnées	Wanderungen	la canne à peche	Angel
le sentier	Fußweg, Wanderweg	le maillot de bain	Badeanzug
le vélo	Fahrrad	le yachting	Segelsport
le cycliste	Fahrradfahrer	le voilier	Segelschiff
la planche à voile	Surfbrett	le vol à voile	Segelflug
plonger	tauchen		

Geldgeschäfte und Amtliches

avoir de l'argent	Geld haben	on m'a volé ...	man hat mir ... gestohlen
je n'ai pas un sou	ich habe keinen Pfennig	les bijoux	Schmuck
la monnaie	Kleingeld	l'or	Gold
le billet (de banque)	Geldschein	les pierres précieuses	Edelsteine
le change	Geldwechsel	porter plainte	Klage erheben
la signature	Unterschrift	l'assurance	Versicherung
vous acceptez les chèques?	akzeptieren Sie Schecks?		

INDEX

M

N/O

P

R

PERSONEN

Z

Beaumarchais. - Modern und direkt über dem Meer das "**Hotel Loews MonteCarlo**", 12, Av. des Spélugues.

In 3-Sterne-Hotels muß man ab 25o DM pro Nacht rechnen. In dieser Kategorie nicht viele Zimmer. Recht zentral, dafür aber etwas laut gelegen "**Hotel du Louvre**", 16, Bd. des Moulins, in gelbem Stadthaus mit viel Stuckverzierung. Breite Marmortreppen und Gänge. Große Zimmer, jedoch nicht mehr ganz modernes Mobiliar, DZ mit Frühstück 25o bis 37o DM.

Preisgünstigere Hotels, 2-Sterne-Häuser, Zimmer meist mit Fernseher und Telefon. Folgende Hotels befinden sich alle am Bd. Général Leclerc:

"**Hotel-Villa-Boeri**", Gang mit Spiegeln verkleidet, Plastiklamellendecke, jedoch sonst ganz nett, DZ mit Dusche/Bad, WC 85 bis 125 DM.

"**Hotel Cosmopolite**", rosa Haus. Rezeption im kleinen Salon, Gemälde an der Wand. Viele Zimmer unlängst modernisiert, hell und gemütlich. DZ, Du./WC 85-1o5 DM. Frühstücksbuffet 9 DM. Nette Leute.

"**Hotel Olympia**", Eckhaus mit schöner Stuckverzierung. Balkonträgerinnen im 3. Stock beachten. Grün gehaltene Gänge, Zimmer unterschiedlich, aber okay. DZ, Dusche, WC 85 bis 95 DM

"**Hotel Diana**", einfaches Hotel, Riesenpuzzle über Fernseher in der Halle. Holzvertäfelter Antikaufzug mit Innentüre und Hocker. DZ je nach Komfort ab ca. 8o DM (Duschen auf Etage) 92 DM (Dusche/Bad, WC im Zimmer).

Jugendherberge: CENTRE DE LA JEUNESSE "PRINCESSE STEPHANIE", 24, Av. Prince-Pierre, nur für Studenten und im Sommer, daher schwierig unterzukommen. 19 DM mit Frühstück.

RESTAURANTS

Bestes Restaurant der Stadt ist LOUIS XV. im "Hotel de Paris". 3-Sterne-Koch Alain Ducasse, einer der besten der Welt, präpariert mit sorgsamer Raffinesse moderne Mittelmeerküche. Die einstigen Mahlzeiten der armen Leute sind hier hochdotiert: Menüs für 23o-26o DM. Finanzschwächere Jet-Setter reservieren mittags, dann gibt es nämlich ein Menü für 12o DM. Und nicht vergessen: Kleider machen Leute! Die Restaurants in den anderen Luxushotels zählen auch zur gehobenen Klasse. Preise fürs Menü ab 15o DM. Um stilvoll zu bleiben, wird vor dem Nobelmenü der Aperitif in der BAR DE L'HOTEL DE PARIS oder dem NEW GREGORY'S PARK PALACE geschlürft. Wenn schon, denn schon!

LE NAUTIC, bekanntes Open-Air-Restaurant am Schwimmbad oberhalb des Hafens. Menüs für 3o-45 DM, wer besser essen will, berappt à la carte fast das Doppelte.

Preiswerter ißt man in folgenden Restaurants:

LE PERIGORDIN, 5, Rue des Oliviers, ein paar Gehminuten hinter Café de Paris. Angenehmes Lokal mit Terasse. Typische Landküche der Dordogne. Mittagsmenü 18 DM, sonst, da aufwendiger, 28-47 DM. Ausgewogenes Preis-Leistungsverhältnis.

LE SANTA CRUZ, 1o, Rue Terrazani, Eingang im Eck mit sehr hohen Stufen, Korbstühle, etwas teuer, dafür gute Küche. Simpel-Menü 2o DM, besser um 45 DM.

LE TEXAN, 4, Rue Suffren-Reymond, grüner, mit Markise überdachter Verandaanbau an rosa Haus. Hübsche Rattanstühle an häßlichen Tischen, mexikanisch. Menü 24 DM, Pizza ab 12 DM.

LE BIARRITZ, Rue de la Turbie, von der Straße sieht man in die Küche, Speisesaal mit vielen künstlichen Grünpflanzen und obligatorischem Fürstenpaarbild. Menüs 3o-51 DM.

LE MARATHON, 47, Rue Grimaldi (hier noch hübsche Belle-Epoque-Häuser, eins nach dem anderen wird aber abgerissen), am Hafen. Rote Markise an nur 2-stöckigem Haus. Kleines, enges Lokal mit Bistrostühlen. Menü 27 DM, Pizzas ab 13 DM.

VENEZIANO, Bd. des Moulins, gepflegter Speiseraum, orangegepolsterte Holzstühle. Venedig-Wandgemälde. Pizze zwischen 11 und 2o DM, das Simpel-Menü für 28 DM ist zu teuer.

Ansonsten gibt es viele Pizzerien und Snacks über die ganze Stadt verteilt. Preiswerte Restaurants findet man eher in den Nachbarorten.

Café/Bars: HOTEL DE PARIS, sehr chic und nobel. Im geichen Stil BAR DU SOLEIL hinter dem Casino. Besonders in der Altstadt Monaco-Ville ist es in der Hauptsaison eine Massenabfertigung.

Markt/Einkaufen: Täglich von 7 bis 13 Uhr am Place D'Armes und nahe dem Casino in Monte Carlo.

Modeschöpferboutiquen von Yves Saint-Laurent etc. in Monte Carlo für Betuchte.

SEHENSWERTES (Nummern siehe Stadtplan)

Die Altstadt **MONACO-VILLE**: oberhalb der breiten Hafenbucht auf einem Felsrücken. Durch die engen Gassen quetschen sich im Sommer Millionen Touristen. Andenkenläden und Cafés. Den penibel sauberen Gäßchen mangelt es an Charme, da kurzum zu proper und zu perfekt restauriert, Besuch lohnt sich jedoch wegen schöner Ausblicke am Rand des Felsrückens.

Zugang mit dem Auto: Parkplatz des Pecheurs (Karte: Nr. 7), ab hier Aufzug direkt zum Place du Palais. Schöner ist der Fußweg von der Place d'Armes (beim Bahnhof) über die Rampe Major (Karte: Nr. 1) durch drei Stadttore aus dem 16. und 17. Jh. und schönem Blick auf den Yachthafen.

PLACE DU PALAIS: ausgesprochen schöner Panoramablick sowie feierliche Wachablösung mittags vor dem Schloß (Palais du Prince).

"PALAIS DU PRINCE" (Karte: Nr. 2): von außen etwas langweilige Fassade, innen aber äußerst luxuriöse Gemächer, etwa der Thronsaal, wo Fürst Rainier 1956 die Filmschauspielerin Grace Kelly ehelichte.

Sie hatte ein Jahr vorher unter der Regie von Hitchcock den Film "Über den Dächern von Nizza" gedreht, wobei nicht nur Hitchcock Grace Kelly toll fand, sondern auch Fürst Rainier. Im Film steuert Grace Kelly in atemberaubendem Tempo ihren Partner Cary Grant über Serpentinenstraßen an der Côte d'Azur. Selbes führte im wirklichen Leben in Monaco 1982 zu ihrem Tod und zwar auf der gewundenen Corniche.

Der Hof im Inneren des Schloßes mit schönen Arkaden. Besichtigung Juli bis Mitte Okt. 9.3o-18.3o Uhr, 1o DM, allerdings nicht die Privatgemächer. - Östlich des Palais du Prince, ein paar Treppen unterhalb, der schattige und erholsame Park JARDIN SAINT-MARTIN (Karte: Nr. 5) mit Kinderspielplatz.

Oberhalb des Parkes dominiert in weißem Naturstein die neoromanische KATHEDRALE (Nr. 4) mit der Familiengruft der Grimaldis und Gemälde des 15./16. Jh., darunter einige Louis Bréas.

WACHSMUSEUM (Musée Historial des Princes de Monaco, Karte: Nr. 1), Rue des Remparts: Das 4o-köpfige Wachsfigurenkabinett der Grimaldis, zeigt die Geschichte des Fürstenhauses. (Geöffnet 9.3o bis 19 Uhr Februar bis Oktober, sonst von 1o.3o bis 17 Uhr, Eintritt 6 DM.)

Das MUSÉE DES SOUVENIRS NAPOLEONIENS ET DES ARCHIVES DU PALAIS (Karte: Nr. 3) ist etwas für Fans des kleinen Korsen und französischer Geschichte. Sonst nur an Regentagen! (Offen: außer Mo. 1o.3o-12.3o und 14-17 Uhr, in der Hauptsaison 1o-18.3o Uhr, in einem Flügel des Palais, 56,5o DM.)

OZEANOGRAPHISCHES MUSEUM (Nr. 6): unbedingt sehenswert. Ein hohes, langgestrecktes Gebäude mit Rokoko-Fassade an der Ostseite des Burgfelsens.

Gebaut von Fürst Albert I. (1899-1922, Großvater Rainiers), der mit seiner Luxusjacht oft auf den Weltmeeren unterwegs war. 19o6 gründete er das Ozeanographische Institut und 191o das Museum. Das Geld zum Bau entstammte den Casinoeinnahmen. Später wurde es von dem berühmten Meeresforscher Cousteau geleitet.

Zu sehen Mittelmeerflora und -fauna: 4.5oo Exemplare aus 45o Arten in Aquarien. Über ein kompliziertes Pump- und Filtersystem werden sie mit reinem Meerwasser aus 5o m Tiefe versorgt. Allerlei ozeanographisches Gerät im Erdgeschoß. Forschungsutensilien, Gemälde, Schiffsmodelle und Tauchgeräte. Eindrucksdvolles 2o-m-Walskelett auf blanken Holzböden, auch ein originalgetreues 13-m-Tintenfischmodell, ein ausgestopfter Eisbär sowie männliche und weibliche Schwämme. Toller Blick von der Dachterasse. (Täglich geöffnet Juni bis August 9-2o Uhr, März bis Mai und September/Oktober 9.3o-19 Uhr, sonst 1o-18 Uhr, Eintritt 19 DM, Studenten und Kinder bis 1o Jahren 7 DM.)

JARDIN EXOTIQUE (Nr. 14): am Hang gegenüber des Burgberges. Der botanische Garten gilt als Weltattraktion. In der ersten Hälfte unseres Jahrhunderts angelegt, ist er heute mit rarsten Kakteen und exotischen Gewächsen reich an Vielfalt und Buntheit. Nur rund 1 ha groß, gestattet die geschützte steile Südlage das Leben hochempfindlicher, subtropischer und tropischer, vor allem sukkulenter Pflanzen (Fettpflanzen wie Liliengewächse oder Kakteen) mitten in Europa.

Im Jardin Exotique befinden sich auch besichtigungswerte Grotten sowie das MUSÉE D'ANTHROPOLOGIE PRÉHISTORIQUE (Nr. 15) mit seinen prähistorischen Relikt- und Knochenfunden aus der Umgebung. (Offen: 9-19 Uhr, außerhalb der Saison abends kürzer, 1o DM für Garten und Museum, Parkplatz oben am Bd. du Jardin.)

Das **CASINO-VIERTEL** liegt im Stadtteil Monte Carlo, der direkt nördlich des Hafens anschließt. Bis auf ganz wenige Häuser aus der Zeit des Monte Carlo verg. Jahrhunderts besteht das Viertel heute aus modernen Wohnsilos. CASINO (22): zum Bau holte man sich Charles Garnier, der zuvor in Paris die Oper gebaut hatte.

Das Monte Carlo-Casino wurde 1878/79 fertiggestellt im bestem Stil der Belle Epoque und enthält im Inneren neben den Spielsälen auch ein Theater. Heute eine Mischung aus "Klein-Las Vegas" mit einarmigen Banditen (Besuch gratis, nur Erwachsene) und dem Roulettspielsaal (Paßpflicht). Außerdem gibt es Führungen.

Der JARDIN DU CASINO (23) ist eine erholsame Oase in Monacos Betonwüste. Einheimische nennen es "La Petite Afrique" (kleines Afrika) wegen der nordafrikanisch erscheinenden Vegetation.

Das Casino und das HOTEL DE PARIS (19) zeigen untrennbar voneinander den protzigen Stilmischmasch der Belle-Epoque, wie es die zahlungskräftigen Superreichen wünschten. Wer hier schon alles logierte, einige Namen gefällig? Aga Khan, Ernest Hemingway, Graham Greene,

MONACO

1 Rampe Major
2 Palais du Prince
3 Musee des Souvenirs Napoleoniens et des Archives du Palais
4 Kathedrale
5 Jardins Saint Martin
6 Ozeanogr. Museum
7 Parking des Pecheurs
8 Theatre du Fort Antonie
9 Wirtschaftsministerium
1o Tunnel, führt rüber zum Quai Antonie 1er am Hafen/Südost Seite
11 Centre d' Acclim. Zoologique
12 BAHNHOF, POST
13 Stadion
14 Musee d' Anthropologie Préhistorique
15 Jardin Exotique
16 La Condamine Viertel
17 Olympisches Freibad
18 Place Ste. Devote
19 Hotel Paris
2o Centre de Congrès Auditorium
21 Complexe des Spelunges
22 Casino
23 Jardin du Casino

●——● Aufzüge

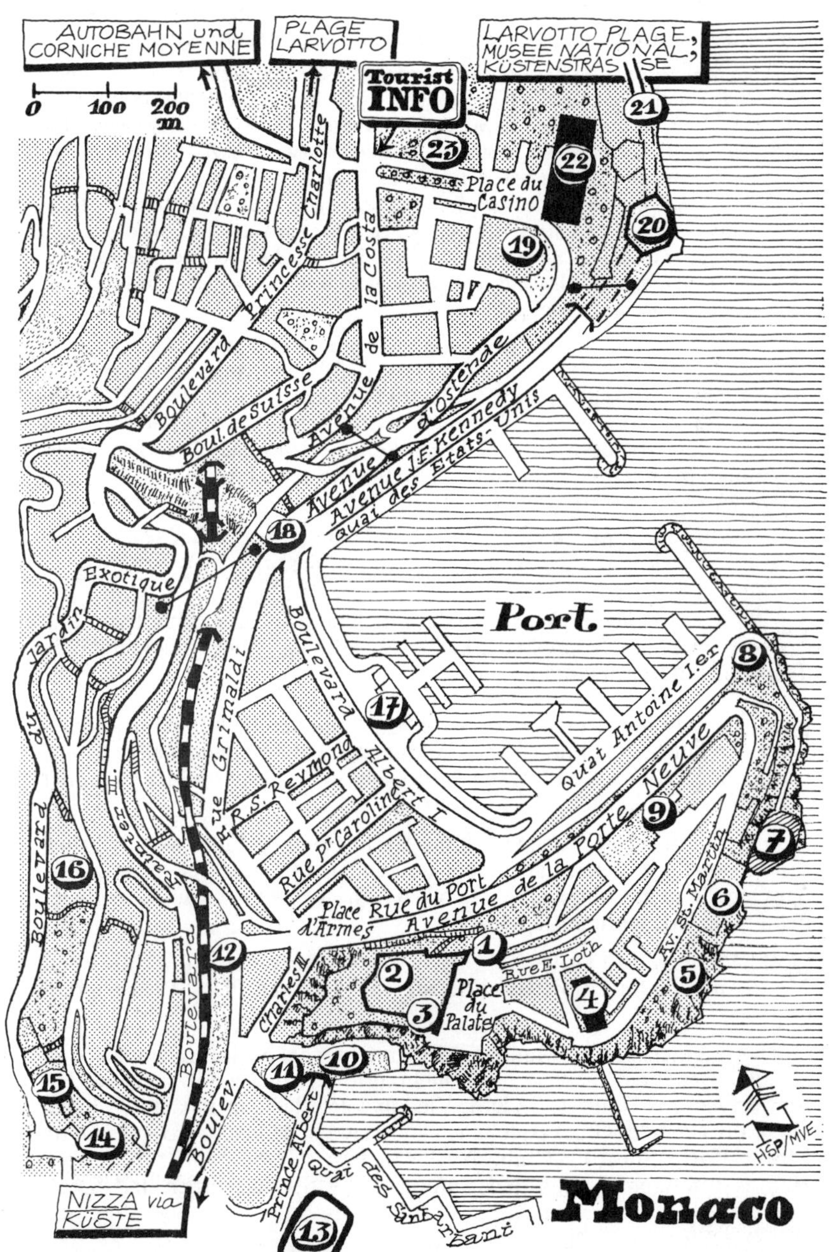
AUTOBAHN und CORNICHE MOYENNE
PLAGE LARVOTTO
LARVOTTO PLAGE, MUSEE NATIONAL, KÜSTENSTRASSE
0 100 200 m
Tourist INFO
Place du Casino
Boulevard Princesse Charlotte
Avenue de la Costa
Boul. de Suisse
Avenue d'Ostende
Avenue J.F. Kennedy
Quai des Etats-Unis
Exotique
Jardin
Boulevard du
Port
Boulevard Albert I
Rue Grimaldi
R.S. Reymond
Rue Pr. Caroline
Quai Antoine I.er
Avenue de la Porte Neuve
Place d'Armes
Rue du Port
Avenue
Rue E. Loth
Place du Palais
Av. St. Martin
Charles III
Boulevard
Boulev.
Prince Albert
Quai des Sanbarbant
HSP/MVE
NIZZA via KÜSTE
Monaco

Winston Churchill, Onassis, Gunther Sachs, Curd Jürgens und während der deutschen Besatzungszeit war hier das Gestapo-Hauptquartier.

Baubeginn des Hotels war 1864. Damals kostete die Übernachtung 15 bis 25 Francs. Aufwendig wurden Keller in den Fels gegraben, worin heute mehr als 25o.ooo Weinflaschen mit einem Schätzwert von 1o Millionen DM lagern. Diese sind durch ein spezielles System langer Korridore mit gesicherten Türen diebstahlgeschützt. Unter den 267 luxuriösen Hotelzimmern und Suiten ist die Churchill-Suite am gefragtesten, die Aristoteles Onassis einrichten ließ. Im Hotel zahlreiche Boutiquen, Salons und Bars. Das Dach des Grillroom im obersten Stock läßt sich öffnen. Über unterirdische Gänge gelangen die Gäste diskret rüber ins Casino. Abergläubische Spieler jedoch berühren vor dem Verlassen der marmornen Hotelhalle den Pferdefuß der Ludwig XIV.-Statue und schreiten dann über den Platz ins Casino.

Unweit davon, gleich zu Beginn der Avenue Princesse-Grace, befindet sich das PUPPEN UND AUTOMATENMUSEUM (Musée de Poupées et Automates im Musée National Collection de Galéa, 1o-12 Uhr und 14.3o-18.3o Uhr, im Sommer durchgehend geöffnet, 8 DM) in einer ebenfalls von Garnier erbauten Villa. Sehr große Spielautomaten- und Puppensammlung in hellen Räumen mit viel Sonnenlicht. Mehrmals täglich laufen die Automaten.

Wandern: Ein kurzer Spaziergang entlang der vom Meer schroff abgesägten Felsen, ist der SENTIER TOURISTIQUE DU CAP D'AIL. Ab geht es vom Plage Marquet, am Corniche Inférieure am Westrand des Fürstentums. Der Bahnhof von Cap d'Ail ist Zielpunkt der kurzen Wanderung. Man erreicht ihn über Treppen zum Restaurant La Pinède.

Sport: Passiv hervorragend zu betreiben! Supertennis (Open im Monte-Carlo-Country-Club, Ende April), Autorennen (Mitte Januar Rallye Monte Carlo, eine Woche vor Pfingsten Formel 1 Grand Prix von Monaco) oder Fußball des Erstligisten "AS Monaco".

Tennis: auf den 21 Courts des Monte-Carlo-Country-Club, wo alljährlich die Monte-Carlo-Open stattfinden, können auch Fremde bei entsprechender Gebühr spielen. Der Club liegt an Av. Princesse Grace auf Gemeindegebiet von Roquebrune-Cap-Martin.

Golf: Monte-Carlo-Golf-Club, 81o m hoch über den Fürstentum auf Mont-Angel in La Trubie. Traditionsreicher 18-Loch-Platz, 1911 gegründet.

Glücksspiel: Casino de Monte-Carlo; gratis rechts nach Eingang zu "einarmigen Banditen". Paß nötig für die luxuriösen Spielsäle. Eintritt zu "Salons privés" mit Roulette 32 DM. Viedopoker, Black-Jack oder 17+4 sind ebenfalls geboten. Glücksspiel auch anderswo in Monaco, z.B. pikfein im Monte-Carlo-Sporting-Club, Av. Princesse Grace, nur zur Saison. Hemdsärmeliger wird an den Automaten, Videomaschinen und Spieltischen des Café de Paris gespielt, ebenso im Loews Casino, 12, Av. des Spélugues. Gewinnchancen variieren je nach Spielautomat bis um das vierfache. Die "Double-Diamond"-Automaten im Salle Blanche (mit hohem Mindesteinsatz) werfen beim Jack-Pot 3.ooo.ooo Francs aus. Doch die "einarmigen Banditen" sind so eingestellt, daß die Spielbank nicht verlieren kann. Ein altes monegassisches Sprichwort erklärt es: "Ich bin Monaco auf dem Fels. Weder säe, noch ernte ich, und doch will ich leben."

CORNICHES DER FRANZ. RIVIERA

MENTON/MONACO und NIZZA verbinden 5 Wege, alle rund 3o km lang. Die Alpen reichen hier bis zur Küste, die oft steil und schroff abfällt. Die Autobahn A8 für Eilige. Sie ist kostenpflichtig und bringt wegen vieler Tunnel oft keinen Blick.

Die gemütliche, abwechslungsreiche Eisenbahnlinie schlängelt sich entlang der Steilküste. Viele Verbindungen, Weiterfahrten mit Bussen ab Bahnhöfe ins Landesinnere, und Verbindungen zwischen den drei Corniches.

Darüber hinaus gibt es die berühmten 3 CORNICHES der französischen Riviera für Autofahrer und Busbenutzer. Wegen des hohen Verkehrsaufkommens für Radsportler jedoch leider weniger geeignet.

★ LA GRANDE CORNICHE, D 2564, die höchste der drei Straßen mit sagenhaftem Fernblick und Römerrelikt. Teilweise ist diese Straße unübersichtlich, und manche fahren gefährlich rasant. Beginnt bei Roquebrune.

★ LA MOYENNE CORNICHE, die N 7, modern ausgebaute, teils mehrspurige Landstraße mit Küstenblicken. Berührt das mittelalterliche Wehrdorf Eze-Village.

★ LA BASSE CORNICHE (auch "Corniche Inférieure" genannt), N 98. Schlängelt sich (wie auch die Eisenbahn) entlang der Küste und führt durch die Badeorte. Ohne Zeitdruck fahren: häufig Staus in den Orten!

Verbindungen Corniches

Auto: dafür das ideale Verkehrsmittel, besonders am Grande Corniche vorsichtig fahren.

Zug: gute und häufige Verbindung. Für Eisenbahnfans sowieso ein Erlebnis. Von den meisten Bahnhöfen aus gibt es zu Fuß oder mit Bussen viel zu entdecken.

Bus: Gute Verbindung tagsüber zwischen Monaco und Nizza über Moyenne Corniche und La Turbie und Nizza.

Ab Hafen Villefranche verkehrt ein Minibus zwischen den drei Corniches außer sonntags, stündlich ab 8.3o bis 18 Uhr für 2 DM. Spartip: Busfahrplan Menton-Nice bei Touristinfo besorgen und die E.BROCH-Busse nehmen, da einfache Fahrt auch für die Rückfahrt gilt. 5o % billiger! Ohne was zu tun, ist leicht ein Kaffee verdient!

Flugzeug: Helikopterservice von Monaco zum Flughafen Nizza in nur sechs Minuten.

LA GRANDE CORNICHE

Die historische Straße wurde von Napoleon teilweise auf den Resten der Römerstraße Via Julia Augusta in ihrer heutigen Führung angelegt. Die Via Julia Augusta war eine wichtige Verbindungs- und Nachschubstraße des Römischen Weltreichs mit Versorgungsstätten, Brücken und Viadukten.

Verbindungen

Auto: Von Roquebrune aus biegt man von der Avenue de la Madonne, der N 7, Richtung Grande Corniche/La Turbie (D 2564) ab.

Will man, von Monaco kommend, den ganzen Corniche befahren, muß man erst noch einmal nach Roquebrune, also Richtung Menton fahren. Nördlich, Richtung Autobahn La Turbie, verliert man einige Kilometer und Le Vistaero. Von Nizza aus geht es am Alten Hafen stadteinwärts, gut beschildert Richtung "Grande Corniche" oder "Monaco/ Menton par Gde. Corniche".

Bus: Eigentlich nur von Nizza oder La Turbie aus empfehlenswert.

LE VISTAERO: Wenige Kilometer nach Roquebrune, weiter Panoramablick von Italien bis Monaco. Beim "Vista Palace Hotel", 3oo Meter über dem Meer.

★ La Turbie

(2.ooo Einw.)

Kleines, altes Städtchen. Berühmt und für den Tourismus entdeckt wegen seines Römermonuments "Trophée des Alpes" (schon von weitem zu sehen). In 48o m Höhe bietet La Turbie sagenhaften Blick: besonders nachts auf das Lichtermeer von Monaco!

Post: an Kreuzung der steilen Straße nach Monace. Mo-Fr. 9-12 und 14-17 Uhr, Samstag 9-12 Uhr.

Bank: Kein Geldwechsel möglich!

Auto/Parken: vor der Altstadt parken. La Turbie hat auch eigene Autobahnausfahrt, wenn man schnell vorankommen will.

Bus: Nizza-la Turbie 4 x täglich mit Linie 115 direkt oder 116 über Laghet, 5 DM einfach. Ab Monaco Zugbahnhof nach La Turbie 5 x täglich, hält auch am Jardin Exotique. Fährt nicht Samstag nachmittags oder sonntags.

"Hotel Le Napoleon", 2 Sterne, Av. de la Victoire, DZ 93 bis 124 DM, die gute Adresse am Platz. Modern-rustikal, manche Zimmer mit Blick auf Alpentrophäe. Untertags wegen der Straße aber ein wenig laut. Restaurant preislich hoch angesetzt.

"Hotel Cesaree", 16, Av. Albert I, wurde "runderneuert". Sämtliche Zimmer mit Bad, WC, Satelitten-TV und Direkttelefon. Photo von Sohn des Hauses mit Fürst Rainier und Gracia in Rezeption. Holzvertäfelter Speisesaal, gemütliche Veranda hinten raus. DZ inkl. Frühstück 1oo DM, mit Halbpension 14o DM.

"Hotel L'Hermitage Du Col D'Eze", mit kleinem Garten, sehr einsam gelegenes Haus, lädt zu Spaziergängen ein, Zimmer mit Dusche und WC 56 bis 84 DM. Mittelmäßig, aber sauber. 6 km nach La Turbie Richtung Nizza am Grd. Corniche gelegen. Menü im Restaurant ab 3o DM, Fischspezialitäten.

"Notre-Dame-de-Laghet", katholische Klosterhotellerie im Wallfahrtsort. Ausspannen in Ruhe und Natur, abseits weltlicher Hektik. Geschlafen wird in einfachen Zellen, gespeist an langen Tischen. Inkl.Vollpension pro Person 5o DM, einmalige Gebühr für Bettwäsche 8 DM. Anmeldung bei Soeur Hotelière.

RESTAURANT CAFÉ DE PARIS - DA GINO, Av. Général de Gaulle, sehr freundliche Bedienung macht kleine Fehlerchen wett, Menü 27 DM. Die großen Pizzen vom Holzofenfeuer im Saal, 12-17 DM, schmecken prima, schließlich ist Gino Italiener.

Gleiche Preisklasse für Snacks und Pizzas auch gegenüber im REGENCE, nicht schön eingerichtet, und La Cave Turbiasque mit Straßenterrasse. Crepes um 7 DM, Imbiss um 9 DM.

MOULIN D'ALSACE, 2 km außerhalb, Richtung Laghet, an der D 22o4. Fahnenbestücktes Haus mit Gartenterrasse. 4-Gänge-Menü ab 34 DM.

SEHENSWERTES

TROPHÉE DES ALPES, am Südende der Altstadt. Das Monument wurde von den Römern im Jahr 7 v. Chr. an der Straße Genua -> Cimiez (dem römischen Nizza) unter Augustus gebaut. Es dokumentiert den Sieg über 45 Alpenstämme, die sich der weiteren Expansion des Römerreiches in den Weg gestellt hatten.

Die Teilrestauration ist nur 32 Meter hoch, obwohl es ursprünglich annähernd 5o Meter waren. Im Museum unterhalb der Alpentrophäe wird man detailliert informiert und kann ein vollständiges Modell sehen. (Geöffnet: April mit September 9-19 Uhr, sonst 9-12 und 14-17 Uhr. An Feiertagen geschlossen. Eintritt 6 DM.)

Information für Asterix-Leser und Lateiner: Hier verlief die berühmte Grenze zwischen Gallia cisalpina und Gallia transalpina ("Gallia divisa est in partes tres....").

AUSFLUG

Wallfahrtsort NOTRE-DAME-DE-LAGHET: Zufahrt ab La Turbie/Ortsausgang die D 22o4 landein im Tal, ca. 3 km. Das Kloster wurde 1665 gegründet. Gläubige stifteten in Dankbarkeit für Rettung und Hilfe der "Schützenden Gottesmutter" Votivtafeln mit Bildern. Zum Teil handelt es sich um sehr sehenswerte naive Malerei. Die schönsten der Votivtafeln sind am Place du Sanctuaire in einem kleinen Museum ausgestellt. Geöffnet 15-17 Uhr.

Die barocke Klosterkirche kann untertags besichtigt werden. Das Kloster betreibt einen eigenen Shop gleich neben dem Eingang. Wallfahrten finden an allen Marienfeiertagen statt, Hauptereignis jedoch Mariä Himmelfahrt am 15. August. Bereits am Vorabend um 17 Uhr beginnt die 6 km weite Lichterprozession, die mit feierlicher Messe um 22 Uhr endet.

BELVEDERE D'EZE: schönster Aussichtspunkt des Grand Corniche, ca. 7 km westl. nach La Turbie. Bei klarem Wetter Blick von den italienischen Alpen zum Cap-Ferrat, den Lerins-Inseln bis hin zum Esterel-Gebirge.

Die Paßstraße führt weiter an steilen Felswänden entlang, streift kleine Siedlungen und den oberen Ortsteil von Villefranche. Nach Umfahrung des Mont Gros: NIZZA.

Sport: Im Parc des Sports mit Snackbar und Restaurant, Colline du Peuil, ist Freibad und Minigolf, je 5 DM. Platzgebühr für eine Stunde Tennis 19 DM.

⇨LA MOYENNE CORNICHE

Weniger spektakuläre Panoramen, dafür breiter und schneller. Die Landstraße (N 7) wurde in den Jahren 1927-1939 aufwendig gebaut und ist heute neben der Autobahn Hauptverkehrsweg von Nizza nach Monaco und Italien. Touristisch lohnend wegen Eze-Village.

Verbindungen

Auto: ab Menton/Roquebrune/Monaco Richtung N 7 Moyenne Corniche/Nice (Nizza).
Ab Nizza am Alten Hafen die gute Beschilderung Moyenne Corniche beachten.

Bus: relativ gute Verbindung.

★Eze-Village (2.1oo Einw.)

Malerisches Dorf, 427 m steil oberhalb des Meeres und fantastischer Panoramablick! Es ist einer der vielen, regionstypischen Adlerhorste, ein mittelalterliches Wehrdorf mit engen Gässchen und Stadtmauern. Die Waldbrände von 1986 haben besonders in Eze schwere Schäden angerichtet, die durch Spendenmittel aber zwischenzeitlich weitgehend behoben sind. Jede Menge Tourismus wegen Flair im Ort und Blick, analog Unmengen an Souvenir- und Kunsthandwerksgeschäften.

Tourist-Info: l'Office de Tourisme, geöffnet 1o-19 Uhr, am Parkplatz unterhalb der Stadtmauern.

Post: Im Rathaus oberhalb des Touristbüros, Montag mit Freitag 9-12 und 15-17 Uhr, Sa. 9-12 Uhr.

Zufahrt Auto: zwar großer Parkplatz unterhalb des Ortes, zur Hochsaison jedoch ständig voll. - Steile Straßen verbinden die 3 Corniches bei Eze und sind für Wohnmobile wie Wohnwagengespanne problematisch.

Bus: ab Nizza und Beausoleil tägl. 6 mal zwischen 8 und 19 Uhr, an Werktagen Linie 13. Stündlicher Kleinbus-Service vom 15.6. bis 15.1o. untertags zwischen Dorf und Strand mit Zugbahnhof. 6 DM einfache Fahrt.

Mehrere 4-Sterne-Luxushotels z.B. "**Chateau de la Chevre d'or**": Rue du Barri im Dorf, DZ ab 465 DM oder "**Les Terrasses d'Eze**": Av. de la Turbie. Mit Tennis, Schwimmbad, Sauna. Die Zimmer mit Meeresblick. Saisonabhängige Preise von 2oo bis 265 DM.

"**Hotel Chateau Eza**": 4-Sterne-Luxus, Rezeption vor dem Stadttor. Romantisches, stilvolles Haus in der Altstadt mit Superblick, nur zu Fuß zu erreichen. Gehörte einst dem schwedischen König. Wenige, aber elegante Zimmer. DZ 32o-465 DM, Suiten über 1.ooo DM.

"**Hotel Du Golf**", Place de la Colette. Rosa Haus mit Stuckhaube am Moyenne Corniche, daher etwas laut, weiche Betten, 6o bis 12o DM fürs DZ.

Weitere, auch günstigere Hotels findet man am Gde. Corniche in und bei La Turbie und in Eze-sur-Mer.

Camping: LES ROMARINS, direkt am Grande Corniche, geöffnet April mit September . Leider etwas weit vom Strand. Nur für Zelte, terrassenförmig angelegt. Saubere Sanitärs, Warmdusche 2 DM. Snack-Bar. Besitzer ist leidenschaftlicher Oldtimerfan, spricht deutsch.

Mehrere Top-Restaurants der gehobenen Preisklasse machen Eze zu einer kulinarischen Hochburg, für Gourmet-Menüs mit gut 1oo DM rechnen. Chateau de la Chevre d'or serviert territoriale Küche mit wohl umfangreichster Käseplatte der Gegend. Das Chateau Eza in einem liebevoll restaurierten Wehrdorfhaus mit Superblick glänzt durch seine exquisite Weinkarte. Restaurant Richard Borfiga, im Eckhaus am Place de Gaulle, überrascht mit kreativ, wagemutigen Menüzusammenstellungen.

LE TROUBADOUR, kleine Säle in rustikalem Altstadthäuschen, freundlich. Sehr gute Menüs 36-76 DM, Lachs, Jakobsmuscheln. Mittleres Menü für 51 DM mit ausgewogenem Preis-Qualitätsverhältnis.

NID D'AIGLE, gleich oberhalb des Jardin Exotique, Gartenterrasse, enger Speiseraum mit Split-Level eines mittelalterlichen Hauses, 3-Gänge-Menü 37 DM mit provenzalischem Hasenbraten und Zitronentarte.

AUBERGE DU CHEVAL BLANC, Pl. de la Colette. Menüs mit reicher Auswahl 2o-46 DM. Spezialität Stockfisch, Bouillabaisse nicht ganz original, aber lecker, 4o DM, mit halber Languste 62 DM. Meerblick im Speisesaal mit Schiffssteuerrad.

LE BELEZE, gleich daneben, Menüs zwischen 2o und 37 DM, auch Pizzen und Nudelgerichte 13-19 DM. Empfehlenswert der Fischtopf "Marmite des Pecheurs". Kinder-Menü 13 DM.

SEHENSWERTES

Die heutigen Stadtmauern wurden, wie das wehrhafte, doppelte Stadttor POTERNE erst im 17. Jh. gebaut. In der ALTSTADT enge, schattige Gäßchen mit kleinen, blumengeschmückten Gärten und kieselsteingepflasterten Plätzen, beispielsweise am Place du Planet mit auffälligen Brunnen. Rechterhand Kirche, ihre Glocken in grüner Patina gefärbt.

CHAPELLE DES PENITENTS BLANCS: in der Mitte des Wehrdorfes. Sie stammt aus dem 14. Jh. Kunstgeschichtlich bedeutsam wegen des katalonischen Kreuzes mit Totenkopf aus dem Jahr 1258: der am Kreuz Schmerzen erduldende Jesus lächelt! Das kleine Kreuzigungsbild linkerhand stammt von einem Bréa-Schüler. Duch die verschlossene Gitterpforte werfen manche einen Spendergroschen.

In der barocken Stadtkirche von 1772 hängt gleich nach dem Portal ein Schiffsmodell von der Decke herab.

Der JARDIN EXOTIQUE (Eintritt 4 DM, geöffnet im Hochsommer 9-2o Uhr, sonst bis Sonnenuntergang, im Winter Mittagspause 12-14 Uhr) grenzt westlich an die Altstadt an. Botanischer Garten mit Kakteen am Rand der Überreste der Burg. Von der Aussichtsterrasse weiter Blick aufs Meer. Angeblich soll man bei klaren Wetter in der Frühe Korsika sehen.

Wandern: Touristbüro hält kleinen Plan bereit. Eine kurze, aber anstrengende Wanderung (2- 3 Stunden retour auf dem SENTIER FREDERIC NIETZSCHE runter zum Badeort Eze-Bord-de-Mer (mit Bahnhof für Weiterfahrt mit dem Zug).

Teils gibt's Schatten unter Pinien und Olivenbäumen. Friedrich Nietzsche schätzte den Weg sehr. 1883 verfaßte er in Eze den dritten Teil von "Also sprach Zarathustra", dessen Einstiegskapitel sinnigerweise "Der Wanderer" heißt.

Zum Col d'Eze hin führt nach der Brücke der Chemin David steil hinauf, vorbei an den spärlichen Ruinen eines Römerlagers nach dem Mont Bastides. Oben auf Col über den Chemin Rural Carricart, 1oo m westlich am Grande Corniche, wieder zurück. Das letzte Stück muß auf dem vielbefahrenen Moyenne Corniche gegangen werden. Dauer: 3 Stunden.

Sport:

Tennis: Club Borfiga, D 46, Route du Col d'Eze, Grnad Corniche. Platzmiete für eine Stunde 2o DM.

Mountain-Bike: Anzahl teilweise steiler Wege und Pisten zwischen Moyenne und Grande Corniche. Geeignet auch der Parc departemental de la Reserve mit verlassenen Militärfestungen.

Drachenfliegen: ab Mount Bastide hinunter zum Strand.

Mit weiteren Aussichtspunkten führt der Moyenne Corniche steil runter nach Nizza (12 km).

⇨ LA BASSE CORNICHE (La Corniche Inférieure)

Angelegt im 18. Jahrhundert von einem monegassischen Prinzen. Die Corniche N 98 schlängelt sich unten entlang des Meeresufers, mit vielen Windungen, so wie es der Küstenverlauf vorschreibt.

Es ist mit jeder Menge Staus in den vielen Badeorten zu rechnen, - also nichts für Pressante! Abgesehen von Abgas schiebt sich im Hochsommer mit "mal kurz anhalten, um einen Kaffee zu schlürfen" oft nichts wegen akutem Parkplatzmangel.

Landschaftlich besonders schön sind die paar Kilometer zwischen Beaulieu und Cap d'Ail neben der Eisenbahnstrecke. Lohnende Abstecher nach Eze-Village (Moyenne Corniche) oder La Turbie (Grande Corniche).

Verbindungen

Auto/Parken: Ab Monaco Richtung Cap-d'Ail auf die N 98 Corniche Inférieure. In Nizza ist es bereits am Alten Hafen gut beschildert.

Bus: Sehr geeignetes Verkehrsmittel auf dieser Strecke, da in allen Orten mehrere Haltestellen und untertags Viertelstundenzyklus.

Zug: Verläuft im Grunde parallel zur N 98, Bahnhöfe in jedem Ort.

Schiff: Rundfahrten von den Häfen aus: Villefranche.

★Eze Bord-de-Mer

Kleiner Badeort mit wenigen Häusern, unterhalb des attraktiven Eze-Village und den Villen im Steilhang. Ragt durch seinen langgezogenen, windgeschützten Strand mit kleinem Hafenbecken hervor. Sehr romantisch! Alles, was man braucht findet man in der Hauptstraße, dem Basse Corniche.

Auto/Parken: Über die Autobahn oder RN 7 nicht zu verfehlen. Die Parkplatzsuche kann allerdings im Hochsommer lange dauern...

Zug: Bahnhof im Osten des kleinen Ortes mit vielen Verbindungen Richtung Italien und Nizza. Die Züge zuckeln langsam durch den Ort auf der Schienenstrecke zwischen der Straße und dem Meer.

"**Auberge Eric Rivot**": einfach, aber komfortabel. DZ mit Dusche/ WC 1o5 DM, inkl. Frühstück. Die Zimmer zur Straße mit Meerblick und Sonnenaufgang, allerdings tagsüber laut. Familienbetrieb. Aufpreis Halbpension pro Person 35 DM.

"**Hotel Mimosa-Cottage**": 3o nette Zimmer mit Dusche und WC. Schöner Garten, schattige Panoramaterrasse, allerdings etwas laut, da zwischen Basse Corniche und der Eisenbahnbrücke gelegen. DZ 72- 9o DM, im Winter Spezialpreis von ca. 2oo DM pro Woche.

RESTAURANTS: direkt am Basse Corniche.

AUBERGE ERIC RIVOT, die Menüs für 31 (nur mittags) bis 51 DM bereiten viel Eßvergnügen: delikate Gemüsebeilagen, Lamm, Lachs (Parfait de saumon frais et fumé!), reichhaltige Käseplatte. Rivot hat sein Metier bei einem 3-Sterne-Koch gelernt und kapiert, daß sich Bescheidenheit im Preis lohnt. Tische nicht zu eng gestellt, Pergola.

MIMOSA-COTTAGE, 3 Gänge 28 DM mit großen Portionen. Leider ungemütlicher Speisesaal, besser auf der Terrasse. Nur zur Saison geöffnet.

RESTAURANT DU CAP ROUX, einfaches 3-Gänge-Menü 3o DM, 5 Gänge mit Fisch 44 DM, nicht so elegant, nicht so perfekt.

★Beaulieu (4.3oo Einw.)

Nobler, bisweilen teurer Badeort. Der Jachthafen ist fest in britischer Hand, siehe auch Schiffsnamen wie "Pink Puck", "Smurf" oder "Blue Symphony". Ganzjährig aktiv, da sehr milder Winter. Neuen Schwung brachte die Wiedereröffnung des Casinos, wo auch kulturelle Veranstaltungen stattfinden.

Schönster Strand ist an der BAIE DES FOURMIS. Die Prachtpromenade auf der anderen Seite beim Hafen: die Avenue Alsace-Lorraine.

Beaulieu heißt "schöner Ort". Die Namensgebung wird mehreren Personen zugeschrieben. Vor tausend Jahren nannten es Mönche "Bello loco". Napoleon nannte den Ort "Qual bel luogo", woraus im Zuge der Französisierung "Beaulieu" wurde. Die britischen Hafenbelagerer unserer Tage sprechen es meist "Bollio" aus, was aber keine neue Namensschöpfung ist, sondern nur absoluter Mangel französischen Sprachgefühls.

Tourist-Info: Office de tourisme, Place Georges-Clemenceau. Mo.-Fr. 9-12 und 14.3o-19 Uhr, Sa. 9-12 und 15-19 Uhr, So. 1o-12 Uhr.

Post: gleich nebenan am Place Georges-Clemenceau.

Bank: Banque Sudameris France, direkt am Basse Corniche, Bd. Leclerc, Montag mit Freitag 9-12.15 Uhr und 14-16 Uhr geöffnet.

Auto/Parken: Parkplatz am Hafen oder ums Casino. Die N 98 windet sich unter der Eisenbahn in den Ort hinein.

Zug: Bahnhof am Place Georges-Clemenceau.

"**Hotel Frisia**": 2, Bd. Leclerc. Quotiert mit 3 Sternen, DZ mit Dusche/WC je nach Saison 125-19o DM. Ein häßlicher Betonklotz, aber günstig gelegen und unerwartet gemütliche Zimmer mit Blick auf Hafen.

"**Hotel Comte De Nice**": 25, Bd. Marinoni, 3 Sterne, modern, Zimmer mit Farbfernseher, Telefon und bequemen Betten, DZ 125 bis 18o DM, Frühstück 13 DM.

"**Hotel De France**": 1, Montée des Orangers. Sehr familiär, großer brauner Flügel im Frühstücksraum, Garten, Parkplatz. DZ 75 DM, DZ mit Dusche/WC und Frühstück 125 DM, etwas überholungsbedürftig.

"**Hotel Select**": 1, Montée des Myrtes, Place de Gaulle. In Jugendstil-Stadthaus mit alten Möbeln und sogar Wasserbett. Vom Ambiente einfach, aber familiär-freundlich. Das DZ 6o DM, mit Dusche und WC 8o bis 9o DM, Frühstück 8 DM.

"**Hotel Flora**": gediegenes Haus in Villenviertel, 11, Av. Edith Cavell. Sehr korrekt. Schöner Garten mit Mimosen und Palmen. Große DZ mit Dusche und WC 9o DM. Nachts abgesperrter Gratisparkplatz. Zimmer mit guter Halbpension nehmen, sonst versteht der Wirt die Welt nicht mehr, pro Person 85-1o2 DM.

"**Hotel Riviera**": 6, Rue Paul Doumer. 1 Stern, saubere Zimmer, einfach, jedoch nett möbliert, sehr sauber. DZ ab 6o DM, mit Dusche und WC, 9o DM, Frühstück 1o DM.

RESTAURANTS

RESTAURANT DU CASINO, edles Lokal mit fein gedeckten Tischen. Kurze Karte im Stil der Zeit, von Riviera und Mittelmeer angehaucht. Menüs delikat dekoriert, besonders raffinierte Fischgerichte. A la carte mit 9o DM rechnen. Wer die Rechnung kleiner halten will, speist im Casino-Bistrot PETITE FLEUR für ca. 55 DM. In beiden kocht Georges Pelissier.

LE MAXIMILIEN, 43, Bd. Marinoni, Old-English-Speisesaal auf 2 Etagen. Nur Frischprodukte werden verwendet. Dennoch würde sich etwas Bescheidenheit im Preis bestimmt auszahlen. 4-Gänge-Menü mit Fisch 5o DM, sonst 8o-15o DM (Hummer).

AFRICAN QUEEN, am Jachthafen, unterhalb des Basse Corniche, mit Segelmasten und Fähnchen, Skipperlokal mit Fischmenü, 43 DM. Pizzas zwar köstlich, aber teuer, 15 DM.

LE PETIT PARIS, Bd. Marinoni. Stilrestaurant mit Empore, hübsch dekoriert, freundliche Bedienung. Menü mit Muscheln ab 28 DM, größere Auswahl mit Lamm 4o DM, Pizzen ab 11 DM.

ROCK-CAFE LA CHICOREE, Rue du Lieutenant Colonelli. 3-Gänge-Menü mit Wein für nur 21 DM, Tagesplatte (15 DM) wechselt und kann beim Menü genommen werden. Wer Glück hat, bekommt provenzalischen Hasen mit Polenta! Originelle, afrikanisch angehauchte Ausstattung mit Galeriepostern und Gemälden, die die Wirtin gemalt hat. Sexy Charleston-Puppe auf der Veranda.Abends Musikkneipe mit Billard bis 2 Uhr früh.

CAFÉ/BAR LE PETIT BERLUGAN, am Jachthafen. Für den kleinen Hunger, zwar simples Mobiliar, dafür aber sehr freundliche Bedienung. Frischgepreßte Fruchtsäfte, Schinkenomelett, Salate ab 13 DM.

SEHENSWERTES

VILLA KERYLOS: Auf einem Felsen an der Ostspitze der Baie des Fourmis steht die exakte Rekonstruktion einer antiken griechischen Villa. Der gut betuchte Archäologe Theodor Reinach ließ sie vor dem 1. Weltkrieg erbauen. Er lebte hier rund 2o Jahre lang à la "Hellas",- freilich nicht wie ein gemeiner Bauer oder Ziegenhirt, sondern überladen feudal. Er arbeitete am Stehpult in der Bibliothek, nur Männer hatten Zugang zum Adron-Salon. Sein Piano ließ er in einem Beistellmöbel verstecken, da es zur

Antike noch nicht erfunden war. Die Villa ist ausstaffiert mit Alabaster, Carrara-Marmor, exotischem Holz. Die Möbel verziert mit Elfenbein und Bronze, Antiquitäten aus dem 6. bis 1. Jh. v. Chr. Schöne Details wie blau-gelbes Minothaurus-Labyrinthmosaik oder Schlangenwasserhähne. Aus den Fenstern hat man tollen Blick, und der Garten ist mit Olivenbäumen, Oleander und Palmen beschattet. Im Garten erklären Schilder Bedeutung und griechische Mythologie der einzelnen Pflanzen.

Heute ist die Villa Kerylos Museum und Hauptattraktion des Ortes. (Eintritt 11 DM. Täglich geöffnet 1o.3o-12.3o und 14-18 Uhr, im Hochsommer 1o-19 Uhr. November geschlossen.)

CASINO wurde im Belle-Epoque-Stil erst in den 2oer Jahren erbaut. Da Glücksspiel bis 1933 in Frankreich verboten, stand beim sogenannten "Casino des Fleurs" Unterhaltung im Vordergrund. Alle Größen des französischen Chanson sind hier schon aufgetreten: Edith Piaf, Aznavour, Brel, Bécaud etc., auch Ute Lemper und Milva.

QUARTIER DE LA PETITE AFRIQUE, östlich des Hafens. Dank des milden Mikroklimas gedeihen Bananen, prächtige Bougainvillea und exotische, auch asiatische Gewächse, z.B. im JARDIN DE LA PETITE AFRIQUE, Bd. C. Bennet und Bd. Th. Roosevelt.

Wandern: In Beaulieu gibt es zwei Wanderwege: Der SENTIER DU PLATEAU ST. MICHEL, gute 1 1/2 Stunden retour führt unterhalb der Moyenne Corniche (am Bd. Edouard VII.) anstrengend steil bergauf. Als Belohnung gibt's oben Fernblick mit Orientierungstafel.

Wesentlich gemütlicher verläuft die einstündige PROMENADE MAURICE-ROUVIER vom Westende der Baie des Fourmis bis St. Jean - Cap-Ferrat (kleiner Spielplatz beim Parkplatz am Hafen) zwischen Villen in mediterranen Gärten und dem Meer. Schöner Blick auf die gesamte Bucht.

✶St. Jean / Cap-Ferrat

Bewaldete Halbinsel, vielleicht eines der schönsten Fleckchen Erde der Welt, und deshalb eine Luxusvilla neben der anderen, jede gut und gerne mehrere Millionen wert. Ganz verrückt nach Cap-Ferrat waren beispielsweise Jean Cocteau, Charlie Chaplin, Edith Piaf, Curd Jürgens, Gregory Peck und Liza Minelli.

Daß trotzdem noch Platz für normalen, erschwinglichen Tourismus ist, verblüfft sehr, wie etwa am idyllischen Sandstrand "Plage de Passable" oder am Hafen.

Tourist-Info: Syndicat d'Initiative, 59, Av. Denis-Séméria, im Winter geschlossen.

Auto/Parken: Von der Basse Corniche muß man am Ortsanfang von Beaulieu meerseits ab nach St. Jean - Cap-Ferrat. Bei der Rückfahrt darf man sich an dieser chaotischen Kreuzung nicht allzusehr stressen lassen. Parken in den Straßen des Ortes. Am Hafen wird es etwas schwieriger, da überbelegt.

Zug: am günstigsten, vom Bahnhof Beaulieu aus zu Fuß über die Promenade Maurice Rouvier oder mit dem Bus.

Bus: Zahlreiche Verbindungen täglich ab Nizza, sonntags weniger.

Schiff: Verbindung vom Hafen nach Nizza untertags von Montag mit Samstag, dauert etwa 45 Minuten.

"**Hotel Panoramic**": 3, Av. Albert Ier. Mit 3 Sternen quotiert. Alle Zimmer haben Balkon oberhalb des Hafens, für Frühstück bei Sonnenaufgang. Sehr bequem. DZ mit Dusche und WC 165 bis 21o DM.

"**Hotel La Costiere**": Av. Albert Ier. 1-Stern-Haus mit rosa Fassade und einfachen Zimmern. Teils Meerblick, im Prinzip Halbpension (ca. 45 DM pro Person) verpflichtend, DZ ab 7o DM.

"**Hotel La Bastide**": 3, Av. Albert Ier. DZ 7o DM, zwischen den vorhergehenden Hotels gelegen, gleiche Kategorie wie "La Costière".

"**Hotel Clair Logis**": Allée des Brises. Erholsamer Aufenthalt in Villa mit schattigem Palmengarten, absolute Ruhe, nur ein paar Gehminuten vom Meer. Gemütliche Zimmer, freundliche Atmosphäre. DZ mit Du. oder Bad und WC je nach Größe 85-12o DM. Frühstück 13 DM. Vielleicht preiswertestes Hotel zwischen Nizza und Monaco.

"**Hotel Le Dauphin**": 4, Place G. Clemenceau. 2 Sterne, alle Zimmer gehen in den Garten mit Pergola und großem Pittosporum-Baum. DZ mit Dusche/WC und Halbpension 16o bis 175 DM, ohne Verpflegung 95-11o DM. Teuer. WC mit gewöhnungsbedürftigem Sanibroyeur.

"**Hotel Oursin**": 1 Av. Denis Séméria. 3 Sterne und gutes Preis-/Leistungsverhältnis: große, saubere Zimmer. Sofern frei, Zimmer mit Meeresblick nehmen, da auch bessere Betten. Das vor der Rezeption und die Antiquitäten schaffen Atmosphäre. DZ mit Dusche und WC 75 bis 13o DM, Frühstück 1o DM.

"**Hotel La Fregate**": korrekte DZ, teilweise mit Dusche und WC, 57 bis 85 DM, im Seemannsstil mit Restaurant.

Ferienwohnungen: beim Syndicat d'Initiative gibt es eine Adressenliste der Studios und Appartements. Man muß selbst telefonieren. Im Winter hängt eine Liste am schwarzen Brett.

Am Jachthafen sind Restaurants und Bars zu finden, die sich in Preis und Angebot ähneln. Menü kommt auf 35-4o DM, ordentliche Portionen hausgemachter Fischsuppen.
Z.B.: LE SKIPPER, schwarzer Rattan, sonst rot und lila, LE CALABLU mit braunen Ratanstühlen, GOURMET ITALIEN oder LE RAFIOT am Eck. Ordentliche Portionen, Küche ist fischbetont. Für den

kleinen Hunger gibt es Pizza.

Ein paar Meter weiter, in der Avenue Jean Mermoz (oberhalb des Hafens) bemüht man sich mehr: CAPITAINE COOK, nach beiden Seiten offener Speisesaal mit Gartenterrasse nach hinten. Bedienung nicht allzu flott, dafür Klasseküche. 3-Gänge-Menü für 39 DM, 4 Gänge mit Austern 48 DM.

LE DAUPHIN, 4, Place G.-Clemenceau, reichliches 3-Gänge-Menü 25/35 DM. Korrekt für das gehobene Preisniveau der Restaurants des Ortes.

BAR DU PORT, Av. Jean Mermoz. Hafenbar mit Plastikstühlen, viel Patina und Stil. Idealer Ort, um Seemannsgarn zu spinnen und ein Gläschen zu heben. In altem Stadthaus mit renovierungsbedürftiger Fassade, unterm Dach Wandmalerei "Fische im Meer".

SEHENSWERTES

MUSÉE ILE DE FRANCE, Stiftung der Baronin Ephrussi de Rothschild. ein Kunst- aber auch Sammelsurium-Museum mit märchenhaften Gärten.

Untergebracht in der "Villa Ile de France", die Beatrice Ephrussi de Rothschild vor dem Ersten Weltkrieg von nicht weniger als 15 Architekten an der engsten Stelle der Halbinsel im venezianischen Stil errichten ließ, um ihre reichhaltige Kunstsammlung standesgemäß zu beherbergen. Sie selbst zog es vor, in ihrer Suite des "Hotel de Paris" von Monte Carlo zu verweilen.

Das Faible der Baronesse für das 18. Jh. ist unübersehbar (Stil Louis XV. und XVI.), aber auch Stücke und Gemälde des 17. Jahrhunderts und anderer Epochen. Unter den Gemälden auch einige Impressionisten: Monet, Renoir und Sisley. Chinesische Sammlung, Teppiche, Porzellan...

Sehenswert ist auch der romantische, 7-ha-Garten mit mediterraner Vegetation, Kakteengarten und verträumten Wasserspielen. Der Tempel auf der Anhöhe ist die Reproduktion des "Tempels der Liebe des Trianon". (Geöffnet von 1o bis 18 Uhr, im Juli und August 15 bis 19 Uhr, im Winter nur am Wochenende und während französischer Schulferien. Eintritt 1o DM, 4 DM nur der Garten.)

ZOO: kleiner, aber engagiert betriebener Privatzoo auf nur 3 ha mit Schimpansendressur. Nicht so erlebnisreich wie der Zoo von Fréjus, dennoch schönes Ausflugsziel. Geöffnet: 9.3o bis 17.3o Uhr, im Sommer bis 19 Uhr, Eintritt 15 DM für Erwachsene, Kinder 12 DM.

Wandern: 1 1/2-stündiger Wanderweg, SENTIER TOURISTIQUE DE LA POINTE ST. HOSPICE. Romantischer Wanderweg mit traumhaft schönem Blick auf den Golf von St. Hospice und das offene Meer mit weißen Segeljachten und rasanten Motorbooten. Führt um die Halbinsel.

Parken in der Nähe des Paloma-Plage an der Straße. Dort geht es die Treppen hinab und direkt am Meer, zunächst etwas schmal, entlang. Der

Weg endet in einem kleinen Wäldchen, oberhalb der Bucht BAIE DES FOSSETTES, ein kleiner Sandstrand unterhalb der Avenue Jean-Mermoz, die rechts ab wieder zum Ausgangspunkt führt.

SPAZIERGANG IN EINER DER WOHNSTRASSEN: Die Länge der Zaunmauern und Hecken läßt auf die Größe der Grundstücke schließen. Zwischen Zoo und Fondation Rothschild befindet sich die "Villa Les Cedres", des belgischen Königs Leopold II. In der "Villa Sanot Sospir" lebte Jean Cocteau und in der "Villa Mauresque" Somerset Maugham.

✶Villefranche (8.2oo Einw.)

Letzte Kleinstadt vor der 45o.ooo-Riesensiedlung Nizza. Der Ort besitzt eine weite und tiefe Bucht: Naturhafen für Fischerboote, Jachten bis hin zu Kreuzfahrtschiffen, Flugzeugträgern und Kanonenbooten.

Geeignet für Leute, die nahe bei Nizza, so doch nicht in der Großstadt selbst Urlaub machen wollen.

Villefranche wurde im 14. Jh. gegründet und über 4 Jahrhunderte wegen seines Naturhafens bedeutend, u.a. da Nizza über keinen natürlichen Hafen verfügt.

Das heutige brave Image von Villefranche täuscht. Die US-Navy unterhielt seit den 5oer Jahren bis 1966 in der Naturrade einen Militärstützpunkt. Während dieser Zeit galt Villefranche als sündigster Ort des Küstenabschnitts, übersät von düsteren Night-Clubs und leichten Mädchen. Kurz belebten die steuerflüchtigen Rolling Stones diesen Ruf, als Keith Richard in der Villa NellCôte von Frühjahr 1971 bis Ende 1972 wohnte. Altfreaks erzählen, daß es damals im Hafen nur so von Rauschgifthändlern wimmelte und zahlreiche Fans darauf hofften, an den angeblichen Orgien der Stones teilzunehmen. Im Keller der Villa, der zum Studio umgebaut war, schufen sie übrigens die "Exile on Main Street"-Scheibe.

Tourist INFO

Tourist-Info: Office du tourisme, Jardin Francois-Binon, neben Kinderspielplatz, an der N 98. 9-12 und 14-18.3o Uhr außer sonntags. In Hauptsaison täglich 8.45-19 Uhr. Etwas Deutsch wird gesprochen. Bei Vermittlung von Ferienwohnungen und auch sonst wird sehr kompetent geholfen.

Bank: SOCIETÉ GENERALE, 6, Av. Albert Ier.
BANQUE NATIONALE DE PARIS, gleichfalls in der Av. Albert Ier.

Post: Av. Albert Ier, der N 98.

Autos: Reichlich Parkplätze unterhalb der Altstadt, um die Zitadelle und am Hafen. Im Festungsgraben parkt man unter den hohen Burgmauern schattig und sehenswert. Gegenüber des Touristinfos führt die enge, steile Einbahnstraße zum Moyenne Corniche. Ungeeignet für größere Wohnmobile!

Bus: Superverbindung nach Nizza, Monte-Carlo und Menton im 2o-Min.-Takt, morgens bis etwa 2o Uhr. Stündlich verkehrt untertags (außer So.) ein Minibus ab Port de la Santé zwischen den drei Corniches.

Zug: Bahnhof am Ortsausgang.

Ab Ostern bis Ende der Saison fährt Petit Train eine Rundtour ab Villefranche via Zitadelle nach St. Jean/Cap-Ferrat und retour, 9 DM. Abfahrt unweit Bahnhof, dauert 1 Stunde.

"Hotel Welcome": gegenüber der Cocteau-Kapelle, Amiral Quai Courbet. 3 Sterne, 4o Zimmer, DZ 19o bis 24o DM, alte Gartenbank im Foyer, Hunde erlaubt, viele Zimmer Meerblick.

"Hotel La Flore": 3 Sterne, 112 bis 125 DM, in Hochsaison muß Halb-/Vollpension genommen werden. Gemütlicher Dekor im Foyer mit Korallentruhe und Modell eines Piratenschiffs. Restaurant im Untergeschoß (Menü 3o DM), unbedingt Zimmer mit Meerblick nehmen, da sonst zu laut.

"Hotel Patricia": Chemin des Pépinières, Pont St. Jean. An der Ortsgrenze zu Cap Ferrat mit Superblick. DZ 6o bis 95 DM , Frühstück 14 DM.

"Hotel Provencal", Av. Marechal Joffre, unweit Touristbüro. Stadthotel mit Rundtürmchen an den Ecken. Enger Aufzug, saubere Zimmer, funktional möbliert. Frühstück an Terrasse mit Bananenstaude. DZ mit Du./WC 95-12o DM. Gutes Frühstücksbuffet 13 DM. Im Sommer Halbpension verpflichtend. Täglich wechselndes Menü im Restaurant 31 DM.

Jugendherberge: siehe "Nizza", AUBERGE DE JEUNESSE ist direkt an der Ortsgrenze zu Villefranche! 19 DM mit Frühstück.

Ferienwohnungen: viele Privatferienwohnungen und Zimmer. Bei Vermittlung vor Ort hilft das Syndicat d'initiative.

PIERRE ET VACANCES, direkt am Basse Corniche, haben Ferienwohnungen für 4-7 Personen. Beispiel 2 Zi. für 5 Personen je nach Saison 5oo bis 1.75o DM pro Woche. April bis Juni und September 75o-1.o5o DM.

LE SAINT-PIERRE, Quai Amiral Courbet, im Hotel "Welcome", etwas snobistisch, 5o DM für 3-Gänge-Menü bzw. 7o DM für feines 4-Gänge-Menü mit Fischspezialitäten.

LA MERE GERMAINE, Quai Amiral Courbet, großes, gepflegtes Restaurant, vielleicht etwas teuer, 3-Gänge-Menü 6o DM. Gegrillte Mittelmeerfische und ausgezeichnete Desserts.

LA GRIGNOTIERE, Rue Poilu. Kleiner Speisesaal mit großem Wandgemälde in mittelalterlichem Haus. Von der Altstadtgasse ist längliche Küche zu sehen, wo der junge Talentkoch Perne mit mildem Knoblauch gespickte Nizzaküche zubereitet. Menü 28 und 45 DM. Viel Eßvergnügen bei relativ modesten Preisen.

LA CAMPANETTE, 2, Rue du Baron de Brès. Klein, eng, rustikal, aber gute Küche (Paella), nur abends offen. Drei Menüs, 25 bis 43 DM.

LA BRAISERIE, Rue Volti. Wenige Tische in Gasse unter Sonnenschirm. Ein kleines Menü für 25 DM und Pizzen zwischen 12 und 16 DM.

Am Quai Amiral Courbet (bei der Cocteau-Kapelle St. Pierre) mehrere Restaurants, die sich im Menüpreis (etwa 25-3o DM) und Qualität ähneln. Schön das NAUTIC mit Speiselokal im ersten Stock und breiten Halbbogenfenstern (freundliche Bedienung) sowie das LE DAUPHIN, etwas nüchterner mit weißen Metallstühlen.

PIZZERIA LE CALYPSO, ebenfalls am Quai Amiral Courbet. Einfaches Menü 22 DM, prima Pizzas ab 11 DM. Tisch am kleinen, erhöht über dem Meer liegenden Metallanbau nehmen. Billard.

LES PALMIERS, Place Amélie Pollonais. Nizzaer Spezialitäten, für den kleinen Hunger, oder wenn man keine Lust auf ein ganzes Menü hat. Gemütlicher hinten auf den Massivholz-Stühlen, vorne Korbstühle.

SEHENSWERTES

Altstadt mit der RUE OBSCURE, einer völlig von Gebäuden überdachten Gasse. Auch die anderen Gäßchen und Treppen sind reizvoll. Inmitten des Treppenlabyrinths die Kirche ST. MICHEL mit schlichtem Barock.

Am Fuße der Altstadt, die CHAPELLE ST. PIERRE, die 1957 von Jean Cocteau ausgestattet wurde. Im Zuge von Matisses (Vence) und Picassos (Vallauris) Kirchenschmuck-Aktionen schien es Mode geworden zu sein. (Geöffnet: 9.3o-12, 14-18.3o Uhr, montags geschlossen. Eintritt 4 DM.)

ZITADELLE (1557): Unter einem beeindruckenden Holzkipptor gelangt man in die Festung, die heute das Rathaus, ein Freilufttheater und einige Kunstmuseen mit freiem Eintritt beherbergt. Im Festungsgarten ranken Kakteen die Felswand hoch, Bananen, Stechapfel.

Villefranche veranstaltet im Sommer viele Konzerte, Theateraufführungen und Bälle. Petersfest am 1. Juliwochenende mit Riesenfeuerwerk.

Ausflüge: Im COMMERCIAL OFFICE, 1o, Av. Maréchal Foch kann man Ausflüge nach Monaco, Cannes, Saint-Tropez, San Remo, Gorges du Verdon etc. buchen. Preise 4o bis 6o DM.

Sport: Am Strand "Plage des Marinières" Verleih von Surfbretter, Tretbooten und Motorrollern.

Tennis: Neben Pierre et Vacances und etwas billiger beim Club de Tennis, Chemin des Pepinières.

Tauchen: Interessantes Gebiet um Cap-Ferrat. Ecole de Plongée, 6, Rue de l'Eglise. Für Gruppen von Ende März bis November.

Nizza

(Großraum 450.000 Einw.)

Großstadt an der Engelsbucht, der "Baie des Anges", - Hauptstadt des Départements Alpes-Maritime. Die Berge schützen vor Winden, so daß es praktisch nie Frost gibt.

Das milde Klima lockte zur Jahrhundertwende und mit Eisenbahnbau Paris-> Nizza auch reiche Franzosen, die hier Ferien machten, aber auch in reichen Villen sich niederließen.

Eine Stadt mit viel Flair, die insbesondere auch für Städteurlaub, z.B. Weekend- Flug sehr lohnt. Ausgesprochen schöne ALTSTADT mit Gassen und gemütlichen Restaurants, - breites Shopping- und Veranstaltungs-Angebot in der Neustadt. Der Antiquitäten- und Blumenmarkt ist ebenso berühmt wie Nizza in vielen Filmen verewigt wurde, z.B. Hitchcocks "Über den Dächern von Nizza".

NIZZA – Stich vergangenes Jahr

An Stränden gibts 5,5 km Kies, dieser vor der Stadtkulisse und im Sommer entsprechend belegt. Nizza ist nicht nur die "Promenade des Anglais", die lange, halbrunde Strandpromenade.

Dahinter gibt es eine Vielfalt eigenständiger, abgeschlossener Stadtviertel zu entdecken: z.B. der diskrete Charme des Reichtums in den Stadtteilen Cimiez und Mont-Boron, - die Geschäftigkeit und vielen Kirchen der Altstadt, - die Hektik der Fußgängerzone, - der Blumenmarkt, - die Ruhe der Parks, - der Staub und Lärm der Ausfallstraßen (mit Ausländerghetto Sonacotra), - das Kulturviertel um die Acropolis. Und fährt man etwas weiter Richtung L'Ariane: die Wohnwagenkarawanen der Obdachlosen am Strassenrand.

STADTGESCHICHTE: erste Siedlungsspuren datieren vor 300.000 Jahren, damit eine der ältesten Europas. Erste Funde 1873 durch E. Rivìere im Boden der Lympia-Grotte (am Hang des M. Boron), weitere Funde in der daneben liegenden Lazaret Grotte

ndert. Links der noch nicht ausgebaute Port Lympia

die für Frühgeschichtsforscher ein wahres "Eldorado" darstellten, in sofern als Unmengen an Knochen und Werkzeuge gefunden wurden, die Aufschluß über die damalige Lebensweise der Menschen aber auch ihren Körperbau brachten. Die wichtigsten Funde sind heute im Museum Terra Amata bei den Grotten ausgestellt.

Darüber hinaus fand man im Vallé des Merveilles oberhalb Nizzas in rund 3.ooo m Höhe am Mont Bego mehr als 37.ooo Felsmalereien aus der Steinzeit. Diese ungewöhnlich hohe Quantität dokumentiert, ebenfalls wie die Funde der Lympia- und Lazaret-Grotte, daß die Region zu Urzeiten eine ungewöhnlich hohe Besiedelungsdichte besessen haben muß.

Funde des Cro-Magnon Menschens (ca. 3o ooo-2o ooo v. Chr.) im Bereich der heutigen Altstadt von Nizza.

STADTGRÜNDUNG: die Griechen kolonisierten ab Hellas den Mittelmeer Raum, wobei Marseille ihr wichtigster Handelsstützpunkt ab 5. Jh. v. Chr. in diesem Mittelmeerbereich war. Als Handelsfiliale gründeten sie Nikaia (die "Siegreiche") an der Stelle des heutigen Nizza. Ihre Stadt lag am Meer, der Name Nikaia sei entstanden, da sie sich in Kämpfen gegen die dortigen Ligurer durchgesetzt hatten.

Die Römer begründeten an der Stelle des heutigen Stadtteils Cimez ihr Cemenelum. Die Stadt expandierte und hatte zu ihrer Blütezeit rund 2o.ooo Einwohner mit allen Vorzügen wie marmorverkleidete Thermen, Amphitheater und Trinkwasserversorgung per Aquädukt, Kanalsystem für Abwässer etc.

Die Zeit bis 1 ooo n. Chr. war geprägt durch wechselnde Herrscher, aber auch ständige Piratenangriffe. Die Bewohner flüchteten in die Küstenberge, wo sie in ihren Dörfern wie aus geschützten Adlernestern das Meer auf Angreifer beobachten konnten.

Im 11. Jh. gehörte Nizza zur Provence, somit zum Heiligen Römischen Reich Deutscher Nation, befand sich de facto aber im Besitz regionaler Adeliger und Lehensherren. Sie besaß eine Festung zum Schutz des Hafens und versuchte sich, kleinräumig gegen andere Besitzansprüche zu verteidigen.

1388 kam Nizza zu Savoyen und wurde für das im Inland gelegene Turin/Italien als dessen Mittelmeerhafen und Festung ausgebaut. Für Nizza selbst und seine Entwicklung war dies nicht zum Vorteil. Turin liegt nördlich hinter hohen Alpenpässen: Die Handelspfade waren zwischen Nov. und Ende Mai zugeschneit, während Turin seine Waren via Po zur Adria ex- und importierte. Zudem war Nizza der Küstenhandel verwehrt, da sein Besitzer (Savoyen) in Feindschaft mit der Provence und Genua stand.

In den folgenden Jahrhunderten bis 186o blieb Nizza unter italienischer Herrschaft, ausgenommen kurzer Jahre (z.B. 1691-17o5 Ludwig XIV./Frankreich). Erst 1792 hatte das Städtchen seine bürgerliche Revolution. Doch auch die Nizzaer Frage wurde 1814 beim Wiener Kongress geregelt: Nizza wurde Savoyen rechtmäßig zugesprochen, die in Folge auch Fürsten von Piemont und König von Sardinien wurden.

Auf die Namen zweier berühmter Söhne der Stadt jener Zeit stößt man in Nizza vielerorts: Masséna (1758-1817) wurde unter Napoleon "Maréchal de France", also Generalfeldmarschall und einer der Favoriten des kleinen Korsen Napoleon. Siegte z.B. 1799 bei Zürich über die Russen.

Giuseppe Garibaldi (18o7- 1882) war eine der Hauptfiguren der italienischen Revolution

1848/49. Ein republikanischer Freiheitskämpfer, der bei den Italienern sehr beliebt war. Seine Familie und er blieben allerdings stets recht frankophil. So diente Garibaldi selbst noch 187o unter französischer Flagge, und einige seiner Nachfahren kämpften 1914-18 mit italienischen Freiwilligen an Frankreichs Seite.

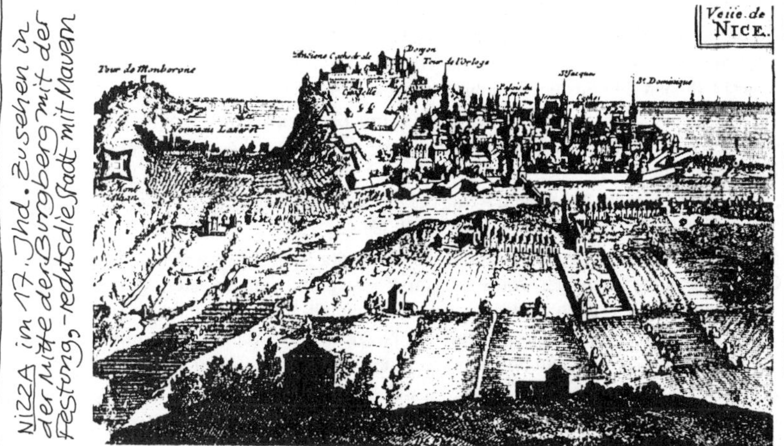

NIZZA im 17. Jhd. zu sehen in der Mitte der Burgberg mit der Festung, - rechts die Stadt mit Mauern

Erst 186o, also recht spät kam Nizza per Volksentscheid zu FRANKREICH, weshalb man auch heute noch überall in der Stadt in Architektur und Flair an Italien erinnert wird. Der Anschluß an Frankreich leitete eine starke wirtschaftliche Expansion ein, da nunmehr landwirtschaftliche Produkte der Region (u.a. Oliven, Zitronen, Orangen etc.) exportiert werden konnten, und es sich für Kaufleute lohnte, in Nizza Handelshäuser zu eröffnen. Dies zog den Zuzug von Arbeitskräften nach sich. Während Nizza vor dem Volksentscheid 186o nur rund 15.ooo Einwohner hatte, wuchs die Stadt bis zur Jahrhundert-Wende auf rund 9o.ooo Einwohner und hat heute im Großraum knapp eine 1/2 Million Einwohner.

TOURISMUS (Anfänge über Belle Epoque bis heute):

Nizza ist Paradebeispiel für einen Ort, der durch die PR bedeutender Persönlichkeiten, die hier Urlaub machten (Künstler, Kaiser und Könige), in Mode kam, deswegen bei der breiten Allgemeinheit als Ferienort Zuspruch fand und extrem expandierte. Zudem ist Nizza einer der ersten und damit ältesten Tourismusorte im Mittelmeerbereich.

Als "erster Tourist" gilt der schottische Schriftsteller Tobias Smollett, dem seine Ärzte 1783 den Tip gegeben hatten, Nizza wegen des guten Klimas aufzusuchen, und der für die Anreise gut 2 Wochen per Postkutschen und Schiff benötigte. Seine "Ferienerlebnisse" faßte er literarisch zusammen, war allerdings nicht sehr angetan von den hygienischen Verhältnissen, empfahl die Stadt aber ansonsten weiter.

Zu Beginn 18oo war das damals noch savoyische Nizza "Geheimtip" bei Fürsten und Adeligen, wie auch Künstlern, die über zeitlichen Freiraum verfügten, die lange Anreise zu realisieren und im Anschluß in der Kleinstadt relaxten. Und diesen Tip unter der Hand weitergaben...

Alles, was Rang und Namen hatte in europäischen Herrschaftshäusern, verbrachte den Winter hier. Zarin Maria Alexandrowa und Zar Alexander II. ebenso, wie 1848 der bayerische König Ludwig I., der wegen seines zu intensiven Techtelmechtels mit Lola Montez abdanken mußte und sich Nizza zu seiner Residenz erwählte. Royalistische Arbeit vollbrachte er fortan nur noch im Ehrenkomitee des Karnevals.

Es wurden feudale Hotels gebaut, aber auch Belle-Epoque-Paläste für die gekrönten und reichen Ausländer. Villen mit umfangreichen subtropischen Parks, die heute 3o oder mehr Millionen DM kosten, wenn überhaupt verkäuflich.

1864 erreichte ab Paris die Eisenbahn Nizza und beendete damit die extrem zeitaufwendige Postkutschenfahrt, womit die Côte d'Azur auch für die breite Allgemeinheit reicher Bürgerschichten zugänglich wurde. Der Pariser Bahnhof GARE DE LYON (Ausgangspunkt für die Strecke zur Côte d'Azur) dokumentiert in seinen reichen Deckengemälden die "Belle Epoque" des damaligen Wintertourismus.

Man muß wissen, daß damals der "bleiche Teint" der Haut "in" war. Nix mit Bräunungs-Grill-Operationen heutiger Touristen. Im Vordergrund standen Lifestyl in exquisiten Restaurants bei "Gesehenwerden", Tanz und Smalltalk. Dies im Rahmen der PR-trächtigen High Society, die sich ebenfalls in Nizza zeigte. Auch der berühmte "Orient Express" berührte auf einem Seitenzweig seiner Strecken die Côte d'Azur.

Zu Einbruch im hochkarätigen Tourismus-Geschäft kam es während des 1. Weltkriegs. Wegen Kriegshandlung blieben die Gäste aus, die als General oder simpler Soldat an der Front ihren Dienst taten (bzw. aus High Society stammend und nicht im Krieg teilnehmend sich daher nicht zeigten...). Das Negresco/Nizza, gerade kurz vorher als Hotel eröffnet - fungierte als Lazarett (!), und weniger bedeutende Hotels vegetierten dahin ohne Gäste.

Nach 193o kamen für die High Society andere Ziele der Welt als Attraktion, u.a. das nunmehr per Flugzeug zu erreichende Kalifornien etc. Allerdings war die Côte d'Azur beliebt bei Malern und Schriftstellern, z.B. lebte Berthold Brecht in Flucht vor den Nazis 1933 einige Zeit hier.

Um neue Märkte zu schaffen, wurde der Sommertourismus begründet: während man noch 191o "züchtig" und fast voll bekleidet ins Wasser stieg, - fielen bis in die 4oer Jahre langsam die Hüllen. Allerdings bei Frauen Stoff vom Busen bis zwischen die Beine; der Bikini kam erst danach... Oben ohne ab ca. 6oer Jahre (u.a. Vorreiter Brigitte Bardot), hüllenlos siehe unten...

Auch wenn die französische Volksfrontregierung 1936 den bezahlten Urlaub per Gesetz erließ, was zu Massenurlauber-Scharen ins Traditionsgebiet Nizza führte, bereitete der 2. Weltkrieg diesem temporären Aufschwung der Stadt ein Ende.

Nach 195o wurde Nizza wieder als Badeort Mode, siehe PR durch u.a. Filme mit BB, Techtelmechtel mit Gunther Sachs und anderer PR- trächtiger Aufhänger, die durch die Presse wanderten. Abgesehen davon Filmsternchen, die unten ohne den Kies von Nizza betraten (wohlgemerkt per Foto in der Presse). Dies Stand der noch etwas prüden 6oer Jahre.

Das Nizza der 9oer braucht derartige PR nicht mehr. Es ist zwar für Badetourismus wegen seiner Kiesstrände im Rahmen heutigen Jet- Zeitalters weniger attraktiv. Dafür im Rahmen des Städtetourismus in Europa hochkarätig wegen Flair, Restaurants, Shopping und Veranstaltungen.

NIZZA HEUTE: Der Airport am Meer ist nach Paris der meistfrequentierte Frankreichs. Die Stadt hat sich die Voraussetzungen für ganzjährigen Tourismus geschaffen: sie verfügt über reichhaltige Veranstaltungspalette, über Spielcasino und Kongresszentrum sowie Oper etc.

Als weiteres "Standbein" besorgten die Stadtväter: Arbeitsplätze in Industriebetrieben, Gründung einer Universität, dann ausgebaut, heute: 25.000 Studenten, sowie Schaffung des internationalen Hightech-Zentrum Sophia Antipolis.

Dies steht absolut auf der Positivseite der 60 Jahre im Rathaus regierenden Familie Médecin: Jean Médecin regierte 37 (!) Jahre als Bürgermeister und wurde von seinem Sohn Jacques abgelöst.

Bei Privatgeschäften in Nordamerika titulierte er sich auf dem Briefkopf als "Graf de Medicis", manche seiner Machenschaften sind von Skandalen umwittert. Insbesondere wurde im angekreidet, daß er sich offen zu den Rechtsparolen des Jean-Marie Le Pen bekennt. Im Herbst 1990 floh er vor der französischen Justiz nach Uruquay (Steuerhinterziehung, Veruntreuung etc). Infolgedessen seither mehrere seiner Stadträte wegen Amigo-Affären angeklagt bzw. verurteilt.

Heute dehnt sich die Stadt in alle Richtungen aus, und die Grenze zu den Vororten erkennt man nur noch auf der Landkarte. Ehrgeizige Lokalpatrioten sehen in Nizza eine zukünftige Mittelmeer- Drehscheibe zwischen Italien, Korsika, Sardinien bis rüber Spanien und Marokko. In Realität ist Nizza heute bedeutendste Metropole im Bereich San Remo bis St. Raphael, die oft zugebaute Côte d'Azur.

STADTFESTE:

KARNEVAL: Der Nizza-Karneval ist wichtigster an der Côte d'Azur und wegen der Farbenpracht der Umzüge einer der schönsten Frankreichs. Ca. 2 Wochen vor Faschings-Dienstag beginnen die Umzüge mit Schauwagen, Reitergruppen und Fußvolk. Besucherzahl 2 Mio. Alle Hotels in weitem Umkreis sind dann ausgebucht, auch bei Privat kaum Chance, sofern nicht langfristig vorgebucht!

Verschiedene deutsche Veranstalter bieten inzwischen NIZZA, ähnlich wie den "Karneval von Venedig", als 1-Tages-Jetausflug ab Deutschland an.

Die Faschingstradition geht zurück aufs 13. Jahrhundert. Ab 1539 wurde der Karneval offizielle Institution: Das Faschingstreiben und die Bälle hatten nach Ständen getrennt abzulaufen. Also jeweils extra für Adel, - Geldadel, - Handwerker und Fischer. Was machte nun der Handwerksgeselle, wenn er Lust aufs Fürstenfräulein bekam, und wie löste die Bankgemahlin das Problem, in den kräftigen Armen eines Fischers das Tanzbein zu schwingen? Ganz einfach: man verkleidet sich entsprechend...

Als 1873 das Festkomitee gegründet wurde (u.a. war Bayernkönig Ludwig der 1. Mitglied), liefen die tollen Tage in Nizza alljährlich ähnlich ab.

GRANDE PARADE DE JAZZ, Juli im Cimiez-Park. Programm auf mehreren Bühnen gleichzeitig, jede Band kämpft um die meisten Zuschauer, welche nach Lust und Laune herumschlendern. Wer auf den Stühlen keinen Platz findet, sitzt im Gras. Überall Imbißbuden, Wein- und Bierschänken. Zu Beginn blinken Sonnenstrahlen auf Saxos, unter Moonlight heizt sich die Szene auf. Kinder spielen Ball bis spät in die Nacht hinein.

Verbindungen ab Nizza

Flughafen: Aéroport Nice/Côte d'Azur an der westlichen Stadtgrenze direkt am Meer. Im Passagieraufkommen zweitgrößter Flughafen Frankreichs nach Paris. Bestens beschildert und Busverbindung in die Stadt: Nr. 23 fährt zum Bahnhof und Direktbus zum Gare Routière.

Dichter, innerfranzösischer Flugverkehr. Viele internationale Direktverbindungen z.B. München -> Nizza 1 1/2 Std. Flugzeit. Günstige Retourtickets.

Zug: Hauptbahnhof Nizza (unsere Karte: Nr. 25) in der Av. Tiers. Es gibt durchgehende Verbindungen ab Paris, aber auch ab Italien. Viele Züge befahren die Küsten-Strecke zwischen Italien und St. Raphael/Toulon.

Auch wer mit dem Auto an der Côte ist: Eisenbahnfahren entlang der Küste lohnt sich aus mehreren Gründen: einmal kurze Entfernungen und häufige Verbindungen. Außerdem hat man in den angesteuerten Orten keine Parkprobleme, und der Bahnhof in der Regel im Ortszentrum (z.B. optimal für MONACO!). Und last not least: entlang der Küste schöner Blick bei zügiger Fahrt, was fürs Auto auf der Straße im Sommer kaum gilt!

Nizza -> Digne: Der Bummelzug ab Bahnhof "Chemins de fer de Provence" (auch Gare du Sud genannt): 33, Av. Malausséna (Karte: Nr. 24).

Gebaut ab 1892, schöne Strecke über Villars (Achtung: vom dortigen Bahnhof gut 3o Min. zu Fuß in den Ort!) und Touet. Wegen schwierigem Bergterrain dauerte die Fertigstellung des Schmalspurgleises 2o Jahre. Im Sommer touristische Züge mit Dampfloks!

Die andere, für Eisenbahnfans sehr lohnende Strecke ist Nizza -> Breil-sur-Roya (ländliches Bergstädtchen) -> Tende am Fuß des Mercantour Nationalpark. Fahrzeit bis Breil rund 7o Min., sehr idyllische Strecke durch Täler und hübsche Bahnhöfe im pompösen Stil der Jahrhundertwende. Mehrere Viadukte und Tunnels. Besonders schön ist der Bahnhof von Tende. - Ab Breil gibt's eine Eisenbahn-Querverbindung runter nach Veintemilla/Italien mit häufiger Verbindung retour nach Nizza.

Auto/Parken: Autofahren in der Großstadt ist nicht immer ein Vergnügen. Parkplätze und -häuser findet man zwar reichlich, aber auch oft "complet" (voll).

Bus: Gare routière (Karte: Nr. 1o) nahe der Altstadt beim begrünten Parkhaus, Promenade du Paillon. Tickets gibt's im Bus. Busse nach Cannes oder Menton im 2o-Minuten-Takt halten auch in den Küstenorten dazwischen.

Außerdem Verbindung nach Grasse und Vence.

Stadtbusse: ausgezeichnetes städtisches Netz mit vielen Linien. Pro Fahrt ca. 2,5o DM.

Beim "Centre d'Information T.N.": 1o, Av. Félix Faure (geöffnet Mo.-Fr. 8.15-19 Uhr) können sich Vielfahrer den Busplan "Guide Horaire" bzw. den Fahrplan bestimmter Linien, "Fiches Horaires" besorgen. Hier bekommt man auch die verbilligten Touristenfahrkarten für 1, 5 oder 7 Tage. 7, 27 oder 36 DM.

Stadtrundfahrten mit dem "Petit Train": Abfahrt alle 3o Minuten von Esplanade Albert I am Meer. Über Blumenmarkt in die Altstadt, auf den Chateau-Hügel hinauf und am Meer entlang zurück. Dauert etwa 45 Minuten, 8 DM. Möglichkeit die Fahrt zu unterbrechen. Kein Verkehr bei schlechtem Wetter.

Schiff: Der alte Hafen ist Fährhafen nach Korsika. Zum Eincheck alles gut beschildert. Auskünfte über die Fähren bei S.N.C.M.: 3, Av. Gustave V beim Casino Ruhl.

Tourist-Info: Office du Tourisme, Av. Thiers, gleich beim Bahnhof, 8.45-19 Uhr, sonn- und feiertags 8.45-12.3o, 14-18 Uhr.

Autofahrer steuern am besten den Pavillon an der Promenade des Anglais, gleich nach dem Flughafen an. Etwa gleiche Öffnungszeiten. Zur Hauptsaison bis 2o Uhr.

Zweites Büro, 5, Av. Gustave V., Mo. bis Fr. 8.45-12 und 14-18 Uhr.

Post: Hauptpostamt schräg gegenüber dem Bahnhof, Avenue Thiers (Karte: 26).

Alter Hafen/Westufer. Mo. bis Fr.: 8.3o-12 und 14- 17.3o Uhr. Sa 8.3o-12 Uhr.

Bank: Es gibt viele Banken in der Stadt, z.B. Av. Jean Médecin, Promenade des Anglais. Geldwechsel täglich 7-24 Uhr im Sommer und 8-2o Uhr im Winter im "Office Provencal", 17, Av. Thiers (Bahnhof), 1o Rue de France (Fußgängerzone), 26, Av. Jean Médecin.

HOTELS: In Nizza gibt es sehr viele Hotels. Eine stattliche Anzahl davon ist an Individualtouristen wenig interessiert, da sie Festverträge mit Reiseveranstaltern haben. Das Spektrum reicht von ganz billig bis zur absoluten Weltspitzenklasse. Anlaufstelle für Hotelreservierung sind die Offices du Tourisme.

LUXUSHOTELS: gibt es 18 Stück. Berühmtestes ist "**Hotel Negresco**" an der Promenade des Anglais. Schönster, vielleicht etwas kitschiger Hotelbau mit livriertem Personal. Alle Zimmer in bestimmten Stilen eingerichtet, Louis XIV. oder Louis XV. Wer Rang und Namen hat, verweilte bereits hier (ewig lange Liste bekommen Hotelgäste mit dem Prospekt): von Aga Khan über die Beatles, Elton John, Marlene Dietrich, Alfred Hitchcock bis hin zu Präsident Truman oder "Mister absolutely no sports", Winston Churchill. Doppelzimmer zwischen 4oo und 7oo DM, Suiten entsprechend teurer.

Ebenfalls an der Promenade, rechts vom Masséna-Museum "**Hotel West-End**", weiße Stuckfassade, kleine Balkons, davor Palmen, DZ 13o bis 44o DM und das rosafarbene "**Hotel Westminster Concorde**" mit fast schon protzigem Aufgang. DZ 28o bis 38o DM.

Im stillosen Neubau "**Abela Hotel**" waren schon Pink Floyd. Viele Nordamerikaner als Gäste. Liegt am weitesten westlich an der Promenade. DZ 24o bis 46o DM.

Selbe Art, aber zentralissimo, 1, Promenade des Anglais gelegen "**Hotel Le Meridien**", DZ 31o bis 55o DM.

Zu den Tophäusern zählt noch das "**Hotel Beau Rivage**", 24, Rue St. Francois-de-Paule. Das Hotel ist ein Meisterstück des Understatement: schlichte Säulen gliedern die Halle, Marmor, Vitrinen als Raumteiler. DZ 3oo DM.

"**La Perouse**", 11, Quai Rauba-Capeu, am Chateau-Hügel, mit Aufzug zu erreichen, Pool, Garten, Parkplatz. DZ je nach Aussicht 2oo bis 35o DM.

Nicht mehr direkt am Strand: "**Splendid Hotel**", 5o, Bd. Victor Hugo. Weite Lobby. Zimmer in moderner Eleganz möbliert. Schwimmbad, Sauna und Bar für Happy-hour auf dem Dach. DZ 25o bis 33o DM.

"**Hotel Atlantic**", 12 Bd. Victor Hugo, traditionsgeladen und groß wie drei ganze Häuserblocks. Sehenswerte Hotelhalle mit bemalter Glaskuppel und stilvollen Polstergruppen. DZ 18o bis 27o DM.

HOTELS NAHE DER STRANDPROMENADE:

"**Hotel Georges**": 3, Rue Henri Cordier, zurückversetzt. Weißes Haus, viele Balkone, mit Kletterpflanzen begrünt. 2oo m zum Meer. DZ 3-Sterne-Komfort, 95-135 DM.

"**Hotel Locarno**": 4, Av. des Baumettes. Abgerundetes Eckhaus, Riesenbillardtisch im Salon. Mischung aus alt und modern. Unterschiedliche DZ, wegen der runden Form interessant geschnitten, alle mit Bad/Dusche, WC, kleinere um 1oo, große 13o DM.

"**Hotel Marina**": 11, Rue Saint-Philippe, hinter Promenade des Anglais, recht nahe am Zentrum. Großes Stadthaus. Parkplatz im Hof mit drei riesigen Palmen. DZ neu eingerichtet, aber die Böden knarren unterm Teppich. Mit Dusche/WC, Balkon und nach Süden 135 DM, zur Straße 1o5.

"**Hotel Paris-Nice**": 58, Rue de France, nahe Strand und Fußgängerzone. Rezeption nüchtern, modern. Zimmer korrekt aber nicht luxuriös. Viele mit getrennten Betten. Nach hinten ruhiger. DZ, Dusche/WC 85-11o DM.

"**Hotel Paradis**", 1, Rue Paradis, in Fußgängerzone, nur 15o Meter vom Meer. Gelbes Haus. Rezeption am Ende des blaugehaltenen Flurs mit Sumpfgrasbüscheln in der Ecke. DZ mit schönen Holzmöbeln, Dusche, WC 75-9o DM. Sehr freundlich.

Ganz in der Nähe, 14, Av. de Suede "**Hotel Le Meurice**", DZ um 1oo DM und Hausnummer 18, "**Hotel Harvey**", großes Hotel, DZ 85 bis 1o5 DM.

"**Hotel Astoria**": 6, Bd. Francois Grosso. Älteres rosa Gebäude. Stuckverziert. Sehr freundlich. Große aber sehr einfache DZ mit Dusche und WC 62 DM, mit Etagendusche billiger. Hof zum Picknicken.

STADTHOTELS:

"**Hotel Grimaldi**": 16, Rue Grimaldi. Stadthaus mit viel Charme. Innen komplett renoviert, komfortabel, hell, freundliche Farben. DZ, Dusche/Bad WC 185 DM. Nr. 62 mit Balkon und ruhig, da oben. Günstige Preise in Nebensaison.

"**Hotel Excelsior**": 19, Av. Durante. Traditionshotel am Bahnhof. Stuckfassade, Eingangshalle mit Brunnen und mehreren Splitlevels. Gepflegte, altmodische DZ, einfache Bäder, mit Dusche und WC 12o DM. Restaurant LE ROMANTIC bietet 4-Gänge-Menü für 35 DM.

"**Hotel Balladins**: Place du Pin, nahe Altstadt und Hafen, unpersönliche Hotelkette, aber für eine Nacht o.k. DZ, Dusche, WC knapp 1oo DM.

"**Les Camelias**", 3, Rue Spitalieri, verkehrsberuhigte Straße hinter Nice Etoile, neben kleinem Park. Schmuckes Stadthaus, schattiger Garten, Parkplatz. Blitzsaubere, wohnliche DZ, Dusche, WC und Frühstück 11o DM, mit Etagenklo 77 DM. Keine Fernseher, dafür freundliche Atmosphäre. Halbpension möglich.

"**Les Cigales**": 16, Rue Dalpozzo. Putziges, kleines Häuschen, Stuckfassade zur Straße. Neckische Zimmer mit Fernseher, nach hinten ruhiger und Blick auf efeubegrünten Innenhof. DZ, Bad/Dusche, WC 78 DM, mit Etagenklo 65 DM.

"**Petit Louvre**": 1o, Rue Tiranty, Seitenstraße der Jean Medecin nahe Nice Etoile. Globetrotterhotel mit liebevollen Details, z.B. das Klavier im Frühstücksraum. DZ mit Dusche und WC 7o DM, mit Etagenklo 62 DM.

"**Montclar**": 29 Bd. de Magnan, nahe Fac (= Uni). Etwas außerhalb, aber mit Parkplatz und Garten zum Brotzeiten. Bus Nr. 12 und 22 vom Zentrum. Einfache DZ mit Dusche und WC 72 DM, ohne 56 DM. Freundlich.

Flughafenhotels: Im Quartier L'Arénas, 7oo m vom Airport-Ausgang entfernt eine Reihe Hotels großer Ketten, z.B. "Ibis" oder "Campanile Nice-Côte d'Azur". Mit ca. 12o DM pro Nacht im DZ nicht billig, aber günstig bei später Ankunft bzw. frühem Abflug.

Ferienwohnungen: Liste im Touristbüro. Außerdem einige Residenzen am Bd. Carnot, östlich des Alten Hafens "Resid'Hotel Baccarat" (auch tagesweise) und "Maeva-Les Oliviers" oder nahe Fußgängerzone/Strand "Residence Buffa", 21 Rue Meyerbeer. 1-Zi.-Wg. mit Kochnische für 3 Personen je nach Saison 43o bis 7oo DM, zur Hochsaison 1.1oo DM.

"Hotel Idéal Séjour", 12, Rue Maccarani, eines der wunderschönen, stuckverzierten Häuser gegenüber dem Spielplatz. DZ und Küche 11o DM pro Tag oder Schlafzimmer, Wohnraum und kleine Küche für 1.256 DM, alle mit Bad/Dusche, WC. Oben und nach hinten recht ruhig. "Rialto", im 1. Stock von 55, Rue de la Buffa. Billig und sehr einfach, DZ mit kleiner Kochgelegenheit, Dusche, WC 22o DM pro Woche. Empfang nachmittags bis 18 Uhr.

__Jugendherberge__: Route Foréstière du Mont Alban, an der östl. Stadtgrenze Nizzas zu Villefranche gelegen. Mit Bus 5 ab Gare Routière und 14 zu erreichen. 15 DM mit Frühstück. Nicht allzu streng geführt, aber wegen der gefragten Lage oft ausgebucht.

Relais International de la Jeunesse "Clairvallon", 28 Av. Scudéri, am nördlichen Stadtrand. Bus Nr. 15 von Pl. Masséna oder Nr. 22 vom Bahnhof aus. 22 DM mit Frühstück pro Person in Zimmer für 4-8, Essen um 15 DM. Schwimmbad und Garten. Ab 17 Uhr vorsprechen.

__Camping__: In Nizza eigentlich nicht möglich. Es gibt zwar an der Route de Digne ein paar einfache Plätze, doch ist es wohl insgesamt ratsamer, ins nächstgelegene Campingzentrum östlich von Antibes zu fahren.

RESTAURANTS AM ALTEN HAFEN:
Immer mehr Exoten, die Alteingesessenen einfach zu teuer.

__DON FERNANDO__, Quai Papacino, exotisch-bunte Tischdecken, seidene Wandbehänge im kleinen Speiseraum mit provenzalischem Flair. Kreolisches Menü 4o DM.

__CHEZ LES PECHEURS__, 18, Quai des Docks, gepflegt, professionell, empfehlenswert zum Bouillabaisse-Essen, 13o DM für zwei.

Billiger, aber sehr einfach, am Bd. Stalingrad dahinter, __LA TARTAE__, Nr. 44, Menü 25 DM. Man sitzt zwischen vielen Weinflaschen.

__PERLE DE L'ORIENT__, Nr. 4o. Rote Polster und Sitzkissen, orientalischer Dekor. Couscous ab 22 DM.

__ASSMAHANE__, 15, Rue Cassini. Sympathisches orientalisches Restaurant, türkise Deckenleisten. 3-Gänge-Menü oder Couscous mit tunesischem Dessert für 17,5o DM.

__CAFE DU PORT__, selbe Straße, Kneipe, Poster auf Natursteinmauer. Menü mit T-Bone vom Kalb 22 DM, Pizza oder Tagesgericht um 13 DM. Schon frühmorgens geöffnet zum Frühstücken nach durchgemachter Nacht.

RESTAURANTS IN DER ALTSTADT:
Viele kleine Lokale in dunklen Gassen oder an sonnigen Plätzen. Menüs meist 25 bis 5o DM. Sehr gemütlich am Cours Saleya (Blumenmarkt). Take it easy, nicht über Kleinigkeiten aufregen: laute Platzanweiser, wackelnde Tische, eng gestellt. Kleingeld für Musik- und sonstige Darbietungen bereithalten.

__LA CRIEE__, fischbetont, gute Auswahl.

LE BISTRO ROMAIN, italienisch angehaucht, im 25-DM-Menü Carpaccio (hauchdünne rohe Scheiben) vom Rind oder Lachs, nachgereicht sooft man will.

LA CAMBUSE, preisgünstiges Tagesgericht, auch Menüs.

LES DENTS DE LA MER, am Beginn des Marktes, teuer, Menü 45-8o DM, dafür unübertroffen origineller Dekor. Außen Gallionsfigur und Reling, innen Tische under umgedrehten Schiffsrumpf. Selbstverständlich fischbetonte Küche.

LA MERENDA, Rue de la Terrasse. Winziges, unscheinbares Lokal, in dem es eine Ehre ist, als Gast akzeptiert zu werden. Es gibt klassische, ehrlich gekochte Nizzaer Spezialitäten. Nur à la carte bzw. Kreidetafel, pro Person gut 5o DM rechnen.

DON CAMILLO, Rue des Ponchettes, östlich des Cours Saleya. Ebenfalls sehr bekannt, authentische Nizza-Küche, kurze Speisekarte bürgt für Frische und erspart die Qual der Wahl. Menü 62 DM. Freundlicher Empfang.

LES PREJUGES DU PALAIS, Place du Palais. Speiseraum geschmackvoll gestylt, aber klein. Feine Regionalküche mit einem Schuß Exotik, jedoch teuer. Menü 85 DM.

EQUATEUR, Square Auguste Icart. Italienisch. Gemütliche Straßenterrasse mitten in der Fußgängerzone der Altstadt. Tagesgericht ab 14 DM, Menü mit viel Auswahl 3o DM.

L'ECURIE, Rue du Marché, fast zu uriges Traditionslokal, appetitliche Pastagestecke auf der Straße. Nudelgerichte und Pizzas um 15 DM, Menü 34 DM.

TACA D'OLI, Rue Pairolière, länglicher, düsterer Speisesaal mit Küche am Ende. Tische auf der Straße ungemütlich. Jeder, der vorbeigeht, glotzt einem in den Teller. Deftige Menüs 22-32 DM.

LE PROVENCAL, Rue Neuve. Traditionslokal, urig, supergemütlicher Saal mit Gewölbe. Wandmalerei eines Fischerpaares beim Netzflicken. (Noble, gemusterte Schüssel am Örtchen.) Menü oder Spezialitäten ab 17 DM, Tripes/Kutteln sind aber nicht jedermanns Geschmack, zum selben Preis "Lapin Provencal" mit Gnocchis.

RESTAURANTS IN DER NEUSTADT:

CHANTECLER, im Hotel "Negresco". Sterneküche, prunkvoll überladener Speisesaal, Gobelins, massive Kerzenständer. Das bescheidene Blumenmuster auf den Klinkern am Eingang hilft die Schwellenangst zu überwinden. Seit der jüngsten Krise bietet Starkoch Dominique Le Stanc ein 3-Gänge-Mittagsmenü für nur 77 DM. Wein und Kaffee inbegriffen. Menü sonst 17o DM. Dagegen ist der Hamburger (2o DM) in der Hotelbrasserie "La Rotonde" ein Schnäppchen.

MISSISSIPPI, an der Promenade des Anglais. Nachmittags und an Wochenenden abends Tanz für einsame Herzen. Menü ab 32 DM.

LE COCODILE, dafür, daß es an der teuren Strandpromenade liegt, gar nicht so schlecht. Geflochtene Korbstühle, Grünpflanzen. Menü 3o DM.

LE QUEENIE, ebenfalls an der Promenade, draußen grauweiße Regieklappstühle, drinnen Polsterstühle und Sonnenschirme. Menü um 4o DM.

BRASSERIE FLO, 4, Rue Sacha guitry, hinter Galeries Lafayette. Ehemaliges Theater-Casino. Der schwere, rote Bühnenvorhang ist zur Seite gebunden, auf der Szene steht nicht mehr Edith Piaf, sondern Alu-Großküchengeräte und schuftende Mannschaft. Spezialitäten (Gratin de Morue, Sauerkraut mit drei Fischarten, Meeresfrüchte) um 23 DM, Menü ab 3o DM, Service auch spät nachts.

LE BLACAS, 9, Rue Blacas, nahe Nice Etoile. Idyllisches Hinterhofrestaurant, viel Grün, Rattanstühle mit bunten Kissen, einfallsreiche Küche, Menüs ab 22 DM, auch Tagesgericht.

DAVIA, 13, Rue Grimaldi, rosa Fassade. An der Wand hängen viele Bilder, alter, rundlicher Kühlschrank im Speiseraum. Gute Nizzaer Hausmannskost. 3-Gänge-Menü 2o DM, 4 Gänge 26 DM. Auch Tagesgericht.

LE ST. LAURENT, 12, Rue Paganini, kleines gutbürgerliches Lokal, unpersönlich wirkende Rauchglasvitrine, aber innen sorgsam gedeckte Tische. Französische Küche, gutes Preis-/Leistungsverhältnis. Menüs 18-34 DM.

In der Rue Paganini viele Chinesen, preisgünstige Menüs und freundliche Bedienung im DRAGON D'OR, Hausnr. 16.

Bars: CHEZ RENÉ, in der Fußgängerzone der Altstadt. Degustation, Pan Bagnat, Socca, Wein. Man sitzt auf rustikalen Massivholzbänken, bestaunt den großen Kupferbehälter in der Ecke und die Nizzaer, die sich hier nach dem Markt am Sonntagvormittag treffen.

LE GRAND CAFE DE TURIN, 5, Place Garibaldi. Eher verschwindet Nizza von der Landkarte als diese urige Kneipe. Degustation Austern (von September bis Mai), nette Atmosphäre, altes, mitgenommenes Dekor. Darüber meckerte bestimmt schon der italienische Freiheitsheld.

Nacht leben

Für gehobene Ansprüche: CASINO RUHL, im Hotel Meridien, 1, Promenade des Anglais und dessen Disco JOK'CLUB, steife Kleidervorschrift und Gesichtskontrolle.

Locker im IGUANE CAFE, am Hafen, 5, Quai des 2 Emmanuels. Restaurant-Bar-Diskothek für Yuppies und Salonsozialisten. Salsa, Kuba, Fifties. Gerichte ab 3o DM, Menü ab 55 DM.

CHEZ WAYNE, 15, Rue de la Prefecture. Pub, britische Führung, holzverkleidet, Metallplakate, Fahnen, Flaschen und Bierauswahl. Im Keller rockige Live-Musik, in der Spiseecke nicht zu verachtende Spare-Ribs oder Fish and Chips.

LE SCARLETT O'HARAS, Rue Droite, irisches Pub, daher außer Bier auch viel Whisky, oben Restaurant, im Keller Live-Musik.

Viele zwanglose Musikkneipen in der Altstadt, z.B.: L'ENTREPOT, 1o, Rue de la Boucherie, oder das ziemlich fertige LE MUNICH, Rue Cassini H2O, 21 Rue St. Philippe, nahe Bd. Gambetta, Pub mit Billiard und Spielautomaten, Live-music. Im Restaurantteil sitzt man (fast) wie im Zug. Zum Essen gibt es abends Muscheln und Pommes für runde 15 DM, mittags wechselnde Tagesgerichte.

Scene-Discos:

FACTORY, am Hafen, 26, Quai Lunel oder SUBWAY in Rue Droite, junges Publikum.

Markt/Einkaufen: Marché aux fleurs, BLUMENMARKT, täglich außer Montag und Sonntag nachmittags am Cours Saleya von 6 bis 17.3o Uhr. Gemüse, Obst, Gewürze, Oliven... bis Mittag.

Fischmarkt jeden Vormittag Place St. Francois.

Confiserie du Vieux Nice, 14, Quai Papacino am Hafen. Das Untenehmen stellt alle möglichen Arten kandirter Früchte, Zuckerwerk und Pralinenspezialitäten her. Kommentierte Führungen Montag bis Samstag 9-12 und 14-18 Uhr, danach Degustation und Kaufgelegenheit.

Trödel: Montags am Cours Saleya von 8-17 Uhr, außer am Vorabend von Feiertagen. Dienstag bis Samstag Place Guynemer, Quai A. Infernet am Hafen.

Alte Schallplatten verkauft "Black'n White Music", Rue Gioffredo. William Berrebi hat 7o.ooo Vinylscheiben vorwiegend aus den 6oer und 7oer Jahren auf Lager. Preis meist 1o-3o DM. Sammlerplatten wie seltene Beatles- oder Elvis-Aufnahmen freilich teurer.

Antiquitäten: Viele Läden um den Hafen, Rue Ségurane, Rue A. Gauthier, Rue E. Philibert. "Village Ségurane", ein ganzes "Antiquitäten-Einkaufszentrum", Zugang von Rue A. Gauthier.

NIZZA

1 Musée des Beaux Arts
2 Hotel Negresco
3 Palais Masséna
Musée d' Art et d' Histoire
4 Jardins Albert 1er
5 Place Masséna
6 Museum f. Weichtiere
7 Blumenmarkt
Chapelle de l' Annonciation
8 Kirche Ste. Reparte
9 Fischmarkt
1o BUSTERMINAL
11 Palais Lascaris
12 Kirche St. Jaques
13 Galerie d' Art Contemporain
und AUFZUG zum Chateau
14 Schiffahrtsmuseum (Musée Naval)
15 CHATEAU
16 Port Lympia
17 Musée de Terra Amata
18 Stadtteil Lympia
19 Place Garibaldi

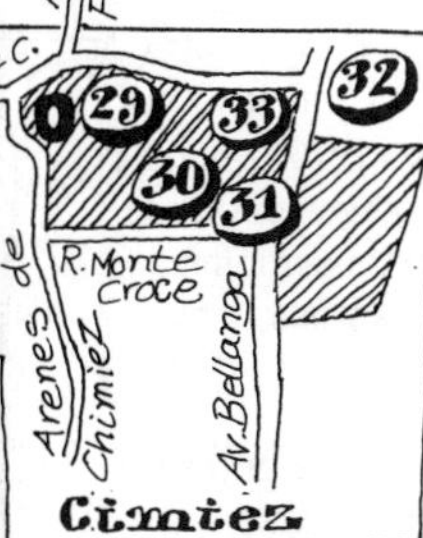

SEHENSWERTES

Beinahe jeder, der nach Nizza kommt, läuft erst ein wenig auf der **PROMENADE DES ANGLAIS** herum. Trotz des lauten Verkehrs, der vielen mißglückten Neubauten (und dazwischen stehen immer noch ein paar schmucke Häuschen, z.B. Hausnummer 1o7 und stadteinwärts vor dem Beach-Regency-Hotel) hat diese Promenade noch nichts von ihrer Anziehungskraft eingebüßt. Sie war früher Aushängeschild Nizzas und Flanierpromenade der Reichen der Welt.

Hauptspektakel ist für viele das HOTEL NEGRESCO (Karte: Nr. 2) mit seinen Livrierten (so war das Personal nobler Haushalte tatsächlich im 18./19. Jh. angezogen!), Zeuge der mondänen, vergangenen Epoche.

2o Kirche St. Martin- St. Augustin
21 Naturgesch. Museum
22 Place Wilson
23 Chagall Museum
24 GARE DU SUD
25 HAUPTBAHNHOF "Nice- Ville" TOURIST BÜRO
26 HAUPTPOST
27 Russisch-Orthodoxe Kirche
28 Stadion, Schwimmbad

29 Amphietheater
3o Villa Arenes und Thermes
31 Matisse Museum
32 Kirche Notre Dame de Cimiez

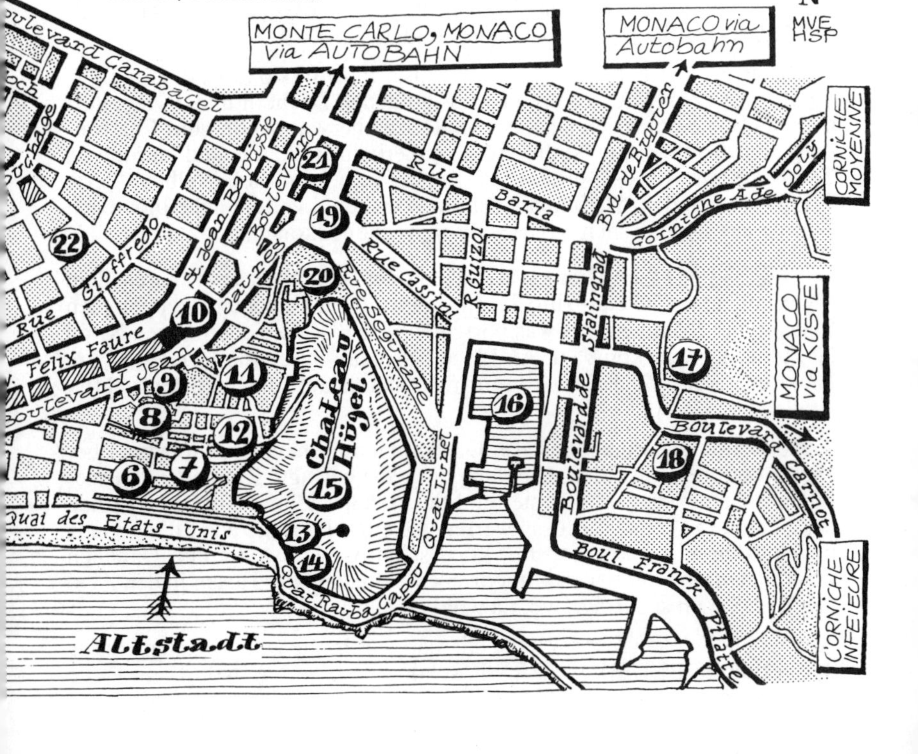

Henri Negresco, ein einfacher rumänischer Kellner und Koch, hatte es sich in den Kopf gesetzt, diesen Hotelbau erstellen zu lassen. Obwohl es im Eröffnungsjahr 1912 bereits fette Gewinne einbrachte, machte der 1. Weltkrieg allen seinen Hoffnungen ein Ende. Das Hotel wurde zum Hospital, später von einer belgischen Gesellschaft übernommen. Erst als die Eltern der heutigen Besitzerin Jeanne Augier das Hotel erwarben, ging es wieder aufwärts. Heute zählt es zu den berühmtesten der Welt.

JARDIN ALBERT I. (Karte: Nr. 4) mit Palmen, subtropischer Vegetation und schönen Brunnenanlagen. Im Freilufttheater finden Konzerte statt. Der Park bis hin zum Kongresszentrum Acropolis wurde über dem Fluß Peillon angelegt, der hier unterirdisch verläuft. Hinter dem Albert Ier-Park das beeindruckende Stadtzentrum, PLACE MASSENA (5). An den großartigen Fassaden im norditalienischen Stil der umliegenden Häuser und den exklusiven Boutiquen der Gegend kann man den Reichtum Nizzas ablesen. Der monumentale Brunnen heißt "Fontaine du Soleil".

Von hier ab gehen die Straßen des Shopping-Viertels der **NEUSTADT**: Die AVENUE JEAN MEDECIN mit ihren Prachtbauten bis hinauf zur Bahnhofsstraße, der Avenue Thiers. Die Fußgängerzone um die RUE MASSÉNA, und weiter bis zur AVENUE GAMBETTA. In diesem Viertel kleine schattige Parkanlagen, Straßencafés etc. Dieser neuere Stadtteil bildet das geschäftige Zentrum der Großstadt.

Schönste Kirche der Neustadt ist die russisch-orthodoxe Kathedrale ST. NICOLAS (27). Mit ihren grün-weiß-goldenen Dächern und Zwiebeltürmen sticht sie unter den Dächern von Nizza hervor, schön vom Chateauberg aus zu sehen. Sie ist die größte außerhalb Rußlands und wurde von Zar Nikolaus II. 1912 erbaut. Nizza war ja bekanntlich vielbevölkerte Winterkolonie der russischen Adeligen. Das prunkvolle, reiche Innere hat Form eines griechischen Kreuzes. Einige schöne Ikonen.

Die **ALTSTADT** im Dreieck zwischen dem Boulevard Jean Jaures, dem Meer und dem Chateau- Hügel. Ein Gewirr enger Gäßchen, Treppen, den Plätzen und Brunnen. Das was übrig geblieben ist vom ehemaligen Nizza ist klein und sehr kompakt. Ab Place Garibaldi durch die Rue Pairolière Richtung Place du Palais kommt man durch die quirligen Geschäftsstraßen.

Verlockend das Angebot: Käse, Oliven. Gemüsehändler, Metzger, aber auch Boutiquen mit chicer Kleidung, oft ganz gewagte Klamotten, Ausgefallenes (viele Sonderangebote) und Schuhläden. Einen Blick in Vitrinen des Schmuckladens "Curiosa" werfen, tolle Rockerringe aus Silber. Ganz in der Nähe ein Jeansshop mit klassischen Cowboy-Stiefeln. Daneben noch Läden, mit dermaßen altmodischen Schuhen oder Hosen in den Auslagen, daß man sich fragt, wer da wohl einkauft.

Am Cours Saleya (Karte: 7), der ehemaligen Promenade des alten Nizzas der berühmte BLUMENMARKT, schöne Fotomotive. Nördl. am Place

St. Francoise ist morgens FISCHMARKT (9).

Unter den Sehenswürdigkeiten der Altstadt dominieren die Kirchen und Kapellen. Es gibt eine stattliche Anzahl wegen der vielen Ordensgemeinschaften, die seit dem späten Mittelalter hier ansässig waren. Außer Gotteshäusern erfüllten sie soziale Aufgaben: sie unterhielten Krankenhäuser, kümmerten sich um die Armen, nahmen Waisenkinder auf.

EGLISE ST. MARTIN-ST. AUGUSTIN, Rue Sincaire, groß und barock. Älteste Pfarrkirche Nizzas, Pieta von Louis Bréa. Luther las hier anläßlich seiner Romreise 151o eine Messe (Karte: Nr. 2o).

Die Kathedrale STE. REPARATE, Place Rosetti (Karte: Nr. 8). Benannt nach dem Stadtheiligen und Mitte des 17. Jh. im Stil des romanischen Barocks erbaut, ein Kirchturm rechts aus dem 18. Jh. In den Nischen der symetrischen Fassade Heiligenfiguren. Reich an Stuck und Marmor.

ST. JACQUES-Kirche, Eglise du Gesù, (12) ganz in der Nähe, Rue Droite, ehemalige Jesuitenkapelle (12). Im Kirchenschiff Fresken mit Motiven aus dem Leben des hl. Jakobus.

CHAPELLE DE L'ANNONCIATION (7) geweiht dem St. Giaume, Rue de la Poissonerie. Nizzaer nennen sie "Chapelle Ste. Rita" (steht auch auf den Hinweisschildern). Besonders schön die Eingangspforte. In Neapel ist die hl. Rita die Patronin der "leichten Mädchen" (Kurtisanen), in Nizza wird sie von hoffnungslosen, verzweifelten Frauen um Hilfe angefleht.

Unerwarteter Prunk im PALAIS LASCARIS (11) 15, Rue Droite. Neben den engen, fast ärmlichen Gäßchen oder den kleinen Läden mit schmutzigen Deckengewölben ist dieser elegante Bau im Genueser Stil aus dem 17. Jh. beinahe ein Anachronismus. Immense Eingangshalle, prächtiger Treppenaufgang, satt Barockskulpturen, Stuckwerk und Deckengemälde. (Geöffnet: 9.3o-12 und 14.3o-18 Uhr, außer Mo. sowie November.)

CHATEAU-HÜGEL: schöner Blick über die Stadt und das Hafenbecken. Eine Oase der Ruhe mitten in der Großstadt zwischen Hafen und Neustadt. "Le Chateau" nennen die Nizzaer den ganzen Hügel, heute ein Park mit Spielplatz, Kinderkarussel, Wasserfall und Aussichtsplateau (Orientierungstafel). Von der ehemaligen Befestigungsanlage sieht man nur noch Fragmente, da sie 17o6 durch eine Explosion im Munitionsdepot in die Luft flog. Reste zweier übereinanderliegender Kirchen aus dem 11. und 15. Jh. wurden ausgegraben.

Manche behaupten, hier sei der älteste besiedelte Stadtteil gewesen, was aber nur simplifiziert stimmt. Jedenfalls war es Zentrum des griechischen Nikaia. Doch hat es vermutlich bereits vorher in Cimiez eine ligurische Siedlung gegeben, abgesehen von der prähistorischen Fundstelle am Mont Baron.

Zugang: Entweder den steilen Pfad ab Kirche St. Jaques (12) an der Westseite des Hügels rauf. Oder per Aufzug Nähe Schiffahrtsmuseum und Galerie d'Art Contemprorain (13).

Wer genügend Zeit hat, sollte die Friedhöfe nördlich des Chateau an der Allée Prof. Benoit besuchen. Im größeren, christlichen Friedhof befinden sich Grabstätten berühmter Familien, z.B. der Familie Jellinek, Haupthändler der Daimler Motorenwerke. Der Vorname deren Tochter "Mercedes" gab der Firma ihren wohlklingenden Namen.

Der kleinere Friedhof ist jüdisch. Gleich rechts am Eingang steht auf zwei Urnen links und rechts der Tür ins Wärterhäuschen geschrieben: "Diese Urne enthält Seife aus Menschenfett, hergestellt von den Deutschen des Dritten Reichs aus den Leichnamen unserer deportierter Brüder." Links davon: "Diese Urne enthält Asche unserer Märtyrer, ermordet in den Gaskammern von Auschwitz, Polen." (Siehe Geschichte.)

Das **HAFENVIERTEL** besitzt nicht die Ausstrahlung wie z.B. Marseille, düstere Spelunken und Matrosentreffs sucht man vergebens. Nach und nach werden die mehrstöckigen Stadthausfassaden renoviert. Hübsche Photokulisse. Der Hafen liegt unterhalb des Mont Boron, der älteste Teil ist der PORT LYMPIA (16), den die Turiner Stadtherren erbauen ließen. Im neuen Vorhafen legen die Fährschiffe nach Korsika an.

Heute ist das Hafenviertel besonders wegen seiner fast hundert Antiquitätenläden interessant. Sie befinden sich unterhalb des Chateau-Hügels um die Rue Antoine Gauthier.

CIMIEZ, geschichtsträchtiges Villenviertel nördlich des Zentrums. Auf diesem Hügel befand sich das römische Cemenelum, das 2o.ooo Einw. zählte. Unter den Funden sind in erster Linie das 5.ooo Leute fassende Amphitheater (29) aus dem 1.-3. Jh. und die Thermen (3o) aus dem 2./3. Jh. gut erhalten. Im angrenzenden Park mit vielen alten Olivenbäumen können Kinder sich etwas austoben und Erwachsene sich erholen. Die Bronzebüsten berühmter Jazzer weisen auf das alljährlich hier stattfindende Jazz-Festival hin.

In den letzten Jahren hat das Viertel sein Gesicht stark verändert. Nach und nach verschwinden die Villen, und es werden Luxusappartements gebaut.

Unverändert hingegen das KLOSTER aus dem 16. Jh. (Besichtigung siehe "Museen"). Wenn man beim Hingehen lautes Gehupe hört, fand wieder einmal eine Trauung statt. Romantisch schön der Klostergarten mit Aussichtspunkt.

In Nizza sind erfreulicherweise (fast) alle Museen gratis!

KUNSTMUSEEN

PALAIS MASSÉNA - MUSÉE D'ART&D'HISTOIRE (3) an der Promenade des Anglais, gleich neben dem Negresco. Italienisch anmutende Villa im Park aus der Jahrhundertwende. Im wuchtig möblierten Erdgeschoß finden gelegentlich offizielle Empfänge statt. Man sieht eine bedeutende Sammlung von Kunstwerken alter Nizzaer Schule (Bréa), Fayencen, Heimatgeschichte, Waffensammlung. Kunstinteressierte kommen wegen einiger impressionistischer Gemälde, die die Stadt Nizza dem Museum überließ (Dufy). Montag und im November geschlossen. 1o-12 und 14-17 Uhr, von Mai bis September 1o-12 und 15-18 Uhr.

MUSÉE DES BEAUX-ARTS (1) dem Maler Jules Chéret gewidmet, der 1932 in Nizza starb. Außerdem italienische und flämische Meister, Werke von Fragonard, Van Loo und Impressionisten wie Degas, Monet, Sisley, Renoir, Dufy. Vielleicht, weil es etwas abseits in einem Villenviertel liegt, ist dieses Museum nicht sehr bekannt. Besuch sehr lohnend. (33, Av. des Baumettes. Öffnungszeiten wie Palais Masséna.)

MAMAC, Musée d'Art Moderne et d'Art Contemporain, Promenade des Arts. Zusammen mit dem Theater ein riesiges, modernes Architektur-Ensemble auf dem überbauten Peillon-Fluß mitten in Nizza, entworfen von Yves Bayard und Henri Vidal. Das Museum für moderne Kunst besteht aus vier fensterlosen, carrara-marmor-verkleideten Türmen, welche durch Glasgänge zum Quadrat verbunden sind. Die Architektur ist noch beeindruckender als die ausgestellten Werke: Arman, César, Klein, Christo, Niki de Saint-Phalle, Warhol, Lichtenstein und viele andere. Von der Dachterrasse Superblick über Nizza.

MUSÉE INTERNATIONAL D'ART NAIF ANATOL JAKOVSKY: ein paar hundert Gemälde aus aller Welt, die einen Überblick der naiven Malerei seit dem 18. Jh. geben. Viele Jugoslawen (Generalic, Lakovic), aber auch Franzosen, Deutsche etc. Besonders farbenfroh sind die Bilder aus Haiti. Museum befindet sich im Chateau Sainte-Hélène, Av. Val-Marie im Stadtteil Fabron. Diese Villa wurde von Francois Blanc erbaut, dem ehemaligen Direktor der Bad Homburger Spielbank, der den Weltruf des Casinos von Monaco begründete. (Geöffnet: 1o-12 und 14-17 Uhr, im Sommer bis 18 Uhr. Di. geschlossen.)

MUSÉE MATISSE, Av. des Arènes, Cimiez, Bus Nr. 15, 17, 2o, 22. In einer Genueser Villa des 17. Jahrhunderts. Wurde erst kürzlich vollkommen renoviert und neu geordnet. Werke aus allen Schaffensperioden des 1954 in Nizza verstorbenen Künstlers sowie einige persönliche Gegenstände (Sessel, Kommode), die ihn inspirierten, und Erinnerungsfotos. Viele Skizzen, Zeichnungen und Gravuren, Sammlung der von ihm illustrierten Bücher (z.B. "Jazz"), Entwürfe zur Kapelle in Vence, Büsten, Skulpturen, wenige Ölgemälde, darunter "Intérieur à l'harmonium", 19oo, "Tempete à Nice", 1919, sowie Gouacheschnitte, z.B. der berühmte blaue Akt "Nu bleu IV", 1952.

MUSÉE CHAGALL (23), bedeutende Ausstellung des Russen Marc Chagall. Das "Musée National Message Biblique Marc Chagall" wurde speziell für diesen Zweck gebaut. Wie der Name andeutet, steht die Umsetzung der biblischen Botschaft in 17 Gemälden durch den gläubigen Künstler im Vordergrund. Sie zeigen die Geschichte der Schöpfung, der Propheten des Alten Testaments (Moses) etc. Sagenhaft sind die Lichtverhältnisse in diesem Bau. Av. Ménard.

8 DM Eintritt, bis 18 Jahre gratis. Di. geschlossen. 1o-12.3o und 14-17.3o Uhr, Juli bis September durchgehend 1o-19 Uhr.

GALERIEN IN DER ALTSTADT:

Galerie des Ponchettes-MUSÉE DUFY, 77, Quai des Etats-Unis. Ölgemälde, Aquarelle, Zeichnungen, Gravuren, Keramiken und Stoffdrucke von Raoul Dufy. 1o.3o-12 und 14-18 Uhr, außer Sonntag vormittags, montags und an Feiertagen.

MUSÉE MOSSA, 59, Quai des Etats-Unis. Alexis Mossa (1844-1926) ist es zu verdanken, daß der Karneval in der bis heute beibehaltenen Form der Korsos (Umzüge) mit Pappmachéfiguren stattfindet. Außerdem malte er Landschaftsaquarelle. Sein Sohn Gustav-Adolf (1883-1971), trat in des Vaters Fußstapfen und tat sich ebenfalls in der Kunst der Karnevalsfigurengestaltung hervor.

GALERIE MUNICIPAL RENOIR, 8, Rue de la Loge. Stellt vor allem kleine Formate regionaler Künstler aus. 1o.3o-18 Uhr, Sonn- und Feiertag, Montag und im August geschlossen.

GALERIE DU CHATEAU, 14, Rue Droite, wechselnde Ausstellungen, gleiche Öffnungszeiten.

GALERIE DE MALACOLOGIE-Muséum d'Histoire Naturelle, 3, Cours Saleya. Sammlung von Muscheln aus aller Welt, Aquarien mit verschiedenen Unterwasserbiotopen. 1o.3o-13 und 14-18 Uhr. Sonn- und Feiertag, Montag und im November geschlossen.

ARCHÄOLOGISCHE MUSEEN:

MUSÉE ET SITE ARCHEOLOGIEQUES, Av. Monte Croce, Cimiez. Bus Nr. 15, 17, 2o, 22. Haltestelle "Arènes". Im Park Amphitheater und Thermen der römischen Stadt Cemenelum sowie Reste einer frühchristlichen Kathedrale. Daneben das Museum, hauptsächlich Fundstücke der römischen Periode, Keramiken, Münzen, Schmuck, Skulpturen, Werkzeuge. Geöffnet: 1o-12 und 14-17 Uhr (bis 18 Uhr im Sommer). Sonntag vormittags, montags und im November geschlossen. Eintritt wird nur für die Thermen verlangt, sind aber auch von außen zu sehen.

MUSÉE DE TERRA AMATA (17), Prähistorisches Museum, Bd. Carnot, Bus Richtung Villefranche oder Monace. Vor rund 4oo.ooo Jahren lebten an diesem Ort eine Gruppe von Jägern. Das Museum zeigt in Dokumenten, Versteinerungen, Ausgrabungen etc. diese Etappe der Menschheitsgeschichte. Besonders beeindruckend die Werkzeuge und die

Nachbildung einer Reisighütte. Eins der interessantesten Museen der Gegend. 9-12, 14-18 Uhr, montags, feiertags und Anfang bis Mitte September geschlossen.

WEITERE MUSEEN

MUSEUM D'HISTOIRE NATURELLE - MUSÉE BARLA (21): eine paläontologische, geologische und mineralogische Sammlung. Die biologische Entwicklungsgeschichte muß einen schon etwas interessieren, damit man sich zwischen den Fossilien und Pilzformen nicht zu sehr langweilt.
6o, Bd. Risso. 9-12 und 14-18 Uhr, außer dienstags und von Mitte August bis Mitte September.

MUSÉE NAVAL (14): einmal mehr ein Schiffahrtsmuseum für Freunde von Bootsmodellen, Navigationsgeräten, Waffen etc. Das Museum ist im Rundturm Tour Bellanda unterhalb des Schloßparks beheimatet. Geöffnet: 1o-12 und 14-19 Uhr, im Winter nachmittags nur bis 17 Uhr. Am günstigsten geht man die vielen Treppen am Place du 8. Mai beim Quai des Etats-Unis hinauf.

Klösterliches Leben sieht man im MUSÉE FRANCISCAIN - EGLISE ET MONASTERE DE CIMIEZ (32). Das Leben im Franziskanerkloster in Nizza vom 13. bis 18. Jh. wird durch Dokumente und Kunstwerke erklärt. Ebenfalls kann man die gotische Kirche, Kreuzgang und Sakristei unter Führung besichtigen. Sehr schön auch der kleine Klostergarten im Süden der Anlage. Place du Monastère beim Cimiez-Park. Außer sonn- und feiertags 1o-12 und 15-18 Uhr.

Wesentlich weltlichere Ambitionen des Dominikanerpaters Lemerre sind im PRIEURE DU VIEUX LOGIS ausgestellt (59, Av. St. Barthélémy, Bus Nr. 5 Bd. Gorbetta. Nur Mittwoch, Donnerstag und Samstag sowie an erstem Sonntag im Monat von 15 bis 17 Uhr). Der Mönch sammelte leidenschaftlich Gegenstände des täglichen Lebens aus dem 14. bis 16. Jh., womit er einen Wohnsitz des ausgehenden Mittelalters ziemlich originalgetreu einrichtete, Studierzimmer, Küche, Kapelle, Möbel, Gemälde, Skulpturen, Glasfenster.

VILLA ARSON, 2o, Rue Stephen-Liégard, im Norden der Stadt. Patrizierhaus aus dem 18. Jh., umgeben von 2 Hektar modernen Terrassen und Garten. Ein vom Kultusministerium abhängiges internationales, zeitgenössisches Kunstzentrum mit wechselnden Ausstellungen (Teil der Uni mit Galerie). Superblick über Nizza und das Meer. Weniger renommiert als die Fondation Maeght in St. Paul de Vence, aber trotzdem sehenswert. Galerie täglich von 12-19 Uhr geöffnet, außer Montag und Dienstag. Wer von weiterher über Autobahn kommt, nimmt Ausfahrt "Nice-Nord", ab da beschildert.

PARKS

PARC PHOENIX, 4o5, Promenade des Anglais, gegenüber Flughafen. Zughalt Nice-St. Augustin, Bus Nr. 9,1o, 23, 24, 26. Sieben Hektar großer botanischer Park mit verschiedenen Themengärten, z.B. mediterrane Landschaften, Sukkulenten, Palmenhaine, Nutzpflanzen, naturnahe Teiche, künstliche Wasserspiele und Kinderspielplatz. "Diamant vert" nennt sich das riesige ultratechnisierte Gewächshauszelt. Verschiedene tropische Pflanzengemeinschaften gedeihen in extra auf sie abgestimmten Klimatypen. Dazwischen flattern bunte Schmetterlinge und sonstige Insekten. Geöffnet: April bis September 9-19 Uhr, Oktober bis März 1o-17 Uhr. Montags und im Januar geschlossen. Eintritt 5 DM Park alleine, 13 DM mit Gewächshaus.

PARC DES MINIATURES, Bd. Impératrice Augénie, im Westen Nizzas. Bus Nr. 22. Zeigt an Hand von 2oo sehr detailgetreuen Modellszenen die Geschichte der Côte d'Azur von den prähistorischen Hütten am Strand Terra Amata (vor ca. 38o.ooo Jahren) über Prunkpalais und Kirchen bis zu den Sozialwohnblocks des 2o. Jahrhunderts. Viele wichtige Gebäude Nizzas können im Kleinformat bestaunt werden.

Dabei ist noch ein Museum für Modelleisenbahnen. Geöffnet täglich von 9.3o bis Sonnenuntergang. Eintritt 15 DM.

AUSFLÜGE

Nizza liegt sehr verkehrsgünstig. Straßen in alle, Eisenbahnlinien in vier Richtungen. Daher Ausflüge in Nachbarorte und ins Hinterland kein Problem. Näheres bei den entsprechenden Orten.

ASPREMONT, unerwartete Dorfidylle nahe der Großstadt Nizza. Anfahrt über Route de Digne (RN 2o2), kurz vor Pont de la Manda rechts auf D 414, dann beschildert. Im Ort mehrere Aussichtspuntke auf die Var-Ebene und empfehlenswerte Restaurants.

Bestes Preis-/Leistungsverhältnis RELAIS ST. JEAN, Route de Castagniers. Menüs 3o-5o DM. Original-Nizzaer-Spezialitäten wie Ravioli, Daube oder Brandade de Morue. Tisch mit Ausblick im ersten Stock oder der Pergola gegenüber nehmen.

Im LE PANORAMA, Place St. Claude, darf man sich zur Vorspeise selbst am kalten BUffet bedienen. Gleiche Preisklasse.

Nachbarort TOURRETTES-LEVENS, ab Aspremont über D 719. Weiteres Wehrdorf. Von hier oben kontrollierten bereits Ligurer und Römer die umliegenden Täler. Im 12. Jh. ließ sich der Seigneur Chabaud eine Burg errichten, welche nach der Französischen Revolution verfiel. Wurde 1962 teilrenoviert und beherbergt ein kleines Heimatkundemuseum sowie faszinierende Insektensammlung. Geöffnet: täglich 14-19 Uhr im Sommer, sonst 14-17 Uhr. Eintritt frei.

Wanderungen bei Nizza gehen im Westen der Stadt ab "Chemin des Collines Nicoises". Einige beschilderte Wanderwege, z.B. Weinbaugebiet Bellet (9o Minuten), St. Roman (2 Std.), L'Aire St. Michel (4-5 Stunden).

Kurzer Ausflug in den Park am MONT BORON und zum halbverfallenen, halbverwilderten FORT mit vielen Graffitis. Zum Luft schnappen. Von der Jugendherberge aus locker zu Fuß zu machen.

Sport: Viele Möglichkeiten. Tennis, Baden und Wassersport (Segeln, Surfen, Schnorcheln, Tauchen etc.), Reiten im "Club Hippique de Nice", 368, Route de Grenoble. Mehrere Hallenbäder in der Stadt. Bowling im "Bowling Acropolis", Esplanade Kennedy.

Promenade Nizza vergangenes Jahrhundert

Villa Winslow, Cannes, verg. Jahrhundert

NIZZA ➳ CANNES

Cote d'Azur

Nizza ➻ Cannes

Nach Nizza wird das Land flacher, sanft hügelig, die Orte provenzalischer, besonders Antibes, der vielleicht schönste Ort der gesamten Küste.

Reichlich Urlaubsstimmung: lange Strände, viel Rummel, Discos, Kultur, aber auch gemütliche Familienhotels, gute Campinganlagen, Restaurants für jeden Geldbeutel und der berühmte Life-Style der Côte d'Azur.

★ Cagnes-sur-Mer (41.000 Einw.)

Drei Stadtteile auf mehreren Hügeln. Ein dem Tourismus und der Kunst verfallener Vorort von Nizza mit dennoch eigenständigem Charakter. Schon von weitem sieht man auf der höchsten Erhebung die Altstadt mit ihrem Schloß aus dem 14. Jh., Haut-de-Cagnes. Drumherum wurde in den letzten hundert Jahren alles eintönig zugebaut und zubetoniert:

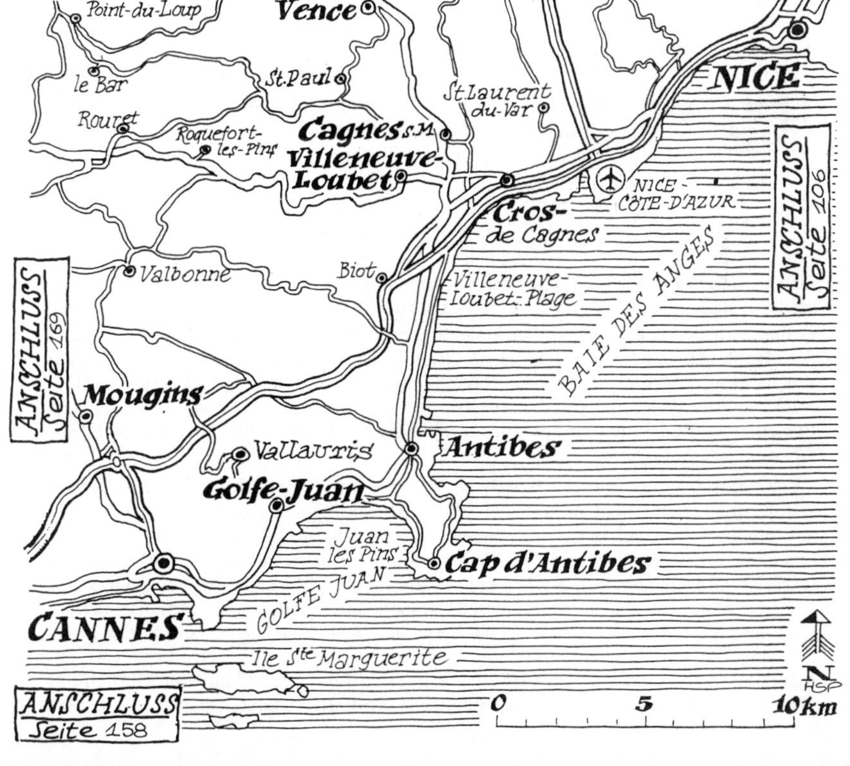

CAGNES-VILLE, die geschäftige Neustadt. Mitten durch die Autobahn, halb darunter die Eisenbahnlinie. Die verkehrsreiche Zubringerstraße N 7 nach Nizza grenzt nördlich das alte Fischerdorf CROS-DE-CAGNES (heißt Niederung von Cagnes) mit seiner langen, schmalen Strandpromenade. Hier befindet sich das touristische Zentrum des Ortes und die Pferderennbahn. Wett- und Rennbetrieb im Sommer sowie insbes. Dezember bis März mit typischem Klientel à la Bukowski.

Wegen der chaotisch lauten Verkehrsführung durch den Ort und des nahen Flughafens kein Urlaubsort für Lärmempfindliche. Allerdings wegen zentraler Lage, recht günstigen Preisen und der großen Anzahl an preiswerten Restaurants, Pizzerias und Bars an der N 98 besonders in Cros-de-Cagnes ein angenehmer Aufenthaltsort. Die Sehenswürdigkeiten und Restaurants sind allemal lohnend.

Tourist INFO

Tourist-Info: Office de Tourisme, Centre Ville, 6 Bd. Maréchal Juin, geöffnet vom 16. Juni bis 25. September 8.45-12.3o und 15-19 Uhr, im Winter 8.3o-12.15 und 14.3o bis 18.3o Uhr. In Cros-de-Cagnes, Mairie annexe, 2, Av. des Oliviers. Pavillion am Meer nur im Sommer geöffnet. Man hilft bei der Vermittlung von Privatzimmern und Ferienwohnungen und unterstützt bei der Freizeitplanung. Sehr kompetent und freundlich!

Post: Avenue de l'Hotel-des-Postes oder Avenue des Oliviers, beim Tourist-Info in Cros-de-Cagnes, geöffnet 8.3o-18 Uhr, samstags 8.3o-12 Uhr.

Bank: CREDIT MUTUEL, Av. Auguste-Renoir, Montag mit Freitag 8.15-12 und 13-17 Uhr, Samstag 8.45-12 Uhr.

GESCHICHTE: Wie an der gesamten Küste auch hier ligurische und griechische Ursprünge. Bedeutung erlangte Cagnes erst, nachdem Raynier Grimaldi im Jahre 13o9 die Festung erbauen ließ. Grimaldi-Nachfahren blieben bis zur Französischen Revolution an der Macht. Das Chateau ließ Jean-Henri Grimaldi in den Jahren 162o bis 1625 zu einem Renaissancepalast umbauen. Es war fortan regionales Zentrum der Reichen und Einflußreichen mit aufwendigem Lebensstil und prachtvollen, üppigen Festen. Die Französische Revolution beendete das feudale Treiben und die Herrschaft der Grimaldi-Abkömmlinge.

RENOIR in Cagnes: Eine rheumatische Arthritis zwang den Maler Auguste Renoir, sein letztes Lebensdrittel an der Côte d'Azur zu verbringen. Er probierte mehrere Orte aus, blieb aber letztlich in Cagnes hängen und erwarb bald das Olivenbaum-Grundstück Les Collettes, wo er sich sein Künstlerhaus mit drei Ateliers baute. Er war vom Licht fasziniert und auch noch zu der Zeit kreativ, als ihn das Rheuma immer bewegungsloser werden ließ und an den Rollstuhl fesselte. Renoir starb 1919, machte aber als einer der berühmtesten Impressionisten die Stadt berühmt. Auch wenn Cagnes-sur-mer heute im Zeichen des Massentourismus steht, betreibt es die Tradition als Künstlerstadt weiter: Vom 1. Juli bis 3o. September findet seit über 2o Jahren im Chateau alljährlich das "Festival de la Peinture", eine Ausstellung zeitgenössischer Malerei, statt.

Verbindungen Cagnes-sur Mer

Auto/Parken: Es scheint als führten alle Straßen durch Cagnes-sur-mer. Dennoch ist es nicht einfach sich darin zurechtzufinden. Wer nach Haut-de-Cagnes will, fährt am günstigsten über die N 7 Richtung Centre Ville und nimmt dort den nächstbesten Parkplatz (Parkgebühr 65 Pfennige pro Stunde), den er ergattern kann, um die weitere Besichtigung zu Fuß zu betreiben. Einfacher geht es nach Cros-de-Cagnes: Man fährt entweder im Ort Richtung Bord-de-mer (Meeresstrand) oder gleich über die N 98 an. Hier findet man leichter einen Parkplatz. Vor allem in den Nebensaisons wird es geduldet vor der Pferderennbahn auf den Parkplätzen mit Wohnmobilen zu nächtigen (leider soll auch hier schon bald ein neuer Jachthafen entstehen!). Generell ist es in Cagnes-sur-mer besser das Auto stehen zu lassen und Busse zu benützen.

Bus: Innerstädtische Verbindungen kosten 1,5o DM pro Fahrt. Busbahnhof ist Square Bourdet Buslinie Circuit 2 ist die Verbindung von Cros-de-Cagnes zum Stadtzentrum, Circuit 9 zum Chateau und Circuit 5 zum Renoirmuseum.

Gute Busverbindungen untertags nach Vence, St. Paul-de-Vence und zu den Küstenorten.

Zug: Bahnhof unter der Autobahn, Avenue de la Gare.

STADTHOTELS:

"**Hotel Splendid**", 41, Bd. du Maréchal Juin, in typischem Neustadthaus, ein innenarchitektonisch gelungenes Hotel, geräumige Rezeption mit buntem Wandfliesenmosaik. Hell möblierte Zimmer bieten reichlich Platz. DZ, Dusche, WC, TV und Telefon 1o8 bis 13o DM.

"**Hotel Brasilia**", Les Grands Plans, Seitengasse von Bd. M. Juin, relativ ruhige Lage. 3-stöckiger Flachdachbau, Popart-Blumentrog vor Eingang. Große, saubere DZ 1oo-114 DM, Frühstück 9 DM, 3-Sterne-Komfort, jedoch Möbel etwas in die Jahre gekommen.

"**Chantilly**", Chemin de la Minoterie, Seitenstraße der RN 7 gegenüber Pferderennbahn. Weiße Flachdachvilla im Hollywoodstil der 6oer Jahre. Geräumige Rezeption, Splitlevel. Große Zimmer, Mobiliar nicht neu, aber gut. DZ, Bad, WC 93 DM, Frühstück 1o DM. Abgesperrter Parkplatz.

"**Hotel Le Mas D'Azur**", 42, Av. de Nice, N 7, weißes Haus mit braunen Fensterläden. Zur Rezeption geht es ein paar Stufen hinab. Riesenkamin hinter Polstergruppe, DZ (Dusche/WC) mit Frühstück 117 DM.

STRANDHOTELS: Die folgenden Hotels befinden sich alle am Bd. de la Plage. Zimmer mit Meerblick gehen immer auf die laute Straße. Wen das stört, Zimmer nach hinten nehmen.

"**Motel Minaret**", Av. de la Serre, 2-stöckiger Flachdachbau mit Schiffsluken und blauen Fensterläden. Auf Dach steht groß 'Motel', Rezeption hinter kleiner Luke. DZ mit kleiner Kochnische, Dusche und WC 9o DM. Oft voll.

"**Hotel De La Serre**", schöner alter Bau, Treppe mit Kieselsteinmuster, Restaurant im Anbau. DZ mit Dusche/WC 12o DM, mit Etagenklo 82 DM.

"**Turf-Hotel**", 9, Rue des Capucines, in etwas ruhigerer Nebenstraße. Gelbes Haus, kleine Balkone im 1. Stock, weißer Korbelefant neben der Rezeption, gepflegte Einfachzimmer. DZ, Dusche, WC 74 DM. Frühstück 8 DM.

"**Motel Ascot**", 3-stöckiges, zurückversetztes Gebäude. Grüne Fensterläden, gelbe Sonnenschirme. Vermieten kleine Studios mit Kochgelegenheit. Je nach Größe und Saison für 2 Personen zwischen 75 und 12o pro Tag, für 3-4 Personen wenig teurer.

Alle genannten Hotels in Cagnes mit Parkplatz.

"**Motel Syracuse**", etwas weiter westlich, in Villeneuve-Loubet-Plage, Avenue de la Batterie, obwohl direkt am Meer, relativ ruhig: keinesfalls hübscher Bau, dafür nette Atmosphäre. Telefon, Fernseher, kleine Terrassen. DZ, Dusche und WC 8o-1oo DM, Studio mit Küche 11o-135 DM.

Ferienwohnungen: Liste gibt's beim Touristbüro, wo auch telefoniert wird.

Camping: Ein gutes Dutzend Campingplätze, alles kleinere Anlagen, teilweise ganzjährig geöffnet, meist einige Kilometer vom Meer entfernt, dafür mit Pool. Mehrere sind entlang und um den Chemin de Vallon du Veaux im Nordosten von Cagnes, z.B. die einfacheren TODOS und VAL FLEURI II, oder der schattige teure PANORAMER am Chemin des Gros Beaux. Gute Anlage am anderen Ufer des Cagne-Flüßchens ist LA RIVIERE, Chemin des Salles. Schattig, komfortabel, ruhig, mit Pool und relativ preisgünstig.

RESTAURANTS

In und um Haut-de-Cagnes:

LE CAGNARD, Rue du Pontis-Long, nahe Chateau in einem alten Wächterhaus. Gewölbesaal mit verblaßten Fresken, ritterlich gedeckte Tische, Terrasse, Gourmet-Menü 11o-15o DM, Côtes de Provence und Bellet-Weine ab 4o DM.

Am Montée de la Bourgade mehrere Restaurants, die sich gleichen, jedoch jedes einen Gag gefunden hat, um nicht verwechselt zu werden:

RESTAURANT DES PEINTRES hebt sich ab durch hellen, mit blau-weißen Matisse-Motiven dekorierten Speisesaal mit weiter Aussicht. Sterneverdächtiger Jungkoch A. Llorca kreirt Verwöhn-Menüs für 65 oder 1oo DM.

LE MANOIR, Speisesaal etwas düster, da in Parterre. Verlockendes Menü mit Hummerravioli 86 DM, das einfachere immer noch stolze 5o DM.

LA COMÉDIE, an großen Tischen werden die Gänge der Menüs (2o-4o

DM pro Gang) serviert. Als 1. Akt: Vorspeise, 2. Akt: Hauptspeise. Ein klassisches Drama mit 5 Akten wird zum finanziellen Desaster.

LA CAGNE HAUTE, rosa Sparschwein als Emblem, das Menü für 31 DM können sich auch mittelarme Künstler leisten. Lecker die Bagna Caouda, Rohkostgemüsestücke werden ähnlich wie beim Fondue in eine heiße Sauce getaucht.

LA GOUTTE D'EAU eng und klein, dafür aber traditioneller, 3-Gänge-Menü (mit Avocat aux Crevettes) 25 DM, 4 Gänge mit Fischsuppe oder Scampis 37 DM.

LE CLAP, handfeste Spezialitäten des Südwestens, Gänsestopfleber, Gemüse in Entenfett angedünstet. Menü 25-54 DM.

LE RENOIR, 1o, Rue Jean-Raymond Giacosa, eleganter Speisesaal im 1. Stock mit Stilmöbeln, freitags Paella für 25 DM, 4-Gänge-Menü 38 DM.

LE PRESSOIR, 16, Av. Auguste Renoir. Macht seinem Namen Ehre: sehr enges, rustikales Lokal mit Empore in kleinem Häuschen. Mittagsmenü 18 DM, Pizzas ab 8 DM, Menüs zwischen 26 und 31 DM.

In Cros-de-Cagnes: Die Restaurants befinden sich hier alle um den Boulevard de la Plage, der mehrspurigen, lauten Strandpromenade der Stadt. Die große Anzahl an Restaurants trügt, da sich das Angebot der meisten Lokale doch sehr ähnelt. Trotzdem ißt man hier gut und preiswert.

AUBERGE DU PORT, Lokal der "Patrons-Pecheurs" im Untergeschoß eines alten Fischerhauses mit auffällig rotem Stoffdach, offenem Grillkamin und schwerer Balkendecke, leckere, abwechslungsreiche Menüs 25/32/48 DM, Bouillabaise.

Fischspezialitäten und Degustation auf der Straße bieten: ST. PIERRE DE LA MER, im Speiselokal mit holzgetäfelter Decke hängen Bilder von Fischerkähnen und Segelschiffen an der Wand, Fischplatten für 3o-4o DM, Wein teuer.

CHARLOT Ier mit Speisesaal auch im 1. Stock, aber gemütlicher in Parterre, sehr gepflegt und viel Fachkenntnis, große Fischplatte mit Meeresfrüchten 5o DM, kleine Fischplatten, Austern, Fischsuppe ab 15 DM.

Fisch-Menüs im LE CHALUT für 32 oder 46 DM, große Meeresfruchtplatte für zwei: stolze 14o DM. (Länglicher Speisesaal mit Schiffsmodell und schrägem Aquarium. Die Spiegel an der Wand sollen den Raum breiter wirken lassen, stören aber, wenn man sich selbst von allen Seiten entgegenkaut.)

LA FOURCHETTE, viele Pflanzen, Fischernetz unter der Decke gespannt, Aquarium. Traditionelle Menüs 37/48/55 DM.

LA CARAVELLE, 3 verschiedene Menüs für 22/3o DM sowie: fast nicht zu schaffen 39 DM. Unbedingt Forelle mit Mandeln (Truite aux amandes) probieren. Leider sind die Gemüsebeilagen etwas zerkocht. Hauswein Caravelle mit Segelschiffetikett ist vorzüglich. Nettes Familienrestaurant mit dem besten Preis-/Leistungsverhältnis der ganzen Strandpromenade.

Im LE CHALET erstklassige Paella für 27 DM, Couscous, das Menü hält nicht die Qualität der Paella. Kleines, enges Lokal, kinderfreundlich.

Markt: Mittwoch vormittags in Cagnes, Parking des Canebiers, dienstags und donnerstags in Cros-de-Cagnes, Av. des Oliviers, freitags am Bd. Kennedy entlang der Pferderennbahn.

Lebensmittelmarkt: täglich außer Mo. hinter der Post in der Markthalle (Cité Marchande).

SEHENSWERTES

Die ALTSTADT einmal mehr wie im Bilderbuch. Malerische, steile Gäßchen und Treppen werden immer wieder unterbrochen von kleinen Plätzen. Schöne Häuser oft aus dem 15.-17. Jh.

Unter den ehrwürdigen Gemäuern ist das CHATEAU MUSÉE eindeutiger Star. Der Renaissancepalast ist Ergebnis des Umbaus 162o-1625 durch Baron Jean-Henri Grimaldi. Die Befestigungsanlagen selbst noch ursprünglich wie es der Flottenadmiral Raynier Grimaldi 13o9 in Auftrag gab. Wo an den Außenmauern der Putz abgebröckelt ist, erkennt man die Var-Steine, aus denen das Schloß hochgemauert wurde. Über eine doppelte Freitreppe gelangt man in den mondänen Herrschersitz. Dreieckiger Renaissance-Innenhof mit Arkadengalerien.

Das Schloß ist heute der Kunst gewidmet. Wechselnde Ausstellungen. Interessant im Sommer FESTIVAL INTERNATIONAL DE LA PEINTURE (junge Talente). DONATION SUZY SOLIDOR: 4o Porträts der Sängerin von Dufy, Picabia, Cocteau u.a. Künstlern des 2o. Jh.

Im Erdgeschoß das Olivenbaummuseum, MUSÉE DE L'OLIVIER. Es beschreibt die Geschichte und die Nutzung des Ölbaums. Geöffnet täglich außer Dienstag 1o-12 und 14-17 Uhr. Eintritt keine 2 DM, außer während des Festival de la Peinture im Juli/August/September. Dann 1o-12 und 14.3o-19 Uhr und 6 DM Eintritt. 15. Oktober bis 15. November und an manchen Feiertagen geschlossen.

Die Kapelle NOTRE-DAME-DE-LA-PROTECTION mit schönem Blick, unterhalb des Schlosses. Zeigt als Besonderheit Fresken eines unbekannten Künstlers aus der ersten Hälfte des 16. Jh. (Geöffnet außer Di. und Fr. 14.3o-18.3o Uhr, im Winter nur 14-15 Uhr.) Dieses Kirchlein hat Renoir - nach eigenen Aussagen - sehr bei seinem Schaffen inspiriert.

Kirche EGLISE ST. PIERRE, wenige Meter südlich des Schlosses. Im schlicht gotischem Seitenschiff die Grimaldigrabmäler. Das andere Seitenschiff ist aus dem 17. Jahrhundert. Die Kirche betritt man eigenartigerweise über den Chor.

Das RENOIR-HAUS (MUSÉE RENOIR DU SOUVENIR) östlich der Altstadt. Zur Erinnerung an den Maler Auguste Renoir (1841-1919), der seinen Lebensabend hier verbrachte, wurde das Museum in dessen Villa "Les Collettes" eingerichtet. Ausgesprochen schöner Garten. Die Anfahrt geht vom Ortszentrum über steile Serpentinen durch ein Villenviertel hinauf, gut beschildert.

Als Renoir 19o7 das Anwesen erwarb, ersparte er den Jahrhunderte alten Olivenbäumen das Abholzen und schuf sich seinen Alterssitz. Man sieht zwar nur zwei Ölgemälde des Meisters, doch läßt sich seine Arbeitsweise nacherleben: In einem seiner drei Ateliers beeindruckt ein Bild von André, das den kranken alten Künstler im Rollstuhl arbeitend zeigt. (Geöffnet außer Di.: 16. Nov. bis 3o. April 1o-11.3o und 14-16.3o Uhr, vom 1. Mai bis 14. Okt. 1o-12 und 14-17.3o Uhr. 15. Okt. bis 15. Nov. geschlossen. Eintritt: 6 DM.)

TIERFRIEDHOF (CIMETIERE D'ANIMAUX) Vallon des Vaux La Puade de Colombet, geöffnet Montag mit Freitag 9-12 Uhr. Kein weiterer Kommentar.

AUSFLÜGE

MARINA BAIE DES ANGES, man sieht die modernen Wohntürme eigentlich von den meisten Aussichtspunkten der Côte d'Azur, so auch von Haut-de-Cagnes aus. Es ist einfach über die N 98 beim Großmarkt Geant Casino anzufahren. Gut beschildert.

Die weißen Wellenhäuser des Architekten André Minangoy sind als Gegensatz zur sanften Architektur zu interpretieren, zu Port-Grimaud beispielsweise. Zwar verpönte, dennoch sehenswerte Betonklötze.

Vom Cap d'Antibes aus oder dem Hinterland sind sie fast schön, von der Nähe gigantisch: sie liegen am künstlichen Hafen, vier Wohnpyramiden mit begrünten Terrassen und Balkonen. Die Appartements mit jeglichem Luxus und zu Preisen, daß es einem die Schuhe auszieht (im Erdgeschoß in den Vitrinen der Makler zu sehen!).

Um den Hafen findet man Einkaufsmöglichkeiten, Bars und Restaurants. Selbst Ferienwohnungen kann man sich mieten, wenn man hier Lust hat Urlaub zu machen.

VILLENEUVE-LOUBET-VILLAGE, Cagnes Nachbarort, drei Kilometer landeinwärts an der D 2o85 gelegen. Ein provenzalisches Dorf unterhalb eines Schlosses und neben dem Fluß Loup, wo in kleinen Parks viel Boules gespielt wird. Welch Unterschied zur Hektik der Küste!

Wer sich für Kochkunst interessiert: MUSÉE DE L'ART CULINAIRE in 3, Rue Escoffier, gleich hinter dem Rathaus (Mairie). Es ist im Geburtshaus des weltberühmten Kochs und Erfinders der "Peche Melba" Auguste

Escoffier (1847-1935) untergebracht. Man sieht eine provenzalische Küche, eine Sammlung von Fotos, Büchern, Plakaten und allerlei Kochgeräten. Üppige Menü-Zusammenstellungen der Belle-Epoque sind zu lesen. Die Leute damals hatten einen gesegneten Appetit. Geöffnet außer Mo. und an Feiertagen 14-18 Uhr, Eintritt 3 DM.

Sport: Surfbretter und Tretboote vermieten mehrere Verleiher am Strand.

Segelbootvermietung und -kurse bei Societé Nautique Cros de Cagnes, Port Abri du Cros (Auskünfte auch beim Office du tourisme).

Tennis im Parc des Sports Pierre Sauvagio, Platzmiete ab 25 DM/Std.

Als Ausgangsort für Wanderungen ist Cagnes-sur-mer nicht so sehr geeignet. Theoretisch kann man nach Vence und St. Paul marschieren (etwa drei Stunden einfach), aber die verkehrsreiche Straße verdirbt den Spaß.

★Biot

Das FERNAND LÉGER-MUSEUM ist Hauptattraktion des Glasbläser- und Töpferdorfs. Dem mittelalterlichen Ortskern mit Souvenirshops dominiert ein authentisch erhaltener Arkadenplatz im ligurischen Stil. In der düsteren Stadtkirche aus dem 15. Jh. hängen zwei Meisterwerke der Nizzaer Schule: das Rosenkranzretabel von Louis Bréa und der Auferstandene Christus seines Schülers Canavesio. Das Kieselsteinmosaik vor dem Portal zeigt eine Lilie und Malteserkreuze.

Biot ist seit 2. Jh. v. Chr. besiedelt. Haupterwerb war damals die Herstellung großer irdener Krüge, die die Römer im nahen Hafen Antipolis als Transportgefäß für Oliven und Wein brauchten. Einige Werkstätten töpfern nach Vorlagen aus Mittelalter oder fertigen alte Krüge aus der gelblichen Erde von Biot, die im Lauf der Jahre eine schöne ockerfarbene Patina anlegen.

Touristinfo: Office de Tourisme, Place de la Chapelle.

Auto: ab RN 7 auf Höhe des Marineland an östlicher Ortseinfahrt Antibes 4 km landeinwärts.
Bus: ab Antibes 8 Verbindungen untertags.

Lokale jeder Preisklasse im Zentrum. Besonders gut sind AUBERGE DU JARRIER, Passage de la Bourgade, und LES TERRAILLERS, Chemin Neuf, unterhalb des Dorfes, Menüs 55-11o DM.

LES ARCADES, Galerie-Bar-Tabac-Hotelrestaurant am Arkadenplatz. Kunstwerke von Vasarely, Melano, Hedberg etc. in Lokal, Kellergewölbe und Hotelzimmern mit offenem Kamin (DZ 72-14o DM). Menü, 5o DM, richtet sich nach Angebot der Saison, z.B. provenzalisches Omelett,

Canard à l'Orange und prima Landwein.

CAMPING L'EDEN, Chemin du Val de Pôme, gleich neben dem Léger-Museum. Schattig, terrassiert, sehr ruhig. Neues Schwimmbad, Restaurant. Vermietung von komfortablen Mobilheimen, nach Monsieur Fred fragen. Ganzjährig geöffnet.

SEHENSWERTES

LÉGER-MUSEUM, 196o auf dem pinien-bestandenen Anwesen "Mas Saint André" erbauter Gebäude-Quader unterhalb des Dorfes. Zeigt Fernand Légers (1881-1955) Gesamtwerk von seinen ersten Bildern "Garten meiner Mutter" und "Portrait des Onkels" aus dem Jahre 19o5 bis hin zu "Vögel auf gelbem Hintergrund", woran er noch an seinem Todestage arbeitete. Auch Zeichnungen, Keramiken und Mosaike. Anfahrt ausgeschildert. Tägl. 1o-12 und 14-18 Uhr geöffnet, Di. geschl. Eintritt 1o DM.

Die meisten Glasbläsereien befinden sich um die große VERRERIE DE BIOT mit 85 Beschäftigten herum am Ortseingang und können besichtigt werden. Am renommiertesten sind die Glaskünstler Jean-Claude Novaro und Robert Piérini, in internationalen Museen ausgestellt. In der VERRERIE DU VIEUX MOULIN kann Piérini mit etwas Glück wochentags zwischen 14 und 17 Uhr bei der Arbeit zugeschaut werden. Die Komposition von bewußt geformten Bläschen - rund, dreieckig oder tropfenförmig - und eingelassener Farbfregmente wie Kobalt- oder Silberoxyde im Glas sind die eigentliche Kunst. Wenn das Glaskunstwerk unter einer Lichtquelle gedreht wird, ergeben sich kaleidoskopische Farbeffekte.

✶Sophia-Antipolis

Städteplanerisches Paradebeispiel eines Industriegebiets im menschlichen Maß. Im Gegensatz zum kalifornischen Silicon-Valley wurde dieser 2.3oo-ha-Technologiepark zwischen Stränden und provenzalischen Dörfern weitgehend ohne Umweltschäden realisiert, obwohl sich über 1.ooo Unternehmen hier niedergelassen haben, u.a. Digital, Thomson Sintra, Rhone-Poulenc oder Amadeus (Software-Zentrum für Flugreservierung von Lufthansa, Air France etc.). Sophia-Antipolis ist eine der sogenannten "neuen urbanen Zonen", die als High-Tech-Regionen nicht typisch ländlich, aber auch nicht typisch städtischen Charakter aufweisen.

Zwei Drittel des bewaldeten Hügellandes sind geschützt. Die weitläufig verteilten Unternehmensgebäude passen sich architektonisch der natürlichen Umgebung an. Hier arbeiten 16.ooo Menschen aus 5o verschiedenen Nationen, 4o % der Angestellten sind Nicht-Franzosen. Das Erfolgsrezept klingt einfach: Zum Arbeitslohn gibt es Sonne, Meer und einen hohen Freizeitwert. Als Anfang der 8oer Jahre Dow-Chemical-France seinen Sitz von Paris nach Sophia-Antipolis verlegte, konnte ein Produktivitätszuwachs von 3o % festgetellt werden.

Pierre Laffitte gründete 1969 diesen Technologiepark, um daraus das "Florenz des 21. Jahrhunderts" zu machen. Es soll ein Symbol für technologische Erneuerung, aber auch für eine neue Art von Kultur sein, die Kunst und Wirtschaft vereint. Deshalb hier auch viele Hochschulen, einige Ableger der Uni von Nizza und mikroelektronische Avantgarde. Zwei Hauptwirtschaftszweige haben sich herausgebildet: der Telekommunikationsbereich (AT&T, IBM, Digital etc.) und der medizinisch-pharmazeutische Sektor ("Côte d'Azur Santé" mit Sitz des europäischen Herzzentrums).

Anfahrt: ab Autobahnausfahrt Antibes beschildert. Infotafeln mit interaktivem Bildschirm für Auskunft oder Wegerklärung an den Entrées zum Technologiepark. Straßencafés um Place Bermond.

★Antibes/Juan-les-Pins (8o.ooo Einw.)

Vielleicht die schönste Stadt der Küste. Auf halbem Wege zwischen Nizza und Cannes. Eine Gemeinde mit zwei Gesichtern: der provenzalische Charme von Antibes und der mondäne Esprit eines Ferienortes von Weltruf, Juan-les-Pins.

Dazwischen residiert das reiche Cap d'Antibes, eine Halbinsel mit luxuriösen Villen unter Pinien.

Antibes und Juan-les-Pins werden immer beliebter. Für jeden ist etwas geboten: gute Hotels, vor allem in Juan-les-Pins, viele Ferienwohnungen. Campingzentrum der Côte d'Azur im Osten Antibes.

ORTSTEIL ANTIBES

Ganzjähriger und sehr lebendiger Urlaubsort. Vis-à-vis von Nizza auf der westlichen Seite des Baie de Anges bringt Antibes eine enge, geschäftigen Altstadt, viele quirlige Märkte, gemütliche Straßencafés, sehenswerte Museen und den Jachthafen (Europas größter). Den provenzalischen Charme bewahrte sich die zweitgrößte Stadt des Depart. Alpes-Maritimes, trotz der Belagerung in der Hochsaison von zigtausenden Touristen.

Von den Griechen im 4. Jh. v. Chr. gegründet als "Antipolis" (= "die Stadt gegenüber", nämlich gegenüber Nizza). Später, wie auch Nizza im Besitz der Römer und im 5. Jh. n. Chr. Bischofssitz. 1386 kam es in den Besitz der Grimaldi, die es 16o8 an Frankreich verkauften. Antibes war strategisch wichtige Stadt an der französisch-savoyischen Grenze.

1784 ließ Napoléon Bonaparte als verantwortlicher Militär für die Küstenverteidigung seine Familie in Antibes verweilen. Nach Robespierres Sturz wurde der kleine Korse sogar für kurze Zeit im Fort Carré eingekerkert.

Antibes berühmtester Sohn ist der Dramatiker Jacques Audiberti (1895-1965, "Der Lauf des Bösen", "Das schwarze Fest"). Berühmte Maler wie Picasso, Stael und Hartung lebten und arbeiteten hier, aber auch der Schriftsteller Graham Greene.

Mit dem Aufstieg Juan-les-Pins zum gefragten Touristenort nach dem 2. Weltkrieg gewann auch Antibes wieder an Bedeutung.

Die Region Antibes gilt als eine der großen französischen Zentren für

BLUMENPRODUKTION (Rosen, Nelken, Anemonen und Tulpen). Ein gartenbauliches Gymnasium (Lycée Horticole) bemüht sich um die regional typischen Kulturen.

Aus Antibes kommt die "Crème de la crème" der Rosenwelt. Jede dritte weltweit verkaufte Rose stammt vom örtlichen Züchter Meilland-Richardier. Gärtner aus aller Welt reisen an, um aus dem Sortiment ihre Grundstöcke für Schnittblumenzucht zu bestellen. Nach üblicher Rosenzüchtertradition bekommen besonders gelungene Züchtungen einfallsreiche und hübsche Namen wie "Louis de Funes", "Soraya" oder "Charles de Gaulle"... und selbstverständlich jede Menge Wettbewerbspreise. Eine 194o nach USA geschmuggelte Meilland-Rose wurde dort am 2. Mai 1945, dem Tag, als Berlin fiel, "Peace" (Friede) genannt. In Europa realistischer "Mme A. Meilland".

Tourist-Info: Maison du Tourisme, Antibes: 11, Place du General de Gaulle. Montags bis freitags 9-12 und 14-19 Uhr geöffnet. Samstags 9-12 Uhr. Im Sommer 9-2o Uhr wochentags, sonntags 9-13 Uhr.

In der Hauptsaison zusätzlich Informationspavillons nach der Autobahnausfahrt Antibes in Richtung Stadtzentrum auf der Route de Grasse und an der Route du Bord de Mer im Osten der Stadt vor "Siesta", wo sich auch die Campingplätze befinden.

Post: In der Fußgängerzone Rue de la Republique, Montag bis Freitag 8-19 Uhr, Samstag 8-12 Uhr.

Bank: CREDIT LYONNAIS, Av. Robert Soleau, 8.15-11.5o und 13.3o-16.3o Uhr, von Montag bis Freitag.

Verbindungen Antibes Juan-les-Pins

Auto/Parken: Anfahrt über die Autobahnausfahrt Antibes oder die RN 7. Parkplatzmäßig schaut es im Sommer, wie in allen Städten schlecht aus. Großer Parkplatz beim Port Vauban.

Zug: Bahnhof Av. Soleau, nahe Zentrum und Hafen. Viele Verbindungen nach Nizza und Cannes, aber auch Langstreckenzüge (Marseille, Bordeaux, Genf, Straßburg, Paris) halten, selbst der TGV. Bahnhof bei den Campingplätzen heißt Biot.

Bus: Gare Routière, Busbahnhof (schöne, kitschige "Son nenuhr" beachten) am Beginn der Fußgängerzone, Place Guynemer, nur innerstädtischer Verkehr, 2 DM die Fahrt. Nr. 3A fährt nach Juan-les-Pins, 2A zum Cap. Busse nach Cannes oder Nizza im 2o-Minuten-Takt, halten auch in den Orten dazwischen, am Place de Gaulle, gegenüber der Touristinfo.

"Hotel du Cap-Eden-Roc", Cap d'Antibes, Bd. Kennedy. Zählt zu den schönsten und berühmtesten Hotels der Welt. Wie ein kleines Versailles thront es in einem Pinienpark, direkt am Meer, Privatstrand, Tennis, Schwimmbad und alles andere. Traumhafte Topzimmer, Marmorbäder. Besonders schön die Zimmer im Erdgeschoß und zum Garten. Dementsprechendes Publikum von Alain Delon über Jane Fonda und Kirk Douglas bis Madonna. Das Hotel gehört dem Oetker-Konzern, DZ zwischen 67o und 93o DM.

"Hotel Royal", Bd. Kennedy am Meer. Deutschsprechendes Rivierahotel mit Patina. DZ, Dusche/Bad und WC je nach Saison 9o-18o DM, nach vorne schöner, aber lauter. Mobiliar hielt schon einige Touristengenerationen aus, Bäder neu, sauber. Im Juli/Aug. nur Halbpension, 12o/15o DM pro Person. Privatstrand und Garage (Aufpreis). Erwähnenswertes Restaurant DAUPHIN im Verandaanbau, 45-DM-Menü der neuen Welle, fischbetont, Frischprodukte.

"Hotel Etoile", 2, Av. Gambetta, zentrales Etappenhotel, nahe Bahnhof, Parkplatz. Repräsentative Rezeption, professionell geführt. DZ, Bad/Dusche, WC 11o DM.

"Le Ponteil", 11, Impasse J. Mensier, 2oo m zum Strand. 3-stöckiges Haus, dicke Palme im Garten. DZ, Bad/Dusche, WC 9o-1oo DM, nur Waschbecken und Bidet 75 DM. "Bungalow-Zimmer" sind größer. Juni mit Sept. Halbpension verpflichtend (die Chefin kocht selbst), um 1oo DM pro Person. Freundlich, sprechen deutsch.

"Hotel Le Relais Du Postillon", 8, Rue Championnet, im Stadtzentrum bei der Post. 3-stöckiger, älterer Stadtbau, Natursteinmauer im Erdgeschoß. Nahe Hafen und Strand. DZ mit schönen alten Möbeln, Dusche/Bad und WC zwischen 7o und 12o DM. Sie sind nach Städten benannt, Nice und Malte groß, Berlin klein?!

"Hotel La Méditerranée", 6, Av. M. Reille, gegenüber der Gendarmerie Nationale. Schattiger Innenhof zum Frühstücken. Mobiliar in Zimmern runtergekommen. DZ, Dusche, WC 92 DM, Juli/August nur mit Halbpension, 8o DM pro Person.

Bed and Breakfast: "Friendly Home", 6, Rue du Marc, in Altstadt vermittelt Privatzimmer mit Frühstück von Menton bis Cannes, kostet um 5o DM für eine Person und 7o DM für zwei. Geöffnet im Winter 15-17 Uhr, im Sommer länger, sonntags geschlossen.

Ferienwohnungen: aktuelle Liste am Office du Tourisme. In Antibes gleich mehrere Ferienresidenzen, z.B. Großanlage mit Wohnungen für 4-6 Personen "Maeva-parc Vélusine" mit Pools und Tennis, 67, Av. de Nice (RN 7) oder "Residentiale" für 2-6 Personen, Av. Jules Grec neben städtischem Freibad und Tennis. Saisonabhängige Preise, starke Schwankungen. Studio für 4 Personen im Hochsommer 1.25o-1.4oo DM/ Woche, April bis Mitte Juni 74o DM, außer Saison ein Drittel billiger.

Jugendherberge: Relais International de la Jeunesse, Ecke Av. de l'Antiquite/Bd. de la Garoupe am Cap. Zimmer für 4-8 Personen in Villa mit Garten. Übernachtung mit Frühstück 2o DM, bei längerem Aufenthalt ist Halbpension, 1o DM mehr, verpflichtend. Ab 17 Uhr vorsprechen.

Camping: Östlich Antibes befindet sich das Campingzentrum der Côte d'Azur schlechthin. Um den Parc de Vaugrenier gibtes über 2o Anlagen, vom simplen IDEAL-CAMPING an der N 7 über viele gute Plätze, LA VIEILLE FERME, LES PRES bis hin zu Luxusanlagen. Gut gefallen haben uns:

LE PYLONE, drei Sterne, ganzjährig geöffnet, gut beschattet mit Swimmingpool, Ladenzentrum. Hier kann man Wohnwägen und Mobilehomes mieten. Jahresplätze. Einer der größten und ältesten Campingplätze der Gegend. Viele Stammkunden.

ANTIPOLIS, 4 Sterne (preislich 3 Sterne), Tennis, Swimmingpool, Laden, Bar, Restaurant, nette Atmosphäre. Ausreichend und saubere Sanitäranlagen. Vermietung von Mobilehomes. Eine der besten Anlagen der Côte.

Das Quartier La Brague hat noch mehrere Campingplätze und ist die Ecke zwischen Cannes und Nizza für Camping-Urlaub.

BONNE AUBERGE, N 7, östlich der Stadt. Rosa Landhaus am Ortsrand, geräumiger Speisesaal, Dekor irgendwo zwischen rustikaler und bourgeoiser Eleganz, Topgemälde an der Wand. Menü 6o DM. Exquisite Weinkarte.

PAUL LE PECHEUR, 42, Bd. d'Aguillon, sieht man Preise und Klasse von außen nicht an, große Fischplatten 8o-15o DM. Kleines Lokal mit Fischernetzen an der Decke, Tische auf der Straße und gegenüber. Lieblingslokal der Stars (Clint Eastwood).

LES VIEUX MURS, Promenade Amiral de Grasse, im Altstadtwall. Durch Fensterwand helles Lokal im ehrwürdigen alten Gemäuer, nobel. Der Gast ist König, wird vom Chef (Romano) persönlich begrüßt. Haute Cuisine-Menü mit regionalem Touch 65 DM.

L'AUBERGE PROVENCALE, 61, Place Nationale, unscheinbarer Eingang neben Meeresfrüchteverkauf. Gut-bürgerlich-gepflegter Speisesaal, Patioterrasse, Menü mit schöner Auswahl, auch Fleisch, 45 DM. Degustationsplatte, Seeigel, Muscheln, um 3o DM.

LE SUCRIER, Rue des Bains in Altstadt. Besonders romantisch bei Kerzenlicht und offenem Kamin im Natursteinkeller. Patio. Pfiffige Menüs 32/52 DM, aber kleine Protionen. Donnerstag, Freitag und Samstag Boulevardtheater.

LE MARQUIS, Rue de Sade, nahe Markthalle, daher stets frische Ware. Gemütlich-rustikal. Im 25-DM-Menü lecker zubereitete Innereien. Mehr Auswahl und 4 Gänge für 37 DM.

LE MOULIN DE L'ILETTE, Bd. Leclerc. Sympathisches Lokal, Happy-Hour-Terrasse zum Meer für laue Sommerabende. Gute Wahl ist das Menü für 3o DM. Pizza um 14 DM, kaltes Vorspeisenbuffet (Salate). Amerikanisch angehaucht, manchmal Live-Musik.

LE DAUPHIN D'OR, 16, Bd d'Aguillon. Schon der Eingang mit Schiffsholz verziert, innen Kajütenatmosphäre: halbrunde Holzdecke, Schiffsbilder. Man speist wie auf einer Jacht. Menü ab 3o DM. Bei entsprechendem Weinkonsum stellt sich Wellengang ein.

LA FAMIGLIA, 34, Av. Thiers. Zwei kleine Speiseräume im Splitlevel, gemütlich, bequem. Prima Pizzas ab 12 DM. 4-Gänge-Menü mit frittierten Meeresfrüchten 3o DM.

L'ESCARGOT, 28, Av. Thiers, hinter Port Vauban. Längliches, einfaches Lokal mit kleinen Tischen, Grünpflanzen. Menüs 15 bis 26 DM, dazu König-Pilsener.

Weitere Lokale der mittleren Preisklasse in Rue F. Isnard, am Place Nationale (jedes Lokal hat seine Terrasse am urgemütlichen Platz) und der Rue James Close (LA MARMITE, 22 bis 43 DM, LE PISTOU 3o DM) in der Altstadt.

Einige Hafenkneipen mit hauptsächlich englischem Publikum (auf den Jachten sind gut 2.ooo britische Sailors beschäftigt), viel Bier fließt z.B. im LE ROUF, zwischen Markthalle und Porte Marine, mit Billiard und elektrischen Darts. Daneben, in CHARLY'S BAR, gibt es Erdinger Weißbier und manchmals Schweinebraten. Live-Music, Rock, Jazz, im LA GAFFE, 6 Bd. d'Aguillon, English food, Burgers, only english spoken.

Riesendisco LA SIESTA, direkt am Meer auf Höhe der Campingplätze, mit Casino, Restaurant und mehreren Tanzflächen. Hoher Eintritt.

Markt/Einkaufen: Hauptmarkttag ist Do. Vormittag: (Kleidung, Lebensmittel, provenzalische Produkte) in der Markthalle am Cours Massena vor dem Rathaus und am Place Nationale. Wer Zeit findet, sollte sich das Spektakel nicht entgehen lassen.
Täglich außer Montag ist am Cours Massena provenzalischer Markt (Obst, Gemüse etc.).

Trödelmarkt: Do. 6-18 Uhr und Sa. vormittags am Place Audiberti, gleich neben dem Markt.

Markt für Kunsthandwerk: Di., Fr. und Sa. ab 14 Uhr im Cours Massena.

Kleidermärkte: Di. und Sa. vormittags am Place Amiral-Barnard, Mi. vormittags am Place Causse Goiron im östlichen Viertel Fontonne und Fr. vormittags in Juan-les-Pins am Square du Lys. Auf diesen kleineren Märkten findet man in geringerer Auswahl die gleichen Waren wie auf dem großen Donnerstagsmarkt.

Sehenswertes

Die **ALTSTADT** von Antibes ist größtenteils Fußgängerzone und reich an Sehenswürdigkeiten. Rechts vom großen Parkplatz zwischen Hafen und Stadtmauer gelangt man durch das Tor PORTE MARINE in die Altstadt. Geradeaus liegt der Cours Massena mit seiner Markthalle vor dem

Rathaus. Sie ist heute eines der belebten Zentren der Stadt, mit malerischen Gäßchen, blumenreichen Kleinstgärten, dem vielleicht nettesten Markt der Côte, den Straßencafés... Beim Schlendern durch die engen Pflasterstraßen sieht man hier einen kleinen Platz, dort eine nette Boutique und an der nächsten Ecke einen photogenen Brunnen.

MUSÉE PICASSO: ein paar Meter nach der Markthalle linkerhand vornehm das Picasso-Museum. Befindet sich im Turm des Chateau Grimaldi. Auf der Terrasse des Museums Statuen von Germaine Richier sowie Superblick! (Geöffnet: Sommer 1o-12 und 15-19 Uhr, Winter 1o-12 und 14-18 Uhr. Eintritt 6 DM. Feiertags, Di. und im Nov. geschlossen.)

Pablo Picasso war bei seinem ersten Aufenthalt in den 2oer Jahren sehr vom Cap d'Antibes angetan. 1946 hatte er die Möglichkeit, in diesem Museum zu arbeiten. Einen Großteil des Werks dieser Zeit überließ er der Stadt. So kann man heute Gemälde, Zeichnungen, Lithographien und Keramiken des Meisters sehen. Diese Epoche ist gekennzeichnet durch Lebensfreude, wie die berühmten Gemälde "Joie de vivre" oder "Nature morte à la pasteque" zeigen. Interessant "Le Gobeur d'Oursins", Picasso malte den Seeigelverschlinger auf die Leinwand eines alten Offiziersportraits, dessen Umrisse schimmern noch durch. Ferner ist das Museum im Besitz einer Sammlung moderner Kunst (Fernand Léger, Max Ernst). Im zweiten Stock findet man einen Saal vor, der Nicolas de Stael gewidmet ist: Unweit des Museums, in einem Haus am Beginn der Ave. Amiral de Grasse, nahm sich Stael das Leben.

KATHEDRALE: neben dem Chateau Grimaldi. Wenig erinnert an die Ursprünge aus dem 5. Jh., vielmehr treffen verschiedene architektonische Epochen aufeinander: Die Fassade ist von 171o, das Kirchenschiff aus dem 17. Jh. und das Altarbild (von Louis Bréa) von 1515.

MUSÉE DE LA TOUR, Cours Massena, schmuckes Heimatkundemuseum, geöffnet Mittwoch, Donnerstag und Samstag 16-19 Uhr.

BASTION SAINT ANDRE: auf der Stadtmauer die "Promenade Amiral de Grasse" westwärts zum Historischen und archäologischen Museum (Musée d'Histoire et d'Archéologie) in der Bastion. Hier werden 4.ooo Jahre Geschichte gezeigt. Reste griechischer Amphoren aus dem 4. Jh. v. Chr. und eine bemerkenswerte Sammlung von Münzen und Schmuck der Etrusker, Griechen und Römer. (Offen 9-12 und 14-19 Uhr, im Winter nur bis 18 Uhr, feiertags, dienstags und im November zu. Eintritt 3 DM.)

RUE DE LA REPUBLIQUE: Hauptstraße der Altstadt, vom Stadtzentrum Place de Gaulle, von wo der Boulevard Albert Ier zum Meer führt, über den Place de Martyrs (Post, Spielplatz) bis zum Place Nationale mit seinen Straßencafés und Restaurants unter Platanen. Rechts davon die Rue James Close mit vielen Restaurants.

MUSÉE PEYNET: ebenfalls am Place Nationale, über 2oo Werke (Zeichnungen, Gemälde, Schnitzereien, Porzellan) des Künstlers. (Öffnungszeiten wie das Picassomuseum, Eintritt 7 DM.)

PORT VAUBAN: der Jachthafen Nr. 1 in Europa, modern zwischen Fort Carré und Befestigungsmauern plaziert. Ankerplatz der größten Jachten der Welt. Zugang: am alten Hafenbecken entlang bis zum Ende der Stadtmauer und an den ehemaligen Chantier Naval (jetzt Oper und Theater) vorbei. Nicht von der Absperrung für Autos und dem Wächterhäuschen abschrecken lassen. Geschafft? Jetzt schwimmen einige Milliarden Dollar aus Eisen und Holz vor staunenden Blicken im Salzwasser.

CAP D'ANTIBES: ist an sich eine Sehenswürdigkeit. Der Pointe Bacon an der Westseite bietet besonders schönen Blick, ebenso auf dem Plateau de la Garoupe mit seinem Leuchtturm, dem Phare de la Garoupe (kostenlose Besichtigung von Mai bis Oktober 1o.3o-12.3o und 14.3o-19.3o, Rest des Jahres 1o-12 und 14-17 Uhr). Man beachte die Luxusvillen. Selbst die kleineren sind gut und gerne eine paar Millionen Märker wert!

SANCTUAIRE DE LA GAROUPE, zweischiffige, mit Fresken verzierte Kapelle, geweiht der Schutzpatronin der Seemänner, Notre-Dame-de-Bon-Port. Bemerkenswert die vielen Exvotos der Schiffer und russische Ikone. Im Juli Prozession.

JARDIN THURET: am Boulevard du Cap (8.3o bis 17.3o, am Wochenende und an Feiertagen geschlossen, gratis), in dem 7 Hektar großen Park sieht man die ersten aus Australien importierten Eucalyptus-Bäume, die sich an der Côte seither bestens eingewöhnt haben, und eine Sammlung exotischer Bäume und Pflanzen.

Villa EILENROC: Neogriechische Milliardärsvilla aus dem letzten Jahrhundert, war bis 1982 amerikanisches Industrieeigentum. Hier verkehrten gekrönte Häupter aus Holland, Belgien, England, Rußland und Sachsen. Auch die Garbo. Der 8 Hektar große Garten kann Mittwoch nachmittags, wenn keine Schulferien sind, besichtigt werden. Bucht dahinter heißt Baie des Milliardaires oder Anse de l'Argent faux (Bucht der Milliardäre oder des Falschgeldes).

MUSÉE NAVAL ET NAPOLEONIEN: Seefahrts- und Napoleonmuseum im Tour Sella neben dem weltberühmten "Hotel du Cap-Eden Roc". Etwas für Bonaparte- und Marinefans. (Geöffnet: 9-11.45 und 14-17.45, im Sommer bis 18.45 Uhr, feiertags, di. und im Nov. geschlossen. 6 DM.)

Kleine Häfen, in denen man sich kennt, Fischerboote neben Jachten (z.B. "We are Family" der Familie Quant, BMW). In der Bucht ankern die Schiffe der Weltumsegler, die sich die Hafengebühr sparen wollen. Port de la Salis, am östlichen Beginn des Kaps, Port de l'Olivette, Port du Crouton und Port Gallice am westlichen Ufer.

Vom Plage de la Garoupe führt der SENTIER DU TIRPOIL am Meer entlang. Dieser endet nach etwa 1o Min. an einer niederen Mauer, das Cap wird nicht umrundet. Weiterklettern ist stellenweise recht gefährlich, vor allem bei Wind und wildem Meer, da Weg nicht mehr befestigt. Wer es trotzdem probiert, landet in Privatgärten und kann nur hoffen, daß die Wachhunde schlafen.

Strände: "Plage de la salis", einer der saubersten und schönsten Strände der Côte d'Azur. Recht chic dagegen "Plage de la Garoupe" oder Felsbuchten am Cap. "Plage de la Gravette" am Hafen (Port Vauban) ist nicht so zu empfehlen, da meist recht unsauber. Westlich des Fort Carré weniger bevölkerte Kieselsteinstrände (bei den Campingplätzen).

SPORT

Segeln/Surfen: Club Nautique d'Antibes am Plage de la Salis, Bd. J. Wyllie, alteingesessene Segelschule. Kurse, mindestens eine Woche, für alle Alters- und Leistungsstufen, Kinder ab 7 Jahren auf Optimist. Auch Catamaran und Surfboard. Kompetente Lehrer. Yacht Club Antibes, direkt daneben, ähnliches Programm.

Tennis: Tennis Municipal, Av. Jules Grec, neben Schwimmbad. 17 Courts, 25 DM die Stunde, abends bei Beleuchtung teurer.

Golf: 18-Loch-Platz in Biot, über Route de Biot, Bastide du Roy. Achtung beim Überqueren der Landstraße, da Autos gefährlich schnell. Diese Stelle des Parcours fordert regelmäßig Verkehrsopfer.

An der RN 7 Richtung Nizza, auf Höhe Bahnhof Biot, bei den Campingplätzen ein sogenannter **Freizeitpark** mit mehreren Attraktionen. Manchmal Ermäßigungsscheine an Rezeption von Campingplätzen, Hotels oder in Läden, z.B. Carrefour, zu haben.

MARINELAND, in mehreren Becken Wale, Delphine, Seehunde. Täglich mehrere Dressurvorführungen, außerdem Marinemuseum, mit Meeressäuger- und Fischskeletten, Schiffsmodelle. Eintritt: Erwachsene 3o DM, Kinder 2o DM.

AQUA SPLASH, Wasserrutschen, drei Schwimmbecken. Eintritt: Erwachsene 25 DM, Kinder 22 DM.

JUNGLE DES PAPILLONS, unter Zeltdach flattern in tropischer Ambiente Schmetterlinge. Erwachsene 1o DM, Kinder 6 DM.

ADVENTURE GOLF, toller Minigolf mit künstlichem Gebirge (besteht aus zusammengedrückten Schrottautos), Wasserfall und sonstige Schikanen. 18-Loch-Parcours 12 DM, 36 Löcher 18 DM.

Gegenüber RUMMELPLATZ mit Karussellen und Freßbuden.

ORTSTEIL JUAN-LES PINS

Auf der westlichen Seite befindet sich Juan (sprich: Schüan mit nasaliertem "a" und unhörbarem "n"), wie es verkürzt genannt wird. Heute ist dieser Stadtteil der Gemeinde Antibes neben St. Tropez der (Sommer-)Urlaubsort Frankreichs schlechthin und eines der Hauptvergnügungsviertel der Côte d'Azur.

Obwohl ganzjährig animiert, sollte man, wenn man zu den Menschen zählt, die Lust auf vollen Trubel haben, Mitte Juli bis Mitte August da sein. Wo aber in der Hauptsaison schlafen? Liebe Leute, nach Juan kommt man nicht zum Schlafen! Bis spätnachts haben die Kneipen und Boutiquen geöffnet. Diskotheken machen eh erst um 23 Uhr auf, und in den Bars spielen Bands und Musikkapellen bis zum frühen Morgen. Es wird intensiv gelebt. Um das neuerbaute Casino herum jede Menge Restaurants, Bars und Discos. Untertags liegen die Schönen, die Nackten und die Reichen am Strand.

Besonderer Leckerbissen ist das JAZZFESTIVAL ("Festival mondial du Jazz") in der zweiten Julihälfte, welches sich mehr rockigem und modernem Jazz widmet, denn dem traditionellen (der sein Festival alljährlich in Nizza hat).

Juan entstand ab 1881 durch Grundstücksspekulation und Bautätigkeit insbesondere der "Société foncière de Cannes et du Littoral". Obwohl bereits im folgenden Jahr der Bahnhof eröffnet wurde, ging die Rechnung des Grund- und Hausverkaufes zunächst nicht auf. "Juan-les-Pins", wie es der Sohn der Königin Viktoria, Duke of Albany, taufte, konnte der renommierten Konkurrenz Cannes und Nizza nicht Paroli bieten. Es dauerte 4o Jahre, bis Baudoin (ein Gastwirt aus Nizza) eine für die Cóte d'Azur geniale Idee kam: Nicht mehr nur Winterkurort wie bisher sein, sondern Sommerurlaubsort! Er kaufte das Casino in Juan und einige Hektar Land, einen wunderbaren Sandstrand, und eröffnete ein Restaurant. Er ließ die "Dolly Sisters" auftreten und zog somit Touristen an. Darunter waren auch zwei Milliardäre, der Autofabrikant Bentley und der Eisenbahnkönig Frank Jay Gould, welche sich bereit fanden zu investieren...

Daß die Frauen in Juan hautenge Badeanzüge trugen, wo man viel zu viel Bein für die damalige Zeit sah, wurde zum Skandal, der schließlich die ganze Welt anzog. Seit den 5oer Jahren zählt Juan-les-Pins zu den Toporten des internationalen Tourismus.

Tourist-Info: Maison du Tourisme 51, Bd. Guillaumont, Montag bis Freitag 9-12, 14-19 Uhr, samstags 9-12 Uhr. Im Sommer wochentags 9-2o Uhr und samstags 9-13 Uhr.

Post: gegenüber dem Bahnhof, Av. Maréchal Joffre. Montag bis Freitag 8-12, 14-18 Uhr, Samstag 8-12 Uhr.

Bank: CREDIT LYONAIS, Bd. Wilson, 8.15-11.5o und 13.3o-16.3o Uhr.

Zug: Regelmäßige Verbindung nach Nizza und Cannes (billiger und schneller als Bus).

Schiff: Nur April bis September ab Ponton Courbet, Bd. C. Guillaumont. 4-6 mal täglich zu den Lerins-Inseln. Hin- und Rückfahrt Ste. Margerite 17 DM, beide Inseln 25 DM. Im Juli/August Freitag und Samstag nächtliche Rundfahrten, besonders schön, wenn Feuerwerke an der Küste, dann aber oft ausgebucht.

Visiobulle, Schiff mit Glasfenstern im Boden zum Beobachten der Unterwasserwelt, fährt zum Cap, Baie des Milliardaieres und wieder zurück.

Der Ortsteil ist voll von Hotels (obwohl man ja im Grunde nicht zum Schlafen nach Juan kommt). Es gibt noch viele familienbetriebene Häuser mit Charme. Viele sind ab Oktober geschlossen, manche öffnen im Februar, andere erst im April.

Anzahl an Nobelhotels um die Pinède, z.B. direkt am Strand der Glas palast "Garden Beach" mit Casino und das "Ambassadeurs" neben Kongreßzentrum. Am Palmenpool oder in der Piano-Bar-Lautrec zeigen sich Jazzstars zur Festivalszeit. Das "Juana" im Art-Deco-Stil wird seit Gründung 1931 von der Familie Barache geführt. Unter den Gästen viele Berühmtheiten von Marc Chagall bis Bob Dylan und während des letzten Krieges auch die deutschen Besatzer. Fürs DZ mit Frühstück in dieser Kategorie 28o-42o DM rechnen, Suiten entsprechend teurer.

"**Hotel Belles Rives**", Bd. du Littoral, an der Pinède. Nobelhotel im Stil einer Familienpension. 3-stöckiges Natursteinhaus aus den 3oer Jahren, Eingang mit vielen Flaggen verziert. Zimmer geräumig, komfortabel, Bäder weniger luxuriös. DZ mit Halbpension je nach Saison und Komfort ab 57o DM bis 1.o5o DM.

"**Hotel Ste. Valéry**", Rue de l'Oratoire. Im kleinen Garten Brunnen als Blumentrog. Marokko-Samovar im Frühstücksraum. Standuhr, Antiquitäten in Halle. Zimmer teilweise neu mit grünen Rattanmöbeln. Standard-DZ, Dusche/Bad und WC 135-21o DM, bessere etwas teurer. Halbpension 35 DM Aufpreis pro Person.

"**Hotel Juan Beach**", 5, Rue de l'Oratoire, edle Villa in schattigem Garten. Bei der Rezeption hübsche Standuhr. DZ, Dusche/WC 8o-12o DM. Im Sommer Halbpension verpflichtend. Preiswert, vergleicht man Gebotenes und Superlage.

"**Hotel Welcome**", 7, Av. du Docteur-Hochet. 9o-jährige Villa eines Parisers und seit 1958 Hotel. Umliegende Gärten gehörten früher dazu. Hundertjährige Palmen im Garten. Außen sehr romantisch, innen zwar sauber, aber mitgenommen. DZ je nach Saison und Komfort 125 bis 22o DM.

"**Hotel Teranga**", Av. de L'Esterel, nahe Bahnhof. Neubau mit roten Fenstern und Markise. Zimmer/Bad geräumig, DZ je nach Saison 95/125 DM. Ganzjährig geöffnet.

"**Emeraude**", 11, Av. Saramartel, ruhig. Haus mit kleinem Garten. Gut möblierte Zimmer, auch für mehrere Personen, bequeme Betten. DZ 1oo-12o DM. Je nach Saison interessante Halbpensionspreise, Abendessen bei Kerzenlicht im Freien. Typ Familienpension.

"**Pierre Loti**", 29, Rue Pierre Loti, ruhige Seitenstraße der Av. de Cannes. Stattliches Herrschaftshaus, Garten für Frühstück im Freien. Marmortreppe zu gepflegten

Zimmern. In der Halle Kunstgegenstände, Parfumflakons. DZ, Bad/DU. WC 1o5-15o DM mit Frühstück. Auf Wunsch Halbpension. Ganzjährig geöffnet, Sondertarife im Winter, Parkplatz.

"Hotel Ideal", 12, Rue Pierre Loti. Kleines Flachdachhaus, Garten zum Brotzeiten, Parkplatz. Geräumige Zimmer in Lindgrün und Gelb, alle mit Kühlschrank und ohne Fernseher. DZ mit Frühstück 95-11o DM, 2 korrespondierende Zimmer für 4 Personen um 18o DM.

"Hotel Marjolaine", 15, Av. Dr. Fabre. 2-stöckige alte Villa. Parkplatz im Garten. Ziemlich ruhig, dennoch im Zentrum. Überall Antiquitäten. Alles in Schuß, da Besitzer leidenschaftlicher Do-it-yourselfer. DZ, Dusche/WC inklusive Frühstück 8o-115 DM.

"Hotel Villa Christie", Rue de l'Oratoire. Villa in schönem Garten mit zwei Palmen und gemütlichen Sitzplätzen. Nahe Pinède. Gegenüber der Rezeption ein immenses Schiffsmodell aus Streichhölzern, hat Opa vor Jahren gemacht. DZ von 45 (Etagendusche) bis 8o DM (Bad/WC). Mobiliar stark abgenutzt.

Ferienwohnungen: Liste mit über 1oo Privatanbietern hält Maison du Tourisme bereit. Madame Nolte spricht deutsch und kann bei der Auswahl beraten.

Auch "Residentiale", Av. Maréchal Joffre im Zentrum nahe Post, bietet Ferienwohnungen. Studio für zwei im Winterhalbjahr 95o DM/Monat, 1.2oo-1.37o DM die Woche im Juli/August.

Jede Menge Lokale um Av. Dautheville nördlich der Pinède und an Strandpromenade. Gleichen sich in Aufmachung und Angebot, Menüs der 3o-DM-Klasse, Pizzas, Salatteller etc. um 15 DM.

LA TERRASSE, an der Pinède, Av. G. Gallice. Sterne-Restaurant unter drei hohen Palmen, rechts des Swimmingpools des Hotels Juana. Im Speiseraum Antiquitäten. Simpler Tischschmuck wird durch Tafelsilber aufgewertet. Mit viel Einfallsreichtum geschaffene Menüs 14o/18o DM.

LE PERROQUET, Av. G. Gallice. Menüs 37/5o DM. Hübsche Nische mit Papageien-Wandbild im Lokal. Tische auf Straßenterrasse mit grünen Zäunchen abgeschirmt.

LE FORESTON. Av. G. Gallice. Bar-Restaurant. Im schmalen Lokal hängen vergrößerte alte Côte d'Azur-Postkarten an der Wand. Auf Straßenterrasse sind runde Tische engstens aufgestellt. Sonnenschirme zur Abwechslung viereckig. Menü 27 DM.

BIJOU-PLAGE, Bd. Guillaumont am Ortsausgang. Feines Strandlokal, Badeanzüge im Speisesaal nicht toleriert. Küchenchef Satoshi Kutoba bietet fischbetonte, mediterrane Regionalküche leider nicht zu japanischen Dumpingpreisen. Menü ab 5o DM.

Bars: an der Pinède befinden sich die zwei In-Treffs. LE CRYSTAL, piratische Eleganz und das PAM-PAM mit sagenhaftem Dekor: exotische Ornamente, Grünpflanzen, Trommeln, abends zur Saison Live-Musik. Wer hier keinen Platz findet, dem bleibt das FESTIVAL gegenüber, etwas weniger chic.

Discos: Um die Pinède drei Chic-Discos Le Bureau, Whisky á gogo und Voom-Voom. Öffnen erst gegen 23 Uhr, teurer Eintritt. Im Viertel auch Kneipen und Piano-Bars.

Strand: Kilometerlange, direkt der Sonne ausgesetzte Sandstrände, trotzdem geht es recht eng zu.

Sport: An Privatstränden Wasserski, Tretbootverleih und Paragliding.

Schnorcheln und Tauchen am Cap d'Antibes, besonders reiche Unterwasserwelt: Posidonien-Wiesen, Wolfsbärsche, gestreifte Meerbarben, bunte Lippfische, Beiname la Vieille, die Alte, weil sie gerne zu zweit daherkommen. Günstiger Ausgangspunkt ist z.B. der kleine Strand am Port de l'Olivette.

Tauchschulen: z.B. am Ponton Courbet, wo die Schiffe zu den Inseln anlegen, oder "Neptune pro" am Port Gallice.

Leichtbau Motorsegler, ULM, viertelstündiger Rundflug als Copilot mit der Schneuze im Wind, 6o DM. Anlaufstelle Heliosstrand.

Tennis: Club Provencale, 1511, Bd. M. Juin, unterhalb des Eden Roc am Cap.

Markt/Einkaufen: Gute Konditorei PATISSERIE VIENNOISE, 12, Av. Courbet, wo der Westfale Wolf Burg vom Städtepartnerschaftskomitée leckere Teilchen bäckt.

✶Golfe-Juan/Vallauris (22.ooo Einw.)

Beide Stadtteile der Gemeinde wurde von berühmten Männern bekannt gemacht: Golfe-Juan durch Napoléon und Vallauris durch Pablo Picasso.

ORTSTEIL GOLFE-JUAN

Beliebter, schmucker Badeort mit sauberen Sandstränden und nicht allzu teuren Hotels. Das Leben spielt sich um den ehemaligen Fischerhafen ab. Eine Bar oder Restaurant neben dem anderen an der Strandpromenade, der Avenue des Freres Roustand, die in ihrer östlichen Verlängerung bis nach Juan-les-Pins führt. Die Sandstrände sind gepflegt und kinderfreundlich. Bereits Picasso schätzte es hier mit seiner Geliebten Francoise Gilot und deren gemeinsamen Kindern Claude und Paloma baden zu gehen.

Der Ort ist in Relation seiner Nähe zu Cannes und Juan-les-Pins (jeweils 3 km) nicht so teuer. Vor kurzem wurde der neue Jachthafen eingeweiht und die Strände östlich davon auf Vordermann gebracht. Mit vielen Parkplätzen und Freilufttheater ist es hier gut auszuhalten.

Tourist-Info: Office du tourisme, 84, Av. de la Libérté.

Post: Av. de la Poste, gleich an der N 7.

Verbindungen Golfe-Juan/Vallauris

Auto/Parken: Golfe-Juan liegt direkt an der N 7. Wegen der nahe am Meer verlaufenden Eisenbahn ist jedoch die Verkehrsführung zum Strand und Hafen etwas unübersichtlich. Immer der Beschilderung entlang, z.B. Bord de mer, um ans Meer zu kommen, oder N 7 Nice, um wieder wegzukommen. Wenn man es verpaßt hat, einfach nochmals probieren. In der Hauptsaison ist nachmittags und abends die Parkplatzsuche zeitraubend.

Zug: Inmitten der Stadt befindet sich der Bahnhof an der Av. de la Gare auf Höhe des alten Hafens mit bekannt guten Verbindungen.

Bus: Richtung Cannes-Nice alle 2o Minuten, nach Vallauris im Viertelstundenrhythmus an der N 7 bei der Post.

Schiff: April bis September 3x täglich zu in Iles de Lerins, Hin- und Rückfahrt 22 DM; 3x pro Woche nachmittags 2 Stunden Rundfahrt zu den roten Porphyr-Felsen des Esterells für 25 DM. Abfahrt am Quai Saint-Pierre.

GESCHICHTE: Zurück von Elba landete Napoleon am 1. März 1815 in Golfe-Juan und begann seinen Marsch gen Paris, auf der heute sogenannten *Route Napoléon*. Eine Gedenktafel bezeugt deren Anfang mit blauem Mosaik am Alten Hafen.

"**Beau Soleil**": Impasse Beau Soleil an RN 7, rosa-weißer Flachdachwürfel in ruhiger Sackgasse. Pool mit Sonnenliegen, Gartenrestaurant, sommerfrische Atmosphäre, Tiefgarage. DZ mit Bad/Dusche, WC, Safe je nach Saison 92-142 DM, Halbpension für beide 194-24o DM. Mitte Oktober bis Ende März geschlossen.

"**Palm Hotel**": 17, Av. Palmeraie. Große Villa mit Garten, durch Balustermauer und Hecke von der lauten RN 7 abgeschirmt. Gemütliche Zimmer mit gutbürgerlichen, blankpolierten Holzmöbeln. Bad, Dusche, WC, alles piccobello. 2 Personen je nach Saison 77-117 DM. Halbpension 2o3 DM für beide, gutes Restaurant l'Araucaria.

"**Chez Claude**": 162, Av. de la Liberté, RN 7. Fassade mit reichlich Blumen, Grün- und Kletterpflanzen dekoriert. DZ mit Dusche/WC 77 DM, Halbpension für zwei 16o DM. Idyllisches Patiogärtlein mit viel Romantik nach dem schummrigen Speisesaal. Gutbürgerlich-provenzalische Küche.

"**Hotel California**": 222, Av. de la Liberté. Ist schon lange nicht mehr das, wovon die Eagles sangen, das Freudenhaus wurde in einen lockeren, coolen Laden transformiert. In der alten Villa gleicht kein Zimmer dem anderen, viele haben Dusche und WC, manche Meerblick, andere einen Balkon, alle Kochgelegenheit. Zu zweit zwischen 4o und 8o DM rechnen. 3. Person mit im Zimmer 12 DM mehr, Frühstück ca. 7 DM. Sondertarife für längere Aufenthalte. Ruhiger Garten mit Palmen, Orangen, Zitronen, Parkplätze, Garage für Fahrräder.

Ferienwohnungen: Bei Vermittlung von Privat hilft Office du Tourisme.

"**Motel Lauvert**": ab N 7 zu erreichen, Impasse des Hameaux de Beau Soleil, 28 Studios für 2-4 Personen mit Küche und Balkon, gratis Tennis und Schwimmbad. Pro Tag je nach Saison 77-132 DM für zwei, je 2o DM für die 3. oder 4. Person.

"**Residence Open**": Av. Georges Pompidou, an der RN 7. Ockerfarbener Komplex mit mehreren Gebäuden. Schwimmbad, Garten, Restaurant. Im Winter kostet Studio für 2 Personen 48o DM pro Woche, Wohnung für 4 um 615 DM und für 6 um 71o DM. Die Preise steigen bis zur Hauptsaison auf das dreifache an. Tiefgarage gegen Aufpreis, Tennis 75 F pro Stunde.

"**Les Pins Bleus**": im neuen Stadtteil Antibes-les-Pins, näher am Meer. Gehört zu Residences Open. Wie diese anonymer Komplex mit langen Gängen zum Verlaufen und geräuschlosen Aufzügen. Zimmer etwas hellhörig. Das Angebot reicht vom 2-Bett-Studio (35o DM pro Woche in der tiefsten Nebensaison) bis zum 3-Zimmer-Appartment mit 6 Betten (23oo DM in Hauptsaison). Wochenendtarife.

RESTAURANTS

TETOU, Bd. des Frères Roustan, am Ortsausgang nach Cannes. Gilt als das beste Restaurant des Ortes, ist sicher das teuerste. Man speist auf der sonnigen Glasterrasse direkt am Meer, sitzt auf weichen Polsterstühlen, aber doch verhältnismäßig eng. Es gibt Bouillabaisse mit Languste für 142 DM und ohne für 12o DM, simple Fischsuppe oder Salade Nicoise kosten je 3o DM und viel mehr ist auf der Karte nicht geboten.

NOU-NOU, gleich daneben, ebenfalls ausschließlich Fisch der gehobenen Klasse, etwas preiswerter, Bouillabaisse mit Languste schon für 1o8 DM. 3-Gänge-Menüs für 5o-65 DM.

CHEZ CHRISTIANE, Bd. des Frères Roustan. Große, runde Tische im kleinen Speisesaal, strohmatten-beschattete Terrasse. Teure 4-Gänge-Fisch-Menüs, z.B. "Homard" für 93 DM mit Fischsuppe, ganzem Hummer, Käse und Kuchen oder "Bourride" und "Loup" je 77 DM.

CHEZ BRUNO, gleich daneben, gegenüber dem Hafen. Inmitten der großen Terrasse steht ein Brunnen mit Mühlrad zwischen zwei hohen Palmen. Ganz nett, aber ein wenig touristisch. 3-Gänge-Menü mit ordentlicher Auswahl 26 oder 38 DM.

AUBERGE DU RELAIS IMPERIAL, 2, Rue Louis Chabrier, traditionelles Menü 25/46 DM, empfehlenswerte Fischgerichte, schattige, provenzalische Gartenterrasse mit viel Atmosphäre.

LA TAVERNE, 45, Bd. des Frères Roustan. Menü 25 DM und 4o DM, bereits das billigere Menü ist überaus lecker mit warmen Ziegenkäsehappen!

LES SANTONS, 32, Av. de la Palmeraie, Winzlingsrestaurant mit Minitischen. Menü 23 DM, regionale Küche, anständiges Preis-Leistungsverhältnis.

CHEZ GIGI-LE CAPRI, 73, Bd. des Frères Roustan, Pizzas ab 12 DM, Tagesgericht 18 DM, vielleicht etwas teuer, aber ein Heidenspaß, wenn man Tisch auf der anderen Straßenseite nimmt und Wetten abschließt, ob Ober samt Pizza unversehrt durch's Verkehrschaos kommt.

LE CALYPSO, 29, Bd. des Frères Roustan. Kleine Gerichte wie Muscheln/Pommes oder Fleischspießchen etwa 13 DM, Tages-Menü 22 DM.

Am neuen Hafenboulevard bietet die große Brasserie LIVING GARDEN, gegenüber dem Théatre de la mer, Menü (26 DM), Tagesgericht, Pizza (ab 12 DM), Kaffee, Eis und viele Plätze auf Straßenterrasse. Neckisch in Ankerform zugeschnittene Bodendecker im Rasenbeet.

Ganz nett auch das LE CAFE BLEU, mit grüngestrichenen Rattanstühlen, Tagesgericht 18 DM und das L'ILE AUX TRÉSORS. Unter den Glasplatten der Tische sind Muscheln, Perlen, Sand, Seesterne und sonstige Schätze zu sehen. Pizzas und Nudelgerichte 12-18 DM.

SEHENSWERTES

CHATEAU DE L'AURORE, ein riesiger, weißer Luxuspalast, einst Sommerresidenz Aga Khans. Leider nur vom Meer aus zu sehen, z. B. bei einer Bootsrundfahrt. Von der Schnellstraße nach Cannes (N 7) aus läßt sich von dem Prunk nichts erspähen.

Das Chateau ist seit 198o im Besitz des saudischen Königshauses. König Fahd residierte allerdings nur zweimal hier, letztlich 1986 für 1o Tage zusammen mit einem 15o-köpfigen Gefolge. Wegen der optischen und elektronischen Totalüberwachung dieses Palastes aus 1oo1 Nacht sollte man nicht zu nahe ran!

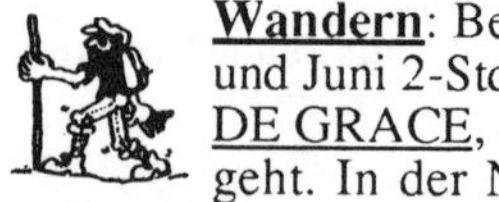

Wandern: Besonders schön während der Orangenblüte im Mai und Juni 2-Std.-Wanderung zur CHAPELLE NOTRE DAME DE GRACE, deren Grundkonstruktion auf das 12. Jh. zurückgeht. In der Nähe der Post geht's den *Chemin des Clos* steil rauf und biegt an dessen Ende rechts in den *Chemin de Notre Dame*. Über einen großen Besitz hinweg Blick auf die Lerins-Inseln und das Cap d'Antibes.

Bei der Kapelle (tagsüber offen) dann den *Chemin de Notre Dame* hinab, bis man an eine enge, uneinsichtige Kreuzung kommt, wo es den *Chemin de la Gabelle* weiter runter zur N 7 geht.

Ebenfalls ab Post per FUSSMARSCH NACH VALLAURIS (einfacher Weg fast eine Stunde). Man zweigt wie die Autofahrer rechts auf die D 135, die Avenue du Golfe, ein. Leider nicht überall mit Gehsteigen, dafür mit schönen Blicken 2 km in Serpentinen rauf.

BUSAUSFLÜGE kann man beim Reisebüro, 7o, Av. la Liberté buchen. An verschiedenen Wochentagen z.B. nach Monaco, Saint Tropez, in die Alpen, nach Italien oder die Provence (25 bis 7o DM).

Sport: Surfbretter- und Tretbootverleih an den Stränden beim neuen Hafen, z.B. beim Restaurant Vieux Rocher neben dem Freilufttheater.

Tauchen: Ein Baptême (Anfänger-Probetauchen) kostet ca. 5o DM, man taucht etwa eine halbe Stunde mit Lehrer vom Schiff aus, Material wird gestellt. Tauchstunden für Fortgeschrittene ca. 25 DM.

Centre International de Plongée am Quai St.-Pierre, Golfe Plongée club am Quai Napoléon oder der ganzjährig geöffnete Club L.S.D. am neuen Hafen Camille Rayon.

Wasserski: Juni mit September, Ski Nautique Club am westlichen Plage du Soleil.

Tennis: Tennis municipal, Av. des Courcettes, rechte Seitenstraße der RN 7 von Antibes kommend: 11 DM pro Person und Stunde. Oder in Residence Open: 27 DM der Court pro Stunde.

ORTSTEIL VALLAURIS

In den Hügeln oberhalb Golfe-Juans liegt das nicht unbedingt hübsche Töpferdorf Vallauris. Zwar sind Antibes und Golfe-Juan wesentlich idyllischer, das Dorf wird jedoch wegen dem Picasso Museum und seiner Töpferei im Sommer von wahren Menschenmassen besucht. Die Geschäfte blühen: gut 2oo Töpfer arbeiten im Ort, die meisten produzieren allerdings einfach und für die Massen.

15o v. Chr. vertrieben die Römer die ligurischen Siedler. Das zur Ginsterblüte goldgelbe Tal nannten sie "vallis auris" (goldenes Tal) und betrieben hier wegen der Tonerde Töpferei. Ab ca. 1ooo übernahmen die Lérins-Mönche die Geschäfte in Vallauris. Im Laufe der Geschichte wurde der Ort zerstört, wieder aufgebaut und schließlich von der Pest entvölkert.

15o1 ließ der Lériner-Abt Augustin de Grimaldi das Vallauris Tal von 7o italienischen Töpferfamilien neu besiedeln. Die Ton- und Mergelerde Vallauris sowie der Waldreichtum als Holzlieferant für die Brennöfen, die Nähe zur Via Aurelia und dem Hafen von Antibes als Handelswege ließen (wie schon zur Römerzeit) Vallauris zu einem der führenden Keramikzentrum werden.

Seit Industriezeitalter ging es mit der Töpferei bergab: Nicht mehr Tongeschirr, sondern billigeres Blech war gefragt. Kurz nach dem 2. Weltkrieg besichtigte Pablo Picasso zufällig die Töpferei Madoura von Georges und Suzanne Ramié und entdeckte dabei seine

Neigung zum Handwerk der Töpferei wieder. Ab 1947 begann er, in Vallauris Teller und Vasen zu formen und diese mit unkonventionellen Motiven zu bemalen.

Er zog in das Haus "La Galloise" oberhalb des Ortes, sein Atelier hatte er in einer ehemaligen Parfumerie in der Ave. de Fournas. Seine Arbeiten wurden bereits 1948 in Paris ausgestellt, allerdings war die Ausstellung ein Mißerfolg. Picasso wandte sich anschliessend wieder der Malerei zu.

Der Ort Vallauris erlebte jedoch durch die Schaffensperiode Picassos eine Renaissance der Töpferei und wurde zu touristischem Ausflugsziel. Den heutigen Wohlstand verdankt Vallauris seinem Ehrenbürger Pablo Picasso.

Office de Tourisme: Square du 8. Mai 1945, am Parkplatz/ Ortseingang. Auch Vermittlung von Privatquartieren.

Post: im Westen des Ortes an der Avenue de Cannes.

Bank: CREDIT LYONNAIS, 18 Av. des Martyrs de la Résistance.

Auto/Parken: Vom Meer, also der N 7 kommend geht es die D 135 in Golfe Juan rauf nach Vallauris. Parkplätze (sofern nicht voll!) beim Tourist-Info vor dem Ort oder in der Nähe des Picasso Museums.

Bus: von Golfe-Juan im Viertelstundenrhythmus.

LA GOUSSE D'AIL, 11 Av. de Grasse. Die "Knoblauchzehe" ist Star unter den Restaurants in Vallauris. Rustikal, Natursteinmauer, offener Kamin, exzellentes Menü 3o DM bis 51 DM, bei Vorbestellung Original-Bouillabaisse.

LA COLOMBE D'ARGILE, an der lauten Av. du Tapis Vert befindet sich die "Tontaube" im Gebäude einer alten Töpferei. Feine Fischgerichte (nur frisch!) und Käseplatte, aber auch verführerische Desserts. Unter Deckenbalken des alten Gemäuers speist man 3 Gänge für 42 DM.

LA GRUPPI, 47, Av. G. Clemenceau. Nette Pizzeria im ersten Stock über Keramikladen. Überdachte Terrasse mit Blick auf das bunte Treiben darunter. Kleines Mittagsmenü mit Pizza 17 DM, 4 Gänge 4o DM, Pizza um 13 DM.

LA RENAISSANCE, am Place Paul Isnard kann man auf dem Platz neben Picassostatue speisen. Tagesplatte 17 DM, hausgemachtes, einfaches Menü 3o DM. Der Speisesaal, obgleich blitzblank sauber und große Tische, wirkt ungemütlich.

LA TONELLE, Rue Hoche. Schattige, efeuberankte Pergola, viel zu enger Speisesaal mit uriger Dachstuhlkonstruktion. Astreine-Pizza 12-14 DM, Menü 3o DM.

Markt/Einkaufen: Jeden Vormittag außer Mo. kleiner Markt am Place Paul Isnard, dem Platz mit der Picasso-Statue.

Rechts und links der neu angelegten AVE. GEORGES CLEMENCEAU die Keramik- und Andenkenläden. Die Keramiksachen sind oft atemberaubend wackelig am Straßenrand plaziert. Einige Werkstätten und Ateliers können besichtigt werden.

Darüber hinaus gibt's in den Geschäften Souvenirkram bis hin Duftsäckchen, Santons, Herbes de Provence und Seifen.

Im NEROLIUM, einer landwirtschaftlichen Kooperative, gibt es regionale Produkte wie Bitterorangenmarmeldade, alle möglichen Honigsorten, Gelée royal, Olivenöl, Tapenade, Pastis nach altem Rezept, Seifen, Rosenwasser, besten Wein vom Faß und vieles mehr, vor allem Neroliöl, welches aus den Blüten der Pomeranzen (Wildorangen) gewonnen wird. Verkaufsräume an der Av. G. Clemenceau, etwas hinterversetzt.

POTERIE MADOURA in Av. du Stade: nach Picassomuster kopierte Keramik bei Preisen um 8oo DM das Stück. Der hohe Preis wird mit der "limitierten Auflage" begründet, die vermutlich auch aus dem hohen Preis resultiert, womit sich der Kreis wieder schließt.

Am Ende der Av. Clemenceau der PLACE-PAUL-ISNARD, das Ortszentrum mit Barockkirche. In Platzmitte die Bronzestatue "Mann mit Schaf" (L'Homme au Mouton), die Pablo Picasso in den letzten Kriegsjahren entwarf und 195o dem Städtchen schenkte. Der Mann mit Schaf wird als Hoffnungssymbol für Wende und Ende des Krieges interpretiert.

Gegenüber, am Place de la Liberation dominiert das im 16. Jh. von den Lérins-Mönchen wiedererbaute CHATEAU. In diesem Schloß 2 Museen:

LE MUSÉE MUNICIPAL DE CERAMIQUE ET D'ART MODERNE (1o-12 und 14-18 Uhr geöffnet, außer Dienstag, 4 DM für beide Museen) präsentiert in düsteren Räumen zeitgenössische Keramiken, auch von Picasso, und Werke des Florentiner Malers Alberto Magnelli (1888-1971).

MUSÉE NATIONAL PICASSO, in der Vorhalle der Schloßkirche mit Picassos berühmten Wandgemälde "Krieg und Frieden" (La Guerre et la Paix).

Nach den Aktivitäten von Henry Matisse in Vence wollte Picasso ebenfalls eine Kirche ausschmücken. Er machte sie zu einem Anti-Kriegs-Tempel. Gegenüber den blutigen Grausamkeiten des Krieges thront die helle Idylle des Friedens: Kinder spielen, Mädchen tanzen, einer schreibt ein Buch, eine Mutter stillt ihr Baby... Zwischen den beiden Tafeln mahnt ein weiteres Bild zur Brüderlichkeit unter den Rassen. Vier farbige Männer, ein Roter, ein Gelber, ein Schwarzer und ein Weißer halten eine Scheibe, worauf die (Friedens-)Taube erkennbar ist.

MUSÉE DE LA POTERIE: eine authentisch historische Werkstatt, und die Geschichte des Töpferhandwerks werden gezeigt (Rue Sicard, 9-19 Uhr, über Mittag 12-14 Uhr keine Vorführungen, Eintritt 3 DM).

Cannes

(75.000 Einw.)

Gilt als eleganteste Stadt der Côte d'Azur. Cannes gestattet sich deshalb ein extravagantes Prestige-Image und ist bisweilen sündhaft teuer. Leute, die im Urlaub sparen wollen, sind hier schlecht aufgehoben, da die preisgünstigeren Hotels und Restaurants in der Regel aus allen Nähten platzen. Besser in einem der umliegenden Orte Zimmer nehmen und Cannes in Tagesetappen erkunden.

Auf den ersten Blick ist Cannes eine Agglomeration luxuriösester Paläste für Superreiche und deren Superschöne, - Kulisse für Festivals und Kongresse mit chicsten Modeboutiquen, erlesenen Restaurants und "netten" älteren Damen mit silberfarbenem Haar, die schmuckbeladen in den Nobelcafés verweilen und dabei viel öfters ihr Schoßhündchen anlachen als den kahlköpfigen Gemahl gegenüber.

Ereignisse wie die Filmfestspiele im Mai lassen die Stadt von einem Tag zum anderen aus verschlafener Gemütlichkeit zur Metropole werden. Jetzt präsentieren sich die scheuen Stars und offenherzigen Starlets in der Bar du Carlton (ein Gläschen Dom Pérignon um 4o DM), - vor lauernden Fans, Fotografen oder nachts im Studio Circus mit arabischen Prinzen und den internationalen Playboys. Untertags findet man sie wieder zum Fototermin an den Stränden zwischen Festival-Palast und Palm Beach.

Cannes ist somit ein Schuß Monte Carlo und mehr erlebens- denn sehenswert. Weltberühmte Monumente oder Museen gibt es nicht, jedoch sind die Altstadt und der Markt eine Attraktion für Leute, die Glamour nicht ausstehen können.

Und wo sind die, die die ganze Arbeit machen? Da, wo es weniger schön ist, dafür echter: also westlich der Stadt in Cannes-La Bocca oder nördlich in Le Cannet-Rocheville. Früh schon trifft man sie unausgeschlafen in der Bar des Halles am Fortville Markt (neben denen, für die die Nacht noch nicht zu Ende ist).

Cannes mag man erst auf den zweiten Blick.

Tourist-Info: Syndicat d'Initiative, im Festivalspalast, Esplanande du Président Georges-Pompidou, 9-18.3o Uhr im Sommer bis 19.3o Uhr. Ebenso am Bahnhof im 1. Stock, 9-12.3o und 14-18.15 Uhr, im Sommer 9-2o Uhr.

Post: Rue Bivouac Napoléon, ganztags.

Bank: Wo viel Geld ist, gibt es auch viele Banken; zwischen 9-12 und 14-16 Uhr liegt man wochentags nie verkehrt.

GESCHICHTE: Cannes war bereits eine Ligurersiedlung und wenn der Archäologenstreit beendet ist, eventuell auch Römerstadt. Jedenfalls stand der kleine Fischerort bis ins 19. Jahrhundert mehr oder weniger ständig unter dem Einfluß der Lérins-Mönche.

Da die Geschichtsschreibung immer alles an Zahlen und Männern festnagelt, liest sich der Aufschwung Cannes wie folgt:

Als der britische Staatsmann Lord Brougham 1834 die Riviera bereiste, kam er nicht über den Fluß Var nach Nizza. Wegen einer Choleraepidemie in der Provence wies man ihn zurück. So blieb er in dem winzigen Fischerhafen Cannes und siehe da, es gefiel ihm so gut, daß er sich die Prachtvilla "Eléonore" bauen ließ. Seinem Beispiel folgend kamen weitere Geld- und Nobelbriten.

In Wirklichkeit blieb Cannes noch einige Jahrzehnte lediglich ein von reichen Engländern gesponsorter Fischerort bis die Eisenbahn (1853) gebaut wurde, und alles lauter und lauter wurde, und immer mehr und noch mehr kamen... Das ging weiter bis zum heutigen Tag. Bauunternehmer kauften den Erben ihre Villen ab und erstellten Appartementhäuser. Und kennt man Cannes schon zehn Jahre, kann man jammern: Was haben die aus Cannes gemacht?

Pablo Picasso kam 1927 zum erstenmal nach Cannes und schuf zwei Jahre später Eisenskulpturen, die für den Boulevard de la Croisette bestimmt waren. Den bourgoisen Stadtvätern gefielen aber die Plastiken nicht, und sie lehnten ab. Begründung: Börsenkrach in New York. Eindeutige Fehlspekulation, wenn man den heutigen Franc- aber auch Prestigewert dieser Eisenskulpturen berücksichtigt.

DIE FESTIVALS

Jeden Monat Hochkarätiges und für jeden Geschmack.

Januar: MIDEM: die Messe des internationalen Markts für Schallplatten und Musikverlage. Etwas für Profis. Viele Musikstars sind zu dieser Zeit in Cannes, aber nicht die erste Garde.

Februar: FESTIVAL DES JEUX, Ausstellung mit Gesellschaftsspielen wie Scrabble, Bridge etc.

Ende Feb./Anf. März: Festival International de Musique Classique, klassische Musik.

März/April: Ruhe vor dem Sturm, kleinere Höhepunkte wie Festival d'art Japonais (japanische Kunst) Sportkompetitionen wie Régates Internationales de Printemps (Seegelregatten), Cannes Open (Golf), Internationale Boules-Kompetition.

Mai: FESTIVAL INTERNATIONAL DU FILM. Die Filmfestspiele, deren in den letzten Jahren angekratztes Renommee u.a. durch Jury-Presidenten wie Wim Wenders, Bernardo Bertolucci, Louis Malle und Clint Eastwood wieder aufpoliert wurde.

Das Publikum interessiert sich vor allem für die Verleihung der Goldenen Palme. Das große Geschäft spielt sich jedoch hinter den Kulissen ab, wo um Vorführrechte, Drehbücher etc. verhandelt wird. Die allgemeinzugänglichen Vorstellungen sind stark frequentiert.

Juni: FESTIVAL DU CAFÉ-THÉATRE (Boulevardtheater-Fest), Festival International du Film Publicitaire (Werbefilmfestspiele, nur für Profis), Jazzfestival, unbedeutend im Vergleich zu Nizza oder Juan-les-Pins.

Juli: NUITS MUSIQUALES DU SUQUET, klassische Musik.

August: Feuerwerke, Konzerte, Variétés, Schachwettkämpfe im Hotel Martinez.

September: REGATES ROYALES, Segelregatten.

Oktober: weitere Segelsportveranstaltungen, MICOM (TV-Fachmesse).

Ende November: Internationales TANZFESTIVAL.

Verbindungen ab Cannes

Auto/Parken: Anfahrt über N 7 oder Autobahn, die im Norden der Stadt liegt. Übrigens ist die Autobahn von Cannes nach Mandelieu gratis! Parkplätze gibt es meist in den teuren Parkhäusern, z.B. am Festivalspalast. Nur außerhalb sind sie umsonst, z.B. Richtung Palm Beach oder La Bocca.

Zug: Öffentliche Verkehrsmittel sind für Cannes am besten geeignet. Bahnhof ist im Zentrum, Rue Jean-Jaurès und Place de la Gare. Von dort ist alles bequem zu erreichen.

Bus: Zwei Busbahnhöfe, der eine gleich neben dem Bahnhof für nördliche Richtung (Grasse, Mougins, Vallauris). Der zweite am Place de l'Hotel de Ville unterhalb der Altstadt an der Westecke des Hafenbeckens in praktisch alle Richtungen (Nizza, Antibes, Fréjus, Grasse und innerstädtisch). Flughafen-Shuttle (Transfer 45 Min.) startet zwischen 8 und 19 Uhr jede Stunde.

Schiff: Ab Hafen regelmäßige Verbindung zu den Lérins-Inseln. Auch Rundfahrten zur Beobachtung der Unterwasserwelt mit Nautilus. Die 9o-Minuten-Tour kostet 2o DM.

HOTELS: Sehr große Auswahl an Hotels in allen Klassen. In der Hochsaison und während der Festivals (Midem, Film), also fast immer, gelten die höheren der im folgenden angegebenen Preise, in der tiefsten Nebensaison die niedrigeren. Preisgünstige Hotels in Cannes oft ausgebucht.

An Luxushotels mangelt es nicht. Am renommiertesten neben dem Carlton sind MARTINEZ und MAJESTIC. Viel von sich reden macht auch das neue NOGA HILTON. Unter 5oo DM zur Saison ist in den Tophäusern nichts zu bekommen.

"**Hotel Carlton**", an der Croisette, eines der berühmtesten der Welt. Natürlich hat Luxus und Prestige seinen Preis. Das DZ je nach Saison und Lage im Hotel 45o-1.1oo DM mit Frühstück. Zur Festspielzeit langfristig ausgebucht und teurer. Wem das nicht edel genug ist, nimmt sich die "Suite Impériale", gibt's nur für mehrere Tage und 11.ooo DM/Nacht (ohne Trinkgelder). Sachen wie Helikopterservice und Rolls Royce mit Chauffeur werden ebenso für die Gäste organisiert, wie man generell bemüht ist, jegliche andere Wünsche zu erfüllen.

"**Hotel de Paris**", 34, Bd. d'Alsace. Belle Epoque-Palais in Garten, palmengesäumter Pool. Massives Mauerwerk, gedämpfte Beleuchtung und Wappen an manchen Türen erinnern an eine Burg. Luxuriös eingerichtet, dicke Teppichböden, weiche Polstersessel, Hammam, Privatstrand. DZ mit Frühstück 14o-25o DM. Parkplatz 28 DM. Suiten! Empfehlenswert.

"**Hotel Regina**", 31, Rue Pasteur. 3-stöckiges Stadthotel mit türkisen Fensterläden und rundum Balkonen. Palme im Garten. Superlage zwischen Carlton und Martinez, 5o m vom Strand. DZ je nach Größe 155 bis 27o DM.

"**Hotel Alizé**", 29, Rue Bivouac Napoléon im Zentrum, ganz neu renoviert, enge Rezeption. Zimmer mit modernen, farbig lasierten Möbeln, hell. DZ mit Dusche und WC 1oo-14o DM, für 3 kaum teurer. Frühstück 12 DM.

"**Hotel De La Poste**", gleiche Straße, gleicher Standort, aber älter möbliert. Enge Rezeption mit Spiegeln optisch vergrößert. Heißer Miniaturaufzug, Gepäck am besten gesondert hochschicken. Ruhigste und beste Zimmer im Dachgeschoß. DZ mit Dusche und WC 9o bis 12o DM. Frühstück 9 DM.

"**Modern Hotel**": 11, Rue des Serbes. Schmuckes Stadthaus mit Blumenkästen an den Balkongittern. Große DZ mit Blumentapete, Dusche u. WC, 11o-14o DM. Manche mit Kühlschrank und Zusatzbett.

"**Le Mistral**": 13, Rue des Belges. Verwitterte Fassade, bewohnte Rezeption im 1. Stock. Im griechischen Stil aufgemotzt, blaue Teppiche, weiße Statuetten und Stuckplaketten. Kleine Bäder. DZ, Dusche, WC 9o-14o DM.

"**Touring Hotel**": 11, Rue Hoche, stolzes Stadthaus, gelb mit grünen Fensterläden. Liebenswert altmodisch, hohe Stuck-Plafonds, bürgerliche Möbel, knarrende Holztreppe, Aufzug vorhanden. DZ, Bad, WC 8o-14o DM, mit Etagenklo billiger.

"**Hotel des Allées**": Rue E. Négrin, Stadthaus mit schmiedeeisernen Balkongeländern. Geräumige Rezeption im 1. Stock. Wurde kürzlich renoviert, große DZ mit hellen Kiefermöbeln, Dusche/WC 8o-12o DM. Zimmer mit 3. Bett in Extrakammer 3o DM mehr.

"**Hotel Florian**", 6, Rue du Dct. André. Rundum erneuert. Rezeption schon von außen durch Vitrine zu sehen. Zimmer in Blautönen. DZ, Bad/WC 9o-11o DM. Nov./ Dez. geschlossen.

"**Hotel Chanteclair**", 12 Rue Fortville. Globetrotterhotel im Hinterhaus nach Innenhof. Zimmer zweckmäßig, sauber und relativ ruhig. DZ, Dusche und WC 5o-75 DM, mit Etagensanitärs billiger. Gratis gibt Patron jede Menge Tips, um in Cannes gut über

[die Runden zu kommen. Spricht Englisch und ein wenig Deutsch.]

Camping: gibt es in Cannes nicht. Man muß nach außerhalb, am besten in Richtung Mandelieu-La Napoule oder Antibes.

RESTAURANTS AM HAFEN:

Leider sind die Zeiten vorbei, wo man am Hafen den besten Fisch bekommt. An der Westseite des Hafens kosten Menüs um 5o DM, Bouillabaisse oder gar Hummer und Langusten gut das Doppelte.

GASTON GASTONETTE, rosa Haus. Restaurant geht über zwei Stockwerke. Viele Schnapsflaschen hinterm Tresen.

AU MAL ASSIS, Eckrestaurant. Platane im Terrassenhof, der mit Glas lärm- und windgeschützt wurde. Aquarium links vom Eingang.

LE COQ HARDI, erschwinglichstes Lokal am Platz. Etwas zurückversetzt am Place Massuque. Hahnensymbol. Lange Tischreihen. Tartes für Dessert können bereits am Eingang bewundert werden. Menü ab 3o DM, aber erst die teureren kitzeln den Gaumen.

Billiger gibt es hier nur Pizzas, z.B. im LA PIZZA. Ein einziges Lokal, aber in zwei benachbarten Häusern. Bogen, Korbstühle, Brünnchen an der Wand, alles auf rustikal getrimmt. Pizzabäcker kann man von Straße aus zuschauen. Pizza ab 15 DM.

Hinter dem Boules-Platz entlang der Av. Felix Faure eine Reihe Restaurants mit verkehrsberuhigten Straßenterrassen, das Menü für etwa 35 DM. Besonders kinderfreundlich LE PETIT PRINCE: Wahlmöglichkeiten auch im Menü für die Kleinen. An der Fassade viele Blumen- und Gewürzsträuße zum Trocknen aufgehängt.

RESTAURANTS IN DER STADT:

An der Croisette bieten sternengekrönte Restaurants der Hotelpaläste Mittelmeerküche vom Edelsten. Pro Person ohne Getränke ab 15o DM rechnen.

LA BELLE OTERO, im 7. Stockwerk des Hotel Carlton, mit Speiseterrasse und Superblick. LA COTE, auch im Hotel Carlton, etwas billiger, aber gleicher Küchenchef (Francis Chauveau) wie oben.

LA PALME D'OR im Hotel Martinez und ROYAL GRAY im Hotel Gray d'Albion.

Preisgünstiger ist das gepflegte Tafeln beispielsweise im L'ENVOL, 6. Stock des Hotels Cristal am Rond Point Duboys d'Angers. Auch hier werden die warmen Speisen von aufmerksamen Obern unter silbernen Glocken gebracht. Menü mit Straußenfilet 42 DM.

Solide Restaurants mit guten Menüs der 5o-DM-Klasse in der Rue St. Antoine, den Suquet hinauf. Fischbetont LE MESCLUN, relativ teuer, LA MIRABELLE, mit zwei Speiseräumen und kleiner Straßenterrasse, sowie natürlich LE FISH. Marktfrische Produkte je nach Saison im RELAIS DES SEMAILLES, traditioneller L'AUBERGE PROVENCALE oder LA GROTTE SUQUETANE.

LE GRILL D'ATTILA, 6, Rue Florian, seitliche Sackgasse der Rue du Cdt. André, nur abends geöffnet. In zwangloser Atmosphäre Sangria, Grillfleisch, Spieße, Deserts und Getränke, von allem so viel man will, für knappe 5o DM.

MAITRE PIERRE, 6, Rue Maréchal Joffre, weinrote Fenster- und Türumrandung, große Tische, bequeme Stühle, regionale Küche, Menü ab 32 DM.

LE POMPON ROUGE, 4 Rue E. Négrin, Verandaanbau mit roter Markise. Nostalgische Witzbilder an der Wand, Fischernetz an der Decke. Handfestes Menü für 26 DM, Tagesgericht.

LE TARTARE, Rue Forville, etwas unschön neben Parkgarageneinfahrt, dafür billiger. Tagesmenü ab 2o DM. Strohhüte und Heugabeln als Dekoration.

SALOON, Rue Monod. Etwas für Cowboys. Reitsattel, Wagenrad, Sternenbanner, Holzbänke. Tacos, Chili con carne um 15 DM, Spareribs und andere Fleischgerichte 25 DM.

EL MAROCCO, Rue du Batéguier. Hübscher, orientalisch dekorierter Speisesaal mit Empore. Vielerlei Arten Tajines und Couscous 3o DM, echt königlich.

ROXBURRY CAFE, 36, de Lorraine, Kneipe im Stil der 5oer, auch mittags geöffnet, kleine Gerichte um 15 DM.

BILLIGRESTAURANTS IN CANNES LA BOCCA:

An der N 7, der Av. Francis Tonner in La Bocca gibt es einige Billigrestaurants. Menüs wechseln meist täglich. Also zuerst mal die Straße rauf und runter gehen und schauen, was auf der Karte steht. Wo die meisten Arbeiter sitzen, ist es nicht unbedingt am leckersten, dafür wird man satt. Natürlich darf man sich keine edlen Schuppen mit exquisiter Küche vorstellen. Hoffentlich können sich diese Restaurants noch lange halten.

LA TORCHE 2, kleines Lokal mit kupferbeschlagenem Tresen. Pizza um 14 DM.

L'ENTRACTE, am schön bemalten Blasmusikhaus. Viele Postkarten am Tresen hingepinnt. Kantinenartig eng gestellt. Menü mit 1/4 Wein 17 DM. Geprüft und für gut befunden.

LÀUBERGE DE FRESBEA, mit Känguruh-Emblem in ehemaliger Lagerhalle über zwei Stockwerke. An runden Tischen gibt es Menü für 3o DM, mittags für 2o DM.

LA PASTA, gegenüber Ibis-Hotel. Splitlevel im Lokal, nebenan Verkauf frischer Nudeln. Spaghetti, Ravioli, Lasagne 12-15 DM.

MOULIN DE LA GAITÉ, Brasserie mit Tabakverkauf am Kreisverkehr gegenüber Supermarkt. Rattanstühle, Bistro-Tische in Veranda. Flipperautomat neben gutbestückter Bar. Snacks, Mittagsplatte 14 DM.

L'ANGELIQUE, hübsches, nettes Lokal für kleine Gerichte. Tische ausnahmsweise nicht in Reihen gestellt. Billige Snacks werden den ganzen Tag über serviert.

NACHTLEBEN

LE JIMMY'Z DE REGINE im Casino Croisette ist die Disco, in der sich

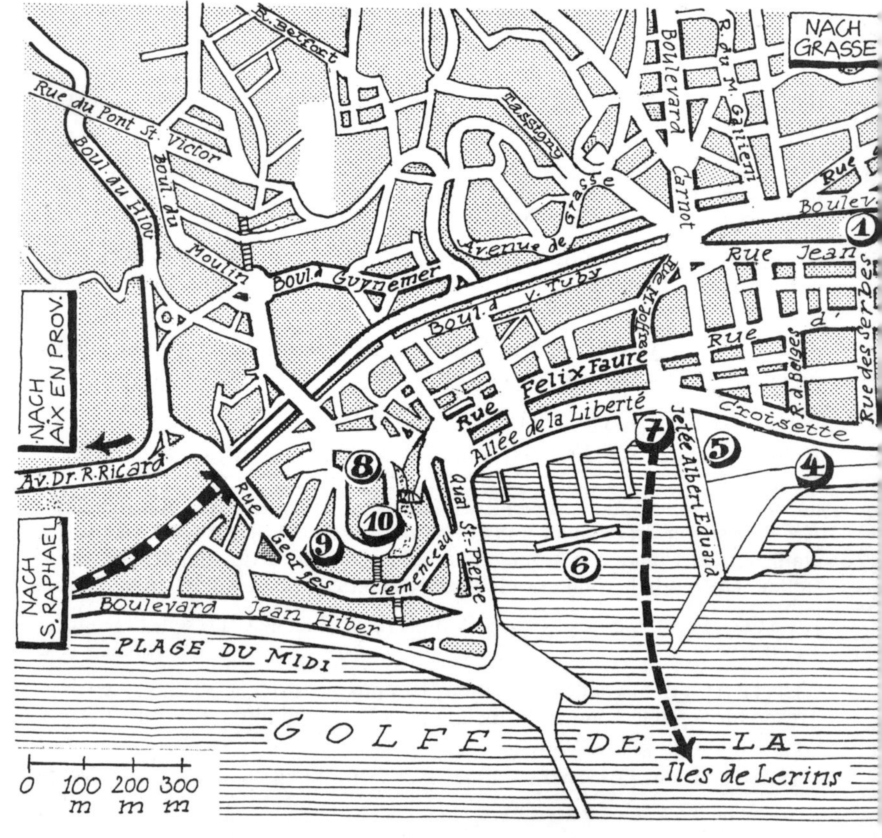

die VIP's austoben, Schickimicki auch im JANE'S CLUB des Hotels Gray d'Albion, im L'AMIRAL des Martinez und natürlich der LOBBY des Hotel Carlton. Die sehr schicke BRASSERIE DES ARTISTES (Studio Circus) ist nur im Mai, Juli und August ab 23 Uhr geöffnet, neuerdings auch Karaoké.

Casinos: CARLTON CASINO CLUB im Hotel Carlton, gespielt wird von 16 Uhr bis 4 Uhr früh. Casino Croisette im Palais des Festivals, die Einarmigen stehen ab 11 Uhr bereit, die anderen Räume ab 17 Uhr.

Kinos: Die neusten Filme, gleich am ersten Tag des Anlaufens, oft auch in englischer O-Version. Karten rechtzeitig holen, denn viele Besucher kommen erst knapp vor Beginn. Die Kassiererin ist dann dem plötzlichen Ansturm nicht gewachsen und man versäumt den Anfang des Films, auch wenn der Saal fast leer bleibt.

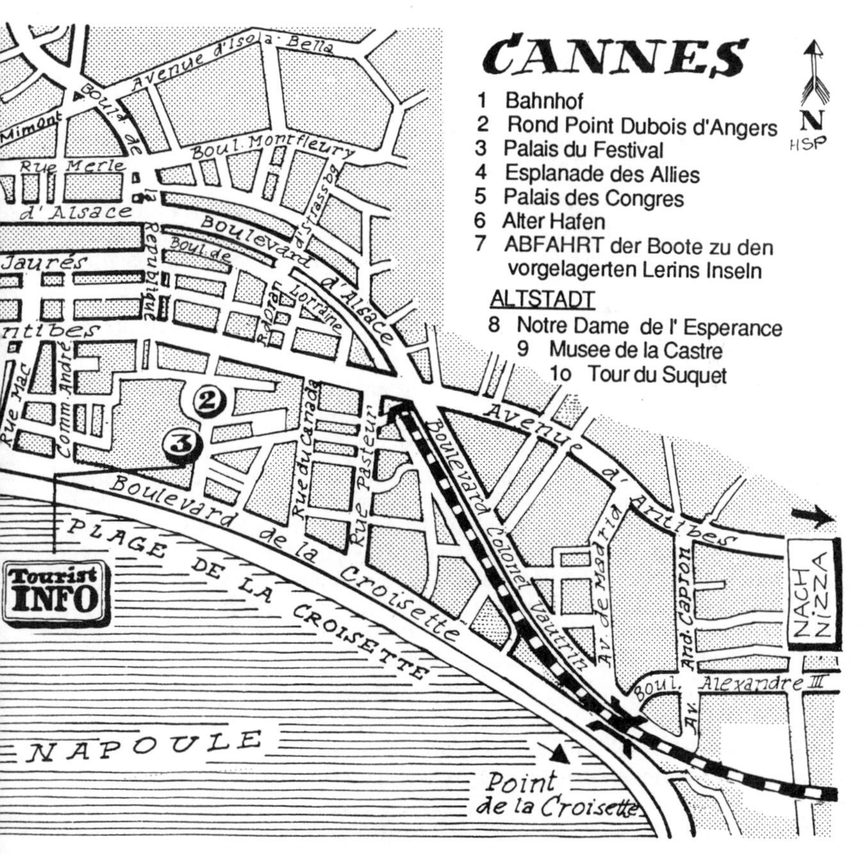

Olympia: Rue de la Pompe, Seitengasse der Rue d'Antibes. Neun Säle, bequeme Sitze.

Star: 98, Rue d'Antibes, vier Säle.

Studio 13: 23, Av. du Dr. Picaud, RN 7, Richtung Mandelieu.

Lebensmittel täglich außer Montag 8-12.3o Uhr MARCHÉ FORTVILLE, einer der schönsten Märkte der Küste.

Blumenmarkt: zur selben Zeit an der Rue Félix Faure.

Trödel: Montagvormittag in der Halle Fortville. Samstags auf dem Boulesplatz Allées de la Liberté am Hafen.

SEHENSWERTES

BOULEVARD DE LA CROISETTE: unter hohen Palmen und Pinien neben blumenreichen Beeten, die elegante Promenade Cannes mit feinsandigen Stränden. Im Vergleich zur wärmeren Jahreszeit, wo die Croisette buntgemischt mit Flanierern und Promenierern jeden Alters, jeder Nation und jeglicher Schicht überschwemmt ist, wirkt sie im Winter beinahe familiär. Auf halbem Wege am PORT CANTO mit den weißen Jachten liegt am Rande eines angelegten Parks ein Spielplatz und einige Kinderkarussells (Fahrt 1,6o DM).

Der POINTE DE LA CROISETTE stellt das östliche Ende der Promenade dar. An dessen Spitze, das berühmte Casino Palm-Beach, Kulisse des Films "Lautlos wie die Nacht" mit Jean Gabin (seit Jahren geschlossen).

Zwischen Festivalspalast und Carlton-Hotel ist es am chicsten, aber auch etwas versnobt. Das Viertel zieht sich mit exklusiven Boutiquen bis zur RUE D'ANTIBES hin.

Die beiden Gebäude sind die sehenswertesten der Neustadt:

Das PALAIS DU FESTIVAL (3): Festival- und Kongreßzentrum nennen die Einheimischen mit französischem Nasalakzent bezeichnenderweise "Bunker". Bei der stattlichen Ansammlung von Beton ist diese Assoziation keinesfalls von der Hand zu weisen. Drumherum ist proper ein Park angelegt, in dem im Sommer oft Open-Air-Konzerte stattfinden. In den Boden eingelassen sind in Hollywood-Manier die Handabdrücke berühmter Persönlichkeiten aus Film und Showbizz, einschließlich Micky Maus und Drakula. Jedes Jahr kommen neue dazu. Das zauberhafte Karussell im Jahrhundertwende-Stil ist beliebtes Photoobjekt. Bei Kindern kommt aber eindeutig die Kirmes am Port Canto mehr an.

Auf halber Strecke des Boulevard de la Croisette protzt mit seiner verschnörkelten, weißen Fassade, der wohl schönste Prachtbau der Stadt, das HOTEL CARLTON. Die beiden Türmchen beachten. Es heißt, daß sie gewissen Körperteilen der Belle Otéro nachgeformt sind.

Die **ALTSTADT**, erst unten flach und dann häusergespannt, teilweise mit Treppen, steil hinauf zum SUQUET (1o) auf dem Mont Chevalier, der ehemaligen Festung über dem Hafen. Alle Wege führen bergauf zum Place de la Castre, wo man schönen Blick über Cannes und ins Esterel hat. Die beiden Türme beherrschen die charakteristische Silhouette der Altstadt und sind zugleich die historischen Sehenswürdigkeiten Cannes.

Die Festung, deren Ursprünge aus dem 12. Jahrhundert stammen, beherbergt das MUSÉE DE LA CASTRE (9), ein archäologisches und völkerkundliches Museum (Mittelmeerraum, Ferner Osten, Südamerika, Polynesien und Naturvölker). Darüber hinaus ist es auch Heimatkundemuseum. (Geöffnet: 1o-12 und 14-17 Uhr im Winter, 1o-12 und 15-19 Uhr im Sommer, dienstags und an Feiertagen geschlossen, Eintritt unter 3 DM.)

Um den 22 m hohen Turm aus dem 12. Jahrhundert, TOUR DU SUQUET oder auch TOUR DU MONT CHEVALIER zu besteigen, um von noch weiter oben einen Blick zu werfen, muß man sich an die Museumsaufsicht wenden.

Neueren Datums ist die Kirche NOTRE-DAME-D'ESPERANCE (8) aus dem 16. und 17. Jahrhundert in provenzalischer Gotik. Die Marienkirche mit der Heiligen-Anna-Statue aus dem 15. Jahrhundert sollte die Fischer bei ihrem lebensgefährlichen Job auf hoher See beschützen.

Unterhalb des Mont Chevalier (hinter Bahnhof und Rathaus) der Markt Fortville mit Gemüse, Obst und Fisch - sowie die RUE MEYNADIER, die mit ihren Düften lockt. Sie verbindet die neuen Stadtviertel mit dem Mont-Chevalier. Zwischen den Kleiderboutiquen einige exquisite Lebensmittelläden, so der Käseladen Ceneri & Fils-La Ferme Savoyarde, die

CANNES, Ende verg. Jahrhundert. Croisette und Hafen.

Metzgerei Brugère mit Geflügelspezialitäten oder Ernest, der - leider teure - Traiteur der Stadt schlechthin.

Im ALTEN HAFEN (6) zahlreiche Bars und Restaurants an der Westseite. Jede Menge luxuriöser Jachten ankern neben Fischerbooten, kleinen Frachtern und den Ausflugsschiffen.

An der Allée de la Liberté mit den vielen Platanen findet der morgendliche Blumenmarkt statt.

LA CALIFORNIE, das Nobelviertel, kann man mit dem Auto ein bißchen durchfahren, um Reichtum zu schnuppern. Beim Spazierengehen hört man hinter Cypressenhecken Swimmingpool-Geplätscher und Tennisball-Gezische. An der Länge der Zäune lassen sich die Grundstücksgrößen abschätzen. (4ox4o Meter multipliziert mit wenigstens 2.ooo Francs macht gute 3 Millionen!)

Ausflüge

Neben Exkursionen zum Wandern im Esterelgebirge ist Cannes günstiger Ausgangspunkt für Halb- und Tagesausflüge.

DOMAINE DE BARBOSSI, ein 7oo Hektar großer Freizeitpark mit Weinanbau (Weinprobe!), Spazierwegen und Attraktionen für Kinder (Ponyreiten, Kutsche chauffieren, Karussell, Autoscooter etc., Geländekarts mit Benzinmotor), Tennis und Reitclub, Minigolf. Ganzjährig geöffnet. Eintritt frei, nur für die Aktivitäten (Reiten, Tennisspielen) und Kinderkarusells muß bezahlt werden.

Das Hotel-Restaurant SANT-ESTELLO bietet in provenzalischer, sehr relaxender Atmosphäre ein leider lieblos zubereitetes, teures Menü für 4o DM an.

1o km westlich Cannes an der RN 7 AUTOMOBILMUSEUM (MUSÉE de l'Automobiliste): 2o Ferraris vom Monza 1954 bis zum Testa Rossa, zahlreiche Franzosen (Bugatti, Citroën, Alpine, Panhard, Matra, Renault, Peugeot) und ein traumhafter 3oo SL.

Zu erreichen über die Autobahn Richtung Nizza. Eingang am Autobahnparkplatz oberhalb Cannes, Aire des Brèguières. Man kann auch gebührenfrei über Le Cannet, den Chemin des Brèguières und dann über die Autobahnbrücke in den Chemin de Font du Currault anfahren. Den modernen Museumsbau sieht man gleich beim Reitclub. (Offen 1o-19 Uhr, im Winter nur bis 18 Uhr, Eintritt 13 DM, Kinder bis 12 Jahre umsonst.)

LA CROIX DES GARDES, ein kurzer, angenehmer Spaziergang zu einem 163 Meter hohen Felsenhügel mit kleinem, eisernen Gipfelkreuz, wo man einen ähnlichen Panoramablick hat wie auf dem Suquet. Anfahrt über die N 7, Avenue du Dr. Picaud. An großer Ampelanlage, rechts ab in den Boulevard Leader und bald zu Fuß den Weg hinaufmarschieren.

✶Mougins

Um das proppere mittelalterliche Dorf gruppiert sich die weitläufige Ansammlung von Luxusvillen, Swimmingpools, Tennisplätzen und der Golfplatz Nummer eins der Côte. Neben der ehrenwerten Gesellschaft der Superreichen wohnen hier auch Kriminelle in weißer Weste, u.a. Drogenbosse - und dies sehr zum Ärger der Einheimischen.

Der ehemalige Haiti-Diktator Jean Claude Duvalier, alias Baby Doc, residiert mit seinem Clan in der Villa "Mohamedia" etc. Wer übrigens Wert auf erlesene Speisen legt, ist in Mougins renommierten, aber teuren Restaurants bestens aufgehoben.

Tourist-Info: Syndicat d'initiative, Av. du Commandeur, außerhalb der Saison im Rathaus, Pl. du Commandant-Lamy.

Auto/Parken: Nördlich von Cannes gelegen. In Cannes Ri. Autobahn halten und am Kreisverkehr der Autobahneinfahrt im Grunde geradeaus Ri. Mougins auf der D 3. Nachdem die D 3 in die D 35 mit Kreisverkehr einmündet, geht es links hinauf.

MOUGINS-VILLAGE, sieht man flach auf seinem Hügel, schon von der Ferne. Es hat aber mangels gemütlicher Cafés nicht den Reiz anderer Altstädte. Das Dorf ist 1a renoviert, fast zu perfekt.

NOTRE-DAME-DE-LA-VIE, nach Le Cannet, aber vor dem Zentrum Mougins an der D 35 oder D 3 geht es ab. Ein provenzalisches Kirchlein eines Einsiedlers war Anziehungspunkt für Luxusvillen. In diesem Viertel starb Picasso in seiner Villa "Notre-Dame-de-la-Vie".

"**Le Manoir de l'Etang**", im Notre-Dame-de-Vie-Quartier, Impasse du Manoir. Zypressen säumen die Auffahrt. Urgemütliches Landhotel aus Naturstein, Restaurant. Relaxen am Pool, Ruhe und doch nur 1o km vom Strand entfernt. DZ je nach Größe mit Frühstück 22o-295 DM.

MOULIN DE MOUGINS, Route de Valbonne, von Roger Vergé, eines der besten Lokale der Côte d'Azur, alte Olivenölmühle aus dem 16. Jahrhundert. Für ein Essen ab ca. 22o DM rechnen.

FERME DE MOUGINS, Av. St. Basile, RELAIS A MOUGINS und L'AMANDIER DE MOUGINS, letztere in der Altstadt, haben jeweils einen Stern. Menü kommt auf über 1oo DM. Die Lokale entsprechen alle gehobenen Ansprüchen.

Wer etwas weniger für gutes Essen ausgeben möchte ist mit folgenden Lokalen nicht schlecht beraten:

LE FEU FOLLET, Pl. du Commandant-Lamy, Menüs 46-57 DM. Provenzalisches Lokal. Exzellente Fischsuppe und Tartes! Sehr freundlich.

LA TERRASSE, 31, Bd Courteline, weiter Blick auf den bequemen Sesseln an den Fensterplätzen, Menü 4o/55 DM. Fischspezialitäten nach Gewicht. Menüs wechseln wöchentlich nach Marktangebot.

✶Mouans Sartoux

Weiteres Provence-Dorf, besonders schön um den Platz mit Straßencafés im Zentrum beim CHATEAU DE MOUANS SARTOUX. Das Schlößchen erbaute 15o4 Jean de Grasse, seine heutige Dreiecksform geht jedoch auf den ersten Umbau (17o7) und die Restaurierung von 188o zurück. Darin ist das Museum für zeitgenössische Kunst ESPACE DE L'ART CONCRET mit wechselnden Ausstellungen untergebracht. (Juni bis September täglich außer Dienstag 11-19 Uhr geöffnet, sonst Donnerstag bis Sonntag 11-17 Uhr. Eintritt 5 DM.) Mouans Sartoux liegt 2 km nördlich von Mougins an der Straße nach Grasse.

LERINS-INSELN

Geschichtsträchtige Inseln vor Cannes, bewaldete Spazierwege und idyllische Buchten zum Baden.

SAINTE-MARGUERITE lockt mit schöneren Stränden und dem Staatsgefängnis des "Mannes mit der Eisernen Maske", während die kleinere Klosterinsel SAINT HONORAT viel Ruhe bietet.

Verbindungen

Schiff: Die beiden Inseln sind von verschiedenen Häfen aus zu erreichen.

Ab Hafen Cannes neben dem Festivalspalast verkehren zwei Linien, die Compagnie Esterel-Chantecler und die Société Cannoise Maritime (mit Schiffen mit Glasboden). Je nach Saison unterschiedliche Häufigkeit der Verbindungen, 2o Minuten nach Ste. Marguerite, eine halbe Stunde nach St. Honorat. Hin- und Rückfahrt für beide Inseln 2o DM, für Ste. Marguerite 13 DM.

Ab Juan-les-Pins, gegenüber dem Maison du tourisme - und ab Hafen Golfe-Juan dauert die Hin- und Rückfahrt etwas länger und kostet 16 DM für beide und 13 DM für Ste. Marguerite.

✶Insel Sainte-Marguerite

Unsere Lieblings-Picknick-Insel mit Pinien, Eichen und Eucalyptus-Bäumen gesäumten Alleen, einem kleinen Dorf und Festung.

Um die 3 km lange und 9oo Meter breite Insel zu umrunden, braucht man rund 2 Std. An der südlichen Breitseite befinden sich kleine Strandbuchten mit Blick auf St. Honorat. Am Wochenende und zur Saison tummeln sich hier viele Boote, worauf die Leute - man ahnt es bereits - picknicken.

Auf der Insel sind überall Orientierungstafeln aufgestellt, so daß man sich nicht verlaufen kann. Der SENTIER BOTANIQUE ist ein botanischer Lehrpfad, wo man Pflanzen und Bäume der Insel anhand von Schildern kennenlernen kann. Im Sommer gibt es etwa um 1o, 14 und 16 Uhr eine kostenlose Führung (Trinkgeld).

Das FORT ROYALE, eine monumentale Festung in Sternform wurde von Richelieu erbaut, Vauban 1712 modernisiert und später Staatsgefängnis. (Das Innere und das Museum kosten 1 DM Eintritt, 1o.3o-11.45 und 14.15-15.45 Uhr, im Sommer 9-12.3o und 14-18 Uhr, dienstags, feiertags und Januar/Februar geschlossen. Studenten und Mittwoch Eintritt gratis.)

Daneben die Römerfestung VERGOANUM, die schon der römische Geschichtsschreiber Plinius (23-79) erwähnte. Der Ort war bereits im 6. Jh. v. Chr. besiedelt. Mangels Finanzmittel wurde das Ausgrabungsfeld jedoch unlängst wieder mit Sand zugeschüttet.

MUSÉE DE LA MER, ein archäologisch-historisches Museum (Exponate ab der Römerzeit) mit Funden aus Schiffswracks vor der Küste und Ausgrabungen.

An der Nordseite, zum Meer hin, direkt neben dem Museum kann man die Gefängniszelle der Eisernen Maske besichtigen. Der Mann mit der eisernen Maske war von 1687 bis 1698 der berühmteste Knacki des Staatsgefängnisses. Er starb 17o3 in Paris, seine Identität ist jedoch bis heute nicht bekannt. Keiner der Wächter durfte sein Gesicht sehen, weshalb er die Maske trug. Es gibt viele Identifizierungsversuche:

Die Eiserne Maske sei ein Zwillingsbruder Ludwig XIV. gewesen, der vor der Öffentlichkeit unterschlagen wurde, aber nach damaliger Geburtsfolgeauffassung eigentlicher Thronfolger gewesen wäre. Eine andere Quelle meint, der Mann mit der eisernen Maske wäre ein älterer, unehelicher Sohn der königlichen Mutter des Sonnenkönigs Ludwig des XIV. gewesen. Genannt wird auch ein konspirierender italienischer Diplomat. Noch eine weitere geht davon aus, daß es sich um den Arzt (oder dessen Sohn) handeln müßte, welcher anläßlich der Autopsie Ludwig XIII. dessen Zeugungsunfähigkeit feststellte und mit diesem Wissen die Thronfolger als illegitime Bastarde erklären hätte können...

Baden: Buchten an Südflanke der Insel. In den Felsnischen von Pierres-Pates auf halber Strecke zwischen Plateau du Milieu und Pointe Carbonel hat sich FKK eingebürgert, ebenfalls am Nordwest-Zipfel Pointe de la Convention.

✶Insel St. Honorat

Halb so lang, halb so breit wie Ste. Marguerite ist St. Honorat eine besinnliche Klosterinsel. Umwandert man die Insel (eine gute Stunde rechnen), entdeckt man felsige Badebuchten, zu denen man hinabklettern kann und einige Kapellen und Kapellenruinen.

GESCHICHTE: Bereits in der Antike waren St. Honorat und Ste. Marguerite als Lera und Lero bekannt. Ausgrabungen belegen deren Besiedelung bereits seit dem 3. vorchristlichen Jahrhundert.

Um das Jahr 4oo zog es den heiligen Honorat aus Trier in die weite Welt. Mit Freunden Ruhe suchend, kam er auf die Insel, die zwar voller Schlangen und Skorpione war, aber keine Trinkwasserquelle vorwies. Dank seiner in Syrien und Ägypten gesammelten Erfahrungen fand er eine Quelle und befreite das Eiland von seinen gefährlichen Bewohnern.

Für das Volk stellte dies freilich ein Wunder dar, und so zog es mehr und mehr Leute zum heiligen Honorat. Aus seiner Ruhe wurde also nichts, und er sah sich gezwungen, ein Kloster zu gründen. Das Kloster wurde insofern zu einem der bedeutendsten des Abendlandes, weil es Unmengen an Heilige hervorbrachte (42 zählt das offizielle Kalendarium; doppelt so viele die populäre Ansicht!). Aber es konnte auch bedeutende Missionare vorweisen: der berühmteste aus ihren Reihen war St. Patrick, der Apostel und Nationalheilige Irlands.

Über die Jahrhunderte hinweg hatte das Kloster mal etwas mehr, dann wieder weniger Einfluß. Aber es bestand bis 1789, als es nach der Französischen Revolution konfisziert und 1791 an die Schauspielerin Saint-Val verkauft wurde. Nun wird gemunkelt, die Dame habe in ihrem klösterlichen Wohnsitz ihren Geliebten, - den zu Lebzeiten überaus hochgeschätzten Maler Frangonard empfangen. Und der Maler sei derjenige gewesen, der das Kapitel (den ehemaligen Versammlungssaal der Mönchsgemeinschaft) mit frivolgalanten Fresken verziert habe...

1859 war dann die Welt auf St. Honorat wieder in Ordnung. Das religiöse Klosterleben kehrte zurück und setzte wohl auch dem Heidenspaß ein Ende.

KLOSTERBURG (das Monastère fortifie): im Jahre 1o79 unter Abt Aldebert II. gebaut auf einem felsigen Vorsprung, der von Klippen umgeben war. Der Eingang befindet sich gute 4 m über dem Boden und war anno dazumal aus Sicherheitsgründen nur mit einer Leiter zu betreten (heute führt eine Treppe hinauf). Alles, was für eine klösterliche Gemeinschaft nötig ist, findet man in dieser Fliehburg: Kapelle, Refektorium, doppelstöckiger Kreuzgang, Bücherei, Mönchszellen... Das oberste, luxuriöse Geschoß mit Sonnenterrasse (aus dem 15. Jh.) war dem Abt vorbehalten.

Durch eine Zypressenallee kommt man zum NEUEN KLOSTER (19. Jh.), das an der Stelle des alten erbaut wurde. Es ist für die Öffentlichkeit nicht betretbar, Besichtigung nur des kleinen Museums möglich: Klostergeschichte und Funde römischer und christlicher Vergangenheit auf der Insel (freier Eintritt, geöffnet von 9.4o bis 16.4o Uhr, im Winter von 1o.4o bis 15.3o Uhr, Karfreitag geschlossen). Hier gibt's auch den Likör Lérina zu kaufen, den die Mönche brennen.

Seit kurzem bauen und keltern die 3o Mönche wieder Wein, darunter auch einen weißen, was relativ selten in der Provence ist.

Das neue Kloster ist hochmodern ausgestattet, von Solarzellen für Stromgewinnung bis hin zu Atombunker. Der Chef der italienischen Geheimloge P 2, Lucio Gelli, versteckte sich darin einige Zeit nach seiner Flucht aus dem Schweizer Gefängnis.

Die neoromanische KLOSTERKIRCHE aus dem letzten Jahrhundert ist baugeschichtlich weniger von Interesse, doch beherbergt sie im linken Querschiff eine Krypta aus dem 11. Jh.

Unter den Kapellen, die auf der Insel verstreut sind, haben zwei ihr ursprüngliches Aussehen erhalten: CHAPELLE ST. SAVEUR auf der Westseite des Eilandes gelegen, ein achtseitiger Zentralbau und LA TRINITE im Osten. Beide sollen etwa um die Jahrtausendwende erbaut worden sein. Besonders bei der La Trinité-Kapelle könnte man meinen, daß sie einige Jahrhunderte älter sei, da sie vom byzantinischen Stil geprägt ist.

Zu den Lérins-Inseln gehören noch einige Minieilande. Auf ST. FERREOL, das 15o m östlich von St. Honorats liegt, war 5 Jahre lang der berühmte Violinist Paganini beerdigt war. Er starb 184o nach einem Gastspiel in Nizza an Cholera und durfte daher nicht auf einem normalen Friedhof beerdigt werden. Sein Sohn ließ den Leichnam auf der abgelegenen Insel heimlich bestatten, um ihn fünf Jahre später nach Italien heimzuholen.

Sport: Ein edles und teures Angebot: mal ein Stündchen Tennis, Minigolf - nur Baden an öffentlichen Stränden ist gratis.

DIE SEEALPEN

Côte d'Azur

Hinterland: Die Seealpen

Starke Kontraste zur Küste, da dieses Gebiet vom Meer bis ins alpine Hochgebirge reicht. Wunderschöne Ausblicke auf azurblaue See, unzählige Dörfer wie Adlerhorste an Steilhängen, tiefe Schluchten der Gebirgsflüsse. Besonders lohnt der Mercantour-Nationalpark für Wanderer. An den Flüssen Kanu/Kajak-Basen. Viele der Orte als Tagesausflüge von der Küste erreichbar, teilweise problemlos mit öffentlichen Verkehrsmitteln. Wer das Hinterland von der Küste aus erobern will, sucht sich einige Leckerbissen heraus, z.B. Utelle, eine Fahrt mit den "Train des Pignes" oder Roquebillière als Einstieg in den Mercantour-Park.

Wir beschreiben eine Rundtour, die von Nizza über Sospel, St. Martin-Vesubie und der Schlucht von Daluis über Puget Théniers zurückführt.

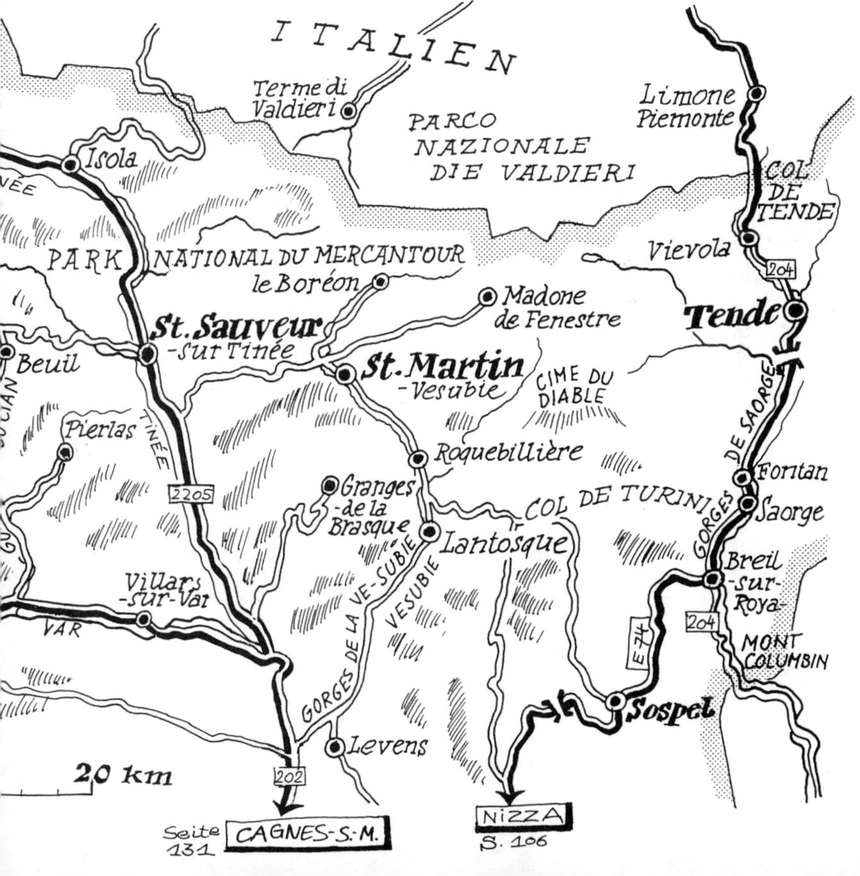

Verbindungen

Auto/Parken: Am besten, da unabhängigsten mit eigenem Fahrzeug. Wer mit Wohnwagengespann oder sehr großem Wohnmobil unterwegs ist, sollte schon einiges an Fahrpraxis und Gelassenheit mitbringen. Manchmal wird es recht eng.

Zug: Es gibt zwei Eisenbahnlinien, beide ein tolles Erlebnis.

Die eine führt von Nizza über Sospel und Breil-sur-Roya bis zum Fuße des Mercantour-Nationalparks.
Die zweite, der "Train des Pignes", geht ab Nizza über Villars, Touet und Puget-Theniers nach Digne. Die Strecke wurde ab 1892 über 2o Jahre lang gebaut. 4-5 Schmalspurbahnen verkehren augenblicklich noch pro Tag.

Ein ganz besonderes Erlebnis: mit der Dampflok, die im Sommer an bestimmten Tagen zum Einsatz kommt. Abfahrt Bahnhof-Nizza, 33, Av. Malausséna, Chemin de fer de Provence.

Bus: Die meisten Orte werden täglich wenigstens einmal mit dem Bus von Nizza aus angefahren.

★Sospel (2.8oo Einw.)

Lebendige Kleinstadt mit mittelalterlichen Häusern auf beiden Seiten der Flußmündung von Merlanson und Bévéra (35o m.ü.M.). In einem fruchtbaren, besonnten Tal mitten im Hochgebirge. Den Hängen wurde durch Terrassierung Kulturland für die unzähligen Olivenbäume abgetrotzt.

Idealer Aufenthalt für Sommerfrischler, die aber nicht völlig außer Reichweite der Meeresstrände sein wollen. Lohnende Spaziergänge in den Gassen der Altstadt zwischen patinierten Häusern mit Arkaden. Ausgangspunkt für Wanderungen.

Tourist-Info: Syndicat d'initiative im Mautturm auf der alten Brücke, 1o-12 und 14-17 Uhr. Man bekommt eine Liste mit Ferienwohnungen. Beim Reservieren wird geholfen. Sprechen englisch.

Post: Avenue des Arcs Argents, Montag mit Freitag 9-12 und 14-17 Uhr, Samstag 8.3o-11.3o Uhr.

Bank: Credit Agricole, Rue Vincent Comiti, Montag mit Freitag 8-12 und 14-17 Uhr.

Verbindungen ab Sospel

Auto/Parken: Anfahrt über Nizza D 22o4 (in Nizza unübersichtlich beschildert) oder über Menton, D 2566, nur 18 Kilometer zum Meer. Staus wegen des lediglich einspurigen Tunnels möglich. Parkplätze im Ort, im Juli und August knapp.

Zug: 5 Verbindungen täglich nach Nizza und weiter nach Breil-sur-Roya. Bahnhof oberhalb der Flußmündung, Av. Borriglione.

Bus: Haltestelle am Place du marché, 3 Verbindungen täglich nach Menton.

"**Hotel des Etrangers**", 7, Bd. de Verdun, automatisch öffnet sich Hoteltüre zur Rezeption mit geschnitzter Garderobe. Aufzug wippt stark nach. Pergola neben steilem Flußufer. Ideal für Aktivurlauber: Schwimmbad, Sauna, Whirlpool, Fitnessraum im urigen Gewölbekeller. Besitzer J. P. Domérégo ist Vorsitzender des regionalen Wandervereins und Oldtimerfan. DZ inkl. guter Halbpension 95-11o DM pro Person. Patron hat auch Billigherberge (Gite) nebenan, 22 DM pro Person, 52 mit Halbpension.

"**Hotel De France**", gleich daneben, roter Bau mit grünen Fensterläden, DZ, Dusche/WC inkl. Halbpension 92-11o DM pro Person. Auch gepflegtes Restaurant, gutes Menü für 25 DM, mehr Auswahl für 4o DM. Zimmer nicht topmodern, aber bequem.

"**Auberge Provencal**", Route de Menton, 1,5 km oberhalb der Stadt in Landhaus mit abbröckelnder Fassade, Rezeption im Speisesaal mit offenem Kamin und Aperitifflaschen überladenen Tisch in der Mitte. DZ mit Halbpension 85 DM pro Person.

Camping: STE. MADELEINE, einige Kilometer außerhalb an Route de Moulinet, terrassierter Platz, teilweise beschattet, Swimmingpool, wirkt sehr ländlich. In Nebensaison weiden Schafe. Ganzjährig geöffnet. Einfahrt zwischen zwei Kurven etwas unübersichtlich.

LA FERME, Bd. de la Ier D.F.L., simpler Camping auf terrassierten Wiesen, am Ortsrand nach einem Neubaugebiet. Gleich daneben sind Pferde.

Weitere Campingplätze im Quartier La Vasta, z.B. LE MAS FLEURI unter Kastanienbäumen mit Schwimmbad. Auch Camping auf dem Bauernhof (à la ferme) möglich.

LA CABRAIA, am gleichnamigen Platz mit Ziegensymbol. Rustikaler Speisesaal, vielgelobte Küche, sehr gemütlich an den wenigen Tischen unter der Markise am Platz vor dem Brunnen. 3-Gänge-Menü ab 25 DM, großes Menü 4o DM.

Freundliche Bedienung.

L'ESCARGOT D'OR, Bd. de Verdun, zwei Speisesäle in altrosa Stadthaus, der links mit fetten Deckenbalken ist gepflegter, TV an der Decke mit Werbetexten stört, kitschig mit Wagenrädchen dekoriert. Wirt ißt selber gerne, kinderfreundlich, 4-Gänge-Menü 27 DM, mit Käseplatte 32/45 DM, auch Kinderportionen.

HOTEL DES ETRANGERS, gleich daneben. Keine Revolution im Kochtopf, doch ehrt die Hausmannskost die Region. Zwei Speisesäle, nicht in den kantinenartigen mit Gartenstühlen und Schiebedach gehen, besser dahinter oder unter schattiger Pergola. Menü 22-5o DM. Prima Weine. Kenner sollten sich den Keller zeigen lassen.

AUBERGE DU VIEUX PONT, Av. J. Médecin, kleines Restaurant in ehemaligem Klosterbau aus 13. Jh. Einfaches Menü 2o DM, richtig lecker wird es ab 3o DM. Auch einfache Zimmer, besser und kaum teurer mit Du./WC im 2. Stock, pro Person inkl. Halbpension um 7o DM.

AU PICOUN, Av. Jean Medecin, Pizzas 11-14 DM, alles andere teuer, offener Pizzaofen inmitten des langgezogenen, niedrigen Lokals mit Alpendekor, enger Eingang.

SEHENSWERTES

Sospels Sehenswürdigkeiten kriegt man beim Schlendern durch die Altstadt mit. Besonders am linken Flußufer sind viele Häuser vom Verfall bedroht, z.B im überdachten Treppengäßchen Rue Garibaldi.

Die ALTE BRÜCKE mit dem dreistöckigen Mautturm stammt aus dem 11. Jahrhundert. Sie wurde im 2. Weltkrieg von den Deutschen zerstört, danach sorgfältig wieder aufgebaut.

EGLISE ST. MICHEL im Ortsteil am rechten Flußufer. Die ehemalige Kathedrale stellt den großen, kieselsteingepflasterten Kirchplatz, den Place St. Michel, mit ihrer wuchtigen, immensen Fassade (17. Jahrhundert) in den Schatten. In dem engen Dorf strahlt der geräumige Platz unerwarteten Prunk aus. Die prächtigen Arkadenhäuser und die Barockfassade bezeugen den ehemaligen Wohlstand der Stadt, der romanische Kirchturm mit den vielen patinierten Glocken, die aber noch bimmeln, das Alter. In der Kirche eines der Meisterwerke von Francois Bréa, La Vierge Immaculée, die unbefleckte Jungfrau.

FORT ST. ROCH: Bunker der Maginot-Linie mit Militärfahrzeugen aus dem 2. Weltkrieg. Wenige Kilometer vor dem Ort beim Friedhof an der D 22o4 gelegen. Ab April am Wochenende 14-18 Uhr, im Juli/August täglich 14-18 Uhr zu besichtigen.

Wandern: Um Sospel sind viele Wanderungen ausgeschildert. Im Touristbüro kriegt man eine kleine Wanderbroschüre, für die

längeren Touren ist aber eine Wanderkarte nötig. Für ein paar Francs in Zeitschriftenläden am Ort erhältlich.
Begleitete Bergwanderungen werden am Touristbüro angekündigt, sehr lohnend, da man Kontakte knüpfen kann, ca. 15 DM. Allerdings geht es schon früh los. Einschreibung spätestens am Vortag.

Sport: Tennis auf 3 Plätzen möglich.

Kleines Freibad an der Route de Menton oberhalb des Bahnhofs.

Angeln im Fluß. Angelschein im Ort zu kaufen.

Mountain-Bike: große Anzahl an Pisten der Region sind Eldorado für Geländeradler. MBK-Verleih im Hotel des Etrangers.

★Breil-sur-Roya (2.5oo Einw.)

Abstecher von Hauptroute ab Sospel, günstig zu Menton gelegen.

Ländliches Bergstädtchen unterhalb des L'Arpette-Gipfels (1.61o m) am Fluß Roya. Der Tourismus spielt eine untergeordnete Rolle. Breil-sur-Roya lebt von Lederverarbeitung, Milchwirtschaft und seinen Olivenbäumen. Die Altstadt am linken Flußufer kann die Nähe zu Italien nicht verleugnen. Die unlängst restaurierte Kirche Santa Maria in Aldis aus dem 18. Jahrhundert fällt von außen durch ihre Größe und den dreistöckigen Glockenturm auf. Sehenswert auch der schöne Chor und das ein halbes Jahrtausend alte Altarblatt.

Tourist-Info: Syndicat d'initiative, am Rathausplatz, aber unregelmäßig geöffnet. Im Sommer 9-12 und 14-18 Uhr. Wanderkarten und Anglerschein im Maison de la Presse.

Post: Montag mit Freitag 9-12 und 14-17 Uhr, Samstag 8.3o-11.3o Uhr, am rechten Flußufer.

Bank: Credit Agricole, Place Biancheri, Montag mit Freitag 8.3o-12.15 und 14-16.45 Uhr.

Verbindungen ab Breil-sur-Roya

Auto/Parken: Übliche Anfahrt über Sospel auf D 22o4. Alternativroute, um schnell am Meer zu sein, über Ventimiglia/Italien auf N 2o4, keine 25 Kilometer auf guter Landstraße im Royatal.

Zug: Fünfmal täglich Zugverbindung auf der idyllischen Eisenbahnstrecke von Nizza. Nizza-Breil dauert 7o Minuten. Weiterfahrt nach Tende zum Wandern im Mercantour-Gebirge.

"**Hotel Castel du Roy**", Route de Tende, DZ mit Dusche/WC und TV 100 bis 120 DM, gemütliches Landhotel am Flußufer in großem Park mit Obstbäumen. Swimmingpool, Boules, Kinderspielplatz, Fahrräder gratis für Hotelgäste. Kleine, aber kom-fortable Zimmer. Sehr erholsam. Günstige Halbpensionspreise, regionale Küche. Im Winter geschlossen.

"**Hotel Le Roya**", Place Biancheri, dreistöckiges Stadthaus am Kirchplatz, Rezeption im 1. Stock. Bequeme, große Zimmer (schallisoliert). DZ mit Dusche/WC 90 DM, Halbpension im Sommer Pflicht, pro Person 80 DM. Ganzjährig geöffnet.

"**USBTP**", Quartier de l'Aigara, billiges, neuerbautes Ferienheim am Flußufer. Außerhalb der Saison gibt es Unterkunft mit Vollpension für jedermann in einfachem Mehrbettzimmer, 53 DM. Eigentlich eine Colonie de Vacances für Schulkinder.

Camping: CAMPING MUNICIPAL, Quartier des Tuileries, am Flußufer vor dem Ort. Einfach, teilweise beschattet, neben Schwimmbad. Sanitärs neu und ausreichend. Vermieten auch Blockhütten mit Küche und Bad für 2-6 Personen. Pro Tag für 4 Erw. 75-90 DM, Preisnachlaß bei längerem Aufenthalt. Ganzjährig geöffnet.

LE ROYA, im 1. Stock des Hotels am Kirchplatz. Speisesaal mit großen Gemälden. Dem lokalen Repertoire angepaßte Menüs für 28 und 37 DM, sehr korrekt. Schlemmer-Menü mit 1/2 Languste für 65 DM. Zum Kinder-Menü für 17 DM gibt es kleine Überraschung.

CASTEL DU ROY, im Landhotel an Route de Tende. Massive Dachstuhlkonstruktion und gestapelte Weinflaschen im Kamin schaffen Ambiente. Feine Küche in harmonie mit ländlich-provenzalischem Einfluß. Menüs 31-65 DM, Kinder-Menü 22 DM.

LE DAUPHIN, am linken Flußufer, kleiner Speisesaal mit antikem Küchenbuffet, übliches 3-Gänge-Menü 25 DM, 5 Gänge 35 DM.

L'ETOILE, Haus am linken Flußufer mit Dachterrasse, Verandaanbau mit Korbstühlen, 3 Gänge 28 DM, 5 Gänge 35 DM, teuere Einzelgerichte, Spaghetti 12 DM.

Sehenswert das L'ECOMUSÉE DU HAUT PAYS, beim Bahnhof von Breil, Heimatkundemuseum über Natur, Geschichte, Architektur und Landwirtschaft. Originell, da in ausrangierten roten Eisenbahnwaggons untergebracht.

Sport: Kanu/Kajak-Zentrum beim USBTP, haben auch Lehrer. Ferner bietet Einführungskurse für Erwachsene und Kinder ROYA-EVASION, Rue Pasteuer. Außerdem Sportkajak, Rafting und Tubing (auf großem Rettungsring sitzend den Fluß runterpaddeln).

Kleines Freibad beim Campingplatz.

Drei Tennisplätze, 17 DM pro Stunde.

Bergwandern: Hotels, USBTP und ROYA-EVASION, Rue Pasteur, vermitteln Bergführer. Für Tagestour in kleiner Gruppe 35 DM pro Kopf. Manchmal auch Mehrtagestouren. Viele Pisten auch bestens geeignet für Mountain-Bike.

Wer alleine losziehen will, sollte sich unbedingt die gute Wanderkarte des Valée de la Roya besorgen.

Klettern: in Umgebung mehrere interessante Kletterwände, z.B. SITE DE BREIL, nach Sportplatz Aigara über Fußweg und bei Tende/La Brigue LA CHAPELLE und LOUBAIRA.

✶Mercantour-Nationalpark

Alpenwelt pur, Gletscherseen, Wanderwege und zudem mit einhunderttausend prähistorischen Felsgravuren eine der Wiegen Europas. Die geschützte Kernzone des Nationalparks umfaßt 68.5oo Hektar, langgezogen vom Col d'Allos im Westen bis Breil-sur-Roya. Dort vielfältige Tierwelt wie Adler, Fuchs, Gemse, Steinbock, Mufflon, Murmeltier oder Wildschwein. Auch interessante Flora, z.B. über 6o verschiedene Orchideenarten. Drumherum zahlreiche Ortschaften, die sich auf Alpentourismus eingestellt haben. Hauptziele sind der Lac d'Allos, der höchstgelegene natürliche See Europas, und die prähistorischen Felszeichnungen im Vallée des Merveilles.

Eigenes Fahrzeug günstig, da Busverkehr sehr limitiert. Näheres bei den einzelnen Orten. Geeignete Ausgangspunkte sind St. Martin Vésubie (Camping), Roquebillière (billige Ferienwohnungen) und Breil-sur-Roya für Felszeichnungen im Parc des Merveilles. Für Lac d'Allos empfehlenswert Guillaumes oder Allos.

Zwei herrliche Alpenpässe durchqueren den Nationalpark: COL DE LA CAYOLLE von Guillaumes nach Barcelonette und ROUTE DE LA BONETTE, die mit 2.86o m höchste Straße Europas. Ist nur im Sommerhalbjahr passierbar, im Juli/August allerdings viel Verkehr. Schöne Picknickplätze.

Wandern: Viele Möglichkeiten für Wanderungen, Kartenkauf (IGN 1:25.ooo) bei größeren Touren unumgänglich. Führer vermitteln in den Ortschaften Touristenbüros und "Bureau des Guides", z.B. in St. Martin-Vésubie. Anlaufstelle vor Ort sind die Berghütten, z.B. "Refuge des Merveilles" und "Chalet du Parc", nahe Lac Jumeau.

LAC D'ALLOS: größter aller Bergseen der Region in 2.229 m Höhe mit

Kapelle Notre Dame des Monts, 6o Hektar kristallklare Wasseroberfläche und zudem leicht zugänglich. Ab Ort Allos führt die teilweise sehr steile D 226 fast ganz hin. Vom Parkplatz Laus ist das letzte Stück als halbstündiger Spaziergang zu machen, leichte Sportschuhe empfehlenswert. Der See ist bis Ende Mai gefroren und im Hochsommer maximal 17° C kalt. Dennoch tummeln sich gelegentlich Surfer.

FELSZEICHNUNGEN im VALLÉE DES MERVEILLES gibt es Zigtausende, die ohne Führer als solche oft nicht identifizierbar sind. Befinden sich alle beim MONTE BEGO in Höhe von 2.2oo-2.6oo m. Weitere Felsgravuren östlich davon im gezähmteren Gebirge FONTANALBA mit Lärchenbestand.

Ursprünge der Felsgravuren können Forscher nicht eindeutig erklären. Zeitlich stammen sie aus der Bronzezeit, 18oo-15oo v. Chr. Die logische Anordnung der Symbole deuten die Wissenschaftler als frühe Vorstufe der Schriftentwicklung. Fontanalba zeigt eher Szenen des alltäglichen Lebens, während das Vallée des Merveilles wahrscheinlich dazu bestimmt war, mit sogenannten "außerirdischen Kräften" in Verbindung zu treten. Eventuell hat der damalige Mensch hier einen Heiligen Berg oder das Haus Gottes verehrt. Der religiöse Bezug legt den Schluß nahe, daß diese Felszeichnungen eine Art Bilderbuch-Bibel der ersten Religionen sind, da darin bereits die Idee vom ursprünglichen Menschenpaar (Adam und Eva) aufkommt. Auch ist das Lebensbaumsymbol zu erkennen, welches als Zeichen für Wiedergeburt und Erneuerung des Menschenlebens in allen indogermanischen Naturreligionen existiert. Führer zeigen gerne das große, beeindruckende Felsgesicht "Christ" her. Dieses entstand jedoch nicht aus Menschenhand, sondern durch natürliche Erosion.

Die Felsgravuren haben tausende von Jahren überstanden, bis seit dem Zweiten Weltkrieg der Mensch mit groben Wandersolen in Massen kam. Zunächst waren es italienische Soldaten auf ihren Militärwegen (Mercantour gehörte damals Italien) und später Touristen und Geländewagenfahrer. Deshalb achtsam wandern und falls vorgeschriebene Wege bestehen, diese nicht verlassen.

✶ Col de Turini

Nach Sospel geht die D 2566 zunächst im Bévératal durch die wildromantische Piaonschlucht. Danach Serpentinen an steilen Felswänden hinauf. Die Strecke ist landschaftlich reizvoll, man streift kleine Bergsiedlungen. Ruinen und verwilderte, terrassierte Südhänge sind Zeugen der Landflucht unseres Jahrhunderts. Auf halber Strecke die Kapelle Notre Dame de la Menour, erhöht auf einen Berg gebaut.

Der Col de Turini ist eine touristisch erschlossene Straßenkreuzung ohne Eigenleben. Hauptattraktion: die Orientierungstafel mit Vorschlägen für Wanderungen. Nach dem Col de Turini verläßt man das Bévératal, die Paßstraße D 7o führt über das Dorf Bollène Vésubie ins Tal des Flußes Vesubie.

HOTELS/RESTAURANTS: Drei Berggasthöfe, denen man ansieht, daß sie auf Sonntagsausflügler und Laufkundschaft aus sind. DZ kosten je nach Komfort 65 bis 14o DM, Frühstück 1o DM, korrekte Menüs ab 20 bis 25 DM.

"Hotel Des Trois Vallées", gelbes, zweistöckiges Alpenhotel, ganzjährig geöffnet, das größte am Ort.

"Hotel Les Chamois", Neubau mit auffälliger Dachkonstruktion, sonnige Holzplankenterrasse.

"Hotel Le Franch De Turini", kleines Berghaus, Kinderspielplatz, das kleinste und einfachste der drei Hotels.

★Roquebillière (1.65o Einw.)

Vom Massentourismus bislang verschontes Bergdorf, 6oo m hoch. Günstiger Standort am Mercantour-Nationalpark. Sehr ruhig und erholsam.

Roquebillière besteht aus dem alten Dorf am linken Ufer des Vesubie, dem neuen Ortsteil gegenüber und dem Thermalbad Berthemont-les-Bains, Richtung St. Martin, 93o Meter hoch gelegen. In den letzten 1.5oo Jahren wurde das alte Dorf mehrmals von Erdrutschen und Überschwemmungen zerstört, das letzte Mal 1926 mit 17 Toten.

Auf diesen Schock hin beschlossen die Roquebillièrer oberhalb der Kirche St. Michel-du-Gast in sicherer Lage eine Neustadt mit breiten Straßen, großen Häusern und gepflegten Plätzen zu bauen. Besonders schön das Rathaus am Ende des platanenbeschatteten Dorfplatzes. Die St. Michel-Kirche mit romanischem Kirchturm und gotischem Kirchenschiff kann man besichtigen. Schlüssel bei M. Gatti, Quartier de la Bourgade erfragen.

Die Altstadt um die andere Kirche herum ist vom Verfall gezeichnet. Den Kirchturm zieren bunte Dachziegel und ein eisernes Kreuz sowie winzige Glocken. Manche der Ruinen sind bewohnt, andere werden gerade renoviert.

Tourist-Info: Office du tourisme, täglich außer Sonntag, Mittwoch und Samstag nachmittags 9.3o-12 und 14-18 Uhr. Im Sommer nachmittags 15-19 Uhr, in Gemeindebibliothek, 26, Av. Corniglion Molinier. Vermittelt Ferienwohnungen.

Post: Place du General Corniglion Moliner, im Rathaus, Montag mit Freitag 9-12 und 14-17 Uhr, Samstag 9-12 Uhr.

Bank: Credit Agricole, am selben Platz, Montag mit Freitag 8.3o-12 Uhr, 13.35-16.45 Uhr.

HOTELS: Es gibt eine Reihe kleiner, einfacher Hotels mit günstigen Halbpensionspreisen. DZ bewegen sich je nach Komfort in der Preisklasse von 45 bis 65 DM, Frühstück 8 DM, Halbpension günstiger.

"**Hotel Au Mas Provencal**", Av. Corniglion Molinier, oberhalb des riesigen Boule-Platzes. Dort führen breite Treppen hinunter. Mittlere Preisklasse, preiswerte Menüs im kleinen Restaurant ab 24 DM, Tagesplatte 15 DM.

"**Hotel Des Sports**", Eckhaus am Dorfplatz, Av. Corniglion Molinier, ein paar Mark billiger als das vorgenannte.

"**Pension Provencal**", Place de l'Eglise, zweistöckiges, altrosa Haus mit grünen Fensterläden, etwas in die Jahre gekommen, billigstes Hotel am Ort.

Ferienwohnungen: Syndicat d'initiative hat Liste mit Wohnungen und vermittelt bzw. reserviert sie. Teilweise äußerst preisgünstig, z.B. Appartements für 4 Personen je nach Saison 3oo bis 4oo DM pro Woche rechnen. Schwierig in der Hauptsaison ranzukommen.

LES TEMPLIERS, einfache Anlage, Wiese am rechten Flußufer, Fußgängerbrücke zum alten Dorf, ganzjährig offen, sehr steile Abfahrt, einige Dauercamper haben sich fest installiert.

LA BERGERIE, Rue du 24 novembre 1926, linkerhand des Rathauses. Backofen mitten im Lokal, Pizzas 11-16 DM, Menü ab 22 DM.

AUSFLÜGE:

Zu Fuß (eine Stunde rechnen) oder mit Auto ins Bergnest BELVEDERE oberhalb des alten Roquebillière, über 8oo Meter hoch. Schöner Blick ins Tal. Kirche St. Pierre et Paul aus dem 16. Jh. hat zwar schönen Natursteinkirchturm, aber kitschig angemalte Fassade. Mittelalterliches Bergdorf mit engen Gassen, kleine überbaute Rue Obscure. Viele Hunde und Katzen tummeln sich im Dorf. Am Kirchplatz findet man zwei Straßencafés, die je nach Sonnenstand zu frequentieren sind, die BAR CENTRAL und die BAR TILLEULS, zweitere besonders urig, ausgestopfter Wildschweinkopf an der Wand, Kicker und Spielautomaten.

WASSERFÄLLE: Ab Belvédere auf der D 171 durch's felsige Tal des Flußes Gordolasque, nach 8 km der erste Wasserfall, die CASCADE DU RAY.

Nach weiteren 5 km endet die Straße bei der CASCADE DE L'ESTRECH. Hier ist man aber nicht in der einsamen Bergwelt, sondern unter vielen Wandersleuten, da einige Wege ins VALLÉE DES MERVEILLES führen.

Wandern: Viele Wanderwege in der Umgebung, auch mit Bergführer, Infos im Touristbüro. Recht gemütlich der Weg von Berthemont-les-Bains nach St. Martin (GR 52 A), unter 2 Stunden, anspruchsvoller die Routen ins Vallée des Merveilles ab den Wasserfällen. Wanderkarte kaufen, lohnt sich! Sehr gute Karte ist "Vallée de la Vesubie 1:25.ooo" von IGN-Alpes-Maritimes No. 4. Führer vermittelt Touristbüro.

Angeln: Touristbüro verleiht Angelschein für die fischreichen Flüße und Bergseen der Region, 8 DM pro Tag, 28 DM die Woche. Kaution muß hinterlegt werden. Im Weiher Les Cytises an Route de St. Martin-de-Vésubie auch ohne Lizenz. Fang muß nach Gewicht bezahlt werden.

Mountainbike: Viele Pisten im Vésubietal. Verleih im Centre de Loisirs, Quartier Cervagné.

Außerdem **Tennisplätze** und **Mini-Golf** im Centre de Loisirs.

Im Winter sind zwei **Skizentren** in der Nähe, La Colmiane und Camp d'Argent, ebenso Langlauf. In den letzten Jahren waren aber die Schneeverhältnisse nicht gerade üppig.

★Saint-Martin-Vésubie (1.2oo Einw.)

Altes Bergdorf, 96o m hoch, umgeben von Dreitausendern. Saint Martin wurde am Zusammenfluß von Boréon und Madone de Fenestre zum Fluß Vesubie erbaut. Ortszentrum ist Place F. Faure, nach der platanengesäumten Allée de Verdun.

Sehenswert ist die Rue du Docteur-Cagnoli wegen der mittelalterlichen, schön verzierten Häuser. Besonders hübsche Haustür bei Hausnummer 57. In der Mitte der Straße verläuft die Regenrinne. Ab der Pfarrkirche (Altarretabel Hl. Johannes und Hl. Petronilla von Louis Bréa) geht es zum Place de la Frairie mit Brunnen. Die Einwohner Saint-Martins sind so brav, daß es in der Kirche nicht einmal einen Beichtstuhl gibt.

Saint-Martin-Vésubie ist heute Wintersportort und Wanderurlaubsstation in der warmen Jahreszeit.

Tourist-Info: Office du tourisme, Place F. Faure in den Räumen der kleinen Gemeindebibliothek, im Sommer Montag mit Samstag 9-12 und 14-18 Uhr.

Post: ebenfalls am Platz im Rathausgebäude, Montag mit Freitag 9-12 und 14-17 Uhr.

Bank: Credit Agricole, Montag mit Freitag 8.3o-12, 13.35-16.45 Uhr.

Auto/Parken: Parkplätze im Ort, kann schon mal knapp werden.

Bus: 2 Verbindungen täglich über Roquebilliere nach Nizza, 2 Stunden Fahrzeit.

"**Hotel La Bonne Auberge/Relais St. Louis**", Allée de Verdun, großes Natursteinhaus, nebenan kleinerer Hotelbau, Holztreppenhaus und enge lange Gänge. Einfaches DZ 60 DM, DZ mit Dusche/WC 78-95 DM. Auch Restaurant, großer, rustikaler Saal. Menü 30-40 DM. Auch Halbpension.

"**Hotel Des Alpes**", einfacher, 4-stöckiger Bau mit braunen Fensterläden am Platz neben Touristbüro. Treppenhaus mit rutschigen Marmorstufen, Fußböden leicht schief. Mobiliar hat schon Einiges hinter sich. Etagenduschen knapp. DZ 35 DM, Frühstück 7 DM.

Ferienwohnungen: Liste im Touristbüro erhältlich. Wenn man schön fragt, telefonieren sie für einen.

Camping: Nahe um St. Martin befinden sich einige kleine, ruhig gelegene Campingplätze: LA FERME ST. JOSEPH und LES CHAMPOUNS, an Route de Venanson (D 31), ganzjährig geöffnet, steile Einfahrt.

LA MERIO, Route de la Colmiane, guter Einfachcamping, knapp 2 km nördlich des Ortes. Schattig am Fluß Boréon, Angeln erlaubt. Snackbar, Warmdusche, Stromanschluß. Nur zur Saison geöffnet.

LE CHAMOIS, Allée de Verdun, in häßlichem Appartementhaus. Bistrostil mit reichlich Holzvertäfelung. Die Küche ist im Lokal hinter dem langen Tresen. Menü ab 22 DM, auch Tagesplatten.

LA CAVE, Rue du Dr. Cagnoli, Treppe hinunter, vor überbautem Gang links in urigen Saal mit Kellergewölbe. Balkon mit Blick ins Tal. Fleischgerichte sind teuer, Pizzas ab 11 DM.

AUSFLÜGE

LA MADONE DE FENESTRE, über D 94 nochmals 1.000 Meter höher zur Wallfahrtskapelle. Am 2. Juli wird die Madonnenstatue von der Pfarrkirche in feierlicher Prozession zu ihrer Kapelle gebracht, wo sie bis 9. September bleibt. Die höchsten Gipfel im Hintergrund: Cime de Gelas und La Maledie. Beide an der Grenze zu Italien und sind exakt 3.143 m hoch.

LE BORÉON, Bergnest in unberührter Natur, 1.500 m über dem Meer. Nördlich St. Martins am Ende der D 89, 8 km. Einen Ausflug alleine wegen der unberührten Natur und des schönen Wasserfalles wert. Le Boréon ist Ausgangspunkt für Wanderungen. Bergerfahrung nötig.

Sport: Neben beheiztem Schwimmbad, Tennis, Boules und Angeln gibt es viele Wanderwege jeglichen Schwierigkeitsgrades und Möglichkeiten zum Bergsteigen bzw. -klettern. Auch Mehrtagestouren mit Übernachtung in Hütten möglich. Unentbehrlich, die Wanderkarte 1:25.ooo.

Führer vermittelt ganzjährig das BUREAU DES GUIDES, Rue Cagnoli. Falls geschlossen im Laden OTTO-SPORTS gegenüber fragen. Breites Angebot von Kletterkursen bis Drachenfliegen. Veranstalten an verschiedenen Wochentagen diverse Wanderungen, z.B. ins Vallée des Merveilles mit prähistorischen Felsgravuren, Tierbeobachtung oder Gletscherseen. Pro Person 32 DM, Anmeldung am Vortag vor 18 Uhr.

Im Winter dominiert Skisport: 1o Lifte, 25 km Langlaufpisten.

★St. Dalmas / Valdeblore

11 km nach St. Martin, nach anstrengender Paßfahrt, ein kleiner, ausgestorben wirkender Ort um die Kirche aus Naturstein mit sehr hohem Turm im Tal des Flusses Bramafan. Ausgangspunkt für Wanderungen. Wintersport war in den letzten Jahren wegen Schneemangels kaum möglich.

"Auberge des Mures", am Ortseingang im Berghüttenstil, sehr gepflegt. Große DZ, Dusche und WC getrennt 9o DM, mit Halbpension das Doppelte rechnen. Auch Restaurantbetrieb. Küche liefert gute Qualität. Menü ab 28 DM.

BAR RESTAURANT LES MILLEFONDS, Natursteinberghaus mit Briefkasten neben Metzgerei und Lebensmittelladen im Dorf. Stella Artois ist ein Biermarke. Runder Backofen in Mitte des Lokals, Kicker in der Bar. Nur abends gibt es Pizza, ab 12 DM.

★St. Sauveur-sur-Tinée (496 Einw., 496 m)

An kleinen Bergdörfern vorbei, geht es steil hinab ins Tal des Flußes Tinée. An wichtiger Verkehrskreuzung auf der Straße zu den Wintersportorten entwickelte sich St. Sauveur zu einem Mini-Geschäftszentrum (Gasflaschen, Freitagsmarkt für Käse und Wurst).

Kirchlein mit Glockenturm aus dem 14. Jh. und ein paar interessante Altstadthäuser. Hübsches Lagerhaus am Ortseingang, unter der Traufe bemalt.

Tourist-Info: Im Rathaus.

Post: Rue Blanqui, Montag bis Freitag 9-11.3o und 14-17 Uhr, Samstag 9-12 Uhr.

Bank: Credit Agricole, Dienstag 9-12, 14 - 16.45 Uhr, Donnerstag 14 -16.45 Uhr.

Verbindungen ab St. Sauveur-sur-Tinée

Auto/Parken: nur wenige Parkplätze in St. Sauveur, besser in den Skiorten. Straße zu Skigebieten gut. Weiterfahrt Richtung Beuil auf schlechter Paßstraße über Col de la Couillole, 1.678 m, in die Felsen geschlagenen Tunnels. Vor 2. Tunnel rechts ein Wasserfällchen, links eine Wahnsinnsschlucht.

Bus: liegt auf der Strecke Nizza - Isola - Auron, 2 bis 3 Verbindungen täglich.

"**Hotel Relais D'Auron**", 18, Av. des Blavets, nicht topgepflegtes Haus, dafür billig. Etagenbad recht beansprucht, alle DZ 75 DM, mit Halbpension etwa doppelt so teuer. Enger Speisesaal nach hinten raus.

HOTELS IN DEN SKIGEBIETEN:

Große Preisunterschiede zwischen Haupt- und Nebensaison. Meist wird man zur Halbpension verpflichtet. Reservierung empfehlenswert, obwohl es sehr viele Hotelbetten gibt. DZ in einfachen Hotels 85 bis 2oo DM, in den luxuriöseren Häusern zwischen 13o und 45o DM, teilweise auch noch teurer.

Renommierte Adressen sind das "**Hotel Chastillon**" und "**Hotel Le Diva**" in Isola 2ooo. Beide haben nur im Winter geöffnet, bieten aber ihren 4-Sternen gemäß jeglichen Komfort.

Preisgünstigere Häuser: "**Hotel La Pinatelle**", Bd. d'Auron in St. Étienne mit nettem Garten und familiärer Atmosphäre. Halbpension zu den Hauptreisezeiten verpflichtend, prima Küche. Auch als Restaurant nicht schlecht.

In Auron: "**Hotel Edelweiss**", 1o, Place d'Auron, ganzjährig geöffnet, nur mit Halbpension. "**Las Donnas**", Rue Marie-Madeleine, und "**Saint Erige**", Bd. Georges Pompidou, beide 2-Sterne-Hotels.

In Isola selbst gibt es nichts mehr in der günstigen Klasse. Am ehesten noch in den beiden einfachen Hotels am Place de L'Eglise, das "**Hotel De France**" und "**Touring Hotel**" oder im 2-Sterne-Haus "**Le Druos**" in Isola 2ooo.

Ferienwohnungen: Für Skiurlaub kann es interessant sein, Prospekte bereits in Deutschland zu studieren. Preisbeispiele: Studios für 2 Personen pro Woche zwischen 45o und 1.1oo DM, 3-Zimmer-Appartements für bis 7 Personen 85o bis 2.5oo DM.

CAMPING MUNICIPAL, am Flußufer in St. Sauveur, neben Sportplatz. Kleiner Sanitärblock. Nur Mitte Juni bis Mitte September geöffnet.

Camping in Skigebieten: CARAVANING LA FERME, Rte de Nabinas, Auron, leider nur wenige Plätze und ausschließlich Wohnwägen. Ganzjährig geöffnet. Reservierung empfehlenswert.

CARAVANEIGE DU LAC DES NEIGES, Rte d'Auron, Isola, in der Saison Reservierung unbedingt nötig. Sehr komfortabel. Ebenfalls ganzjährig.

Außer in den Hotels, Menü ab 30 DM, findet man wenig Preiswertes.

Nicht schlecht die AUBERGE DE LA GARE, am Ortseingang von St. Sauveur. Wagenräder vor der Tür, Rustikallokal. Cuisine du Patron, der Chef kocht! Ergebnis: recht ordentliches Menü für 24 DM. Außerdem 5 Gänge mit Muscheln, Forelle etc. 42 DM.

Ausflüge: Fahrt in die Skigebiete ISOLA und AURON.

✶Isola (540 Einw.)

13 km nach ST. SAUVEUR gelangt man zunächst auf der D 2205 durch die Schlucht des Valabres-Fluß nach ISOLA. Das Bergstädtchen mit alter Kirche und romanischem Glockenturm ist stark auf Tourismus eingestellt. Durch das Vallon de Chastillon kommt man ins Skizentrum Isola 2000 (23 Lifte, 44 Pisten einer Gesamtlänge von 120 km mit allem drum und dran, neuerdings auch Skiscooter). Eine rege Bautätigkeit an Ferien-Appartementhäusern ist der Nachteil dieses Skizirkus. Isola 2000 ist so von sich überzeugt, daß man eine Sonnen- und Schneegarantie gibt. 1,90 m durchschnittliche Schneehöhe, Rekord unter den französischen Skigebieten.

Tourist-Info: Maison d'Isola.

COL DE LA LOMBARDE: führt ab Isola 2000 via schmaler Paßstraße ins italienische Dorf Vinadio, 30 km. Zur 2.350-m-Paßhöhe mit verlassener Grenzstation sind es nur 5 km, eventuell als kleine Wanderung interessant. Dort Rundumblick auf einige Dreitausender, Gletscherseen und Flußtal des Stura di Demonte.

Den Paß ließ Mussolini in den 30er Jahren bauen. Für den bevorstehenden Krieg gegen Frankreich brauchte er nämlich eine Zufahrt zu seinen Befestigungsanlagen. Überall sind noch heute dutzende Bunker zu sehen. Weiteres herrliches Panorama auf italienischer Seite beim Santuario di St. Anna. Dorthin auch ein 10 km Wanderweg ab Col de la Lombarde entlang des Vallone d'Orgials.

Nach Isola geht es auf der gutausgebauten D 2205 nochmals 15 km weiter.

✶Auron/St. Etienne-de-Tinée (2030 Einw.)

Auron liegt 1.600 m hoch auf einem stark besonnten Plateau, St. Etienne unterhalb am Fluß. In diesem Gebiet findet man 130 Pistenkilometer und

25 Lifte. Beide Orte sind sehr auf Wintersporturlauber ausgerichtet, die Hotels haben große Preisunterschiede zwischen Haupt- und Nebensaison. Diese Wintersportstation wirkt nicht so mondän wie Isola 2ooo, eher verschlafen und familiär.

Tourist-Info: Syndicat d'initiative, Rue des Communes-de-France in St.Etienne, in Hauptsaison 9-12 und 14-18 Uhr geöffnet.

Office du tourisme, La Ruade in Auron, ganzjährig geöffnet.

Sport: Skifahren, Schneescooter, Radfahren, Mountain-Bike, Tennis, Angeln, Freibad in Isola und Auron, Reiten in Auron. Bogenschießen in Auron.

Wandern, Bergsteigen und Bergklettern: man ist hier im Zentrum des Mercantour-Parks. Viele gute Wanderwege jeglichen Schwierigkeitsgrades, aber ohne gute Karte kommt man nicht weit.

★Beuil (39o Einw.)

Keinesfalls so malerisches Bergdorf wie Roubion, was man auf der Paßfahrt streift. (Roubion thront wie ein Adlerhorst am Steilhang, lohnt aber allenfalls als Fotomotiv.)

Beuil liegt auf einem Hügel im Tal. Von der Ferne sieht es ganz nett aus, doch werden mehr und mehr Appartementhäuser für Zweitwohnsitzler erbaut. Heute ist Beuil ein kleines, nicht schneesicheres Skigebiet im Winter und Ziel für Sommerfrischler in der warmen Jahreszeit. Abends aber nichts los.

Tourist-Info: am Ortseingang in Holzhütte.

Post: Place Joseph Garnier, neben Kirche aus 17. Jh. Montag mit Freitag 9-11 Uhr, Samstag 8.3o-11.3o Uhr.

Auto/Parken: Parkplatz oberhalb des Rathauses.

HOTELS: Einige kleine Häuser in Beuil, in der Regel mit Restaurantbetrieb. Befinden sich alle an der Dorfstraße, Bd. Pourchinier. "**Hotel L'Escapade**", Neubau, bestausgestattetes Haus im Ort. Alle Zimmer Dusche und WC, bei manchen aber bloß durch Faltwand abgetrennt. Wen das stört, nach anderen fragen! DZ 9o DM. Großportionierte Menüs ab 32 DM, Wein teuer. Bemerkenswert solide Messer. Speisesaal im Alpendekor mit Pizzaofen. Wurzeln als Regalbretthalter für

Plastikblumentöpfe.

"**Hotel Bellevue**", Hotelgebäude mit Natursteinanbau. Blick wie in anderen auch. Etwas in die Jahre gekommen. Etagenklo für alle. DZ 56 DM, mit eigenem Bad 72 DM.

"**Hotel Cians**", altes Haus, holzvertäfelter Giebel, DZ 56-72 DM, größere Zimmer für 3/4 Personen 68 bis 1oo DM. Restaurant im 1. Stock. Menüs zwischen 26 DM (sehr einfach) und 4o DM (aufwendiger).

"**Hotel Millou**", schönste Fassade am Platz, 3-stöckiges Haus mit grün-rot-brauner Bemalung. DZ mit Dusche, aber Etagenklo 75 DM. Mit Halbpension das Doppelte rechnen.

AUSFLÜGE

GORGES DU CIANS, auf D 28, 25 km einfacher Weg bis Touet-sur-Var, an der Straße nach Nizza. Auf dieser kurzen Strecke fällt der Fluß Cians um 1.6oo Meter ab. Sein Bett verläuft in Schluchten, die bis 3o Meter tief, jedoch teilweise nur ein Meter breit sind, bis er kurz vor Touet in den Var mündet.

7 km nach Beuil kommt man zu den GORGES SUPÉRIEURES, wo sich das Flußbett in kupferroten Kiefer eingeschnitten hat, dann geht es Serpentinen hinunter, wo beim Dörfchen Rigaud die unteren Kalkstein-schluchten, GORGES INFÉRIEURES, beginnen.

Sport: Skifahren, Langlauf, Tennis, Angeln, Mountain-Bike, Wandern.

✶Valberg (635 Einw.)

Ein weiterer stark besonnter Wintersportort in den Südalpen an der D 28 westlich von Beuil inmitten von Bergwäldern. Wenn man in Valberg ist, sollte man in die moderne Chapelle Notre-Dame-des-Neiges reinschauen und einen Blick nach oben werfen.

Vorteil Valbergs: nur eine Autostunde von Nizza. Sonst ist der Ort baulich ziemlich verschandelt. Wohnblocks und Hotelbetonklötze prägen das Ortsbild.

Tourist-Info: Office du Tourisme, 9-12 und 14-18 Uhr, am zentralen Platz neben Bank und Post.

Post: Wochentags 9-12 und 14-16 Uhr, samstags nur am Vormittag geöffnet.

Bank: CREDIT AGRICOLE, Le Plaza, Montag bis Mittwoch und Freitag 8.3o-12.3o und 15-17 Uhr.

Verbindungen ab Valberg

Auto/Parken: Jede Menge Parkplätze um die Hauptstraße des Ortes. Schnellste Verbindung ab Nizza über die N 2o2 Richtung Digne bis kurz nach Touet-sur-Var über die D 28 durch die Gorges du Cians.

Bus: Täglich Verbindung mit Nizza. Bus hält auch am Bahnhof und Flughafen in Nizza.

"**Hotel L'Adrech De Lagas**", 3-Sterne-Hotel am Ortsrand, eines der besten Häuser am Ort. Unmodern gewordener Neubau im Alpenbarock, sehr große Zimmer. DZ mit Farb-TV und Telefon 14o DM. DZ mit Halbpension 285 DM, Vollpension kaum teurer.

"**Hotel Le Chalet Suisse**", 3 Sterne, logischerweise rot-weiße Fensterläden. Rezeption hinter dem Speisesaal. Hotel hat innen weniger Charme, als das Haus von außen verspricht. Freundlich. Halbpension obligatorisch, DZ mit Dusche WC kommt dann auf 21o bis 278 DM. Zimmer sind nicht groß, aber okay.

"**Hotel La Clé des Champs**", Hotel-Restaurant am Ortseingang, gleicher Komfort, 2 Sterne, übliche DZ mit Dusche und WC 9o DM.

"**Hotel Blanche-Neige**", näher am Zentrum. Zur Rezeption die ungleichen Stufen hinauf. Zimmerböden schief. Speisesaal mit offenem Kamin. Halbpension verpflichtend. Simple DZ inkl. Halbpension kommen so auf 15o bis 175 DM. Manche Zimmer mit Dusche und WC, aber lediglich durch Vorhang abgetrennt.

Ferienwohnung: Liste beim Touristbüro. Preisniveau hoch.

In Valberg nicht allzu billig. In den Hotels muß man mit 3o DM fürs Menü rechnen.

Einige Lokale bieten Fondue, Grillstein oder Raclette, z.B. LE VALBERGAN für 3o-4o DM. Meist jedoch erst ab zwei Personen und für den ganzen Tisch.

Einigermaßen preisgünstig sind die Brasserien mit sonnigen Terrassen oberhalb der Kirche. Anzahl an Lokalen auch an Place du Cluot de la Mule:

LE GRILLON, kleines Lokal, Gemälde mit Venedigmotiv an der Wand, Terrasse, Pizzas 12 bis 16 DM, Menü 25-47 DM, Kinder-Menü 13 DM.

LE CHARIOT, wenige Tische um den Pizzaofen hinterm Tresen. Mehr Platz auf sonniger Terrasse. Pizzas 11-17 DM.

LE SAN REMO, am Place du Quartier, recht geräumiger Saal mit eigenartiger Holzdecke. Rancheingang zur Terrasse, Pizzas 11 bis 17 DM, Menü ab 25 DM, Kinder-Menü 13 DM.

Ski: Nächstgelegenes Skigebiet Nizzas. Bis April offen. 57 Pisten mit Gesamtlänge von 9o km, 27 Lifte, 5o km Langlaufstrecke, Hundeschlitten, Schneekanonen. Von den Zahlen aber keineswegs irre machen lassen. Für erstklassige Schneeverhältnisse ist die Sonneneinstrahlung zu stark. Wer aber sehr gerne Ski fährt und im Winter an der Côte d'Azur Urlaub macht, sollte seine Skiausrüstung ruhig mitnehmen.

Wandern: mehrere Wanderwege unterschiedlicher Schwierigkeitsgrade. Ganz nett ist die Besteigung des Croix de Valberg. Weg führt von Route du Col du Sapet ab und führt bis zum Gipfel, wo man einen Panoramablick über die südlichen Alpen vorfindet.

Sonst: Tennis, Schwimmbad, Angeln, Mountain-Bike, Sommerrodeln.

★Guillaumes (55o Einw.)

Nur 1oo Kilometer von Nizza entfernt findet man hier eine Alpenlandschaft, die Hektik und Trubel der Küste flugzeugstundenweit entfernt erscheinen läßt. Guillaumes ist ein bäuerlicher Marktflecken, der bislang die wenigen einfallenden Sommerfrischler relativ gut verkraftet hat. Verfallener Zeuge vergangener Blüte ist die Ruine des Chateau de la Reine Jeanne oberhalb des Ortes. Am 15. August (Mariä Himmelfahrt) ist Prozession und Dorffest.

Ruhiger Relaxort. Der Dorfplatz heißt Place de Provence. Platanenbeschattet hält er, was er verspricht.

Tourist-Info: Im Holzhäuschen am Ortseingang. Keine festen Öffnungszeiten, im Sommer meist nachmittags. Sonst auf Gemeinde gegenüber fragen!

Post: Place de Gaulle, hinter dem schönen Brunnen am Ortseingang. Werktags 9-12 und 14-16.3o Uhr. Samstag nachmittags geschlossen.

Verbindungen ab Guillaumes

Auto/Parken: An- bzw. Weiterfahrt durch die Gorges de Daluis auf D 22o2, wo es an der Pont de Gueydan auf N 2o2 zurück nach Nizza geht. Alternative hierzu über Valberg und Beuil durch die Gorges du Cians, dann kurz vor Touet-sur-Var auf die N 2o2.

Bus: Einmal täglich am Morgen nach Nizza, abends zurück. Fahrzeit 2 1/2 Std. Sonntags weniger Verbindungen.

Nur kleine Einfach-Hotels mit wenig Betten, also eventuell reservieren.

"**Hotel Renaissance**": rotes Haus hinter dem Rathaus, 2-stöckig mit Mansarde. Zimmer alt möbliert, aber sehr sauber. Halbpension im DZ pro Person 55 DM, DZ mit Dusche 5o DM. Sehr einfacher Speisesaal mit naiven Gemälden. Menü ca. 22-28 DM

"**Hotel Les Chaudrons**": DZ 5o DM, mit Dusche 6o DM, Halbpension im DZ pro Person 63 DM. Hotel-Restaurant mit zwei Speisesälen, offener Kamin, Fototapete. Menü 24-4o DM.

"**Ferienwohnungen Le Trouc**": Bante, Guillaumes. Einige Kilometer nach Guillaumes geht es in Villeneuve d'Entraunes rechts steil hinauf. Biologisch bewirtschaftete Alm (Demeter) deutscher Auswanderer. Paradiesisch in absoluter Ruhe. Wem es von der Côte reicht, sollte anrufen, ob was frei ist. Tel. 93.o5.54.64. Wohnungen für 2-5 Personen 4o-65 DM pro Tag zuzüglich geringe Gebühr für Bettwäsche/Handtücher etc. Auch Restaurant, wo ein umfangreiches Schlemmer-Menü mit Produkten vom Hof (auf Vorbestellung!) für 42 DM serviert wird. Dazu Biowein.

Neben den Hotel-Restaurants RENAISSANCE und LES CHAUDRONS mit üblicher, gut portionierter, ländlicher Küche, gibt es im Ort einige Café-Bars für kleine Snacks und "Essen auf dem Biobauernhof" vom Le Trouc, siehe oben.

Markt: Einmal im Monat ist großer Markt, besonders im September und Oktober interessant, da Schafmarkt. Im September außerdem noch Vergabe der regionalen Landwirtschaftspreise.

AUSFLUG

Lohnender Ausflug durch die GORGES DE DALUIS. Die Schluchten beginnen kurz nach Guillaumes an D 22o2 und sind 6 km lang. Hier hat sich der Var einen Felsspalt in die Schieferwände geschnitten und zu einer großartigen Schlucht mit roten, bisweilen grüngescheckten bis 4oo m hohen Felswänden ausgeschwemmt. Die Straße verläuft mit vielen Tunnels hoch über dem Var.

Landschaftlich reizvolle Strecke für Motorrad- und Autofahrer auch über den COL DE LA CAYOLLE, ein 2.326 m hoher Paß, bis Barcelonette, bei genügend Zeit Rückfahrt über Col d'Allos, 2.24o m hoch und Colmars auf D 9o8. Dort auf D 2 mit Unmengen Serpentinen zurück nach St. Martin d'Entraunes/Guillaumes oder Richtung St. André-les-Alpes zur Route de Digne (RN 2o2) nach Nizza.

Sport: Günstig zu Wintersportgebieten Valberg und Val Pelens gelegen, dabei nicht zu teure Unterkunftsmöglichkeiten.

Außerdem Wandern, Freibad, Angeln, Mountain-Bike und Trimmpfad bei den Tennisplätzen. Kanu/Kajak-Base unterhalb der Post.

Canyonning: Die Daliusschlucht kann auch durchkraxelt und durchschwommen werden. Seil nicht nötig. Günstiger Einstieg Pont de Cantet, 5 km südlich Guillaumes, Ausstieg Pont Durandy-Michel, gut 2 Stunden weiter. Keine besonderen Schwierigkeiten, dennoch nicht ohne Schutzhelm machen.

★Entrevaux (7oo Einw.)

An der vielbefahrenen Route de Digne, N 2o2, taucht inmitten der Berge plötzlich ein weiteres pittoreskes Dörfchen auf. Schmale Brücke führt über den Fluß Var. An deren Ende eine Zugbrücke. Angenehme Atmosphäre in den engen Gäßchen mit Läden, kleinen Galerien, Bar-Restaurants etc.

Hoch über Entrevaux dominiert eine Festung. Der Weg hinauf - selbst Teil der Burg mit 18 Wehrtoren, Zugbrücke und fetten Mauern - dauert eine halbe Stunde. Oben hat man Burgherrenblick. Eintritt: 1o-FF-Münze für automatische Türe.

Die Restaurants im Ort bieten als Spezialität "Socca d'Entrevaux", ein luftgeräucherter Rindfleischschinken auf Salatbett. Dazu gibt's Toastbrot mit Tapenade (Olivenpaste).

★Puget-Theniers (1.55o Einw.)

Provenzalischer Marktflecken, sehr ländlich. Hauptort des mittleren Var-Tales, an der Mündung des Flusses Roudule. Die Häuser der Altstadt am rechten Roudule-Ufer datieren teilweise noch aus dem 13. Jh. Enge schattige Gäßchen, einige originelle Geschäfte, wie z.B. der Fischladen.

Über ein Brückchen gelangt man ans linke Flußufer. Die Kirche wurde ebenfalls im 13. Jahrhundert von den Tempelrittern erbaut, zeigt sich aber heute im Stil des Umbaus aus dem 17. Jahrhundert. Puget-Theniers war im 13. Jahrhundert ein Sitz des in Frankreich damals reichbegüterten Templerordens.

Touristisch ist der Ort nicht sehr erschlossen, was den Vorteil hat, daß man hier Provence pur erleben kann. Wer es noch purer will, für den gibt es etwas außerhalb einen FKK-Campingplatz.

Tourist-Info: Office du Tourisme, am Bahnhof. Von 15. Juni bis 15. September 15-19 Uhr geöffnet. Sonst wendet man sich an SIVOM hinter dem Rathaus.

Post: Neben Kirche und Rathaus. Montag bis Freitag 8.3o-12 und 14-16.3o Uhr. Samstag 9-12 Uhr.

Bank: CREDIT AGRICOLE, Place Adolphe Couil, Montag bis Freitag 8.3o-12 und 13.3o-16.45 Uhr.

Verbindungen ab Puget-Theniers

Auto/Parken: Von Guillaumes oder Entrevaux kommend liegt Puget-Theniers an der N 2o2 Richtung Nice. Wer von hier Ausflüge unternehmen will, braucht ein eigenes Fahrzeug.

Zug: Verbindung nach Nizza. Bahnhof ganz nahe am Ort an der Nationalstraße.

Hotels: Nur wenige Einfachhotels, DZ um die 5o DM. Außer zu Hauptreisezeiten kommt man für eine Nacht meist unter.

Ferienwohnungen: Touristbüro gibt Liste mit Ferienwohnungen und telefoniert zur Vermittlung. Teilweise spottbillige Angebote, wenn man in der Nebensaison länger bleibt.

CAMPING MUNICIPAL, kleiner Platz, im Grunde eine schattige Wiese am Fluß beim Tennisplatz und Schwimmbad.

L'ORIGAN, bei Kanu/Kajak-Basis, großer FKK-Campingplatz, hügelig. Man fühlt sich wie in einem Alpinum. Campingplatz in einem 35-ha-Arsenal. Restaurant, Schwimmbad, Disco etc. Für 2 Personen 26 DM. Reservierung auch in Nizza (23, Av. Jean Medecin) möglich.

Im Ort ein paar einfache, preisgünstige Restaurants, alle provenzalisch. Um Hauptplatz Place Adolphe Couil einige Cafés und Brasserien, z.B. L'UNIVERS mit Einfach-Menü für 22 DM.

RESTAURANT LAUGIER, am Ortsplatz. Italienisch anmu-tendes Stadthaus mit Holzpergola. Gemütlicher Speisesaal mit offenem Kamin, nicht zu eng. Menü ab 19 DM.

LA GUINGUETTE, 18, Rue du 4 Septembre, nach der Brücke. Zwei Stufen hinunter zum holzvertäfelten Speiseraum. Menü ab 19 DM, aufwendiger 28-37 DM.

Sport: Neben Spaziergängen und Wanderungen gibt es ein Freibad und Tennis. Angeln in den Flüssen. Kanu/Kajak-Station am Var nördlich Puget Theniers.

★Collongues

Lohnender Abstecher für Freunde der Indianer und Philosophen: Nahe dem Örtchen Collongues lebt Häuptling CHEVAL DEBOUT (Aufrechtes Pferd) mit seinem Stamm im Wald. Nachdem er 15 Jahre in den Gemeindewäldern von Salernes (an der Straße von Aups nach Villcroze) in

Indianerzelten hauste, wurde er von den dortigen örtlichen Behörden weggeekelt. Seine Pläne waren ein neues Indianerlager auf einem Waldareal von 3oo Hektar, welches er auch realisierte.

Cheval Debout will seine philosophischen Gedanken in die Wirklichkeit umsetzen. Er sucht die grundsätzliche, ursprüngliche Wesentlichkeit der Existenz in einem Einklang seines Empfindens mit der Natur. Eine Klassifizierung als Indianer lehnt er ab. Dabei hat er viele Pläne: Zunächst baut er sein Tipi-Lager wieder auf, zieht sich sein Gemüse, säubert den Wald, im Midi hält er viele Vorträge etc.

Übrigens ist Cheval Debout einer der "Lieblings-Aussteiger" der französischen Medien, die ihn mit häufigen Publikationen und Fernsehauftritten bediente. Momentanes Problem für Cheval Debout: seine Kinder werden schulpflichtig und der Staat hat auch diesbezüglich andere Vorstellungen als der Häuptling.

Man kann mit den Aussteigern reden (französisch oder englisch), sich die Dinge erklären lassen und im Camp umschauen. Der Stamm lebt vom Verkauf selbstgemachter Ledersachen (Gürtel, Taschen, Mokassins, Ketten, Motorradschmuck).

Das Camp ist leicht zu finden. Ab Puget-Theniers fährt man auf D 2211 A über den Col de St. Raphael, La Penne nach Collongues, 1 km nach Ort in Domaine du colombier. Dort ist es beschildert (25 km). Alleine die Anfahrt lohnt wegen landschaftlich schöner Strecke. Keine Garantie, wie lange das Lager noch besteht.

FERME AUBERGE CLAUDE JABOULET: der Bauernhof am Ende der Straße nach dem Indianerlager. Im Jägersal bietet die Bäuerin ein mehrgängiges Hausmacher-Menü mit Fisch, Fleisch, Käse, Dessert, inkl. Wein und Kaffee 5o DM. Vermieten auch einfache DZ für 47 DM und Haus mit 14 Schlafplätzen für 2oo DM/Tag. Viel Natur, Wandern, Angeln etc.

✶Touët-sur-Var (32o Einw.)

Dorf mit alten Häusern, teilweise vom Verfall bedroht. Besonders im oberen Teil wird momentan viel renoviert. Die ehemalige Blüte des Ortes erkennt man an den schönen Details der hohen Häuser. Geht man das Gäßchen neben dem Restaurant "Relais de Valberg" hinter, erblickt man das Eckhaus "Le Vallon fleurie" mit der verblaßten, wunderschön bemalten Fassade. Die nach Süden ausgerichteten offenen Speicher dienten zum Trocknen der Feigen.

Vorteil von Touet-sur-Var ist die Eisenbahnverbindung nach Nizza oder Puget-Theniers, da sich der Bahnhof direkt im Ort befindet und man nicht erst lange Anmärsche einplanen muß.

Hotels: In den Gasthäusern des Ortes an der Hauptstraße gibt es einige simple DZ zwischen 35 und 6o DM.

CAMPING DE L'AMITIE, Platz ohne großen Komfort am

rechten Var-Ufer auf Wiese. Neue Sanitäranlage. Wohnwagenvermietung. Sehr freundlich.

Touet ist Sonntagsausflugsziel der einheimischen Städter. Vor allem kommt man wegen den Restaurants, die lobenswerte Küche bei zivilen Preisen anbieten:

RESTAURANT DES CHASSEURS, am Ortsausgang Richtung Nizza. Reservierung empfehlenswert. Menüs 35-60 DM, Wein allerdings teuer.

Etwas billiger ist das HOTEL-RESTAURANT DE LA POSTE, ebenfalls an der Route de Digne. Speisesaal mit Korkdecke. Menüs zwischen 28 und 43 DM.

LE RALAIS DE VALBERG, gleich daneben bietet das Menü ab 30 DM. Leckere Forellen, werden auf Servierwagen ausgeteilt. Großer, rustikaler Heizkamin im Saal. Viele Jagdutensilien an der Wand. Im Raum dahinter eine alte Olivenmühle.

★Villars-Sur-Var (465 Einw.)

Weiteres romantisches, schattiges, mittelalterliches Bergdorf mit engen Treppengäßchen inmitten eines Weinbaugebietes (ein kleiner Flecken außerhalb des Hauptanbaugebietes der "Côtes de Provence"-Weine). Wer mit dem Zug anfährt, muß eine gute halbe Stunde Fußmarsch zum Dorf hinauf einplanen.

Ausflug: Ab Villars führt eine Straße (D 226) über 13 km steil hoch nach THIERY. Ein ausgestorben wirkendes Bergnest in 1.085 m Höhe. Sehr viel Ruhe. In dem Ort kann man wegen der Treppengäßchen nur zu Fuß gehen. Unterhalb des kleinen Friedhofes ist über einer tiefen Schlucht ein Aussichtsbalkon. Vorsichtig fahren, da Ziegenherden öfter auf der Straße stehen (mit Vorliebe gleich nach unübersichtlicher Kurve). Mit großen Wohnmobilen ist der Ausflug nicht zu machen, da zu enge Straßen.

★Utelle (400 Einw.)

Bis ins späte Mittelalter bedeutendste und reichste Stadt der Vesubietäler, ist Utelle heute beliebtes Ausflugsziel der Nizzaer. 800 Meter hoch gelegen, wird es besonders im Hochsommer als kühlere Fluchtburg vor der Hitze des Litorals geschätzt.

Verbindungen ab Utelle

Auto/Parken: Nur mit dem Auto sinnvoll, da etwas abgelegen. Aus Richtung Puget-Theniers (N 202) geht es in Plan-du-Var vor einer Brücke rechts ab. Von Nizza fährt man auf derselben Straße vom Süden her bis zum Ortsende von Plan du Var, wo es nach der Brücke rechts abgeht. Auf der D 2565 durch die schattige Schlucht des Vesubietals bis St. Jean la Rivière. Hier den steilen Paß hinauf nach Utelle (D 32). Parkplätze vor dem Dorf oder bei der Kapelle.

"**Hotel Le Bellevue**", wie der Name sagt mit schönem Blick auf die Alpen, nur in der Saison geöffnet, 19 kleine Zimmer, teilweise mit Dusche und WC, 6o bis 8o DM.

RESTAURANTS

RESTAURANT LE BELLEVUE - CHEZ MARTINON, rosa Haus am Ende des Dorfes, kitschige Deckentapete im Speisesaal mit offenem Kamin, Gartenterrasse, Menü 31 und 43 DM, das große 5-Gänge-Menü ist (verdientermaßen) eigentliches "Ausflugsziel" der Nizzaer: hausgemachte Gnocchi und Wildschweinbraten. Unschlagbar!

AUBERGE UTELLOISE, am Dorfplatz. Im mittelalterlichen, länglichen Speisesaal ist es weniger gemütlich als auf den Tischen mitten auf dem Platz. Ähnliche Küche wie Chez Martinon, Menü 22 und 4o DM. Große Portionen.

SEHENSWERTES

Die Kirche EGLISE ST. VERAN aus dem 14. Jahrhundert am Dorfplatz: Die Jahrhunderte hinterließen Spuren verschiedener Epochen. Das geschnitzte Altarblatt, das den Leidensweg zeigt, wurde von einem Nizzaer Künstler, der sich in Utelle niederließ im 17. Jahrhundert angefertigt. Im Dorf sagt man, daß Napoléon dieses Kunstwerk anläßlich seiner Passage in Utelle konfiszieren wollte, was jedoch die Einwohner mit einer List zu verhindern wußten: in nächtlicher Aktion bohrten sie Holzwurmlöcher. Als der kleine Korse diese am anderen Morgen bemerkte, ließ er das "Wrack" lieber stehen. In der Sakristei kann man Altartücher aus Genueser Velours sehen.

Die kleine Kapelle CHAPELLE DES PENITENTS BLANCS, gleich nebenan, ist wegen des nach dem Rubensvorbild "Die Kreuzabnahme" geschnitzten Altarblattes sehenswert. Die Schlüssel für die Sakristei und die Kapelle gibt es in der Auberge Utelloise oder beim Comité des fetes.

AUSFLÜGE

Neben einigen Wanderwegen vom Dorf aus ist das 6 km oberhalb gelegene Wallfahrtskirchlein MADONE D'UTELLE, in seinem auf das Jahr 18o6 zurückgehendem heutigen Aussehen, ein ehemaliges Kloster aus dem Jahre 85o. Die Kapelle wurde unlängst renoviert und kann besichtigt werden. Von der Decke hängt ein Dreimasterschiffsmodell herab. Wallfahrten sind am Ostermontag, Pfingstmontag, Mariä Himmelfahrt und am 8. September, wobei in der Erde klitzekleine Mineralstücke (Stecknadelkopf-Größe) in Sternform als Glücksbringer gesucht werden.

Die Gründung der Kapelle wird mit einer Legende erklärt: Als im Jahr 850 spanische Seefahrer vor dem Mündungsgebiet des Var in ein schreckliches Unwetter gerieten, glaubten sie, ihre letzte Stunde hätte bereits geschlagen. So gelobten sie, daß sie auf einem Gipfel der Küste eine Kapelle zu Ehren der Gottesmutter Maria erbauen werden, falls sie mit dem Leben davon kämen. Da legte sich der Sturm und vom Himmel fiel ein glühender Stern auf die Gipfel des Montagne de la Madone zwischen den Mescla- und Vesubieschluchten. Und eben dort errichteten die spanischen Seefahrer das Kirchlein.

Das 1.174 m hohe, buchsbaumgesäumte Gipfelplateau bietet Panoramablick an der Orientierungstafel über einige Dreitausender und runter zur Küste.

Der FRANZOSENSTURZ, Saut des Francais: ab St. Jean-la-Rivière 5 km auf der D 19 Richtung Levens/Nice bis kurz vor Duranus. In die 300 m tiefe Schlucht warfen die von Sarden unterstützten Nizzaer (Nizza war Refugium des davongejagten Adels) 1793 die republikanischen französischen Soldaten.

Auf der D 19 kann man zurück nach Nizza, ist aber nicht besonders schön.

VENCE ⋙→ GRASSE

Côte d'Azur

HINTERLAND: Region Vence, Grasse

In dem Hügelland zwischen Vence und Grasse gibt es viel zu sehen: schöne Bergdörfer mit kleinen Gäßchen, schluchtenreiche provenzalische Berglandschaft, das mittelalterliche Dorf ST. PAUL-DE-VENCE mit dem modernen Kunstmuseum Fondation Maeght und die Hauptstadt der Parfumherstellung GRASSE.

★Vence (16.000 Einw.)

Vence hat weniger Zulauf als der Nachbarort Saint-Paul-de-Vence, obwohl Künstlerstadt (Matisse, Chagall). Schöne Altstadt mit mittelalterlichen Häusern und pittoresken Gassen. Malerische Marktstände, aus Restaurantküchen die Gerüche der Provence-Kräuter, Knoblauch in Olivenöl. Der Ort hat viel Provence-Flair, auch wenn nach und nach die "Einrahmung der Stadt", die Orangen-, Zitronen- und Olivengärten verschwinden zu Gunsten angelegter Gärten mit Swimmingpools. Trotzdem hat man hier den Eindruck, auf dem Lande zu sein.

Ideal für Leute, die nicht auf vollen Trubel stehen, etwas frischere Nächte bevorzugen und gerne Exkursionen ins Hinterland machen. Dabei aber doch nur gute 1o km vom Meer und den Stränden entfernt sein wollen.

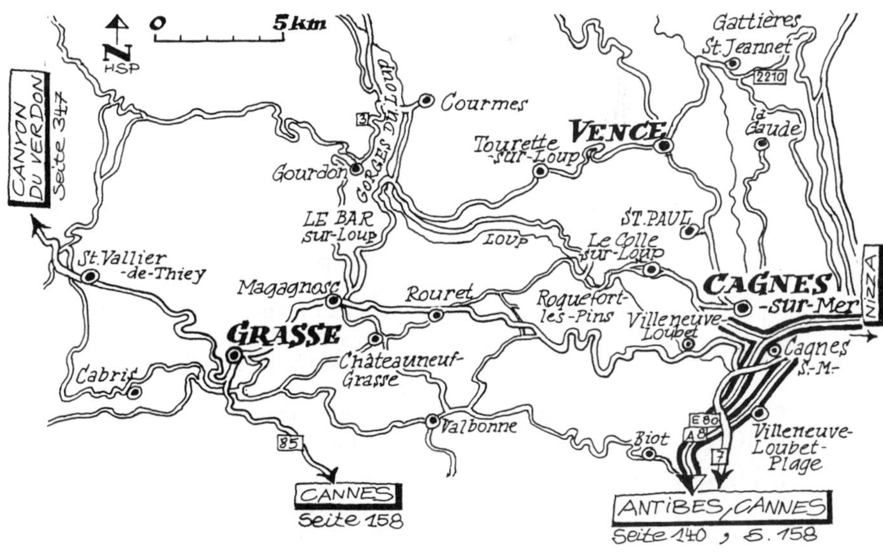

Tourist-Info: Office du tourisme, Place du Grand Jardin. Hier gibt es kostenlos einen Stadtplan, Informationen und Zimmervermittlung.

Post: Place Clemenceau, im Rathausgebäude (Hotel de Ville). Mo.-Fr. 9-12 und 14-17 Uhr, Samstag 9-11.3o Uhr.

Bank: CREDIT LYONNAIS, Place M. Juin, Residence St. Hubert. Montag mit Freitag 9-12, 14-16.3o Uhr. Wechselbanken auch um Place du Grand Jardin.

Auto/Parken: Mit dem Auto gut ausgebaute Straße D 36, geht von der RN 7 ab. Schöner Blick auf St. Paul-de-Vence.

Bus: Ab Cagnes-sur-mer und Nizza stündlich Busverbindung (ca. 6 DM). Achtung, letzter Bus um 19.3o Uhr.

"La Roseraie", Av. H. Giraud, im 1oo-jährigen Haus dominiert die Farbe Grün. Bis ins Detail geschmackvoll von Maurice und seiner deutschen Frau Monika dekoriert, Salernes-Fliesen, Antiquitäten, provenzalische Stoffe. Relaxen mit Stil: Frühstück am Pool unter mächtiger Magnolia. Komfortable DZ, Dusche/WC 12o-145 DM, No. 8 hat kleinen Balkon und Superblick.

"Hotel Park Hotel": 5o, Av. Foch, Route de Tourettes. Von Mitte Oktober bis Mitte November geschlossen. Liegt zwar etwas außerhalb, hat aber dafür wunderbaren Garten und Terrasse mit Flair. 77-11o DM.

"Hotel Le Provence": 9, Av. Marcellin-Maurel, zwei Sterne, gemütlicher Innenhof, Rosenbogen, blühende Blumen, im Zentrum. 6o-95 DM.

"Hotel La Closserie Des Genets": 4, Impasse Maurel, ganzjährig geöffnet, im Zentrum, mit nettem Gärtchen. Reservieren empfehlenswert, da Zimmer recht günstig (4o-8o DM). Mit Halbpension pro Person 77-93 DM. Auch Restaurant.

Camping: LA BERGERIE, leicht zu finden auf der "Route de Grasse", im Winter geschlossen, schattig, ruhig, erholsam. In kleinem Wäldchen mit Trimmpfad am Stadtrand.

LE CLEMENCEAU, Place Clemenceau, ordentliches Menü für 45 DM, prima Lasagne, traditionelle Küche.

L'ORANGER, 3, Place de la Rouete, ab Place Godeau aus geschildert mit kleiner Straßenterrasse. Romantisch unter gedücktem Natursteingewölbe gibt es Menüs ab 3o DM.

AU COIN DU FEU, Impasse du Cimetière Vieux gleich nach überdachtem Teil des Gäßchens. Winzigrestaurant mit offenem Kamin. Traditionelle 3-Gänge-Menü 3o DM, 4 Gänge 45 DM.

LA VIEILLE DOUVE (Chez Mariano), Rue Henri-Isnard, sonntags geschlossen, langgezogenes einfaches Lokal mit Terrasse. Nett und original. Dreigängiges Menü ab 23 Mark.

PECHEUR DE SOLEIL, hinter Kathedrale am Place Godeau. Patron backt im rustikalen Lokal hinter dem Tresen nach eigenen Angaben 4oo (in Worten: vierhundert!) verschiedene Pizzas, 11-22 DM.

Café/Bar BAR LE CLUB, Rue Alsace-Lorraine, beim Place Clemenceau, zum Kaffeetrinken, vielleicht etwas verstaubt, aber mit Atmosphäre.

LA REGENCE, Place du Grand Jardin, immer gut besucht, obwohl etwas kitschig. Man kann eine Kleinigkeit essen (Pizza), Spielautomaten.

Markt: Hauptmarkttag ist Freitagvormittag auf dem Place Clemenceau, dienstags etwas kleiner. Interessant für Produkte aus der Provence.

Täglich ist am Place du Grand Jardin ein Blumenmarkt. Mittwochs findet ganztägig am Place de l'Ara ein Trödelmarkt statt.

SEHENSWERTES

Ausgangspunkt für Besichtigungen ist der Place Clemenceau und der sich daneben befindliche Place Surian in der Altstadt mit seinem morgendlichen Markt, Boutiquen, Restaurants und Bars.

Die KATHEDRALE am Place Clemenceau. Ihre Fassade aus der letzten Jahrhundertwende läßt nur wenig auf die Entstehung der Grundmauern im 11. Jh. schließen. Neben dem Chor aus dem 15. Jh. ist besonders das Chagall-Mosaik "Moise sauvé des eaux" beim Taufbecken interessant. Kirchturm aus dem 18. Jahrhundert mit freistehenden Glocken. Hier und unter den Pinien im Parc de la Conque findet alljährlich in der zweiten Julihälfte das Musikfestival "Musique de Vence" statt.

MATISSE KAPELLE: La Chapelle du Rosaire, Route du Saint-Jeannet. Etwas versteckt, aber eigentlich nicht zu verfehlen. Henri Matisse realisierte die gesamte Innendekoration. Den Kreuzweg malte er schwarz auf weiße Kacheln, worauf die bunten Glasfenster interessante Farbreflexe werfen.

Die Entstehungsgeschichte dieser Kapelle klingt romantisch. Nach einer Operation ließ sich Matisse von Monique Bourgeois pflegen. Es blieb nicht aus, daß der Künstler das junge, vaterlose Mädchen zu seinem Lieblingsmodell machte. Dabei entstand - vielleicht unbewußt - eine gewisse Zärtlichkeit zwischen beiden. 1943 verließ Monique jedoch den Maler und ging als Schwester Jaque-Marie ins Dominikanerinnen-Kloster. Matisse ließ den Kontakt zu ihr nie abbrechen, lebte sogar bis 1948 in Vence. Als sie ihm von

[Plänen, diese Kapelle auszuschmücken, erzählte, bot sich der Künstler dafür an.]

Di. und Do. 1o-11.3o und 14.3o-17.3o Uhr geöffnet.

In und um Vence gibt es viele Kapellen, z.B. Notre-Dame des Crottons (siehe Galerie Beaubourg) aus dem Jahre 1o42, die Ste. Anne-Kapelle aus dem 17. Jh. mit schönem Altarbild (Ara-Quartier, Allée Ste. Anne) oder die Chapelle des Penitents Blancs, heute eine Kunstgalerie mit wechselnden Ausstellungen (1o-12, 14-18 Uhr, Place Mistral).

MUSEUM CARZOU: Place du Fréne. Umfassender Einblick in das Werk des Künstlers. Geöffnet: im Sommer 1o-12 und 15-19 Uhr, im Winter nachmittags von 14-18 Uhr.

Der Platz selbst bietet eine Kuriosität: eine vor 45o Jahren gepflanzte Manna-Esche steht hier, obwohl dieser Baum sonst in Höhenlagen nicht gedeiht. Vence liegt immerhin 325 Meter hoch.

GALERIE BEAUBOURG im Chateau Notre-dame-des-Fleurs, wo vormals das Parfum- und Likörmuseum war. Der gelbe Palast wurde erst im letzten Jahrhundert auf den Ruinen eines ehemaligen Kloster- und Bischofssitzes erbaut. Die Galerie ist südfranzösische Zweigstelle der berühmten Pariser Galerie Beaubourg. Besuch lohnt wegen Vielfalt. Bereits im terrassierten Park Skulpturen und Bronzen. In den Sälen stattliche Anzahl an Werken hochdotierter, zeitgenössischer Künstler wie Arman, Ben, César, Louis Cane, Jean Tinguely, Andy Warhol oder Yves Klein. Ausgestelltes nicht in jedem Fall unerschwinglich, günstig beispielsweise die Glaskunst von Now. Täglich 11-19 Uhr geöffnet. Eintritt frei. 2618, Route de Grasse, ab Vence Richtung Tourrettes-sur-Loup, ist ausgeschildert.

AUSFLÜGE

GORGES DU LOUP für Motorrad- und Autofahrer, Halbtagesausflug, ca. 6o km. Das Tal und die Schluchten des Loup bieten viel Naturromantik sowie gemütliche provenzalische Nester. Ab Vence auf der D 221o nach Tourette-sur-Loup. Gut erhaltene mittelalterliche Stadt, Kunsthandwerk und Olivengärten in Terrassen am Hang.

Im nächsten Ort PONT-DU-LOUP geht es am Ortseingang rechts auf die D 6. Hier beginnen die eigentlichen Canyons. Motorradfahrer aufpassen, es ist manchmal auch im Sommer glitschig! Zu sehen zwei Wasserfälle: kurz vor dem zweiten Tunnel die "Cascade de Courmes" und gleich nach dem dritten Tunnel die "Cascades des Demoiselles". Stop lohnt sich!

Am anderen Ufer des Loup geht's auf der D 3 über Gourdon, La-Bar-sur-Loup auf der D 221o wieder zurück. Wer retour einen anderen Heimweg fahren will als die Anfahrt, muß in Pont-du-Loup auf die D 6 Richtung La Colle-sur-Loup (schöner Postkartenblick auf St. Paul!) und St. Paul-de-Vence zurück.

Das mittelalterliche, außergewöhnlich erhaltene **GOURDON** liegt wie ein Adlernest auf einem Felsen. Vom "Point de vue", einer kleinen Terrasse sagenhaften Blick aufs Meer, reicht von Nizza bis rüber ins Esterel-Gebirge. Im Ort ein Heimatkundemuseum ("Musée historique") und ein Museum für Naive Malerei ("Musée de Peinture Naive"). Gourdon hat Flair, auch wenn St. Paul-de-Vence schöner ist und in jedem Fall mehr Boutiquen mit Kunsthandwerk oder regionalen Produkten besitzt.

In **BAR-SUR-LOUP** könnte man dem Ortsnamen gerecht werden und eine Bar aufsuchen, um gemütlich einen Kaffee zu trinken, z.B. "Bar de l'Amiral", Place Chateau.

Für **Wandersleute**: Es gibt einige gekennzeichnete Wanderwege, doch sollte man sich nicht zuviel davon versprechen. Broschüre beim Office du tourisme.

Sport: Freibad, Tennis, Wandern, Reiten am Col de Vence nördlich der Stadt.

Bei Ausflügen in die Gegend bieten Zigeuner oft Ponyreiten für Kinder an!

Radfahren: Der Radsportclub "Cyclo-Club de Vence" (Info beim Office du tourisme) bietet mit der "Tour des Alpes Maritimes" die Möglichkeit zwischen Mai und Oktober eine 326 km lange Strecke über 14 Päße in weniger als zehn Tagen zu durchradeln (Einschreibegebühr: 1o DM). Dabei lernt man die Gegend kennen, von Vence über Greolieres, Entrevaux, Guillaumes, Sospel, Menton, Nizza und Cagnes-sur-mer wieder zurück.

★Saint-Paul-de-Vence (3.ooo Einw.)

Eines der meistbesuchten Dörfer Frankreichs, besonders in der Hauptsaison. Schon von fern hat man einen Ansichtskartenblick auf das hervorragend, oft fast authentisch erhaltene und gepflegte "Saint-Paul", wie es die Einheimischen verkürzt nennen.

Das Besondere an Saint-Paul ist, daß sich die Altstadt, umgeben von Befestigungsanlagen, dank der Berglage ihre Ursprünglichkeit erhalten konnte, und diese mit dem Renommée und Flair einer hochgeschätzten Künstlerstadt zu verbinden verstand.

Alle paar Jahre kracht das eine oder andere Stadthäuschen (meist aus dem 16. Jh.) zusammen und wird danach liebevoll mit den alten Steinen wieder aufgebaut. Das mittelalterliche Saint-Paul ist fast komplett Fußgängerzone mit engen, kieselsteingepflasterten Gassen, schmucken Galerien (Gemälde einigermaßen anerkannter Künstler ab etwa 1.ooo DM), Läden, Bars und Restaurants. Trotz des Massentourismus bewahrte das Dorf in Architektur eine verträumte Romantik. Auf den umliegenden Hügeln haben Prominente und namhafte Künstler ihren (Zweit-)Wohnsitz.

Saint-Paul ist Ausflugsziel, aber auch Aufenthaltsort für Geschichts- und Kunstinteressierte und erholsame Zufluchtsstätte, wenn es einem an der Küste zu heiß wurde, da die engen Gassen schattig sind.

Tourist-Info: Syndicat d'initiative, Rue Grande, gleich rechts von der Porte Royale. Tel. 93.32.86.95. Geöffnet: 1o-12 und 14-18 Uhr, Dienstag und Sonntag vormittags geschlossen. Im Sommer täglich 1o-19 Uhr.

Verbindungen Saint-Paul-de-Vence

Auto/Parken: von Cagnes-sur-mer aus über Vence D 36) oder Villeneuve-Loubet und La Colle sur Loup (D 6 und D 7).
Das Auto muß man vor den Stadtmauern parken.

Bus: ab Cagnes-sur-mer mehrmals täglich.

HOTELS: Wer gerne einmal in einem mittelalterlichen Dorf übernachtet, dem wird es hier gefallen, ansonsten bevorzugten wir das ruhigere Vence.

"**Hotel La Colombre D'Or**": Place du Général-de-Gaulle, gegenüber dem Bouleplatz vor der Stadtmauer. Traditionshotel mit Stil. Sagenhafte Gemälde, romantischer Garten, Swimmingpool, Zimmer mit Frühstück 38o-44o DM. Auch Halbpension.

"**Hotel Les Orangers**": Route de la Colle (D 7). Kleines Hotel außerhalb. Mit schönem Garten. Blick auf St. Paul. Sehr erholsam. DZ 12o bis 245 DM.

"**Le Hameau**", Route de la Colle, ein Laubengang führt durch Obstgarten (für Frühstücksmarmelade!) zum ehemaligen provenzalischen Bauerngehöft mit mehreren Dachniveaus. Frühstückspatio, Terracotta, Antiquitäten. DZ, Dusche/Bad/WC je nach Größe 12o-17o DM, 4-Bett-Suite 2oo DM. Idyllisch Zimmer 17 oberhalb Garten mit intimer Terrasse.

"**Hotel Les Remparts**": Rue Grande. Mittelalterliches Haus, direkt im Dorf. Antiquitäten. Rezeptionist eng eingepfercht hinter seinem Pult. Zimmer runderneuert. DZ mit Etagensanitär 9o DM, mit Dusche/Bad, WC 15o-18o DM.

Es gibt mehrere Restaurants in und um die Altstadt, doch leidet alles ein wenig unter dem Hauptaugenmerk auf die Laufkundschaft. Deshalb gestattet man sich auch höhere Preise.

LE SAINT PAUL, 86, Rue Grande. Im gleichnamigen Luxushotel, vielgelobtes Lokal ohne gastronomische Abenteuer. Menüs von 55 (nur mittags) bis 125 DM.

LA PETITE CHAPELLE, Chemin de la Fontenette. Das Haus aus unbehauenem Naturstein mit hellgrün-gestrichenen Balken unterhalb Dorfeingang. Enges Lokal, gemütlicher auf Sommerterrasse unter Palme. Territoriales 3-Gänge-Menü 4o DM.

LES REMPARTS, Eingang mit hübschen Antiquitäten. Von manchen Tischen Weitblick über die Landschaft. Einfaches Menü für 3o DM.

LA COCARDE, Rue Grande, in altem Haus des Wehrdorfs. Blaue Stühle, an Natursteinmauer hängt ein großes Gemälde. Auch wenn die beiden deutschen Konditoren prima Cremeschnitten, Käsekuchen etc. bieten, sind 9 DM das Stück nicht geschenkt. Mittagsplatten 16-27 DM.

SEHENSWERTES

RUE GRANDE: Die Hauptgasse des Bergdorfes, mit schmalen Stadthäusern aus dem 16. und 17. Jahrhundert. Sie führt von der Porte Royale bis zur Porte de Vence, überschwemmt mit Geschenkboutiquen und Galerien, Besitzer allerdings nicht sehr aufdringlich, so daß man sich in Ruhe umschauen kann. Auf halbem Wege linkerhand der "Place de la Grande-Fontaine". Manche Leute werfen Geldmünzen in den Brunnen (für diesen Landstrich typische Urnenform), doch entbehrt das jeglicher Tradition.

L'EGLISE COLLEGIALE: die ehemalige, gotische Stiftskirche aus dem 12. und 13. Jh. mit einem Kirchturm aus dem 18. Jahrhundert. Im düsteren Kirchenschiff riecht man das Alter. Sehenswert der Kreuzgang und verschiedene Gemälde, darunter die "Heilige Katharina von Alexandrien" des venezuanischen Malers Tintoretto.

AUSSICHTSPLATEAU, oberhalb des Friedhofs am Ende der Rue Grande: Weitblick über gescheckt-rotbraune Dächer provenzalischer Landhäuser hinweg bis zu den "Wellenhäusern" in Villeneuve-Loubet (von hier aus gesehen passen sie sich beinahe harmonisch in die Landschaft ein) und dem pinienbewaldeten Cap d'Antibes im Westen.

FOTOGRAF JACQUES GOMOT, Rue de la Boucherie. Der Fotograf hat 4o Jahre Leben und Treiben in Saint-Paul mit seiner Kamera festgehalten und verkauft Fotos von Belmondo, Romy Schneider, Lino Ventura, Alain Delon u.v.m. Etwas für Fans!

Vor dem "CAFE DE LA PLACE" am Ortseingang gibt es einen Bouleplatz (für jedermann!), wo sich auch die Prominenz gerne beim Spielen zuschauen läßt.

➪ Durch das Hotel "COLOMBE D'OR" (vis á vis dem Bouleplatz) wurde Saint-Paul erst zu dem weltberühmten Künstlerdorf. Der damalige Gasthof hieß bezeichnender Weise "Robinson", als Saint-Paul noch eine verlorene Insel des Hinterlandes war. Maler kamen wegen der mittelalterlichen Stadtstruktur, insbesondere aber wegen des Lichtes Südfrankreichs nach St. Paul und durften im Colombe d'Or kostenlos wohnen. Sie bezahlten mit Bildern. Unter ihnen Paul Signac, Pierre Bonnard, Chaim Soutine und Henri Matisse. Wer heute im Hotel logiert oder speist, kann die beachtliche Gemäldesammlung sehen; für Nichtgäste nicht zugänglich.

FONDATION MAEGHT: modernes Kunstmuseum, dessen markante Architektur (José-Luis Sert, Schüler des umstrittenen Architekten Le Corbusier) in krassem Gegensatz zum romantischen Flair des mittelalterlichen Dorfes steht. Es liegt etwas außerhalb auf dem Hügel "La Colline des Gardettes", leicht zu finden, da gut beschildert. Geöffnet: im Sommer 1o-19, im Winter 1o-12.3o und 14.3o-18 Uhr. Eintritt 14 DM.

Eine Stiftung der Kunsthändler Marguerite und Aimé Maeght, die nicht nur einfaches Museum sondern zugleich ein künstlerisches Kommunikations- und Informationszentrum sein will: Künstler sind willkommen. Es gibt Ateliers und eine Bibliothek. Darüber hinaus wechselnde Ausstellungen und Hommagen sowie im Sommer Konzerte.

Das Museum liegt in einem sehenswerten Garten mit Pinien und Skulpturen (Arp, Mirò, Alexander Calder). Für manche ist es eines der schönsten Museen moderner Kunst, doch finden wir, daß es sehr davon abhängt, ob einem das Thema der aktuellen Ausstellung, die einen Großteil des Museums belegt, zusagt.

✶Grasse (4o.ooo Einw.)

Bedeutendste Stadt des Hinterlandes der Côte d'Azur. Bekannt als Hauptstadt der Parfumherstellung. Lebendige Altstadt, geprägt von hohen Häusern aus dem 18. Jh. im italienischen Stil. Die Anfahrt vom Meer her ist häßlich. Die ehemals blütenreiche, sanfthügelige Landschaft wurde für Straßenzüge abgerundet und mit Wohn-, Geschäftshäusern, Industrie- und Lagerhallen bebaut. Im Westen und Osten erhielt sich die Stadt ihren Charakter.

Dem Touristenboom unseres Jahrhunderts entging Grasse ziemlich schadlos. Deshalb ein angenehmer, städtischer Aufenthaltsort im Hinterland, aber auch Ausflugsziel. Grasse verfügt über ein gesundes Klima (soll günstig bei Asthma sein), was bereits Königin Victoria zu schätzen wußte.

Tourist-Info: Office du Tourisme, Cours Honoré Cresp im Palais des Congrès. Wochentags 9-12 und 14-18.5o Uhr, im Sommer 9-19 Uhr, sonntags 9-12.3o und 13.3o-18 Uhr. Deutsch wird gesprochen.

Post: Hauptpostamt am Bd. Fragonard. Geldwechsel: Mo.-Fr. 8-18 Uhr, Sa. 8-12 Uhr.

Bank: LYONNAISE DE BANQUE, Mo. mit Fr. 8.1o-12, 13.3o-16.3o Uhr. CREDIT LYONNAIS, Mo. mit Fr. 8.2o-12.15, 13.35-16.3o Uhr. Beide Bd. du Jeu du Ballon.

GESCHICHTE: Über die Entstehung der Stadt ist man sich noch nicht im klaren. Funde in der Umgebung lassen auf Besiedelung bereits 2000 v. Chr. schließen.

Seit dem 12. Jh. unterhielt Grasse enge Handelsbeziehungen zu italienischen Städten, vor allem zu Genua und Pisa. Nach dem Muster italienischer Stadtrepubliken erlangte Grasse im 12. Jh. sogar Unabhängigkeit, was jedoch für's gemeine Volk wenig änderte. Das Sagen im Stadtstaat hatten die "Consuls par la grace de Dieu" (Räte aus Gottes Gnaden), eine Gruppe alteingesessener, untereinander verschwägerter Patrizier, denen es in allererster Linie um den eigenen Geldbeutel ging. Ihre Macht wurde auch nur wenig eingeschränkt, als im 13. Jh. die Stadt den Grafen der Provence zufiel.

Berühmteste Söhne der Stadt sind der provenzalische Dichter Belaud de la Bellaudière (1532-1588), hier geboren und gestorben, sowie der Maler Jean-Honoré Fragonard (1732-1806).

PARFUMHERSTELLUNG: Die Handelsbeziehungen mit Italien basierten auf Seife, Olivenöl, vor allem aber auf Leder. Dafür erhielt Grasse Waffen und ungegerbte Tierhäute. Seit dem 16. Jh. waren die wohlriechenden, da parfümierten Lederhandschuhe aus Grasse an den Höfen Europas besonders gefragt. Daraus entwickelte sich als zweites Standbein die Parfumindustrie und gewann mehr und mehr an Bedeutung.

Die einzelnen Verfahren der Essenzgewinnung und Herstellung von Duftstoffen kann man in den Parfumfabriken (z.B. Galimard, Fragonard oder Molinard) kostenlos und meist mit deutschsprachiger Führung sehen. Zuletzt bekommt man die Parfumboutique zu sehen. Man wird aber keinesfalls verpflichtet, etwas zu kaufen.

Die Essenz-Gewinnung geschieht in 3 Schritten: Destillation, Extraktion und Enfleurage à froid. Letzteres Verfahren zur Gewinnung des extrem empfindlichen Jasmindufts wird weltweit nur mehr in Grasse angewandt. Übrigens sind die so gewonnenen Essenzen extrem teuer. Verständlich, wenn man beispielsweise für 3 kg Jasminessenz 1 Tonne Jasminblüten braucht. Ein Parfum besteht aus 50 bis 150 Komponenten. Jede Essenz ist ein Naturprodukt und unterliegt deshalb natürlichen Schwankungen. Professionelle Duftmischer mit supersensiblem Geruchssinn, die sogenannten "Nasen", mixen sie vor Ort oder in Paris. Ihre Kunst ist es, einen genau gleichen Duftton aus den von Ernte zu Ernte variierenden Komponenten zu mischen. Einer der Gründe, warum man aus bis zu 150 Komponenten mischt.

Ein Großteil der Essenzen gelangt in den Export, z.B. für Waschmittelproduktion. Der Parfumherstellung verwandt ist die Produktion von natürlichen Aromastoffen, z.B. für Gewürze, Joghurts, Zahnpasta, Konservennahrung, Kaugummis etc. Damit verdienen sich sechs weltweit operierende Industriebetriebe goldene Nasen.

"**Hotel des Parfums**": Rue Charabot. Komfortables Neubauhotel oberhalb Zentraum, Pool. Zimmer im Süden haben Balkon und Meerblick. DZ mit Bad/Dusche und WC 165-192 DM.

"**Hotel Horizon**": im Nachbarort Cabris. Ruhiges Natursteinhaus. Blick über Berge und Seen aufs Meer. Teile von Olivenmühle in der Halle, Pool. DZ um 150 DM. Im Winter geschlossen.

"**Hotel Panorama**", 2, Place du Cours, direkt im Stadtzentrum. Roter Neubau, 5 Stockwerke. Überdurchschnittlicher 2-Sterne-Komfort. Klimaanlage, Schallisolierung,

TV. Zimmer mit Balkon haben Weitblick bis zum Meer. Das DZ von 122 bis 153 DM.

"**Sainte-Thérèse**", 39, Av. Baudoin an Route Napoléon. Hotel-Pension wird von Klosterschwestern betrieben. Im Haus eine Kapelle, in den Zimmern ein Kreuz. Besonnte Terrasse. Rührend kümmern sich die Schwesten um die älteren Gäste. Saubere DZ mit Dusche/WC 7o DM, ohne 58 DM. No. 32 war früher Kapelle, deshalb der besondere Plafond.

"**Les Palmiers**": Bd. Baudoin, am Corniche mit Garten. Ein Dutzend korrekter Zimmer zu vernünftigen Preisen. DZ je nach Ausstattung 5o-7o DM.

Ferienwohnungen: Im Office du Tourisme gibts eine umfangreiche Liste. Es wird auch zwecks Vermittlung telefoniert.

RESTAURANTS IN DER STADT:

BARREAU, Av. de Gaulle. Stadthaus unterhalb Justizpalast. Bei gedämpftem Licht wird mit diskreter Professionalität ein bourgeoises Menü für 3o DM serviert.

BLEU CITRON, 2, Rue des Quatre Coins. Oben winzig, gemütlicher im Gewölbekeller. Prima Territorialküche, hübsch angerichtet. Günstiges Menü für 25 DM, sonst teuer, 43 DM.

GALERIE GOURMANDE, 3, Rue Fabrerie, Treppengasse bei Place des Aires. Speiseraum mit Natursteingewölbe öffnet sich weit zur Patio, Grünpflanzen. Empfehlenswertes Menü 28 DM.

BRASSERIE DES ARCADES, Place des Aires. Angenehmer an den luftigen Tischen im Freien als im dunklen Saal. Übliches o8/15-Menü 28 DM, Tagesgericht 17 DM.

RESTAURANT PIZZERIA LE FRAGONARD, Bd. du Jeu du Ballon. Erkennt man an der großen Rundbogen-Fenstertür. Viele Plätze im Lokal, auch erhöht auf Galerie. Kupferschüsseln und Pizzabrett an der Wand. Einfaches Menü 2o DM, Pizzas ab 12 DM.

RESTAURANTS IM UMLAND: Zwei Adressen von Lokalen mit ausgezeichneter Küche bei zivilen Preisen im Umland:

VIEUX CHATEAU, in Cabris, das Schlößchen vor der großen Aussichtsterrasse neben der Kirche. Momentan sehr "in". Exquisite Menüs ab 43 bis 85 DM. Provenzalische Küche. Vermieten auch komfortable Zimmer 95 und 125 DM, mit Halbpension das Doppelte.

CHEVRE D'OR, ebenfalls in Cabris, Av. du Docteur Belletrud. Speisesaal über zwei Niveaus. Offener Zierkamin. Kupferpfannen hängen von Holzbalkendecke. Man macht ein wenig auf fein. Empfehlenswerte Menüs von 3o bis 38 DM. Großes Menü 6o DM, teuer.

SEHENSWERTES

Macht viel Spaß, durch die engen Gäßchen der lebendigen ALTSTADT zu schlendern. Langgestreckter PLACE AUX AIRES mit Brunnen, unregelmäßigen Arkaden und morgendlichem Markt. Die Sehenswürdigkeiten der Altstadt liegen südlich, vor allem die ehemalige Kathedrale NOTRE-DAME-DU-PUY. Die Kirche wurde im 12. Jh. erbaut, jedoch im 17. und 18. Jh. bei der Restaurierung verändert. Kunsthistorisch interessant vor allem wegen ihrer Kunstschätze. Die "Fußwaschung" (über Sakristeitüre) ist eines der wenigen religiösen Gemälde Fragonards. Außerdem 3 Gemälde von Peter Paul Rubens und ein auf Holz gemaltes Triptychon von Louis Bréa aus dem 15. Jh.

Das Rathaus gegenüber war der ehemalige Bischofspalast aus dem 12. Jh. Jahrhundertelange Umbauten lassen kaum mehr auf das Alter schließen.

Nördlich des Altstadtviertels: der JARDIN DE LA PRINCESSE PAULINE (zuerst auf den Bd. Albert Ier, dann Bd. de la Reine-Jeanne). Im ruhigen Park Superaussichtspunkt Orientierungstafel. Blick über Grasse, das Esterelmassiv und die Küste.

MUSEEN

MUSÉE D'ART ET D'HISTOIRE DE PROVENCE: im ehemaligen Stadtpalast Cabris, welchen die Schwester Mirabeaus im 18. Jh. bauen ließ. Provenzalisches Heimatkundemuseum, Dokumente der provenzalischen Geschichte, Santons, Keramik, alte Möbel und einige Werke des Malers Fragonard. (2, Rue Mirabeau, 1o-13, 14-18 Uhr geöffnet, außer an Feiertagen. Oktober-Mai 1o-12 und 14-17 Uhr, Mo., Di., feiertags geschlossen, 3 DM.)

VILLA MUSÉE FRAGONARD: Das Wohnhaus des Malers wurde zum Museum. In stilvoller Umgebung werden Gemälde, Zeichnungen und Fresken des Malers gezeigt. Sehenswert auch der blühende Garten (Eintritt frei). Leider fielen einige der Palmen den rauhen Wintern von 1985 und 1986 zum Opfer. (23, Bd. Fragonard, Preise und Öffnungszeiten wie vorher.)

MUSÉE DE LA MARINE: kleines Museum mit Schiffsmodellen sowie Souvenirs und Dokumenten des Amiral de Grasse. (Hotel Pontevès, Montag bis Samstag 1o-12 und 14-18 Uhr, 5 DM.)

MUSÉE INTERNATIONAL DE LA PARFUMERIE: 8, Place de la Cours. Überblick und Geschichte der Parfumherstellung. Interessant als Ergänzung zum Besuch der Fabriken. (Juni-Sept. 1o-12 und 14-17 Uhr. Feiertags, Montag und Dienstag geschlossen. 5 DM.)

AUSFLÜGE

LAC DE ST. CASSIEN, gemütlicher Badeausflug zum Stausee ca. 18 km südwestlich von Grasse. Anfahrt am günstigsten über Peymeinade auf D 2562. Bewaldete Ufer und sehr klares, fischreiches Wasser. Von der Brücke Pont de Pré-Claou überblickt man den ganzen See. Hier auch

Tretbootverleih.

GROTTEN VON ST. CEZAIRE, westlich von Grasse. Anfahrt über D 13 Richtung Le Tignet/St. Cézaire. Zwei Kilometer vor St. Cézaire geht es gut beschildert rechts ab. Sehenswerte Grotten mit immer konstanter Temperatur von 14 Grad (Pulli!). Formenreiche Tropfsteingebilde, die sich in mehreren Grottenkammern gebildet haben. Schönen Gruß an Jules ausrichten! (Eintritt 6 DM, täglich 14.3o-17 Uhr, im Juli/August 1o-18 Uhr.)

Weitere Grotten in der Region: GROTTES DES AUDIDES mit kleinem prähistorischem Freilichtmuseum, an D 4 zwischen Cabris und St. Vallier. Herbert Reich entdeckte die Grotte 1988 und meisselte eigenhändig die 279 Stufen in einem halben Jahr ins Gestein. Deutschsprachige Führung. Im Juli/August stündliche Besichtigung, sonst nachmittags um 15 Uhr außer Montag und Dienstag. GROTTE DE BAUME OBSCURE, an der Straße nach St. Cézaire hinter St. Vallier (Ostern bis September 1o-18 Uhr).

Schöne Dörfer in der Umgebung: CABRIS mit großer Dorfwiese und Weitblick, - OPIO: westlich Richtung Villeneuve-Loubet, mit alter Olivenölmühle, und das mittelalterliche Adlernest GOURDON, nordwestlich mit vielen Kunsthandwerks- und Souvenirboutiquen.

ST. VALLIER DE THIEY: 12 km nördlich von Grasse an der Route Napoléon. Bergdörfchen, das hauptsächlich am Wochenende wegen seiner Landgasthöfe besucht wird. Große Wiese ist Treff der Leute. Auf Turm hübscher Glockenkäfig mit Stern.

LE TROUBADOUR, Menü ab 19 DM, - NAPOLÉON mit gemütlichem Innenhof. Menü 3o DM und für Feinschmecker mit gesundem Appetit für 5o DM mit Froschschenkel oder Schnecken.

Traditionslokal aber RELAIS IMPERIAL, da hier der kleine Korse am 2. März 1815 verweilte. Das Riesenlokal ist unglaublicherweise im Sommer immer voll. Menü 31 DM, à la carte 45 bis 55 DM.

ROUTE NAPOLÉON: beginnt eigentlich schon in Golfe-Juan. Besonders schöne Bergstrecke (RN 85) ab Grasse über Castellane nach Digne mit seinen Lavendelfeldern, rund 12o km.

Wandern: Viele ausgeschilderte Wanderungen im Grasser Umland. Das Syndicat d'Initiative in St. Vallier verkauft Karte und französische Beschreibung mehrerer Touren für 8 DM.

Zur KAPELLE ST. SATURNIN aus dem 13. Jh. Einfacher Weg 1 1/4 Stunden. Ausgangspunkt Straße rechts des Friedhof von St. Cézaire. Ab Chemin des Puits de Chautard rechts in den Chemin du Courbon mit Hinweisschild "Chapelle St. Saturnin" (ab jetzt mit Holztafeln ausgeschildert) und weiter auf Chemin de la Combe. Am Ende der Teerstraße rechts in Chemin des Tuves/N.D.St. Saturnin. Durch aufgegebene Kulturlandschaft und Olivenhaine, wildwachsenden Thymian, Mischwald über den schmalen Siagne-Kanal hinab zur Kapelle versteckt zwischen markanten Felsen. Darin einige Votivtafeln und zwei Marienstatuen.

Fischen: Sehr fischreicher Lac St. Cassien.

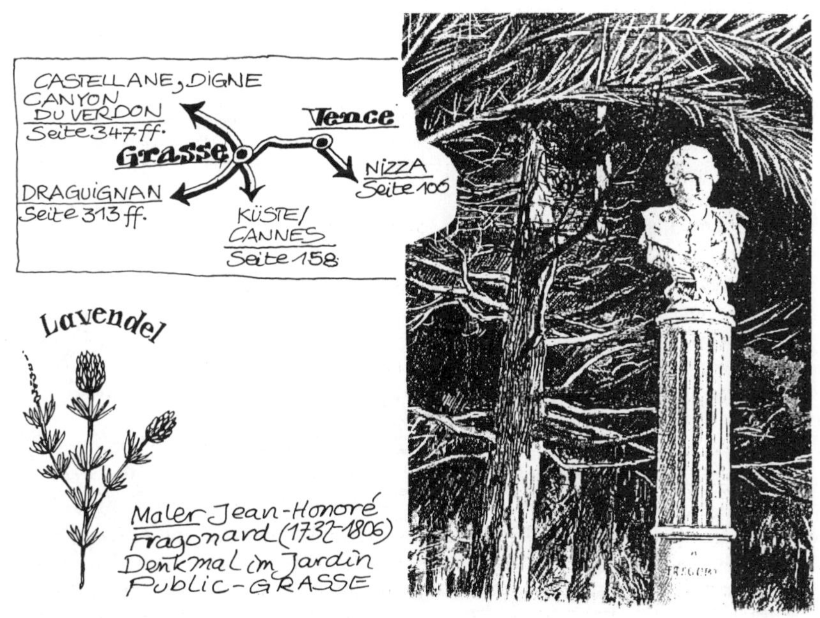

CANNES ⋙→ MARSEILLE

Provence

KÜSTE: Cannes bis Marseille

Hinter Cannes westlich wird es ruhiger. Man ist im Land der Fischer, auch wenn heute mehr im Tourismusgeschäft denn auf Hoher See gefischt wird. Im Gegensatz zum ärmlichen, provencalischen Hinterland, dem Land der Schäfer, - war die Küste schon seit jeher wohlhabender.

Ein Küstenstreifen mit idyllischen Buchten, breiten Stränden und Nähe zur Natur. Ausgenommen der Ballungszentren ST. TROPEZ oder FREJUS insgesamt weniger überlaufen als der Bereich Monaco - Cannes.

Verbindungen

Auto/Parken: Schnelles Vorwärtskommen mit dem Auto ist an der Küste nicht drin. Viel Verkehr im Sommer. Die Autobahn verläuft wie die N 7 im Landesinneren. Dennoch bietet das Auto den Vorteil, daß man überall anhalten kann, wo man will, z.B. in den kleinen Buchten des Corniche d'Or.

Zug: Die Orte bis St. Raphael/Fréjus sind auf der Strecke Nizza-Toulon, danach verläuft die Eisenbahn im Landesinneren. Zwischen La Napoule und St. Raphael ist es eine traumhafte Streckenführung am Meer. Ab Fréjus gibt es schnelle Verbindungen nach Cannes, Nizza oder Monte Carlo.

Bus: Gute Busverbindung zwischen Fréjus und Toulon. Provenzalische Küste also problemlos mit öffentlichen Verkehrsmitteln zu bereisen.

Schiff: Schiffsverbindungen zwischen einzelnen Orten und zu den vorgelagerten Inseln. Näheres im Text.

★ESTEREL MASSIV

Zwischen Cannes und St. Raphael, höchste Erhebung der MONT VINAIGRE (618 m) und direkt am Meer der 452 m hohe Pic du C. Roux mit schönem Panoramablick. Bewaldet von Korkeichen, unterbrochen von Ödland, Macchia und Neuanpflanzungen. Eine ausgesprochen schöne Region, - sowohl was ihre Küste und Badebuchten betrifft, wie auch Abstecher und Wanderungen im Esterel.

600 Mio. Jahre schliffen das Esterel ab. Zurück blieben bizzare, rote Felsen zwischen den Wäldern. Das auffällige Rot des Gesteins weist auf die altvulkanische Entstehung hin, sogenanntes Porphyrgestein. Die dünne Humusschicht ermöglichte praktisch keine Kultivierung des Bodens, weshalb das Esterel über Jahrhunderte weitgehend unbesiedelt blieb. Im 18. und noch bis ins 19. Jahrhundert war es Rückzugsgebiet von Landstreichern, die die wenigen Reisenden überfielen, weswegen die Region gemieden wurde.

Auch war es Versteck für polizeilich Gesuchte, so u.a. entflohener Zuchthäusler aus Toulon. Aber auch Versteck der Schmuggler zwischen Italien und Frankreich, da die Macchia ausgezeichnete Versteckmöglichkeiten bot. Gaspard de Besse hieß einer der berühmtesten Banditen und Frauenhelden des Esterel. Doch war es ihm nur bis zum Alter von 25 Jahren vergönnt, seinen "Beruf" auszuüben, da er 1781 in Toulon hingerichtet wurde. Er war übrigens Stammkunde in der "Auberge des Adrets", die heute noch als Gasthaus besteht (siehe Seite 218).

In den Dörfern an der Küste lebten Fischer, die nicht selten als Schmuggler ihr Geld verdienten. Ihre Orte, wie auch die wenigen im Inland waren weitgehend nach Heiligen benannt. Das Gebirgsland war und ist weitgehend unbewohnt und steht unter dem Schutz der Regierung.

Vegetation: Die Seestrand-Kiefern sind wegen einer Krankheit, aber auch den verheerenden Waldbränden u.a. der Jahre 1943, 1964 und 1986 stark dezimiert. In trockenen Sommern besteht extreme Waldbrandgefahr! Das ausgedörrte Kraut der Macchia entzündet sich schon beim kleinsten Fünkchen, z.B. durch Brennglaseffekt, also kein Glas hier wegwerfen! Glühende Zigarettenkippen sowieso nicht! Die Winde verbreiten das Feuer unkontrollierbar schnell. Die Wiederaufforstung erweist sich zudem als äußerst kostspielig und schwierig.

Heute ist das Esterelmassiv Erholungslandschaft für die Städter der Umgebung, - ohne geschäftemacherische Verkaufsbuden etc. Davon kann man als Urlauber profitieren, indem man sich in einem der Badeorte am Meer einquartiert und kleine Ausflüge zum Wandern ins Esterel unternimmt. Für Radsportler bestens geeignet, da wenig Verkehr, aber anspruchsvolle Höhenunterschiede auf den geteerten Hauptwegen durchs Massiv. Auf jedem Fall in der heißen Jahreszeit wegen der extremen Waldbrandgefahr vorsichtig sein!

Verbindungen im Esterel-Massiv

Auto: Drei Hauptwege durchziehen das Esterel, jeweils 35 bis 4o Kilometer lang:

Die kostenpflichtige Autobahn für Eilige gestattet zwar schnelles Fortkommen, zeigt aber wenig von der schönen Landschaft. Zwischen Cannes und Mandelieu ist sie gratis, Cannes-> Le Muy kostet 6 DM.

N 7: führt mitten durchs Esterel auf der Trasse der antiken Via Aurelia. Sie ist teils sehr kurvenreich, so doch für Wohnmobile und nicht zu lange Wohnwagen-Gespanne befahrbar. Jedoch vorsichtig in den Kurven fahren wegen eventuell entgegenkommendem Verkehr. Wer sich mit seinem Motorrad gerne in Kurven legt, kann hier üben.

Am Meer verläuft der Corniche de l'Esterel (die N 98) durch kleine Badeorte, unter rotfelsigen Steilwänden, mit vielen Badebuchten zum Hinunterklettern. Besonders zwischen Cannes und La Napoule ist oft Stau, also genügend Zeit einplanen.

Quer durchs Esterelmassiv verlaufen einige Straßen, z.B. zum Pic d'Ours, die auf vielen Karten nur als Pisten eingezeichnet sind, aber geteert und problemlos mit normalen Auto zu befahren sind.

Zug: Neben der N 98 verläuft die Eisenbahnlinie mit Bahnhöfen in den Badeorten. Schnellere Direktverbindungen nur zu den großen Orten.

Bus: Zwischen Cannes und Fréjus verkehren auch Busse mit relativ vielen Haltestellen.

★ Via Aurelia und Esterelgebirge

Südlich der alten Römerstraße Via Aurelia verläuft das Esterelgebirge mit seinen Wanderrouten.

VIA AURELIA: Das römische Weltreich war mit einem ausgezeichneten Straßennetz ausgestattet. Die heutige N 7, die das Esterel nördlich durchzieht, wurde in weiten Teilen auf der alten Trasse der Via Aurelia gebaut, welche Rom mit Arles über Genua, Cimiez (Nizza), Fréjus und Aix-en-Provence verband. Mit Nachschubstationen, Herbergen, Reparaturwerkstätten u.s.w. versehen, war sie ein Beispiel für die hochentwickelte Infrastruktur des Römerreichs.

Auto: Ab Cannes muß man sich zunächst Richtung Mandelieu auf der N 7 halten. Am Ortsausgang Mandelieus gabelt sich die Straße: rechts auf der N 7 weiter. Bald geht's die Hügel rauf, man streift letzte Siedlungen und befindet sich im Esterelmassiv. Für Ausflüge ins Esterelgebirge ist ein Auto oder Motorrad unbedingt nötig.

"**Hotel Logis Santo Estello**": Domaine de Barbossi, 10 Kilometer nach Cannes, inmitten eines 700-ha-Freizeitparkes für jedermann. Hier befindet sich ein kleines Hotel. DZ mit Dusche und WC 80-110 DM, Frühstück 11 DM, in einem traumhaften Naturstein-Landhaus mit Swimmingpool. Das Restaurant bietet teures Menü für 40 DM.

In dem Park PARC DE LOISIRS - DOMAINE DE BARBOSSI Ponyreiten, Kinderkarussell, Tennis etc.

AUBERGE DES ADRETS, Stammkneipe des berühmten Banditen Gaspard de Besse, eine ehemalige Poststation aus dem 17. Jahrhundert. Heute ein sehr gutes Restaurant. Feinschmeckermenü für 60 DM (frischer Lachs, Fasan oder Ente). Der Preis scheint wegen der hohen Qualität (nur regionale Frischprodukte!) gerechtfertigt. Wie es sich für eine richtige Auberge gehört, gibt es auch Zimmer mit Dusche, jedoch Etagentoilette, 65 bis 80 DM. Manche Möbel scheinen schon von Gaspard und seiner Bande benutzt worden zu sein, doch hat man begonnen, alles zu überholen.

Wandern: das Esterelgebirge ist ideal zum Wandern, da es viele ausgeschilderte leichte bis mittelschwere Wanderwege gibt. An den Ausgangspunkten Parkplätze. Die Anfahrt sowohl auf der der Via Aurelia (der N 7), - aber auch vom Meer auf der N 98:

Von der N 7 etwa auf Höhe des PARC DE LOISIRS/DOMAINE BARBOSSI geht es südlich ab in Richtung Pic de l'Ours. Will man auf den Mont Vinaigre, muß man gute 5 Kilometer nach der Auberge des Adrets ebenfalls südlich ab. Zum Rauf- und Runtersteigen sowie für Genuß und Rundblicke 1 Std. einplanen. Da höchster Punkt der Gegend, hat man natürlich sagenhaft weiten Rundumblick!

Von der N 98 am günstigsten über Agay (auf der D 100 nach 2 km rechts ab) oder am Pointe de l'Observatoire beim Cap Roux. In unmittelbarer Nähe des Pointe de l'Observatoire eine etwas schwierige, aber nur halbstündige Kletterpartie auf den ROCHER ST. BARTHELEMY unterhalb des

Pic Roux an (nichts für kleine Kinder und Leute mit Höhenangst!). Oben schöner Blick auf die vorgelagerte Küste.

Vom relativ zentral gelegenen Parkplatz PARKING COL-NOTRE-DAME gehen mehrere Wanderwege ab:

* zum COL DES LENTISQUES: der 2 Std. Wanderweg "Sentier des Grosses Grues".
* zum LAC DE L'EQUEREUIL: 1 Std. Wanderung. Da der Weg an manchen Stellen weggeschwemmt wurde, ist er nicht ungefährlich und zusammen mit Kindern ungeeignet.
* PROMENADE DE LA DENT DE L'OURS: Der Weg ist zwar nicht markiert, doch muß man nur der Nase nach dem Pfad in Richtung Sendeantenne, also steil den Berg hinauf. Mittelschwer, da Geröll und Steine. Blick aufs gesamte Esterel, die Lerins-Inseln, Nizza und die Alpen.

  Um auf der anderen Seite den Mont Vinaigre zu sehen, muß man beim Schlagbaum vor dem Tor der Sendestation den schmalen Pfad unterhalb des Zaunes gehen. Entweder den gleichen Weg zurück, oder auf der Teerstraße zum Parkplatz.

★Corniche de l'Esterel

Auch diese Straße wurde bereits von den Römern angelegt, verfiel aber im Laufe der Jahrhunderte völlig und wurde erst nach 1900 wiedererbaut. Von Cannes nach St. Raphael schlängelt sich dieser Corniche (die N 98) an der Küste unterhalb roter Felswände des Esterelmassivs entlang. Parallel zur Straße verläuft die Eisenbahn. Außer zahlreichen, gut zugänglichen Stränden in den Badeorten findet man neben der Straße alle paar Kilometer romantische Badebuchten, zu denen man hinunterklettern kann.

Eine ideale Urlaubsgegend für Leute, die zwar schnell im Trubel der Großstädte sein wollen und die Sehenswürdigkeiten zwischen Cannes und Nizza mitnehmen wollen, aber gleichzeitig ruhigere Orte mit Möglichkeit zum Wandern in der Natur suchen.

Verbindungen

Auto/Parken: Anfahrt ab Cannes am Meer entlang. Bis La Napoule sind häufig Staus. Die Straße endet im Zentrum Fréjus.

In den Badeorten findet man ziemlich leicht Parkplätze, an den Badebuchten außerorts muß man sein Auto am Seitenstreifen abstellen, da es nur selten richtige Parkmöglichkeiten gibt.

Zug: Zwischen St. Raphael und Le Trayas ist es eine überaus idyllische Strecke, die neben der N 98 verläuft. Leider sieht man von der schönen Halbinsel zwischen Miramar und Théoule-sur-Mer nichts.

Die Verbindungen sind zahlreich und es gibt in allen Orten Bahnhöfe, wo allerdings keine Schnellzüge halten.

Bus: verläuft auf dem Corniche zwischen Cannes und Fréjus mit zahlreichen Haltestellen.

★ Mandelieu/La Napoule

Ein Vorort Cannes mit Sandstränden und großem Jachthafen. Da es in Cannes selbst keine Campingplätze gibt, verschlägt es viele in diesen sehr auf den Sommer ausgerichteten Badeort. Das touristische Leben spielt sich in La Napoule ab, während im größeren Ortsteil Mandelieu der Ausverkauf an Bauplätzen und die damit verbundene Zubetoniererei voll im Gange ist.

Tourist-Info: Office du Tourisme, Av. de Cannes und Av. Henri Clews in la Napoule.

Post: Place da la Casinca, N 7 Mandelieu. Werktags außer Samstag nachmittags 8-12 und 14-18 Uhr.

Bank: CREDIT AGRICOLE an Av. de Cannes und Rue du 23 Août. Dienstag mit Freitag 8.15-12.2o und 13.35-16.45 Uhr sowie Samstagmorgen. Wechsel nur bis 12 bzw. 16 Uhr.

Auto/Parken: wie immer, wenig Parkplätze zu viele Kisten!

Zug: Kleiner Bahnhof in La Napoule.

Hotels: Für das DZ muß in der Saison wenigstens mit 6o DM gerechnet werden, meist einiges mehr. Hotel-Restaurants verpflichten dann auf Halbpension.

Wer dieses Jahr mal nicht ins "Carlton" nach Cannes will, kann im "Royal Hotel Casino", Avenue de Gaulle fragen, ob noch was frei ist. 4-Sterne-Luxushotel, im Sommer 36o-46o DM, Suiten erheblich teurer.

"Hotel Rocamare", Bd. H. Clews, am Meer. Natursteinhaus gegenüber Hafen und Schloß. Etwas laut, da vorne Straße und hinten Zug. DZ, Dusche, WC 8o DM. Mit Halbpension doppelt soviel. Menü im Restaurant 31 DM.

"Hotel La Calanque", selbe Lage. Großes Haus, orangefarbene Fassade und braune Fensterläden. Schattige Gartenterrasse. Zimmer mit Meerblick. DZ je nach Komfort zwischen 6o und 96 DM, mit Halbpension gut nochmal so viel. Im Winter geschlossen.

"Hotel Plaza", 3o8, Av. de Cannes, etwas weiter weg vom Strand in Mandelieu. Moderner 2-Sterne-Hotelklotz mit gutem Komfort. Leider zwischen Autobahn und N 7 gelegen. Ordentliche DZ zwischen 8o und 11o DM.

"Hotel Acadia", 681, Av. de la Mer. Verschachteltes Landhaus in ruhigem Garten mit

Palmen und Pinien am schiffbaren Kanal. Anlegeplätze für Hotelgäste. Pool, Parkplatz. DZ, Du/WC 83-11o DM, Juli/August ab 12o DM. Auch Zimmer für 3-5 Personen. Empfehlenswert.

Ferienwohnungen: Am Office du Tourisme kriegt man eine Liste, und es wird bei der Vermittlung geholfen.

Mehrere **Residenzen** wie "Maeva" in Cannes-Marina. Wohnungen für 2-6 Personen vermietet auch LE DOMAINE D'OLIVAL, 778 Av. de la Mer, eine kleine Anlage im Rustico-Stil am Siagne-Fluß. Schwimmbad. Komplett eingerichtet. 2-Pers.-Wohnung 253-284 DM/Tag, 4 Pers. 4o8-462 DM. Zur Nebensaison halb so teuer.

Camping: Die meisten Campingplätze befinden sich im Osten des Ortes, gleich nach dem Flughafen an dem Fluß Siagne und im Westen um den Bd. du Bon Puits, z.B.:

AZUR-VACANCES, Bd. du Bon-Puits, Riesenanlage mit über 5oo Stellplätzen, 3 Sterne.

LES PRUNIERS, Bd. de la Mer, topgepflegte Anlage, recht nahe am Meer, aber weit genug von der Eisenbahn.

LES CIGALES, etwas weiter oben, Avenue de la Mer. Daher ein paar Meter mehr zum Strand. Ebenfalls 1-A in Schuß.

LE BOUCANIIER, direkt am Hafen von La Napoule. Korbstühle und ein paar schattige Brotzeitbänke auf der Terrasse. Im Lokal manche Tische in Felsnischen. Degustation. Anständiges Fischmenü 45 DM.

LA POMME D'AMOUR, Pl. de la Fontaine. Eins der besseren Lokale, sehr freundliches Service. Deckenbalken, offener Kamin, kleine Terrasse. Menüpreise entsprechen dem Gebotenen, 34/6o DM (mit Austern).

Mehrere Lokale, auch Pizzerien, um den Bahnhof, vor allem Place de la Fontaine. Menüs 3o-45 DM.

SEHENSWERTES

CHATEAU MUSÉE: Die malerische Burg von La Napoule war einstmals ein feudales Schloß. 1929 gelangte es in den Besitz des amerikanischen Bildhauers Henry Clews (1876-1937), der mit seiner Gemahlin, einer Architektin, die erworbene Ruine zwar hübsch, aber keineswegs originalgetreu umbauen ließ. Das Haus, Atelier, Garten und die skurrilen Plastiken Crews sind zu besichtigen. (Unter Begleitung um 15 und 16 Uhr, im Juli/August zusätzlich 17 Uhr, geschlossen an Dienstagen und im November, 6 DM.)

Die EISENBAHNBRÜCKE über die Siagne in Nähe der Campingplätze und der Pinede im Osten La Napoules wurde 189o von Gustave Eiffel erbaut. Am Golfplatz daneben werden die Spieler mit Fähre von einem Flußufer zum anderen übergesetzt. Wer nicht Golf spielt und trotzdem übersetzen will, kann sich hier (wie wir) standesgemäß ein Tretboot mieten. Jedem das Seine!

Sport:

Golf: Golf Club de Cannes-Mandelieu, Traditionsplatz, bereits 1892 von russischem Großfürst gegründet. 2 Parcours, 9-Loch "Du Grand Duc" und 18-Loch, wobei Spieler ans andere Siagne-Ufer muß.

Riviera Golf-Club, Av. des Amazones, westlich des Orts über RN 7. Die 18 Löcher im 65-ha-Park konzipierte der legendäre Robert Trent Jones.

✶Théoule-sur-Mer (1.ooo Einw.)

Gemütlicher Badeort mit drei kleinen Stränden. Alles spielt sich links und rechts der Hauptstraße ab. Das Chateau direkt am Meer ist eine ehemalige Seifensiederei aus dem 18. Jahrhundert. Kaum zu glauben, wie phantasievoll damals Industriearchitektur entworfen wurde.

Tourist-Info: 2, Avenue de la Corniche d'or. Mo. bis Sa. 9-18 Uhr, im Sommer bis 19 Uhr. Vermittlung von Ferienwohnungen (man telefoniert für Touristen). Wechselt Geld.

Post: 2, Place du Général-Bertrand, der Platz mit dem häßlichen Brunnen. Wochentags 9-12 und 14-17 Uhr. Sa. nachmittags geschlossen.

"**Corniche d'Or**": 1o, Bd. de l'Esquillon, ruhige Seitenstraße der RN 7. Relax-Hotel mit Pool. Happy-Hour auf gemütlicher Restaurantterrasse, Menü 55 DM. Saisonabhängige Preise. Helle, komfortable DZ 15o-32o DM, auch Suiten. Unter deutscher Leitung. Die Mareks kümmern sich aufmerksam um ihre Gäste. Vermitteln Golf, Tauchen oder Wandern mit Klasse-Picknick.

"**La Tour de l'Esquillon**": in Miramar, an der Nationalstraße. Das Hotel in der weißen Villa mit Türmchen. Als Extraservice Kleinbus zum Hotelstrand. Freundlich. Sehr gute DZ mit Dusche/WC 125-25o DM, Menü ab 45 DM.

"**Grand Hotel**", 1, Av. de la Corniche d'Or. Wesentlich einfacher, 2 Sterne. Weißes Haus mit Lärmschutzfenster. Liegt im Schatten. DZ 9o-135 DM, im Winter geschlossen.

"**Le Mas Provençal**", 1o, Av. du Trayas in Le Trayas. Hotel-Restaurant mit verschiedenen Dachniveaus. Schwimmbad und Tennis. Funktional eingerichtete DZ 9o-165 DM, je nach Komfort und Jahreszeit.

Ferienwohnungen: Liste von Privatunterkünften bis hin zu Luxusvillen im Touristbüro. Schöne Sachen im Angebot, aber entsprechend hohe Preise. Auch Ferienresidenzen, z.B. "Pierre et Vacances", 19 Bd. de l'Esterel. 2-Zi.-Whg. für 4 Personen, zur Not auch 5, kostet Mitte September bis Mitte Juni 42o-725 DM/Woche, im Juli/August mehr als das Doppelte.

Jugendherberge: Auberge de Jeunesse, 9, Av. de la Véronèse. 2 km bergauf vom Bahnhof Le Trayas entfernt. Zimmer mit zwei bis sechs Betten, Küche. Superblick aufs Meer und den Hafen von Miramar. Inklusive Frühstück ca. 19 DM.

RESTAURANTS

Wie Hotels eher in höheren Preisklassen angesiedelt.

Bei den Restaurants direkt am Meer bezahlt man nicht nur das (bei allen ähnliche) Essen, sondern auch die Lage: LA HUNE, halbrunder Anbau aus Naturstein an Betonbunker. Kletterpflanzen. Menü 4o DM. - Im LE MARCO POLO etwas teurer, 45 DM. Es geht recht eng zu, hübsch hingegen die Dachterrasse mit kleinen Palmen.

L'ARMADA, zwar nicht am Strand, sondern in der häßlichen Stadtzeile neben dem Touristbüro, aber preislich noch eher im Rahmen. Die große Terrasse ist teilweise mit Pergola beschattet. Menü 28-4o DM, Vorspeise Muscheln.

BISTROT DE LA RAGUE, moderner Pavillonbau. Grünpflanzen im Lokal. Direkt neben den Booten am Hafen, Port de la Rague, unter der Eisenbrücke. Fisch-Menü 36-47 DM, auch Salate und Nudelgerichte.

★La Galère

Kleiner Hafenort mit Feriensiedlung und vielen Bäumen. Der Hafen ist beliebt bei Jachten. Bei Galère erbaute der Architekt Jacques Couelle eine Siedlung mit 416 Wohnungen, deren Fassaden an den Felsen wie Waben stecken, so als wären sie hineingemeißelt.

Laut Couelle sei es ein Gegenstück zu den geradlinigen Betonklötzen, in denen die Menschen eingesperrt würden. So baute er ohne exakte gerade Linien, die es in der Natur nicht gebe. Wer sich für alternative Architektur interessiert, kann hierher einen Abstecher machen und etwas über den Zaun spitzen. Leider ist eine Besichtigung nicht möglich, da Privatbesitz.

Sport: Erste Anlaufstelle für Segelkurse, Surfunterricht und Tiefseetauchen ist Touristoffice. Am Strand Wasserski, Paragliding etc., auch Leichtflugzeuge (ULM) am Port de la Figueirette, kurz vor Le Trayas.

★Miramar/Le Trayas

Nobler Mini-Badeort mit Jachthafen oberhalb der Figueriette-Bucht mit Superstränden. Der letzte Ort im Departement Alpes-Maritimes, danach schließt sich Le Trayas fast nahtlos an. Auch hier mehrere schöne Strände und gemütliche Wanderwege: Ab Bahnhof Le Trayas braucht man gute 3 Std. zum Pic de l'Ours oder vom Pointe de l'Observatoire zum Cap Roux und Rocher St. Bathelemey.

Wandern: Ein angenehmer Spaziergang führt zum Ausblickspunkt POINT DE L'ESQUILLON mit Rundumblick und Orientierungstafel. Man schaut vom Cap d'Antibes bis zum 496 m hohen Pic de l'Ours. Gleich beim Hotel Tour de L'Esquillon ein Parkplatz, von dem der Weg abgeht.

✶ Agay/Anthéor

Eigentlich Ortsteile der Gemeinde St. Raphael, bilden die beiden ein im Sommer sehr belebtes Touristenzentrum unterhalb des Pic du Cap-Roux. Die Urlauber drängen sich an dem großen, sonnigen Strand von Agay. Besonders Schnorchler und Taucher kommen in diesem Unterwasserparadies auf ihre Kosten.

Schon in der Antike war der natürliche Hafen des von Griechen gegründeten Agay von Bedeutung, was Funde römischer Amphoren im Meer belegen.

Tourist-Info: An N 98. 9-12 und 15-19 Uhr im Sommer, sonst nachmittags 14-17 Uhr geöffnet.

Post: Daneben. Montag mit Freitag 9-12, 13.3o-16.3o Uhr. Samstag 9-12 Uhr.

Zug: Bahnhof in Le Dramont.

Bus: Haltestelle bei den Campingplätzen im Westen.

HOTELS: Alles liegt zwischen der Nationalstraße und der Eisenbahn, also nicht in absoluter Ruhe, dafür recht heimatlich:

"**Hotel Les Arpèges**": Original-provenzalische Villa oberhalb einer Bucht inmitten eines schönen Gartens etwas zurückversetzt. Rezeption im Wohnzimmer mit offenem Kamin. Die meisten Zimmer direkt zum Garten. DZ, Bad/Dusche und WC zwischen 75 und 11o DM inkl. Frühstück. Juni bis September Halbpension Pflicht, pro Person 7o-95 DM. Leitung: ehemaliger Arzt aus Aachen, der gerne musiziert.

"**Hotel Beau Site**" gleich daneben. Kein Garten, dafür hübsche Inneneinrichtung. Wandgemälde hinter dem Klapptisch an der Rezeption. Überall schöne Möbel, sehenswerte Details. DZ mit Frühstück 95 bis 128 DM. Auch Mehrbettzimmer. Leitung: Deutsche, die eigentlich nach St. Trop wollten, dann aber in Agay hängengeblieben sind. Auch Restaurant, Menü 38 DM.

"**Hotel Esterella**": Hotel in schönem, familiärem Haus, davor Restaurant. Runde Treppen, ordentliche Zimmer. DZ, Dusche und WC je nach Komfort zwischen 7o und 12o DM, Frühstück 9 DM. Leitung: ehemaliger deutscher Motorradrennfahrer, der seit Jahren in Frankreich lebt und französischer Meister war.

Wer's lieber französisch mag, geht ins "**Hotel France Soleil**". Rosa Haus, durch einige Anbauten vergrößert, mit weißen Fensterläden gegenüber dem Strand. Große, moderne Zimmer mit Balkon oder Terrasse, zwischen 127 und 167 DM, Frühstück 15 DM.

Ferienwohnung: Eine Liste im Touristbüro erhältlich, man muß aber selber telefonieren.

Camping: Die meisten Plätze am westlichen Ortsausgang beim Plage du Debarquement, an der Av. du Gratadis (der Straße ins Esterel-Gebirge): LES RIVES D'AGAY ganzjährig geöffnet, 5oo m vom Meer und sehr schattig. Für Camper am Fluß Bootsanlegestelle, zum Strand kann man paddeln.

ESTEREL CARAVANING, Route de Valescure, mit fast 5oo Plätzen und jeglichem Komfort, 3 km vom Meer.

Direkt am Meer sind AGAY SOLEIL, ROYAL CAMPING, Camp Long, und LE DRAMONT, ein sauberer Platz. Bietet Surfkurse und Tauchschule, auch Wohnwagen/Mobilheim-Vermietung.

Zwei gute Campingplätze ganz nahe am Meer, unter der Eisenbahnbrücke in Antheor, dennoch nicht laut, da Züge hoch genug darüber fahren: AZUR RIVAGE und dahinter VIADUC.

Die Auswahl an Restaurants ist nicht allzu vielseitig. Viele in der mittleren Preisklasse, z.B. LE BOOMERANG oder LE GRILLON.

Direkt am Strand: L'ESCALE, sonnige Terrasse mit Plastikstühlen, eigener Parkplatz. Menü ab 3o DM, auch Snacks.

ROBINSON CRUSOE, große Portionen und französisch-provenzalische Küche. Menü zwischen 27 und 42 DM. Hübsches Segelschiffgemälde im großen Speisesaal, auf Terrasse etwas zu nahe am Verkehr. Vermieten auch Zimmer mit Halbpension, 8o DM pro Person.

In Antheor (2 km) die AUBERGE D'ANTHEOR mit Terrasse direkt über dem Meer. Fischmenü 43 DM, Menü mit 1/2 Languste 6o DM.

Beinahe gegenüber LA RESERVE D'ANTHEOR, Terrasse leider direkt an der Straße, dafür im Saal gemütlich. Großes Wandbild "Provence". Menü zwischen 4o und 6o DM.

AUSFLÜGE

PLAGE DU DRAMONT: Die 36. amerikanische Division landete hier am 15. August 1944 westlich der bewaldeten Halbinsel. Außer Badefreuden also auch eine Gedenkstelle. Empfehlenswert ist noch der Strand östlich des Caps, der PLAGE DE CAMP-LONG.

SEMAPHORE am CAP DU DRAMONT: Ums Cap führt ein Spazierweg. Panoramablick auf der Anhöhe.

★Fréjus (42.ooo Einw.)

In der fruchtbaren Argens-Ebene zwischen dem Esterel- und Maurengebirge. Familiäres Touristenzentrum mit Römerruinen und ausreichendem Eigenleben, daher das ganze Jahr etwas los. Wird besonders bei Campingurlaubern immer populärer.

Der Ortskern von Frejus mit provenzalischem Flair, - ansonsten eher provinzstädtisch. Im Zentrum viele Boutiquen, Einkaufsmöglichkeiten und Freizeitvergnügen. Der Nachbarort Saint-Raphael, angeschmiegt ans Esterelgebirge, besitzt feinsandige und gepflegte Strände. Viel Flair, bis Boulouris bildet er das bourgoisere Villenviertel der Stadt.

Nach Willen der Stadtväter soll der Tourismus gefördert werden durch rege Bautätigkeit: Jachthafen, Hotels und Appartementhäuser. Studiert man die Immobilienangebote in den Schaufenstern der Makler, so befindet sich die Stadt im Umbruch. Mal sehen, was aus Fréjus/St. Raphael noch wird.

Tourist-Info: Mehrere. Office du Tourisme: 325, Rue Jean Jaurès. Mo. bis Sa. 9-19, So. 9-12, 14.3o-19 Uhr. Im Winter kürzere Öffnungszeiten. Ebenso Fréjus-Plage: Bd. de la Libération 9-12, 15-19.3o Uhr.

Bank: CRÉDIT LYONNAIS, Bd. Felix Martin, Dienstag mit Samstag 8.o5-12 und 13.35-16.45 Uhr.

Post: Rue Albert Einaudi, Montag mit Freitag 8.3o-19 Uhr, Samstag 8.3o-12 Uhr.

GESCHICHTE: Kein Geringerer als Julius Cäsar stiftete dem alten ligurischen Ort einen Markt (etwa 49 v. Chr.) und somit den Namen "Forum Julii".

1o Jahre später ließ es der künftige Kaiser Augustus zu einem der wichtigsten Flottenstützpunkte Roms ausbauen, um seine spurtstarken und wendigen kleinen Galeeren zu beherbergen, welche die plumpen Kriegsschiffe des Antonius und seiner Cleopatra in der Schlacht von Actium (31 v. Chr.) besiegten. Bei diesem Seegefecht erbeutete er 3oo Galeeren, die in dem großen Hafen stationiert wurden.

Für römische Legionärsveteranen wurde Fréjus eine Kolonie. Nach ihrer Entlassung erhielten sie hier römisches Bürgerrecht, Land und Geld, weswegen sie sich gerne in Forum Julii niederließen, um ihren Lebensabend dort zu verbringen und der Ort bald 4o.ooo Einwohner (!) hatte.

Der Frieden ließ Fréjus zum Handelshafen werden, welcher aber, da nicht ausreichend gepflegt, ab dem 2. Jh. versandete. Während der Revolution wurde er verkauft und eingeebnet.

Das Schicksal war der Stadt nicht gewogen: schwere Verwüstungen und Plünderungen durch die Sarazenen (wie man damals die Araber nannte, 94o n. Chr.), - der Barbaresken (nordwestafrikanischer Seeräuber, 1475) und der Truppen Karls V. (1536). Im 2. Weltkrieg wurde Frejus schwer bombardiert (August 1944), und der Staudammbruch von

1959 des Malpasset (4oo Todesopfer) überflutete die Stadt dermaßen, daß anschließend das römische Amphietheater ausgegraben werden mußte.

Verbindungen ab Frejus

Auto/Parken: Außer zur Nebensaison sind Parkplätze knapp. Man kann aber fast alles zu Fuß machen.

Zug: Bahnhof im Zentrum. Alle Züge halten, auch TGV. Endstation für Autoreisezüge. Bahnhofsplatz an Rue Martin Bidoure.

Bus: Gare Routière am Bd. Decuers, südlich des Bahnhofs.

Schiff: Täglich eine Verbindung (im Sommer fünf) nach St. Tropez, Dauer 5o Minuten, einfache Strecke 16 DM. Im Sommer auch auf die Lérins-Inseln, Insel Port Cros und nach St. Aygulf.

"**Hotel Les Palmiers**": 13o, Bd. de la Libération. 3-Stock-Haus in der Stadtzeile gegenüber Strand. Hübsche Standuhr in der Rezeption. Gepflegter Frühstücksraum, aber auch auf Straßenterrasse wird serviert. DZ mit Dusche und WC 14o DM. Sehr weiche Matratzen.

"**Arena**": 139, rue de Gaulle. Gutes Stadthotel mit Restaurant beim Place Agricola. Römersäule auf Frühstücksterrasse neben Wasserbecken. Zimmer mit blauen, grünen oder rosa Ratanmöbeln, schallisoliert, provenzalische Stoffe, DZ, Du./WC 1oo-125 DM, im Winter billiger. Garage.

"**Hotel Europe Terminus**": 9, Rue Amiral Baux. Stuckverziertes, viergeschossiges, weißes Eckhaus. Große Rezeption, dahinter Aquarium. Ledersofa in der Halle. DZ mit Dusche und WC um 1oo DM.

"**Hotel Les Pyramides**": Av. Paul Danner. In ruhiger Seitengasse im Zentrum und nahe am Meer. Betonklotz neben verträumter Jugendstil-Villa, deren Feigenbaum die Terrasse auf Hotelgarage beschattet. DZ mit Dusche und WC 87 DM, mit Etagenklo ab 6o DM.

"**Hotel Santa Lucia**": etwas außerhalb, Route de la Corniche d'Or, Richtung Bouloris. Älteres Haus in kleinem Garten mit fetten Palmen und autoreifengeschützter Pinie. Ganz nahe an ruhiger Bucht. DZ mit Du./WC 62 bis 95 DM, auch Zimmer zum Garten.

"**Nouvel Hotel**": 6, Av. Henri Vadon. Gelbes, stuckverziertes Stadthotel zwischen Bahnhof und Strand. Neu renoviert, Kinderbank auf Treppenabsatz. Standuhr und Bilder im Speisesaal. DZ mit Dusche und WC 6o bis 95 DM.

"**Hotel Bellevue**": 22, Bd. Félix Martin, mitten in der Stadt. Langer Gang zur Rezeption. Dahinter Frühstückszimmer im Bistrostil. Zimmer schon etwas mitgenommen, nicht alle haben schönen Blick. DZ (Etagenklo) 6o DM, mit Dusche und WC 85 DM.

Frühstück 8 DM.

"**Hotel Cyrnos**": 84o, Bd. Mal. Juin. Hotel zum Immer-Wiederkommen. Eine alte, weiß gestrichene Villa in zauberhaftem, dichtbewachsenen Garten. Hübscher, weißer Schrank im 1. Stock. DZ, Dusche, WC, je nach Größe zwischen 95 und 12o DM. Ohne WC 68 DM. Einige Zimmer im Garten.

Jugendherberge: Auberge Jeunesse, Domaine de Bellevue, Route de Cannes. Entweder von der N 7 oder dem Autobahnzubringer D 37 zu erreichen. Gut 3 km vom Strand, aber in einem riesigen Park.

Ferienwohnungen: Liste gibt es beim Office du Tourisme. Beim Telefonieren wird geholfen.

Auch einige **Residenzen** in Port Fréjus, z.B. "Rocher Soleil", Cap Hermes, mit Wohnungen für 2-6 Personen oder etwas einfacher, dafür auch billiger "Residence Octavie" von Pierre & Vacances. Mitte Juli und August sehr teuer, sonst z.B. Studio für 2/3 Personen 6oo-1.o5o DM.

Campingzentrum mit vielen Plätzen etwas außerhalb, Richtung Bagnols an der D 4. Daher einige Kilometer vom Meer entfernt. Fast alle bieten Swimmingpool, viele auch Vermietung von Mobilehomes oder Wohnwagen. Fréjus hat Platz für 45.ooo Campingurlauber.

CAMPING DE LA BAUME, Rte de Bagnols. 4 Sterne, eine sehr schöne Anlage unter unzähligen Palmen. Besitzer hat nämlich eine Baumschule.

Ebenso LA PIERRE VERTE, holländischer Besitzer, 3 Sterne, recht schattig. Mobilehomes.

HOLIDAY GREEN, 4 Sterne, der größte und renommierteste Campingplatz am Ort, 7oo Plätze, riesengroßes Schwimmbad. Wie der Name andeutet: sehr viele Briten, wenig Franzosen.

In St. Raphael weniger Camping. BEAUSEJOUR, Les Tasses, recht ruhig, schattig unter Pinien. VAL FLEURI, liegt fast schon in Bouloris an der N 98 gegenüber den Buchten.

RESTAURANTS AM MEER:

Vieles in Strandnähe lebt vom lockeren Geld der Touristen. Voll auf britisches Publikum eingestellt. Fréjus-Plage und St. Raphael werden von Fast-Food, Snacks und Pizzerien überschwemmt. Dabei blieben gute Restaurants mit vernünftigen Preisen auf der Strecke.

Zu den guten Adressen der Stadt gehört LE SIROCCO: 35, Quai Albert Ier. Alles marineblau gehalten, elegante Rattanstühle, Kapitänsklappstühle auf Straßenterrasse, Degustation. Menü 6o-8o DM.

L'ETOILE DE LA MER, großes Lokal im Eckhaus nach der Brücke am Hafen. Großes Wandgemälde von Fréjus. Es wird Gutes angeboten, aber nichts geschenkt. Menü 45 DM. Kindermenü 27 DM.

LES SABLETTES, in Pavillon an Strandpromenade. Innen blaue Regiestühle, draußen Plastik. Nicht an Straßenterrasse setzen, sondern gemütlicher direkt am Sandstrand. Übliches Menü, anständig portioniert für 36 DM, auch kleine Gerichte und Bar. Abends lange geöffnet.

LA GRILLADE, Rue Boeteman. In altem Stadthaus mit schmalen Balkonen und Eisengeländern. Kleines, rustikales Restaurant. Menüs 24 und 32 DM. Lecker, wenn auch nicht umwerfend.

BAMBOU an der Promenade. Auffälliges Restaurant mit grünen und braunen Bambusstühlen. Aquarium vor eigentlichem Lokal mit Spiegelwänden. Mit 5 verschiedenen Menüs zwischen 25 und 48 DM will man es jedem recht machen.

LA PALMERAIE, ebenfalls an der Promenade. Langgezogenes Restaurant hinter mächtiger Palme. Grün ist eindeutig Lieblingsfarbe der Besitzer. Tagesplatte 16 DM, Menü etwas teuer, dafür Pizzas ab 1o DM.

Neben dem renommierten LE SIROCCO am Quai Albert Ier zwei Pizzerien: DU VOILIER mit extra eng gestellten Plastikkorbstühlen und orangenen Lampenschirmen. Pizza ab 12 DM, einfaches Menü ab 25 DM. Eine Nuance billiger: LA BROCHERIE, Pizzas ab 1o DM (mager belegt). Einfachmenü ab 25 DM. Reiche Auswahl, Fischsuppe, für 3o DM.

RESTAURANTS IN DER STADT:
LA TÊTE D'AIL: Rue Jean XXII, Place des Poivriers. Provenzalisches Restaurant. Zum Keller mit Gewölbe führt schmale Treppe hinab. Menü (ohne Knoblauchexzesse) 25/37 DM.

LE POIVRIER am gleichnamigen Platz. Man sitzt gemütlich neben einem Zitronenbäumchen im Innenhof des zurückversetzten Hauses. Übliches Menü 27 und 42 DM.

LA CAVE BLANCHE, Place Calvini. Eingang durch großes Holzportal, gediegener Deckengewölbesaal, große Terrasse am Platz. Menüs für 3o und 37 DM sind ihr Geld wert.

LE ST. FRANCOIS: Rue Craponne, Stadthaus in enger Gasse. Ein paar Tische auf Gasse, größerer Saal nach hinten. Tropfsteinputz an der Decke. Menü 25 DM, Kindermenü 12 DM. Leckeres Couscous, kostet aber 24 DM.

TEXANA: Rue Valère Paulin. Minilokal mit Holzdecke, wenige Tische auch auf Podest der Gasse. Mittelmeerküche, Menü 22/26 DM mit Muscheln, Fischsuppe, Lamm. Landwein im Krug (pichet) hilft Rechnung kleinhalten.

RÖMISCHES FREJUS:
Wie das Forum Julii zur Römerzeit ausgesehen hat, kann man sich heute

nur schwer vorstellen, obwohl einige Relikte noch stehen. Da der römische Hafen nicht mehr besteht, läßt sich der Verlauf der Stadtmauer an den wenigen Resten kaum abschätzen.

AMPHITHEATER (Les Arenes): zwar nicht so gigantisch wie das in Arles oder Nîmes, bot es immerhin 1o.ooo Zuschauern Platz. Es diente zur Unterhaltung der Legionäre und angesiedelten Veteranen und befand sich westlich gleich außerhalb der Stadtmauern. Die Römerruine wird heute noch für Stierkämpfe und Rockkonzerte im Sommer genützt. Heute aus Sicherheitsgründen nur noch 3.ooo Zuschauer. April bis September 9-12 und 14-18 Uhr, sonst nachmittags nur bis 16.3o Uhr. Dienstag geschlossen. Eintritt 3 DM.

Die PORTE DES GAULES, südlich der Arena, ist mit am besten erhalten. Außerdem: Ruinen eines kleineren Theaters innerhalb der Nordspitze der Stadtmauern, Zitadellen- und Befestigungsmauerreste.

Wer sich detailliert interessiert, erhält gratis im Office du tourisme eine informative Broschüre zur Stadtbesichtigung.

MITTELALTERLICHES FRÉJUS:

Die Gassen der Altstadt mit den Regenabflußrinnen in der Straßenmitte laufen alle im befestigten Kathedralenbezirk zusammen und befinden sich innerhalb der ehemaligen römischen Stadtmauern. Hier liegen die Kathedrale, das Kloster, die Taufkapelle und Reste des ehemaligen Bischofspalastes (heutiges Rathaus).

KATHEDRALE NOTRE DAME aus dem 1o. Jh., wurde im Laufe ihres Bestehens oftmals verändert, Gewölbe und Vorhalle 13. Jh., Portal 16. Jh., Chorgestühl und Altaraufsatz über der Sakristei-Türe 15. Jh. Der für die Gegend typische frühgotische Stil noch gut erkennen.

Das Bapisterium mit den Relikten des achteckigen Taufbeckens (Ende 4. Jh.) ist ältestes Frankreichs. Von der Vorhalle aus gelangt man über eine steile Treppe zum Kreuzgang aus dem 12. und 13. Jh. um den ruhigen quadratischen Atriumhof. (April bis September 9-19 Uhr, sonst 9-12 und 14-17 Uhr, dienstags geschlossen. Eintritt mit archäologischem Museum 6,5o DM.)

In Räumen des Klostergebäudes befindet sich das MUSÉE ARCHEOLOGIQUE (Eingang: Nordgalerie des oberen Kreuzganges) mit einer Sammlung gallo-römischer Funde der Gegend, darunter ein intaktes römisches Mosaik.

PORT FRÉJUS:

Neuerbauter Stadtteil im Westen: 3.ooo Wohnungen, Geschäfte, Ferienresidenzen, Marina mit über 7oo Bootsliegeplätzen, weite Promenadequais, durchzogen von Grünanlagen und Wasserspielen. Planung übernahm teilweise der Spezialist für "sanfte Ferienarchitektur" und Gründer

der Lagunenstadt Port Grimaud Francois Spoerry. Auch der versandete Römerhafen, 1.5oo m landein, kommt durch schiffbaren Kanal ab Jachthafen Port Fréjus wieder zu Wasser. Im Sommer sehr belebt. Bürgermeister und Stadtminister Francois Léotard (Bruder des Schauspielers Philippe Léotard) will hier zukünftig die kulturellen Veranstaltungen und Feste von Fréjus stattfinden lassen.

★St. Raphael (27.ooo Einw.)

Weniger bedeutende Sehenswürdigkeiten, dafür gute Sandstrände. Übernachtung, Restaurants, Verbindungen siehe Frejus.

SEHENSWERTES:

KIRCHE ST. RAPHAEL war ehemalige Zufluchtsstätte der Fischerfamilien vor Piratenüberfällen. - MUSÉE ARCHÉOLOGIQUE: reichhaltige Sammlung von Amphoren und Tauchgerät. Interessant die Dokumentation, wie man antikes Holz z.B. von Schiffswracks konserviert. Ein weiterer Saal fungiert als Stadtmuseum.

NOTRE-DAME-DE-JERUSALEM, von Allroundkünstler Jean Cocteau konzipierte und mit Fresken ausgeschmückte Kapelle. Da Cocteau vor Vollendung der Arbeiten im Jahre 1963 starb, wurde sie von Edouard Dermit fertiggestellt. Liegt 5 km ab Zentrum an RN 7 Richtung Cannes. April bis September 16-18 Uhr, sonst 15-17 Uhr geöffnet. Dienstag geschlossen. Eintritt 5 DM. Unweit davon das MEMORIAL DES GUERRES EN INDOCHINE, Gedenkstätte der Indochinakriege.

PARC ZOOLOGIQUE SAFARI DE FRÉJUS: Tierpark, in dem man frei zwischen Lamas und Ziegen rumlaufen darf. Die gefährlicheren Tiere wie Tiger und Krokodile in Gehegen. In anderem Bereich frei rumlaufende Zebras und Büffel, dort Durchfahrt nur mit dem Auto. Weiterhin Seehund- und Schimpansendressur. Ganzjährig geöffnet, 17 DM.

AQUATICA: Riesen-Wasserrutschen Im Westen der Stadt beim Géant-Casino.

BUDDHISTISCHER TEMPEL: 2 km außerhalb an der Avenue de Verdun (N 7 Ri. Cannes, geöffnet im Sommer 15-19 Uhr, Eintritt 2 DM). Die bunte Pagode errichteten vietnamesische Soldaten der französischen Armee 1919 auf einem bewaldeten Hügel zur Erinnerung an ihre verlorenen Kameraden.

MISSIRI- MOSCHEE: 4 km außerhalb (an der N7 Richtung Brignoles, rechts ab auf die D 4) ein weiteres Souvenir der französischen Kolonialtruppen, einen Nachbau der berühmten Missiri Mosche/Djenné im Mali.

Moderne Kunst: wechselnde Ausstellungen im MUSÉE D'ART CONTEMPORAIN, Le Capitou. Juli bis November täglich außer Montag 15-19 Uhr, sonst Di.-Fr. 13.3o-17.3o Uhr. Eintritt 8 DM.

Sport: am Strand Wasserski, Bootsverleih, Segelschulen, Surfverleih, Fallschirmgleiten, Tauchschule etc.

Golf: "Valescure", Route du Golf, St. Raphael und Golf du Roquebrune an CD 7 in Roquebrune-sur-Argens.

Wandern: das Esterelgebirge liegt vor der Haustüre. Zu erreichen über die N 7 Ri. Cannes oder die D 37. Ohne eigenes Fahrzeug am besten per Zug nach Agay. Details siehe Kapitel "Esterelgebirge".

Im Maurengebirge Wanderungen bei Roquebrune. Am besten von der D 7 in eine der "Routes Foretières" abbiegen und spazierengehen. Die Besteigung des Sommet de Roquebrune ist im Sommer mühsam.

★St. Aygulf

Zusammen mit seinen westlichen Nachbarorten voll auf Sommertourismus ausgerichtet. St. Aygulf hierbei größter der Orte, schöne Pinien- und Eukalyptusbäume, angenehm als Badeort und viele Campings (4.ooo Stellplätze).

Tourist-Info: 9-17.45 Uhr mit Mittagspause. Im Hochsommer bis 19 Uhr, auch So. vormittags geöffnet.

Post: logo, am gleichnamigen Platz. Montag bis Freitag 9-12 und 14-17 Uhr, Samstag 9-12 Uhr.

Bank: CREDIT LYONNAIS, an der Hauptstraße. Montag mit Freitag 8.o5-12, 13.35-16.45 Uhr, Geldwechsel nur bis 16 Uhr.

Auto/Parken: Liegt direkt an N 98. Außer zur Hochsaison geht es mit den Parkplätzen.

Bus: Liegt an Linie St. Raphael-> Toulon.

Schiff: Nächster Hafen für Schiffsausflüge ist St. Raphael. Von April bis September geht mehrmals täglich ein Schiff ab Hafen St. Aygulf nach St. Raphael. Überfahrt 2o Min., ca. 5 DM.

Relativ preiswert, aber geringes Angebot. Die Hotels sind meist einfach, dafür familiär geführt. DZ gibt's ab ca. 6o DM.

"**Hotel Azur**": Av. de la Corniche, die viel befahrene N 98. 3-stöckiger Stadtbau im Zentrum des Ortes mit Geschäften im Erdgeschoß. DZ mit Dusche/WC und Frühstück 96-15o DM. Zimmer mit Blick aufs Schwimmbad ruhiger. Freundliches Hotel, sprechen deutsch.

"**Hotel Escale**": 75, Rue Marius Coullet. Weiße Villa mit schattiger Terrasse und weiterer auf dem Dach. 5o Meter zum Meer. Einfachhotel, man bezahlt die Superlage.

DZ 85 bis 11o DM.

"**Hotel La Petite Auberge**": Rue d'Alsace. Sympathisches Haus, wenn auch einfach. Alle Zimmer führen in den Garten, schattige Pergola. DZ mit Dusche und WC 7o bis 85 DM. Für 4 Personen gibt's Zimmer für 13o DM. Da das Hotel gutes Restaurant besitzt, wäre Halbpension überlegenswert, hier allerdings feste Gerichte.

Ferienwohnungen: Liste beim Office du Tourisme. Man muß selber telefonieren.

Camping: großes Zentrum mit zahlreichen Plätzen, die in der Regel April mit Oktober geöffnet haben. Viele Engländer als Gäste.

L'ETOILE D'ARGENS: Chemin des Etangs. 4 Sterne mit jeglichem Komfort. Der alte Teil angenehm schattig, der neuangelegte nicht. Neues Bar/Restaurant. Schwimmbad, Tennis. Am Fluß gelegen, Campingplatz bietet kostenlosen Transport im Boot zum Strand!

Die Riesenanlage PARC DE CAMPING DE SAINT-AYGULF, 2 Sterne, praktisch am Meer. Hier allerdings der überfüllteste Strand des Ortes. Neue Sanitäranlagen. Nur Juni bis September geöffnet.

LE GRAND CALME: Route de Roquebrune (D 7), etwa 2 km zum Meer. Schattiger 8-ha-Platz am Fluß mit Pool.

EUROCAMPING: Quartier du Gogo an D 7. 3 km zum Strand, sehr schattig, Schwimmbad, viele Dauercamper.

Nicht allzuviele, preislich jedoch vertretbar.

L'ARLEQUIN: Av. Louis Cartillon. Viel Platz auf der Strassenterrasse unter Markise, ansonsten eng. Wie nicht anders zu erwarten, ein Harlekin-Bild neben dem Tresen. Menüs zwischen 22 (bereits mit Fischsuppe) und 45 DM (sehr reichlich).

L'ETAPE: großes Bar-Restaurant und Straßencafé an der lauten N 98 und Strandnähe. Langer Tresen und Kicker. Einfaches Menü 25 DM.

LA SOUPIERE, Bd. Balzac. Hübsches Restaurant mit roter Markise, innen Aquarium und viele Bilder. Einfachmenü ab 2o DM. Die teureren bis 3o DM sind nicht schlecht. Paella mit 1/2 Languste 56 DM. Pizzas ab 12 DM.

Sport: Segeln, Surfen, Tauchen, Tennis sowie

* 18-Loch-Golfplatz in Roquebrune-sur-Argens (Parcour 6o bis 8o DM)
* Reiten, ebenfalls in Roquebrune-sur-Argens im "Centre Equestre les Murettes", La Bouverie.

✶Les Issambres

Auf Gemeindegebiet des mittelalterlichen Dorfes Roquebrune-sur-Argens (Vorort von Fréjus, landein gelegen). Hier gut 8 km Strand und kleine

Buchten mit Massentourismus bis St. Maxime.

Tourist-Info: La Pinède, an der N 98.

Post: Place San Peire.

Bank: Crédit Agricole, Resid. San Peire.

Auto: liegt an N 98.

Bus: Linie St. Raphael-> Toulon.

Preise der Hotels etwas niedriger als in den Nachbarorten, für einfaches DZ mit ca. 5o bis 85 DM rechnen, mit Dusche und WC 8o bis 13o DM. In der Saison wird man oft zur Halbpension verpflichtet.

"**Hotel Le Provencal**" im kleinen Zentrum von San Peire. Schönes 3-Sterne-Hotel im Landhausstil, grüne Fensterläden, Patiogarten. DZ zwischen ca. 8o und 14o DM, DZ mit guter Halbpension etwa 115 DM pro Person.

Am preisgünstigsten die einfachen Hotel-Restaurants "**Les Calanques**" direkt über dem Meer und die "**La Bonne Auberge**", ein kleines Häuschen.

Ferienwohnungen: im Office de Tourisme Liste, es wird auch telefoniert. Die Ferienwohnungen oft auch in Prospekten deutscher Reiseveranstalter.

SAMBRACITANA, vis à vis des schönen Plage de Peiras, vor dem Hafen. Lediglich teilweise beschattet, wenig Sanitäranlagen.

AU PARADIS DES CAMPEURS, anständiger 4-Sterne-Platz am Plage de la Gaillarde. Durch kleine Unterführung kommt man direkt zum Strand.

Weitere Plätze Richtung Roquebrune-sur-Argens, jedoch einige Kilometer vom Meer entfernt, z.B. DOMAINE DE LA BERGERIE, Vallée du Fournel (ruhig, viele Dauercamper), oder LES SUIVES, Quartier du Blavet, nördlich Autobahn und RN 7 (teuer). Am billigsten der ganzjährig geöffnete LE BLAVET im selben Viertel. Alle Plätze mit Schwimmbad.

Auf Touristen eingestellt. Jede Preisklasse. Menüs zwischen 15 und 1oo DM. Gute Adresse ist das Restaurant LE PROVENCAL im Mittelbau des gleichnamigen Hotels, mit großem Patiohof. Menüs für gehobene Ansprüche ab 5o DM, auch Fisch und Bouillabaisse.

Einige preisgünstige Restaurants, einfache Menüs ab ca. 2o DM, z.B. LA BONNE AUBERGE (Menü für 24 DM gar nicht schlecht) oder LE FLORIDA, ein simples Bar/Restaurant mit grüner Markise und grünem Neonleuchtstreifen unter Dachrinne.

Sport:

Golf: 18-Loch-Platz "Golf de Roquebrune", Route de St. Aygulf (D 7).

Reiten: "Centre Equestre Les Murettes", Route de Marchandise, Quartier de la Bouverie. 1 Std. kostet 25 DM, ein ganzer Tag 125 DM.

Angeln: "Domaine du Moujik", zwischen St. Aygulf und Roquebrune, einiges vor dem Kreisverkehr links ab. Forellen , Karpfen angeln 1/2 Tag 23 DM, ganzer Tag 42 DM. Auch Ponyreiten. Für Besucher Eintritt frei.

Markt: Montag vormittags am Place de San Peire. Dienstags und freitags auch im Dorf von Roquebrune.

Weingut: DOMAINE DES PLANES an D 7 Richtung Roquebrune. Freitags um 17.3o Uhr Besichtigung des Weinkellers. Degustation Mo.-Sa. 9-12 und 14-19 Uhr. Tibouren probieren! Von deutsch-schweizerischer Familie Rieder engagiert betrieben. Da Verwendung von Rebstöcken, die bereits in der Antike kultiviert wurden, außergewöhnliche Weine (Flasche 1o-15 DM).

★Sainte-Maxime (1o.ooo Einw.)

Ehemaliger Fischerort am Nordufer der Bucht von St. Tropez und von Hügelketten mistralgeschützt. Heute ist Sainte-Maxime ein sehr moderner Badeort mit einem langen, sonnigen und feinsandigen Strand, Jachthafen, Restaurants und Bars. Man spürt die Nähe zu St. Tropez.

In der Hauptsaison ist das Stadtzentrum eine Fußgängerzone. Sehenswerte Kirche und ein ehemaliger Wachturm der Lérins-Mönche, der Tour Carrée des Dames. Darin heute ein Heimatkundemuseum mit wechselnden Ausstellungen zeitgenössischer Künstler, täglich außer Dienstag 1o-12 und 15-18 Uhr, Eintritt 5 DM.

Tourist-Info: Promenade Simon Lorrière. Mo. bis Sa. 9-12 und 14-18.3o Uhr, im Sommer 9-2o und So. 1o-12/16-19 Uhr. Zumindest zur HS spricht jemand deutsch.

Post: Av. Mistral, Montag mit Freitag 9-12, 14-17 Uhr, Samstag 9-12 Uhr.

Bank: Viele Wechselstuben an Strandpromenade, z.B. CREDIT LYONNAIS, Av. de Gaulle, Montag mit Freitag 8.o5-12 und 13.35-16.45 Uhr.

Auto/Parken: Parkplätze sind zur HS knapp.

Bus: Gute Verbindung nach St. Tropez und St. Raphael. Bushaltestellen Arret du Port, Casino Beach und an der Brücke im Westen der Stadt.

Schiff: Verbindungen nach St. Raphael und St. Tropez, nicht ganzjährig.

In Ste. Maxime jede Menge an HOTELS. Sie sind etwas billiger als in St. Tropez, DZ in 3-Sterne-Hotels kosten zwischen 1oo und 25o DM. In einfacheren Häusern je nach Komfort ab 7o DM. Verwirrende Vor-, Neben- und Hauptsaison-Preispolitik.

"**Hotel Les Palmiers**": Rue Gabriel-Péri. Schönes, etwas zurückversetztes 3-Sterne-Hotel. Große Zimmer, viele verschiedene Preise je nach Saison. DZ m. Dusche/WC in VS ab 9o DM, in HS zwischen 12o und 15o DM, Frühstück 13 DM. Gutes Restaurant in gepflegtem Rustikalsaal mit offenem Kamin, Menü ab 32 DM.

"**Hotel Mas Des Oliviers**": Quartier de la Croisette, im Westen. Ruhiges Hotel im Landhausstil mit schattigem Garten und Schwimmbad. DZ in Nebensaison 9o-11o DM, Hauptsaison 14o-21o DM. Auch 1-Zimmer-Wohnungen mit Kochnische für 4 Personen 53o/1.265 DM pro Woche.

"**Hotel Royal Bon Repos**": in der Stadt oberhalb des Hafens. Einfache, aber gemütliche Halle, freundlich. Alle Zimmer mit Dusche und WC, manche mit Kochnische. Je nach Komfort und Saison, DZ 75 bis 15o DM.

"**Hotel Le Préconil**": 8 Bd. Aristide Briand. 2-stöckiges, weißes Hotel mit braunen Fensterläden und Landhaus-Vordach an Rezeption. Üblicher 2-Sterne-Komfort, preislich okay. DZ je nach Komfort und Saison zwischen 7o und 11o DM.

Ferienwohnungen: Die typischste Art, in Ste. Maxime Urlaub zu machen. Liste mit Riesenauswahl (2oo Anbieter!) im Office du Tourisme. Dort telefoniert man auch mit den Vermietern. Die Preise zur HS allerdings ganz schön gesalzen! Kleinwohnung 4 Personen bis über 1.ooo DM/Woche, Villen bis 3.ooo DM. In Nebensaison nur halb so teuer.

Camping: Die nächsten Campingzentren bei St. Tropez und Fréjus. In Ste. Maxime nur kleinere Anlagen im Norden des Städtchens.

Nahe am Meer nur LES CIGALONS, im Quartier de la Nartelle im Osten der Stadt.

RESTAURANTS

Im Stadtzentrum viele Restaurants jeder Preisklasse um Rue Paul Bert bis hoch zu Place du Marché. Große Auswahl an Lokalen, die Menüs zwischen 3o und 4o DM anbieten.

Eines der besten der Stadt: LA GRUPPI, Av. de Gaulle. Zwei Speisesäle: in der Veranda zwischen Passage und eigentlichem Restaurant, mit gepolsterten Rattanmöbel, - sowie im 1. Stock mit Balkon. Großes Eck-Aquarium, exzellente Küche. Menü ca. 4o-58 DM.

LE BISTROT DU JARDIN, Av. Jaurès. Großes, schattiges Gartenrestaurant. Fein zubereitete Gerichte, Menü für 32 DM, trotzdem etwas teuer.

LE BIKINI, 42, Rue Hoche. Vielleicht originellstes Lokal der Stadt, klein, aber farbenfroh im Tropenstil mit Bambusverkleidung und Deckenventilator. Viele bunte Nippes. Besitzer bereiste schon die halbe Welt, Peru, Thailand, Ceylon... Einflüsse dieser Reisen bestimmen die Speisekarte. Menüs zwischen 24 und 45 DM.

LE SARRAZIN: 15, Rue des Maures am Ende von Place Colbert. Massives Küchenbuffet im kleinen Lokal mit Straßenterrasse. Original Provence-Küche, kräutergewürzt von Thymian bis Fenchel. Flambiert wird mit Pastis. 4-Gänge-Menü 34 DM.

LE MAISON BLEU, Rue Paul Bert. Blaue Fensterläden, bunte Stoffe, kissengepolsterte Bänke im ehemaligen Tante-Emma-Laden. Deshalb die Lebensmittelpackungen in Vitrine und Werbeplakate. Regionalküche, auch Fisch. Menü 27-42 DM.

LE CIGALE, Ecke Rue Paul Bert/Rue Jean Aicard. Kokettes Haus mit grüner Markise. Im Lokal und auf Straßenterrasse geht es eng zu. Große Auswahl bei Menüs 27-36 DM.

LA TRATTORIA, Rue Jean Aicard im Schatten der Kirche. Hübsches Trockenblumengesteck an der Wand. Italienisch angehauchte Menüs, 25-37 DM, sowie Pizzen.

LE WAFOU: großes, modernes Restaurant im Bistro-Stil am Place Victor Hugo. Grüne Stühle, runde Tischchen, viele Plätze auf Straßenterrasse. Täglich wechselnde Gerichte ab 16 DM.

Markt: In der Markthalle am Place du marché jeden Vormittag außer Montag. Im Sommer täglich, auch am Spätnachmittag. Großer Markt am Fr. Vormittag: Place Jean-Mermoz. Im Sommer in der Fußgängerzone Stände mit Kunsthandwerk und Nippes.

Sport:

Tauchen: Faltblatt über Kurse im Touristbüro, Ausrüstung kann geliehen werden.

Tennis: La Croisette, Stunde 22 DM, Kurse für Kinder etc.

Golf: 18-Loch im Golf-Club-de-Ste-Maxime, im Quartier Canonges. 9-Loch-Platz in Beauvallon, Bd. des Collines.

Fahrradverleih: Rent Bike-Locations, 13, Rue Magali. Vermieten auch Motorräder und Roller.

Segeln/Surfen: Auskunft bei Club Nautique neben Touristbüro. Bieten Segelkurse, auch für Kinder, auf Optimist und Surfkurse. Verleih von Booten und Boards. Surfboards repariert und verleiht auch Fun-Land, 9, Rue Magali.

St. Tropez

(5.5oo Einw.)

Zunächst mal alles Superlative: schönste Bucht der Riviera, Fischerhafen voller Luxusjachten, "extracharmante" Altstadt. Den ganzen Sommer lang wird gefetzt. Nach beendetem Sonnenbad beginnt der listenreiche Kampf um einen Platz in den Cafés, alles hoffnungslos überfüllt, auch die Hotels. Superlative auch das totale Verkehrschaos zur Hauptsaison!

Motor zur internationalen Berühmtheit St. Trop's waren zunächst BB in den 5oern (sie besitzt eine Villa "La Madrague") und ihr Güther Sachs, dito Charles Aznavour. Fotograf und Filmer David Hamilton, der superverschleierte Softy-Erotics drehte, soll gelegentlich im Club 55 gesehen worden sein; sonst residiert er (sofern anwesend) mit Freunden von Jack Nicolson bis Marlon Brando in seinem Haus in Ramatuelle.

Chance, die Topstars zu sehen, besteht in der Regel nicht. Dafür ist der Ort im Sommer übervoll mit abertausenden von Touristen. Wer Trubel, Rummel, Flirten und Anmachen mag: im Juli und August kommen, - Juni und September geringfügig ruhiger. Wer das nicht mag, sollte sich zwecks Studienzwecken einen Abend "St. Trop" reinziehen. Hochinteressant und reizvoll.

Wer St. Tropez in Ruhe sehen will, muß im Winter und der tiefen Nebensaison anrücken. Aber wie gesagt, dann ist es nicht mehr St. Trop, sondern dessen Kulisse und Winterschlaf.

GESCHICHTE: Ligurisch-keltische Siedlung, die Griechen nannten es Athenopolis, die Römer Heraclea Caccabaris. Der heutige Stadtname St. Tropez wird auf den hl. Torpes zurückgeführt, dessen Reliquien hier gefunden wurden. Torpes war ein römischer Offizier, der wegen seines frühchristlichen Glaubens den Märtyrertod starb.

Piratenüberfälle setzten der Bevölkerung im Mittelalter arg zu. Sie ließen sich aber nicht unterkriegen, und St. Tropez wurde im 15. Jh. n. Chr. ein autonomer Stadtstaat. Erst Ludwig XIV. beendete dieses Privileg. Seit dieser Zeit war St. Tropez provenzalische Hafenstadt mit beachtlichem Wohlstand, keinesfalls aber Fischerdorf.

Als im letzten Jahrhundert der Tourismus begann, besuchten St. Tropez die Maler. Im Gefolge von Paul Signac wurde es zum Künstlerparadies. Im Musée de l'Annonciade kann man sich darüber einen Überblick verschaffen.

Mit den Stars der 5oer und 6oer Jahre wurde St. Tropez selbst zum Star des internationalen Tourismus. Die BB, damals Busenstar und Inbegriff der "sexuellen Freizügigkeit", ließ sich 195o hier nieder, und ihr folgten viele: Charles Aznavour, Gilbert Bécaud, Audrey Hepburn, Juliette Gréco, Petula Clark...

Die meisten sind heute in einem Alter, wo sie das wilde Leben hinter sich haben. Die neuen Stars wie Depardieu oder Miou-Miou sind nicht gekommen, dafür Joan Collins (in neuer 1o-Millionen-Mark-Villa).

Nur noch 42 % der Immobilienkäufe werden sofort bezahlt, gegenüber 48 % ein Jahr zuvor. Bei den Preisen kein Wunder, könnte man denken. Doch für die Makler ist es kein gutes Zeichen. Es geht bergab. Die Villen und Apartments sind meist Zweitwohnsitze.

[St. Tropez ist die einzige Stadt der Küste, die in den letzten acht Jahren ihre Einwohnerzahl (damals 6.248) verringert hat.]

FESTIVALS

LA BRAVADE: 16.-18. Mai. Alte provenzalische Tradition, die bis aufs 16. Jahrhundert zurückgeführt wird. Prozession zu Ehren des heiligen Tropez, dessen Figur durch den Ort getragen wird.

LA PETITE BRAVADE: 15. Juni, findet zum Andenken an den Sieg St. Tropez' gegen spanische Galeeren im Jahre 1637 statt. Weil sich die St. Tropezer so tapfer verteidigten, blieb den Spaniern nur noch die Flucht.

Tourist-Info: Office du tourisme, Av. de Gaulle, an Ortseinfahrt. Zur Saison durchgehend 9-19 Uhr. Oktober bis März nur wochentags 9-12 und 14-18 Uhr. Zweigstelle am Quai Jean Jaurès, am Alten Hafen. April bis Oktober 1o-13 und 15-19 Uhr wochentags. Zur Saison auch sonntags. Sprechen deutsch.

Post: Rue Jean Mermoz, Wochentags 8-12 und 14-18 Uhr, außer Samstag nachmittags.

Bank: BANQUE SUDAMERIS FRANCE, Quai Suffren, Montag bis Freitag 9-12 und 13.45-16.3o Uhr.

CREDIT LYONNAIS, ebenfalls am Hafen, rund um die Uhr Wechselautomat.

Verbindungen ab St. Tropez

Auto/Parken: Chices Auto oder Motorrad in St. Trop sehr in. Parkplätze daher extrem rar und teuer, Stunde 3 DM. Zur Hauptsaison im komplizierten Einbahnstraßensystem des Städtchens herumzukutschieren kostet viel Zeit. Für Ausflüge aber zweifellos geeignetstes Verkehrsmittel. Großparkplatz Parking du Port.

Bus: St. Tropez liegt an Linie Toulon-St. Raphael, mehrere Verbindungen täglich. Direktverbindung zum Flughafen Toulon/Hyères. Gute Busverbindung auch nach Ramatuelle (Campingplätze und Gassin).

Schiff: Verbindung nach St. Raphael, dauert 5o Minuten. Von April bis Anfang Oktober. Einfache Fahrt 16 DM. Nach Sainte Maxime 2o Minuten.

AM HAFEN: Restaurants mit viel Fischangeboten auf Speisekarte, ähneln sich alle sehr. Küche zwar nicht zu bemängeln, doch darf man bei diesen Preisen auch was Anständiges erwarten.

L'ESCALE: weiße Rohrstühle, rote Markise, großes Schiffsmodell über Flügel. Menü 5o DM.

LE GIRELIER: blaue Markise, türkise Korbstühle, Deckenventilator, 3-Gänge-Menü für 47 DM. Auch Meeresfrüchte.

LA MARINE: Markise wieder mal rot, dafür Korbstühle. Besonderer Gag sind die vielen Rettungsringe über dem Tresen, 3-Gänge-Menü 45 DM.

ROUSTIDOU: Place Gramont, enger Speisesaal mit runden Tischen, gute Küche. 3-Gänge-Menü ab 3o DM.

PIZZERIA DU VIEUX PORT: das Restaurant für Rothäute und sonstige Stadtindianer. Deckengewölbe im Lokal und der Küche nebenan. Prima Pizzas ab 14 DM, Menü 3o-5o DM.

IN DER STADT: reichlich Restaurants, teilweise preisgünstiger. Außerdem viele Snacks, Crêperien und Stehpizzerias.

SALLE À MANGER/TABLE DU MARCHÉ: 38, Rue Clémenceau, Bistroeingang unter roter Markise. Oben im 1. Stock bietet der einfallsreiche Talentkoch Christophe Leroy in kleinem Salon Menü für 15o DM. Unten an Tischen neben Regalen voller Weinflaschen ist seine Meisterküche halb so teuer. Mittagsgericht für 25 DM.

L'ECHALOTTE: 35, Rue Allard. Kennerpublikum auf chic getrimmt im schönen, ruhigen Garten. Menü zwar stolze 5o DM, dafür aber ausgezeichnet zubereitetes Essen. Wer sich was besonderes gönnen will, liegt hier richtig.

CHEZ ANGÈLE, Rue des Charrons. Winziglokal in schmaler Gasse. Nichts Ausgefallenes, doch bodenständige Küche, die schmeckt. 3-Gänge-Menü 3o DM, Pizza um 15 DM.

LA DAURADE: 18, Rue Clémenceau. Kleines, gemütliches Restaurant in der Fußgängerzone der Altstadt. Blaugestrichene Stühle an Tischreihen. Italienische Küche, Spaghetti, Lasagne um 23 DM.

AU REGAL, bei der Kirche, Rue Cdt. Guichard. Engstes Einfachlokal mit mehr Lampenschirmen als Tischen. Menü 15/22 DM, Schoppen Wein 4 DM. Für den Preis sind in St. Trop freilich die Portionen klein und das Essen simpel, auch wenn die Besitzer Griechen sind.

LE CORAIL, etwas außerhalb in Port Grimaud. Kleines Lokal im Bistrostil, überdachte Straßenterrasse, feine Pizzas ab 13 DM, Fleischgerichte um 25 DM.

HOTELS: eigentlich kommt man ja nicht zum Schlafen nach St. Tropez! Für unbelehrbare Schlafmützen trotzdem ein paar Hoteltips:

STADTHOTELS: "**Le Byblos**", Av. Paul Signac unterhalb Zitadelle. Luxuriöses Chichotel. Pool diente in vielen Filmen als Kulisse. DZ mit Frühstück 28o zur Nebensaison, sonst 43o DM. Auch Suiten und Appartements. Disco!

"**La Messardière**", Route de Tahiti. Hotel im Landschloß-Stil, weite Sonnenterrasse um Schwimmbad. Nobel gestylte Zimmer, Terracotta-Fliesen, Marmorbäder. DZ mit Frühstück je nach Saison 365-52o DM. Suiten entsprechend teurer.

"**Hotel Le Sube**": Eingang in Passage des Quai Suffren. Gemütliche Skipperbar mit Riesenkamin und Blick über den Hafen. Treppenhaus zu den sehr großen, 3 Sternen entsprechenden Zimmern schief (kann Seemann nicht erschüttern), DZ mit Frühstück 185-495 DM, je nach Saison.

"**Hotel Les Palmiers**": 26, Bd. Vasserot. Stadthaus, gemütlicher Hof. Rezeptionistin versteckt sich hinter Tischlampe, bequem möblierte, große Zimmer. DZ mit Dusche oder Bad und WC 132-187 DM, Frühstück inklusive. Nr. 1 geht direkt in Garten, kostet 1o3 DM.

"**Hotel Le Colombier**": Impasse des Conquettes. Zweistöckiges Haus am Ende der Sackgasse, kleiner Garten. Engste Gänge: 2 Leute mit Koffer kommen nicht aneinander vorbei. Betten okay, sonst Mobiliar einfach. DZ mit Dusche 115 DM, mit Dusche und WC ab 16o DM, jeweils mit Frühstück. Nr. 1 am gemütlichsten.

"**Hotel Lou Cagnard**": 18 Av. P. Roussel. DZ (Etagenklo) 55 DM, mit Dusche/Bad und WC 115/145 DM, mit Frühstück. Sauber und gut möbliert. Von Zimmer-Nr. 16, 17 und 18 direkt in schattigen Supergarten mit verschließbarem Brunnen. Macht man die Brunnentüre auf, lächelt einem eine Frau in unbeschreiblicher Kleidung entgegen.

"**Hotel Roustidou**": Place Gramont. 2-stöckiges rosa Stadthaus neben dem Museum direkt am Hafen. Einfach möblierte Minizimmer, manche mit Blick auf Hafen. DZ mit Dusche 11o DM, mit Dusche und WC 14o DM.

Gute Adresse in Port Grimaud ist "**Hotel Du Port**". Große Zimmer mit Bad und WC, kleinem Balkon. Blick entweder auf Kanal oder Marktplatz. DZ 13o bis 2oo DM.

STRANDHOTELS:

"**Hotel Résidence De La Pinede**", Plage de la Bouillabaisse, 4-Sterne-Luxushotel mit allem drum und dran. Am Strand und dennoch nur wenige Gehminuten von der Altstadt. Luxus hat seinen Preis, DZ mit Frühstück 5oo-86o DM. Preisnachlaß in Nebensaison.

Am Tahiti-Plage sind "**Hotel St. André**", 3-Sterne-Hotel im Landhausstil mit sonnigem Garten, DZ 14o bis 23o DM, und "**Hotel Tahiti**", moderner Hotelbau, gleiche Kategorie, DZ 19o bis 38o DM zur Hochsaison, sonst ab 123 DM. Hier wird viel gefetzt. Man ist nie einsam am Meer.

"**Hotel La Garbine**", Route de Tahiti, an der Straße zum Strand. Neubau im provenzalischem Landhausstil, Swimmingpool, DZ je nach Saison 18o bis 3oo DM.

Ferienwohnungen: Liste im Touristoffice, beim Telefonieren wird geholfen. Das Preisniveau ist ziemlich gesalzen. Mehrere Residenzen von Maeva am Chemin des Amoureux, rechts ab bei Touristbüro Av. de Gaulle. Komplett eingerichtete Appartements, Schwimmbad. Kleinwohnung für 4 Personen 42o-85o DM pro Woche, im Juli/August doppelt so teuer.

Camping: Plätze befinden sich nicht auf Gemeindegebiet St. Tropez, sondern in den umliegenden Gemeinden, insbesondere in Ramatuelle und Grimaud. Im Juli und August alles proppenvoll.

CAMPING TOISON D'OR: am Strand Plage de Pampelonne. Nur teilweise gut beschattet, 4 Sterne, jeglicher Komfort, aber teuer. Riesenanlage. Mobilehome-Vermietung.

KON-TIKI: gleiche Klasse am gleichen Strand, kaum beschattet, direkt am Meer.

TOURNELS: Route de Camarat, ganzjährig geöffnet, schattig. Großer, gepflegter Platz. Keine zehn Minuten zu Fuß zum Strand. Öffnet schon früh im Jahr, Anfang Februar.

LA CROIX DU SUD: an Route des Plages, im Halbinselinneren, gut 2 km vom Meer. Mittelgroßer 4-Sterne-Camping, etwas billiger.

PRAIRIES DE LA MER: bei Port Grimaud, größter Camping der Ecke, direkt am Meer, 3 Sterne. Mobilehome-Vermietung.

Markt: Dienstag und Samstag vormittags am Place des Lices, sonst Bouleplatz.

Flohmarkt jeden Sonntag (hauptsächlich vormittags) beim Landgasthof Jas des Roberts (nicht jedermanns Geschmack, da etwas sehr alternativ-locker), an der D 14 zwischen Port Grimaud und Grimaud.

SEHENSWERTES

Vom alten Hafenbecken bis unterhalb die Zitadelle reicht die ALTSTADT. Teilweise Fußgängerzone mit vielen Boutiquen und Restaurants, das Quartier de La Ponche. Einige Sehenswürdigkeiten streift man beim Schlendern durch die Gassen, etwa die 2oo Jahre alte, italienisch-barocke Kirche mit dem Heiligen Tropez oder das CHATEAU DE BAILLI DE SUFFREN am Place de l'Hotel de Ville.

Hieraus stammte einer der berühmtesten Admiräle der französischen Marine, Bailli Pierre-André de Suffren (1728-1788). Zwischen Ceylon und La Reunion, den Kapverdischen Inseln und dem Kap der Guten Hoffnung, von Sumatra bis Indien machte er den Engländern das Leben schwer.

Aber keine Sorge, hier sind wir Touris selbst die Hauptattraktion: die Ausgeflippten, die Schönen, die Geldigen, die Halbnackten, die Berühmten... Und alles wird umso intensiver, je näher man zum Hafen mit seinen Luxusjachten kommt. Flaniergasse auch rauf zum Place des Lices, wo Stars wie Claudia Schiffer mit Normalsterblichen Boules spielen. Wenigstens hin und wieder für Pressefotografen.

Mindestens genauso wichtig sind die **STRÄNDE**, von denen es zwar genug gibt, aber leider eben noch mehr Badegäste.

Am allerchicsten: TAMARIS - zwar extremst eng, dafür unterhalb Brigitte Bardots Villa La Madrague - und der PLAGE DE TAHITI zum Sehen und Gesehenwerden.

PLAGE DES GRANIERS und PLAGE DE LA BOUILLABAISSE liegen am nächsten beim Ort. Etwas ruhiger sind die Strände auf der Halbinsel. Am riesengroßen PLAGE DE PAMPELONNE und zwischen dem Cap Camarat und Cap Lardier läßt sich immer ein Plätzchen finden.

Die GENDARMERIE am Place Blanqui, berühmt durch Superflic Louis de Funès. Nach 12o-jährigem Dienst soll sie nun transformiert werden. Die Zukunft des Polizeigebäudes ist ungewiß, vielleicht wird es ein Museum. Also: noch schnell ein Foto machen, bevor es zu spät ist. Übrigens könnte man ein ganzes Buch mit lustigen Anekdoten über die Zeit der Dreharbeiten zu den "Gendarm von St. Tropez"-Filmen schreiben. Bei einem "Außerirdischen-Film" erschreckte sich ein Landwirt aus Ramatuelle über eine für den Film fliegende Untertasse derart, daß er seine "Ente" ins Hafenbecken lenkte. (Sie konnte nicht schwimmen!)

St. Tropez hat die Zitadelle unlängst der Armee abgekauft. Demnächst soll ein Kulturzentrum eröffnet werden, u.a. Freilufttheater, archäologisches Museum und Park mit Mittelmeervegetation.

Die Zitadelle wurde Ende des 16. Jahrhunderts an der Stelle einer 2.ooo Jahre alten keltisch-ligurischen Siedlung gebaut. Dabei galt das 6-Prinzip: die Festung ist sechseckig, umgeben von einem sechseckigen Burggraben und sechseckigen mittleren Festungsmauern. Der äußere Mauerring ist wiederum von 6 ha steilabfallendem Gelände umgeben.

MUSÉE DE LA MARINE in der Festung, Seefahrts- und Heimatkundemuseum. Nette Schiffsmodelle, Bilder, archäologische Funde etc. Reißt einen bei Eintritt von gut 6 DM nicht vom Hocker. Geöffnet (außer Dienstag und 15.11. bis 15.12.) 1o-17 Uhr, im Sommer abends bis 18 Uhr.

Eine echte Sehenswürdigkeit hingegen ist das MUSÉE DE L'ANNONCIADE am Quai Péri zwischen altem und neuem Hafenbecken. Die ehemalige Kapelle wurde zum Kunsttempel umfunktioniert. Man sieht auf engem Raum eine Sammlung der verschiedensten Stilrichtungen, die der Mäzen Georges Grammant der Stadt überlassen hat. Neben einigen Plastiken an die hundert Gemälde von Künstlern, die in St. Tropez gearbeitet haben: Braque, Matisse (La Gitane, die Zigeunerin), Signac, Dufy, Bonnard (Nu devant la cheminée), Marquet, Rouault, Maillot. Zur Saison 1o-12 und 16-2o Uhr geöffnet, sonst nachmittags 14-18 Uhr. Dienstags und im November geschlossen. 7 DM.

Schmetterlingsmuseum MAISON DES PAPILLONS, Rue Etienne Berny, beinhaltet die Sammlung des Malers Dany Lartigue. Außer Schmetterlingen und Gemälden des Künstlers zu St. Trop auch Fotos.

Wandern: Am Office du tourisme gibt es eine gute Karte mit Wandervorschlägen, einige kann man auch ohne diesen Plan machen.

HALBINSELTOUR: Ab Plage des Graniers am Meer entlang bis La Croix-Valmer. Einfacher Weg 4 Std; wer will, fährt zurück mit dem Bus. Am Meer entlang geht es zunächst mit tollen Blicken auf die Bucht und das Meer bis zum Plage de Tahiti. Ab dem Cap Camarat wird es etwas ruhiger. Am Cap Lardier Blick auf die Porquerolles Inseln.
Variante dieser Route: Ab dem Plage de Tahiti auf der Straße zurück nach St. Tropez, 2 Std.

CHAPELLE STE ANNE-WANDERUNG: ca. 4 km, ab Plage de la Bouillabaise auf die D 93. Nach 2 km führt eine kleine Straße links ab zur Wallfahrtskapelle aus dem 17. Jh. Die Gläubigen erbauten sie zu Ehren der hl. Anna, da der Ort von der Pest verschont blieb.

AUSFLÜGE

MITTELALTERLICHE DÖRFER: Wem es am Strand zu heiß wird, kann sich in eines der Dörfer oberhalb St. Tropez flüchten. Aber keine Illusionen: zur Saison kommen viele auf die Idee, und die Dörfer sind proppenvoll! An fast jedem Eck Souvenirshops, Antiquitäten und Kunsthandwerksläden. Gute Ausflugslokale und Bars, wegen Höhenlage kühle Brise außerhalb der engen Gassen.

GASSIN: liegt auf einem Hügel zwischen Weinbergen südlich von St. Tropez. Zufahrt: zunächst die 98 A und über die 559 südwärts, ca. 18 km. Von der mittelalterlichen Stadtmauer schöner Blick. Innerhalb eine Art Freilichtmuseum mit schönen Häusern und Souvenirshops en masse. Restauranttip "Auberge de la Verdoyante", außerhalb Ortszentrum. Ein umgebauter ehemaliger Bauernhof mit provenzalischer Küche. - Querverbindung rüber nach RAMATUELLE, ebenfalls in Weinbergen südlich von St. Tropez.

CAP CAMARAT mit Leuchtturm (Stichstraße zum Cap), - Kurvenstrecke westlich nach LA CROIX VALMER oberhalb der langgestreckten Südbucht der St. Tropez Halbinsel. Die asphaltierte Hauptstraße führt runter nach Cavalaire-sur-Mer (Details siehe dort).

GRIMAUD: rund 15 km westlich von St. Tropez und schönstes der mit-

telalterlichen Dörfer. Wegen Kurzentfernung und Flair satt zur Saison überflutet. Enge Gassen und Souvenir-, Antiquitäten- wie Kunsthandwerksgeschäfte im Preisniveau von St. Trop. Auf der Hügelkuppe eine Burgruine und Superblick auf die Bucht von St. Tropez.
Im Ort Tip die Restaurants "Les Santons" und "La Bretonnerie". Zufahrt: Über die D 61 gelangt man auf die D 14 nach Grimaud.

LA GARDE FREINET, 1o km nordwestlich ab Grimaud, über die D 558 und im Zentrum des Massif des Maures. Das Dorf in 4oo m Höhe zwischen Edelkastanien und Korkeichenwäldern hat seinen provenzalischen Charme bewahrt. Zwar in Architektur kein Highlight wie Grimaud, dafür auch wegen Entfernung und zeitaufwendigen Serpentinenstrecke weniger überlaufen.

Bis ca. 8oo n. Chr. residierten hier die Sarazenen, maurisch-arabische Seeräuber, die sich hier oben sichtgeschützt versteckten und die Gegend verunsicherten. Erst Wilhelm der Friedensbringer setzte 972 ein Ende. Oberhalb von La Garde Freinet ein eisernes Gipfelkreuz, dahinter die Ruine eines Forts. Weiter Rundblick.

COLLOBRIERES: im Zentrum des Bergmassivs Maures. Die Zufahrt von Grimaud/St. Maur ist eine der landschaftlich schönsten in diesem Bereich.

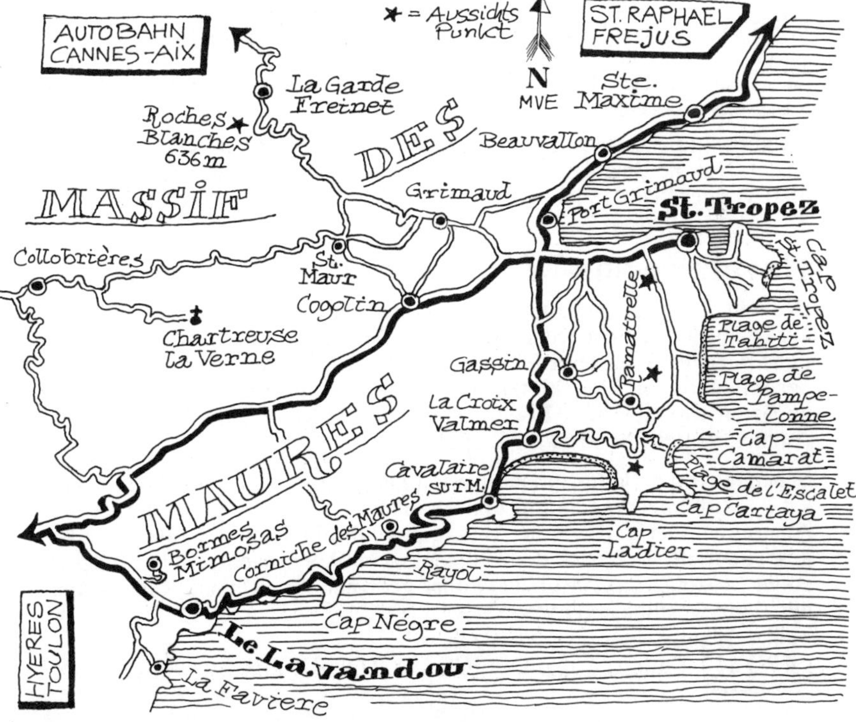

Schmale, kurvenreiche Strecke durch dichte Wälder. In Collobrieres Cafés unter Bäumen und eine Fabrikation, die aus Esskastanien Konfiture herstellt.

CHARTREUSE DE LA VERNE: Kloster aus dem 12. Jh. Abzweiger kurz vor Collobrieres links und über staubige 6 km Schotterpiste östl. retour entlang des Tallaufes. Dichte Wälder, Korkeichen und Esskastanien. Es gibt keinen öffentlichen Transport.

Das Kloster, teils noch gut erhalten und weiter renoviert, errinnert an den Eco-Roman "Der Name der Rose". Eine kleine Gemeinschaft von Bethlehem-Schwestern hat sich hier niedergelassen. Beeindruckendes Deckengewölbe im Raum der Olivenpresse und beim Kreuzgang um den Friedhof. Die Klosterküche mit riesiger Feuerstelle. Von hier ein paar Treppen rauf zu einem Raum, in dem ein Modell des Klosters steht. Eintritt 7 DM.

KÜSTE: Strände und Küstenorte wie St. Maxime und Cavalaire-sur-M. siehe Text. Wer sich für Architektur interessiert, sehr lohnender Abstecher nach PORT GRIMAUD: 1964 schuf hier der Architekt Francoise Spoerry eine moderne Lagunenstadt. Ähnlich wie in Venedig durchziehen den Ort kurvig angelegte Wasserstraßen. Die Häuser in der Regel nicht höher als 3 Stock in mediterraner Architektur, verwinkelt versetzt.

Port Grimaud gilt als Musterbeispiel "sanfter Ferienarchitektur", die sich der Landschaft anpaßt und Originalität besitzt. Weitere Beispiele im Mittelmeerraum, z.B. Costa Smeralda/Sardinien. Negativbeispiele an der Côte d'Azur ganz in der Nähe: die scheußlichen Kästen Marina-Baie-des-Anges in Villeneuve Loubet (zwischen Nizza und Antibes).

Zufahrt: 7 km westl von St. Tropez Ri. Fréjus, N 98, am westl. Ende der Bucht. Nur die Bewohner dürfen mit dem Auto hineinfahren (großer Parkplatz vor der Stadt). Viel Atmosphäre in den Straßencafés am Marktplatz.

★Cavalaire-sur-Mer (4.5oo Einw.)

Besticht durch seinen langgezogenen, grobkörnigen Sandstrand, reißt aber als Urlaubsort nicht aus den Socken. Cavalaire ist bestes Beispiel für häßliche Auswüchse unserer Freizeitgesellschaft. Um den winzigen Ortskern herum schossen Wohnklötze mit genormten, grundmöblierten Ferienappartements aus dem Boden. Der Ort lebt von Mitte Juni bis Ende August. Vorteil: Nähe zu St. Tropez.

Sehenswert der Belle-Epoque-Garten DOMAINE DU RAYOL mit typischer Mittelmeervegetation und exotischen Pflanzen aus Amerika und Australien. Der Park wurde Anfang des Jahrhunderts von einem Banker gegründet, der sich nach dem Börsenkrach 1929 umgebracht hat. Täglich außer Montag von April bis Oktober geöffnet, Av. Rigaud, Rayol-Canadel, 9 km westlich an D 559.

Tourist-Info: OFFICE DU TOURISME, Square de Lattrede-Tassigny, 9-13 und 16-2o Uhr im Sommer, sonst wochentags (außer Samstag nachmittags) 9-12 Uhr und 15-18 Uhr.

Post: Rue A. Daudet. Montag mit Freitag 9-12 und 14-17 Uhr, Samstag 9-12 Uhr, auch Geldwechsel.

Bank: Société Marsellaise de Credit, Rue Central gegenüber Touristbüro. Mo. mit Fr. 8.45-11.45 und 13.45-16.45 Uhr.

Auto/Parken: Größerer Parkplatz vor dem Hafen.

Bus: Busbahnhof hinter dem Rathaus und der Post. Liegt auf Route St. Tropez-> Toulon, gute Verbindungen.

Schiff: Verbindung zu den Inseln. Port Cros 3o, Porquerolles 36 DM.

Eine Reihe guter Hotels, im Sommer meist Halbpension Pflicht.

"**Hotel Les Alizes**": Promenade de la Mer. Modernes 3-Sterne-Haus mit Restaurant und eigenem Parkplatz. Tiptop DZ mit Dusche und WC 11o DM, Halbpension gut das Doppelte.

"**Hotel La Pergola**": Av. du Port, in ruhigerer Seitenstraße. Erholsamer, schattiger Garten, Riesenrestaurant im Erdgeschoß. Rattanstühle in der Halle vor offenem Kamin. Rezeption beim Faß. Übliche 3-Sterne-DZ mit Halbpension 13o DM pro Person.

In den 2-Sterne-Hotels ist es nur unwesentlich billiger. Fürs DZ je nach Komfort und Größe mit 7o bis 11o DM rechnen.

Ganz nett, aber ohne besonderen Charme sind "**Hotel Le Maya**", Av. M. Lyautey und "**Hotel Raymond**", zweistöckiges Haus mit schmalen Balkonen. Hat Parkplätze und sonnigen Garten. An der Rezeption ist man nicht immer gutgelaunt.

Familiäreres Haus ist "**Hotel Bel Ombra**", Rue des Maures, nördlich des Stadtzentrums, doch alles noch zu Fuß zu erreichen.

Ferienwohnungen: Beste Art in Cavalaire seinen Urlaub zu verbringen, da man nicht zur oft teuren Halbpension gezwungen wird. Im Touristoffice gibt's eine Liste, beim Telefonieren mit Vermietern wird geholfen. Erhebliche Preisunterschiede zwischen Haupt- und Nebensaison. Im Hochsommer kostet die Woche für 4 Personen im 2-Zimmer-Appartement um 9oo DM, von Oktober bis Juni weniger als die Hälfte.

Camping DE LA BAIE, Bd. Pasteur, mitten im Grünen und trotzdem in der Stadt. Nur ein paar Gehminuten zum Strand. Leider im Sommer proppenvoll, dann Reservierung nötig.

Nahe am Meer: LA PINEDE, Chemin d. Mannes, LES CANISSONS, an gleichnamiger Straße und BONPORTEAU. Alle gut ausgestattet, schattig.

Ziemlich auf Massentourismus eingestellt, recht teuer. Anzahl an Lokalen an Strandpromenade und in Hafengalerien.

PALAZZO: Promenade de la Mer, große Terrasse an lauter Straße, aber vis à vis zum Meer. Ruhiger im ortstypischen rustikal-modernen Speiseraum. Menüs zwischen 42 und 56 DM.

LES FLOTS BLEU: an der Promenade de la Mer, direkt am Strand, Flachdachpavillon. Alles blau-weiß-gestreift im Matrosen-Look. Übliche Menüs 3o-45 DM.

LA TARTANE: Av. Pierre et Marie Curie, an verkehrsberuhigter Seitenstraße im Zentrum. Langgezogener Speisesaal, viele Plätze. Tresen ein Kahn. Preislich für's Gebotene noch unter der Schmerzgrenze, Menü ab 35 DM.

LE YAMS: ebenfalls an der Strandpromenade und blau-weiß. Auf Terrasse blaue Regiestühle zu weißen Tischen, innen weiße Rattanstühle zu blauen Metalltischen mit Deckenventilator garniert. Menü 3o-45 DM.

LE CORSAIRE: Fischerlokal mit roter Markise am Hafen. Fischernetze, Aquarium, Efeu. Übliches Menü kostet 3o DM. Bouillabaisse 37 DM.

DON GIOVANNI: immer gut besuchte Pizzeria an der Strandpromenade. Pizzas zwischen 13 und 16 DM. Menü für 37 DM preislich abgehoben.

Sport: Surfen am Strand Les 3 Pins und Parady's Plage. Wasserski: am Paradigon Plage und Marina Viva. Tennis: 16 Plätze, z.B. CS Cavalaire, Chemin des Collières. Außerdem Tauschschule, Segelkurse, Schlauchbootvermietung (145 DM/Tag). Alles spielt sich um die Strände ab.

Markt: Mittwoch vormittags Place Jean Moulin. Großer Supermarkt mit Billigtankstelle außerhalb an Av. des Alliès.

Die KÜSTENSTRASSE (Corniche des Maures) schlängelt sich sehr kurvenreich oberhalb des Meeres Ri. Le Lavandou. Beim Ort Rayol Abzweigung und Querverbindung über den Col du Canadel zur N 98.

★ Le Lavandou (4.5oo Einw.)

Badeort mit kleinem Hafen, wo neben Jachten auch noch einige Fischerkähne festgemacht sind. Nur noch oben in der Stadt provenzalischer Charme, am Ortsrand dominiert betonierte Einfalt. Le Lavandou ist sehr touristisch (jährlich rund 6o.ooo Urlauber), im Inland und am Cap Bénat gute Wandermöglichkeiten.

GESCHICHTE: Die Bucht südlich bei La Faviere war wegen ihrer geschützten Lage in der Antike Handelshafen. Zur römischen Zeit wurde gleichzeitig auf der Halbinsel Blei und Halbedelsteine gewonnen und verschifft, heute jedoch keine Bedeutung mehr.

Östlich von Le Lavandou Superstrände bis Cavalière, relativ mistralgeschützt. Im Ort selbst breite Sandstrände.

Tourist-Info: Office de Tourisme, Quai Gabriel Péri. Mo. bis Sa. 8.3o-12 und 14.3o-18 Uhr, im Sommer ganztägig.

Post: Av. de Gaulle, Mo. bis Fr. 9-12 und 14-17 Uhr, Samstag 9-12 Uhr.

Bank: CREDIT LYONNAIS, Av. de Gaulle, Montag mit Freitag 8.3o-12 und 13.3o-16.3o Uhr.

Auto/Parken: Wer Ausflüge plant, ist mit dem Auto besser als Bus bedient. Im Ort allerdings zur HS oft keine Parkplätze.

Bus: Verbindungen nach St. Tropez und Toulon mehrmals täglich. Haltestelle beim Touristbüro an der Strandpromenade.

Schiff: zu den Porquerolles-Inseln je nach Saison mehrmals täglich. Retour auf Port Cros 3o DM, Porquerolles 36 DM.

Sämtliche Hotels befinden sich maximal 1oo Meter vom Strand entfernt, bei manchen braucht man bloß über die Strandpromenade zu gehen.

"**Hotel L'Espadon**": Place Ernest-Reyer, 3 Sterne. Fähnchenverzierter, 4-stöckiger Flachdach-Betonklotz, breite Treppen, viele Antiquitäten, lange Gänge. Manche Zimmer und der große Salon bieten Meerblick, DZ m. Dusche/Bad, WC 13o bis 15o DM.

"**Hotel Beau-Rivage**": Av. Général Bouvet. Dreistöckiger Bau zwischen Strand und Park mit Parasolpinien. Kleine, alte Tischchen am Eingang, Haltestange am Rezeptionstisch. DZ mit Dusche/WC 78 bis 12o DM. Frühstück 12 DM.

Gleiche Preisklasse und Kategorie ist "**Hotel L'Ilot Fleurie**", Av. Charles Cazin, die Augenweide zwischen den Hotelneubauten. Zweistöckiges Haus mit berankter Terrasse, weiße Fassade, gelbe Fensterläden. Kleiner Innenhof.

"**Hotel Le Rabelais**": in gleichnamiger Straße. Flachdachbau, grüne Fensterläden. Gegenüber Hafen. Ordentliche Zimmer, Mobiliar unmodern, Bad eng. Zimmer mit Balkon im 2. Stock. DZ zwischen 6o und 1o2 DM.

"**Hotel Neptune**": 26, Av. de Gaulle. Große Gemälde im Treppenhaus mit grünem Eisengeländer. Verwinkelte Gänge. Zimmer okay, WC teilweise nur hinter Faltwand. DZ ab 6o DM, mit Bad und WC 9o DM.

"**Hotel L'Oustaou**": Av. de Gaulle. Gepflegtes Stadthaus. Rezeption in Frühstücks-/Küchenraum. Familiäre Atmosphäre. Kleine DZ von 62 DM (Etagendusche) bis 85 DM (Dusche/WC, jedoch nur mit Vorhang abgetrennt).

Ferienwohnungen: Im Touristoffice Liste. Beim Telefonieren wird geholfen. "Le Beach", Av. Général Bouvet, direkt am Strand. 1- und 2-Zimmer-Appartements für 2-6 Personen. Juli/August sehr teuer, sonst z.B. Studio für 4 Personen je nach Saison 43o-85o DM/Woche.

Um den Hafen findet man alles, von Creperie über Fastfood bis hin zu (teuren) Fischspezialitätenrestaurants.

LA BOUEE: Av. Cazin. Blau gehaltener Eingang, Aquarium. Aufs Trennmäuerchen sind Rettungsringe stukkiert. Menü 3o bis 5o DM, Fisch-Menü 45 DM.

LE CHATEAU: burgähnliches Stadtschlößchen an der Strandpromenade neben Touristoffice. Großes Lokal über zwei Stockwerke, viele Blumen, Grünpflanzen. Bilder an der Wand. Fisch-Menüs ab 37 DM.

CHEZ ZETE: 41, Av. de Gaulle. Tische im Lokal eng gestellt. Wagenradlampenschirm. Provenzalische Küche, Menüs 25 bis 37 DM.

A LA DERIVE: Rue du Port Cros. Speisesaal mit Deckenbalken und abgetretenem Schachbrettboden. Altes Schiffsmodell auf Küchenbuffet. Leckere Menüs mit Fischsuppe für 22/27 DM. Gutes Preis-Leistungsverhältnis.

Camping: Kleinere und mittlere Anlagen, jedoch leider keine am Meer. Das nächstgelegene, große Campingzentrum der Gegend ist die Halbinsel Giens bei Hyères.

Recht gut sind CLAU MAR JO: Chemin de Benat und BEAU SÉJOUR: Route du Cap Bénat an der D 298. Der CAMPING MANJASTRE, Route du Dom (N 98) hat als einziger ganzjährig geöffnet.

ST. CLAIR: Quartier St. Clair, liegt am nächsten am Meer, nimmt aber nur Wohnwagen.

AUSFLÜGE

BORMES-LES-MIMOSAS: oberhalb Le Lavandou in den Bergen. Ein schönes mittelalterliches Städtchen mit vielen Treppen und blumenreichen Gäßchen. Sehenswert wegen Schloßruinen und Superblick auf die Inseln vor Hyères. Im Ort Kunsthandwerks- und Andenkenläden, im Sommer entsprechend proppenvoll. Markt Mittwoch vormittags.

CAP BENAT, südwestlich von Le Lavandou. Straßen gehen von N 559 ab. Halbinsel mit einem Fort. Der Strand von Cabasson an der Westseite ist außer im Hochsommer sehr erholsam. Kinderspielplatz!

Sport: Am Strand Wasserski, Paragliding, Surfverleih.

Im Freizeitpark LE GRAND JARDIN, Av. de la Grande Bastide, Tennis, Minigolf, Tischtennis, Riesenschach, Trimmpfad, Kinderspielplatz.

Golf: 18-Loch-"Golf du Lavandou" in Cavalière.

Boules: Riesenplatz am Quai Gabriel Péri. Viele Spieler an Sommerabenden.

Tauchen: C.I.P. Lavandou in Pavillon am Hafen bei den Ausflugsbooten. Tauchlehrer Jean-Noel Duval spricht deutsch. Tauchgänge zu Schiffswracks, Porquerrolles-Inseln, Nachttauchgänge etc.

Markt: Donnerstag vormittags im Ortsteil Cavalière, Juni bis September Montag vormittags.

Wandern: Ab Strand La Favière in 1 Std. direkt entlang des Meeres zum Pointe de l'Esquillette. Weiter zur Südspitze der Halbinsel, vorbei am kleinen Port du Pradet, etwas schwieriger.

★Hyères (51.000 Einw.)

Badeort mit der ältesten Fremdenverkehrs-Tradition der Küste. Kann sich zwar heute nicht mehr mit den Tourismus-Hochburgen wie Cannes oder Nizza messen, ist aber dank vieler Hotels und Campingplätze ein wichtiges Ferienzentrum.

Schöne Altstadt und 5 km entfernt am Meer langgezogene Strände mit seichten Übergängen ins Meer, viele Palmen. Sehr lohnende Ausflüge ins nahe Umland, wo viel Landwirtschaft betrieben wird (Gemüseanbau, Wein, Obst, Zierpflanzen und Palmenexport). Dank der noch bestehenden Agrarstruktur dieser Gegend ist Hyères ein ganzjährig lebendiges Städtchen.

GESCHICHTE: Ab ca. 400 v. Chr. griechische Siedlung, später von den Römern überbaut. Archäologische Forschungen sind noch nicht abgeschlossen, jedoch war damals die Salzgewinnung im Etang des Pesquiers auf der Gien-Halbinselzunge wichtige Einnahmequelle der damals florierenden Siedlung. Später, wie gesamte Küste von Sarazenen heimgesucht und im 13. Jh. Hafen für die Kreuzritter.

Vom Mittelalter bis ins 18. Jahrhundert änderte sich das Stadtbild Hyères kaum. Salinen und Landwirtschaft sicherten der Bevölkerung einen gewissen Wohlstand. Doch als es in reicheren britischen Kreisen Mitte 19. Jh. Mode wurde, am Mittelmeer wegen des guten Klimas Ferien zu machen - erfuhr insbesondere Hyères einen Bauboom sondersgleichen. Jeder, der etwas auf sich hielt, ließ eine Belle-Epoque-Villa hinklotzen, die noch ein Nümmerchen eleganter und größer war, als die der Nachbarn.

Bei Hyères kam als Pluspunkt hinzu, daß der Ort 5 km landein lag, aber nahe genug am Meer, um vom Luftaustausch des salzhaltigen Wassers zu profitieren. Viele Briten überwinterten, um von ihrer insbesondere im Herbst sehr feuchten Insel zu flüchten. In Hyères begann der Côte d'Azur-Tourismus.

Darüber hinaus war es auch zunächst beliebter Kurort für Tuberkulosekranke. Ein Luxus, den sich wegen damals langer Anreise nur wenige finanziell leisten konnten. Später, als die Eisenbahn eine Vielzahl anderer Kurorte (u.a. in der Schweiz) erschloß, war Hyères zumindest für diese Gruppe passé.

Als dann zu Beginn dieses Jahrhunderts Badeurlaub in Mode kam, verlor Hyères seine Klientel an Cannes und Nizza. Orte, die den Strand nicht in 5 km Entfernung, sondern vorm Hotel hatten.

Heute spielt sich der Tourismus vor allem am Hyères-Plage und auf der Halbinsel Giens ab; hier stehen die schnell hochgezogenen Monumente des Massentourismus. Hyères-Plage wurde zur modernen, monotonen Ferienstadt.

Tourist-Info: Office du Tourisme im Stadtzentrum, Rotonde Jean Salusse, 9-12 und 14-18 Uhr, im Sommer 8.3o-2o Uhr, Sonntag nur vormittags.

Post: Av. Joseph Clautis, Montag mit Freitag 8.3o-18.3o Uhr, Samstag 9-12 Uhr.

Bank: Gleich neben der Post befinden sich Banken. CREDIT LYONNAIS, Montag mit Freitag 9-11, 14-16 Uhr. SOCIETE GENERAL, Montag mit Freitag 8.15-12 und 13.45-17 Uhr.

Verbindungen ab Hyères

Auto/Parken: Hyères liegt 5 km landein, dagegen die Strände im Südwesten und die Campingplätze auf der Halbinsel Giens. Das Verkehrs Chaos zur Hauptsaison ist vorgeplant. Trotz vieler Parkplätze wird es dann eng.

Bus: Gute Verbindung nach Toulon. Busse von der Stadt zum Strand.
Busbahnhof vor dem Casino am Place Marechal Joffre.

Schiff: Verbindung zu den vorgelagerten Hyeres-Inseln ab Hyères-Plage, je nach Saison mehrmals täglich.

STADTHOTELS

"**Hotel Le Paris**": 2o, Av. de Belgique. 4-stöckiges Stadthotel im Zentrum. 3 Sterne. Rezeption blau, Treppenhaus rot. Zimmer zwar nicht mehr neuwertig, doch okay, TV, Telefon, DZ 87 DM.

"**Hyèreshotel**": 5, Rue du Docteur Roux Seignoret. Eckhaus mit Feuerleiter, Fernseh-Nische im Gang des 1. Stocks. Rezeption in der Brasserie. Mobiliar in Zimmern etwas strapaziert. DZ mit Dusche 55 DM bzw. inkl. WC 78 DM.

"**Hotel Du Portalet**": 4, Rue des Limans. Fassade eines provenzalischen Häuschens mit Turteltauben wurde an alte verwitterte Fassade angebaut. Fernseh- und Frühstücksraum bei Rezeption. Extrem enges Treppenhaus, dafür hohe Zimmer. DZ (Etagendusche) 45 DM, mit Dusche/Bad und WC 62/75 DM. Frühstück 8 DM.

STRANDHOTELS

Direkt am Strand Plage de Hyères Le Port, Av. Émile Gérard, sind die beiden 2-Sterne-Hotels. "**Hotel La Rose Des Mers**", zweistöckiges Haus mit Natursteinmauer, und "**Hotel Lido**" mit roter Markise vor dem Eingang und Klavier in der Halle. Im Lido gehen Zimmer 5 und 6 mit Kochgelegenheit ebenerdig direkt zum Meer. Für's DZ 1oo-13o DM rechnen.

Selben Preise im "**Hotel Thalassa**", 6, Av J. d'Agrève, nach dem 1. Kreisverkehr zum Port d'Hyeres. Langgezogener Neubau mit Satteldach. Ein paar Minuten zu Fuß zum Strand.

"**Hotel Mary Jo**": Route de Giens, La Capte. Restaurant mit Bambusverkleidung. Duschen im Zimmer. Nur DZ mit Halbpension pro Person 6o DM, mit Vollpension 75 DM.

"**Auberge du Pousset**": in selber Straße, praktiziert exakt gleiche Preise, also Zimmer nur mit Pension. Dusche und Toilette auf Etage. Auch großes Restaurant mit blauweißem Fischerkahn. Menüs 2o/3o DM.

"**Hotel Le Ceinturon**": Bd. Front de Mer, verpflichtet wenigstens im Sommer zur Halbpension. Zimmer mit Einfachstmobiliar, Dusche und WC. Mit Halbpension pro Person 95 DM, mit Vollpension 125 DM.

Ferienwohnungen: Liste im Tourist Office erhältlich. Man muß selbst auf französisch telefonieren. Appartements gibt es auch bei den kommerziellen Anbietern wie Pierre et Vacances oder Hotel-Club-Hibiscus (Sondertarife in Nebensaison erfragen!).

Camping: findet im Ortsteil Capte auf der Halbinsel Giens statt, dem Campingzentrum der Gegend. Anlagen ähneln sich allesamt. Sie sind ganz nahe am Strand, höchstens 5oo m entfernt. Bieten zur Saison einen Lebensmittelshop, Snack-Bar und Restaurant. Meist Ostern bis Herbst geöffnet, nur wenige ganzjährig. Einige vermieten Wohnwägen und Mobilheime, 6oo-9oo DM pro Woche.

CAMPING EURO-SURF: gepflegte, langgezogene Riesenanlage direkt am Meer. Von Pinien beschattet. Plätze neben Strand unangenehm sandig, besser auf Straßenseite. Im Sommer Disco. Surfbrettverleih und Mobilheimvermietung.

LA BERGERIE: kleiner Platz, gut 2oo m vom Strand. Mobilheimvermietung. Nicht allzu gut beschattet. Ganzjährig geöffnet, außer Januar bis Mitte Februar.

LA PRESQU'ILE: 5oo m zum Strand. Von Eukalyptus beschattet. Stellplätze gut abgetrennt, etwas hügelig, geteerte Wege. Bietet Surfkurse.

CAMPING DE LA TOUR FONDUE: an Südspitze der Halbinsel, also am nächsten bei den Fähren, was Parkgebühr spart. Direktzugang zu kleinem Sandstrand, Kiesstrand in der Nähe. Wenig Schatten.

STADTRESTAURANTS: LA PETITE CASSEROLE, Rue Antonin Lavagetto. Zwei Speisesäle in Splitlevel unterteilt. Große, weiße Tische, offener Kamin. Menü ab 3o DM, extravaganter für 6o DM.

TAVERNE ROYALE, Rue des Limans. Efeubewachsenes Eckhaus. Gemütliche Plätze auf der Empore. Straßenterrasse mit kitschig-eleganten Barockgartenstühlen unter Pergola. Leckere Menüs von 3o bis 55 DM,

Kindermenü 13 DM.

LA CREOLE, Rue Jean Ribier. Im Tropenstil: grüne Korbstühle, Podest mit Bambusdächlein, Gemälde. Menü à la carte 37 DM.

L'AMIRAL: Av. Maréchal Foch, beim Casino. Eckhaus mit grüner Markise. Fisch-Menüs 22-45 DM, auch Degustation von Meeresfrüchten und Bouillabaisse, 55 DM. Geöffnet bis 3 Uhr früh.

PIZZERIA DEL SOLE, Rue de Limans. Langgezogener Saal mit enggestellten Tischen und Deckenventilator. Alles deutet auf Sizilien hin. Pizzas zwischen 11 und 17 DM.

LA RIPAILLE, 54, Av. Gambetta. Langgezogener Speisesaal mit Galerie und ewiglangem Tresen, über dem Bierkrüge hängen. Prima Pizzas 11-15 DM. Kindermenü 12 DM. Mittags preiswerte Tagesplatte für 16 DM.

AUBERGE AU VIEUX PUITS: La Bayorre, 3 km außerhalb an Route de Toulon. Typlischer Landgasthof an Kreuzung. Original-Pieds-Noirs-Küche der Algerienfranzosen. Auch Kebab und Couscous! Seefisch, Langusten und Hummer nach Gewicht. Lokal mit Grillkamin und Flattervorhängen. Stilvoll servierte Menüs, mittags 25 DM, sonst 4o DM. Empfehlenswert.

RESTAURANTS AM STRAND: Am Hafen von Hyères Plage stolpert man von einer Bar, Brasserie oder Restaurant ins nächste Lokal. Sämtliche Personalisierungsversuche scheinen gescheitert zu sein. Die Lokale unterscheiden sich an ihren Namen, an der Farbe der Rattanstühle und Enge der Plastikhocher (mit am engsten im LE SAN PIETRO), der Exotik ihrer Herkunft (LE BEDOUIN, marokkanische Küche, etwas teuer) und der Geschwindigkeit der Bedienung (wohl am schnellsten im LE TOCCO). Tagesplatten 15-2o DM, Menüs ab 23 DM, meist jedoch 3o-4o DM. Pizzas ab 1o DM.

Tip zur Auswahl: Am Strand entlang bummeln, schauen, was auf den Tellern liegt und danach auswählen. Besitzer und Personal wechseln hier andauernd. In der Nebensaison kämpft jeder gegen jeden um Kunden, in der Hauptsaison verspürt man bisweilen eine gewisse Arroganz. Zur Saison ist die Uferpromenade sehr belebt mit fliegenden Händlern, Verkaufsständen für Schmuck, Bilder etc. Einige Restaurants auch an der Hauptstraße auf Halbinsel, z.B. AUBERGE DU POUSSET, ein großes Lokal mit blau-weißem Fischerkahn und sonniger Terrasse. Einfachmenü ab 21 DM.

LA PETITE VENISE, großer Speisesaal mit Wandmalerei und Deckenbalkenattrappe, Speisekarte auf Tafel mit Gondelschiffer. Simpelst-Menü 22 DM, nicht viel mehr für 28 DM. Nicht immer freundlich.

Anzahl preiswerter Lokale an Allée de la Mer und den beiden Seitenstraßen Bd. Badine und Av. de l'Arrogante. Dort CHEZ NICOLE empfehlenswert. Große Terrasse, Pergola mit Bambusmatten, Tische nicht zu eng gestellt. Pizzaofen im Lokal. Korrektes 3-Gge.-Menü 2o DM, üppig für 28 DM. Pizzas 1o-18 DM. Prima Paella. Zuvorkommende Bedienung.

Disco: LE BEACH, am östlichen Ende der Uferpromenade von Hyéres-Plage. Treppen rauf zum ersten Stock. Etwa hundert schummrige Polsterplätze um kleine Tanzfläche. Im Sommer täglich ab 23 Uhr, sonst Donnerstag und Sonntag. Nebenan eine Brasserie.

SEHENSWERTES

Die Ave. des Iles d'Or begrenzt die ALTSTADT südlich. Über die Rue Massilon kommt man zum gleichnamigen und zentralen Platz der Altstadt. Sie hat viel provenzalischen Flair und steigt in engen Gassen zum Chateauhügel rauf. Oben Festungsruinen und schöner Blick über die Bucht und die Giens Halbinsel.

Guter Blick allerdings bereits ab der ST. PAULS-KIRCHE, die ab Place Massilon über steile Gasse erreicht wird. Sie ist Stadtkirche und stammt teils aus dem 12./13. Jh., weitgehende Erneuerung im 16. Jh. (spätgotische Fenster) und 18. Jh. (Hauptportal).

ST. LOUIS-KIRCHE, 13. Jh., romanischer Stil und damals außerhalb der Stadtmauern von Hyères. Zur Zeit der Kreuzfahrer wurde sie gerne von diesen nach erfolgreicher Rückkehr aufgesucht, u.a. König Ludwig IX., die Dankgebet erstatteten.

Der TOUR SAINT BLAISE mit gleichnamiger Kapelle (13. Jg.) gehörte einst den Tempelrittern. Im 17. Jh. kaufte diesen die Stadt und machte daraus zunächst einen Viehmarkt, später Waffenlager, Rathaus und Gefängnis.

Viel Leben vormittags am Place Massilon und Markt.

Von der Altstadt/Place Massilon führt südlich die breite Avenue Gambetta in die NEUSTADT. Sie zieht sich runter zum Beginn der Halbinsel von Giens. Westlich, Ecke Av. J. Jaures mit Av. Thomas das CASINO in Belle-Epoque-Stil, renoviert mit Glasaufbauten. Südlich des Casinos noch einige Belle-Epoque-Villen und das STADTMUSEUM (Place Th. Lefevre): ausgestellt Funde aus der griechischen und römischen Zeit der Stadt.

JARDINS OLBIUS-RIQUIER, Av. Ambroise Thomas, gegenüber städtischem Schwimmbad. 65.ooo-qm-Park mit Schwanenteich, verschiedene Palmengärten, exotische Pflanzen und Spielplatz. Im Gewächshaus tropische Pflanzen, darunter einige Bananen, die Früchte tragen. Im kleinen Zoo sind Affen, Ziegen, Widder, Hasen und Bambis im Freigehege. Kanarienvögel, Tropenvögel und Papageien in Volieren. Die Papageien im Gewächshaus grüßen freundlich "Bonjour" und "Ca va?". Eintritt frei. Geöffnet ab 7.3o Uhr bis Sonnenuntergang, im Sommer bis 2o Uhr.

HYÈRES-PLAGE: gewaltige Tourismusbauten, die nicht unbedingt zu den schönsten der Côte d'Azur zählen. Kilometerlange Strände bis fast zur Südostspitze der Giens-Halbinsel. Sie sind (abgesehen von Urlaubern) am Wochenende zusätzlich von Städtern aus Toulon besucht und im Kernbereich entsprechend voll.

Breites **Sportangebot**: Segeln, Surfen (Schulen in Hyères-Le Port), Surfbrettverleih praktisch an allen Stränden). Tauchen (Base Nautique in Le Port), Tennis auf mehreren Plätzen, z.B. beim Olbius-Riquier-Park.

GIENS-HALBINSEL: war früher eine Insel und wurde durch zwei Dämme mit dem Festland verbunden. Hierbei entstand die Salzlagune "Etang des Pesquiers", die der Stadt Einkommen durch Salzgewinnung sicherte. Im Süden der damaligen Insel Kiefernwälder, Hotels, teils Felsküste sowie LA TOUR FONDUE mit Parkplatz und Bootsverbindung rüber zu den vorgelagerten Hyères-Inseln.

Westlich der Salinenlagune führt auf eine schmale Straße vom Kreisverkehr L'Almanavre nach Giens. Auf diesem "Salzweg" können bei Spaziergang/Radtour duch diese camargue-ähnliche Landschaft viele Vögel beobachtet werden. Besonders schön in morgendlicher Einsamkeit.

✶HYERES-INSELN

Die Inselgruppe östlich der Halbinsel Giens ist einer der landschaftlichen Höhepunkte jeder Côte d'Azur Reise. Teils dichte Pinienwälder, Oleander und Mimosen, teils Klippen zum Meer. Wegen schöner Landschaften, Tier- und Pflanzenwelt insbesondere lohnend für Wanderungen, Naturschutzgebiet.

Die meisten besuchen die Inseln als Tagesausflug und kommen zum Baden, Picknicken und Tauchen. In den Sommermonaten sind die Buchten beliebter Ankerplatz für Segler und Motorboote.

Ideales Klima: im Hochsommer selten heißer als 3o° C, im Winter fällt das Thermometer nie unter 5°C. Mäßige Regenfälle im Frühjahr und Herbst.

Verbindungen

Schiff: kürzeste Verbindung ab la Tour Fonduè an der Südspitze der Giens-Halbinsel rüber nach Porquerolles (2o Min., zur Saison 5-2o mal/Tag). Weitere Verbindun gen ab Port-Hyères (1.15 Std. nach Porquerolles bzw. 1.3o Std. nach Port Cros) und Le Lavandou (35 Min. nach Port Cros). Es können auch Rundtouren zwischen den Inseln gebucht werden.

Nur Personentransport, Mitnahme des Autos auf die Inseln verboten.

SURFER (allerdings nur sehr geübte, Vorsicht: Strömungen!) kommen von der Südspitze der Giens-Halbinsel in gut 15 Min. (Windstärke 4) rüber nach Porquerolles.

✱ Größte Insel ist PORQUEROLLES mit 1.15o ha und am nächsten zur Giens-Halbinsel. Hier liegen die besten Strände, zudem gute Wandermöglichkeiten.

✱ PORT CROS, die mittlere Insel (64o ha) ist die gebirgigste. Heute Naturschutzgebiet zu Land und an der Küste. Dichte mediterrane Vegetation, Schluchten und Wanderungen.

✱ LEVANT (996 ha) ist weitgehend militärisches Sperrgebiet, karg und im Westteil die älteste FKK-Kolonie Frankreichs.

Wer zum Baden rüberkommt, wird Porquerolles wählen. Für Wanderungen sind Porquerolles und Port Cros Tip. Per Ausflugsdampfer kann man zur Saison mehrere Inseln an einem Tag besuchen. Das Schiff landet im jeweiligen Hafenort, aber für Wanderungen ins Inselinnere wird die Zeit knapp trotz Kleinräumigkeit der jeweiligen Insel.

Öffentlicher Transport auf den Inseln besteht nicht, nur Schusters Rappen.

GESCHICHTE: Bereits von Ligurern und später den Griechen besiedelt. Die Römer nannten die Inseln "Iles d'Orient". Im 5. Jh. n. Chr. folgten die Lerinsmönche, die Wein kultivierten und auf der Insel Port Cros ein Kloster bauten. Dieses war beliebtes Ziel für Piratenüberfälle, die sich bis ins 16. Jahrhundert derart häuften, daß König Francois I. sich genötigt sah, Befestigungsanlagen zu bauen.

Im Jahre 1549 wurde der Deutsche Christoph von Rocquendörf Lehensherr der Insel. Der neue Marquis und die Bevölkerung erhielten Steuerbefreiung, mußten aber als Gegenleistung Kriminelle aller Art (außer Ketzer und Majestätsverbrecher) auf der Insel aufnehmen. Solange die Gesetzlosen auf der Insel blieben, wurde ihnen Straffreiheit zugesichert. Doch die Rechnung ging nicht auf. Zunächst verstärkten die neuen Siedler, wie befohlen, die Befestigungsanlagen. Als die Festungen dann fertig und funktionstüchtig waren, dienten sie keinesfalls dem Auftraggeber, sondern den Insulanern. Geschützt durch die neuen Festungen plünderten sie die Küsten des Auftraggebers.

Einige Jahre hatte die Piraterie Hochkonjunktur, bis schließlich 1564 Ludwig XIV. anordnete, streng gegen die Seeräuber vorzugehen.

Zur Renaissancezeit wurde die Inselgruppe "Iles d'Or" genannt, weil die Glimmerfelsen im Sonnenlicht mit etwas Phantasie golden schimmern.

Ab 19. Jahrhundert wurden die Inseln verkauft und hatten verschiedene Privatbesitzer. Eins der düstersten Kapitel begann auf der Levant-Insel: sie wurde Strafkolonie für 12- bis 21-jährige. 1866 revoltierten die Kinder gegen die unmenschlichen Lebensbedingungen, wurden aber blutig zur Raison gebracht. Die Kinder waren u.a. Billigarbeiter in Fabriken und Landgütern auf Port Cros und Porquerolles. Auch hier lehnten sie sich gegen ihre Ausbeutung auf. Erst Jahre später entschloß sich der Staat, endlich die Kinderstrafkolonie wegen skandalös schlechter Bedingungen zu schließen.

✱Insel Porquerolles (25o Einw./1.15o ha)

Am nächsten zum Festland, Größe in West/Ost: 8 km, - Süd max. 2 km. Ausgesprochen schön in Vegetation mit Pinienwäldern, aber auch guten

Sandstränden an der Nordküste.

Der Hafenort PORQUEROLLES ist einzige wichtige Siedlung der Insel, eine Häusergruppe um die sichelförmige Hafenbucht. Restaurants sehr touristisch (Menü 25-4o DM), Souvenirshops, Bank sowie Liegeplätze für 35o Jachten.

Oberhalb des Hafens das FORT STE. AGATHE ("Chateau Porquerolles") mit massiven Festungsmauern. Im Inneren eine Ausstellung zur Inselgeschichte. Geöffnet 9.3o-12 und 15-18 Uhr. Eintritt 5 DM.

1971 kaufte der französische Staat die Insel, um sie wegen ihrer Naturschönheit vor Raubbau durch Imobilienmakler zu schützen. Villen gruppieren sich oberhalb der Hafenbucht. Sowohl Wildcampen ist strikt verboten wie offenes Feuer (z.B. auch für "Grillfeste"), Unterwasser-Jagd und an Land das Pflücken von Blumen. Abwässer werden in einer Lagune biologisch gereinigt.

Umweltschutz wird auf der Insel großgeschrieben, z.B. Müllsäcke aus Altpapier. Das CONSERVATOIRE BOTANIQUE NATIONALE bewahrt Vielzahl an Varietäten von Obstbäumen wie Feigen (am Weg zum Leuchtturm), Mandelbäume, Maulbeerbäume, Aprikosen und Pfirsichbäume zwischen Route du Langoustier und Weg zum Friedhof.

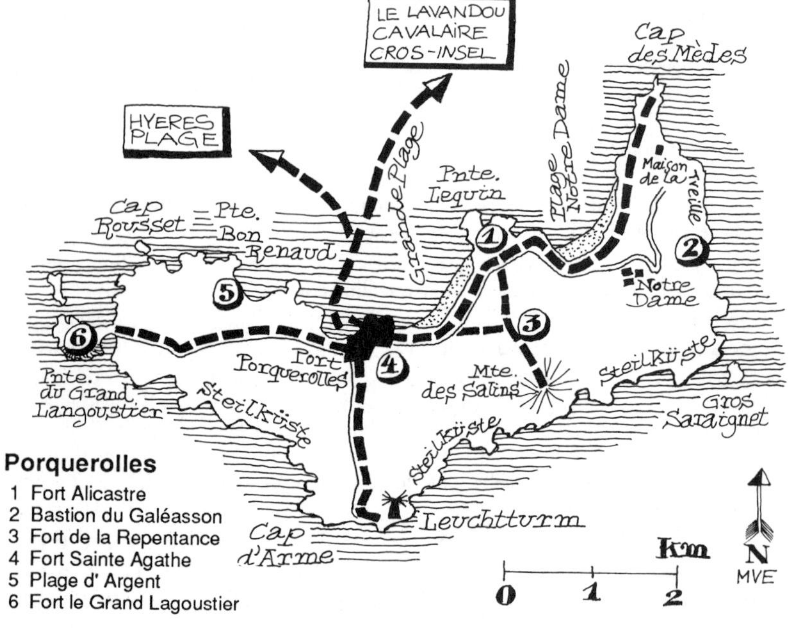

Porquerolles

1 Fort Alicastre
2 Bastion du Galéasson
3 Fort de la Repentance
4 Fort Sainte Agathe
5 Plage d' Argent
6 Fort le Grand Lagoustier

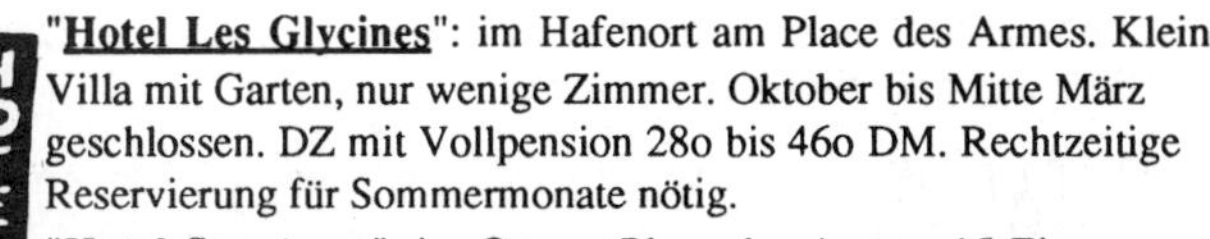

"**Hotel Les Glycines**": im Hafenort am Place des Armes. Kleine Villa mit Garten, nur wenige Zimmer. Oktober bis Mitte März geschlossen. DZ mit Vollpension 28o bis 46o DM. Rechtzeitige Reservierung für Sommermonate nötig.

"**Hotel Ste. Anne**": im Ort am Place des Armes. 15 Zimmer, vorne Terrasse, hinten kleiner Garten. Vollpension verpflichtend, DZ mit Bad und WC 22o-31o DM, langfristig vorbuchen.

"**Hotel Le Mas du Langoustier**": 12o-Betten-Hotel im Westen der Insel bei Pnte. du Grand Langoustier. Wer nicht langfristig vorbucht, hat kaum Chance. DZ, Du./WC inkl. Vollpension 32o/46o DM. Anstelle des Mittagsmenüs wahlweise auch Picknick-Korb. Tennis. Nur zur Saison ab Mitte April geöffnet.

"**Residence les Medes**": Rue de la Douane. Langgezogenes, 2-stöckiges Dorfhaus. Unten Arkaden mit Läden. DZ 135-31o DM. Ganzjährig geöffnet.

Fahrradvermietung: Mountain-Bikes haben auf Porquerolles eingeschlagen wie ein Blitz. Klassische Fahrräder sind wegen steiniger und steiler Wege schlecht geeignet. Mitnahme des eigenen Fahrrads auf Fähre ab Tour Fondue kostet 13 DM. Inzwischen mehrere Verleiher im Dorf und am Hafen. MBK je nach Qualität 2o-35 DM/Tag. Es gibt auch Kindersitze und -fahrräder. TIP: Nachmittags fallen die Mietpreise für Velos. Für eine Tour immer noch interessant, da die heiße Mittagszeit vorbei ist.

Baden: auf der Insel einige gute Strände, vorwiegend Nordseite mit Sand. Sie sind nur zu Fuß oder mit dem Fahrrad zu erreichen. Der GRAND PLAGE: direkt östl. des Hafenortes, ca. 1 km lang, relativ schmal und windgeschützt. - PLAGE NOTRE DAME: östl. hinter der Felsnase Pnte Lequin und 2 km vom Ort, Sand mit klarem Wasser, weniger überlaufen. - Weitere Badebuchten westlich des Ortes. Beispielsweise PLAGE DE L'ARGENT, 3o Min. zu Fuß ab Hafen. Halbkreisförmieger Sandstrand, dahinter schattiger Pinienhain und Snackbar. In der Bucht ankern im Sommer viele Jachten.

Wanderungen: Die Routen sind leicht zu finden und gehen vom Dorf aus. Die meisten Wanderungen führen an Stränden vorbei. Unterwegs üppige Vegetation und Vogelwelt (z.B. die sehr seltenen Silbermöwen mit 1,5 m Flügelspannweite, die als monogame Paare leben und 3o Jahre alt werden). Beim Touristinfo gibt es Broschüren zu diesem Thema. Gute Beschilderung auf Holztafeln und gemeißelten Steinplatten.

ZUM CAP DES MEDES: im Nordosten, ca. 5 km. Angenehmer Spaziergang praktisch immer am Meer entlang oberhalb der Strände Grande Plage ("Courtade-Plage") und Plage Notre Dame. Der Weg mit Sand, Pinienwälder, vorbei am Fort de l' Alicastre (kann nicht betreten werden).

Oben beim Cap des Mendes die MAISON DE LA TREILLE, wo Jean-Luc

Godard die letzten Szenen von "Pierrot le Fou" gedreht hat. Das Cap bietet weiten Blick auf die Bucht von Hyeres.

ZUM FORT LE GRAND LANGOUSTIER: knapp 3 km, ein 2 Std. Fußmarsch. Linkerhand des Hafens zunächst zum feinsandigen PLAGE D'ARGENT. Westwärts folgt der PLAGE DU PETIT LANGOUSTIER. Wenige Minuten südlich davon steht die Ruine des Fort le Grand Langoustier.

ZUM LEUCHTTURM ("Phare") am CAP D'ARMES: einfacher Weg 3o Minuten, ausgeschildert. Zunächst auf asphaltiertem Weg aus dem Dorf, vorbei an Olivenhainen. Der niedrige Leuchtturm, einer der lichtstärksten der Küste, kann über 61 Treppen bestiegen werden. Oben Weitblick über Port Cros aufs Mittelmeer, den Jachthafen vor Porquerolles und die ganze Insel. Zur Besichtigung in die Funkstation mit Walmdach unterhalb gehen, nur möglich von Ostern bis Allerheiligen 1o-12 und 14-17 Uhr. Unterhalb des Leuchtturms eine Aussichtsterrasse mit Blicka uf Port Cros. Baden ist an der Südseite besonders bei Wind gefährlich! Besser zu den beschriebenen Stränden gehen.

✶Insel Port Cros (ca. 5o Einw./64o ha)

Hügelig bis gebirgig und dichte Mittelmeer-Vegetation. Weite Teile der Insel sind mit dichten Pinienwäldern überzogen, Naturschutzgebiet und optimal für Wanderungen. Es gibt mehrere Forts, einen Leuchtturm sowie Sandstrände.

Höchste Erhebungen im Süden der Insel, direkt ab Meer steigen der La Vige und Mt. Vinaigre auf fast 2oo m. Die Insel ist sehr beliebt bei Jachten, zugleich optimale Tauch und Schnorchelmöglichkeiten.

Hauptort PORT CROS, zugleich einzige Siedlung der Insel. Ausgesprochen schöne Minibucht mit Pinienwäldern an den Hängen. An der Nordseite der Bucht das CASTELL (2) mit seinen wuchtigen Mauern, dahinter das Fort de Lestissac, im Sommer Ausstellung von Schmetterlingen, Fischen und Inselfauna.

Tourist-Info: in kleinem Laden im Dorf. Die violette Broschüre informiert über die Tierwelt.

Restaurants: "L'OUSTALET", am Hafen. Fisch- und Fleischmenüs 37 DM, nur zur Saison offen. - "L'ANSE DE PORT CROS", am Hafen, mittags und abends Menü 35-5o DM, Fisch. Ganzjährig geöffnet, außerdem Verkauf von Zigaretten, Briefmarken sowie Bar.

"**Le Manoir d'Hélène**": Landhaus mit Ecktürmchen inmitten üppiger Mittelmeervegetation. Erholsame Ruhe. Halbpension verpflichtend, pro Person im DZ 22o-28o

DM. Nur zur Saison geöffnet, Reservierung empfehlenswert.

Seit 1963 stehen die Insel und ihre umliegenden Gewässer unter Naturschutz. Zur Hochsaison kommen täglich bis zu 4.ooo Besucher, was immense Probleme aufwirft. Besonders die Abwässer und der Müll der Privatjachten gefährden die Unterwasserwelt. Trotzdem wird versucht, eine Art "Grünen Tourismus" mit Umweltschutzanstrengungen koexistieren zu lassen.

Baden: PLAGE DE LA PALU östlich der Hafenbucht, siehe Karte. Sandstrand, oberhalb der Bucht Pinien, zur Saison entsprechend voll.

Ein besonderer Gag ist der markierte Unterwasserpfad. Ein dreieckiger mit Bojen markierter Bereich zeigt in 4-5 Metern Tiefe die reichhaltige Meeresvegetation. Die roten Bojen bedeuten je eine Sehenswürdigkeit. Erklärungen auf Kunststofftafeln. Ideal für Schnorchler. Im August mehr Menschen als Fische.

Wer die Unterwasserwelt kennenlernen will, aber dabei nicht naß werden möchte, kann am Hafen mit kleinen Glasbodenbooten eine halbstündige Entdeckungsfahrt mitmachen (19 DM, Kinder die Hälfte).

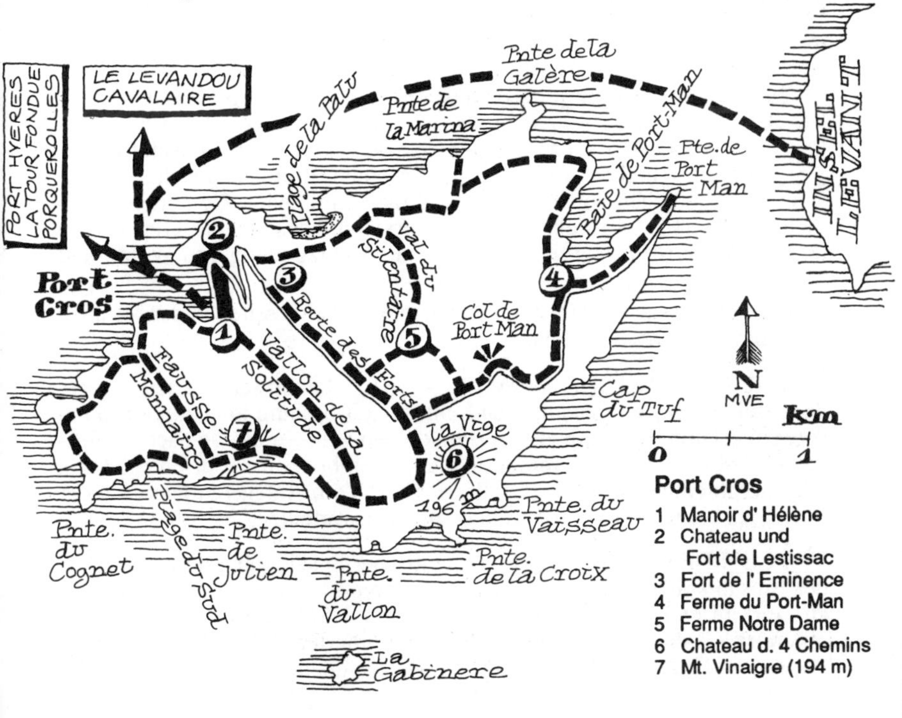

Port Cros

1 Manoir d' Hélène
2 Chateau und Fort de Lestissac
3 Fort de l' Eminence
4 Ferme du Port-Man
5 Ferme Notre Dame
6 Chateau d. 4 Chemins
7 Mt. Vinaigre (194 m)

Weitere kleine Sandbuchten an der Südküste der Insel, z.B. PLAGE DU SUD.

Tauchen: Unterwasserparadies. Wie im Mittelmeer sonst nur noch schwer möglich, lassen sich Fische sehr gut beobachten, da sie nicht, wie in Gegenden wo gejagt wird, reflexartig vor Tauchern abzischen. Einige sehr bedrohte Arten, die man schon verschwunden glaubte, siedelten sich wieder an.

Das gilt zwar für alle Inseln, aber die schönsten Plätze sind bei Port Cros, hauptsächlich im "Parc Port Cros" (um die Insel) und im Bereich der unbewohnten Nachbarinselchen LA GABINIERE und BAGAUD.

Achtung: Am besten nicht alleine Tauchen, und Wettervorhersage beachten, da die Gewässer um Port Cros sehr schnell vom Wind beeinflußt werden und es dabei zu starken Unterwasserströmungen kommen kann.

Vogelbeobachtung: Auf der Insel leben ganzjährig 114 Vogelarten. Die Fülle an Bäumen, insbesondere aber auch die steil abfallende Südküste mit ihren vielen Buchten sind beliebte Nistplätze. Darüber hinaus ist die Insel Zwischenstop für den alljährlichen Vogelflug.

Wer gerne Vögel beobachtet, sollte ein Fernglas mitnehmen und/oder Kamera mit Teleobjektiv. Bitte die Tiere in Frieden lassen!

Wanderungen: Ausgangspunkt ist der Hafenort Port Cros. Nicht vergessen, daß man sich im Naturschutzpark befindet: Weder Aludosen von Bier/Cola wegwerfen, noch Plastikbeutel/-Flaschen etc. Es ist sowohl verboten, Blumen zu pflücken, wie auch das Abbrechen von Zweigen. Daß man glimmende Zigarettenkippen nicht wegwirft, sollte ebenso selbstverständlich sein wie Glas. Denn letzteres kann im Brennglas-Effekt zu Selbstentzündung und Waldbrand führen!

Pflanzeninteressierte werden auf engstem Raum eine selten in der Natur so konzentrierte Vielfalt erleben!

SENTIER BOTANIQUE / PLAGE LA PALU: Schönster Spaziergang auf der Insel. Auf einem botanischen Lehrpfad (Broschüre im Touristinfo besorgen) gelangt man vom Hafen zum kleinen Palu-Strand. Je nach Interesse für die Pflanzen 2 Std. retour einplanen, Einblick in die Inselvegetation und -geschichte, Natur, Forts und Friedhof. Vom Anlegeplatz aus bei der Post links die einzige Straße entlang, nicht zu verfehlen.

VALLON DE LA SOLITUDE: romantischer Spaziergang durch das "Tal der Einsamkeit". Der Weg geht vom Manoir d'Hélène (1) durchs Tal bis zur zerklüfteten Südküste der Insel, knapp 1 Std. Retour dann via Mt. Vinaigre (194 m). Wer raufklettert: sagenhafter Blick über die Insel. Weiter via Fausse Monnaire oder Plage du Sud, einer Mini-Badebucht im

Südwesten der Insel (vergl. Karte). Mit Badestop eine Halbtagestour.

ROUTE DES FORTS: ab Hafen zunächst den Weg rauf zum Fort de Lestissac (2). Hier dann nicht weiter Richtung Plage de La Palu, sondern südöstlich (siehe Karte) vorbei am Fort de l'Eminence (3).

Die Insel Port Cros war im 2. Weltkrieg zunächst wichtiger italienischer, dann deutscher Stützpunkt des Krieges im Mittelmeer. Die Befreiung der Insel im August 1944 richtete erhebliche Schäden an, 2 Tage verschanzten sich die deutschen Soldaten in den Wäldern.

Weiter Ri. LA VIGE (196 m), höchster Inselberg an der Südküste mit dem Chateau du 4 Chemins (6), bester Rundblick über die Insel. Retour zum Hafen entweder durch den Vallon de la Solitude oder via Plage du Sud.

BAIE DE PORT MAN: längste Wanderung auf der Insel. Zunächst via Nordküste und Plage de la Palu rüber zur Port Man-Bucht, ca. 5 km. Hier liegt die ehemalige Fabrik, wo sich die Kinder 1866 gegen ihre unmenschliche Behandlung auflehnten. Die langgestrecke Bucht ist zur HS beliebter Ankerplatz von Jachten. Weg entlang der Südostnase der Bucht zur Pte. de Port Man mit Blick rüber zur Nachbarinsel Levant.

Retour via Col de Port Man und schönem Blick über den Ostteil der Insel, La Vige (6) und Routenkombination Vallon de la Solitude.

★Insel Levant (12o Einw. ohne Militärs/996 ha)

Östlichste der Hyères-Inseln, langgestreckt und kahl. 9o % der Insel sind militärisches Sperrgebiet der französischen Marine, durch Mauer und Zaun vom privaten Bereich, einem FKK-Zentrum, abgetrennt.

Einziges Inseldorf HELIOPOLIS (12o Einwohner) in 1oo m oberhalb der Westküste. Eine 5oo m Fahrstraße verbindet mit dem Hafen. Im Ort gibt es Restaurants, Bars, einen Bäcker sowie Postamt und Tabakladen.

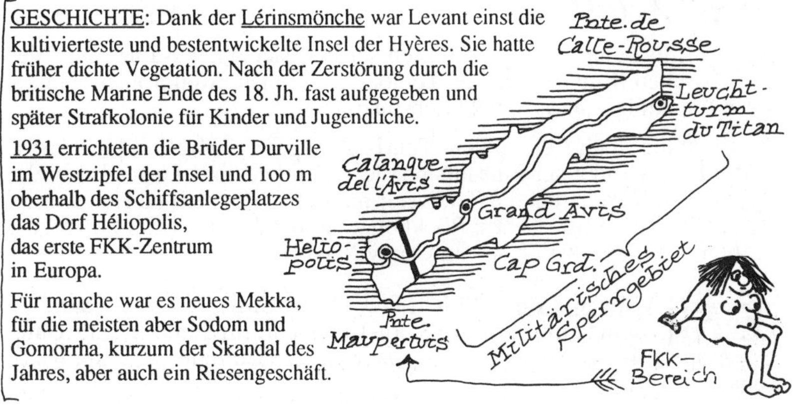

GESCHICHTE: Dank der Lérinsmönche war Levant einst die kultivierteste und bestentwickelte Insel der Hyères. Sie hatte früher dichte Vegetation. Nach der Zerstörung durch die britische Marine Ende des 18. Jh. fast aufgegeben und später Strafkolonie für Kinder und Jugendliche.

1931 errichteten die Brüder Durville im Westzipfel der Insel und 1oo m oberhalb des Schiffsanlegeplatzes das Dorf Héliopolis, das erste FKK-Zentrum in Europa.

Für manche war es neues Mekka, für die meisten aber Sodom und Gomorrha, kurzum der Skandal des Jahres, aber auch ein Riesengeschäft.

Minibus: vom Hafen zum Dorf Heliopolis, für ein paar Mark auch "Inselrundfahrt" auf kleinem zugänglichen Teil.

Über den militärisch gesperrten Inselteil gibt's viele "Varianten": Er sei dicht mit Radaranlagen bestückt zur Kontrolle dieses Mittelmeer-Raumes. Aber auch, daß hier die Exocet-Raketen getestet worden seien, die mit kriegsentscheidend im Falklandkrieg waren und wichtiger Exportartikel der französischen Rüstungsindustrie sind.

Es gibt etwa ein Dutzend Hotels, wovon die meisten zur Halbpension verpflichten. Pro Person mit 9o-13o DM rechnen. Nur zur Saison von April bis Oktober in Betrieb.

"Hotel Heliotel": oben im Dorf mit Park, Schwimmbad, Pianobar, Restaurant. Halbpension je nach Saison 225 bis 325 DM.

"Hotel Brise Marine": oben im Dorf Areopolis, Schwimmbad und Meerblick. DZ mit Du./WC, Halbpension 27o DM. Außer Juli, August auch Zimmer ohne Pension 1oo DM.

"Hotel Le Géatan": am nächsten zum Strand, 2oo m. Kleine Gärten mit Palmen und Orangenbäumen, Terrasse. DZ mit Dusche, Etagenklo 78 DM, inkl. Halbpension 175 bis 225 DM. Reservierung im Sommer unbedingt zu empfehlen.

Außerdem Camping auf kleinen Anlagen mit sehr beschränkter Aufnahmekapazität möglich, insgesamt nur etwa 5o Stellplätze.

BADEN

Baden: unterhalb des Dorfes Heliopolis mehrere Strände. Teils Sand, teils auch große Steinplatten und felsige Klippen.

FKK an den Stränden. Im Dorf allerdings ein Minimum an Kleidung vorgeschrieben, oft nur knappes Höschen. Leute, die FKK nicht mitmachen, sind ungern gesehen. Gleiches gilt für Fotografen.

Toulon

(185.ooo Einw.)

Die Stadt präsentiert sich als "schönster und sicherster Naturhafen" der französischen Mittelmeerküste. Toulon ist zugleich zweitgrößter Militärhafen Frankreichs und Atomwaffenstützpunkt.

Damit ist die Stadt freilich kein Touristenmagnet, dennoch wegen preiswerter Hotels und guter Einkaufsmöglichkeit interessant. Gegen kulturelle Trostlosigkeit konterten die Stadtväter mit Oper, Theater und Konzertsaal Omega Zenith. Seither viele Rockkonzerte und Jazzfestivals im August (Kartenvorverkauf bei FNAC im Centre Mayol).

Tourist-Info: OFFICE DU TOURISME, 8, Av. Colbert. Montag mit Samstag 8.3o -18.3o Uhr, im Sommer 8-19 Uhr. 14-tägiger Veranstaltungskalender "Bulletin des Manifestations" für 2 DM.

Post: südlich des Av. General Leclers, Rue Guiol. Mo.-Fr. 8-19 Uhr, Sa. 8-12 Uhr. Auch Geldwechsel.

Bank: Banken am Quai Stalingrad und im Stadtzentrum.

GESCHCHTE: Der großartige Naturhafen bestimmte seit jeher das Schicksal der Stadt. Schon bei den Griechen und Römern war Toulon Militärhafen. Unter den provenzalischen und französischen Herrschern wurde diese Tradition weiterhin gepflegt.

17o7 hielten die Wehranlagen - im 16. Jh erbaut und von Vauban verstärkt - dem Angriff der vereinten Streitmacht Prinz Eugens, Englands und Hollands statt.

Nur zweimal in ihrer Geschichte entglitt den Franzosen die Stadt. 1793 für 6 Wochen an die Engländer und 1942 an die deutschen Besatzungstruppen. Damit die franz. Kriegsflotte im Hafen dem Feind nicht in die Hände fiel, versenkten sie die Franzosen nach dem Bruch des Waffenstillstands durch die Deutschen selbst. Die Wracks blockierten lange Zeit den Hafen. Während der Befreiungskämpfe im August 1944 wurde die Altstadt erheblich zerstört. Deshalb auch die uniformen Neubauten am Quai Stalingrad.

Verbindungen ab Toulon

Auto/Parken: Toulon liegt verkehrsgünstig. Autobahnverbindung nach Marseille, sehr gute Landstraße nach Hyères. Parken mit den üblichen Problemen einer Großstadt verbunden. Verkehrsgünstiges City-Parkhaus im Einkaufszentrum Mayol.

Zug: Bahnhof am Place Albert Ier. Liegt an Hauptstrecke. Günstige Verbindung nach Fréjus-Cannes-Nizza.

Bus: Verbindungen zu den östlichen Küstenorten mehrmals täglich auf der Buslinie nach St. Raphael und ins Landesinnere nach Draguignan. Es gibt keinen Busbahnhof. Haupthaltestelle vor dem Bahnhof.

Ticket für einfache Fahrt 2,5o DM beim Fahrer erhältlich. 1oer Karte für 19 DM (Tarif Normal) und Tageskarte für 8 DM (Carte Cigale) jedoch nur am Kiosk, Place de la Liberté. Linien 3 und 13 ab Bahnhof/City durch ganz Toulon zur Seilbahnstation, Haltestelle Av. Amiral de Vence.

Schiff: Regelmäßige Verbindung nach La Seyne, Tamaris und St. Mandrier. Außerdem Ausflugsschiffe, einstündige Hafenrundfahrt 13 DM, im Sommer auch zu den Porquerolles-Inseln.

Preisniveau für Hotelunterkünfte in Toulon mit am billigsten des ganzen Küstenabschnitts.

"**New Hotel L'Amirauté**": 4, rue Adolphe-Guiol, nahe Post. Rezeptionist spricht deutsch. Türgriffe zu Zimmern sind kleine Schiffssteuerräder. Große, ruhige DZ mit Dusche und WC 9o DM, Frühstück 11 DM.

"**Le Jaurès**": 11, rue J. Jaurès. TV-Raum mit Polsterstühlen neben Rezeption. Empfehlenswertes Hotel, preiswert, gepflegt, sauber und im Zentrum. Besitzer spricht englisch. DZ mit Bad oder Dusche und WC 47-53 DM.

"**La Residence**": 18, Rue Gimelli, nahe Bahnhof. Altes Bürgerhaus mit kunstgeschmiedeten Balkongittern, Ledersofa und alten Stilmöbeln in der Halle. Aufzug eng, mit viel Gepäck besser über Rundtreppe zu den geräumigen Zimmern. DZ mit Dusche/ WC 55 DM, ohne 37 DM, auch 4-Bett-Zimmer. Frühstück 7 DM. Sprechen englisch und etwas deutsch.

"**Hotel Molière**", 12, Rue Moliére, beim Theater in Fußgängerzone. Rezeption im ersten Stock, steile Wendeltreppe. Das einfache 1-Sterne-Hotel wurde mit Wandstoffen, hellen Farben und TV's aufpoliert. Sehr freundlich. Simples DZ 33 DM, mit Dusche/ WC 55 DM, Frühstück 8 DM.

Camping: In Toulon selbst kein Camping. Man muß entweder auf die Halbinsel Giens (Campingzentrum der Gegend) im Osten oder nach La Seyne im Westen der Stadt.

An Hafenpromenade Quai de la Sinse übliche fischbetonte Touristenrestaurants mit großen Straßenterrassen. 3-Gänge-Menüs für 4o-5o DM teuer. Etwas billiger, dafür stillos auf gelben Plastikstühlen La Desirade, deftige Crèpes 9-12 DM, Menüs 2o-26 DM. Auch im Zentrum weniger gute Lokale, viel Fast-Food, Chinesen, Brasserien und Bistros. Vor allem an den Plätzen ums Theater, z.B. Place Puget mit zugewachsenem Delphinbrunnen. Einfache Mittagsmenüs und Tagesplatten um 15 DM.

LE DAUPHIN, 21, rue Jaurès, außerhalb der Fußgängerzone. Gutbürgerliche Provence-Küche, korrekte Menüs. 3 Gänge 28 DM, aufwendiger mit 4 Gängen 42 und 6o DM.

LE CELLIER, 52, rue Jaurès. Odette bewirtet ihre Gäste fürsorglich wie alte Freunde. Die Tische in beiden Speisezimmern sind liebevoll gedeckt. 3-Gänge-Menü 23 DM, 4 Gänge 3o oder 47 DM, dann mit Lachscarpacchio und Jakobsmuscheln.

LE CHAUDRON, 2, place G. Lambert, schmalbrüstiges Haus in Stadtzeile nahe Rue d'Alger. Langgezogener Speisesaal. Territoriale Küche, empfehlenswertes Mittagsmenü 22 DM, abends 4 Gänge 3o und 43 DM. Kinder-Menü mit Fruchtsaft 11 DM.

PASCALOU, rue Meridien, neben Fischhändler, blauer Kahn auf Straßenterrasse. Wer einmal frische Austern, Muscheln oder Meerschnecken probieren will, kann es preisgünstig an den winzigen Tischen des Minilokals. Meeresfrüchte-Teller ab 23 DM, für 9o DM sogar mit Langusten.

Strandrestaurants an den Plages Mourillon sind alle am Boulevard Fréderic Mistral:

BAGATELLE, gemütliches Lokal gegenüber dem Meer und Fort Saint-Louis. Leider viel Straßenlärm. Grünpflanzen, Aquarien und Bambus schaffen Südseeatmosphäre. Traditionelle bürgerliche Küche. 3-Gänge-Menü 27 und 37 DM, 4 Gänge 47 DM.

LE GROS VENT'RE, ein paar Häuser weiter Richtung Fort. Toulon's Businessmen treffen sich hier zu mittäglichen Arbeitsessen an großen, gediegen gedeckten Tischen. Die Portionen sind ihrem unersättlichen Appetit angepaßt. Mittagsmenü 28 DM, sonst 42-66 DM, zur Saison auch 4-Gänge-Trüffel-Menü für 1o8 DM.

SAINT-LOUIS, längliches Lokal im Bistrostil mit verkehrsberuhigter Straßenterrasse. Für Leute mit größerem Hunger als Geldbeutel werden flott und freundlich sättigende Tagesgerichte (16 DM), beeindruckende Spaghettiportionen (um 13 DM), leckere Salatteller (13 DM) und deftige Crépes (ab 8 DM) serviert. Bitte Aufessen, damit die Portionen nicht kleiner werden.

Markt/Einkaufen: Viele Geschäfte und Boutiquen im Zentrum und dem neuen Einkaufszentrum Centre Mayol. Großer Markt täglich außer Montag am und um Cours Lafayette. Trödelmarkt jeden Sonntagvormittag im Parc des Expositions, Sainte Musse. Flohmarkt für alte Bücher, Schallplatten etc. jeden Samstag im Monat am Place du Théatre. Sonst Bouquinisten auch hinter der Post.

SEHENSWERTES

Die ALTSTADT liegt versteckt hinter den Betonklötzen des Quai Stalingrad. Hauptschlagader der City ist Cours Lafayette. Auch die Fußgängerzone von Rue d'Alger bis hoch zur Rue Jean Jourès ist teilweise recht animiert, Cafés, kleine Restaurants, Boutiquen etc. Bekanntestes Monument die Kathedrale SAINTE-MARIE-MAJEURE mit großem, düsteren Längsschiff (gotisch), Place Cathedrale. Ursprünglich aus dem 11./12. Jahrhundert zeigt sie sich von außen (Fassade, Turm) im klassischen Stil des 18. Jahrhundert.

Das Zentrum der Stadt ab der Rotonde am PLACE NOEL BLANCHE, wo der belebte Boulevard de Strasbourg abgeht.

Das ARSENAL MARTIME, Av. Général Magnan, beeindruckt friedliebende Binnenländler stark. Etwa 1o.ooo Leute sind hier beschäftigt, um die Flotte in Ordnung zu halten.

Wohl wegen des militärhafenbedingten Jungmännerüberschusses hat auch Toulon sein "Vergnügungsquartier" in den heruntergekommenen Altstadtgassen oberhalb der Hafenpräfektur. Dort warten Sexshops, Spelunken und düstere Bars mit überreifen Damen auf die Boys. Trotz Polizeipräsenz ist das Viertel ein gefährliches Pflaster, besonders nachts.

MUSÉE D'HISTOIRE NATURELLE: Boulevard Leclerc. Schönstes Museum der Stadt. Außer vielen Gemälden aus dem späten Mittelalter bis zur Gegenwart (Fragonard, David, Brueghel und Vuillard, Chéret, Besnard bei den Modernen) auch Antiquitäten und orientalische Sammlung. (Geöffnet: 9.3o-12, 14-18 Uhr, Sa. 13-19 Uhr, feiertags geschlossen.)

MUSÉE DE LA MARINE: Seefahrtsmuseen, Schiffsmodelle, Waffen, Bilder und Stiche von Toulon, Dokumente zur Schiffahrtsgeschichte und schöne Galionsfiguren. Place Monsenergue. (1o-12, 13.3o-18 Uhr. Dienstags außer Juli/August und an Feiertagen geschlossen. 7,5o DM.)

MUSÉE DU VIEUX-TOULON: 69, Cours Lafayette. Stadtmuseum, ähnlich dem Musée Naval mit Schiffsmodellen, Waffen, Kupferstichen usw. (Außer an Feiertagen 13-19 Uhr; gratis.)

MONT FARON im Norden der Stadt. In 54o m Höhe (Seilbahn an Bd. Amiral Vence, Hin- und Rückfahrt 1o DM) hat man einen tollen Blick über

TOULON: Stadt und Hafenanlagen Anfang 19. Jhd.

Toulon, Hafen und Meer. Oben ein kleiner Zoo, 14 Uhr bis Sonnenuntergang, 1o DM, sowie ein schattiger Park mit vielen Spazierwegen. Außerdem das

MUSÉE DU MÉMORIAL DU DÉBARQUEMENT 1944, auf dem westlichen Hügel des Mont Faron. Das Museum ist in einem kleinen, runden Fort, dem Tour Beaumont untergebracht und besteht zum Gedenken an die Befreiung Toulons und Marseilles. (Geöffnet: 9.3o-12/14.3o-16.3o Uhr, 8 DM.)

Touristbüro bietet Seilbahn, Zoo- und Museumseintritt für 2o DM als Sonderangebot an. Auf Mont Faron kann auch mit PKW über steile Serpentinen hochgefahren werden. Nicht umdrehen, da Einbahnstraßensystem.

Baden: Die Sandstrände östlich des Zentrums heißen Plages de Mourillon, dahinter Parkanlage mit Rasenfläche, Spielplatz und diversen Aktivitäten, wie Wasserrutsche oder Minigolf; 2 Durchläufe 9 DM. Blick aufs runde Fort Saint-Louis und patroullierende Kriegsschiffe in der Rade.

L'Anse de San Peïre, in der malerischen Baie de la Garonne, wo die Zeit stehengeblieben zu sein scheint. Wochenendhäuschen mit bunten Fensterläden, Kähne, ein kleines Restaurant mit günstigem Mittagsmenü. Liegt auf Gemeindegebiet von Le Pradet. Nach Ste. Marguerite-Kapelle stadtauswärts den ersten Weg hinab, viele in Stein gehauene Stufen.

Surfen: gute Plätze in der Gegend, z.B. Mourillon. Siehe auch La Seyne.

★La Seyne-sur-Mer (6o.ooo Einw.)

Südfranzösische Arbeiterstadt mit typischen Hochhaussünden der Nachkriegszeit. Inzwischen wurden schon einige dieser unmenschlichen Wohntürme eingerissen. Ganz andere Atmosphäre in der kleinen Fußgängerzone oberhalb des Hafens, vor allem beim Markt.

Bestes Wohnviertel ist Tamaris mit orientalisch anmutenden Villen und pinienbestanden Parks. Die ordentlichen Strände, prima Surfplätze, das kleine Spielcasino unter Palmen und die Diskothek im westlichen Sablettes-Quartier gehören dem Sommertourismus.

Geschichte: Die zweitgrößte Stadt des Departments Var ist relativ jung. Erst die Trockenlegung des ungesunden Sumpfgebietes leitete Ende des 16. Jh. die Entwicklung zur Werftstadt ein. Eigentlicher Auslöser war der Hafenbau von 1593. Die Einführung von Metallrümpfen im Schiffsbau Ende des 19. Jh. bescherte La Seyne ein kleines Wirtschaftswunder. Zuwanderung von italienischen Gastarbeitern ließ die Bevölkerungszahl in die Höhe schnellen und brachte gleichzeitig soziale Probleme. Zeuge dieser Epoche sind die vielen Straßen, die nach Persönlichkeiten der französischen Arbeiterbewegung benannt wurden, z.B. Place Benoit Frachon, Rue Léon Blum oder Rue Louis

Blanqui. 19o3 wurde in La Seyne auch der erste Versammlungsort für Arbeitergewerkschaften, "Bourse du Travail" an Av. Gambetta, in der Provence eingeführt. Seit der Werftschließung von 1987 mit einem Verlust von 6.ooo Arbeitsplätzen steckt La Seyne in einer schweren Krise. Heute versucht der Stadtrat, neue Unternehmen im Technologiepark Marepolis anzusiedeln, beispielsweise Surfboard-Hersteller Fanatic-Sports. Wie die vor sich hinrostenden Schiffskräne und die eiserne Zugbrücke an der Hafenausfahrt zeigen, läßt der Aufschwung aber noch auf sich warten.

Touristinfo: Office de Tourisme, Place Ledru Rollin, außer Sonntag 9-12.3o und 14-18.3o Uhr, im Sommer durchgehend 9-19 Uhr, und Esplanade des Sablettes außer Sonntag nachmittags 9.3o-12.3o und 14.3o-19 Uhr, im Winter nur Dienstag bis Samstag vormittags. Stadtplan gratis.

Post: Hauptpost im Zentrum, Av. Garibaldi.

Bank: mehrere Banken am Hafen. Société Générale am Place Ledru Rollin nahe Touristbüro und Av. de Gaulle/ Les Sablettes.

Verbindungen ab La Seyne-sur-Mer

Auto/Parken: Parkhaus und Parkplätze im Zentrum gebührenpflichtig.

Bus: Regelmäßige Verbindungen nach Bandol, Ollioules, Sanary, Six-Fours, Toulon und Aix.

Innerstädtische Buslinien: Viele Linien fahren nicht an Sonn- und Feiertagen, fahren untertags bis 19/2o Uhr wenigstens einmal pro Stunde. Nr. 38 Zentrum bis St. Mandrier-Halbinsel. Fahrt durch die ganze Stadt mit Linie 81 und 83. Ticket für Einzelfahrt 2,5o DM beim Busfahrer. 1oer Karte für 19 DM und Tageskarte für 8 DM am Kiosk Quai Gabriel-Péri.

Zug: auf Strecke Toulon-Marseille. Bahnhof im Norden, Richtung Autobahn, Lagoubran aux Playes.

Schiff: Ausflugsboote für Hafenrundfahrt in La Seyne und regelmäßige Verbindung nach Toulon ab La Seyne mit Line 8M, Les Sablettes/Tamaris mit 18M oder St. Mandrier 28M. An Sonn- und Feiertagen weniger Schiffe. Am 1. Mai kein Verkehr!

"**Moderne**", 2, rue L. Blum, Betonbau am Hafen, unweit des Rathauses. Kleine Zimmer mit Dusche oder Bad und WC, TV, Telefon. Zimmer nach vorne mit Meerblick, am besten im neuen Teil. DZ 77-83 DM, Frühstück 1o DM pro Person.

"**Rives D'Or**", 2177 Corniche des Tamaris/Sablettes. Flachdachbau gegenüber Meer, Strand auf dieser Seite jedoch nicht gut. Helle Zimmer mit Balkon, Dusche, WC und Kochnische, DZ 62 bis 98 DM.

"**Hotel Lamy**", 285 Plage des Sablettes, Sainte Elme am Fuße der Halbinsel. Schmaler 2-Stock-Neubau mit Surfer-Wandgemälde. Nicht alle Zimmer mit Privatbad oder Dusche, ab 62 DM. Frühstück 9 DM.

"**Auberge du Loup**", 759 Av. Allende im Badeviertel Sablettes, 5oo m zum Mar-Vivo-Strand. Familienbetrieb in der vierten Generation. Wirt spricht deutsch, da Schwiegermutter aus Koblenz. Die Zimmer im einstöckigen Landhaus haben fast alle Dusche und WC. Parkplatz im Hof. DZ je nach Saison 47-74 DM. Frühstück 9 DM.

Ferienwohnungen: Das Touristoffice vermittelt Ferienwohnungen jeder Kategorie.

Camping: Die strandnahen Plätze im westlichen Badeviertel haben nur zur Saison geöffnet, z.B. Camping des Pins, Ch. du Bord de mer/Fabregas oder De la Presqu'ile, Le Pin Rolland/St. Mandrier.

Gut beschattet sind folgende zwei Plätze, 3 km vom Meer entfernt. Sie bieten zur Saison Snack-Bar und liegen ein paar Gehminuten von Supermärkten Leclerc und Mammouth entfernt. Dort geht Bus Nr. 81 ab Carrefour Pele-Mele ins Zentrum und zu den Stränden von Sablettes:

Camping DES MIMOSAS, Av. Marcel Paul/Quartier Léry. Schöne Pinien, Wiese für Zelte. Vermieten Wohnwägen für 4 Personen 45o DM pro Woche. LES FONTANETTES, gleich daneben, ein paar Francs teurer. Schwimmbad im Sommer. Neue Sanitärs, Plätze mit Kies, auch Wiese unter Laubbäumen. Holzchalets für 4 Personen 74o DM pro Woche.

Restaurants in La Seyne:

AUBERGADE, 2o, rue Faidherbe neben Touristoffice. Eines der besten Lokale der Stadt. Nett gedeckte Tische, aufmerksam. 4-Gänge-Menü ab 4o DM, Kindermenü 14 DM.

LA CASCATELLE, rue Michelon, Lokal mit rosa Markise in ruhiger Seitengasse nahe Hafen. Gemütlich der zweite Saal im Obergeschoß. Italienischer Wirt, wie Speisekarte und Wandschmuck verraten. Menü 25 und 33 DM mit Tiramisu! Lecker auch die Fleisch- oder Fisch-Menüs auf heißem Stein. Mittags günstiges 3-Gänge-Menü: 17 DM.

LA GRIOTTE, kleines Haus hinter Hafenquai Peri. Korbstühle auf platanenbeschatteter Straßenterrasse, leider laut. Menüs 19-47 DM. Für 27 DM 3 Gänge mit Fischsuppe, Lamm oder Forelle.

LA SAGNO, 1o, Quai Fabre. Winziges Lokal mit Holzbalkendecke und Cowboy-Bildern. Menü 19-31 DM, Pizzas 1o-13 DM.

LA REGENCE, 7 Quai Fabre. Laute Straßenterrasse zum Hafen, innen eng. Im hinteren Saal ein Brunnen mit Blumen. Korrektes Menü für 25 DM, Heringsfilet, Confit de Canard und Nachspeise. Tagesgericht 15

Creperie LE ROUET, rue Hugues, Snackrestaurant in Fußgängerzone. Wirt kauft täglich seine Zutaten frisch. Deftiger Gemüsekuchen, süße Crepes und Cidre 12-17 DM. Salatteller mit Thunfisch, Eis und Cidre 15 DM.

Restaurants in Les Sablettes:

Mehrere Sommerrestaurants und Pizzerien an und um die Promenade Av. de Gaulle. Allesamt in selber Preiskategorie.

Auberge DE LOUP, Av. Allende. Länglicher Speisesaal mit Foto aus der Gründerzeit des alteingesessenen Restaurants. Einfaches provenzalisches 3-Gänge-Menü 2o DM.

LE PETIT MADRIGAL, Av. de Gaulle. Einfaches Bistro, Flipper in der Ecke, Fußballpokale auf dem Regal. Tische eng. Täglich wechselnde Tagesplatte 14 DM, 3-Gänge-Menü mit Schoppen Wein 2o DM.

Markt: Provenzalischer Markt täglich auf dem Cours Louis Blanc. Spezialität von La Seyne ist "Cade", ein salziger Imbiss aus Kichererbsenmehl auf Ofenblech über Holzfeuer gebacken. Kleine Portion beim Straßenhändler 1,5o DM. Trödelmarkt am Sonntagvormittag auf Place B. Frachon. Die Fischer verkaufen morgens ihren Fang direkt an den Quais.

Veranstaltungen: Im Hochsommer Theater und Jazzkonzerte im Fort Napoléon.

SEHENSWERTES:

HAFEN und ALTSTADT bilden den Kern von La Seyne. Nur noch wenige Gassen behielten ihre einstigen Namen wie Rue Platrière (Straße der Gipsverkäufer) oder Rue des Celliers (Straße der Kellereien), welche auf ausgestorbene Berufsstände hinweisen.

Die Rue Louis Blanqui wird im Volksmund "LA CALADE" (steil ansteigende Straße) bezeichnet, weil hier früher die Kräfte der Zugpferde gemessen wurden. Sie mußten einen schwerbeladenen Wagen hochziehen. Die alte Bausubstanz ist von vielen Modernbauten unterbrochen. Im Stil des 17. Jh. erhalten ist die Rue Alsace. Das Haus der Boulangerie Erutti war das alte RATHAUS von 1658. Hübsch auch die "POISSONERIE" mit einer St. Peter-Figur als Patron der Fischer. Laut Jahreszahl über dem Brunnen stammt das Haus aus dem Jahre 1839.

Die neogotische Kirche "NOTRE DAME DU BON VOYAGE" von 1614 wurde mehrmals vergrößert und umgebaut, jüngste Verzierung das "Weltkarten-Altarbild". Innen große Peter- und Paul- sowie Marienstatuen. Die Orgelmechanik konstruierte 1891 Francois Mader aus Marseille. Das "Weltkarten-Altarbild" ist erst seit einigen Jahren an seinem Platz.

Das Rathaus "HOTEL DE VILLE" am Hafenquai ziert eine Freske von

Vasarely. In der Nachkriegszeit bis 1984 hatte La Seyne einen kommunistischen Bürgermeister. Aus dieser Epoche stammt übrigens auch die Avenue Youri Gagarine, benannt nach dem ersten Mann im Weltraum, schräg gegenüber.

Am Anfang und am Ende des Corniche Bonaparte zwei Forts. Das erste, EGUILETT, ist ziemlich runtergekommen und vom Verfall bedroht. Die runde Festung Fort Balahuier, mit dicken Mauern, ist heute MARINE-MUSEUM, außer Montag und Dienstag 1o-12 und 14-18 Uhr geöffnet. Eine Reihe alter Kanonen an der Seeseite, Schiffsmodelle, Zinnsoldaten, Bilder und Napoléonrelikte. Schließlich war es ja der "kleine Korse", der 1793 die englischen Besatzer aus dieser Festung jagte.

Weiteres Fort am Hügel darüber, das FORT NAPOLÉON (auch Fort Caire genannt), von 1821. Im quadratischen Innenhof eine Kunstgalerie und kulturelle Veranstaltungen.

VILLA TAMARIS-PACHA, Kunstmuseum mit permanenter Ausstellung von Gemälden (Venard, Hasch, Mentor) und Glaskunst von Robert Pierini (hat sein Atelier in Biot). In dem alten Bürgerhaus verbrachte bereits die lebensfrohe Schriftstellerin George Sand einige Zeit mit Frédéric Chopin. Das ganze Villenviertel im orientalischern und toscanischen Stil wurde von Michel Pacha (1819-19o7) gegründet. In Vorderasien reich geworden - Pacha war beispielsweise in Istanbul Generaldirektor des türkischen Leuchtturm- und Seefahrtsamtes - investierte er in diese Villa, wo er eine luxuriöse Winterherberge für hauptsächlich russische und britische VIP's des ausgehenden 19. Jahrhunderts schuf.

Baden: Langer Sandstrand im belebten Holidayquartier Les Sablettes, von der vorgelagerten Halbinsel auch gegen Verschmutzung des Toulonhafens geschützt. Westlich davon der Sandstrand Mar Vivo. An den Stränden zur Saison viel Freizeitangebot wie Paragliding, Wasserski, Tretbootverleih, Rummelplatz etc.

Schön ist auch der Kiesstrand La Verne unterhalb des Pinienhains Lanzeberg. Weitere, meist felsige Badebuchten bis zum Cap Sicie.

FKK: Le Jonquet-Strand östlich des Cap Sicie ist einziger offizieller Nacktbadestrand der Gegend. Liegt in einer Bucht unterhalb des Corniche Varoise, hinab über steile Treppen.

Surfen: La Seyne und Umgebung sind mit die besten Surfgebiete des westlichen Mittelmeerraumes. Fanatic-Sports beispielsweise hat hier ein Fabrik, wo auch die Neuentwicklungen getestet werden. Bester Surfplatz vor dem Fabrikgelände, dort aber militärisches Sperrgebiet. Sehr gut Brutal Beach und die Rade von St. Mandrier. Ordentliche Stellen auch in den Nachbarorten.

Tennis: 9 Plätze bei CSMS Tennis im Quartier Barban. Stunde 14 DM. Günstig das "Carnet" mit 1o Tickets für 5o DM. Für zwei Spieler dann 1o DM die Stunde.

Forellen-**Angeln** im Fischweiher "L'arc-en-ciel" im Gewerbegebiet Camp Laurent nördlich des Bahnhofs, ausgeschildert. 1/2 Tag 22 DM, Tag 31 DM.

Trimmpfad (Parcours-santé): im Foret de Jonas und im Pinienwald von St. Mandrier-Halbinsel.

Wandern: Zur Wallfahrtskapelle Notre Dame du Bonne Garde (auch N.D. du Mai) auf dem Cap Sicie. Am Ende des Corniche Varoise beginnt der Foret de Janas mit Spazierwegen und Picknick-Tischen. Einer davon führt hinauf zur Kapelle mit Votivtafeln (normalerweise geschlossen, außer Ostermontag, im Marienmonat Mai und am 14. Sept.). Der Weg geht nach der Kapelle noch weiter bis zum Leuchtturm, der bereits 1352 erbaut wurde, in seiner heutigen Form jedoch aufs 16. Jh. zurückgeht.

Zum Spazierengehen eignen sich auch die öffentlichen Pinienwälder auf der St. Mandrier-Halbinsel und beim Fort Napoléon.

Toulon/La Seyne -> La Ciotat

Die Küstenlandschaft im östlichen Var ist weitflächig bebaut und ziemlich zubetoniert. Gegenüber Autobahn bietet die Landstraße D 559 trotzdem schöne Details: In den Buchten Fischerhäfen und Strände für jeden Geschmack, Sand, Kieselstein oder Fels, auch Steilküsten und kleine Inseln. Sehr provenzalisch wirkt das hügelige Weinbaugebiet um Bandol und die mittelalterlichen Wehrdörfer Le Castellet, la Cadière d'Azur oder Evenos im Hinterland.

Six-Fours-les-Plages

Weitläufiger Badeort mit gepflegten Sandstränden bis Sanary. Gutes Surfgebiet, vor allem der Brutal Beach am Pointe Nègre und Le-Brusc vor der pinienbestandenen Embiez-Insel mit Jachthafen, Schloßruine und Ozeanographischem Museum im Observatorium (Ausflugsboote ab Port du Brusc, 1o-Minuten-Überfahrt). In Brusc auch der Parc du Gaou, eine kleine Spazier- und Picknickinsel, nur untertags zugänglich. Am Ende des Großparkplatzes führt eine Fußgängerbrücke hinüber.

★Sanary

Fischerhafen in windgeschützter Bucht. Belebte Altstadtgassen mit vielen Geschäften und provenzalischem Morgenmarkt. Am Hafenplatz mit buschigen Palmen auch einige Straßencafés und Restaurants. Weiter Panoramablick bei der Kapelle Notre-Dame-de-Pitié aus dem Jahre 156o.

Das kleine Automobilmuseum MUSÉE DE L'AUTOMOBILE SPORTIVE zeigt Cabrios und Sportroadster der letzten 5o Jahre. Unweit Autobahnausfahrt Bandol, Ancien chemin de Toulon. Täglich außer Mo. 9-12 und 14-18 Uhr, im Sommerhalbjahr bis 2o Uhr. Eintritt 14 DM.

Bester Strand ist Plage de Bonnegrace im Osten, 2 km feiner Sand.

★ Bandol (7.5oo Einw.)

Pinienbewaldete Hänge schützen die Bucht mit dem kleinem Jacht- und Fischerhafen vor kalten Mistralwinden. Den alten Ortskern Bandols umrahmen weitflächig Villen, Gärten und Weinberge.

Nach 1933 wurde Bandol Zufluchtort vieler von den Nazis verfolgter deutscher Schriftsteller: z.B. Heinrich und Thomas Mann, Bert Brecht, Kesten, Piscator, Feuchtwanger oder Zweig. Zeitweise war es damit wichtigstes Zentrum der deutschen Exil-Literatur.

Touristinfo: Office du tourisme, am Hafen.

"**Hotel Le Coin d' Azur**": Rue Raimu. Kleines Hotel direkt am Plage Renecros. DZ mit Du. und WC 12o bis 155 DM, mit Halbpension etwa das Doppelte. Vermitteln auch Fitnesskuren, Segel-, Tauch- und Sprachkurse. Sprechen deutsch.

"**Golf-Hotel**": Plage de Renecros. 24-Zimmer-Hotel mit nettem Garten. Manche Zimmer mit Loggia oder Terrasse direkt gegenüber Strand. DZ, Dusche oder Bad und WC 1oo bis 17o DM. Frühstück pro Person 11 DM.

"**Hotel L' Oasis**": 15, rue des Écoles. 1oo Meter von Strand und Hafen. Großer Garten, Parkplätze. DZ, Dusche oder Bad mit WC 8o/11o DM. Mit Halbpension pro Person ab 9o DM, im Sommer verpflichtend.

"**Splendid Hotel**": am Westende der Badebucht Plage de Renecros. Rosa Haus direkt am steilen Ufer. DZ, DU/WC 75-11o DM, Frühstück 12 DM pro Person. Im Winter geschlossen.

Ferienwohnungen: Saisonabhängige Preise, im Juli/August sehr teuer. Zwei Maeva-Residenzen bieten kleine Ferienwohnungen für 2-6 Personen in unmittelbarer Strandnähe am Corniche Bonaparte und Bd. Louis Lumière oberhalb Hafen. Studio für zwei je nach Saison 31o-1.2oo DM pro Woche, für vier 37o-1.4oo DM. Weitere Wohnungen in Sanary, z.B. Pierre & Vacances mit Kleinwohnungen für 4/5 Personen 43o-1.4oo DM.

Camping: meist nur von Ostern bis Ende September geöffnet. Ein Dutzend Anlagen zwischen Six-Fours und Bandol. VALLONGUE liegt am nächsten an Bandol, gut 2 km außerhalb an Route de Marseille.

Direkt am Meer ist LES GIRELLES, Chemin de Beaucours in Sanary, gut beschattet. Shop, Snackbar, etc. Dementsprechend voll im Sommer. In gleicher Straße auch Camping MOGADOR mit Schwimmbad.

Gemütlicher Platz im Hinterland ist LA MALISSONE an D 66 vor La Cadière. Terrassiert, ausreichend beschattet, Shop, Bar, Pool, Tennis, Minigolf. Saubere Sanitär. Auch Mobilheimvermietung.

Anzahl von Restaurants, auch Fischspezialitäten, Meeresfrüchte-Degustation und Pizzerien um den Hafen, vor allem in Fußgängerzone Rue Republique und Rue Macon. Menüs 25-45 DM, kleine Gerichte und Pizzas ab 12 DM.

AUBERGE DU PORT, 9, Allée Jean Moulin oberhalb Hafen. Hinter diskreter Stadthausfassade verbirgt sich alteingesessenes, sehr gutes Fischrestaurant. Große Auswahl an Meeresfrüchten, auch Bouillabaisse. Sorgsam präparierte Menüs 42-6o DM.

SEHENSWERTES:

JARDIN EXOTIQUE DE BANDOL-SANARY: beschildert, 3 km außerhalb von Bandol. Auf 2 Hektar tausende exotische Pflanzen, auch viele Vögel. Besichtigung tgl. außer Sonntag vormittags 8-12 und 14-19 Uhr.

INSEL BENDOR (Ile de Bendor), Minieiland vor dem Hafen. Befindet sich im Privatbesitz von Paul Ricard (Hersteller u.a. des Pastis Ricard) und ist der Öffentlichkeit zugänglich. Darauf provenzalisches Dorf, Hafen, Kunstgalerie, Wein- und Schnapsausstellung (Exposition universelle des Vins et Spiritueux; 8.ooo verschiedene Flaschen, Gläser, Krüge). Bademöglichkeit am kleinen Strand. Folglich dicht bebaut und sehr touristisch. Kurze Schiffsüberfahrt (keine 1o Min.) ab Bandol-Hafen. Untertags im Sommer alle 3o Minuten, sonst stündlich.

Baden: In Bandol 3 feinsandige Strände: Lido-Plage im Osten, Plage de Renecros im Westen und Plage du Casino im Süden. Der Plage Dorée ist Sand- und Kiesvermischt. - **Surfen**: Board-Verleih am Strand, z.B. Mookipa-Beach.

Fahrradverleih: Holiday Bikes, Route de Marseille, Budget Loisirs, Allée Jean Moulin.

★ St. Cyr

Badeort und Jachthafen, der bereits von den Römern besiedelt war. Im Umland neben Weinbergen auch zahlreiche Olivenhaine, deshalb nach dem Schutzheiligen der Ölpresser "Cyr(ard)" benannt. Den Brunnen am Kirchplatz Place Portalis ziert eine kleine Kopie der LIBERTY (Original im Hafen von New York ist 46 m hoch), die der Franzose Bartholdi 1886 in Kupfer getrieben hatte. Diese Mini-Freiheitsstatue installierte die Gemeinde zur Feier der Einführung von Fließendwasser.

Lohnend auch das MUSÉE DE TAUROENTUM (Sa./So. 14-17 Uhr, 3

DM) an Route de la Madrague mit archäologischen Fundstücken aus der Römerzeit. Es wurde auf den Resten einer antiken Villa aus dem 1. Jh. erstellt, wovon noch die schönen Bodenmosaike zu sehen sind.

✶La Ciotat

Die Arbeiterstadt unterhalb des steilen Cap de l'Aigle (ein über 15o m hoher, roter Fels) ist in den Sommermonaten belebter Urlaubsort. Die Werften und der Hafen liegen unmittelbar nebeneinander, dahinter die reizvolle Altstadt (17./18. Jh.). Charme wie in anderen Provence-Häfen, jedoch von riesigen Schiffskränen überragt.

Mit dem Wohl der Schiffswerften geht auch der Wohlstand des Städtchens einher. Wegen schlechter Auftragslage ist La Ciotat heute eine Stadt mit vielen Arbeitslosen.

Der erste Film der Welt "L'Arivée d'un train en gare de la Ciotat" wurde im September 1895 in La Ciotat gezeigt. Somit gilt Louis Lumière als Erfinder des Kinos.

Touristinfo: Office du tourisme, Quai Ganteaume. Im Sommer länger geöffnet, Nebensaison 9-12/14.3o-18 Uhr, sonntags 1o-13 Uhr.

"**Hotel La Rotonde**": 44, Bd. de la République. Einfaches Hotel im Zentrum, 3oo m vom alten Hafen entfernt. DZ je nach Komfort 7o-98 DM inklusive Frühstück.

Restaurants: Mehrere Lokale an Rue Fougasse am Alten Hafen und am Bd. Beaurivage in La Ciotat-Plage. Guten Fisch im Restaurant Provence Plage, 3, Av. de Provence. Menü 32-95 DM.

Camping: In La Ciotat 7 Plätze, z.B. Les Oliviers, große Anlage, 1,5 km vor La Ciotat an Straße nach St. Cyr-sur- mer. Direkt am Meer: Camping Saint Jean, an Route de Toulon. Kleine Anlage im Hochsommer ziemlich voll. Bäckerei, Lebensmittelladen in Nähe.

Surfen in Port St. Jean (unterhalb Av. Beau Rivage) und an den Stränden von La Ciotat-Plage im Osten der Stadt. Dort auch Möglichkeit für Wasserski.

La Ciotat -> Cassis

Eindeutig schönste Strecke ist der Corniche des Crêtes, die D 41 A, ausgeschildert. Über eine schmale Straße der Steilküste entlang bis hinauf zum Cap Canaille. Dort mit 362 m die höchste Steilküste Frankreichs. Unterwegs mehrere Aussichtspunkte.

Direktverbindung La Ciotat-Cassis über N 559 ein paar Kilometer kürzer, jedoch durchs Landesinnere.

★ Cassis

Provenzalisches Fischer- und Badedorf in traumhafter, halbrunder Bucht. Von der Landseite durch hellgrau bis weiße, steile Felswände und bewaldete Hänge windgeschützt. Von beiden Seeseiten schließen klippenreiche Buchten Cassis von den Nachbarorten ab. Deshalb bewahrte sich der Fischerort seinen eigenen Charakter, trotz der Nähe zur Millionenmetropole Marseille. Bunte Hafenpromenade mit 2- bis 3-stöckigen Fischerhäusern, dahinter Gassen, kleine sandige Plätze zum Boulesspielen.

Idealer Ausgangspunkt für Wanderungen oder Bootsausflüge in die Calanques, die klippenreiche Felsküste mit engen, tief eingeschnittenen Buchten im Westen.

Kleines MUSEUM mit Bildern regionaler Künstler und Dokumenten zur Stadtgeschichte: Musée municipale, Rue Xavier d'Anthier. Geöffnet außer Mi./Di./Sa. täglich 15-17 Uhr. Eintritt frei.

Touristinfo: Syndicat dìnitiative, Place Baragnon. Gutes Prospektmaterial. Wanderbroschüre mit den Calanques-Wanderungen.

Post: Rue de l'Arène, hinter dem Rathaus.

Bank: Credit Agricole, rue de l'Arène, gegenüber Post.

Auto: Im Sommer katastrophaler Parkplatzmangel! Wer plant, ab Nachbarort nach Cassis zu fahren, sollte unbedingt aufs Auto verzichten und öffentlichen Transport (Busse) nehmen!

Zug: Bahnhof 3 km außerhalb von Cassis. Buslinie zwischen Bahnhof und Ort.

Bus: Busstation für Verbindungen zu den Nachbarorten sowie Marseille in Cassis am Place Montmorin/Esplanade Général de Gaulle.

"**Hotel Le Provencal**": 7, rue Victor Hugo. Oberhalb des Hafens im Zentrum. Nur zur Saison geöffnet. Bewachter Parkplatz in fünf Minuten Entfernung. DZ mit Du. und WC 7o-1oo DM, ohne WC etwas billiger.

"**Hotel Du Grand Jardin**": 2, rue Pierre Eydin. Zentral und doch ruhig. Garten. Eigene Garage pro Nacht 15 DM. DZ mit Dusche oder Bad und WC 9o bis 11o DM. Frühstück 11 DM.

"**Hotel Liautaud**": Place Clemenceau. 3-stöckiges Haus mit blauen Markisen direkt am Hafen. Wendeltreppe zu den oberen Stockwerken. Einfache Vollholzmöbel. Manche Zimmer mit kleinem Balkon zum Meer. DZ mit Bad oder Dusche und WC 9o-11o DM.

"**Hotel De la Rade**": 1, Av. des Dardonelles, einige Minuten zu Fuß vom Hafen. Schwimmbad, Klima, Terrasse. DZ, Bad, WC 125/145 DM. Garage 15 DM.

Ferienwohnungen: Liste für möblierte Privatunterkünfte vom simplen Zimmer bis zur Villa im Touristbüro.

Jugendherberge: Auberge de Jeunesse la Fontasse: 1o Straßenkilometer westlich von Cassis an den Calanques. Von der Straße nach Marseille (N 559) links ab auf Straße zum Col de la Gladiole. Von Juhe auch ca. 4 km langer Fußweg nach Cassis. Übernachtung 14 DM.

Camping: Im Ort selbst kein Platz, befindet sich oberhalb, nahe der Straße nach Marseille. - Les Cigales: Route de Marseille/Av. de la Marne. 3,5 ha, teilweise beschattet. Etwa 1 km zum Strand.

RESTAURANTS: Mehrere Restaurants entlang der Hafenzeile Quai des Beaux und in der darüberliegenden Altstadt. Menüs 25-5o DM.

CHEZ GILBERT: 19, Quai des Baux. Provenzalisches Lokal, Tische eng gestellt. Gute Bouillabaisse. Fisch-Menü 34-47 DM.

EL SOL: 23, Quai des Beaux. Anständiges Preis-/Angebotsverhältnis. Fischgerichte, Bouillabaise, Gambas. Gutes Menü ab 27 DM.

CALANQUES-AUSFLÜGE:

Mit Booten tgl. zwischen 9 und 18 Uhr mehrere Rundfahrten zu den Klip-

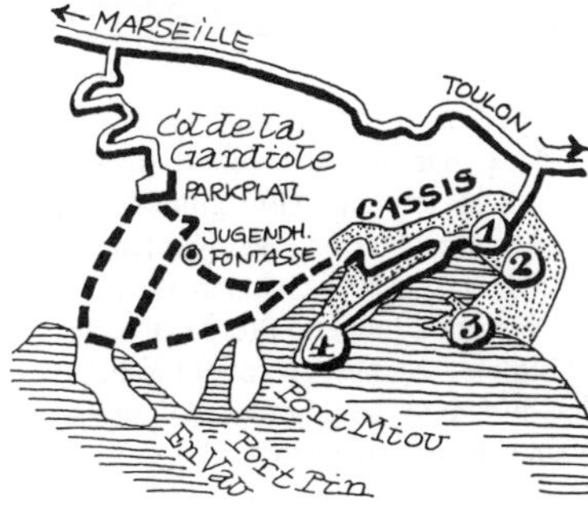

① HAFENPROMENADE QUAI DES BEAUX
② ABFAHRT AUSFLUGSBOOTE
③ CASSIS CASINO
④ KIRCHE NOTRE DAME DE BON VOYAGE

Die Calanque En-Vau

pen. Leider fahren sie nicht immer weit genug hinein. Abfahrt Port Cassis. Die ersten drei Calanques in 45-Minuten-Tour 15 DM.

Mit eigenem Schlauchboot: nur bei ruhiger See gefahrlos möglich. Die ortsnahen Calanques können angepaddelt werden. Ideal bis Calanque de Port Pin oder Calanque d'En Vau, da dort Badebuchten.

Die Calanques, wie man die engen, fjordähnlichen Einschnitte nennt, sind mit ihren weißen Klippen auch beliebtes Tauchgebiet.

Gute Gratis-Karte im Touristbüro. Broschüre mit Beschreibung 3 DM. Die Wanderungen beginnen alle westlich der Hafenbucht. Zum Plage du Bestouan Richtung Port Miou halten.

Calanque de Port Miou: erster Fjordeinschnitt, erschlossen per Straße ab Hafenpromende (1) Quai des Beaux, zu Fuß ca. 3o Min. Die sehr enge Bucht ist im Sommer praktisch komplett mit Jachten "zugepflastert".

Calanque de Port Pin: nächste Calanque, ähnlich enger Fjordeinschnitt mit Minibadestrand. FKK toleriert. Nur zu Fuß zu erreichen und ca. 4o Min. ab Hafen.

Calanque d'En Vau: schönster Strand (Sand). An den steilen Felswänden zur Saison Free-Climbing. Weg in die Bucht außer ab Cassis auch vom Col de la Gardiole bei der Jugendherberge Richtung Forsthaus (Maison Forestier) hinab.

Sormiou und Morgiou sind bewohnt und sehr idyllisch. In den 15o Häuschen von Sormiou leben rund 3oo "Cabanonniers" (Wochenendhäusler) ohne Fließendwasser und Strom für einen symbolischen Mietfranc. Hier auch Bar-Restaurant.

Unterhalb Cap Morgiou entdeckte 1991 der Profitaucher Henri Cosquer aus Cassis eine prähistorische Grotte mit Felszeichnungen, LA GROTTE COSQUER.

Sie war zweimal Kultstätte des Cro-Magnon-Menschen, zum ersten Mal vor 27.ooo Jahren, dann vor 18.5oo Jahren. Aus der ersten Phase stammen die geometrischen Zeichen und etwa 5o Hände, denen großteils Fingerglieder fehlten. Dafür gibt es zwei Erklärungen: Glieder fehlen als lautlose Zeichensprache für Jäger oder sie wurden aus Kultgründen amputiert. Die Menschen der zweiten Siedlungsphase versuchten, die alten Zeichnungen zu beseitigen und schufen über 1oo Tierabbildungen (Pferde, Rinder, Gemsen etc., auch Pinguine). Die Gravur eines getöteten Menschen revolutionierte sogar das Geschichtsbild der Prähistoriker, die bis dato annahmen, daß diese vorgeschichtliche Epoche gewaltfrei war, da es ja noch keinen Besitz gab.

Die Grotte kann nicht besichtigt werden. Der 17o m lange, natürliche Tunnelzugang liegt 37 m unter dem Meeresspiegel und ist verschlossen. Zur Zeit des Cro-Magnon-Menschen war der Meeresspiegel 12o m tiefer als heute, das Meer 15 km weit entfernt.

Strände: Im inneren Ortsbereich von Cassis 2 Strände. Sie sind zu klein, um die Menschenmassen im Sommer zu fassen und rappelvoll: Plage du Bestouan (westlich Richtung Calanques, am Ende der Av. de l'Amiral Ganteaume) und Plage de la Grande-Mer (an Esplanade Général de Gaulle), größter Strand von Cassis.

FKK: In einigen Buchten toleriert, z.B. Port Pin (am nächsten bei Cassis) oder Saint Mena (Stadtrand von Marseille).

Tauchen: Mehrere Tauchbasen in der Gegend, da interessante, fischreiche Unterwasserwelt mit Grotten und Schiffswracks. Z.B. Centre Cassidain de Plongée des Höhlenentdeckers Cosquer, Rue Thérèse Rastit hinter Place Mirabeau am Hafen.

Markt: Mittwoch und Freitag vormittags. Hinter der Post, rue de l'Arène.

MARSEILLE

Marseille

1,2 Mill. Einw. mit Einzugsgebiet

Quirrlige Millionen-Metropole und einer der wichtigsten Häfen des Mittelmeers. Da im 2.Weltkrieg große Teile der Stadt zerstört wurden, heute eine weitgehend moderne Stadt im Schachbrett mit diagonalen Avenues.

Hoher Ausländer-Anteil, vorwiegend aus Nordafrika. Touristisch interessant ist der Bereich um den ALTEN HAFEN mit Restaurants, die verwinkelten Gassen des verbliebenen ALTSTADT-RESTES, mehrere MUSEEN sowie generell der Flair dieses Mittelmeer-Giganten.

Allerdings WARNUNG: Marseille hat im Zentrum extremen Verkehr und ist zudem berüchtigt für Autoeinbruch und Diebstahl. Wer mit eigenem

Auto unterwegs ist, sollte es unbedingt vor Parken leer räumen und nach Möglichkeit in bewachtem Parkhaus abstellen. Noch besser: ganz aufs Auto verzichten, siehe Kasten "Verbindungen/Auto".

GESCHICHTE: Die optimale Lage der geschützten Hafenbucht war über die Jahrtausende attraktiv. Erste Besiedlung ca. 25oo v. Chr. - Im 7. Jh. v. Chr. gründeten griechische Seefahrer aus Phoköa (heute das türkische Foca bei Izmir) den Handelshafen Massalia. Zur Blüte gelangte Massalia ab 6. Jh. v. Chr., als Phokäa von persischen Soldaten zerstört wurde und eine große Zahl der Bewohner nach Massalia emigrierten. Der rege Handel mit ligurischen Stämmen, die ihren Hauptsitz im nur 3o km entfernten Oppidum von Entremont (bei Aix-en-Provence) hatten, sicherte den Griechen einen hohen Lebensstandard.

Mitte des 2. Jh. v. Chr. wurde Massalia römisch, zunächst als verbündeter Nachbar zur Römergründung Aix. Beim Streit zwischen Pompeius und Caesar 49 v. Chr. stellten sich die Massalier eindeutig auf Seiten des Verlierers: Caesar rächte sich, indem er der Stadt alle Sonderrechte entzog und sie der römischen Provinz Arles zuschlug.

Nach dem Zerfall des Römischen Reiches fiel die Stadt in die Hände der Westgoten. Zerstörung der Stadt durch die Sarazenen, Neuaufbau und Schutz durch Stadtmauer. 1218 bis 1257 war Marseille freie Stadt, bis sie Karl von Anjou mit Waffengewalt 1257 der Grafschaft Provence angliederte. Ausbau der Festungsanlagen unter den folgenden Herrschern, so ließ z.B. König René (siehe Aix) den Hafeneingang mit dem Turm Saint-Jean verstärken.

Die Kreuzzüge des Mittelalters brachten Marseille einen bisher nicht gekannten wirtschaftlichen Aufschwung. Die Stadt wurde neben Genua zu einem der wichtigsten Kreuzritterhäfen: Schiffsbau, Lagerwirtschaft und Seehandel blühten.

Dieser Wohlstand blieb Marseille auch in den folgenden Jahrhunderten erhalten. Um sich vor Angriffen zu schützen, wurden ständig die Befestigungsanlagen ausgebaut (unter Mazarin z.B. die beiden Forts St. Jean und St. Nicolas zu beiden Seiten der Hafeneinfahrt).

Tragischer Einschnitt in der Stadtentwicklung war die Pestepidemie von 172o. Marseille hatte bereits rund 7o.ooo Einwohner. Ein in den Hafen einfahrendes Schiff hatte Pestkranke an Bord, jedoch auch wichtige Waren, die von einflußreichen Kaufleuten dringend benötigt wurden. Statt die Erkrankten in Quarantäne zu bringen, wurden die Waren entladen. Somit Kontakt mit den Erkrankten, und bald hatte die Epidemie die gesamte Stadt erfaßt. Gemäß Chronisten starben 38.ooo Menschen, somit statistisch mehr als jeder zweite Bürger.

Zur FRANZÖSISCHEN REVOLUTION (1789-99) kam es zu Auseinandersetzungen zwischen den reichen Kaufleuten der Stadt, die an Traditionen beihalten wollten, und den Jacobinern. Letztere stellten ein Freiwilligenheer aus Marseille, das in Paris einmarschierte und dort den neuen Marsch "Chant de l'Armée du Rhin" sang, ein Marsch, der kurz zuvor in Straßburg von Rouget de l'Isle komponiert worden war. Ganz Paris sprach nur noch von der "Marseillaise", und Frankreichs Nationalhymne war geboren.

Das 19. JAHRHUNDERT war Blütezeit Marseilles als Hafenstadt. Einmal hatte sich der Handel auf den Weltmeeren erheblich ausgeweitet, da neue Kontinente entdeckt worden waren, die im Kolonialstil ausgebeutet wurden. Zudem Verbesserung im Schiffsbau: zur 2. Hälfte des 19. Jh. lösten Dampfschiffe in Eisenbauweise die langsameren Segelschiffe aus Holz ab, was zusätzlich den Handel förderte.

Zu Beginn des Jahrhunderts mußte jedoch ein elementarer Punkt bereinigt werden: In

Sachen Piratenunwesen, das die Handelsschiffahrt auf dem Mittelmeer erschwerte, war ALGIER Hauptstützpunkt. Bereits im 17.-19. Jh. hatten Holländer, Spanier und Franzosen versucht, das "Nest" auszuheben, allerdings ohne Erfolg. 183o entschloß sich Frankreich zu einer großangelegten Militäraktion: Die Stadt kapitulierte am 5.7.183o.

Auch der Bau der Eisenbahn zwischen Paris und Marseille förderte die Stadt als Hafen. Nunmehr konnten Waren schnell transportiert werden, - gegenüber zeitaufwendigem früheren Transport per Pferdefuhrwerk, Kanälen und Flußschiffahrt auf der Rhône.

1869 wurde der Suezkanal eingeweiht und verkürzte den französischen Handel mit dem Orient.

Marseille wurde im 19. Jh. zur Hafenstadt Nr. 1 Frankreichs, florierte und galt als reiche Südmetropole zu Paris. Repräsentative Prachtbauen entstanden, so das Palais de Longchamp (Karte: Nr. 11). Ähnlich wie der Stadtarchitekt Haussmann in Paris alte Hauszeilen einebnete, entstanden in Marseille Pracht-Boulevards zur Repräsentation des Reichtums. Marseille wurde zum kolonialen Schmelztiegel des Mittelmeers. Alle Völker sind vertreten: Korsen, Araber, Italiener, Spanier, Portugiesen, Juden, vor allem aber rund 1oo.ooo Algerier.

Saint Exupéry (19oo in Lyon geboren), französischer Pilot und Schriftsteller ("Der kleine Prinz"), flog übrigens in den 3oer Jahren die Postflugstrecke Marseille ->Algier. Später, während des 2. Weltkrieges, war er in Diensten der US-Airforce als Aufklärungsflieger tätig und kehrte 1944 von einem Einsatz bei Korsika (dort vermutlich abgeschossen) nicht zurück.

MARSEILLE: Hafen und Rathaus zur Jahrhundertwende

Während des 2. WELTKRIEGES war Marseille Fluchtpunkt von Juden und Antifaschisten, die auf der Flucht vor den heranrückenden Nazis den Hafen als Sprungbrett nach Tanger und Casablanca/Nordafrika benutzten. Humphrey Bogart ("Casablanca") setzten filmisch ebenso Denkmal, wie die Schriftsteller Mario Simmel und Ernst Maria Remarque.

Die deutsche Wehrmacht zerstörte die Altstadt von Marseille weitgehend. Von dem engen Gassengewirr mit düsteren Treppen und Winkeln, idealen Verstecken für Flüchtlinge und Resistancekämpfer, über 4o Bordellen etc. blieb lediglich das Panier-Quartier verschont.

Die Handelsblüte dauerte nach Kriegsende nur noch wenige Jahre. 1956 wurde die französische Kolonie Tunesien unabhängig und 1962 die erdölreiche Kolonie Algerien. Für Frankreich, insbesondere auch Marseille, war dies ein harter Schlag, da Verdienste und Jobs im früheren Haupthafen zu diesen Kolonien sich stark einschränken.

Unter großem finanziellem Aufwand wurde 3o km westlich von Marseille der 2o.ooo ha große Industriehafen Fos-sur-Mer gebaut, um die Wirtschaft zu fördern. Er dient in erster Linie für Erdöl-Größttanker der Klasse 5oo.ooo Tonnen. Parallel entstanden Erdölraffinerien, aber auch petrochemische Anlagen, ein Aluminiumwerk, Schwerindustrie so u.a. Stahlwerk, Gießereien etc. Demzufolge erhebliche Umweltbelastung für Meer, Land und Luft. Täglich gegen mehr als 8oo Tonnen Schwefeldioxyd über dem Gebiet von Fos nieder. Das ökologische Gleichgewicht der Rhône droht wegen der zahlreichen Kraftwerke und der Industrieabwässer umzukippen.

Der Industriehafen Fos-sur-Mer bringt zwischenzeitlich rund 1oo Millionen Tonnen an Warenumschlag pro Jahr, hierbei vorwiegend Importware wie Erz und Mineralöl. Eine nicht unbeachtliche Menge; Marseille ist heute wichtigster Industriehafen am Mittelmeer und (nach Rotterdam) zweitgrößter Europas.

Allerdings erfüllten sich die Hoffnungen in die Millioneninvestition Fos-sur-Mer nur teilweise: zu rund 9o % importiert der Hafen, zu den erhofften Exporten z.B. Stahl kam es wegen andauernder Stahlkrise nicht.

HEUTIGE PROBLEME: hohe Arbeitslosigkeit; die Rate beträgt seit Jahren fast 2o % ohne tiefgreifende Aussicht auf Besserung. Eine Statistik, die zudem nicht die vielen illegal zugewanderten Ausländer (vor allem Nordafrikaner) erfaßt, die sich durch Gelegenheitsjobs durchschlagen.

Heute ist z.B. jeder 8. Marseiller ein Algerier; keiner weiß, wie viele illegale Eingewanderte wirklich in Marseille wohnen. Sie leben in Ghettos, die Algerier z.B. im Stadtviertel Belsunce (nördlich des Bd. Canebière). Früher fand illegale Einwanderung vielfach via Spanien statt, wobei es reichte, wenn ein gewisser Mindestbetrag vorhanden war. Seit 15.5.1991 gibt es strengere Kontrollen, jedoch nach wie vor illegale Einwanderung.

Weitere Probleme sind die hohe Verschuldung der Stadt, u.a. durch den kostspieligen Bau des Industriehafens, der Metro und der Autobahn (zur Lösung der gravierenden Verkehrsprobleme) sowie des Baus der großen Siedlungen im sozialen Wohnungsbau.

Hinzu kommt das Negativ-Image der Stadt, manche Franzosen bezeichnen Marseille als "Klein-Chicago". Die Palette reicht weit von Autodiebstahl über Schutzgelderpressungen, z.B. bei Restaurantbesitzern, hin zur Großkriminalität, z.B. internationale Heroinschmuggel. Eben gerade wegen des schlechten Images hat die Stadtverwaltung viel unternommen, und heute liegt Marseille statistisch in Frankreich an 6. Stelle.

Der jetzige Bürgermeister ist sehr aktiv im Bemühen, neue Firmen in Marseille anzusiedeln sowie das Ausbildungsniveau anzuheben. Imperienbesitzer Bernard Tapie setzte sich werbeträchtig für Stadt ein, in dem er Franz Beckenbauer für seinen Fußballclub Olympic Marseille holte. Der ging aber bald wieder, und "O.M." steckt tief in Skandalen. Die Stadt selbst wirbt für sich mit dem Slogan "Marseille sourire" (Marseille lächelt)...

Office National du Tourisme: 4, La Canébière (Karte: Nr. 1) Syndicat d'Initiative: 2, Rue Beauvau am Alten Hafen. Geöffnet an Sonn- und Feiertagen 1o-17 Uhr, wochentags 9-19.15 Uhr, im Sommer 8.3o-2o Uhr. Guter Stadtplan, ausführliches Prospektmaterial gratis.

Post: Hauptpost (Karte: Nr. 5) 1, Place Hotel des Postes.

Bank: Credit Lyonnaise, 25, Rue St. Ferréol.
BNP, 59, rue St.-Ferréol und 8, Rue de la République.
Sociéte Marseillaise de Crédit, 75, rue Paradis.
Wechselstube Thomas Cook am Zugbahnhof Gare St. Charles. Wochentags 6-2o Uhr, Samstag und Sonntag bis 18 Uhr geöffnet.

Wichtige Adressen:
Generalkonsulat der BRD, 338, Bd. du Prado. Hübsche Villa.
Konsulat von Österreich, 27, Cours Pierre Puget.
Konsulat der Schweiz, 7, rue d'Arcole.
Polizei: Hotel de Police, rue du Comissairo Bekker.

Verbindungen ab Marseille

Auto/Parken: In Marseille viele Autoaufbrüche, selbst untertags. Für Tagesausflug ab Stützpunkt/Umland deshalb besser mit öffentlichen Verkehrsmitteln wie Bus oder Zug die Stadt besuchen.

Mit eigenem Fahrzeug ansonsten günstigste Anfahrt über eine der 3 Autobahnen, die im Zentrum enden.

- A 7/A 51 aus Richtung Aix-en-Provence. Keine Autobahngebühren ab Lancon.
- A 5o Richtung Nice/Toulon. Gebührenfrei ab Aubagne.
- Westautobahn (Autoroute du littoral) ab Cap Pinede. Ist Zubringer zum Flughafen Marignane und für Weiterfahrt in Camargue.

Bei Anfahrt ab Autobahnende jeweils Richtung "Centre Ville/Vieux Port" halten, dort viele Parkhäuser (mit Videokameras überwacht). Parkgebühr pro Stunde jeweils 3 DM, ganztags 15 DM. Bei längerem Marseille-Aufenthalt eventuell Monatsticket rentabel, kostet 26o DM.

Orientierungshilfe für Autofahrer in der Stadt: gute Beschilderung, ab

Vieux-Port/Centre Ville alles ausgeschildert. Zum Verlassen der Stadt sind die betreffenden Autobahnen bezeichnet.

Zug: Hauptbahnhof: SNCF-Bahnhof "Gare St. Charles", Bd. Voltaire (siehe Karte: Nr. 8). Am Bahnhof die Metrohaltestelle beider Linien. Verbindungen mehrmals täglich in alle Landesteile, z.B. TGV nach Paris und Nizza, Züge auch nach Toulouse/Bordeaux, Nancy/Metz oder Mulhouse/Strasbourg.

Metro: Die Marseiller Verkehrsbetriebe RTM befahren zwei Linien:

Die M 1 geht vom Zentrum über Cinq Avenues Longchamp bis La Rose im Nordosten. Die M 2 von Rond Point du Prado (nahe Strand und "David") im Süden bis Bougainville oberhalb der neuen Hafendocks.

Vor der Fahrt muß das Ticket am Automaten abgestempelt werden. Fahrpreise: Einzelticket vom Automaten 2,5o DM. Geringfügig billiger (ca. 2 DM) wird es per 6er Pack, dem sogen. "Carnet", erhältlich nur bei RTM-Verkaufsstellen in größeren Metrostationen (z.B: Centre Bourse bzw. in Tabak-Läden).

Studenten, die (nachweislich) in Aix oder Marseille Kurse besuchen, erhalten Vergünstigungen.

Das Ticket berechtigt zu einer Einzelfahrt ohne Unterbrechung und nur in eine Richtung. Geltungsdauer 7o Minuten ab Entwertung.

Im Touristbüro ist ein Übersichtsplan sämtlicher Linien erhätlich.

Bus: Haupthalteplatz fast aller städtischer Linien ist vor dem Centre Bourse beim Hafen. Gleiche Fahrpreise wie bei der Metro. Das Einzelticket gibt's beim Fahrer.

Sightseeing-Bus "L'Histobus": Sonntagnachmittag (während der Schulferien auch Mittwochnachmittag) komplette, dreistündige Stadtrundfahrt zu allen Sehenswürdigkeiten. Abfahrt 11 Uhr am Metroausgang Vieux-Port (Hafenseite). Reservierung im Touristoffice oder direkt bei Espace Info RTM, 6-8, rue des Fabros. Preis 16 DM, Kinder die Hälfte.

Sightseeing auch im "Polit Train de la Bonne Mère": Bummelzug mit VW-Motor fährt ab Vieux Port (Ecke Quai du Port/Quai des Belges) auf der Straße über die Abbaye Saint Victor bis zur Notre-Dame-de-la-Garde-Kirche. Je nach Jahreszeit mehrmals täglich. Rückfahrtticket 8 DM, Kinder bis 12 Jahren 5 DM.

Fernbusse: Schöne Busfahrt nach Toulon durchs Ste. Baume-Massiv, Fahrzeit ca. 2 Stunden. Busse auch nach Cassis, La Ciotat und Bandol. Der Marseille-Busbahnhof "St. Lazare": Place Victor Hugo (nahe SNCF-Hauptbahnhof).

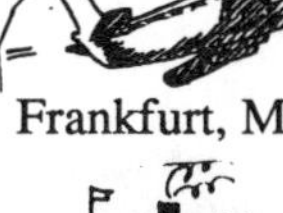

Flug: Zubringerbus ab Hauptbahnhof Marseille (Karte: 8) von 6 bis 22 Uhr im 2o-Min.-Takt. Auch deutsche Flughäfen werden bedient, z.B. Berlin, Düsseldorf, Frankfurt, München. Sonst viele Inlands- und Afrikaflüge.

Schiff: Korsika-Fähren: Die französische Schiffahrtlinie SNCM fährt ab Marseille nach Ajaccio, Bastia und Propriano. Je nach Saison täglich 1-2 Fähren. Fahrzeit 1o bis 13 Std. Einschiffung ausgeschildert an den neuen Docks. Einfache Fahrt (Sitzplatz/Erwachsener) 85 DM.

Fähren nach Algier/Oran und Tunis: Fahrzeit auf allen Strecken ca. 24 Stunden, je nach Saison 1-6 Schiffe pro Woche.

Ausflugsschiffe: Abfahrt Vieux Port., Quai des Belges (Karte: Nr. 2). Viele Verbindungen tägl. zwischen 7 und 19 Uhr zu den vorgelagerten Inseln Chateau d'If und Frioul. Preise hin/rück für eine Insel 14 DM, beide als Kombination 2o DM.

Im Sommer auch vierstündige Ausflugsfahrt zu den Calanques bei Cassis und Nachtfahrt zur Insel Frioul (mit Restaurant).

PS: Wenn's Auto in Marseille weg ist, muß es nicht unbedingt geklaut sein. Kann auch sein, daß die Polizei wegen Falschparken aktiv wurde.

Die Hotels der Stadt dienen in erster Linie Geschäftsleuten und sind oft ausgebucht. Bessere Chance hat man am Wochenende, bzw. zum Touristbüro gehen, das auch Privatquartiere vermittelt. Alternative: Stützpunkt außerhalb in der Provence wählen und die Stadt mit öffentlichem Transport als Tagesausflug besuchen.

ZENTRUM UND VIEUX PORT:

"**Hotel Sofitel**": 36, Bd. Charles Livon. Liegt direkt oberhalb des Vieux Port beim Jardin du Pharo. Schöner Blick auf die Hafeneinfahrt und Altstadt. Eigene Garage, Panoramarestaurant, klimatisiert. Große Zimmer mit Telefon, Minibar, TV. DZ 18o bis 285 DM. Frühstück 22 DM.

"**Hotel Mercure**": Rue Neuve-St. Martin, Centre Bourse. Direkt im Zentrum, 2oo-Zimmer-Hotel, 1oo m von Canebière und Hafen. DZ, Dusche/WC 19o bis 21o DM.

"**Hotel Novotel Marseille Centre**": Bd. Charles Livon. Glasbau neben Sofitel. Gartenterrasse. Gehobene Klasse, aber etwas einfacher als Nachbarhotel. Garage. DZ, Dusche u. WC 16o/17o DM. Frühstück 16 DM.

"**Grand Hotel de Geneve**": 3 bis, rue Reine Elisabeth. Komplett renoviert, in kleiner Fußgängerzone direkt oberhalb Quai des Belges. Sehr gemütliche Zimmer, Bad/ Dusche und WC. Als Doppel 12o/14o DM.

"**Hotel La Capitainerie des Galeres**": Rue Sainte, Eingang auch von Cours Honoré d'Estienne d'Orves auf der anderen Seite. 6-stöckige Neubaufassade in Altstadtzeile. Längliches Foyer mit hellem Teppichboden, wovon kleine Salons abgehen. Klimatisierte Zimmer mit Dusche und WC, als Doppel 1oo DM.

"**Hotel Mascotte**": 5, La Canbière. Patrizierhaus aus 19. Jh. Komfortable Zimmer in freundlichen Pastelltönen, Klima, Schallisolierung. Enger Aufzug. DZ mit Bad/WC je nach Größe 9o-12o DM.

"**Hotel Alize**": 7, Quai des Belges, 5-stöckiges typisches Stadthaus mit grünen Fensterläden, direkt am Hafen und neben der Canebière. DZ, Dusche/WC 9o/11o DM.

"**Hotel Phocea**: 6, rue Beauveau, beim Touristbüro. Geräumige Rezeption, Frühstücksbar im 1. Stock. Alles sauber, Mobiliar in gutem Zustand, Teppichböden. DZ mit Dusche/WC 8o-1o5 DM, Frühstück 11 DM.

"**Hotel Le Corbusier**": 28o, Bd. Michelet. Etwas außerhalb, 1 km südlich der Metrostation Rond-Point du Prado. Bus 21 ab Canebière. Hotel-Restaurant im 3. Stock der berühmten "Cité Radieuse" des Architekten Le Corbusier. DZ mit Dusche 57 bis 9o DM, aber nicht besonders gut.

"**Hotel Béarn**": 63, rue Sylvabelle. Billiges Globetrotter-Hotel in Eckhaus. Barockspiegel hinter Rezeptionspult im 1. Stock. Frühstücks- und Fernsehraum mit offenem Kamin. Möbel schon strapaziert, doch sauber. Einfache DZ ab 38 DM, mit Du./WC und TV 55 DM. Frühstück mit hausgemachter Marmelade 6 DM.

STRANDHOTELS:

"**Hotel Concorde Palm Beach**": 2, Promenade de la Plage. Direkt am Strand, rechts unterhalb des Corniche. Eigener Hotelparkplatz, 2 Restaurants (Menü ab 55 DM), ruhige Lage, DZ mit Bad/Dusche und WC 225 DM.

"**Hotel du Pharo**": 71, Bd. Charles Livon. Auf halbem Weg Vieux-Port/Strand. Eigene Garage 7 DM. Kleine Zimmer unterschiedlicher Komfortklassen. DZ ohne Dusche/WC 5o, mit 85 DM.

"**Hotel Peron**": 119, Corniche Kennedy. Charmantes 3-stöckiges Haus, türkise Rolläden, geflieste Fassaden. Innen viel Grünpflanzen. Parkplatz hinter dem Hotel. Leider etwas laut. DZ mit Bad 5o bis 7o DM.

"**Hotel Le Richelieu**": 52, Corniche Kennedy. Etwas heruntergekommen. Fassade mit hellblauen, schmiedeeisernen Balkongeländern. Innen akzeptabel. Sonnige Terasse. Nebenan vietnamesisches Restaurant. Zimmer teilweise sehr einfach. Dusche/Toilette auf Etage, DZ je nach Komfort 4o/7o DM. Zimmer aufs Meer nehmen, da ruhiger.

FERIENAPPARTEMENTS:

"**Citadines**": 2-Pers.-Studios und 2-Zimmer-Appartements für vier. Jeweils komplett eingerichtet, mit Kochnische, Bad, TV. Parkplatz. Es gibt zwei Residenzen in Marseille, 4 Place Bertas unweit Bahnhof. Dort Studio 9o DM. Appartement 11o DM pro Tag. Etwas teurer ist es im Pradoviertel, 6o, rue du Rouet, 1o3/13o DM. Bei längerem Aufenthalt Preisnachlaß.

"**Maeva-Résidences**": Rue des Mousses, Seitenstraße der Av. du Prado nahe Davidstatue, 2oo m zum Strand. Studios (1-2 Personen) und Duplex-Wohnungen (4 Personen) mit Bad, Kochnische etc. Zwei Möglichkeiten: entweder wie Hotel tageweise, dann 11o/16o DM, oder wochenweise, womit 2o % billiger. Studio pro Woche also 6oo DM.

JUGENDHERBERGE:

"**Auberge de Jeunesse de Bonneveine**": 47, Av. Joseph Vidal, Sackgasse Impasse Dr. Bonfils, stadtauswärts nach der Pferderennbahn. 6oo m zum Strand bzw. 5 km zum Zentrum. Relativ moderne Herberge. Mit Metro Linie 2 bis Rond-Point du Prado, dort weiter mit Bus No. 44 (Aussteigen Ecke Av. Clot Bey/Av. de Bonneveine). 25 DM mit Frühstück.

"**Auberge de Jeunesse de Bois Luzy**": 76, Av. de bois Luzy. Im Nordquartier Montolivet. Ab Metro Cinq Avenues Longchamp mit Bus No. 6. Übernachtung 15 DM.

Camping: Leider kein Camping mehr in Marseille. Nächstgelegener Platz "Les Cigales" in Cassis.

HAFENRESTAURANTS:

Nicht jede beliebige Fischsuppe, die als Bouillabaisse angepriesen wird, verdient den berühmten Namen. Eine gute Bouillabaisse besteht aus wenigstens vier verschiedenen Fischsorten (je nach Angebot verschiedene Drachenkopfarten, Seeteufel, Petersfisch, Petermännchen, Wolfsbarsch, Meeraal, Merlan, Bärenkrebse und eventuell Langusten) sowie Gemüse (Zwiebel, Fenchel, Tomaten, Kartoffel). Hierbei werden Fisch und Suppe getrennt auf Platte bzw. Teller gereicht, und der Fisch erst vor den Augen des Gastes geteilt. Wegen der teuren Fischsorten und des Aufwands also kein billiges Vergnügen. Bei Angeboten unter 5o DM ist Vorsicht geboten.

Gute Bouillabaise gibt es im "LE CARIBOU", 38, Place Thiars (ab 8o DM), im "CHAUDRON PROVENCAL" (Fischspezialitäten, auch Hummer und Langusten, Menü 9o DM), 48, Rue Caisserie und "LE MIRAMAR", 12, Quai du Port mit der angeblich stadtbesten Bouillabaise (9o-1oo DM). Außerdem auch frische Langusten und regionale Fischspezialitäten.

Am Alten Hafen breites Angebot an Billig-Menüs, 3-4 Gänge ab 16 DM, Bouillabaisse ab 2o DM. Dabei keine hohen Anforderungen an Küche und Größe der Portionen stellen. Oft ist das Billig-Menü auch nur Lockangebot, das es dann nicht mehr gibt. Deshalb - besonders an Wochenenden und Feiertagen - den "Platzanweiser" vorab fragen, ob es gewünschtes Menü auch tatsächlich gibt. Da voll auf Laufkundschaft eingestellt, springen manche Wirte mit ihren Gästen um, als hätten sie keinen Ruf zu verlieren.

Am Quai de Rive Neuve die Restaurants "RASCASSE DAUPHIN" (großer Saal, Stühle mit Korbgeflecht), "LA SIRENE" (Holzdecke, Wände vertäfelt. Die sich von Sirenen locken ließen, nahmen noch nie ein gutes Ende!), "MEROU BLEU" oder "LA DAURADE".

Von der gleichen Art "MARINIERE" am Südende des Quai des Belges (rue Pytheas). Einfache 4- bis 5-Gänge-Fischmenüs 2o bis 28 DM, auch Bouillabaisse ab 25 DM.

Weitere Fischlokale hinter Hafen Südquai um den Brunnenplatz Place Thiars an Rue St. Saens. Eins neben dem anderen, mittleres Preisniveau. Für Menü oder Bouillabaisse 3o bis 6o DM rechnen.

"BRASSERIE NEW YORK": 7, Quai des Belges. Fällt aus der Reihe. Typ Brasserie, im 5oer-Jahre-Stil dekoriert. Speisesalon auch im Obergeschoß. Geöffnet von morgens (Frühstück) bis Mitternacht (verspätetes Diner). Menü à la carte um 6o DM, auch kleinere Sachen.

"CAFE LEFFE": 7, Quai de Rive neuve. Im Stil einer Pariser Brasserie. Durchgehend geöffnet von 8 bis 2 Uhr. Bier vom Faß, fritierte Sardinen, Sandwich, vorwiegend kleine Gerichte um 2o DM. Belgische Spezialität: Muscheln (verbrauchen 1 Tonne Muscheln pro Monat) mit Pommes.

STADTRESTAURANTS:

"L'EPUISETTE": Vallon des Auffes. Kleines Fischerlokal direkt am Meer an den Corniches. Provenzalische und Fischspezialitäten. Lachs speziell nach Art des Hauses geräuchert. Originalbouillabaisse, Grillfisch, Hummer. Menü ab 62 DM, à la carte gut doppelt so teuer. Samstag/Sonntag geschlossen.

Restaurant "PÉRON": 56, Corniche Kennedy. Direkt am Meer, gegenüber gleichnamigem Hotel. 2-stöckig, blaue schiffslukenartige Fenster. Über dem Eingang wehen Fahnen. Bouillabaisse, Fischspezialitäten. Menüs ab 8o DM.

"LA BRAVE MARGOT": Place du Mazeau, beim Rathaus. Rote Markise mit goldener Schrift. Gute provenzalische, fleischbetontere Küche. 3-Gänge-Menü 3o-5o DM.

"LE GRAND LATIN": Rue Sainte. Im Stil einer italienischen Café-Bar, grüngehaltener Eingang. Italienische Küche, aber keine Pizzeria. 3-Gänge-Menü für 23 (nur mittags) bis 35 DM.

Restaurant "LE CORBUSIER": 28o, Bd. Michelet. Gehört zum gleichnamigen Hotel des architektonisch interessanten Hochhauses "La Cité Radieuse". Innen leider etwas kantinenartig und düster. Preisgünstiges Menü 2o DM.

"PIZZERIA LES ACCOULES": am Montée des Accoules. Enges Lokal in kleinem Häuschen direkt an der Treppengasse. Pizza, Gnocchi, Lasagne etc. für je 1o bis 15 DM.

Pizzeria "AU VIEUX CLOCHER": Rue Caisserie. Minirestaurant in einem Eckhaus des Panier-Quartier. Kleines Menü für 2o DM, auch Pizza einzeln.

"BRASSERIE LA CAMARGUE": 6, Place du Géneral de Gaulle, beim nostalgischen Karussell. Einfachlokal im Bistro-Stil. Couscous, Grillteller etc. für 17 DM.

Viele kleine Restaurants und Kneipen auch an dem verkehrsberuhigten Platz Cours Julien sowie den Seitengassen voller Graffitys. Menüs 15-3o DM, nach jedem Geschmack: spanisch, mexikanisch, asiatisch, indisch, tunesisch, libanesisch oder armenisch.

Auch Pizzerien und vegetarisches Lokal, "GENTIANE", 9, rue Trois Rois. "LA SOURIS GOURMANDE" in 1o, rue Crudière ist Galerie-Restaurant, im "PASSERELLE" werden vorne Comic-Bände (frz. BD's) verkauft, die Gäste hinten im Café (wechselnde Tagesplatten) lesen können.

"UGOLIN", provenzalisches Restaurant, Place Notre-Dame-du-Mont. Fotos aus Pagnolstreifen, Bild von Kartenpartie aus dem Film "Marius" auf Beistelltisch neben grüngestrichenem Eingang. Gemütlich hinten an den runden Tischen. Übliche Landküche nach Marktangebot wechselnd. Besonders gute Tartes. Günstiges Mittagsmenü für 18, abends 3o DM.

SEHENSWÜRDIGKEITEN

Lebendiger Mittelpunkt der zweitgrößten Stadt Frankreichs ist der **VIEUX PORT** (alter Hafen), zur Meerseite geschützt von zwei massiven Forts. Südlich liegen felsige Küste und im Norden die betonierten Quais der neuen Docks.

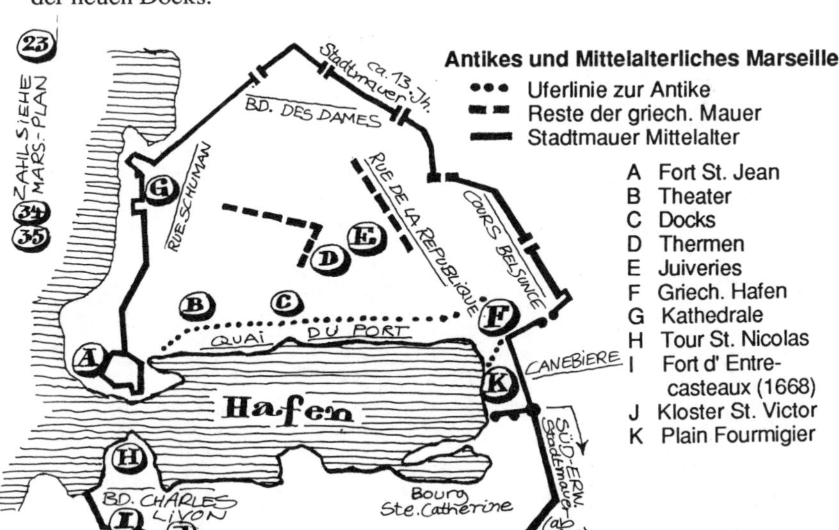

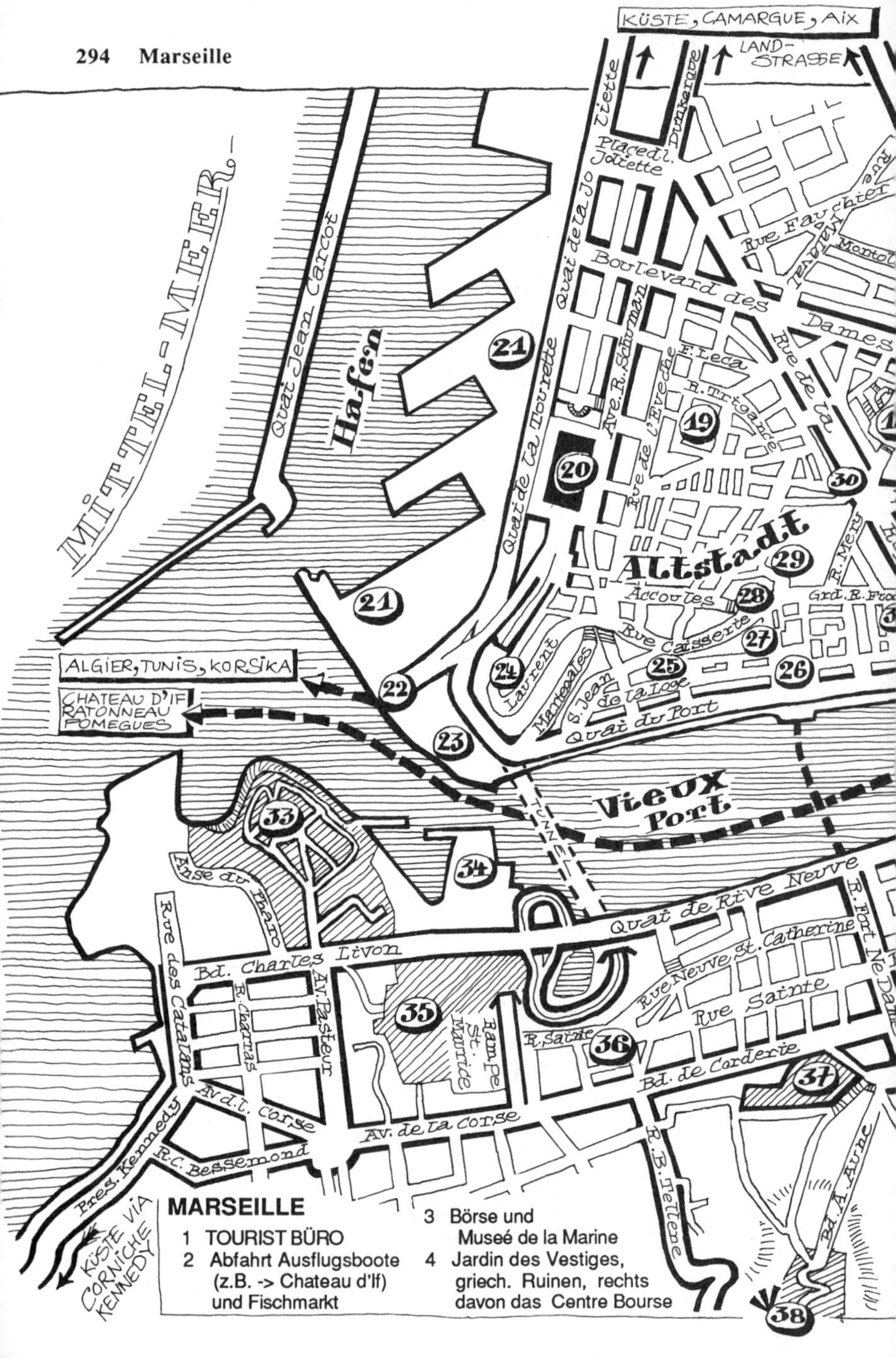

MARSEILLE

1 TOURIST BÜRO
2 Abfahrt Ausflugsboote (z.B. -> Chateau d'If) und Fischmarkt
3 Börse und Museé de la Marine
4 Jardin des Vestiges, griech. Ruinen, rechts davon das Centre Bourse

AIX, AVIGNON
PARIS
AUTO-BAHN
SNCF-Bahnhof
G. Desplaces
A. G. Leclerc
Honnorat
R. Turenne
Bd. Nedelec
Bd. Camille Flammarion
Bd. National
Montricher
Phillipon
Jean d. Bernardy
Av. P. Semard
Voltaire
Sembat
R. Bern. Bois
Bd. d. l. Liberté
R. Héros
Flegier
Bd. Longchamp
R. Consolat
Bernex
Liberation
Bd. de la
Chape
F. Roosevelt
St. Bazile
Dominicaines
R. d. Mattes
Rue d'Aix
Ste Barbe
Colbert
Rue Nationale
Longue des C.
Bd. d'Athènes
Gambetta
R. Tapis V.
Baneau
Thu
Cours Belsunce
Barbusse
R. B. Hakeim
La Canebière
Rue d'Aubagne
Rue Ferréol
Rue de Rome
Rue Paradis
Quai des Belges
Rue Grignan
Rue Montgrand
Rue Breteuil
Armeny
Cours P.
L. Puget
Rue Sylvabelle
Bd. Baille
Av. d. Toulon
Av. J. Cantini
AUTOBAHN TOULON
CITE RADIEUSE (LE CORBUSIER)
N
MVE
5 POST
6 Place Jules Guesde, Arc de Triomphe
7 Place des Marsillaises
8 BAHNHOF
9 Sq. de Narvick
1o Jardin Zoologique
11 Palais Longchamp Museé des Beaux Arts Museé d'Hist. Naturelle
12 Museé Grob. Labadie
13 Place A. Labadie
14 Sq. Stalingrad
15 St. Vincent de Paul
16 BUSTERMINAL
17 Kirche St. Lazare
18 Kirche les Carmes
19 la Vielle Charité
2o Kathedrale
21 Gare Maritime
22 PKW-Fähren z.B. Korsika, Algier
23 Fort St. Jean
24 Kirche St. Laurent
25 Docks des Romains
26 Hotel de Ville
27 Museé du Vieux Marseille
28 Place Daviel
29 Hotel Dieu
3o Place S. Carnot
31 Kirche St. Cannat
32 Hotel Cabre
33 Jardin du Pharo
34 Fort St. Nicolas
35 Fort Entrecasteaux
36 St. Victor Basilika
37 Jardin Puget
38 Notre Dame de la Garde
39 Metro: Estrangin/ Préfecture
4o Museé Cantini
41 Prefecture
42 Place Castellane, Metro: Castellane
5 POST
6 Place Jules Guesde, Arc de Triomphe
7 Place des Marsillaises
8 BAHNHOF
9 Sq. de Narvick
1o Jardin Zoologique

Der natürliche "Schlupfhafen" wurde bereits von den Griechen 6oo v. Chr. genutzt und war über 1.3oo Jahre Herz der Stadt. Im Süden und Norden ist er von Hügeln begrenzt und hat somit Schutz vor Winden, wichtig für das Be- und Entladen, aber auch die Reparatur der damaligen Segelschiffe.

Die Johanniter hatten im 12. Jh. n. Chr. am nördlichen Hafeneingang eine Burg, später unter König René 1452 ausgebauter Wachturm St. Jean mit Schießscharten. 1865 wurde an dieser Stelle unter König Ludwig XIV. das FORT ST. JEAN angelegt. Es sei angeblich später, im Rahmen umfangreicher Perfektionierungen der Schutzanlagen des Hafens von Frankreichs berühmtesten Festungsarchitekten Vaubans ausgebaut worden. Der Kanal (siehe Karte, rechts vom Fort) wurde erst 1939 zugeschüttet beim Ausbau der nördlichen Uferstraße des Vieux Ports. Eine eiserne Zugbrücke verband damals die seitlichen Quais des schmalen Hafens. Heute ist dieser untertunnelt.

Südlich schützte die Hafeneinfahrt der TOUR ST. NICOLAS (1383). Ab 1668 das FORT ST. NICOLAS und darüberliegend am Hang (geteilt durch den heutigen Bd. Charles Livon) das FORT D'ENTRECASTEAUX. Ein massives Bollwerk mit sternförmigem Vorwerk und schönem Blick über den Vieux Port. Die Verteidiger konnten die Hafeneinfahrt perfekt mit ihren Kanonen "bestreichen" und vor Angreifern schützen.

Die Quais um die Hafenbucht entstanden weitgehend zur Zeit Ludwig XIII. Der Vieux Port wurde bis Ende des 19. Jahrhunderts genutzt. Hier machten die Fischer ihre Boote am Quai fest, um die florierende Handelstadt zu versorgen, die bereits 177o mehr als 7o.ooo Einwohner hatte.

Hier starteten im Mittelalter die Kreuzfahrer, aber auch die Segel-Kriegsschiffe, um 183o das Piratennest Algier auszuheben. Als 1869 der Suezkanal eröffnet wurde (und die weite Reise um die Südspitze Afrikas abkürzte), war der Vieux Port Treff der damals modernsten Schnellsegler auf der Handelsroute in den Orient.

Bei zunehmendem Handel, aber auch größerer, dampfbetriebener Eisenschiffe zu Ende des 19. Jh. wurde der Vieux Port zu klein. Westlich der Altstadt beginnend beim Fort St. Jean entstand der NEUE HAFEN durch Zuschüttung und Anlage von Kais und Molen. Er erstreckt sich in heutigem Ausbau gut 5 km Richtung Nord und umfaßt insgesamt 25 km an Kaimauern sowie viele Trockendocks zur Reparatur von Schiffen. Heute erledigen diese Werften rund 7o % des französischen Auftragsvolumens. Im südlichen Bereich des Neuen Hafens (Karte: Nr. 21) befinden sich die Abfertigungsgebäude für die Autofährschiffe nach Algerien, Tunesien und runter nach Korsika.

Erste Becken des Neuen Hafens wurden bereits ab 184o angelegt, weitere entstanden bis zur Jahrhundertwende und in den 3oer Jahren. Massive Zerstörungen durch die deutsche Luftwaffe im 2. Weltkrieg, Neuausbau ab 5oer Jahren.

Nördlich bei l'Estaque wurde in den 2oer Jahren ein 7 km langer Tunnel-Kanal gebaut, der das Meer mit den Binnensee Etang de Berre verband. Der "Tunnel du Rove" besitzt beachtliche 14,5 m Höhe (= 5-stöckiges Wohnhaus!) und 22 m Breite. Er ermöglicht Schiffen bis 1.ooo t die Durchfahrt vom Hafen Marseille zum Etang und, - diesen überquert, über einen weiteren Kanal zur Rhône. Ein für damalige Zeiten teures und ehrgeiziges Projekt wegen der Länge und dem recht großem Durchmesser der Tunnelröhre. Die Breite von 22 m wurde gewählt, um den Tunnel in Gegenrichtung für 1.ooo t Schiffe befahrbar zu machen. Er ist größter Kanaltunnel Frankreichs. Der Eingang ist zu sehen, wenn man Marseille entlang der Küstenstraße N 568 (Ri. Martigues) verläßt, ca. 7oo m nach der Ortschaft l'Estaque.

Die Anlagen des Neuen Hafens wurden im 2. Weltkrieg durch Angriffe der deutschen Luftwaffe fast völlig zerstört. Dem Hitler-Regime ging es hier um wirtschaftliche

Schwächung Frankreichs und seiner Nachschubwege, - aber auch um Zerstörung der Werften, die französische Kriegsschiffe reparieren konnten.

Nach Beendigung des 2. Weltkrieges mußte der Neue Hafen fast komplett neu gebaut werden. Er erfuhr im nördlichen Bereich Erweiterung mit zusätzlichen Bassins bis 1959. Parallel begann man mit dem Bau des gewaltigen Industriehafens Fos-sur-Mer (siehe Seite 286).

Der VIEUX PORT ist entlang der Quais du Port und Rive Neuve, die ihn umrunden, heute Flanierbereich. Riesige Restaurantbetriebe, allerdings in manchen Vorsicht vor Nepp!

Für die Handelsschiffahrt ist die Hafenbucht gesperrt. Sie dient ausschließlich für Jachten als Anlegeplatz sowie den Booten für den Fischmarkt, der täglich morgens am Quai des Belges stattfindet (Karte: Nr. 2). Hier auch Abfahrt der Ausflugsboote (siehe "Verbindungen").

In seinem westlichen Bereich bei Hafeneinfahrt wurde der Vieux Port untertunnelt, um den Quai de Rive Neuve mit der Av. Schuman und dem Quai de la Tourette zu verbinden.

★ **ALTSTADT**: nördlich des Vieux Port. Als Schlupfwinkel für Partisanen wurde sie im 2. Weltkrieg massiv bombadiert und ebenso wie der Quai Port stark zerstört.

Erhalten ist ein kleiner Bereich im Dreieck zwischen Nordseite des Vieux Port: der Rue Caisserie, Quai de la Tourette und der Rue de la Republique. Heißt "LE PANIER", mit steilen Treppen, winkligen Gassen und schmalen, hohen Häusern. Ein gemütliches Stadtviertel gegenüber dem sonst hektischen Marseille.

Einstieg per METRO/Station "Vieux Port/Hotel de Ville" am Ostende des Alten Hafens. Hier liegt der Fischmarkt, schön für Fotomotive. Entlang des Nord-Quais (du Port) zum HOTEL DE VILLE (26). Gebaut 1653-73 ist es gelungene Barockarchitektur mit Einfluß Genuas.

Interessant das dahinter liegende Museum VIEUX MARSEILLE (27) in einem Renaissance-Palais von 157o: Dokumentation zur Stadtgeschichte. Details siehe auch "Museen", dito "MUSÉE DES DOCKS ROMAINS" (25).

An alten Stadtpalais ist nur wenig erhalten, zumal nicht nur die Luftwaffe bombardierte, sondern auch die Wehrmacht 1943 den Auftrag zur Zerstörung der Altstadt erhielt. Erhalten u.a. das Palais Diamanteé (siehe oben, Museé Vieux Marseille), - einige Häuser in der Rue Caisserie oder das Hôtel Cabre (32), eines der ältesten noch erhaltenen Wohnhäuser der Stadt, gebaut 1535. In Erfüllung des Auftrags, das hier liegende Bordell-Viertel der Stadt zu sprengen, verschonten die Nazis aus welchen Gründen auch immer die Sprengung des Hauses.

PLACE DAVIEL (28) ist zentraler Platz am Hügel der erhaltenen Altstadt. Hier das gleichnamige Palais des früheren Justizpalastes (1743-79) sowie das HOTEL DIEU (29): Krankenhaus in Architektur von 1692, Ergänzungen 1781 und 1865.

VIELLE CHARITE (19): gebaut 164o als Armenhaus, rund 3oo Leute hatten hier Platz. Das Haus wurde jedoch schnell zu klein, worauf der berühmte Architekt Pierre Puget 1655 mit Erweiterung und Neubau beauftragt wurde. Allerdings fehlte das Geld, und die Bauarbeiten zogen sich hin. Fertiggestellt dann 1741, später als Kaserne genutzt und dann aufgegeben. Als architektonische Meisterleistung wird die elliptische Kuppel der Kapelle bezeichnet. Erst Le Corbusier lenkte die Aufmerksamkeit der Denkmalschützer auf diesen Prachtbau aus rosa und weißem Naturstein. Seit ihrer Renovierung ist die Vielle Charité das Kulturzentrum Marseilles schlechthin. Ständig wechselnde Großausstellungen.

KATHEDRALE de Major (2o): beherrschendes Bauwerk dieses Stadtteiles. Gebaut in der 2. Hälfte des vergangenen Jahrhunderts in gewaltigen Dimensionen (Länge 141 m, Höhe der Kuppel 6o m!) sollte die Kirche an Größe den damaligen Reichtum der aufstrebenden Hafenstadt dokumentieren. Sie ist ein Mischmasch verschiedener Stile, so u.a. romanische und byzantinische Elemente. Auffällig an der Fassade die abwechselnden Lagen von weißem und grünem Naturstein.

Für den Kathedralen-Neubau wurde die östlich daneben liegende alte "Major", die Kathedrale St.-Lazare teilweise abgerissen. Die Baumeister der neuen Kathedrale plünderten die alte zur bequemen Beschaffung von Steinmaterial. Nur nach massivem Protest der Bevölkerung konnte der völlige Abriß verhindert werden. Die alte Kathedrale in provenzalisch-romanischem Stil galt als Kleinod damaliger Kirchenbaukunst. Sehenswert innen der Reliquienschrein von 1122, alte Altäre, achteckige Kuppel, Seitenkapellen aus 13. und 15. Jh., in der linken Kapelle die "Grablegung" von Lucca Della Robbía.

✶STADTZENTRUM (La Canebière, Belsunce):

Hauptschlagader Marseilles ist die LA CANEBIERE, die vom östlichen Ende des Vieux Port (Quai des Belges) stadtein führt. Ihr Name kommt von Canabis, bezieht sich aber nicht auf Rauschgift sondern auf Hanf, der zur Herstellung für Schiffstaue nötig war. In der Canebière arbeiteten bis ins 19. Jh. die Seiler (elementar im Segelschiffzeitalter!). Heute ein breiter Boulevard mit modernen Geschäften.

Nördlich der Canebière das kosmopolitanische Stadtviertel BELSUNCE: es ist Wohn- und Geschäftsviertel der nordafrikanischen Einwanderer, vorwiegend Algerier. Als ob man in eine andere Welt taucht: die Straßen wie orientalische Basare, die Menschen in Kaftans, mit Turban oder Fez.

Die Einwanderer leben nach Nationen getrennt, getreu ihren heimatlichen Riten und Trachten in einzelnen Straßenzügen. So gibt es das Quartier der Senegalesen, Ghanesen, Algerier, Marokkaner, Juden, Armenier, Chinesen, Vietnamesen etc. Einheimische nennen dieses Viertel zynisch auch "Kasbah" oder "Souk".

Ein lebendiges und sehr aktives Viertel, mit legalem und illegalem Kleinhandel. Dazu das typische Hafenstadt-Ambiente: Huren trippeln die Trottoirs ab, Geldwechsler und gestrandete Seeleute, Verkäufer gefälschter Uhren, Hehler, Dealer, Taschendiebe... Insbesondere nach Einbruch der Dunkelheit ist in Belsunce gewisse Vorsicht geboten.

BÖRSE (3): siehe "Museen". - ST. CANNAT (31): ehemalige Dominikanerkirche. Baubeginn 1526, schöne Barockfassade, vollendet wurde die Kirche erst im 18. Jahrhundert. Sehenswert im Inneren die Kanzel (17. Jh.) und die Orgel (1775).

JARDIN DES VESTIGES DE LA BOURSE (4): Bei Bauarbeiten 1967 stieß man auf Ruinen des antiken Griechenhafens Massalia. Die folgenden Ausgrabungsarbeiten brachten neben Stadtmauerresten, Pflasterstraßen und Grabstätten auch ein Schiff aus dem 2. nachchr. Jh. zum Vorschein.

Die Gesamtlage der antiken griechischen Siedlung ist schwer zu bestimmen, da der Bereich in den folgenden Jahrhunderten mehrfach überbaut wurde, so zur römischen Epoche bis hin zur weitgehenden Zerstörung der Altstadt durch die Nazis. Gemäß heutiger Forschung verlief das antike Hafenbecken nördlicher als der heutige Quai du Port sowie gemäß Funde Jardin des Vestiges östlicher. Gleichzeitig wurden Reste der griechischen Stadtmauer, siehe unsere Karte S. 293, gefunden.

Östl. des Jardin des Vestiges anschließend der moderne Gebäudekomplex des CENTRE BOURSE mit Air-Condition-Shops, Verwaltung und Büros.

PLACE JULES GUESDE (6): nördlicher Einstieg ins Centre per Autobahn. Der Triumphbogen in Kopie des Pariser Arc de Triomphe, gebaut im 19. Jh., als Marseille als Hafen expandierte.

MARSEILLE
Hafen und Pont Transborem zur Jhd.-Wende

✶ZENTRUM (südl. Vieux Port):

Der frühere Küstenverlauf des Vieux Port mit Ausbuchtungen (siehe Karte S. 293) wurde geradlinig zugeschüttet und fort an QUAI DE RIVE NEUVE genannt. Dort heute Restaurants sowie im westl. Bereich bei Hafeneinfahrt die Einfädelung des Straßentunnels, der unter dem Hafen nördl. zur Altstadt führt.

ST. VICTOR-BASILIKA (36): liegt südlich der Hafenbucht und wirkt von außen mit den Zinnen und Türmen fast wie eine kleine Festung.

Der heilige Viktor soll angeblich ein römischer Offizier gewesen sein, der als Christ in Marseille einen Märtyrertod starb. Ca. 41o n. Chr. wurde an der Stelle der heutigen Basilika ein Kloster gegründet, das dem hl. Victor geweiht war. Bei einem Sarazenen-Überfall wurde das Kloster so schwer zerstört, daß es zwischen 965 und 1o47 zusammen mit seiner Kirche neu aufgebaut werden mußte. Der spätere Papst Urban V. (früher Abt im Kloster) engagierte sich, indem er es um 136o wie eine Festung ausbauen ließ. Nach weiteren Ausbauten wurde es durch Ludwig XV. in ein Stift umgewandelt; Aufnahme fanden nur Adelige, die über mindestens 15o Jahre "blaue Vergangenheit" verfügten. Zur Französischen Revolution Enteignung, erst 18o4 zurückgegeben und 1895 restauriert.

Unter der Kirche befindet sich ein Labyrinthsystem. Hier wurden u.a. mehrere Sarkophage gefunden und eine aus Nußbaum geschnitzte "Schwarze Madonna" (13. Jh.).

FORT ST. NICOLAS (34): bereits 1383 wurde hier der Tour St. Nicolas zum Schutz der Hafeneinfahrt errichtet, bis 1668 zu Fort erweitert. Es dient heute der Fremdenlegion. Darüber das massive Festungsbollwerk des FORT D'ENTRECASTEAUX (35). Direkt östl. anschließend das 1967 ausgebaggerte Hafenbecken (Carenage) für Jachten im Zuge des Baus des Strasßentunnels unter dem Vieux Port. Bei den Ausbaggerungen fanden die Archäologen den früheren Friedhof des St. Victor-Klosters.

JARDIN DU PHARO (33): Park auf einem Plateau an der südlichen Hafeneinfahrt mit großem Schloß, das Napoleon III. seiner Gattin Eugenie erbauen ließ. Ferner ein Marinedenkmal. Schöner Blick vom Park auf den Hafen.

NOTRE DAME DE LA GARDE (38): Wahrzeichen der Stadt auf einem 16o m hohen Kalkfelsen südlich des Alten Hafens. Die Marseiller nennen die Kirche "bonne mère" (gute Mutter).

Die Kirche wurde 1864 gebaut, die Spitze des 45 m hohen Turms mit vergoldeter Marienstatue (weitere 9 m). Wallfahrtsort der Marseiller Seefahrer, im Inneren viele Votivtafeln, Modelle von Schiffen und Flugzeugen an Decke des Kirchenschiffs. Von der Terrasse weite Sicht über Stadt, Hinterland und die Inseln.

✶PALAIS LONGCHAMP:

Östlich des Zentrums, zu erreichen über die Canebière bzw. mit der Metro bis Station "Cinq Avenues Longchamp". Das gleichnamige PALAIS

LONGCHAMP (11) wurde 1862-7o gebaut und dokumentiert damaligen Reichtum der Hafenstadt als "Prestigegebäude". Länge 136 m x 36 m Höhe im Mittelpavillon, Stil: italienisch beeinflußte Renaissance mit Kopie-Anleihen. Im linken Flügel Musée des Beaux Arts, im rechten Musée d'Histoire Naturelle.

Im Park dahinter war früher ein Zoo. Die Tiergehege und -unterschlüpfe sind noch gut zu erkennen. Darin heute Kinderspielplätze, Radpiste, Marionettentheater, Karussels und Imbißbuden.

Palais Longchamp

✶NEUSTADT:

Wer die Autobahnzubringer von und nach Marseille benutzt, erlebt die riesigen Wohnviertel der Millionenmetropole am Mittelmeer. Teils endlose Hochhausketten der Wohnsiedlungen.

LA CITE RADIEUSE: Bd. Michelet in südl. Verlängerung der Rue Roma und Av. du Prado. Berühmt und sehenswert wegen des Hochhauses des schweiz-französischen Architekten Le Corbusier (1887-1965).

1945 war Le Corbusier vom französischen Bau-Ministerium beauftragt, in Marseille Sud Wohnraum zu schaffen. Die Nazis hatten hier im 2. Weltkrieg Wohnungen von rund 2o.ooo Menschen zerstört, - und Le Corbusier galt wegen seiner bisheriger Werke als außergewöhnlicher, nonkonformistischer Architekt, von dem sich die Regierung einen gewissen Vorzeige- und Prestigewert erhoffte.

Bei der Planung hatte Le Corbusier völlige Freiheit. Der Architekt dokumentierte zunächst, daß die selbe Anzahl an Menschen per Flachbau von Häuser ein erheblich höheres Volumen an Fläche benötigt, - als wenn ein Hochhaus erstellt wird, dem analog entsprechender Freiraum mit Grünflächen eingeräumt wird.

Man muß in diesem Zusammenhang berücksichtigen, daß es damals zwar Geschäfts-Hochhäuser gab (New York, Chicago etc.), jedoch kaum Wohn-Hochhäuser der Dimensionen, die Le Corbusier hier auf dem Reißbrett plante.

Im Planungsstadium umfaßte die "Cite Radieuse" fürs erste 4 Wohnhochhäuser à 1.5oo Menschen pro Haus. Für damalige Zeiten eine gigantische Menge!

Le Corbusier realisierte zudem eine Vielzahl an damals neuen Ideen: zum einen stand das Haus auf Betonstelzen, um ihm trotz seiner Dimensionen von 14o m Breite mal 7o m Höhe Leichtigkeit zu geben. Eine sicher positive Idee, die von späteren Architekten häufig kopiert wurde.

Weiterhin war jedes der Hochhäuser als eigene Stadt konzipiert, also sich voll selbstversorgend von Lebensmittelgeschäften bis hin Metzgerei und Kindergarten: Ebenfalls heute richtungsweisend für derartige Großgebäude. Für damaligen Geschmack jedoch absoluter Nonsens, denn was hat in einem Wohnhaus ein z.B. Metzger zu suchen!

Revolutionär waren auch Le Corbusiers Ideen, die einzelnen Hauselemente in Fabriken vorzufertigen und dann gewissermaßen wie eine "Flasche" ins Haus-Skelett "einzuschieben". Der Architekt erläuterte dies in eine Handskizze, in der er die Entwicklung des Menschen vom "Wilden" und "Nomaden" (a-b) zum Zivilisierten (siehe Wohnelement wie Flasche ins Gebäude eingeschoben), erläutert.

HANDSKIZZE LE CORBUSIER

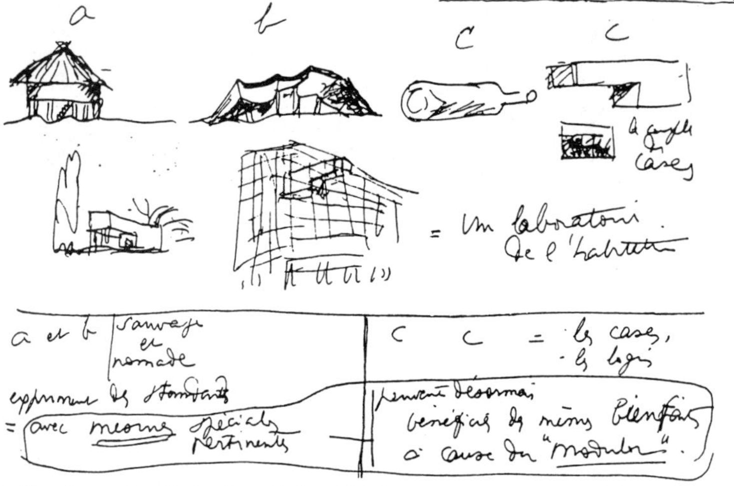

Die Flasche, so Le Corbusier, sei Sinnbild für voll ausgestattetes Wohnelement. Ein Behälter, der nach damaliger Technologie mit Bleibändern im Gesamtgerüst des Hauses verankert werden könne und vor allem wegen Vorfabrizierung erheblich die Baukosten für ein 1.5oo Menschenhaus reduziert.

Wegen Höhe des Gebäudes ist eine gewisse Mindestbreite nötig, die mit 24 m gewählt wurde. Sie bedeutet zwangsläufig eine hohe Tiefe der einzelnen Wohnelemente. Le Corbusier löste den benötigten Lichteinfluß durch eine nach außen hin 2-stöckige Fensterfront pro Wohnelement. So hat jede Wohnung innen 2 Stock, was ihren Reiz steigert, da man innerhalb per Treppe in den höheren Wohnbereich raufsteigen kann. Ein Konzept, das auch kleine Wohnungen größer wirken läßt und heute vielfach Anwendung findet.

Le Corbusier war Beton- Architekt und auch hier wegbereitend. Dies in negativ wie positivem Sinn: Aus Beton fertigte er Großartiges wie die Kapelle von Ronchamp bei Besancon, - aber auch seine diversen Hochhausbauten. Mit seinen Bauarbeitern hatte er erhebliche Probleme. Sie schlampen (wie er berichtete), da sie gewohnt waren, daß diverse "Fehler" eh verputzt werden.

Und für damaligen Volksgeschmack war Beton grau und trist. Le Corbusier verwies darauf, wie schön es sei, die Holzmaserung der Verschalbretter im Beton zu sehen... Über derartige Anwendung von purem Beton wird heute sehr gestritten, sowohl von Optik, wie auch Gesundheit, da mit Stahl armierter Beton gewisse Wellen abschirmt.

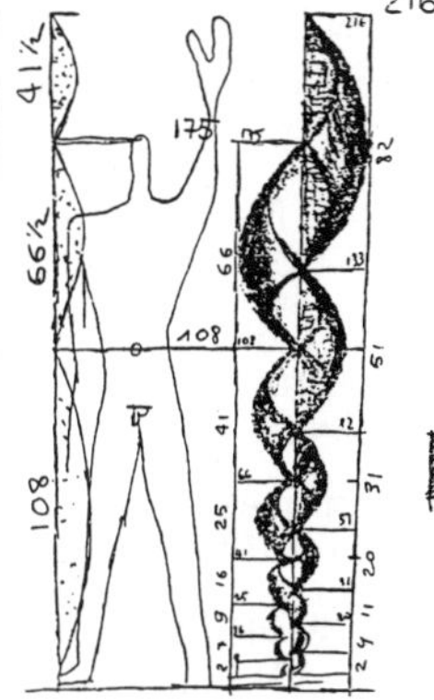

216 Der Modulor: Erfindung Le Corbusiers und seinerzeit patentiert. Zu Grunde gelegt für jegliche Architektur wurde der Mensch bei damaliger Durchschnittshöhe von 1,75 m. Bauchnabel bei 1,08 m, - ausgestreckte Hand 2,16 m etc. Der Rest ist feines Mathematikwerk mit Formeln, die vielfach auf den Goldenen Schnitt zurückgreifen.

Was in der Renaissance-Architektur das Zirkelwerk, Goldener Schnitt, Kreise und Schnittpunkte zur Berechnung der optimalen Proportionierung der Fassade eines Gebäudes waren, - sollte nun der "Modulor" werden. Der die Proportionierung des Gebäudes in Relation zum Menschen setzte.

à bord du Cargo "Vernon S. Hood" Le 6 janvier 1946 LC

In einer Publikation von 1948 verwies Le Corbusier darauf, daß die zukünftige industrielle Serienfertigung von Wohnraum dringend auch eine Normierung benötige. Eben dies sei sein Modulor, der übrigens auch von Prof. Einstein/USA höchste Anerkennung erfahren hatte.

Nach Abschluß der Planung der "Cite Radieuse" kam es zum Eklat: für viele der im Prüfungsgremium beteiligten Herren war das Konzept zu modern und fremd. Statt der geplanten 4 Hochhäuser à 1.5oo Menschen durfte Le Corbusier nur 1 Gebäude fertigstellen, das am 14. Oktober 1952 eingeweiht wurde.

Das Gebäude wurde Ende der 8oer Jahre unter Denkmalsschutz gestellt. Wer es heute besucht, sollte berücksichtigen, daß es den Stand der Hochhaus-Architektur von 1952 darstellt.

Die Anwendung von Beton hat über die Jahrzehnte gezeigt, was sie "ungepflegt" hergibt. Wegen Denkmalsschutz wurde es jedoch wieder Mode, im Haus eine Wohnung zu besitzen. 337 Wohnungen als Duplex für 1.5oo Bewohner, - Läden, Restaurant, Hotel sowie eine Grundschule auf dem Dach etc.

Zu erreichen: Bus 21 ab La Canebière führt direkt hin, sonst Metrostation Rond Point du Prado und 1 km südlich auf Bd. Michelet zu Fuß.

PARC BORÉLY, Av. Prado (am Rond Point du Prado rechts hinab Richtung Meer), eine der größten Anlagen der Stadt mit Pferderennbahn, botanischen Gärten, kleinen Teichen und Spazierwegen. Befindet sich am Ende der Av. du Prado, wo eine Kopie Michelangelo's David steht.

GROSS-MARSEILLE mit den westlichen Industriehäfen liegt im Mündungsdelta der Rhône, einem der Haupt-Mittelmeerverschmutzer. Deshalb auch - je nach Strömung - fragwürdige Wasserqualität der Strände.

★ **Strände**: Am Ende des Corniche President John F. Kennedy beginnt an der Promenade de la Plage der Strandteil der Stadt, künstlich erstellt, Kies, am Plage du Prado Liegeweisen.

Surfbrettverleih an den Stränden des Pointe Rouge und Corniche Kennedy.

Tennis: Nur im Tennis Municipal, Parc Chanet möglich. Sonst alles Privatclubs.

Mountainbike-Verleih: ideal für Touren auf Wegen der Callanques oder des Hinterlands, z.B. GREEN BIKE in 135, Av. Clot Bey, 3o DM pro Tag.

★ **Markt**: Jeden Vormittag, außer Sonntag Markt am Place Sébastopol, Place des Capucins, Cours Julien und am Prado.

Blumenmarkt Dienstag und Samstag vormittags auf der Canebière. - Fischmarkt allmorgendlich am Quai des Belges.

Außerdem eine der modernsten Fischmarkthalle Frankreichs, der "Saumaty" am Chemin du Littoral. Täglich außer So. und Mo. 3-7 Uhr früh.

★ **Aussichtspunkte**: am Eingang zum Alten Hafen die beiden Forts (St. Jean (23) und Entrecasteaux (35), vom Park du Pharo (33) und von der Terrasse der Notre Dame de la Gard (38).

Eintritt pro Museum ca. 3,5o DM. Geöffnet, wenn nicht anders vermerkt, täglich 1o-17 Uhr. Im Sommer Sa. und So. 12-19 Uhr. (In Klammer die nächste Metrostation.)

Kunstmuseen:

MUSÉE CANTINI (4o): 19, rue Grignan. Museum für moderne Kunst und historisches Kunsthandwerk (Moustiers-Fayencen) in schönem Stadthaus aus dem 17. Jh. Gemälde von Max Ernst, Kandinski, Picabia, Arp, Miro, Masson etc. Augenblicklich wegen Renovierungsarbeiten geschlossen. (Metro: Estrangin Prefecture.)

MUSÉE GROBET-LABADIE (12): 14o, Bd. Longchamp. Gemälde flämischer Künstler. Auch Wandteppiche, Musikinstrumente, Landkarten, mittelalterliche Statuen. (Metro: Cinq Avenues Longchamp.)

MUSÉE DES BEAUX-ARTS (11), Museum der schönen Künste. Untergebracht im riesigen Palais Longchamp sind dunkle Gemälde des 16. und 17. Jahrhunderts der großen Schulen: flämische (Rubens), italienische

(Perugin) und französische (Vouet). Beeindruckend die Pestepedemie von 1733 in Marseille von M. Serres. Skulpturen von Pierre Puget. (Metro: Cinq Avenues Longchamp.)

MUSÉE DE LA MODE im Espace Mode Méditerranée, 11, La Canebière. Eine Retrospektive zur Geschichte der Mode mit wechselnden Ausstellungen. Gezeigt werden permanent Kreationen berühmter Modeschöpfer wie Balmain, Chanel, Christian Lacroix, Yves Saint-Laurent etc. Auch Fachbücher, Boutique und Café. Täglich außer Montag 1o-17 Uhr.

Naturwissenschaftliche Museen:

MUSÉE D'HISTOIRE NATURELLE (11): im rechten Flügel des Longchamp-Palais. Ausstellungen zur Flora und Fauna der Mittelmeerländer sowie Mineralien. Im Keller Mittelmeer- und Tropenaquarium sowie Reste eines römischen Schiffs. (Metro: Cinq Avenues Longchamp.)

MUSÉE D'ARCHEOLOGIE (Archeologisches Museum - 19): im Vielle Charité, Altstadt. Zu sehen Funde aus Zypern, Syrien und Ägypten. Vorwiegend aber aus dem Raum Marseille, so griechische Amphoren, römische Statuen etc. (Metro: Colbert oder Joliette.) Im gleichen Gebäudekomplex auch Musée des Arts Africains, Océaniques et Amerindiens (Völkerkunde).

MUSÉE DES DOCKS ROMAINS, 25, Place de Vivaux beim Rathaus. Weiteres archäologisches Museum. Die Reste eines römischen Handelskontors und antike Fundstücke zeigen die wirtschaftliche Bedeutung des Mittelmeerhafens Massilia.

MUSEUM FÜR TRANSPORTWESEN (Galerie des Transports): Metrostation Noailles, Marché des Capucins. Kleines Museum zur Geschichte des öffentlichen Transports. Modelle von alten Trambahnen etc. Sonntags geschlossen, Eintritt frei.

MARINE-MUSEUM in Palais des Bourses (3): Schiffsmodelle aus 17. Jh. bis Gegenwart, Karten. (Metro: Vieux Port Hotel de Ville.)

Heimatkundliche Museen:

MUSEUM FÜR DIE GESCHICHTE MARSEILLES (Musée d'Histoire de Marseille): Centre Bourse (4). Historische Stadtmodelle, Lichtbildervorträge, archäologische Fundstücke (Vasen, Münzen). Mo. bis Sa. 12-19 Uhr. (Metro: Colbert oder Vieux Port.)

MUSEUM FÜR KUNST UND VOLKSTÜMLICHE TRADITIONEN: 5, Place des Héros, Chateau Gombert. Trachten, traditionelle Möbel, Keramik. Das Museum gibt Einblick ins alltägliche Leben der Provence.

MUSEUM DER ALTSTADT (Musée du Vieux Marseille - 27): 2, rue de la Prison. In einem Originalhaus (Fassade aus Steinquadern in Diamantform) aus 16. Jh. Gezeigt wird die Geschichte Marseilles: alte Stiche und

Pläne der Stadtentwicklung. Außerdem Trachten, alte Möbel und eine Sammlung von Santons, der provenzalischen Krippenfiguren.

Kultur: Veranstaltungskalender und Kinoprogramm im Touristbüro. Da unvollständig, auch Plakat-Ankündigungen beachten.

Goethe-Institut: 171, rue de Rome. Vorträge, Bibliothek, deutsche Zeitschriften. La Maison de l'Etranger: 8-16, rue Antoine Zattara. Begegnungsstätte für ausländische Jugendliche aller Einwandererländer. Hauptsächlich nordafrikanische Besucher. Während des Golfkrieges übrigens durch Bombenattentat teilweise zerstört.

Chocolat-Théâtre de l'Avant-Scéne: 59, cours Julien. Begegnungsstätte junger Leute, die an moderner, nicht etablierter Kunst interessiert sind. Theater, Kabaret, Restaurant, Café, Galerie.

Théatre National de la Criée: 3o, rue de Rive-Neuve. Bekanntestes Theater der Stadt, übrigens in einer früheren Fischversteigerungshalle untergebracht. Eher traditionell.

Massalia: 41, rue Jobin. Marionettentheater.

Espace Julien, 35, Cours Julien, mehrmals im Monat Rockkonzerte, auch Jazz und Reggae.

Mammutkonzerte im Palais des Sports, Rue Teisseire (6.ooo Plätze).

★ Vorgelagerte Inseln

In der Bucht von Marseille liegen 3 Inseln, die beliebtes Ausflugsgebiet der Stadtbevölkerung sind: CHATEAU D'IF mit Fort sowie die untereinander mit Damm verbundenen beiden FRIOUL- INSELN. Abfahrt der Ausflugsboote ab Vieux Port (2).

Chateau d'If

Das Mini-Eiland von 3 ha wurde unter Franz I. 1524 zu einer Festung ausgebaut, die fast die komplette Insel einnimmt. Der Bau war wichtig für den Schutz des Hafens von Seeseite und wurde bis Ende des 16. Jh. weiter ausgebaut.

Der Schriftsteller Alexandre Dumas machte die Insel in seinem Roman "Der Graf von Monte Christo" weltberühmt. Auch wenn der Roman-Graf Edmont Dantès in Wirklichkeit hier nie gefangen gehalten wurde, war die Festung doch bald französisches Staatsgefängnis und unfreiwilliger Aufenthaltsort vieler historischer Persönlichkeiten, z.B. Mirabeau.

Auf der Insel Führung und schöner Blick auf die Stadt Marseille. Es gibt Souvenirshops und eine kleine Badebucht, allerdings kaum Schatten.

Die Frioul-Inseln: Ile Ratonneau und Ile Pomègues

Waren nach der Pestepedemie 172o Marseilles Quarantäneinseln. Heute hübscher Jachthafen in der künstlichen Rede, die durch den Dammbau zwischen den beiden Inseln entstand. Badebuchten, allerdings mit dem Manko der nicht gerade sauberen Gewässer um Marseille.

Am Nordzipfel der Ile Ratonneau das Hospital Caroline, ein architektonisch interessantes Krankenhaus aus dem 19. Jh.

Restaurant "L'ATLANTE": Quai d'Honneur, Port Fioul. Ausflugs- und Fischrestaurant. Die "Bouillabaisse Royale" gibt's für zwei Personen für ca. 1oo DM. Einfachere Fischgerichte zwischen 3o und 8o DM. Der Wirt verwendet gemäß eigenen Angaben nur fangfrischen Fisch.

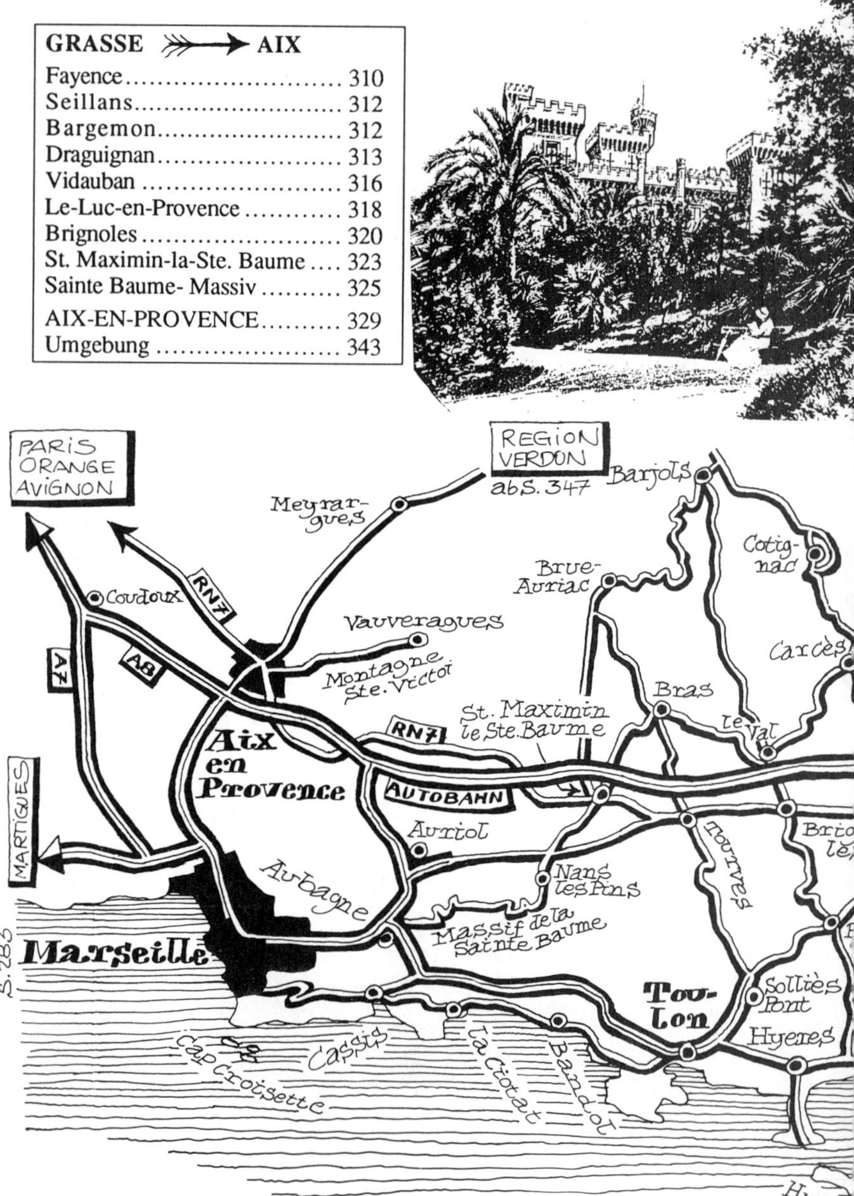

PARIS
ORANGE
AVIGNON
REGION
VERDON
abS. 347
Barjols
Meyrargues
Cotignac
Brue-Auriac
Coudoux
RN7
Vauveragues
A7
A8
Montagne Ste. Victoi
Carcès
Bras
St. Maximin le Ste. Baume
le Val
RN7
Aix en Provence
MARTIGUES
AUTOBAHN
Auriol
Aubagne
Nans les Pins
Tourves
Massif de la Sainte Baume
S. 283
Marseille
Toulon
Solliès Pont
Hyeres
Cassis
La Ciotat
Bandol
Cap Croisette

Provence

HINTERLAND: Grasse/Cannes -> Aix

Die Region nördlich der Küste gehört zu den schönsten Südfrankreichs: Weite Felder mit Lavendel, schloßähnliche Weingüter, lange Alleen und Schafherden. Aber auch idyllisch gelegene Schlösser mit Übernachtungsmöglichkeit, Klöster und gemütliche provencalische Städtchen mit Platanen, Cafes und oft excellenten Restaurants.

Eine Region zum Relaxen, für Wanderungen und Radtouren, für Weinproben und gastronomische Vergnügungen.

Highlights sind unter anderem GRASSE mit seiner Parfum-Fabrikation, der GRAND CANYON DU VERDON, größte Schlucht der Alpen, - STE. BAUME für Wanderungen und AIX EN PROVENCE mit vielen Sehenswürdigkeiten und Museen.

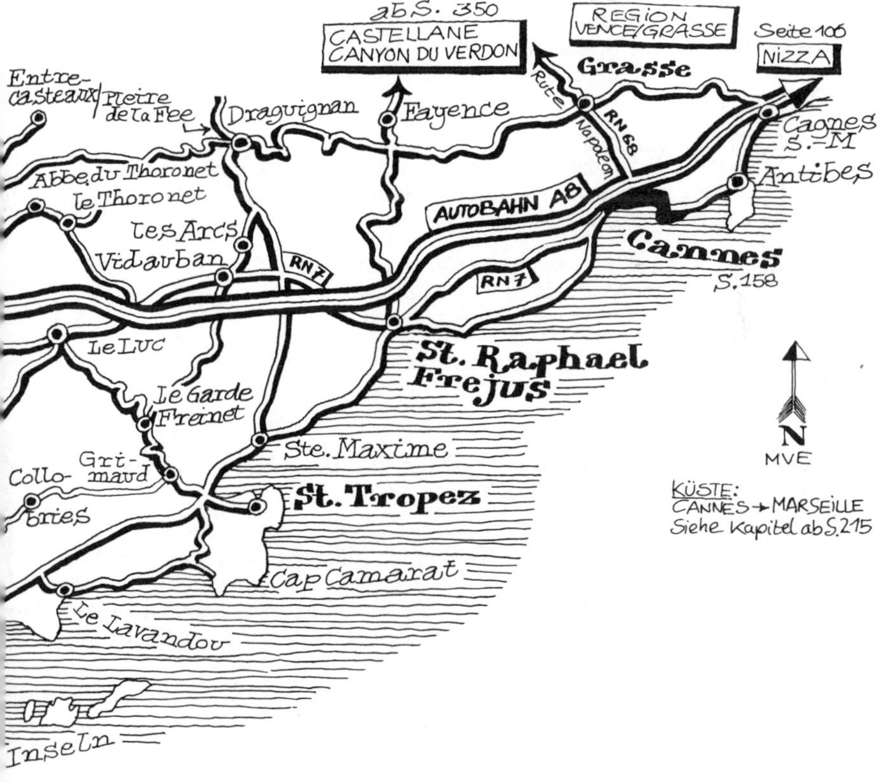

Verbindungen

<u>Auto</u>: Für die Region bestes Verkehrsmittel in Bezug Routengestaltung und Zeit. Man ist unabhängig vom Bus, der die Region teils 1-2 mal am Tag bedient. Und ist flexibel, an schönen Stellen einen Stop einzulegen sowie Abstecher auf Nebenstrecken zu fahren.

<u>HAUPTVERKEHRSACHSE</u> ist die Autobahn A 8 Cannes-> Aix. Schnell um Abstecher auf Seitentrips anzufahren, aber auch gebührenpflichtig.

Weitgehend parallel verläuft die <u>RN 7</u>: braucht Zeit wegen Ortsdurchfahrten, ist ansonsten gratis und landschaftlich schöner. Teils 4-spurig ausgebaut, allerdings Achtung bei Gegenverkehr!

Die <u>RN 85</u> (Route Napoleon) verbindet Cannes-> Grasse mit Castellane, dem östlichen Einstieg zum Grand Canyon du Verdon. Weitere Einstiege zum Grand Canyon über extrem kurvenreiche, aber landschaftlich schöne Nebenstrecken, z.B. via Carcès, siehe Text.

Ab Autobahn A 8 bzw. RN 7 viele <u>Abzweigungen zur Küste</u>. Darunter besonders reizvoll die Strecke ab Vidauban-> La Garde-Freinet-> Grimaud nach St. Tropez. Beschreibung weiterer Nebenstrecken bei den jeweiligen Ausgangsorten.

<u>Fayence</u> und <u>Draguignan</u> sind landschaftlich am abwechslungsreichsten ab Grasse über die D 562 zu erreichen. Abstecher kurz vor Fayence zum Lac de St. Cassien mitten im bewaldeten Hügelland. Dort Tretbootverleih, Angeln und Bademöglichkeit (Details Seite 211).

<u>Zug</u>: führt zwar von Cannes nach Aix, klammert aber viele interessante Punkte (u.a. Grand Canyon) aus und ist nur bedingt für die Region nützlich.

<u>Bus</u>: auf den Hauptstrecken dichte Verbindungen, kleinere Orte oft nur 1 bis 2 mal/Tag.

<u>GRASSE</u> siehe Seite 2o9, die RN 562 führt Ri. Draguignan rüber nach

★Fayence

(3.5oo Einw.)

Malerische Altstadt auf Hügel. Darunter weitflächig das Neubauviertel in provenzalischem Stil. Fayence ist internationales Segelflugzentrum und verfügt über ganzjährigen Tourismus. Zu den Mittelmeerständen bei St. Raphael über die D 4; da sie in nur ca. 45 Min. per Auto erreichbar sind, gibt's zur Saison entsprechende Besucherströme.

Sehenswert die Altstadt mit engen Treppengäßchen, kleinen Plätzen, Brunnen und vielen Antiquitätenhändlern. Das Rathaus (Hotel de Ville) ist zweistöckig über die Straße gebaut. Griffiges Schuhwerk in der Altstadt; besonders bei Regen verwandeln sich die Gassen in Rutschbahnen.

Das Nachbardorf und Adlernest Tourettes im Osten ist in 3o Min. zu Fuß zu erreichen.

Tourist-Info: Syndicat d'initiative, Place Léon Roux, 9-12, 14-18.15 Uhr, So. und Mo. geschlossen. Zur Saison auch Sonntag vormittags geöffnet.

Post: am Platz die Treppen runter, Montag bis Freitag 8.3o-12 und 13.3o-17 Uhr, Samstag 8.3o-12 Uhr.

Bank: CAISSE D'EPARGNE ECUREUIL, Di.-Fr. 8.45-12.3o und 13.3o-17.45 Uhr, Samstag 8.45-13.3o.

Auto/Parken: genügend gratis Parkplätze, zur HS allerdings meist voll.

Bus: Haltestelle neben Touristbüro. Nach Cannes und St. Raphael 2 mal/ Tag, nach Grasse und Draguignan 3 mal. Sonntags praktisch keine Busse.

"**Hotel De France**": 3-Sterne-Stadthotel im Nachbarort Seillans. Gepflegtes Restaurant mit großem offenem Kamin. Nicht mehr ganz moderne DZ mit Dusche und WC 11o-135 DM. Teure Halbpension im Juli/August verpflichtend, 65 DM pro Person Aufpreis.

"**Auberge de la Fontaine**": Route de Fréjus. Stil Landhausvilla mit Gartenterrasse. DZ mit Dusche/WC ab 68 DM. Günstige Halbpensionspreise und gute provenzalische Küche.

"**Hotel La Sousto**": Place du Paty. Verwinkeltes Altstadthaus, neben kleinem Park. Nur zu Fuß zu erreichen, Auto irgendwo in der Stadt parken. Die Zimmer meist mit kleiner Küche und Eßtisch, teils für 4 Personen. Je nach Komfort und Größe 68-1oo DM mit Dusche und WC.

Ferienwohnungen: Typische Art in der Gegend Urlaub zu machen. Vermietung nur wochenweise, günstige Nebensaisonpreise aber horrende Hochsommertarife. Zwei Anlaufstellen: Touristbüro hat Liste mit aktuellem Angebot und Preisen. Französischunkundigen Touristen wird beim Telefonieren geholfen.

Außerdem vermittelt Evelyne - spricht ausgezeichnet englisch - im Büro des Segelflugplatzes möblierte Privatwohnungen, vom kleinen Studio für 6o DM/Tag bis hin zur luxuriösen Villa mit Pool für 2.5oo DM/Woche im August.

Camping: 2 kleinere mit Schwimmbad, beide außerhalb an der Route de Draguinan. LOU CANTAIRE, April bis Sept. geöffnet, zur HS Vorreservierung nötig. LES SUANES, ganzjährig geöffnet, etwas einfacher.

In Fayence gute Restaurants, jedoch Preise gemäß Nähe zur Küste. LE POELON, auf halber Höhe des Treppengäßchen Rue Font de Vins. Kochtopf über dem Eingang, aus dem die Zutaten zur Fischsuppe spitzen. Lokal mit mittelalterlichem Kellergewölbe. Regionale Küche, kleines Menü ab 25 DM, reichlicher 37 DM.

LE FRANCE, Place de la Republique. Natursteinbrunnen am Eingang, Klavier im stilvollen Speisesaal. Gemütlich auf dem Balkon über den Arkaden des städtischen Waschtroges. 25-DM-Mittagsmenü, Dorade à la Provencale. Aufwendigeres Menü 45 DM.

LA STREGA, Pizzeria gleich daneben, am Place de la Republique. Terrasse unter Lorbeerbaum, Pizzas 11-16 DM, 1/2 l Landwein 6 DM.

LA FARIOULETTE, Place du Château, oben beim Panoramablick in Eckhaus mit grüngestichenen Fensterläden und breiter Terrasse. Provenzalische Stoffe, Blumen, dazu territoriale Menüs, 28-37 DM, knackige Salate, frische Tartes. Küche verwendet nur regionale Produkte.

Fototip: oben am Place du Chateau weiter Panoramablick. Hier können die patinierten Dächer von Alt-Fayence aus der Vogelperspektive fotografiert werden.

Sport: Das Segelflugzentrum Südfrankreichs, Centre National de Vol à Voile. Privatflugzeug möglich. Französische Flugerlaubnis 12o DM, dazu Tagesgebühr von 28 DM zuzüglich üblicher Unkosten. Diverse Segler können geliegen werden, vom einsitzigen KA 6 für 33 DM/Std. bis zum zweisitzigen Janus C für 78 DM/Std. Eine Stunde Segelflugunterricht 65-85 DM. Wer's mal ausprobieren möchte, kann für 11o DM 2o Minuten lang mitfliegen.

Tennis, Ponyreiten (Ponyclub, Beauregard), Schwimmbad.

Wandern: Ab Seillans gibt es einige markierte Wanderwege. Hinweis bei Auberge Mestre Cornille unterhalb des Dorfes.

Ausflüge:

SEILLANS: 1.6oo Einw. und 6 km westlich von Fayence, an der D 19. Weiteres Wehrdorf mit kieselsteingepflasterten Gäßchen. Auf einem der beiden Kirchtürme ein provenzalischer Glockenkäfig. An allen Ecken und Enden blüht und grünt es. Der Maler Max Ernst verbrachte hier seine letzten Lebensjahre. Schattiger Parkplatz um den großen Brunnen.

BARGEMON (1.1oo Einw.): Alleine die Anfahrt lohnt, das mittelalterliche Dorf mit der Wallfahrtskirche Notre Dame de Montaigu zu besuchen. Am Ostermontag pilgern die Gläubigen zur Statue der Hl. Jungfrau. Die größere Kirche stammt aus dem 15. Jh., der Zeit der Piratenüberfälle und ist Bestandteil der Verteidigungsanlagen. Da Bargemon in 465 m liegt, auch an Sommerabenden kühl.

✶Draguignan (3o.ooo Einw.)

Bourgoises Verwaltungsstädtchen mit provenzalischem Charme, provinzieller Lebensart und Flair ohne derzeit bedeutendem Tourismus. In Planung ist ein Autobahnanschluß zur Küste und resultierend rege Bautätigkeit im Ort.

Der Name der Stadt geht auf eine Legende zurück: Im 5. Jh. n. Chr. wollte der damalige Bischof von Antibes das Gebiet des heutigen Draguignan christianisieren. Alle Versuche fruchteten nicht recht, bis er es schließlich schaffte, einen Drachen (frz. dragon), der die Gegend gnadenlos verwüstete, zu töten. Einem solch tapferen Gottesmann folgten die Bürger gerne.

Draguignan war seit der Französischen Revolution Präfekturstadt des Departements Var. Den zu royalistischen Toulonern wurde dieses Privileg damals als Bestrafung entrissen. Erst 1974 wurde diese Entscheidung wieder aufgehoben und Toulon erneut Hauptstadt des Var.

Besuch lohnt wegen Sehenswürdigkeiten aber auch der Verbindung rauf nach Comps sur Artuby am Grand Canyon du Verdun.

Tourist-Info: Office du tourisme, 9 Bd. Clemenceau. 9-19 Uhr, sonntags 9-13 Uhr. Samstag geschlossen. Auch Geldwechsel.

DRAGUIGNAN: Ortsbild um 1820.

Post: Bd. Maréchal Joffre, eines der schönsten Postgebäude des Midi mit Türmchen und Aufbauten. 8.3o-19 Uhr, Sa. 8-12 Uhr.

Bank: CREDIT LYONNAIS, Bd. Georges Clemenceau. Di. mit Sa. 8.o5-12 und 13.35-16.45 Uhr.

Auto/Parken: Parkplätze in der ganzen Stadt. Sehenswürdigkeiten sind in kurzer Entfernung zu Fuß zu erreichen.

Zug: Es gibt zwar einen Bahnhof am Bd. des Martyrs de la Resistance, aber keinen Zug. Nur Ticketverkauf und Reservierung.

Bus: Busbahnhof vor dem Bahnhofsgebäude. Mehrere Verbindungen am Tag nach Toulon, Fréjus, Aups und Les Arcs, dem nächstgelegenen Zugbahnhof.

"**Hotel Bertini**": Bd. Maréchal Foch. Nicht von der schmutzigen Fassade täuschen lassen. Hotel Bertini ist feudales Haus mit Antiquitäten wie in einem Schloß. Sehr große Zimmer, keines gleicht dem anderen. Ab 7o DM (Etagendusche), 8o DM (mit Dusche), 95 DM (Bad), Zimmer für 4 Personen 11o DM. Empfehlenswert.

"**Hotel Du Parc**": Bd. de la Liberté. Weißes Haus mit blauen Fensterläden, innen rot und rosa. 2 fette Platanen im Hof, DZ mit Dusche und WC 77-9o DM. Familiär. Restaurant mit offenem Kamin, Menüs zwischen 22 und 8o DM.

"**Hotel Le Dracenois**": 14, Rue du Cros, beim Marktplatz. Eckhaus mit neuer Fassade, erst innen merkt man die Jahrhunderte: schiefe Zimmerböden, steiles, rotgefliestes Treppenhaus, Mobiliar wesentlich jünger. DZ 37 DM, mit Dusche und WC 55 DM.

Ferienwohnungen: Touristbüro gibt Liste aus. Man muß aber selber telefonieren.

Camping: Beide Plätze liegen am Stadtrand. CAMPING DE LA FOUX, Chemin de la Foux, große, einfache Anlage, nicht allzu schattig. Leider schwer zu finden, da schlecht ausgeschildert. Gleich neben dem Sportpark mit Tennis, Reiten, Trimmen etc.

CHATEAU ROUX, Pont d'Aups, gleiches Niveau, ruhig am Fluß gelegen. Leichter zu finden, aber riskante Einfahrt.

Auswahl in Draguignan ist nicht allzugroß, Pizzerias und Vietnamesen dominieren.

Pizzerias: L'OUSTALET Bd. de la Liberté, ab 13 DM, - Bistro LA MANGEOIRE mit altem Hochrad im Fenster, Rue Pierre Clement, Pizza ab 12 DM oder dem chicen CAPPUCCINO mit Regiestühlen auf Terrasse und Chromstühlen unter weißen Deckenventilatoren innen, Place Cassin, Menü 21 DM, - PIZZERIA LA TAVERNA in 15, Rue du Cros, zu empfehlen. Pizza ab 1o DM, prima Lasagne 13 DM, guter Wein, Wintergartenanbau unterhalb baufälliger Stadthäuser,

Hinterhofatmosphäre, Speisesaal mit Plastikobst, -gemüse und -blumen dekoriert.

Bei den chinesisch-vietnamesischen Lokalen nicht von heimatlichen Vorstellungen ausgehen: Portionen eher klein und teuer. Mittagsmenüs kosten doppelt soviel wie in Deutschland. Es handelt sich meist um Boat-People, die mit Winzigrestaurants vielköpfige Familien über die Runden bringen müssen.

Ein Beispiel unter vielen: AU BONNE ACCUEIL, kleines Restaurant mit wurmstichigen Holzbalken an der Decke, nur sieben Tische, am Place du Marché, Menü 13-23 DM. Wirtin hat Musik studiert, ihr Mann war an der medizinischen Fakultät. Der Krieg zersplitterte die Familie. Nach den vielen schrecklichen Jahren leben sie jetzt wenigstens wieder zusammen.

LOU GALOUBET, Bd. Jean Jaurès. Gleich zwei Tresen im länglichen Speisesaal. Provenzalische, exzellente Küche. Menü ab 31 DM, à la carte mit 75 DM rechnen.

PERGOLA, gelbes zweistöckiges Haus mit blauen Fensterläden, gemütliche Gartenterrasse unter Palmen, je nach Verkehr etwas laut. Mittagsmenü 17 DM, sonst 25-5o DM. Vermieten auch Zimmer.

Markt: Place du Marché, Mittwoch und Samstag vormittags; Marché Paysan, Donnerstag vormittags, Route de Lorgues.

SEHENSWERTES

Um den UHRTURM auf dem Felsen mit provenzalischem Glockenkäfig liegt die ALTSTADT. Charmante Gemütlichkeit am Marktplatz mit Springbrunnen und Schatten der Platanen. Zu den Marktstunden sehr bunt und geruchsreich.

Von den STADTMAUERN ist nicht mehr viel erhalten, nur zwei Stadttore: Porte de Portaiguières im Nordwesten (15. Jh.) und Porte Romaine im Osten (14. Jh.).

An der Rue de la Juiverie die Relikte einer SYNAGOGE aus dem 14. Jahrhundert, die Wohnblockruine rechts neben Hausnummer 18. Heute erkennt man noch das mysteriöse Zeichen, ein Stein mit gruseligem G-esicht in der Fassade. Seit 1297 war um diese Straße herum ein Judenghetto mit 5o Häusern und 225 Bewohnern entstanden. Ende des 15. Jh. wurden diejenigen Juden verfolgt, die nicht zum christlichen Glauben übertreten wollten. Auf diese Weise entledigten sich Draguignans Stadtväter damals ihres Judenghettos.

MUSEUM, Rue de la Republique. Kleines, aber sehenswertes Museum mit einigen Werken aus dem 17. Jh., u.a. ein Rembrandt. Außerdem archäologische Abteilung, Antiquitäten, Fayencen aus Moustiers. Und als Rarität für Kenner der französischen Literaturgeschichte: ein Manuskript des Roman de la Rose aus dem 14. Jh., dem wohl berühmtesten Werk der altfranzösischen Dichtung, eine allegorisch-lehrhafte Vers-Erzählung von Guillaumes de Lorris (ca. 121o-124o). Der Museumsbau befindet sich in der alten Sommerresidenz der Bischöfe von Fréjus.

DOLMEN DE LA FEE: im Nordwesten des Stadtzentrums, linksabgehender Weg der Av. de Montferrat. Problemlos als kleiner Spaziergang zu erreichen, ausgeschildert. Der Dolmen steht unter einer mächtigen Eiche, neben Weinfeldern und Einfamilienhäusern. Der 6 x 4,5o m große und 4o Tonnen schwere Tisch steht auf drei Beinen und ist 2 Meter hoch.

In der Stadt erzählt man ein Märchen um diesen Dolmen:

DER TISCH DER VERLIEBTEN FEE: Es war einmal eine Fee, die es liebte, sich als Hirtin zu verkleiden und so unter Orangen- und Granatapfelbäumen zu wandeln; auch wußte sie Mandoline zu spielen. Bei ihrer Anmut blieb es nicht lange aus, daß sich ein kräftiger Bursche in die Fee verliebte und um ihre Hand anhielt. Gerne willigte sie ein. Sie stellte nur eine einzige Bedingung: das Hochzeitsmahl sollte an einem Tisch eingenommen werden, den der junge Freier aus bestimmten Steinen erstellen sollte. Die Steine fand er sogleich, nur waren sie ungeheuerlich groß und schwer. Mühsam und mit letzter Anstrengung gelang es dem jungen Mann, die Steine zu Tischbeinen aufzurichten. Die Platte darüberzulegen schaffte er nicht. Erschöpft schlief er ein.

Die verliebte Fee hatte ein Einsehen mit ihrem schlafenden Verlobten und zauberte heimlich den Tisch fertig. Dann weckte sie ihn voller Freude auf. Dieser aber erkannte, wie schwach er doch im Vergleich zu der mächtigen Fee war. So zog er es vor zu sterben.

Die Fee verfiel in tiefste Trauer über diesen Verlust. Sie löste sich in Rauch auf und ging hinüber ins Reich der Schatten. In klaren Winternächten jedoch kommt sie zurück, um ihren Schmuck, Gold, Edelsteine und Perlen zu betrachten, der tief unter dem Dolmen in der Erde vergraben liegt. Ein wahrhaft reines und unverdorbenes Mädchen, das die Fee bei ihrem Wiedererscheinen beobachtet, könnte die Hände voll dieser Kostbarkeiten geschenkt bekommen. Bisher jedoch gelang es noch keinem einzigen jungen Mädchen, das eine schlaflose Nacht unter dem Dolmen verbrachte, aus dem geheimen Versteck der Fee etwas zu erhalten.

Und die Moral von der Geschicht', reine und unverdorbene Mädchen gibt es nicht!

Sport: Freibad, Hallenbad, 9 Tennisplätze, Reiten und Trimmpfad im Complexe de la Foux.

★ Vidauban (5.5oo Einw.)

Landwirtschaftliches Zentrum, provenzalische Kleinstadt. Dorfjugend in den Cafés am Stadtplatz mit wasserspeiendem Löwen-Brunnen. Umgeben von viel Natur. Die vergoldete Marienstatue auf dem runden Kirchturm sieht man schon von weitem. Leute, die es ruhig angehen lassen wollen, können Angeln, Kanu/Kajak fahren, Wandern etc.

Tourist-Info: Syndicat d'initiative, Place Maurel, nur im Sommer geöffnet.

Post: Rue Pasteur, hinter der Kirche, wochentags 9-12 und 14-17 Uhr, Samstag nachmittags geschlossen.

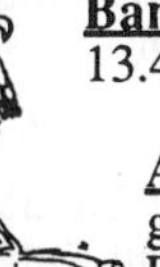

Bank: Lyonaise de Banque, Di. bis Fr. 13.45 - 17 Uhr, Sa. 13.45-16 Uhr, an Durchgangsstraße bei Place Clemenceau.

Auto/Parken: direkt an N 7 gelegen, Ortsumgehung geplant, aber noch nicht realisiert, also viel Verkehr. Parkplätze im Ort.

Zug: Bahnhof Av. Marcel Mourier, ziemlich heruntergekommen.

Bus: Haltestelle Av. Pr. Wilson, N 7, Fréjus-> Aix: 2 mal täglich, öfter Draguignan-> Toulon.

"**Hotel Chateau Les Lonnes**": etwas außerhalb an D 84. Familiäres Luxus-Landhotel umgeben von 22 Hektar Park mit Tennis, Schwimmbad, Hubschrauberlandeplatz etc. Das Haus stammt teils vom 11. Jh. und wurde von einem Holländer mit viel Eigenleistung tip top restauriert. Im Inneren Antiquitäten, unterschiedliche Natursteinmauern, wobei die groben, untaillierten Mauern aus dem 11. Jh. stammen. DZ mit jedem Komfort 25o-5oo DM, Suiten 6oo bis 1.1oo DM die Nacht. Relaxurlaub für Leute, die sich's leisten wollen.

"**Hotel Ste. Brigitte**": an N 7 Richtung Le Luc. Neubau, DZ 42 DM, mit Dusche und WC 62 DM. Zimmer nicht groß, aber ausreichend und ordentlich, nach hinten ruhiger. Großes Restaurant mit altem Schrank, Menüs 22-37 DM.

CAMPING LA MUSARDIERE, 2 km Richtung Taradeau, am Flußufer, Schwimmbad, ganzjährig geöffnet, sehr erholsam, in schattigem Wäldchen. Abgegrenzte Stellplätze. Vermietung von komplett eingerichteten Mobilheimen, 4 Personen 87 DM/Tag und Wohnwägen um 5o DM.

CAMPING MUNICIPAL, bei Rue Castelnau. Wiese am Fluß, einfach, ruhig, Sanitär okay.

LE CONCORDE, Place Georges Clemenceau. Erste Adresse im Ort, 3-Gänge-Menü 4o DM, 4 Gänge 7o DM, manchmal Tagesplatte 19 DM. Straßenterrasse unter dreiteiliger Halbbogenmarkise, länglicher Speisesaal, alte Holzdeckenkonstruktion, alle Tische an der Wand.

Vor Vidauban an N 7 zwei anständige Lokale:

RESTAURANT DE LA MAISON DES VINS, an RN 7 Richtung Le Muy. Neues Restaurant mit drei Sälen, Platz für ganze Busladungen. Bei Sonne am gemütlichsten unter Patio. Menü ab 39 DM. Gute Provencetröpfchen zum Essen nicht teuer. Im Keller daneben Weinprobe und -verkauf. Stattliche Auswahl, da direkt von der Genossenschaft der Provence-Winzer betrieben.

A MA CAMPAGNE, vor dem Ortsschild Vidauban. Simpelpergola, leider brausen Autos laut vorbei. Preiswert, Mittagsmenü 19 DM, empfehlenswert 3 Gänge 28 DM (Muscheln). Für 43 DM bekommt man 5 Gänge (kaum zu schaffen) und einen Aperitif.

Café/Bars: BAR LE PARIS, am Place Georges Clemenceau. Treff von Jung und Alt im Ort. Wirt kennt jeden in Vidauban. Verliebte Pärchen, ein Bauer bindet seinen Gaul an Säule der Pergola. Angenehme Atmosphäre. Bedienung selbstverständlich nicht allzu flott.

AUSFLÜGE

LES ARCS, 7 km von Vidauban Ri. Draguignan. Städtchen um ein mittelalterliches Wehrdorf herum, top restauriert. Im Umland die Weinfelder der Côtes de Provence. Das befestigte Schloß im Ort datiert aus dem 12. Jh., heute romantisches Hotel und empfehlenswertes Restaurant:

"**Hotel Logis du Gueteur**": Place du Chateau. 1o Zimmer im alten Schloß werden vermietet. DZ mit Du und WC 13o DM. Auch Restaurantsbetrieb. Wie der Wirt berichtet, verwendet er keinerlei Tiefgefrorenes, sondern nur Frischkost. Quotiert mit 3 Gabeln zu Recht. Menü 45 bis 8o DM.

LA GARDE FREINET, ehemaliges Sarazenen-Nest in den Bergen des Mauren-Massivs, rund 2o km südlich von Vidauban Ri. St. Tropez. Oberhalb des Dorfes die Ruine eines Forts und Gipfelkreuz. Hier beginnt eine schmale, kurvenreiche Straße auf dem Bergkamm. Nach 5 km westl. bei den Roches Blanches super Panoramablick bis zur Bucht von St. Tropez. Danach weite Kastanien- und Korkeichenwälder.

Sport: Kanu/Kajak-Station am Flüßchen Argens, in der Nähe des Campingplatzes. Einfach, aber nett angelegt mit Picknicktischen.

✶ Le Luc-en-Provence (7.ooo Einw.)

Die erhöht durch's Städtchen verlaufenden Überlandstraßen haben das Stadtbild ziemlich ruiniert. Daher weniger provenzalisches Flair als in den Nachbarstädten.

Neben Monaco der andere interessante Ort für Philatelisten: Le Luc besitzt ein Briefmarkenmuseum MUSÉE DE LA TIMBRE-POSTE, Place de la Convention, ganz in der Nähe des Rathauses (Eintritt 2 DM, geöffnet täglich außer Dienstag 14.3o-17.3o Uhr, Samstag und Sonntag zusätzlich 1o-12 Uhr).

Kleine Altstadt, teilweise Fußgängerzone, sehr belebt mit vielen Geschäften. Sehenswert auch das mittelalterliche Nachbarörtchen VIEUX-CANNET, 3 km östlich. Panoramablick über die ganze Gegend. Kirche St. Michel aus dem 7. Jahrhundert.

Tourist-Info: Office du Tourisme, Place de Verdun, Mai bis September Di. mit Sa. 9-12 Uhr, Juli/August täglich 9-12 und 15-18 Uhr.

Post: Av. Pierre Gaudin, Mo. mit Fr. 9-12 Uhr und 14-17 Uhr, Sa. 9-12 Uhr. Neben Post ist ein Spielplatz.

Bank: Banque de Provence, Place de la Liberté. Di.-Sa. 8.1o-12 und 13.2o-16.45 Uhr.

Auto/Parken: An N 7 und Autobahn. Mehrere kostenlose Parkplätze ums Zentrum herum, z.B. gegenüber der Post.

HOTEL

"**Hostellerie Du Parc**": Rue J.-Jaurés. Ockerfarbenes Haus in gros sem Garten. Gepflegte, einfache DZ mit Dusche und WC, 87 bis 12o DM. Auch Restaurant der gehobeneren Klasse, Speisesaal mit offenem Kamin und Natursteinmauer, Menü 45 bis 68 DM. Es zu speisen lohnt.

"**Mas de Causserène**": außerhalb an RN 7 Richtung Vidauban. Neues Etappenhotel, gute Mittelklasse. Breite Gänge mit Sofas. In Billiardbar hängen Gemälde regionaler Künstler. Früchstücksterrasse am Pool. Saubere DZ mit Dusche/WC 72-8o DM. Im angeschlossenen Restaurant "**L'Oustalet**" werden fix Menüs ab 4o DM serviert, mittags einfacher für 25 DM.

***Ferienwohnungen**: Liste beim Tourist-Info. Wenn man fragt, telefonieren sie für Touristen, die nicht französisch sprechen.

CAMPING MUNICIPAL, Rue E. Garnier. Unterhalb der Autobahn, nur teilweise beschattet, kleiner Sanitärblock.

CAMPING DES BRUYERES: 4,5 km im Süden. Sehr ländlich, mittelgroße Anlage, Pinien spenden reichlich Schatten.

RESTAURANTS

HOSTELLERIE DU PARC, für den Feinschmecker, siehe Hotels.

LE PROVENCAL: Rue Lebas-Appolinaire. Ein paar Stufen hinab in altstadt-typischen und gemütlichen Speisesaal. Kleine Bar neben Eingang, Tagesplatte 13 DM, Mittagsmenü mit Wein 2o DM, abends Menüs ab 25 DM. Gut portioniert und lecker!

LA TORCHE, Rue F. Mistral, die Straße zum Camping. Laute Sommerterrasse, innen dafür heimelig mit astigen Deckenbalken und Gewölbekeller. Der Fliesenboden fällt nach hinten ab. 3-Gänge-Menü mit anständigen Portionen 2o DM, auch Salate und Pizzas, 9-15 DM.

LE COMMERCE: Place de la Liberté. Eigentlich Straßencafé, veralgte Überdachung, rotlackierte Stildecke im Lokal. Wer schnell und billig essen will, aber fast-food haßt: Tagesplatte ab 14 DM, Menü 23 DM. Wer viel Durst hat: besser am Tresen vor den unzähligen Flaschen. Beim Durchprobieren aufpassen, daß sie sich nicht verdoppeln!

AUSFLUG

ABBAYE DU THORONET: Große Zisterzienserabtei aus dem 12. Jh., behielt ursprüngliches Aussehen. Inmitten bewaldeter Hügellandschaft in einem Tal isoliert gelegen. Schon bei seiner Gründung war das Kloster nur von wenigen Mönchen bewohnt. Das blieb so bis zur Revolution, wo es - wie damals üblich - vom Staat verkauft wurde. Mitte des vorigen Jahrhunderts wurde mit der Renovierung begonnen.

Zu erreichen: Ri. Autobahn auf der N 7, dann die D 17 bis zum Dorf Le Thoronet, danach weiter auf D 79. Besichtigung im Sommer durchgehend 9-12 Uhr, sonntags Mittagspause. Im Winter 9-12 und 14-17 Uhr. 8 DM Eintritt.

VILLAGE DES TORTUES: 1o km südlich an der N 97. Schildkrötenfarm mit 1.2oo Exemplaren. Interessant im Mai/Juni und September während des Eierlegens bzw. Schlüpfens. Im Alter von 5-6 Jahren werden die Schildkröten freigelassen, um wild im Maurengebirge weiterzuleben. Können 8o Jahre alt weden. Täglich 9-19 Uhr, zur Winterschlafzeit November bis Februar geschlossen. Eintritt 11 DM, Kinder 5 DM.

★Brignoles (11.ooo Einw.)

Industrie- und Handelszentrum im roten Staub, da französische Hauptstadt des Bauxitabbaus. Auch sonst eine Stadt mit Vorliebe für Superlative: Im April findet eine große Messe statt, die Brignoles für zwei Wochen zur Hauptstadt des Provence-Weins werden läßt. Fürs Guinness-Buch der Rekorde wurde 199o die größte (provenzalische) Krippe der Welt erstellt.

Tourist-Info: Office de Tourisme, bei Pont Augustins, Place St. Louis, Mo. bis Fr. 9-12, 14-18 Uhr, Sa. nur vormittags. Im Juli/August 9-12 und 15-19 Uhr.

Bank: Credit Lyonnais, Place Carami, Di. bis Fr. 8.1o-12 und 13.35-17 Uhr, Sa. 7.55-12 und 13.35-15.45 Uhr.

Auto/Parken: Parkplätze überall in der Stadt, z.B. gegenüber Tourist-Info. In der Altstadt wenig Chancen, einen zu ergattern. - Im Vergleich zum Kernland der Côte d'Azur in Brignoles billigere Spritpreise.

Bus: Busbahnhof am Fuße der Altstadt.

Am westlichen Ortseingang bei den Supermärkten einige Etappenhotels: billigste Zimmer, 4o DM, in der Schlaf-maschine "Formule 1". Weitere Häuser der 9o-DM-Preis-klasse sind das klimatisierte "**Ibis-Hotel**" mit Schwimmbad am Chemin du Val oder der gelbliche Modernbau des "**Côte Sud**", umgeben von Kontainerpalmen, direkt an der Autobahn zufahrt.

"**Hotel Chateau Brignoles**": Route de Nice. 2-Sterne-Hotel mit Schwimmbad und Tennis, Haus wirkt wie Hauptbahnhof in den Tropen, Riesenhalle, breite Flure. Zimmer nicht allzu modern, Betten wackeln, DZ mit Dusche und WC 9o DM.

"**Hostellerie Saint-Louis**": Landhaus ein paar Kilometer außerhalb, N 7 Richtung Aix. DZ mit Etagenklo 45 DM, mit Dusche und WC 6o-7o DM, nicht topmodern, aber ordentlich. Unbedingt Zimmer nach hinten geben lassen, da ruhiger. Mit Restaurant, Menü 25-5o DM. Mittleres Menü für 4o DM ist keine schlechte Wahl.

CAMPING MUNICIPAL, nicht allzuruhig am östlichen Ortseingang, Route de Nice, aber auf Höhe der Zeit, ab Mitte März geöffnet.

LOU PARADOU, provenzalischer Landgasthof am Fluß, ein paar km an N 7, Richtung Aix. Empfehlenswertes 4-Gänge-Menü (Speisekarte auf französisch und provenzalisch) für 35 DM, 5 Gänge mit Austern, Fisch, Fleisch, Käseplatte und Dessert für 53 DM. Zwei große, rustikale Speisesäle. Außerdem Vermietung weniger DZ mit Dusche und WC, 5o DM.

LOU CIGALOU, 14, rue Republique, Stadthaus in der Ladenstraße. Über Stufen hinab zum schlichten Rauhputz-Saal. Typisches 3-Gänge-Menü 2o DM, für 42 DM sogar Schnecken als Vorspeise, dann Fisch, Fleischgericht, etwas freudlose Käseplatte und Nachspeise.

LE BISTROQUET, auf halber Höhe der Treppengasse, Rue Saint-Esprit. Schwarzlackierter Holzeingang, runde Tische am offenen Kamin. Sympathischer junger Familienbetrieb, 3-Gänge-Menü 22 DM, 4 Gänge 3o-4o DM.

LOU CRESPEU: 9, Rue Cavaillon. Creperie mit zwei urigen, mittelalterlichen Sälen, der hintere mit ritterlichem Kellergewölbe. Reiche Auswahl an Crepes von 4 bis 1o DM, Fleischgericht 17 DM, billiger Wein, Liter 13 DM.

SEHENSWERTES

ALTSTADT um die Kirche ST. SAUVEUR aus dem 15./16. Jh, sehr belebt. Im Mittelalter war Brignoles immerhin eine Nebenhauptstadt der Provence.

Zeuge der Bedeutung sind der ehemalige Grafenpalast PALAIS DES COMTES DE PROVENCE (13. Jh.) am Place des Comtes de Provence.

Darin das kleine Heimatmuseum MUSÉE DU PAYS BRIGNOLAIS. Wichtiges Ausstellungsstück ein gemeißelter Sarkophag aus dem 13. Jh. Er stammt aus der Kapelle La Gayole in der Umgebung. Das Museum hat stark variierende Öffnungszeiten und ist Montag, Dienstag und manchmal in der Nebensaison geschlossen, im Sommer prinzipiell 9-12 und 14.3o-18 Uhr. Eintritt 3 DM.

PARC MINIFRANCE, vor Brignoles an der N 7. In einem Park wurde ganz Frankreich nachgebildet mit penibel, exakt gebastelten Modellen der Hauptsehenswürdigkeiten im Hexagon. Selbst Kernkraftwerk, Hochgeschwindigkeitszug und Autoroute du soleil wurden nachgebildet. Nach Korsika keine Fähre, sondern über Brücke. Nachmittags meist Darbietungen für Kinder. Neben Eingang Café-Restaurant. (Geöffnet: 1o-19 Uhr, zur Hochsaison bis Mitternacht. Im Winter geschlossen. Eintritt 18 DM, Kinder 12 DM.)

AUSFLÜGE

Südwestlich der Stadt die Klosterruinen der ABBAYE DE LA CELLE. Ab Brignoles auf D 554 Ri. Toulon, gut beschildert rechts ab auf D 4o5.

Das ehemalige Benediktinerkloster genoß seit dem 13. Jh. hohes Ansehen und zog viele Töchter der damaligen High-Society an. Ab dem 16. Jh. notierten die Chroniker jedoch einen sehr unkatholischen Verfall der Sitten. Es heißt, daß sich die Schwestern nur noch an der Farbe ihrer Unterröcke und ihren Liebhabern unterscheiden ließen. Dem Treiben sah man ziemlich lange zu, bis das Kloster 166o geschlossen wurde. An diesem Dorf läßt sich ferner beweisen, daß jedes französische Nest eine Boulangerie (Bäckerei) hat.

Spazierfahrt durch's Weinbaugebiet zur CHAPELLE STE. PHILOMENE. Sie liegt runde 2o km südlich. Anfahrt: D 554 und D 12 durch weite Weinanbaugebiete, vorbei am Provence-Dörfchen Forcalqueiret. Dann 1,5 km nach Rocbaron Abzweigung rechts fahren (leider kein Wegweiser), weitere 1,5 km bis zum unscheinbaren Hinweisschild auf die Kapelle. Hier geht man einige Minuten hinab zum Wallfahrtskirchlein der Hl. Philomena aus dem 11./12. Jh. mit einigen Votivtafeln und einer Philomenastatue. 19o1 renoviert, drumherum Ruinen des mittelalterlichen Dorfes, die ebenfalls renoviert werden sollen. Von der Dachterrasse mit Turmhäuschen hat man weiten Blick über die Weinbaulandschaft. Picknick nicht vergessen!

Fast ein Geheimtip ist der Ausflug durch's nördliche Ste. Baume-Massiv zu einem im Wald versteckten Kloster, der CHARTREUSE MONTRIEUX. Eigenes Fahrzeug nötig. Dazu auf D 554 Richtung Toulon fahren, die die Weinbaudörfer Forcalqueiret, Garéoult streift. 1,5 km nach dem recht belebten Dorf Méounes, beim weißen Eisenkreuz auf Steinsockel rechts ab Richtung Le Camp. 1 km danach taucht links weiteres weißes Eisenkreuz auf.

Hier Parkmöglichkeit für Autos und 1o Min. Fußmarsch neben einem Bach durch einen kühlen Wald zum Kloster. Es liegt mit seinen vielen, teils ornamental verzierten Türmen recht versteckt. Lediglich die Chapelle Ste. Roseline ist zu besichtigen, nicht jedoch das Kloster. Man sieht aber die Anlage und den terrassierten Klostergarten. Jedes der vielen Häuschen hat zwei Kamine. Von hieraus gibt es drei farblich markierte Wanderwege durch die bewaldete Hügellandschaft, jeweils 1-2 Stunden einkalkulieren. Picknickbank beim Kloster, auch Trinkwasser.

Sport: Angeln in Ruhe: 2o km nordöstlich an D 79 liegt der vom Wald umgebene See Lac de Carcès.

Schwimmbad, Tennis, Wandern, Radfahren.

Musikkurse im Sommer unter langfristiger Voranmeldung im Chateau de Vin/Brignoles. Gelegentliche Konzertveranstaltungen. Auskunft auch im Office de tourisme, Place de Verdun.

★St. Maximin-la-Ste. Baume (5.ooo Einw.)

Provenzalische Kleinstadt mit großer Basilika umgeben von sanfter Hügellandschaft, wo viel Wein angebaut wird. St. Maximin bewahrte sich seinen charmanten Charakter: eine provenzalische Stadthausfassade neben der anderen, teils renoviert, teils mit alter Patina.

Bestens geeigneter Standort für Ausflüge und Wanderungen ins Ste. Baume-Massiv, Details siehe Wanderkapitel unten.

Tourist-Info: Syndicat d'initiative im Rathaus, Place de l'Hotel de ville. 9-12 und 14-17 Uhr, im Sommer 9-18 Uhr. Liste für Ferienwohnungen gratis, helfen beim Telefonieren.

Post: Rue des Fontaines, Montag-Freitag 9-12 und 14-17, Samstag 9-12 Uhr.

Bank: Credit Lyonnais, 16, Avenue Albert Ier, Dienstag mit Freitag 9-12 und 13.3o-17 Uhr, Samstag nachmittags nur bis 15.45 Uhr.

Auto/Parken: Eigene Autobahnausfahrt, die N 7 führt durch den Ort. Ausreichend Parkplätze im Ort.

Bus: Gare Routière, Pré de Foire, an der Av. Albert Ier. Verbindungen nach Aix und Brignoles.

"**Hotel Plaisance**": 2o, Place Malherbe. Dreistöckiges Eckhaus mit orangen Fensterläden, Rezeption im 1. Stock, Emanuelle-Korbstühle in der Lobby. DZ mit Dusche, WC, TV, Telefon und Minibar je nach Bettengröße 1o8-12o DM, auch 4-Bett-Familienzimmer für 137 DM.

Frühstück 12 DM.

"**Hotel De France**": Avenue Albert Ier. Rotes, zweistöckiges Haus mit grünen Fensterläden, altes Handwaschbecken im Treppenhaus, Schwimmbecken. Die Zimmer mit neuem, aber einfachem Mobiliar. DZ mit Dusche und WC 96 DM. Bürgerliches Restaurant, Menü 27 (nicht am Sonntagmittag) bis 47 DM.

Ferienwohnungen: Liste beim Syndicat d'initiative, man muß selber auf französisch telefonieren. Günstige Preise in der NS, z.B. Häuschen mit 3 Schlafkammern 37o DM pro Woche, zentrumsnahe 3-Zi.-Wohnung für 4 Personen 56o DM pro Woche oder Studio im Umland 77o DM pro Monat.

PROVENCAL: 3 km außerhalb, Route de Mazaugues, D 64. Gepflegt moderner 3-Sterne-Camping, gut beschattet, saubere Sanitäranlagen, beheiztes Schwimmbad und Restaurant.

CHEZ NOUS, Bd. J. Jaures. Angesehenes Speiselokal, bürgerlicher Speisesaal, große Terrasse unter weißen Bogenmarkisen am Ortsplatz, 3-Gänge-Menü 33 DM, aufwendiges Feinschmecker-Menü 6o DM. Leckerer, knoblauchgespickter Lammbraten.

LE RELAIS BONAPARTE: Eckhaus am Place Malherbe, dem platanenbeschatteten Stadtplatz. Zwei ländlich schlichte Speisesäle, altes Buffet mit Schnitzereien, alte Gartenstühle auf Terrasse am Platz. 3-Gänge-Menü 23 DM, großes Menü für 54 DM ist nicht zu schaffen. Zur Jagdsaison frisches Wild und hausgemachte Wildschweinpastete. Bestes Preis-Leistungsverhältnis am Ort.

Markt: Mittwoch vormittags am Bd. du Docteur Bonfils.

SEHENSWERTES

STE. MADELEINE-BASILIKA: Das riesige Kirchenschiff (73 m Länge, 29 m Höhe) besitzt wohl seitlich die typischen gothischen Stützstreben, jedoch keine Kirchtürme. Es ist Wahrzeichen St. Maximins und größter gothischer Bau der Provence. Egal von welcher Seite man sich der Stadt nähert: das Kirchenschiff ragt wie ein riesiger Torso über die Dächern hinaus. Am Place d'Hotel de Ville erscheint die Basilika kleiner; erst beim Betreten beeindruckt sie wieder durch ihre wuchtigen Dimensionen.

Die riesige Orgel, eine der schönsten Frankreichs, wurde 1773 von dem Dominikanermönch Isnard erbaut. Die düstere, niedrige Krypta ist ehemalige Grabstätte wohlhabender Römer, die zum Christentum übertraten und hier eine Villa hatten. Außer 4 Sarkophagen aus dem 4. Jh. sieht man angeblich in einem Reliquienschrein aus vergoldeter Bronze (19. Jh.) den Schädel der hl. Maria-Magdalena.

Legenden zufolge soll die "Sünderin" des Evangeliums in einer Grotte bei St. Maximin gestorben sein. Das machte sich das Königshaus der Anjou im Zuge ihrer französischen Expansionspolitik zunutze, um in den verworrenen politischen Verhältnissen ihre Macht zu stärken. Der Königssohn wurde deshalb 1279 beauftragt, die Gebeine der hl. Maria-Magdalena auszugraben. Ein paar Spatenstiche in St. Maximin genügten, und sie waren gefunden. Im Grunde war das gar nicht möglich, da diese sich seit einigen hundert Jahren im Wallfahrtsort Vézelay befinden sollten. Der König, ein ausgekochter Berufspolitiker, gab schließlich an, die hl. Maria-Magdalena wäre ihm im Traum erschienen und hätte die Errichtung der Basilika angeordnet.

Der Bau dauerte von 1296 fast 25o Jahre lang. Finanziert wurde die Kirche allerdings nicht vom König, sondern vor allem durch die Salzsteuer Nizzas.

An die Ste. Madeleine-Basilika ist das Rathaus angebaut, ein Teil des ehemaligen KLOSTERS (1751). Beim Spazierengehen durch die Gassen der Altstadt sehenswert der UHRTURM mit provenzalischem Glockenkäfig am Place Martin Bidoure.

Fahrradfahren in der Umgebung wegen sanfter Hügel und nicht zuviel Verkehr recht angenehm. Für Teile des Ste. Baume-Massiv allerdings wegen Höhenanstiege entsprechend sportliche Anforderungen.

Schwimmen im Freibad (Piscine Municipale), Route d'Aix.

Tennis im Centre Sportif, Tennis Municipal.

Golf auf 18-Loch-Platz im "Golf de la Sainte-Baume", ca. 15 km südlich in Nans-les-Pins. Auch für Nicht-Clubmitglieder: Tages- und Wochenkarten 9-Loch-Parcours ab 3o DM, 18-Loch-Parcours ab 5o DM, Ermäßigungen für Leute unter 25 Jahren, Ausrüstung kann geliehen werden.

★Sainte Baume-Massiv

Bergkette mit Höhen zwischen 75o und 1.147 m. Sie ist weitgehend mit Buchen- und Lindenwäldern bewachsen. Bei klarem Wetter Superblick vom 994 m hohen ST. PILON. Optimal für Wanderungen, zugleich führt eine Höhenstraße nördlich unterhalb der Gipfelkette.

Der Name Ste. Baume stammt vom provenzalischen Wort "baoumo" (Grotte) und bezieht sich auf die o.g. Sage um die Grotte der Heiligen Maria Magdalena.

Mit eigenem Auto läßt sich eine Rundtour fahren: N 56o von St. Maximin nach Châteauneuf und weiter die N 8o nach NANS LES PINS. Die Straße steigt hier 8 km in Serpentinen rauf zur sogenannten HOTELLERIE, einer ehemaligen Poststation (heute Zentrum der Wallfahrer).

Von hier führt ein rund 3o Min.-Wanderweg (grün markiert) zur St. Baume Grotte unterhalb des St. Pilon. Es geht durch dichten Wald bergan. Die Grottenkapelle in 946 m Höhe mit Terrasse und weitem Blick über die Nordflanke des Ste. Baume Massiv.

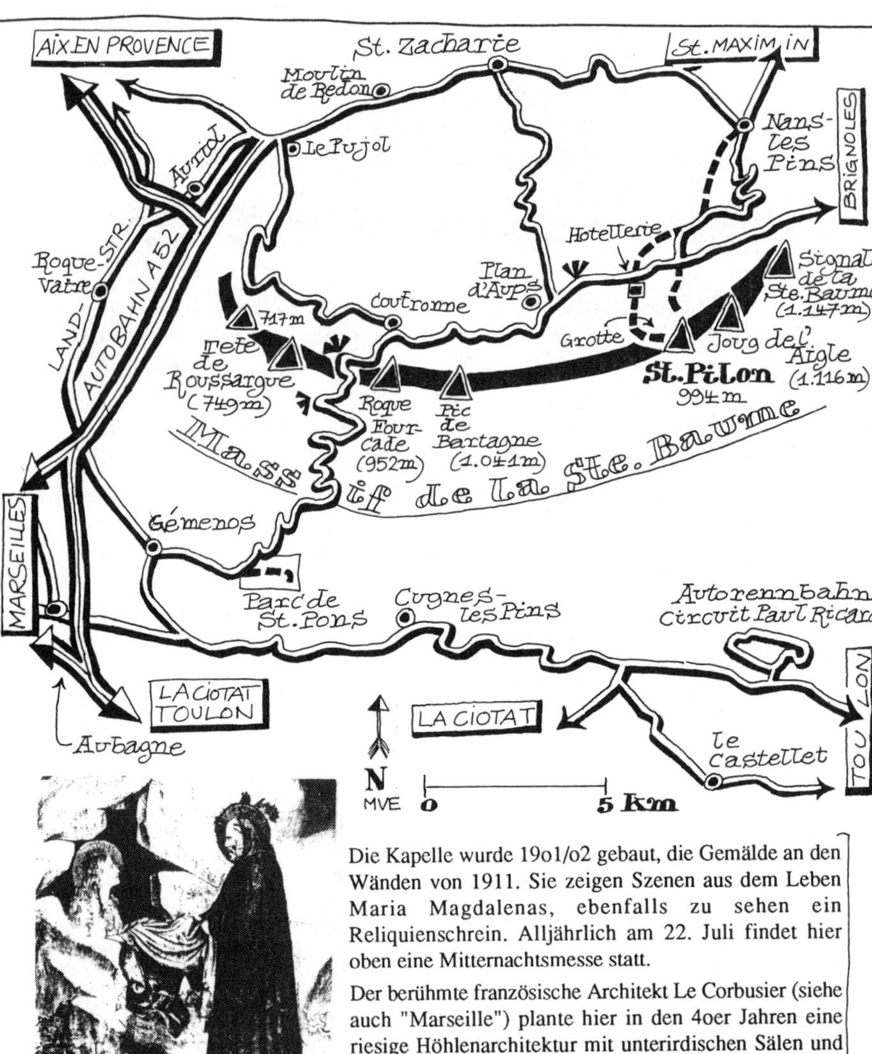

Die Kapelle wurde 19o1/o2 gebaut, die Gemälde an den Wänden von 1911. Sie zeigen Szenen aus dem Leben Maria Magdalenas, ebenfalls zu sehen ein Reliquienschrein. Alljährlich am 22. Juli findet hier oben eine Mitternachtsmesse statt.

Der berühmte französische Architekt Le Corbusier (siehe auch "Marseille") plante hier in den 4oer Jahren eine riesige Höhlenarchitektur mit unterirdischen Sälen und Kammern. Ebenfalls sollte unterhalb, bei Plan d'Aups ein Wallfahrerzentrum mit rund 5o Häusern in Rundbogenarchitektur entstehen. Auftraggeber der Architekturpläne war Edouard Trouin, Besitzer von gut 1 Mio. qm Land im Bereich des Massivs. Trouin, der von reichen Marseillern zahlreiche Anfragen für Landkauf erhalten hatte, wollte sein Land jedoch nicht zerstückelt sehen, sondern vielmehr der katholischen Kirche ein würdiges Geschenk in Ausbau der so berühmten Grotte machen.

Skizze/Querschnitt ↑ St. Pilon. Rechts Höhleneingang, darüber der St. Pilon Gipfel. Weiterhin Gänge und Lichtschächte

← Skizze Le Corbusier Montage oben Ste. Baume Massiv, darunter symbolisch Kathedrale.

Geplant war der Bau einer "Basilika des Friedens und der Vergebung" im Fels. Le Corbousier präsentierte die Idee auf einer Skizze (siehe Abb.), die oben den Fels des Mt. Pilon zeigt und darunter symbolisch eine Kathedrale einmontiert hatte.

Geneigte Gänge und Lichtschächte sollten das Innere der Höhlenkathedrale beleuchten. Geplant war zusammen mit zusätzlich angebrachter, künstlicher Beleuchtung eine "Symphonie von Licht, Schatten und Halbschatten". Für Le Corbusier eine reizvolle Aufgabe, da Licht bereits in seiner Kapelle von Ronchamps (bei Besancon) wichtigstes Element architektonischer Gestaltung war.

Wie der Architekt seitlich vermerkt: "Der Stein wird den Fels massakrieren, schrien die Traditionalisten von St. Michel, als man dort das Kloster bauen wollte..." Warum also hier nicht im Fels eine moderne Kathedrale bauen. Pläne, die allerdings letztlich nicht die Zustimmung der katholischen Kirche fand und in Architektenschubladen verschwand. Die Kirche wünschte "schlichtere Lösungen" und hatte auch kein Geld für derart avantgardistische Sachen.

Ab Grottenkapelle ein blaumarkierter Weg rauf zum Gipfel des ST. PILON (994 m). Aufstieg ca. 1/2 Std., oben bei klarem Wetter weiter Rundblick zum Meer (Bucht von la Ciotat), zum Mt. Ste. Victoire im Norden und zum Chaine de l'Etoile im Westen.

Im Gipfelbereich eine Reihe weiterer Wanderstrecken, zu den nächsten Bergen, wie auch der GR 98 durch die Region führt.

QUELLE DES FLUSSES HUVEAUNE (Source de l'huveaune) nur zu Fuß erreichbar. 11 km südöstlich von Nans-les-Pins. Dorf ab Grande Place an Kirche vorbei verlassen und beschilderten Wanderweg folgen.

WANDERKARTEN, z.B. die SIVOM-Karte "La Sainte Baume Touristique", 1:5o.ooo. Buchtip: "Randonnées pedestres dans la Ste.-Baume", Edisud-Verlag. Gibt's im Touristbüro und Buchläden in St. Maximin.

HOTELLERIE -> GEMENOS: Die D 8o folgt zunächst nördlich des Gipfelkamms des Ste. Baume Massivs, dann als D 2 über einen Paß (schöner Panoramablick!) in vielen Serpentinen runter nach Gémenos. Landschaftlich großartige Strecke mit weitem Rundblick auf Küste und Buchten.

Der Parc de St. Pons kurz vor Gémenos kann nur mit Genehmigung des Office National des Forêts in Aix-en-Provence besichtigt werden. Dafür ist ein schriftlicher Antrag zu stellen. Zu sehen gibt es eine ehemalige Mühle, Klosterruinen (13. Jh.), einen Wasserfall, eine Quelle und üppige Wälder (Fichten, Kastanien, Eschen).

AUTORENNBAHN ("Circuit Paul Ricard"): an der N 8 südlich des Ste. Baume-Massivs. Hier werden Auto- und Motorradrennen ausgetragen, z.B. der Große Preis von Frankreich (Formel 1). Wenn keine Rennen ausgetragen werden bzw. Testfahrten stattfinden, gibt's für jedermann Schleuderkurse, Rennfahrerausbildung etc. durch die Paul Ricard Stiftung.
Auskünfte zu Sportfahrer-Kursen, Sicherheitstraining etc. unter Adresse: Circuit Paul Richard, Stages Conductours, F-8333o Le Beausset.

5 km westlich an der Kreuzung nach Signes/la Ciotat befindet sich der Freizeitpark OK CORAL: Autoscooter, Achterbahn, Go Cart.

LE CASTELLET: südlich bei Bandol und oberhalb der Autobahn. Ein mittelalterliches Wehrdorf wie ein Adlernest, gut erhalten, Befestigungsanlagen und Stadtmauer. Viele Häuser stammen aus dem 17. und 18. Jh., auch Kulisse für Spielfilme.

Hier wurde "Des anderen Weib" (La Femme du Boulanger) von Marcel Pagnol 1938 gedreht. Typischer Provencefilm über die gutaussehende Frau eines Dorfbäckers, die mit einem Schäfersburschen durchbrannte. Da der Bäcker aus Gram kein Brot mehr backen wollte, versuchte das ganze Dorf, die untreue Frau wieder zur Rückkehr zu veranlassen.

Hotel-Restaurant: "Castel Lumière": Le Portall, am Dorfeingang, Haus aus dem 18. Jh. mit Gartenterrasse, 6 Zimmer mit Dusche/WC und TV 11o/125 DM, Frühstück 18 DM. Auch viel gelobtes, feines Speiselokal, nicht provenzalisch, eher französisch-bourgois, Karte wechselt je nach Angebot auf dem Markt. Menüs für 65-125 DM. Halbpension empfehlenswert, pro Person 25 DM Aufpreis.

Aix-en-Provence (125.ooo Einwohner)

Ausgesprochen schöne Provence-Stadt. Im Zentrum jede Menge an gemütlichen Plätzen mit Cafés und Platanen, Boulevards und Altstadtgassen.

Aix hat kaum Industrie und besitzt nach Paris eine der größten Universitäten des Landes. Großes Kulturangebot, Veranstaltungen und deswegen oft Engpässe bei Hotels.

Aix ist bekannt für sein Musikfestival, die stattliche Anzahl an Thermalquellen und die architektonische Einheit des Stadtzentrums. Heute lebt die Stadt vom Tourismus und seinen Studenten. Schönes Hinterland mit feudalen Schlössern (in manchen kann man wohnen, siehe "Chateaux de Meyrargues"), lohnende Wanderungen und viel Landwirtschaft. Allerdings ist Aix recht weit vom Meer entfernt: Obwohl es nach Marseille nicht mal 3o km sind, liegen die nächsten akzeptablen Mittelmeerstrände im Osten fast doppelt so weit.

Tourist INFO

Tourist-Info: Place General de Gaulle (Karte: Nr. 1). In der Hauptsaison geöffnet 8-22 Uhr, So. 9-13 und 14-18 Uhr. Nebensaison wochentags 8-19 Uhr. Da hier viele Studenten jobben, oft auch Verständigung auf Deutsch möglich. Veranstaltungskalender gibt es gratis.

Post

Post: Av. des Belges, gleich beim Touristbüro, Montag mit Freitag 8-19 Uhr, Samstag 8-12 Uhr.

Bank: Auf der wohlhabenderen südl. Seite des Cours Mirabeau jede Menge. Sehr lange Öffnungszeiten. Auch Sa. die "Credit Lyonnais" am Place General de Gaulle vis-à-vis des Touristbüros, mit Wechselautomat.

FRANZÖSISCHKURSE

Die Universität bietet Sprachkurse für Ausländer an, die mit längerem Aufenthalt zu verbinden sind. Erste Auskünfte beim Touristbüro, genauere Informationen bei:

COURS DE FRANCAIS POUR ETUDIANTS ETRANGERS, 29, Av. R. Schuman, 13621 Aix-en-Provence oder

CENTRE FRANCO-ALLEMAND: Bemerkenswert ist das MAISON DE TÜBINGEN, 19, rue du Cancel, 131oo Aix-en-Provence. Organisiert regelmäßig kulturelle Veranstaltungen, Ausstellungen, Konzerte, Filme etc. Programm liegt im deutschsprachigen Büro aus, geöffnet Dienstag bis Freitag 15.3o-18.3o Uhr. Auch Sitz des deutsch-französischen Wirtschaftsclubs in der Provence.

GESCHICHTE: Aix wurde 122 v. Chr. durch die Römer unter Cajus Sextius gegründet und hieß "Aquae Sextiae" (Wasser des Sextius). Es war erste römische Siedung in Gallien, beliebt bei den Legionären wegen ihrer Thermalquelle und diente als militärischer Stützpunkt. Durchs Gebiet führte die römische Handelsstraße Via Aurelia, von Galliern und Germanen ständig angegriffen, und die es zu schützen galt. Auch wollte man ab Aquae Sextiae weitere Gebiete Galliens erschließen.

Zunächst wurde 123 v. Chr. die gallische Siedlung Entremont (auf heutigem Stadtgebiet) völlig zerstört. Die Scharmützel mit den Germanen dauerten noch weitere 2o Jahre, bis auch diese besiegt und aus der Gegend vertrieben werden konnten. Unter Kaiser Augustus wurde Aquae Sextiae zur römischen Kolonie erhoben und war unter Kaiser Diokletian zweite Hauptstadt der Province Narbonensis Secunda. Der Badebetrieb in den warmen Thermalquelle steigerte ihren Wert. Zugleich war sie wichtige römische Verwaltungsstadt und Handelszentrum. Sie hatte zu ihrem Schutz eine 3 km lange Stadtmauer, verfiel jedoch mit dem Zusammenbruch des Römischen Reiches.

Erst im 13. Jahrhundert kam Aix wieder zu Rang und Namen, als die Grafen Anjou, Herren der Provence, ihre Residenz in die Stadt verlegten und sie zur Hauptstadt erhoben. Unter Ludwig II. wurde 14o9 die Universität von Aix gegründet. Sein Sohn René ("le bon Roi René", wie er vom Volk genannt wurde, 1434-148o) förderte die Künste und setzte sich für den wirtschaftlichen Aufschwung der Stadt ein: z.B. Ansiedlung fremder Weinsorten (Muskateller) und Einführung der Seidenraupenzucht in Anpflanzung von Maulbeerbäumen. Aix wurde zur Kunstmetropole Südfrankreichs und löste in dieser Funktion letztlich Avignon ab.

Auch zu dieser Zeit und bis ins 17. Jh. hatte Aix eine Stadtmauer, die in mehreren Erweiterungen letztlich im Bereich des heutigen Altstadtrings (Cours Sextius - Bd. A. Briand - Cours St. Louis - Bd. du Roi René) verlief. Reste sind heute noch im Bereich der Thermen (siehe unsere Aix Karte: Nr. 38) zu sehen.

1481 Anschluß an Frankreich. Aix bekam eigenes Parlament, das von hier weitgehend autonom und rigoros den Süden Frankreichs regierte. Es war im Grunde ein Gericht, das sich aus Adeligen zusammen setzte und auf Einhaltung katholischer Rechtsgläubigkeit (sprich Machtinteressen) gestreng achtete. Abtrünnige vom offiziell als richtig ernannten Pfad wurden kurzerhand hingerichtet.

Zur Franz. Revolution verlohr Aix die Privilegien der Hauptstadt und des Parlaments. Die Zeiten üppiger Feste und feudaler Machtherrschaft waren zu Ende.

1791 wurde Aix zum "Sous-Préfecture du Dépar-

Verkündigung, Mittelaltar Kirche Ste. Madeleine, Aix

tement Bouches-du-Rhône" degradiert und bald von der wirtschaftlich expandierenden Hafenstadt Marseille in Bedeutung überholt.

Im 17. und 18. Jahrhundert ließen Adeligen die Prachtbauten erstellen, die heute das Gesicht der Altstadt prägen. Den Privilegien des Adels setzte die Französische Revolution ein Ende, viele flohen ins Ausland. Doch schon bald übernahm der Geldadel die leergewordenen Posten des entmachteten Blutadels. Weitere reich ausgestattete Patrizierhäuser entstanden, auch wenn Aix nie seine frühere Bedeutung als Wirtschaftsmetropole wiedererlangen konnte.

Heute eine gemütliche 125.ooo-Einwohner-Provinzstadt. Gegenüber der überquellenden Millionen Metropole Marseille ist Aix relativ clean: Für die Dinge des Lebens, die man heimlich tut, hat man schließlich Marseille vor der Haustüre...

Verbindungen Aix-en-Provence

Auto/Parken: Schnellste Anfahrt nach Aix ist die Autobahn. Als A 8 (von Cannes kommend) umfährt sie südlich die Stadt mit mehreren Ausfahrten von Süd zum Stadt zentrum. Man landet hier auf dem Altstadtring, und dann beginnen die Parkplatzprobleme...

Die A 8 führt weiter, südl. von Aix nach Salon de Provence und Avignon. Gleichzeitig Einmündung der Autobahn von Marseille.

Parkplätze im Bereich des Altstadtrings von Aix. Das Gassenlabyrinth der Altstadt mit eigenem Auto unbedingt meiden. Abgesehen davon, daß es (glücklicherweise!) teils bereits für den PKW-Verkehr gesperrt ist, - sind der Rest der Gassen so eng, daß man oft nur stehend vorankommt. Praktisch keine Parkmöglichkeit!

Zug: Bahnhof Rue Gustave Desplaces (Karte: 6). Ein typisch französischer Bahnhofsbau. Wer reservieren will, muß zuerst Ticket für Warteschlange nehmen. Aix liegt abseits der Haupt- Eisenbahnstrecken.

Bus: Innerstädtischen Busfahrplan am Touristbüro besorgen, dort auch 1oer Tickets. Busbahnhof (3) hinter dem Place de Gaulle. 1oer Tickets wesentlich billiger; die Stadtzone kostet statt normalem Einzelticket (2 DM) dann nur rund die Hälfte.

HOTELS: Aix ist eine Stadt, in der sich schnell viel verändert. Die Hotels machen momentan einen Komfort- und Preissprung nach oben, - selbst einfache Häuser oft mit Farbfernseher und Telefon in den Zimmern.

Ziel offenkundig: Gäste gibt's en masse, und die Etablissements fast ständig ausgebucht. Warum also nicht das Hotel besser ausstatten, um höhere Preise verlangen zu können. Im Zuge dieser

Modernisierung verschwinden vielfach auch frühere Billighotels, schade für Gäste mit schmalem Portemonnaie.

"**Hotel Le Manoir**": 8, Rue d'Entrecasteaux. Tip wegen Flair, untergebracht in einem ehemaligen Kloster aus dem 14. Jh. Ruhig und dennoch im Zentrum. Stilmöbel dominieren, Zimmer mit Blick auf Innenhof geben lassen, sofern noch frei. DZ mit Dusche und WC 95 bis 15o DM. Das Frühstück wird unter dem Deckengewölbe des Kreuzganges gereicht, 11 DM.

"**Hotel Negre Coste**": 33, Cours Mirabeau. Patrizierhaus aus dem 18. Jh., geräumige Zimmer mit Antiquitäten, die Matrazen aber neu. Miniaufzug macht merkwürdige Geräusche. DZ, Dusche, WC 11o DM. Luxuriöser 15o-185 DM. Stolze Frühstückspreise.

"**Hotel La Caravelle**": 29, Bd. Roi René. 3-Sterne-Hotel. 4-stöckiger Flachdachbau mit weißer Fassade, DZ mit Dusche/WC zwischen 8o und 12o DM, Frühstück 11 DM.

"**Hotel St.-Christophe**": 2, Av. Victor Hugo. Dreistöckiger Klotz neben Tourist-Info, 2-teiliges Wandbild mit Provencelandschaft in der Halle. Komfortabel für 2 Sterne, Klima. DZ mit Dusche und WC 1o8-12o DM. Abgeschlossener Garagenplatz 14 DM.

"**Hotel Renaissance**": 4, Bd. de la Republique, beim Busbahnhof. Widderstatue im Eingang, Rezeption im ersten Stock, Gänge etwas schief. Gemäß Zustand des roten Teppichbodens ein "vielbetretenes" Haus. DZ mit Dusche und WC 8o bis 115 DM.

"**Hotel Des 4 Dauphins**": 54, Rue Roux Alphéram. Neu renoviert, kaum mehr Antiquitäten, eine Kategorie nach oben gerutscht, auch preislich. DZ mit Dusche/WC 115 DM.

"**Hotel De France**": 63, Rue Espariat. Rezeptionist sitzt eng eingequetscht hinter langen Theke, Schlüssel vis-à-vis in Wandnische. Holzvertäfelter Frühstückssaal. DZ mit Dusche oder Bad, WC 87-1oo DM.

"**Hotel Cardinal**": 24, Rue Cardinale. Familienbetrieb in zwei nebeneinandergelegenen Patrizierhäusern bei St. Jean de Malte-Kirche. Voller Antiquitäten. Gästebuch im Waschbecken des Salons, DZ mit Dusche und WC 8o bis 96 DM. Kleine Wohnungen mit Küche 11o bis 125 DM, Nr. 26 mit kleinem Privatgarten, Nr. 3o hat Blick auf Innenhof und Platz. Oft ausgebucht, da günstiges Preis-/Leistungsverhältnis.

"**Hotel du Globe**", 74, Cours Sextius. Moderne Fenstertüren mit Schmiedeeisengittern machen Zimmer hell. Terrasse für Sonnenhungrige. DZ m. Du/WC 68-9o DM, Frühstück 11 DM.

"**Hotel Paul**", 1o, Av. Pasteur im Norden gleich am Altstadtring. Lange Flure, rotlackierte Türen. Große DZ mit Du/WC 55-62 DM, manche mit Blick auf Garten mit Kirsch- und Aprikosenbaum. Empfehlenswertes Hotel in dieser Preiskategorie.

"**Splendid**", Globetrotterhotel über Bar, 69, Cours Mirabeau, dort, wo keine Platanen mehr stehen. Wandgemälde im Zimmer hat italienischer Patron selbst gemacht. Spricht gut Englisch. DZ mit Dusche 58 DM, auch Singelrooms.

"**Le Prieuré**", 2 km außerhalb, ab Altstadtring Richtung Manosque/Sisteron an Route de Sisteron. Ehemalige Priorei mit erschwinglichem Hauch von irdischem Luxus: Biedermeiermöbel, Lüster, jedes Zimmer hat eigene, farblich abgestimmte Note. Park unterhalb leider gesperrt. Frühstück 12 DM, auf Terrasse! DZ, Bad, WC 92-125 DM.

"**Hotel Arquier**": 12 km außerhalb beim Aquaedukt in Roquefavour. Idyllischer Landgasthof, für Leute die Ruhe wollen, gutes Restaurant, Menü 34 DM. Freundliche Atmosphäre. DZ mit Bad/Dusche und WC 95 DM.

Zur Hochsaison, aber auch Aix-Musikfestival etc., kann die Hotelsituation in Aix aussichtslos sein. Abgesehen davon kaum Billigunterkünfte (Vermittlung durchs Tourist Büro). Es ist sinnvoll, zur Saison nicht zu spät am Tag in Aix einzutreffen und sich zunächt um Unterkunft zu kümmern!

Ferienwohnungen: "Residentiale", Rue des Chartreux nahe Bd. Republique. Funktional und komplett eingerichtete 1- bis 3- Zimmer-Wohnungen für 2-8 Personen. 2-Pers.-Studio pro Woche 76o DM, kleine 2-Zi.-Wohnung für 4 Personen 1.o7o DM. Erheblicher Preisnachlaß bei Aufenthalt ab einem Monat.

Jugendherberge (Auberge Jeunesse): Av. Marcel-Pagnol, Jas de Bouffan. Liegt außerhalb des Zentrums bei der Fondation Vasarély. Zu erreichen per Buslinie 8, dann noch ein Stück zu Fuß. Die Zimmer mit 8 Betten. Zur HS oft ausgebucht!

Camping: Zwei Plätze im Südosten der Stadt, an Route de Nice. Buslinie 3 vom Stadtzentrum. Beide 4 Sterne.
CHANTECLER, Chemin du Val St.André, vermietet auch Mobilehomes und Wohnwagen, große, moderne Anlage. Ganzjährig geöffnet.

ARC EN CIEL: Einfahrt mit viel Verkehr an N 7, neben der Autobahn. Nicht hypermodern, aber gut in Schuß und leider etwas laut.

RESTAURANTS

CLOS DE LA VIOLETTE: 1o, Av. Violette. Der Michelin-Stern von Aix, dezent in weißer Stadtrandvilla mit Garten. Zwei Menüs (immer für ganzen Tisch das gleiche) 92 und 133 DM. Kostbare Happen auf feinem Porzellan, zur Nachspeise Kreationen aus schwarzer Schokolade. Mittagsmenü 57 DM. Voranmeldung erwünscht.

LES FRÈRES LANI: 22, Rue Leydet. Zwei ambitionierte Brüder bieten feine Cuisine nouvelle. Menü du marché mit 4 Gängen 55 DM, mittags Tagesplatte und Dessert für 28 DM.

LE BISTRO LATIN: 18, Rue Couronne. Unauffälliges, schmales Haus in Stadtzeile mit grauer Markise. Klassische Mittelmeerküche vom Feinsten, gesund, frisch und lecker. Reiches Menü marché, 3 Gänge 37 DM, 4 Gänge mit edlen Zutaten 57 DM.

LES BACCHANALES: 1o, Rue de la Couronne. Speisekarte auf Staffelei am Trottoir. Lindgrün bemalte Tafeln verdecken die Fassade. Vom Gastraum mit alter Deckenkonstruktion sieht man in die Küche, Mischung aus traditionell und nouvelle, Menü ab 4o DM.

EL PATIO CASA PÉPÉ: 7, Rue Couronne. Feucht-fröhliche Flamenco-

Ambiente. Paëla 27 DM. Tapas (Anzahl kleiner Gerichte) als Vorspeise für zwei 22 DM, als Hauptgericht pro Person 23 DM.

LES SEMAILLES, 15, Rue Brueys. Ansprechendes Lokal in ziemlich häßlicher Gasse. Geschmackvolle Speiseräume, international inspirierte Küche, interessante Menüzusammenstellung. 3 Gänge 3o DM, 4 Gänge 5o DM.

LE GRENIER DES TANNEURS: 19, Rue des Tanneurs. Gepflegtes Lokal, gute Cuisine Naturelle, viel Fisch. 3-Gänge-Menü 3o DM, mit Aperitif und Kaffee 43 DM.

L'HACIENDA: 7, Rue Mérindol. Klingt spanischer als es ist, zwei enge Speisesäle mit grünen Deckenpaneelen. Menü 28/49 DM, Mittagsmenü mit 1/4 Wein 19 DM. Leider schnelle Abfertigung. Crepes mit Meeresfrüchten und Lammbraten wirklich prima.

CHEZ JO: 59, Rue Espariat. Zum Pizzaessen, 15-17 DM, nicht sehr billig, Tagesmenü 2o DM. Heißer Pizzaofen inmitten des Lokals. Eng geht's auf der Terrasse mit rot-beigen Korbstühlen am Platz zu.

LE DERNIER BISTRO: Rue Constantin. Minilokal in Pink, selbstgenähte Sitzkissen auf den Bänken. Zur Küche geht's eng rein. Gekocht wird mit viel Knoblauch, Mittagsmenü mit 1/4 Wein 2o DM, abends aufwendiger für 38 DM.

L' ARBRE A PAIN: Vegetarisches Restaurant in Rue Constation. Grüngestrichene Tische, nicht zu eng gestellt. Spiegelwand verdoppelt optisch Größe des Lokals. Großes 3-Gänge-Menü 23 DM, kleines (Gemüsekuchen, Salat, Gemüse) 15 DM, Sattmacher-Salate mit Hülsenfrüchten 11-15 DM.

LE TERMINUS: traditionsreiches Preiswertlokal am Ostende des Cours Mirabeau. Große Straßenterrasse, langer Tresen an der Bar, Speisesaal hinten raus. Degustation von Meeresfrüchten, Menü mit reicher Auswahl ca. 2o DM.

Preisgünstige Klein- und Kleinstlokale, Mittagsmenü 13-2o DM, abends 2o-3o DM, sind am Forum des Cardeurs mit luftigen Straßenterrassen in der Fußgängerzone und etwas enger in der Rue de la Verrerie und Rue F. Gaut zu finden. Was es gibt, verrät oft schon der Name, z.B. TAVERNE AUX FONDUES (auch Raclette) oder AUX P'TIS SOUFFLÉS.

Überall Studentenflair: TIRE BOUCHON mit Winzlingstischchen, etwas mehr im 3 Chopes, Spitzenvorhänge im MONTMARTRE. Sparsame Gemüter freuen sich im LA FONTAINE bei Kerzenlicht über die Rechnung. Internationale Küche, z.B. spanisch, im CASA MERCE. Pakistanisch im TAJ-MAHAL, Messing-Kleopatras im ägyptischen KHEOPS und etwa ein Dutzend chinesisch-vietnamesischer Lokale. Die Ober im alteingesessenen CAY-TAM tragen graue Bruce-Lee-Kampfanzüge und Stirnband.

Nachtleben: In die Discos von Aix wegen hohen Eintritt und Konsumationspreisen am besten einladen lassen. Die schwarze Eingangstür zum I.P.N., 23, Cours Sextius, ist selbst älter gewordenen Freaks ein Begriff. Gut besucht sind auch Mistral, 3 rue Mistral und Richelme, Rue Verrerie. Hier ein paar Häuser weiter das Musik-Pub Key-Largo.

Zum Diner im American-Restaurant Blue-Note, rue de la Fonderie, wird dienstags und freitags Bossa-Blues und Salsa geboten. Bands spielen z.B. Freitag- und Samstagabend in der London-Taverne, 9 Rue des Bretons. In der Brasserie des 3o Gouttes, Place des Augustines, gibt es einen Epoque-Speiseraum (Tagesgericht 15 DM) mit hohem Plafond im 1. Stock und Paulaner-Bier! Die renommierten Straßencafés und Bistros zum Beobachten der Flanierer sind am Cours Mirabeau, dabei das Must Les Deux Garcons. Im Café du cours wird abends musiziert!

Markt/Einkaufen: Rund ums Gerichtsgebäude (17) Di., Do. und Samstag großer Markt. Sehr bunt und fotogen. Im Angebot von Gemüse über Kleidung bis zu Flohmarktware.

Blumenmarkt am Place de l'Hotel de Ville (28).

Die Aixer Mandelgebäck-Spezialität "Calissons" sind beliebtes Mitbringsel. Man bekommt sie z.B. in der stuckverzierten Großkonditorei Léonard Parci, 35, Av. Victor Hugo, ganz in der Nähe des Bahnhofs. Kleine Packung 1o DM.

SEHENSWERTES

liegt vorwiegend in der Altstadt und Bereich 7oo x 1.ooo m. Das eigene Auto hat hier nichts zu suchen. Ausgangspunkt die PLACE GENERAL DE GAULLE mit Touristbüro und Verkehrskreisel.

Ab hier beginnt östlich der COURS MIRABEAU die sicher schönste Allee Frankreichs mit Platanen, die teils oben wie ein Dach zusammenwachsen.

Der Boulevard Cours Mirabeau wurde bereits 1651 angelegt und war damals schon Flanier-Promenade. Er trennt die nördlich gelegene Altstadt vom südlich gelegenen Marazin-Viertel. Entlang des Boulevards eine Vielzahl an schönen Patrizierhäusern. Zu besonders schönen Häusern zählen Hausnr. 2, 1o, 19, 2o, 38, aber auch Vielzahl weitere. Es lohnt sich, auf Entdeckung mit Fotoapparat zu gehen, um mal was anderes als die üblichen o8/15- Sightseeing-Fotos vom Urlaub heimzubringen!

Der Cours Mirabeau teilt das Zentrum: Nördlich davon (die Straßenseite mit den vielen Cafés) wird gearbeitet, werden Geschäfte gemacht, - südlich die Straßenseite mit gut erhaltenen Patrizierhäusern: Die "besseren Viertel", aristokratisch frömmelnd und etwas erstarrt im Mazarin Viertel.

Im Bereich der Platanen-Allee mehrere Brunnen, so die "Fontaine du Roi René" (Ecke Mirabeau mit Rue F. Mistral) mit Muskateller Trauben.

Denkmal für den berühmten König, der diese Traubensorte einführte.

In den Cafés entlang des Cours läßt man sich sehen und beobachtet die Leute: Relaxing, wie die Franzosen sagen, das Leben genießen "Savoir Vivre". So im Künstler- und Studententreff "2 Garçon", liebevoll "Deux G" genannt. Bereits beliebt bei Emilie Zola, dem Komponisten Milhaud und dem Maler Paul Cézanne.

✱**QUARTIER MAZARIN** südlich des Cours Mirabeau. Angelegt Anfang 17. Jh. und nach damaligem Erzbischof von Aix benannt. Die Stadt war zu klein geworden, und die Stadtmauer wurde südwärts (heutiger Bd. du Roi René) verlegt.

Viele feudale Patrizierhäuser aus dem 17. und 18. Jahrhundert, speziell in der Rue du 4 Septembre, z.B. das "Hôtel de Villeneuve-d'Ansouis" (ca. 1760), das "Hôtel de Boisgelin" (ca. 1660) und weitere. "Hôtel" nicht mit unserem landläufigen Begriff für Unterkunft verwechseln; er steht im Französischen auch für "Palais", oder Rathaus ("Hôtel de Ville").

Weitere Patrizierhäuser in der Rue Roux Alphéran und der Rue Cardinale.

An der Kreuzung Rue du 4 Septembre/ Rue Cardinale steht der Brunnen "FONTAINE DES QUATRES DAUPHINES" (9), als Wasserspeier vier stilisierte Delfine. Der Brunnen stammt von 1667.

Am Ende der Rue Cardinale die gotische Malteserkirche ST. JEAN DE MALTE (11) mit hohen Türmen.

Der Johanniter- und spätere Malteser-Orden gründete an seiner Pilgerstraße nach Italien bereits 1180 in Aix eine Kirche, späterer Erweiterung bzw. Neubau. In der ehemaligen Kom-

AIX-EN-PROVENCE

1 TOURIST BÜRO
2 POST
3 BUSTERMINAL
4 Casino
5 Place Jeanne d' Arc
6 BAHNHOF
7 Cité Universitaire
8 Lycee Mionet
9 Fontaine des Quatre Dauphins
10 Museum Arbaud
11 Museum Granet
12 Chapelle des Oblats
13 Place Forbin
14 Theater
15 Place Miollis
16 Place du Verdun
17 Palais de Justice
18 Place des Précheurs
19 Kirche St. Madeleine
20 Place des 3 Ormeaux
21 Museum d' Histoire Naturelle
22 Kirche St. Esprit
23 Clocher des Augustins
24 Place Barth. Niollon
25 Chapelle des Penitents Bourras
26 Place des Cardeurs
27 Rathaus und Turm
28 Place de l' Hotel de Ville
29 POST, TELEFON
30 Place Richelme
31 Fressgasse Rue de la Verrerie
32 Tapisseries- Museum, Ancien Archive
33 Kathedrale St. Sauveur
34 Place des Martyrs de la Resistance
35 Place de l' Université
36 Museé Vieil Aix (Stadtmuseum)
37 Atelier Cézanne
38 Thermes Sextius
39 Pavillon Vendôme
40 Kirche St. Baptiste

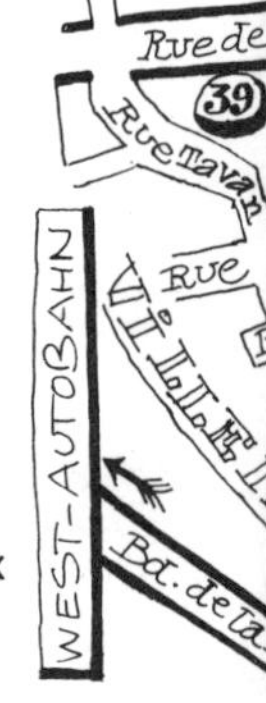

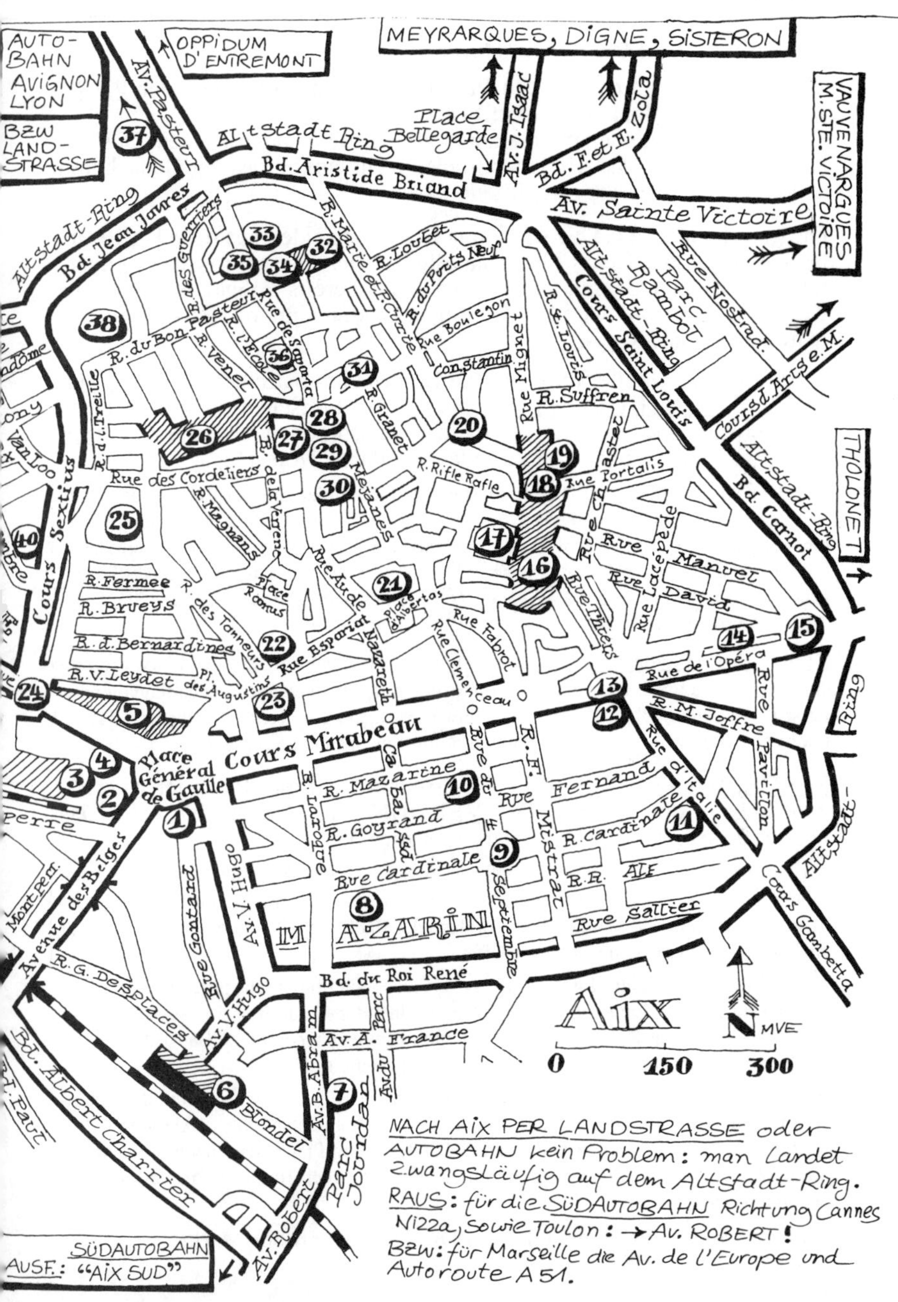
AUTOBAHN AVIGNON LYON
BZW LANDSTRASSE
OPPIDUM D'ENTREMONT
MEYRARQUES, DIGNE, SISTERON
VAUVENARGUES M. STE. VICTOIRE
THOLONET
Place Bellegarde
Altstadt-Ring
Bd. Aristide Briand
Av. Pasteur
Av. J. Isaac
Bd. F. et E. Zola
Av. Sainte Victoire
Rue Nostrad.
Parc Rambot
Cours Saint Louis
Cours d'Arts e.M.
Bd. Carnot
Bd. Jean Jaures
R. des Guerriers
R. du Bon Pasteur
R. Venel
R. l'Ecole
Rue de Saporta
R. Marie et P. Curie
R. Loubet
R. du Puits Neuf
Rue Boulegon
Constantin
R. St. Louis
Rue Mignet
R. Suffren
R. Granet
R. Rifle Rafle
Rue Portalis
R. Chastel
Rue Manuel
Rue David
Rue Lacépède
Rue Thiers
Rue de l'Opéra
R. M. Joffre
Rue Pavillon
Rue d'Italie
Cours Gambetta
Cours Sextius
R. d. l. Treille
Van Loo
Rue des Cordeliers
R. Magnans
R. de la Verrerie
Méjanes
Rue Aude
Place d'Albertas
Rue Fabrot
Rue Clemenceau
Rue Espariat
Nazareth
R. Fermee
R. Brueys
R. des Tanneurs
R. d. Bernardines
R. V. Leydet
Pl. des Augustins
Place Général de Gaulle
Cours Mirabeau
R. Mazarine
R. Laroque
Cabassol
Rue 4 Septembre
R. F. Mistral
Rue Fernand
R. Goyrand
Rue Cardinale
R. Cardinale
R. R. Ale
Rue Sallier
MAZARIN
Av. V. Hugo
Rue Gontard
Avenue des Belges
Montperrin
R. G. Desplaces
Bd. du Roi René
Av. A. France
Parc
Av. B. Abram
Av. du Parc
Parc Jourdan
Blondel
Bd. Albert Charrier
Av. Robert
SÜDAUTOBAHN AUSF.: "AIX SUD"
Aix
N
MVE
0 150 300
1 2 3 4 5 6 7 8 9 10 11 12 13 14 15 16 17 18 19 20 21 22 23 24 25 26 27 28 29 30 31 32 33 34 35 36 37 38 40
NACH AIX PER LANDSTRASSE oder AUTOBAHN kein Problem: man landet zwangsläufig auf dem Altstadt-Ring.
RAUS: für die SÜDAUTOBAHN Richtung Cannes Nizza, sowie Toulon: → Av. ROBERT!
BZW: für Marseille die Av. de l'Europe und Autoroute A 51.

turei heute das Museé Granet, siehe "Museen".

Weiter südlich an der Av. du Parc beim Bd. du Roi René der PARC JOURDAN mit Bouleplatz, graffitiverziertem Freilufttheater, Kinderspielplatz und vielen streunenden Katzen. Das Renaissance-Viertel Mazarin ist in Straßen rechtwinklig fast wie Schachbrett angelegt, im Gegensatz zur Altstadt:

Die guterhaltene **ALTSTADT** mit vielen Gebäuden aus dem 15./16. Jh. liegt nördlich des Cours Mirabeau. Sie hat viel Charme mit ihren engen, mittelalterlichen Gassen und Plätzen. Teils bereits Fußgängerzone, eine Komplett-Sperrung wäre bei den engen Gassen sinnvoll. Parkplätze entlang des Altstadt-Rings.

Vom Place de Gaulle führt die Rue Espariat am patinierten Turm CLOCHER DES AUGUSTINS (23) mit seinem typischen provenzalischen Glockenkäfig vorbei in die Altstadt. Ausgesprochen schön der PLACE D'ALBERT, umbaut von verschiedenen Palais ("Hôtels").

Der Platz war zu Beginn des 18. Jh. Prestige- und Renomierzone der Reichen der Stadt. Die Familie Alberta baute an der Nordseite 17o7 ihr Palais, südlich gegenüberliegend ein zweites (1745). Ein weiteres Palais, das "Hôtel de Boyer d'Eguilles" beherbergt heute das Museé d'Historie Naturelle (siehe "Museen"). In der Mitte des Platzes ein Springbrunnen von 1912. - In der Rue Aude Nr. 13 eines der ältesten Palais der Stadt, das "Hôtel Peyroneti" von 1563.

STADT-PALAIS von AIX: dokumentieren den damaligen Reichtum von Aix; die Reichen waren bougoise, also Geld in Verquickung mit Schöngeistigem, auch feudal künstlerische Ausstattung ihrer Wohnhäuser. Im Unterschied zu anderen "Hôtelbauten" Frankreichs sind die Palais in Aix eher italienisch im Baustil Genuas geprägt.

PLACE DES PRECHEURS (18): östlicher, zentraler Platz der Altstadt, geht über in den PLACE DU VERDUN (16). An der Westseite das heutige Justizgebäude (17, "Palais de Justice"):

An dieser Stelle stand früher das Schloß der Provence-Grafen. Es erfuhr mehrere Erweiterungen und war später Verwaltungssitz des Königs der Provence, dann Sitz des Parlaments. 1759-86 wurde es unter dem Vorwand der Baufälligkeit abgerissen, um Platz für einen feudalen Verwaltungsbau zu schaffen.

Architekt war Cl. Nicolas Ledoux, der das Gebäude allerdings sehr prächtig, üppig und kostspielig plante, Baubeginn 1787. Wegen fehlender Geldmittel, insbesondere aber auch den Wirren der Französischen Revolution kam es über Jahre zu Baustillstand und wurde in "abgespeckter" Version erst 1832 fertiggestellt.

Im Inneren der "Salle des Pas-Perdus", eine 2-geschossige mit dorischen und korinthischen Säulen, die den ursprünglichen Plänen von Ledoux entspricht. - 1957 wurde dem zwischenzeitlich als Gericht genutzten Gebäude wegen Platzbedarf noch ein weiteres Stockwerk aufgesetzt. Zwar ähnliche Stilelemente, so doch Bruch in Proportionen der Gesamtfassade.

Im Bereich des Justizgebäudes am Di., Do., Sa. großer Markt. Im nördlichen Teil, Place des Prêcheurs die Kirche STE. MADELEINE (19). Sie zählt zu den wichtigen Kirchen der Altstadt, wenn auch nicht ganz so reichhaltig wie St. Sauveur (33) ausgestattet.

Früher eine Dominikaner Klosterkirche, seit 15. Jh. innerhalb der Stadtmauern gelegen und heute Stadtpfarrei. Die heute bestehende Architektur entstand 1691-17o3, die Fassade 1855-6o. Wichtigstes Werk im Inneren ist der Mittelaltar, der die Verkündigung durch den Erzengel an Maria zeigt. Das Gemälde entstand 1443-45 in Auftrag eines Kaufmanns von Aix. In der Kirche weitere bedeutende Gemälde.

PLACE DES MARTYRS DE LA RESISTANCE (34) im nördlichen Bereich der Altstadt. Hier das Tapisserie-Museum (32) im ehemaligen Erzbischöflichen Palais, siehe "Museen". Westlich anschließend der kleine PLACE DE L' UNIVERSITE (35):

Hier befand sich bis 1734 in einem Palais (von 1569) der Hauptsitz der juristischen Fakultät von Aix. Auch wenn dieser Bereich der Aix-Universität heute ins "Quartier des Fenouillères" im Süden der Stadt ausgesiedelt wurde, ist das Palais erhalten und dient Seminaren. Unigründung Aix 14o9 auf Basis damaliger Klosterschulen zu Grammatik und Theologie.

Da die Adeligen ihre Machtansprüche auf Grund Einhaltung katholischer Machtansprüche begründeten, kam in der Anfangszeit der Aix Universität der juristischen Fakultät besondere Bedeutung: Sie "deutete" und fixierte die Interpretation der Gesetze.

Kathedrale SAINT SAUVEUR (33): wichtigste Kirche der Altstadt, im Inneren reiche Ausstattung bedeutender Gemälde. In Architektur besteht sie aus fast allen

AIX-KATHEDRALE SAINT SAUVEUR, Stich vorg. Jahrhundert

Stilepochen von römischer Zeit (Verwendung einer Tempelmauer 5. Jh.) hin zu romanischen Stilelementen bis Spätrenaissance und offen gestanden vom Äußeren fürs Auge nur teilweise attraktiv: z.B. das Portal (2. Hälfte des 12. Jh.).

Die Aix Kathedrale entstand in mehreren Bauphasen zwischen 12. und 17. Jh. Das gothische Eingangsportal 12. bis 16. Jh., allerdings eine Reihe der Figuren zur Zeit der Franz. Revolution beschädigt. Die holzgeschnitzten Eingangstüren 15o8-1o von Jean Guiramand. Der Turm in Baubeginn 1322-29, Verwendung von Baumaterial aus der Römerzeit und fertiggestellt ca. 143o, die oberen Balustraden sind "Extras" aus dem 19. Jh. Ähnliche "Ergänzungen" auch im Bau des Kirchenschiffs, so wurde im 14. und 15 Jh. der nördl. Bereich durch weitere Kapellen ergänzt, 1442 Erweiterung des Chors etc.

PLACE DE L'HOTEL DE VILLE (28), wo auch der Blumenmarkt stattfindet, ist einer der schönsten der Stadt. An der Westseite das RATHAUS von Aix (27).

Zunächst stand hier der Tour de l'Horologe, damals Stadttor der Aix-Stadtmauer. In Basis wurden Steine aus der Römerzeit verwendet. Seit 14. Jh. mit Uhr versehen, die heute zu sehende astronomische Uhr stammt von 1661. Aus dem gleichen Jahrzehnt auch das daneben liegende Rathaus in italienischem Barockstil. Besichtigung möglich.

Im Inneren die rund 3oo.ooo Bände umfassende Bibliothek "Méjanes", eine Stiftung des Marquis de Méjanes, der seine Sammlung Ende des 18. Jh. testamentarisch der Stadt vermachte. Ergänzt durch Ankäufe, z.B. des "Stundenbuchs von König René" und anderen bibliophilen Raritäten.

POST (29) befindet sich in der ehemaligen "Halle aux Grains", dem Getreidespeicher der Stadt (1759-61). In Platzmitte ein Brunnen mit Inschriften zur Stadtgeschichte (1755).

THERMES SEXTIUS (38): Die bereits zur römischen Epoche genutzten Thermalquellen wurden im 18. Jh. modifiziert. Das Wasser tritt mit 36 Grad aus und wird zur medizinischen Therapie bei Stoffwechsel- bis Nervenleiden genutzt.

PAVILLON VENDOME (39) in einem Park westlich des Altstadtrings, an der Rue de la Molle. Gebaut 1664-67 vom Pariser Architekten Antoine Matisse, Auftraggeber Louise de Mercoeur Herzog von Vendôme. Modifikationen im 18. Jh. und schöner Park (siehe auch "Museen").

MUSEEN

Eintritt, falls nicht anders angegeben, jeweils 4 bis 5 DM. Studenten und Kinder die Hälfte. Dienstags sind viele Museen geschlossen.

MUSÉE GRANET (11) am Place Saint Jean de Malte im ehemaligen Palais des Malteser-Ritterordens. Es zählt zu einem der wichtigsten Kunst- und Archäologiemuseen der Provence.

Basis sind Werke des Malers Francois Marius Granet (1775-1849) sowie seine Sammlung anderer Maler. Er vermachte sie per Stiftung an die Stadt Aix. Durch Ankauf bzw.

Leihgaben kamen später weitere Werke hinzu. Heute u.a. 8 wenn auch kleinere Cézanne zu sehen, dem berühmtesten Maler der Stadt, sowie Gemälde von David, Ingres und Rembrandt.

In der archäologischer Abteilung: keltisch-ligurische Ausgrabungsfunde aus Entremont, der vorrömischen Siedlung von Aix-en-Provence.

Geöffnet: 1o-12 und 14-18 Uhr außer Di.

Francois M. Granet

PAUL CÉZANNE, Sohn eines Bankiers, wurde am 19.o1.1839 in Aix geboren. Er gilt als einer der wichtigsten Maler des ausgehenden 19. Jh. wegen seines Einflusses auf die moderne Malerei, insbesondere des Kubismus.

Paul Cezanne (1839 – 1906)

Schon in jungen Jahren zog Cézanne nach Paris, wo er Bekanntschaft mit dem berühmten späteren Impressionisten Renoir machte. Auch mit dem Schriftsteller Emile Zola, mit dem er in Aix die Schule besucht hatte, war er in Freundschaft verbunden.

Nach kurzem Jurastudium in Paris widmete sich Cézanne ab 1861 ausschließlich der Malerei. Er studierte bedeutende klassische Werke im Louvre, z.B. Manet. Künstler, die zwar traditionel noch dem (oft romantischen) Realismus anhingen, so doch bereits intensiv nach Farbe forschten. Zu den ersten Landschaftsbildern Cézannes gehörte das "A la tour de César", das er als rund 2ojähriger malte.

Der Maler C. Pissarro (später einer der wichtigen Impressionisten) war einer der ersten, der die hohe Begabung Cézannes erkannte. Allerdings wurde eine gemeinsame Ausstellung 1874 in Auvers-sur-Oise bei Paris mit impressionistischen Bildern zum großen Flop! Die Künstler wurden wegen ihres angeblich unsauberen Pinselstrichs als "Schmierer" beschimpft, dies nicht nur von renomierten Maler-Persönlichkeiten wie E. Manet, sondern auch vom breiten Publikum und von der Presse verrissen.

Damit waren impressionistische Werke in den Kunstgalerien unverkäuflich. Die "Unangepaßtheit" an die Richtlinien, wie Malerei "auszusehen hat", stürtze viele der damaligen Maler in bittere Armut. Cézannes Vater war als Bankier zwischenzeitlich zu Reichtum gekommen, hatte jedoch ständigen Streit mit seinem Sohn Paul, der weiterhin der Malerei fröhnte und völlig zurückgezogen in seiner südfranzösischen Heimat lebte.

In den Jahren bis 1885 löste Cézanne sich vom Impressionismus und entwickelte seinen eigenen Stil, der impressionistische Elemente, also Loslösung von Form und Farbe, mit abstrakten Elementen verband und damit richtungsweisend insbesondere auch für die späteren Kubisten war.

Um 1885, als Cézanne bereits Mitte 5o war, begannen die ersten Galeristen sich für ihn zu interessieren. Werke, die zu Lebzeiten des Malers nur schwer verkäuflich waren, werden heute für viele Millionen DM gehandelt, sofern auf dem Kunstmarkt überhaupt noch erhältlich. Am 22.1o.19o6 starb Paul Cézanne in Aix mit 67 Jahren.

ATELIER CÉZANNE: 9, Av. Paul Cézanne, im Norden der Stadt. Vier Jahre vor seinem unglücklichen Tod (beim Malen in der Natur wurde er von einem Gewitter überrascht), ließ Paul Cézanne (1839-19o6) hier sein schlichtes Häuschen mit Atelier bauen, wo er seine letzten Meisterwerke schuf. Heute Museum: zeigt Atelier, Utensilien und persönliche Gegenstände, wie Cézanne es vor seinem Tod zurückgelassen hat. (Geöffnet: 1o-12, 14.3o-18 Uhr, im Winter 1o-12 und 14-17 Uhr. Dienstags und Feiertags geschlossen.)

MUSÉE DES TAPISSERIES (32): 28, Pl. des Martyrs de la Résistance. Sehenswerte Sammlung von Gobelins, darunter einige bekannte Beauvais-Gobelins aus dem 17./18. Jh. Manche zeigen heute noch bekannte Motive, z.B. die Geschichte des "Ritters von der traurigen Gestalt, Don Quichotte". An der Struktur der Wandteppiche ist deutlich zu erkennen, daß Gobelins nicht gewebt, sondern gewirkt sind. Die Fäden überkreuzen sich nicht wie bei Geweben, sondern sind in maschenförmigen Schleifen verschlungen. Ein Teil der Ausstellung ist der Textil-Avantgarde gewidmet. Aus den Fenstern Blick in den Innenhof des ehemaligen Palais des Erzbischofs, wo zur Festivalzeit Konzerte und Theatervorführungen stattfinden. (Geöffnet tägl. außer Di. 1o-12 und 14-17.45 Uhr.)

MUSÉE DU VIEIL AIX (36): Heimatkundemuseum der Stadt und seiner Umgebung. 17, Rue Gaston de Saporta. In einem noblen Stadthaus des 17. Jh. mit entsprechendem Dekor provenzalische Trachten, Moustiers-Fayencen, alte provenzalische Weihnachtskrippen und viele Santons, die provenzalischen Heimatfiguren. (Geöffnet: 1o-12 und 14.3o-18 Uhr, im Winter bis 17 Uhr, montags und feiertags geschlossen.)

MUSÉE D'HISTOIRE NATURELLE (21): 6, Rue Espariat, am Place d'Albertas. Geologisches und paläontologisches Museum mit Dinosaurierknochen, Archaeopterix-Versteinerungen etc. Ohne Vorkenntnisse fühlt man sich hier etwas verloren. (Geöffnet: tägl. außer So. vormittags 1o-12 und 14-18 Uhr.)

FONDATION VASARELY: 4 km vom Zentrum im Westen, Avenue Marcel Pagnol - Jas de Bouffan (nahe Autobahnausfahrt "Aix-Ouest"). Den geometrisch geschachtelten Betonklotz sieht man bereits von der Autobahn. Das "Jas de Bouffan" (Schäferei der Winde) war ehemals Landsitz der Eltern von Paul Cézanne und beliebtes Motiv des Malers.

Der zeitgenössische Künstler Victor Vasarély ist von Beruf Architekt. Sein Museumsbau (1975) in der weitflächigen Grünanlage mit 42 monumentalen Werken, Geometriesierungen des Bildraumes, den zahlreichen Entwefen und Versuchen sollte daher als architektonisches "Gesamterlebnis" betrachtet werden. (Geöffnet tägl. außer Di. von 9.3o-12.3o und 14-17.3o Uhr. Eintritt 11 DM.)

PAVILLON VENDOME (39): In der 34, Rue Célony. Besonders schönes Beispiel eines Aixer Nobelwohnsitzes um 18oo mit Möbeln und Gemälden der Zeit, in kunstvoll angelegtem französischem Park. Der Prachtbau ist reich an verspielten Details, so die als Statuen ausgebildeten Portalsäulen (Früchte quellen aus dem Lendentuch hervor). (Geöffnet: 1o-12 und 14-17 Uhr, im Sommer 14-18 Uhr.)

OPPIDUM D'ENTREMONT: 3 km nördlich vom Aix Zentrum, via Av. Pasteur. Die Ausgrabungsstätte der keltisch-ligurischen Siedlung umfaßt rund 4 ha. Zu sehen Mosaikfußböden, Pfeiler und Hausgrundreste. (Geöffnet: 9-12 und 14-18 Uhr. Dienstags und an manchen Feiertagen geschlossen. Eintritt frei.)

AIX-FESTSPIELE:

Alljährlich Juli bis Anfang August **Konzerte mit klassischer Musik**, die gemäß Interpreten Weltruf genießen, Massen an Besuchern anziehen (Hotels in Aix zu dieser Zeit meist ausgebucht) und in stilvoller Atmosphäre stattfinden: einmal auf dem engen und kuscheligen Place des Martyrs de la Resistance (34) unter freiem Himmel mit Zuschauertribünen, - sowie im Kloster von St. Sauveur (33).

Angemessene Kleidung ist hier ebenso vorrausgesetzt, wie frühzeitiger Kauf der Eintrittskarten. Information zu Terminen und Kartenvorverkauf übers Aix-Touristbüro siehe Adresse zu Beginn unseres Aix-Kapitels.

Weiterhin: Verstanstaltungen zu JAZZ, ROCKKONZERTE, TANZ etc.

Das Aix-THEATER (14) stammt von 176o-86. Lohnend auch Kleinkunstbühnen der Stadt sowie Marionettentheater. Infos zu Veranstalungen übers Touristbüro.

NÄHERE UMGEBUNG von AIX:

MARSEILLE: sicher keine Sache, um hier 14 Tage Urlaub zu verbringen, so doch interessant zumindest für Tagesausflug. Kurze Entfernung von Aix und guter öffentlicher Transport (Bus, Zug); das Auto läßt man besser aus der Stadt draußen. Alle Details siehe Seite 283.

MARSEILLE vorgelagerte INSELN, z.B. das CHATEAU d'IF: zu erreichen ab Altem Hafen/Marseille, Details Seite 3o6.

CALANQUE und CASSIS: südwestlich von Marseille, tief ins Land führende, schmale Buchten. Zu erreichen entweder ab Marseille/Alter Hafen per Ausflugsschiff, oder per Bus über die Landstraße in Verlängerung der Av. Kennedy. Details Seite 278.

MASSIV DE LA STE. BAUME: Beschrieben ab Seite 323. Bei klarem Wetter weiter Rundblick über das Küstenbergland und Meer.

MONTAGNE STE. VICTOIRE: vom 969 m hohen Gipfel Superblick über die langgestreckten Bergketten und Täler. Im Bereich schöne Wanderungen. Zu erreichen ab Aix entweder über die:

D 17 nach Le Tholonet (6 km), der "Route Cezanne", da der Maler hier seinen Lieblingsberg Ste. Victoire malte. Aufstieg zum Gipfel beim Ort Le Bouquet, allerdings sehr steil rauf, gutes Schuhwerk, ca. 2 Std. - Oder die D 1o Richtung Vauveragues: Bereits 1o km nach Aix der Stausee Bimont: über die rund 9o m hohe Staumauer (Achtung mit Kindern: ungenügende Geländersicherung!) und rüber zum Beginn einer Vielzahl an Wanderwegen im Bereich der Montagne Ste. Victoire.

VAUVENARGUES mit dem alten Renaissanceschloß, das 1958 Pablo Picasso kaufte. Im Park ist der Maler mit seiner Frau beerdigt. Das Chateau gehört heute den Picassoerben und ist nicht zu besichtigen. - Im Ort das "Hotel Au Moulin de Provence", einfacheres Hotel neueren Datums, DZ 75 bis 85 DM. Die Restaurants im Ort nicht billig, für ein Touristen-Menü mit Wein 35 DM rechnen.

AQUÄDUKT VON ROQUEFAVOUR: 12 km westl. von Aix, zu erreichen über die D 64. Der im letzten Jahrhundert angelegte *"Canal de Marseille"* verbindet den Fluß Durance mit der Hafenstadt Marseille. Das Aquädukt überquert in 375 m Länge und max. 83 m Höhe ein Tal. Der Kanal war vor Erfindung des Autos wichtiger Verkehrsweg des Warentransports vom Inland an den Küstenhafen Marseille.

Unterhalb des Aquädukts die schloßähnliche "Villa Magbelle" mit Kunstgalerie ART' HELIOS sowie gegenüber der Landgasthof Arquier.

Alternativ-Anfahrt auf der D 65 über LES MILLES, Vorort von Aix mit Flughafen. In der Ziegelei von Les Milles befand sich im 2. Weltkrieg ein französisches Internierungslager, in dem deutsche Nazis zusammen mit geflüchteten Antifaschisten unter unmenschlichen Bedingungen inhaftiert waren. So z.B. Max Ernst, Lion Feuchtwanger oder Walter Hasenclever, der sich beim Herannahen der deutschen Truppen das Leben nahm. Es wird eine Gedenkstätte eröffnet.

MEYRARGUES: rund 1o km nördlich von Aix. Im schön oberhalb des Ortes gelegenen "Chateau de Meyrargues" (15. Jh.) stilvolle Übernachtungsmöglichkeit. Mit 25o DM rechnen. Besitzer hat unlängst gewechselt. Restaurant. Weiterfahrt und Anschluß CANYON DU VERDON, siehe folgendes Kapitel.

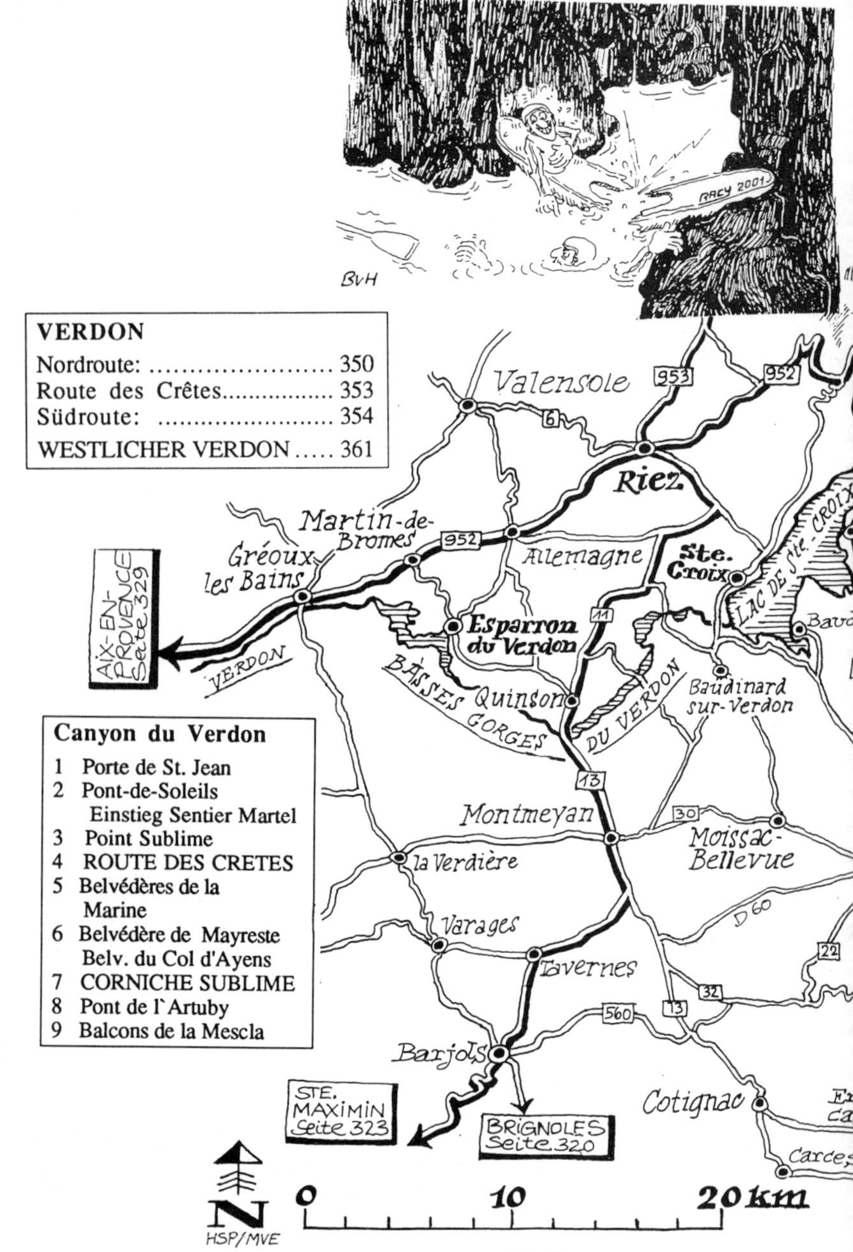

BvH
RACY 2001
VERDON
Nordroute: 350
Route des Crêtes................ 353
Südroute: 354
WESTLICHER VERDON 361
Valensole
953
952
6
Riez
Martin-de-Bromes
952
Gréoux les Bains
Allemagne
Ste. Croix
LAC DE Ste. CROIX
Esparron du Verdon
11
AIX-EN-PROVENCE Seite 329
VERDON
BASSES GORGES DU VERDON
Quinson
Baudinard sur-Verdon
Canyon du Verdon
1 Porte de St. Jean
2 Pont-de-Soleils
Einstieg Sentier Martel
3 Point Sublime
4 ROUTE DES CRETES
5 Belvédères de la Marine
6 Belvédère de Mayreste
Belv. du Col d'Ayens
7 CORNICHE SUBLIME
8 Pont de l`Artuby
9 Balcons de la Mescla
13
Montmeyan
30
Moissac-Bellevue
la Verdière
D 60
Varages
Tavernes
22
32
13
560
Barjols
Cotignac
STE. MAXIMIN Seite 323
BRIGNOLES Seite 320
Carces
N
0
10
20 km
HSP/MVE

Verdon

Grand Canyon du Verdon

Der Canyon, auch "Gorges du Verdon" genannt, ist das gigantischste Naturspektakel der Provence: 21 km lang und bis über 7oo m tief hat der Verdonfluß eine steile Schlucht in die Kalkfelsen gefrässen. In der Umgebung Stauseen zum Baden, großflächige Ackerlandschaften, kleine Dörfer

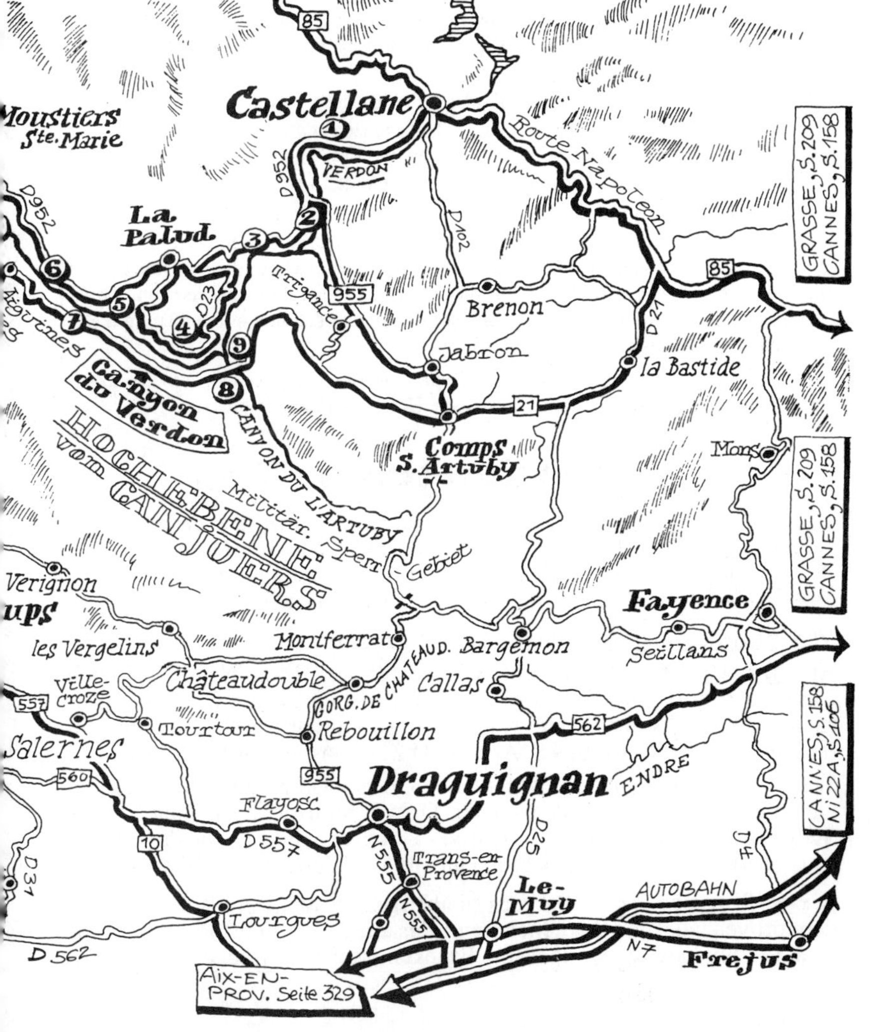

mit provenzalischem Charme neben neuen Monoton-Siedlungen im Provence-Look. Ein Urlaubsgebiet zum Wandern, Klettern, Baden, Kanu/Kajak fahren, Durchatmen, in ruhiger Umgebung Erholung tanken. Dabei keinen nostalgischen Urlaubsillusionen nachhängen, Verdon ist im Sommer sehr frequentiert und wenigstens seit zehn Jahren kein Geheimtip mehr.

GESCHICHTE: Die Gorges du Verdon sind die größten Schluchten Europas. E.A. Martel (1859-1938) erforschte ab 19o5 die Schlucht und gilt als Wegbereiter für die erste bescheidene Tourismuswelle des Grand Canyon im Jahre 1928. Ein Teil der 21 km langen Schlucht erhielt einen befestigten Wanderweg, und auf den Kämmen wurden Aussichtsplattformen erstellt.

Nach dem 2. Weltkrieg begann man mit Bau des "Corniche Sublime" (D 71), um den Südrand der Schlucht dem Tourismus zugänglich zu machen. Doch der Massentourismus setzte erst 1973 ein, als an der Nordseite des Canyons die "Route des Cretes" (D 23) angelegt wurde und damit der Canyon als Rundkurs umfahren werden konnte.

Ebenfalls 1973 entstanden die Stauseen im westlichen Teil des Verdonflusses, größter der Lac de Ste. Croix. Angelegt von den französischen Elektrizitätswerken zur Stromversorgung von Aix, Toulon und Marseille, insbesondere aber auch für die Industrieanlagen um Marseille. Alte, vom Aussterben bedrohte Dörfer fielen den Stauseen zum Opfer. Deren Bewohner wurden entschädigt, am Seeufer angesiedelt und mit der Trumpfkarte "Aufstrebendes Tourismusgeschäft" besänftigt.

Sie verstanden die Zeichen: heute ist das Gebiet touristisch voll erschlossen. Tretbootvermietungen, anständige Restaurants, saubere Hotels und Campingplätze...

Verbindungen Canyon du Verdon

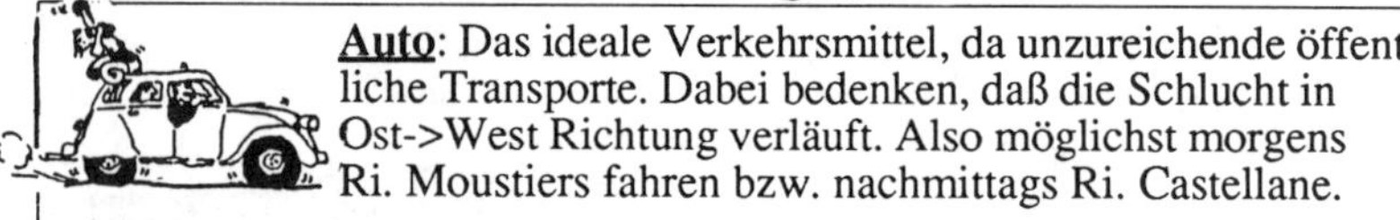

Auto: Das ideale Verkehrsmittel, da unzureichende öffentliche Transporte. Dabei bedenken, daß die Schlucht in Ost->West Richtung verläuft. Also möglichst morgens Ri. Moustiers fahren bzw. nachmittags Ri. Castellane.

Verschiedene Anfahrtsrouten je nach Ausgangsort:

Ab Nizza/Cannes entweder über Grasse auf der "Route Napoléon" nach Castellane, dort links ab auf die D 952: Einstieg für die Canyon-Nordroute. - Oder von der "Route Napoleon" 2o km vor Castellane abbiegen (ausgeschildert) Ri. Comps S. Artuby (D 21): Einstieg für Südroute.

Weitere Alternative ist die Anfahrt via Grasse, Draguignan (D 562) und weiter auf der D 557 via Aups nach (D 957) Moustiers: Einstieg für den Südwestteil und Stausee de St. Croix. - Oder schneller: Autobahn bis "Le Muy" und die N 555 nach Draguignan und D 557/975 siehe oben.

Aix-en-Provence via Meyrargues (mächtiges Schloß, Details S. QW) und dem provenzalischen Städtchen Peyrolles auf der N 96 bis Pont du Mirabeau (verbindungslose, imposante Brückentore; neue Brücke verläuft verschoben), weiter auf der D 952 über Gréoux-les-Bains (Thermalkurort) nach Moustiers.

Ab Toulon/Hyères die weiteste Anfahrt: zunächst die D 554 nach St. Maximin, landschaftlich schöne Strecke. Dann via Barjols, Montmeyan nach Ste-Croix. Mit eigenem Auto als Tagesausflug ab Küste möglich, aber zusammen mit den Kilometern entlang des Canyons anstrengend und zeitlich sehr knapp. Besser Übernachtungen einplanen; besonders zur Hauptsaison schiebt sich eine einzige Blechlawine durch.

Bus: nur wenige Verbindungen im Verdon: Moustiers und La Palud werden angefahren. Nach Moustiers, Aix und Marseille im Juli/August 2 mal tägl., sonst nur einmal pro Woche am Samstag. Tip: Auf Campingplatz oder im Hotel Kontakte zwecks Weiterfahrt knüpfen.

Von den Küstenorten auch Tagesausflüge in Reisebussen. Wer kein eigenes Fahrzeug hat, muß wohl oder übel auf diese "Entdeckungsfahrt im Schnelldurchgang" zurückgreifen. Adressen bei den einzelnen Orten. Auskünfte auch in den Touristbüros.

Wer länger bleibt, findet hier viele Möglichkeiten des AKTIVURLAUBS: Wandern, Kanu/Kajak, Steilwandklettern (nur für Geübte!). Um den Stausee Ste. Croix sowie bei La Palud Campingzentren. Achtung: Im Hochsommer nicht ausreichend Hotelbetten, eventuell in südliche Randregionen wie Aups ausweichen.

INFO-MATERIAL: Beste Adresse für Karten und Bücher zur Region ist der spezialisierte Laden "CABANON DU VERDON" in La Palud. Der Besitzer, Jean-Francois Bettus, betreibt engagiert einen Miniuniversal- Laden: auch Vermittlung von Kanu-/Rafting-Touren, Bergwanderungen mit Führer, Klettertouren etc.

Im Laden gibt's auch die von J.-F. Bettus herausgegebene Informationsschrift "Verdon, praktischer Führer" (15 DM, auch in deutsch), ebenso eine sehr detaillierte Verdon-Karte für 14 DM sowie viele Bücher über die Gorges du Verdon, Kochbücher der Provence, Naturführer, Postkarten etc.

Wanderkarten liegen auch in den Zeitschriftenläden der Gegend aus: z.B. die I.G.N.-Karte "Moustiers-Ste.-Marie" und "Gorges du Verdon" im Maßstab 1:25.ooo oder den "GR-Topoguide" über den großen Wanderweg (Grande randonnée) GR 4 von Grasse nach Point- St.-Esprit, der durch die Verdonschluchten geht.

Für Kletterer empfehlenswert (allerdings französisch) "Verdon- Escalades" aus dem Edisud-Verlag, Aix-en-Provence.

Für Kanu/Kajakfahrer: der Leitfaden "Les Gorges du Verdon" von Roger Verdegen.

Achtung: Obengenannte Bücher und Karten (ausgen. IGN-Karten) gibt's im Normalfall nur in Frankreich in der Region. (Eventuell beim Geo Center/Stuttgart probieren.)

ROUTENPLANUNG: Wegen der Ost-West Ausrichtung des Canyons und Sonnenstand am günstigsten morgens: Richtung Moustiers fahren, nachmittags: Richtung Castellane.

Die Nord- und Südroute sind zusammen als Rundkurs (12o-14o km) realisierbar. Dauer abhängig von der Zeit der Zwischenstops für Blick in die Schlucht, insgesamt wenigstens mit 4 Stunden rechnen. Westlicher Treff beider Strecken ist das Nordufer des Stausees (an Brücke der Verdonmündung schönes Fotomotiv), also die D 957 südlich von Moustiers. Im Osten verbinden sich beide Routen ziemlich genau in der Mitte zwischen Castellane und La Palud über die D 955 (Richtung Comps).

Wer Proviant benötigt: größte Auswahl in Castellane. Ansonsten in La Palud oder Comps S. Artuby. Landschaftlich schöner im Südbereich ist aber die D 955/D 9o über Trigance, einem Bergnest oberhalb des Jabron-Tals. Der Ort wird dominiert von einem burgartigen Chateau mit vier fetten Rundtürmen.

NORDROUTE (D 952/ D 23)

Die längere, aber auch schönere Route. Bereits die Strecke CASTELLANE - LA PALUD (ca. 27 km) ist sehr reizvoll. Straße verläuft anfangs in der Schlucht neben den hohen Felswänden.

Kurz vor La Palud Abzweigung der sehr lohnenden ROUTE DES CRETES (D 23) entlang der Nordseite der Schlucht. Hier eine Reihe Aussichtsplatformen am Schluchtsteilrand. Führt zurück nach La Palud.

Weiter über die D 952 mit schönem Schluchtblick nach MOUSTIERS.

✶Castellane (1.4oo Einw.)

Kleinstadt am östlichen Eingang in die Verdonschluchten. Einige Supermärkte im Ort, eingestellt auf Campingtouristen. Von längerem Aufenthalt ist abzuraten, da Anwesenheit der Mandarom-Sekte mit üblichen Negativerscheinungen wie Gehirnwäsche der Mitglieder oder sexueller Privilegien des Oberhauptes.

Wie immer geht es dabei um viel Geld: einige Läden und Immobilien von Castellane bereits in Händen des Sektenchefs. Auf einem Hügel oberhalb des Stausees von Chaudanne haben sie riesige Buddha-, Christusstatuen und sonstige Kitschbauten hinbetoniert. Da mit Eintrittspreis für Besichtigung die Sekte unterstützt wird, unbedingt boykottieren! Ist auch von außen gut zu sehen.

"**Auberge du Teillon**", typisches Gasthaus, 5 km vor Castellane im Weiler La Garde, direkt an Route Napoléon. Saubere, korrekt möblierte DZ, mit Dusche und WC 78 DM, ohne 55 DM. Günstige Halbpension empfehlenswert, p.P. 8o bzw. 68 DM.

Camping: Mehrere Anlagen an D 952 Richtung la Palud. Meist direkt am Fluß, mit Shop und Restaurant. Einige bieten Schwimmbad, z.B. der schattige CAMP DES GORGES DU VERDON und CHASTEUIL PROVENCE. Gut auch der Camping GARAJUAN, schöne Wiese.

AUBERGE DU TEILLON, Adresse siehe Hotels. Küchenchef Yves Lépine hat kapiert, daß sich Bescheidenheit im Preis auszahlt. Menüs 3o-6o DM, Kinder-Menü 13 DM. Offener Kamin, altes Buffet, sorgsam gedeckte Tische. Raffinierte Mittelmeerküche gepaart mit bäuerlichen Fleischgerichten. Hausgeräuchertes Lammschinken, aufwendig präparierter Frischfisch, herzhafter Ziegenkäse.

★La Palud (16o Einw.)

Das kleine Bergdorf mit massivem Natursteinkirchturm aus dem 12. Jh. ist das Touristenzentrum der Verdonschluchten. Hier beginnt die Route des Crêtes, die mit vielen Aussichtspunkten direkt zu einem der schönsten Teile der Schluchten führt, dem Mündungsgebiet des Artuby.

Umweltschützern sind die Auswüchse des Verdon-Tourismus ein Dorn im Auge. Deshalb streben La Palud und andere betroffene Gemeinden an, einen regionalen Naturschutzpark ("Parc regional") Verdon zu gründen.

Besonders übel richten Allradfahrzeuge die Landschaft zu. Gesetze, die das verbieten bzw. in geregelten Bahnen gestatten, sollen demnächst erlassen werden. Im Dorf Lebensmittelladen, Tankstelle, Bars und Restaurants.

Tourist-Info: Syndicat d'Initiative, prinzipiell im Wohnwagen am Dorfplatz. Keine festgelegten Öffnungszeiten. Sonst Auskunft im Rathaus.

Post: am Kirchplatz. Montag mit Freitag 9-12 und 14-17 Uhr, Samstag 9-12 Uhr.

"**Hotel Le Provence**": neuerer, provenzalischer Schachtelbau mit großem Restaurant und Terrasse. Übliche Menüs 24 DM, besser 31 DM. Hotelzimmer geräumig und gut möbliert. Halbpension im DZ mit Dusche und WC pro Person 7o DM.

"**Hotel Les Crêtes**": am östlichen Ortseingang zur Route des Crêtes. Einstöckiger Bau mit ebenfalls großem Lokal und riesiger Gartenterrasse. Korrekte, schnelle Menüs ab 23 DM. Zur Saison übervoll. DZ mit Dusche und WC 75 DM, inklusive Halbpension im DZ 73 DM pro Person.

Jugendherberge: AUBERGE DE JEUNESSE, 3oo Meter vom Dorf entfernt. Häßliches Berghaus mit stahlblauen Fensterläden. Freilich einfacher Standard, aber nicht zu streng geführt. Küche. Pro Zimmer maximal 8 Leute. Einige Zimmer für Paare. 19 DM pro Nacht. Privatbetten auch im "L'Arc en Ciel", gegenüber der Kirche. Ein paar Mark teurer als Juhe, nette Atmosphäre.

Camping: Zwei ähnliche, preisgünstige Plätze auf Wiesen: MUNICIPAL am östlichen und BOURBON am westlichen Ortseingang. Spärliche Camps, Sanitärs knapp, doch angenehme Stimmung, hauptsächlich Zelte und kleine Wohnmobile. Gäste in erster Linie Aktivurlauber, viele Kletterer aus Österreich, abends bei einem Gläschen Wein Erfahrungsaustausch.

Sport: Hauptaugenmerk liegt auf Wandern und Mountain-Bike. Es werden Touren durch den Verdon, Mehrtagestrecking, Kajakkurse, Rafting etc. im Ort angeboten, z.B. bei Verdonspezialist Jean Fracois Bettus in dessen Laden "Le Cabanon du Verdon" und im "Bureau des guides" an der Hauptstraße im Ort.

Wildwasserfahren: mit Kanu oder Kajak, Schwierigkeitsstufen III bis V, besonders anstrengend ab Clue de Carejuan. Wasserpegel kann sich je nach Schleusenöffnung vor allem im Frühjahr plötzlich ändern und der Verdon wird zum tobenden Inferno. Unbedingt Schutzhelm und ohnmachtssichere Schwimmweste (mit Kragen) tragen. Außer bei langen Sommertrockenheit ganzjährig fahrbar. Durchflußmenge ist seit Staudammbau mit maximal 3o m/sec., meist jedoch auf günstige 15 m/sec. dosiert. Vorher war Verdon nicht fahrbar, da bis zu 8oo m/sec.

Rafting: am besten ab Castellane bis Pont-de-Soleils. Veranstalter stellen Schwimmweste, Helm etc. Pro Person ca. 13o DM. Kommt zunehmend in Verruf, da es die Fischwelt zu sehr stört.

Conyoning: kletternd und schwimmend durch die Schluchten. Mit Führer ab La Palud 12o DM pro Person. Ausrüstung wird gestellt. Sieht schwieriger aus, als es ist.

Steilwandklettern: ideales Gebiet, da hervorragende Felsqualität und über 5oo verschiedene Abstiege. An mehreren Stellen möglich, insbesondere an den Escalès-Felsen mit Schwirigkeitsgrad 5-8b am Belvédère de la Trescaire und Carelle. Komplette Ausrüstung von zu Hause mitnehmen. Haken sind an altbekannten Kletterwänden genug. Für jüngst erschlossene Abstiege jedoch passende "Schlosserei" dabeihaben.

Die große Verdon-Kletterei begann Ende der 7oer Jahre. Wie bei Free-Climbing üblich, hat jeder Absteig seinen Namen, ein kleiner Auszug aus der langen Liste: Baiser Sanglant (blutiger Kuß), Caca-boudin (gekackte Blutwurst), Douce Masturbation, Massacre à la Tronconneuse (Massaker mit der Motorsäge), Triomphe d'Eros oder Overdose.

✶Route des Crêtes

1973 wurde dieser Touristenrundkurs (die D 23) an der Nordseite der Schlucht gebaut. Ausgangs- und Mündungspunkt ist La Palud. Interessanteste Strecke der ganzen Schluchten. Hier bis 7oo Meter tief.

Überall tolle Aussichten. Besonders die ersten sind sagenhaft: BELVÉDERE DE L'IMBUT, wo der Verdon praktisch unter immensen Felsblöcken verschwindet. Schönster Blick in die Schlucht am BELVÉDERE DE L'ESCALES.

Wandern ist auch ohne Führer möglich, wenn man sich an die Markierung hält. Da es viele Wanderer gibt, wird man jederzeit Beratung finden. Jedoch sollte man nicht gänzlich unerfahren sein, dafür aber schwindelfrei und über etwas Kondition verfügen. Eingelaufene Wanderschuhe, eine Taschenlampe (Tunneldurchquerung) und etwas zu trinken (eventuell auch Proviant für Picknick) nicht vergessen. Wanderkarte sehr von Vorteil.

Ansonsten die üblichen Anordnungen: Wettervorhersage beachten, keine Blumen pflücken, keinen Unrat (vom Picknick) liegen lassen und ja kein offenes Feuer machen (Waldbrandgefahr). Unerfahrene Wanderer nehmen besser einen Führer oder knüpfen geeignete Kontakte auf dem Campingplatz oder im Hotel.

SENTIER MARTEL, die bekannteste Route durch die Schlucht (gut 14 km). Trägt seinen Namen zu Ehren des ersten Schluchterforschers. Auch als T.C.F. bekannt, Teil der G.R.4. Weiß-rote Markierung. Dauer der Wanderung gute 6 Stunden, aber besser mit 8 Stunden rechnen (Pausen, Gespräche mit anderen Wanderern, Unvorhergesehenes). Die Route geht in LA MALINE, 8 km nach LA PALUD ab und führt zum POINT SUBLIME. Als Ausgangspunkt ist La Maline günstiger, da in dieser Richtung weniger Steigungen zurückzulegen sind. Hier auch Berghütten (Refuge) des französischen Alpenvereins.

Warnung: direkt am Flußbett kann es gefährlich werden, da wegen der Staustufen der Wasserstand sehr schnell ansteigen kann und Verdon dann eine erhebliche Strömung hat. Also nur Rastplätze mit Fluchtwegen nach oben auswählen.

Zurück zum Ausgangspunkt fahren Sammeltaxis am Point Sublime (in der Auberge du Point Sublime anrufen. Kostet je nach Anzahl der Mitfahrer pro Person ca. 8 DM). Hat die Wandergruppe zwei Autos zur Verfügung, ist es günstiger und bequemer, eines bereitzustellen.

Besonders das erste Stück des Sentier Martel ist schwierig, da es über Treppen senkrecht hinabgeht. Wer sich noch rumzuschauen traut, hat tolle Blicke.

Ein Abstecher zur Mescla ist nur für Wandersleute mit guter Kondition und Zeitreserven, da nochmals wenigstens 2 Stunden eingeplant werden müssen. Die Einmündung der Schlucht des Artuby-Flüßchens ist grandios, im Artuby z.B. unterirdische Wasserfälle in Chaos-Höhle. Nach der Grotte BAUMES-AUX-BOEUFS geht der Weg rechts ab. Der Artuby ist im Sommer meist ausgetrocknet. Das Wasser, welches in der Nebenschlucht zu sehen ist, stammt dann vom Verdon.

SENTIER DU COULOIR SAMSON, sozusagen die Verdonschluchten geschenkt. Einfachere, kürzere Wanderung, etwa 2 Stunden hin und zurück. Weg führt vom Couloir Samson zum Chaos de Trescaire. Dennoch Taschenlampe wegen Tunnel mitnehmen. Auto am Belvédère du Couloir Samson parken.

SÜDROUTE (D 71)

Wird oft ab Küste gewählt, wenn die Zeit knapp ist. Sie ist kürzer, bringt aber trotzdem entlang der CORNICHE SUBLIME an Aussichtsplattformen super Panoramablicke in die Schlucht.

✶Comps-sur-Artuby (27o Einw.)

Östlicher Einstieg in die Südroute. Ärmliches Bauerndorf unterhalb der Kapelle St. André inmitten karger Berglandschaft.

"**Grand Hotel Bain**": Seit 1737 in direkter Linie ein Familienbetrieb! Hotel mit Bar, Restaurant und Tankstelle am Ortseingang. 7-Geißlein-Standuhr im Treppenhaus. Einfache, unmodern möblierte, aber sehr saubere DZ, je nach Komfort zwischen 7o DM (Etagendusche) und 9o DM (Dusche/WC). Man wird meist zur Halbpension verpflichtet. Kostet mit einfachstem Zimmer für zwei 15o DM, in Zimmern mit Dusche/WC 22o DM. Menüs im Restaurant ab 22 DM.

"**Chateau de Trigance**", 12 km nordwestlich im gleichnamigen Nachbarort. Templerburg aus dem 11. Jh. Edle Baldachinbetten machen Schlafgemächer ritterlich. DZ mit Bad 18o-22o DM. Menüs im urigen Speisesaal 6o-11o DM. Mitte November bis Mitte März geschlossen.

DER SCHATZ DER TEMPELHERREN

Die Gegend nördlich von Comps zwischen Trigance (D 955) und Bourguet/Robion (D252) kann als "mysteriöser Verdon" bezeichnet werden.

Zur Zeit der Kreuzzüge hatte der Templerorden hier neun Kapellen erbauen lassen. Diese wurden verschiedenen Heiligen geweiht, deren Anfangsbuchstaben den lateinischen Namen "Templarii" ergeben. Darunter die älteste Templerkapelle St. Thyrse aus dem Jahre 1118 (an Abzweig der D 252 nach Robion). Unterirdische Gänge verbinden das relativ hochtürmige Kirchlein mit dem Chateau Valcros aus dem 12. Jh. (ausgiebiger Spaziergang ab Pont-de-Soleils an Straße Castellane-La Palud; ist der gedrungene Bau mit runden Ecktürmen) und der Kapelle St. Trophime unterhalb einer steilen Felswand nordwestlich von Robion.

Der Schatz der Tempelherren soll 72 Kisten umfassen und in dieser "unterirdischen Stadt" versteckt sein. Neben einem unermeßlichen materiellen Wert beinhalten die Kisten auch grundlegende Geistesschätze der Menschheit aus den ersten nachchristlichen Jahrhunderten (ähnlich der abgebrannten Alexandrinischen Bibliothek). Die Kapellen und weitere Zeichen zeigen in einem chiffrierten Code dessen Lage auf. 1952 kaufte ein Pole das Chateau Valcros und grub bis zu seinem Tode 1984 vergeblich. Laut Schlußfolgerungen eines belgischen Ingenieurs liegt dieser nämlich 2 km nördlich im Chateau de Soleils. Dieses Schloß gehört seit Anfang der 7oer Jahre tibetanischen Mönchen (Dalei Lama), die aus Belgien gekommen sind.

✶Corniche Sublime

Die 1973 erbaute D 71 (der "Corniche Sublime") zwischen Comps und Aiguines bietet einige großartige Ausblickpunkte über die Verdonschlucht. Der schönste Streckenteil beginnt ab den BALCONS DE LA MESCLA, wo das Artubyflüßchen in den Verdon mündet. Weitere lohnende Panoramapunkte: beschildert, z.B. zwischen und nach den beiden Tunnels DE FAYET sowie vor Aiguines. Die Straße steigt bis über 1.2oo m Höhe. Die Gipfel im Hintergrund können oft im Mai noch mit Schnee bedeckt sein.

Südlich des Corniche Sublime befindet sich eine militärische Sperrzone, der GRAND PLAN DE CANJUERS, kein Zugang. Die früher hineinführenden Straßen sind gesperrt. Ein karges, felsiges Gebirgsland. Mit der Existenz dieses militärischen Übungsgeländes haben sich die Einheimischen inzwischen abgefunden.

✶Aiguines (16o Einw.)

Am westlichen Ende des Corniche Sublime, oberhalb des Stausees. Schloß aus dem 17. Jh. mit bunt ornamentiertem Dach. Kann nicht besichtigt werden. Im Hochsommer ist untertags sehr viel los. Der hübsche Kirchturm am Dorfplatz mit Brunnen hat typischen, schmalen, provenzalischer Glockenkäfig.

"**Hotel Du Grand Canyon**": Les Cavaliers, einige Kilometer vor dem Dorf am Corniche Sublime direkt über der Schlucht. Geschachtelter, langgezogener Hotelbau. Die Zimmer sind groß und modern, Superblick von den Balkonen in die tiefe Schlucht. Betten schmal und weich. Parkplatz, Garten, Restaurant. DZ, Dusche, WC 14o DM, Halbpension 115 DM pro Person.

"**Hotel Altitude 823**": im Dorf. Typisches Berghotel, Rezeption neben Speisesaal mit geschnitzter Holztreppe. Rattansitzgruppe im 1. Stock. Saubere DZ mit Dusche/WC 82 DM, mit Etagendusche 5o DM. Zur Saison gute Halbpension verpflichtend, pro Person 65-8o DM.

"**Hotel Le Vieux Chateau**": oranges Haus mit roten Fensterläden am Brunnenplatz.

Wenig Etagenduschen. Einfache, saubere DZ je nach Größe 47-60 DM.

Camping: Die Plätze befinden sich alle Richtung Stausee. CAMPING MUNICIPAL D'AIGUINES am See zwischen dem Ort und Moustiers. Schwach beschattete Wiese am Hang. Bei Regen sind manche Plätze matschig.

LE MOULIN an D 957 Richtung Moustiers, nur 300 m zum See. Preisgünstige 2-Sterne-Anlage. Schön im Wald gelegen. Neue Sanitäranlagen mit Solarenergie.

Weitere Plätze an D 957: gut beschattet der große SAINT CLAIR und LE PETIT LAC am Fluß. Der Terrassierte VIEUX COLOMBIER, Route d'Aups, liegt am nächsten zu Moustiers.

Einige Restaurants und Pizzerien im Ort. Gleichbleibend gut im HOTEL ALTITUDE 823. Kleine Terrasse im Vorhof an der Straße, rustikaler Speisesaal mit Kamin. Bodenständige Menüs 25-35 DM (Wildpastete, Lammbraten). Auch Kinder-Menü für 15 DM und gutportionierte Einzelgerichte.

Moustiers

(600 Einw.)

Eines der schönsten Dörfer der Region, rund 10 km nördlich des Ste. Croix Stausees. Es ist über die Grenzen Frankreichs hinaus bekannt wegen seiner Fayence-Arbeiten und im Sommer sehr touristisch.

Viele patinierte alte Häuschen, aber ebenso viele Souvenirläden. Der in Kaskaden herabbrausende Fluß Maïre durchbricht das malerische Bergdorf unterhalb der Felsschlucht.

Der Name Moustiers (Monasterium) geht auf das 5. Jh. zurück und zeigt den weiten Wirkungskreis der Lérinsmönche. Der hl. Maxime stammt aus dem Kloster auf den Inseln vor Cannes und wurde schließlich Bischof von Riez. Er ließ eine kleine Gruppe von Mönchen in Moustiers ansiedeln, die das Land urbar machten.

Tourist-Info: Rive Gauche (linkes Flußufer) unweit Kirche. Je nach Saison unterschiedliche Öffnungszeiten. Übliches Info-Material zum Verdon.

Auto/Parken: Obwohl es vor dem Bergdorf jede Menge Parkplätze gibt, sind sie an Wochenenden und zur Saison überbelegt. Geduld ist nötig.

"Hotel Belvedere": gegenüber dem Rathaus, Av. des Lérins. Zweistöckiges Haus mit verwitterter, gelber Fassade und graublauen Fensterläden. Sehr einfache Zimmer, enges Bad. Toller Heizofen neben Rezeption. DZ, Dusche/WC 8o DM. Mit Halbpension pro Person 75 DM.

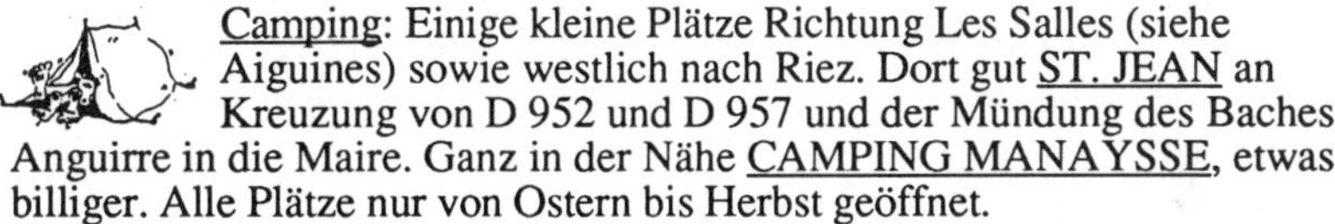

Camping: Einige kleine Plätze Richtung Les Salles (siehe Aiguines) sowie westlich nach Riez. Dort gut ST. JEAN an Kreuzung von D 952 und D 957 und der Mündung des Baches Anguirre in die Maire. Ganz in der Nähe CAMPING MANAYSSE, etwas billiger. Alle Plätze nur von Ostern bis Herbst geöffnet.

LES SANTONS: am Dorfplatz in ockerfarbenem, engem Stadthaus. Das renommierte Lokal der Gegend. Saal an der Rückseite. Es wird etwas auf nobel gemacht, Menüs ab 5o-115 DM.

LE RELAIS: Lokal neben der Brücke, oberhalb des Wasserfalls. Haus mit aufgemalten Weintraubenkranz unter der Dachrinne. Sehr frequentierte Bar, räumlich vom kleinen Speisesaal getrennt. Menü 27/43 DM. Vermieten auch Zimmer.

BELLEVUE: daneben, auf der anderen Seite der Brücke. Café-Restaurant, Großer Speisesaal im 1. Stock. Im offenen Kamin ein Trockenblumenstrauß, sonst dominieren Kunstblumenbouquets. Hinter dem Haus eine große Terrasse beim Wasserfall. Gut portionierte Menüs zwischen 24 und 4o DM. Der "Chef" in der Küche leistet anständige Arbeit.

SEHENSWERTES

Hauptsehenswürdigkeit Moustiers sind die Fayence-Läden in den Stadthäusern. Eine Boutique neben der anderen, auch Besichtigung von Werkstätten möglich.

Ein italienischer Mönch importierte das Geheimnis der Fayencearbeit Ende des 17. Jh. nach Moustiers. Ein halbes Jahrhundert später perfektionierte das von den Spaniern kopierte Polychrombrennen diese Kunst. Durch einen zweiten Brennvorgang erhält die bemalte Keramik ihren hochwertigen Glanz. Das Handwerk blühte im 18. Jh. in zwölf Manufakturen. Ähnlich wie in Vallauris (dem anderen großen Töpferzentrum der Provence) setzte die industrielle Konkurrenz (Blechdöschen waren auf einmal gefragt) dem Handwerk ein Ende, und eine Werkstatt nach der anderen schloß.

1925 zur Zeit der ersten Welle des Verdon-Tourismus bemühte sich der Schriftsteller Marcel Provence um ein Beleben dieser Kunst, doch erst die Tourismuswelle seit Stausee-Bau brachte den Aufschwung. Moustiers-Fayencen sind übrigens in vielen Museen der Provence zu bewundern.

Echte Moustiers-Fayencen haben als Handarbeit ihren Preis. Bei Billigangeboten ist daher Vorsicht geboten. Andererseits führte der massive Tourismus zu oft überhöhten Preisen.

FAYENCEMUSEUM (1o-12, 14-18 Uhr, April bis Oktober täglich außer Dienstag, Eintritt 3 DM) im Ort. Zeigt Arbeiten aus den verschiedenen Jahrhunderten (nach bekanntesten Meistern sortiert) sowie alte Brennöfen und Werkzeuge. Interessant wegen des Reichtums an Farben, Formen und Mustern der ausgestellten Fayencen. Ansonsten eine der Werkstätten ("atelier") im Ort besuchen, um authentischen Flair der Künstlerwerkstatt zu erleben.

Typisch für das enge Dorf ist die STADTKIRCHE aus dem 15. Jh., woran der gotische Chor aus Platzmangel etwas abgewinkelt angebaut wurde. Über das Dächerwirrwarr ragt der romanische, dreifach abgestufte Turm.

Die beiden Gipfel oberhalb Moustiers sind mit einer 227 m langen EISENKETTE verbunden, in deren Mitte ein vergoldeter Stern hängt. Im 13. Jahrhundert wurde er von einem Kreuzritter angebracht, der hier sein Gelübde erfüllte, da er nach langer Gefangenschaft gesund heimgekehrt war. (Dieser Legende widersprechen manche, die in dem Stern einen symbolischen Zusammenhang zum Schatz der Tempelherren, der in der Gegend versteckt sein soll, sehen. Siehe Comps-sur-Artuby.)

Auf halber Höhe zwischen Moustiers und dem Stern die Wallfahrtskapelle NOTRE DAME DE BEAUVOIR (12. Jh.) mit geducktem Kirchturm auf einem Felsvorsprung. Sie befindet sich an der Stelle einer früheren Mönchskapelle (5. Jh.). Der Weg rauf ist zugleich Kreuzweg, an der Kapellenpforte steht: "*Belvisura vocor: diffundit lumina nomen.*" (Man nennt mich Belvisura, wie mein Name sagt, verbreite ich Licht.) Der Jungfrau von Beauvoir sagt man tatsächliche Blindenheilungen nach. Die verschiedenen Votivtafeln hängen jedoch aus anderen Gründen. Laut katholischem Volksglauben können totgeborene Kinder hier doch noch getauft werden, womit ihnen der Zugang zum Paradies eröffnet wird.

Aus diesem Grunde findet am 8. September eine Lichterprozession mit abschließender Messe um 5 Uhr früh statt. An den neun vorausgehenden Tagen ziehen die Männer des Ortes trommelnd und pfeiffend in den Morgenstunden durch die Altstadtgassen. Weitere Wallfahrt am Samstag nach Ostern, da Moustiers im Mittelalter von der Pest verschont blieb.

Oben auch Felsgrotten. Von der Kapelle schöner Blick aufs Tal und Ort. An einigen Stellen des Aufgangs lassen sich die patinierten Dächer Moustiers schön fotografieren.

Dorffest am Wochenende nach Pfingsten, das FETE DE LA FYAENCE. Einwohner ziehen alte Trachten an, Folkloregruppen tanzen und spielen Musik.

✶Lac de Ste. Croix

Größter Stausee Südfrankreichs. Er versorgt den Großraum Marseille mit Strom, insbesondere die Industrieanlagen Hafen Fos (siehe S. QW). Zugleich entstand eine Freizeitregion für Wassersportler, viele Campings.

Der Lac de Ste. Croix ist unter den Stauseen des Verdon der größte: 12 km Länge, bis 3 km breit, 2.5oo ha Oberfläche, über 75o Millionen Kubikmeter Wasser. Das E-Werk produziert 16o Mio. kW pro Jahr; nötig sind diese Energiemengen u.a. wegen der Aluminium-Produktion in Fos.

Positiv sicher, daß hier im sonst atomkraft-eingestellten Frankreich mal auf Elektrizität durch Wasserkraft zurückgegriffen wurde. Beim Bau des Staudamms und -sees mußten jedoch eine Reihe von Dörfern unter Wasser "verschwinden", so die alten Ortskerne von Ste. Croix und Salles. Den schnell hingeklotzten, neuen Ortschaften am Seeufer mangelt es etwas an Charme.

Den grünblauen See (Kalkgestein) kann man mit Auto oder Fahrrad (mit Gangschaltung wegen Steigungen) ganz umrunden. Auf dem See Surfen, Segeln, Kanu und Kajak (Vermietung z.B. an Verdonmündung, Stunde 11-22 DM), aber keine Motorboote. Beliebtes Ausflugsgebiet der Region Aix, Marseille.

Bezüglich Baden zwar klares Wasser, aber relativ kalt. Es wird gewarnt, nicht zu weit hinauszuschwimmen, da die Canadair-Löschflugzeuge sich hier ihren Rumpf volltanken, wenn in der Gegend der Wald brennt. Ideale Urlaubsart ist Camping, zahlreiche Plätze am See.

✶Les Salles

Am Ostufer. Einer der neuen Orte mit Cafés, Restaurants und Dorfplatz. Hotel "Les Salles" bei der Kirche, DZ, Dusche/WC ab 72 DM. Badestrände, Läden etc. Wirkt insgesamt wie vom Reißbrett. Ein Gedenkstein erinnert an den alten Ort, jetzt unter Wasser.

Camping: Zwei gute Plätze nur zur Saison geöffnet und im Juli/August übervoll. Ausgeschildert, Richtung See. Im Hochsommer besteht manchmal die Möglichkeit, für ein paar Mark auf dem Gelände gegenüber dem Minigolf in Wohnmobilen zu nächtigen.

LA SOURCE, mittelgut beschattet, direkt gegenüber Strand. Der Fußweg rechts vom Eingang in kurzem Spaziergang hoch ins Dorf.

LES PINS, gleich daneben. Stellplätze mit Hecken abgetrennt. Eine der gepflegtesten Anlagen am See.

★Bauduen

Im Südosten des Stausees, harmonischere Architektur. Das teils noch alte Dorf schmiegt sich unter dem Kirchturm an den steilen, nackten Felsen. Der künstliche See ließ eine richtige Uferpromenade mit forsch abfallender Böschung entstehen. Im alten Dorf enge Gassen, kleine Brunnen und ein Waschhaus.

Post: Mo. bis Fr. 9-12,14-17 Uhr, Sa. nur vormittags. Oberhalb der Auberge du Lac.

"**Hotel-Rest. Auberge du Lac**": an der Uferpromenade im Dorf. Gemütlich, rustikal, blaue Fensterläden. Speisesaal im 1. Stock, Menü ab 3o DM. Die DZ groß und hell, einige mit Balkon zum See. 97 bis 115 DM. Halbpension pro Person ab 1oo DM.

"Les Cavalets": 3 km außerhalb Ri. Ste. Croix. Im provenzalischen Landhausstil, mit Schwimmbad, Weg zum See unterhalb. DZ 85 DM. Halbpension 75-9o DM/ Person, im Juli/August Pflicht.

Campings: außerhalb des Dorfes, Richtung Ste. Croix. Keiner ganzjährig geöffnet:

CAMPING MUNICIPALE NOTRE DAME, Route de Riez. Ist inzwischen einigermaßen beschattet. Außer warmen Duschen eher unterer Standard.

CAMPING CLUB HIPPIQUE in bewaldetem Hang oberhalb des Sees. Ebenfalls recht einfach, zwischenzeitlich heruntergekommen. Verleih von Pferden.

Auf der Brücke vor der Staumauer, westlich des Ortes schöne Fotomotive auf See und die Ortschaften. Kann in einem ausgedehnten Spaziergang auch zu Fuß erreicht werden, einfache Strecke 8 km.

Schöner Straßenverlauf von Baduen bis Ste. Croix, da direkt am See.

★Ste. Croix

Die Straße führt steil zum Dorf runter, das eher schmuck und nicht ganz so steril wie Les Salles wirkt. Es gibt einen höhergelegenen, noch verbliebenen alten Ortskern, in dem sich zunehmend Zweitwohnsitzler einrichten und die Ruinen renovieren.

Im neuen Rathaus, Place du 14 Juillet. Außerhalb der Saison sporadisch an Wochentagen zwischen 14 und 18 Uhr geöffnet.

"**Auberge Du Sangliers**": am Ortseingang. Kleines Hotel mit Anbauten oberhalb des Bouleplatzes. Einziges im Ort. Odentliche DZ mit Halbpension pro Person 78 DM. Gutportionierte Menüs im Restaurant zwischen 25 und 45 DM. Großes Lokal mit sichtbarem

Dachstuhl. Wildschwein neben Grillkamin und ausgestopft beim Eingang. Geschäftstüchtige Bedienung.

Ferienwohnungen: Die Wirte vom Restaurant "Le Morgan" bieten kleine Ferienwohnungen für vier Personen. Raum mit Einbauküche und Klappbett, Bad, Schlafkammer. Pro Tag 5o-63 DM, außer Juli/August Sonderpreis für ganze Woche: 25o DM.

CAMPING MUNICIPAL - LES ROCHES, vor dem Dorf links steil (16 %) hinab. Liegt direkt am See. Im Sommer zu wenig Sanitäranlagen, Tennisplätze.

LE MORGAN, Lokal mit kleinem Balkon über dem See im Dorf. Sohn des Hauses heißt Morgan. Besitzer sind schon weit gereist: Thailand, Ägypten, Kanada, Marokko, daher Souvenirs an der Wand. Portionsmäßig korrekt, qualitätsmäßig dem Preis entsprechend. Sympathisch. Menü ab 2o DM, besser für 25-37 DM, auch kleinere Sachen.

Westlicher Verdon

Der Stausee Lac Ste. Croix ist Grenze unterschiedlicher Landschaften: Östlich gebirgiges und felsiges Ödland, - westlich fruchtbare, großflächige Ackerflächen.

Der Verdon fließt durch die BASSES GORGES DU VERDON (weniger spektakulär) zum gleichnamigen Stausee und mündet 15 km hinter Gréoux-les-Bains in die Durance. Eine touristisch ruhige und weniger frequentierte Region. Lohnende Provence-Orte: RIEZ und ALLEMAGNE-EN-PROVENCE.

✶Riez

Im Tal einer sanften Hügellandschaft breitet sich das provenzalische Städtchen weitflächig aus. Die Silos des landwirtschaftlichen Lagerhauses von der Ferne fast wie eine moderne Kathedrale.

Im Zentrum gemütliche und homogene Altstadt mit Straßencafés, Geschäften, engen Gassen und einem kleinen Schloß mit ornamentiertem Dach am Ortsausgang Ri. Moustiers (Privatbesitz, kann nicht besichtigt werden).

Tip für Selbstversorger: Preiswerte Läden und Supermarkt (z.B. Score und Intermarché, beide ausgeschildert) in der Stadt.

✶Allemagne-en-Provence (25o Einw.)

Der Ortsname "Allemagne" heißt zwar "Deutschland", hat jedoch mit dem östlichen Nachbarn Frankreichs nichts zu tun. Er ist wohl darauf zurückzuführen, daß hier die Ste. Alemona als Schutzheilige der Kinder verehrt wird. Es gibt noch weitere Legenden, z.B. die eines norddeutschdänischen Einwanderers oder die Ähnlichkeit von Allemagne zum provenzalischen Wort für "weites, großes Land" (Alamania).

Nach britischem Intermezzo und Dachstuhlbrand ist das CHATEAU nun in deutscher Hand. Gebäude stammt aus dem 13. Jh., eventuell sind diverse Fundamente noch älter. Das heutige Erscheinungsbild als Rennaissance-schlößchen ist auf spätere Umbauten zurückzuführen. Ursprünglich diente es als Wehrburg, vor dessen Toren schon opferreiche Schlachten geführt wurden. Besichtigung jeweils nachmittags zwischen 16 und 18 Uhr. Jahreszeitlich bedingte Öffnungstage: Juli bis Mitte September außer Montag und Dienstag, April mit Juni plus 2. Septemberhälfte und Oktober Freitag bis Sonntag. Eintritt 9 DM. Des öfteren kulturelle Veranstaltungen.

Und jetzt kommt der Clou: Das große Wächterhaus vom Schloß ist als Ferienhaus mit privatem Garten zu mieten. 5 Schlafkammern, 2 Bäder, Küche, Salon bieten Platz für max. 1o Personen, ideal für 2 Familien mit Kindern. Kostet April bis Juni 8oo-1.ooo DM pro Woche, im Juli/August 1.3oo DM, November und Dezember 53o DM plus Stromkosten. Übrigens ist Frau Himmel, die junge Schloßherrin, seit sie mit Martins dickem Griechenlandband unterwegs war, ein Velbinger-Fan. Womit wieder einmal bewiesen wäre, daß man mit Velbinger-Reiseführern weit kommt.

✶Esparron du Verdon

Liegt am westlichsten der Verdon-Stauseen. Während der Ort noch vor wenigen Jahren aus einer Handvoll Bauernhäusern bestand, lebt er inzwischen vom Tourismus. Pluspunkt ist das klare, saubere Wasser des Stausees. In den Gassen des alten Dorfkerns eine Töpferei (mit Brennofen im Laden, fertigt hübsche Dorfmotive; Töpferin ist Einheimische) und Gemäldegalerie.

Oberhalb der Kirche das massive Schloß des Marquis. Die Fassaden sind etwas heruntergekommen. Leider nicht zu besichtigen.

Tourist-Info: Syndicat d'Initiative, am Ortseingang, im Juli/August 15-18 Uhr geöffnet. Sonst wendet man sich entweder an Galerie oder Töpferei.

Post: Im alten Dorf, Montag bis Freitag 9-12 Uhr. Auch Geldwechsel.

"**L'Auberge Du Lac**": neu-provenzalisches Hotel-Restaurant, Menü ab 22 DM, oberhalb des Sees. Sehr familiär und freundlich. Große DZ mit Dusche/WC und Seeblick ab 8o DM. Auch Zimmer für 3-4 Pers. Günstig: Halbpension 65/75 DM/Person im DZ.

CAMPING SOLEIL, am anderen Seeufer, 2 km vom Dorf, die hinführende Straße sehr eng. Gepflegte, terrassierte Anlage. Etwas steiniges Terrain, Warmwasserduschen.

Stromanschluß. Weitere Campingplätze etwa 2 km vom See, an der Straße beim Schloß geradeaus weiter, auch Camping auf dem Bauernhof.

✶Aups (1.65o Einw.)

Liegt südlich des Verdon inmitten bewaldeter Hügel, 2o km vom Lac de Ste. Croix. Schattiger Platanenplatz mit Brunnen und zwei Kriegerdenkmälern zwischen dem Rathaus und der Kirche. Die Altstadt mit viel patina, Uhrenturm.

Aups ist TIP als günstiges Ausweichquartier, wenn es oben am Canyon du Verdon zu eng wird, allerdings auch beliebtes Ausflugsziel.

Tourist-Info: nur im Sommer, Place de la Mairie.

Post: Rue Gabriel Péri, Montag bis Freitag 9-12, 13.3o-16.3o Uhr, Samstag 9-12 Uhr.

Bank: CREDIT AGRICOLE, Av. G. Clemenceau, Dienstag mit Freitag 8.3o-12, 13.3o-17 Uhr, Samstag 8.3o-12, 13.3o-16 Uhr.

"Hotel Auberge de La Tour": Rue Abbé Aloisi, hinter der Kirche. 2-stöckiges Stadthaus, ein vor 35o Jahren erbautes Armenkrankenhaus. Wuchtig grünes Eingangstor, Amphore auf rechtem Pfeiler. Heute Hotel mit stark frequentiertem Restaurant, Menü 22-4o DM, auch Pizzas. Am besten Platz im hintersten Saal nehmen, da urig im Stil des ehemaligen "Hospice de Dieu". Einfache DZ 6o-95 DM.

"Hotel Saint Marc": ebenfalls hinter der Kirche. Zurückversetztes Stadthaus mit Flaggenstange. Diesmal kein Krankenhaus, sondern eine Olivenmühle, deshalb alles etwas kleiner. DZ, Dusche und WC 7o DM, ohne 6o DM. Frühstück 8 DM.

CAMPING LES PRES: Route de Tourtour, am Ende einer Schotterpiste (Route de Tortur) auf einer Wiese (wie der Name sagt). Ortsrandlage. Snackbar. Ganzjährig geöffnet. Wohnwagenvermietung 5o bis 7o DM pro Tag. Verleih von Mountainbikes.

Mehrere Restaurants und Pizzerien im Dorf, Menü um die 3o DM. Tip ist das SAINT MARC mit ambitioniertem Jungkoch: rustikaler Saal mit Deckenbalken, darin sichtbar die Küche und somit Fairplay. Tische liebevoll dekoriert. Verwendet nur Fleisch und Gemüse regionaler Erzeuger, im Winter Wild. Menüs ab 3o DM, auch hausgemachte Pasta und Pizza ab 13 DM.

LE CHALET, Rue Maréchal Foch. Eingang mit Rundhölzern im Stil einer Blockhütte vertäfelt, nur wenige Tische. Chevalier vor dem Eingang trägt die Speisekarte und tut etwas auf fein. Menü 36-56 DM.

AUSFLÜGE

In der südlichen Umgebung von Aups mittelalterliche provenzalische Dörfer, die sich ihren Stadtkern recht ursprünglich erhalten haben: COTIGNAC mit vielen Brunnen und Schloßruine, das sehr verlassene und ursprüngliche SILLANS-LA-CASCADE (beschilderter Spaziergang zum 4o-Meter-Wasserfall, Cascade de la Bresque), VILLECROZE mit Grotten und dem hübschen, restaurierten TOURTOUR. Unterwegs einige Weindomänen, wo es Provenceweine zu kaufen gibt, außerdem hervorragenden Honig und Ziegenkäse.

ENTRECASTEAUX: ein winziger, aber charmanter Flecken mit dem Chateau d'Entrecasteaux aus dem 16./17. Jahrhundert. Der Comte de Grignan lebte hier aufwendig mit seiner Gemahlin, Tochter der berühmten Marquise de Sévigné, welche ihr in unzähligen Briefen vom höfischen Leben berichtete. Das war natürlich schon zu ihren Lebzeiten höchstinteressanter Klatsch und wurde eins der klassischen literarischen Werke des 17. Jh.

Im Laufe der Jahrhunderte verfiel das Schloß, bis es 1974 von einem schottischen Maler gekauft und auf Vordermann gebracht wurde. Heute betreibt der Sohn und seine deutsche Frau, das Ehepaar McGarvie-Munn das "Schloß-Hotel-Museum". Der Eintrittspreis für die wechselnden Ausstellungen (Teppiche, Fotografien) und für das Schloß hilft der Finanzierung der sehr kostspieligen Instandhaltung und Renovierung des Schlosses (7 DM, geöffnet 1o-18, zur Saison bis 2o Uhr). Neu angelegt ein stilechter Garten mit Labyrinth, Liebes-, Kräuter- und Obstgarten.

Im Museum kann man schlafen: herrschaftliche DZ mit Bad und WC inklusive Frühstück 28o DM. Selbst das Museumszimmer, la Chambre de la Marquise, ist zu haben. Der Spaß kostet allerdings 62o DM die Nacht.

Im Ort einige Restaurants, z.B. das kleine LOU PICATEOU mit gemütlicher Terrasse unterhalb des Schlosses. Preiswertes 4-Gänge-Menü 25-39 DM, Pizzas ab 12 DM.

Aix-en-Provence -> Arles -> Camargue

Südwesten der Provence bietet besonders abwechslungsreiche Landschaftsräume: von felsiger Gebirgslandschaft der Alpillen-Kette über landwirtschaftlich genutzte Ebenen mit Platanen-bestandenen Alleen bis hin zu Lagunen und Salzsteppe der Camargue. Wichtigster Ort der Region ist ARLES mit riesiger Römerarena. Viel Provenceflair auch im Marktflecken ST-RÉMY.

Schnellste Verbindung ist die gebührenpflichtige Autobahn (A 7) bis Salon-de-Provence und dann via kerzengerader N 113 nach Arles. Achtung: auf den ersten 2o km der Landstraße ist mit häufigen Radarkontrollen zu rechnen.

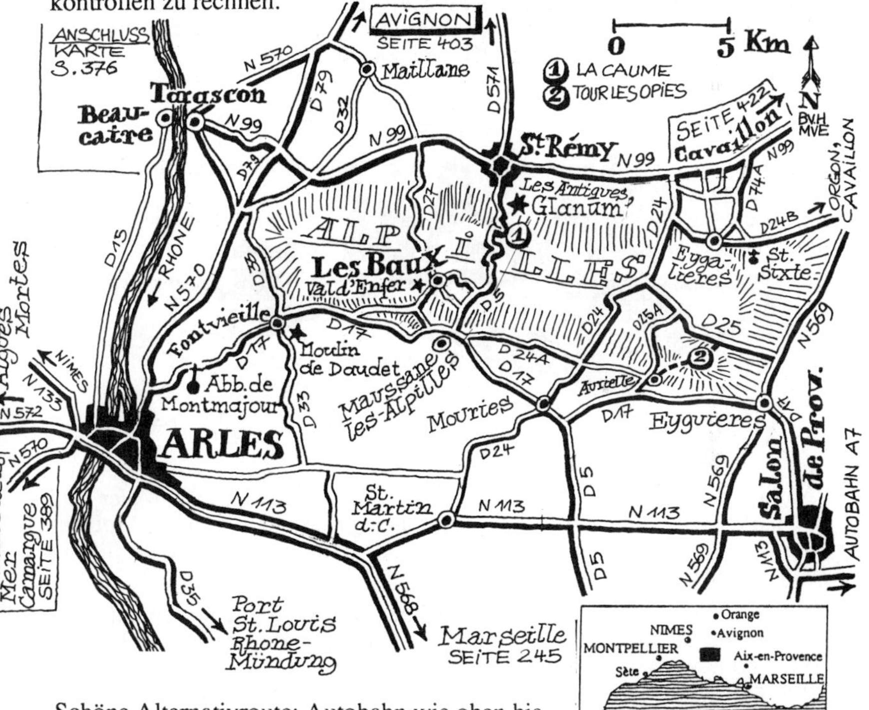

Schöne Alternativroute: Autobahn wie oben bis Salon-de-Provence und südliche Stadtumfahrung (N 113) Richtung Arles, aber bereits 4 km nach Salon rechts auf die N 569 nach Eguieres. Von hier noch 2 km weiter auf der N 569 und dort links abbiegen über wildromantische Bergstraßen (D 25 und D 24) durch praktisch unbesiedeltes Gebiet. Die Alpilles erreichen hier Höhen von rund 5oo m. Zwischen der D 25 und dem Ort Aureille der Aussichtsturm

TOUR LES OPIES (2), zu erreichen ab D 25 über kurzen Fußweg. Bei klarem Wetter grandioser Blick über die Kette der Alpilles, Salon-en-Provence, den Etang de Berre und die Rhone- Mündung.

Je nach geplanter Route entweder weiter über die D 25, D 24, D 99 (siehe Karte!) nach ST. REMY und GLANUM (Details siehe Seite 369) und auf der D 5 südwärts nach Les Baux: die Straße überquert in Serpentinen die Alpilles; Abzweigung einer Stichpiste rauf zum Aussichtspunkt LA CAUME (1): von hier ebenfalls bei klarem Wetter 36o Grad- Panoramablick über die Alpilles, Avignon im Norden, Nimes im Westen und die Flachebene bis zur Rhone- Mündung, Mittelmeer.

Oder ab Luberon und Cavaillon (siehe Seite 422): N 99, D 74 A nach Eygalieres mit der hübschen Ste. Sixte Kapelle. Weiter nach St. Remy und Les Beaux. Jede Menge weiterer Kombinationsmöglichkeiten durch die landschaftlich äußerst attraktive Kleinregion der Alpilles.

St Sixte bei Eygalières

Ähnlich wie das Ste-Victoire-Gebirge bei Aix-en-Provence den Maler Paul Cézanne inspirierte, so war Vincent van Gogh fasziniert von der Alpillen-Region und Arles/Camargue, deren Motive sich in vielen seiner Bilder wiederfinden.

In der Region viele Landsitze der Reichen und Superreichen, so unter anderem von Stephanie von Monaco. Die Häuser sind hinter hohen Hecken oder Mauern versteckt und kosten mehrere Millionen. Verständlich, daß sie sich hier wegen der ausgesprochen schönen Landschaften Immobilien kauften. - Für "Normalbürger mit dickem Konto" gibts eine Reihe von Landsitzen, die in feudale Nobelherbergen mit Swimmingpool und allen sonstigen Extras umgewandelt wurden. Übernachtung DZ ab ca. 3oo DM.

LES BAUX

Die Felsenstadt besichtigen jedes Jahr 1,5 Millionen Touristen. Einzigartige Architektur, da die einst dichtbevölkerte Stadt auf dem kahlen Felsplateau unterirdisch ausgedehnt war. Die hohen Räume der Häuser wurden in den Fels geschlagen und dienten auch als Getreidesilos, Viehstall etc.

Der für Autos gesperrte Ort unter der zerfallenen Ritterburg ist voller Souvenirshops und Touristenrestaurants. Zur Hochsaion sind Parkplätze absolut knapp. Ist der Rummel vorbei, wird die Region wieder zur Heimat der Schafhirten.

Geschichte: der Fels war trotz offensichtlich sicherer Lage in der Prähistorie, aber auch später von den Römern nicht bewohnt. Die erste Siedlungsperiode begann im 1o. Jhd., als die Tyrannendynastie der Baux hier ihr labyrinthartiges Hauptschloß erstellte. Der Stern im Wappen sieht zwar aus wie eine Sonne, stellt aber den Bethlehem-Stern dar, weil sich das Haus Baux den König Balthasar als Ahnen auserkoren hatte.

Die Baux waren eine machtgierige Familie mit territorialem Expansionsdrang. Obwohl sie bereits 79 Städte und Märkte beherrschten, wollten sie Herren der gesamten Provence werden. Dazu führten sie zahlreiche Schlachten, bekamen aber meist eine vor den Latz. 1162 wurde ihre Festung völlig zerstört. Wie Stehaufmännchen schafften sie es aber regelmäßig, durch Einheirat und Intrigen wieder Macht und Einfluß zurückzugewinnen.

Raymond de Turenne (Baux-Graf im 14. Jhd.) galt als besonders grausam. Seine teure

Hofhaltung mit Minnesängern und hübschen Burgfräulein finanzierte er durch Verknechtung der Bauern und Geiselnahme. Wurde die geforderte Lösegeldsumme nicht bezahlt, ließ er den Gefangenen kaltblütig den Fels hinabstürzen. Erst der "gute König" René befriedete im 15. Jhd. den Ort und erledigte den Baux-Clan endgültig.

Die zweite Siedlungsperiode begann im 16. Jhd. Wohlhabende Familien bauten sich hier Renaissance-Häuser im italienischen Stil, beispielsweise die *Manville aus Toulouse*, deren Palazzo noch zu sehen ist. Es waren Intellektuelle, die calvinistischen Thesen nahestanden. Das mißfiel freilich dem Königshaus. Als sich Les Baux auch noch an der gescheiterten Palastrevolution des Bruders von Ludwig XIII. gegen Kardinal Richelieu aktiv beteiligte, wurde es 1632 endgültig zerstört. Die heutigen Burgruinen gehen auf das 13. Jhd. zurück, die Restbauten auf das 16. Jhd.

Grand Rue, gegenüber dem Rathaus im Hotel de Manville. Geldwechsel.

Post: gleich links vom Dorfeingang.

"**La Cabro d'Or**": am Fuße des Orts. Grünpflanzen bedecken Fassade des 4-Sterne Landhotels. Im Blumengarten ein großer Swimmingpool. Alle Zimmer mit Bad und WC. Empfehlenswertes Restaurant, das aber seinen Preis kostet. DZ mit Frühstück ca. 215- 32o DM, mit Halbpension das doppelte.

"**Le Mas de la Fontaine**": am Eingang zum Val d'Enfer. Dort einfache DZ mit Dusche/WC ca. 65- 9o DM.

"**Oustau de Baumaniere**": Luxushotel mit entsprechenden Preisen und hervorragendem Restaurant. Im Winter geschlossen, Übernachtungspreise im DZ ab ca. 3oo DM.

Camping: im Ort selbst keiner. Ein paar Kilometer südlich an D 5 vor Maussane-les-Alpilles ist nächstgelegener Platz. Ebener, steiniger Boden. Mitte März bis Mitte September geöffnet. Weitere Campings in St-Rémy.

im Ort Les Baux eine Vielzahl und auf Laufkundschaft eingestellt. Menüs zur Abfertigung der Tour- Busse wie auch sonstiger Besucher, schnell gefertigte Pizzas, Snacks sowie Salate etc.- Wenige, aber sehr teuere Top- Restaurants.

SEHENSWERTES

Besichtigung der oberen BURGRUINEN mit neu installierten mittelalterlichen Katapulten. März bis Oktober 8-19.3o Uhr, im Sommer bis 12 Uhr. Wintermonate 9- 18 Uhr. Eintritt 1o DM, Kinder ab 7 Jahre und Studenten 7 DM. Dabei ein MUSEUM zur Geschichte von Baux und die romanische St-Blaise-Kapelle mit Olivenbaummuseum und Diaschau.

Zugang zum darunter liegenden Dorf ist frei. Darin einige Rennaissance-Häuser und an Place de l'Eglise die romanische ST-VINCENT-KIRCHE. Daneben das MUSÉE YVES BRAYER (19o7-199o) im Hotel des Porcelet, der Länder des westlichen Mittelmeers und vor allem die Provence zu Themen seiner figurativen Gemälde machte.

FONDATION LOUIS JOU (1881-1968) im Hotel Jean de Brion an Grand Rue, kurz vor dem Rathaus. Darin ausgestellt alte Druckmaschinen und eine Sammlung von Lithographien und Gemälden. April bis September täglich 1o- 13 und 14- 19 Uhr. Eintritt 5 DM. Organisiert auch Buchmacher-Kurse von traditioneller Drucktechnik bis hin zum Desktop-Publishing auf Apple- Macintosh.

CATHÉDRALE D'IMAGES: Multimediaschau in ehemaligen kühlen Bergwerkshöhlen. Bei Tonuntermalung werfen 32 Projektoren an den weißen Kalkstein beeindruckende Bilder zu einem jährlich wechselnden Thema. Hier drehte Jean Cocteau seinen Film "Le Testament d'Orphée" von 1959. Mitte Februar bis Anfang November täglich von 1o- 19 Uhr geöffnet. Eintritt 12 DM. Liegt nördlich außerhalb an der D 27.

VAL D'ENFER (Höllental), südlich von Les Baux. Ab Straße nach Maussane rechts 2,5 km über D 274 bis zum nördlichen Abzweig ins Val d'Enfer, ein natürliches, grausteinernes Amphitheater. Ein kurzer Spaziergang führt durch die Schluchten. Außerdem geht ein 3-km Wanderweg von hier direkt nach Les Baux.

Die rotstaubigen Bauxit-Steinbrüche der Region sind nur an Wochenenden zu besichtigen. Der Name *Bauxit* leitet sich von der Felsenstadt ab, da dieser für die Aluminiumherstellung unentbehrliche Rohstöff hier 1822 entdeckt wurde.

Im Umland einige WEINGÜTER mit Kellerbesichtigung und Weinprobe von Côteaux des Baux-Tröpfchen, z.B. Domaine Ste-Berthe, Cave de Sarragan und Mas de la Dame (auch Olivenöl).

★ St-Rémy-en-Provence (13.5oo Einw.)

Einer der schönsten Provence-Orte der Alpillen-Region mit vielen hübsch verzierten Häusern. Das Zentrum ist von schattigen Boulevards umrundet. Hier kleine Monumente, so die Statue des Dichters Joseph Roumanille, die Büste des Komponisten Charles Gounod und die Fontaine Nostradamus an der gleichnamigen Straße. Nostradamus, der Autor der vieldiskutierten gereimten Prophezeiungen "Centuries" wurde in Rue Hoche geboren.

Mittwochs bunter Vormittagsmarkt.

in Pavillon am Pinien-bestanden Place Jaurès. Im Sommer täglich 9-19 Uhr, sonntags nur vormittags geöffnet. Sonst Montag bis Samstag 9- 12 und 14- 18 Uhr.

"**Le Mas des Carassin**": 1, Chemin Gaulois. Auf halbem Weg zwischen Zentrum und Römerruinen. Einstöckiges Landhaus in L-Form. Ruhig, mit Garten. Zimmer rustikal. März bis Oktober geöffnet. DZ ca. 1oo- 15o DM, Frühstück.

"**Chalet Fleuri**": 15, Av. Frédéric Mistral, im Winter geschlossen. Das kleine Hotel gefällt vor allem wegen schattigem Provencegarten. Doppelzimmer je nach Komfort ca. 5o- 9o DM.

Es gibt eine Vielzahl an weiteren Hotels in und um St. Rémy, z.B. "**Villa Glanum**" gegenüber der archäologischen Ausgrabungsstätte, mit Swimming Pool.

Campingplätze: mehrere, alle mit Warmduschen und Stromanschluß. Alle von März bis Oktober geöffnet. Le Mas de Nicolas (Av. Aubanel): ist der größte und sehr gut. Schwimmbad. - Pegomas (Route de Noves): vermieten Mobilheime. Schwimmbad. - Monplaisir (Chemin Montplaisir): einfacher und etwas billiger. Vermieten auch Mobilheime.

RESTAURANTS

An den Boulevards um die Altstadt eine Reihe Cafés und Bistros. In den Gassen Speiselokale, vor allem an der West-Osttraverse Rue Carnot.

LA GOUSSE D'AIL, 25, Rue Carnot. Stadthaus mit grünen Markisen. Rankpflanzen in Blumentöpfen am Fenster. Gediegenes Lokal, mit Sammelsurium wie Schiffsmodell oder alter Kaffemühle dekoriert. Provenceküche, auch vegetarisch. Günstiges Mittagsmenü 28 DM, großes Menü 5o DM.

MAISON JAUNE, 15, Rue Carnot ist außen nicht gelb, sondern blau. Nüchtern eingerichtet, dezente Wandbeleuchtung. Menü ab 3o DM.

SEHENSWERTES

HÔTEL ESTRINE: im Ortszentrum von St. Rémy. Ein Patrizierhaus aus dem 18. Jhd. Im Inneren des Hauses heute Ausstellung mit Dokumentation des Aufenthalts van Gogh in der Stadt sowie zeitgenössische Kunst. Geöffnet täglich außer Montag 1o- 12 und 14- 18 Uhr, im Sommer 1o - 12 und 15-19 Uhr, Eintritt 6,5o DM.

MUSÉE DES ALPILLES (im Hôtel Mistral de Mondragon): Exponate zur Folklore und zum Kunsthandwerk der Region. Mittags sowie im Winter geschlossen.

ARCHÄOLOGISCHES MUSEUM (im Hôtel de Sade, gegenüber des Alpille- Museums): Exponate von Vasen, Figuren etc., die in Glanum (siehe unten) gefunden wurden. Das Eintrittsticket gilt sowohl für das Museum wie auch für Glanum.

LES ANTIQUES: rund 2 km südlich von St. Remy (ausgeschildert). Gut erhaltener Triumphbogen mit Reliefs, Säulen und Figuren. Er wurde von den Römern als Denkmal anläßlich ihrer Eroberung von Marseille errichtet. Direkt daneben das sogenannte Mausoleum, ein reich mit Reliefs verzierter dreistöckiger Turm, ein Denkmal für Caius und Lucius, den Enkeln des römischen Kaiser Augustus.

GLANUM: umfangreiche Ausgrabungsstätte gegenüber von Triumpfbogen und Mausoleum. Zu sehen Säulen, Mauerreste, Straßenzüge, Thermen etc. Detaillierteres Backgroundwissen ist für den Besuch nötig (zumindest Kurzführer kaufen!). Für die archäologische Forschung ist

Glanum eine der wichtigsten Fundstellen betreffend der griechischen, insbes. aber der römischen Epoche in Südfrankreich.

Bereits die Griechen hatten im 3. Jhd. v. Chr. hier eine Handelssiedlung, die sich *Glanon* nannte und über eine Agora verfügte. Weitere Völker (Kelten, Teutonen) ließen sich hier nieder. Als die Römer rund 12o v. Chr. die Stadt eroberten, entstanden Thermen, Wasserversorgung, schöne Mosaiken und an der Stelle der griech. Agora ein römisches Forum (zentraler Treffpunkt für Markt und polit. Reden). Für die Archäologen war Glanum ein Eldorado an Fundstücken von Münzen zu Keramik, Vasen aber auch Einblick in das Leben einer bedeutenden römischen Siedlung.

27o n. Chr. wurde die römische Siedlung durch Germanen zerstört. Während andere damalige Städte der Römer (z.B. Marseille, Arles oder Nimes) in den kommenden Jahrhunderten bedeutender waren und römische Siedlungsreste überbauten, - wucherten über Glanum Gras und Sträucher, war also für heutige archäologische Forschung frei zugänglich.

Geöffnet: täglich außer Fr., von April bis September 9- 19, sonst 9- 12 und 14- 17 Uhr. Eintritt 8 DM, Ermäßigung für Kinder und Jugendliche. Das Ticket gilt auch fürs archäol. Museum in St. Rémy.

ST. PAUL DE MAUSOLE: das alte Klostergebäude liegt rund 2oo m von Les Antiques entfernt. Im 19. Jhd. war hier eine psychiatrische Anstalt untergebracht. Der Maler Vincent van Gogh unterzog sich hier ab Mai 1889 über 1 Jahr freiwillig einer Behandlung, bei der er freien Ausgang hatte und mehr als 15o Gemälde und Zeichnungen schuf. Sofern diese Werke überhaupt auf Auktionen erscheinen, erreichen sie bis zu 4o Mio. DM! In sofern ein Genie, das - würde er heute noch leben - vielfacher Multimillionär wäre... Die Werke von Vinent van Gogh gehören zu den teuersten der Auktionsszene, wobei es insbesondere anonyme japanische Auftraggeber sind, die die Preise in die Höhe treiben. - An der Zufahrt zum Kloster erinnert eine Büste van Gogh an den großen Expressionisten.

SPORT

Schwimmen: städtisches Freibad, Route d'Avignon, von Juni bis September geöffnet. - **Golf**: Golf des Baux, Domaine de Manville, 9-Lochplatz. - 18-Lochplatz Domaine de Servanes bei Mouriès, via D 5.

Fahrrad: im Touristbüro gibt es Faltprospekt mit Plan zu 5 Routenvorschlägen in verschiedenen Schwierigkeitsgraden. Erklärungen nur auf französisch.
Fahrradverleih Location Ferri, 35, Av. de la Libération (Straße nach Cavaillon).

Wandern: Touristbüro hält auch Faltprospekt mit Plan zu verschiedenen Wanderungen vom einstündigen Spaziergang bis zur Tagestour.

Interessant der Routenvorschlag zu Motiven von Vincent van Gogh-Gemälden. Broschüre dazu im Touristbüro. Führt ab Zentrum rund 2 km raus nach Glanum, dann zum Asyl St-Paul und Stadtrand zurück in die

Stadt, insgesamt fast 2o km. - Beste Karte ist IGN 3o42 St-Rémy, gibt es in den Zeitschriftenläden an den Boulevards. Die Rundtour kann auch mit Fahrrad oder Auto realisiert werden.

ANSCHLUSS:

* St. Rémy -> Les Baux siehe Seite 367.
* Verbindung St. Rémy -> Avignon (S. 4o3) über die 571 geradlinig in ca. 15 km. - Alternativ via Tarascon (siehe Folgekapitel) und La Montagnette (S. 375).
* St. Rémy -> Arles: entweder via Les Baux (Seite 367) und weiter über die D 17, Fontvielle nach Arles (Seite 378).

★ Tarascon (13.ooo Einw.)

Das Provence-Leben fließt träge dahin: Mittagshitze, schattige Arkaden, kleine Geschäfte, Restaurants, Bars, wenig "action".

Geschichte: Im Mittelalter war Tarascon Grenzort der Provence. Beaucaire (gegenüber am rechten Rhôneufer) gehörte zum Französischen Königreich. In beiden Städten wurde viel Handel getrieben. Direkt am Flußufer ließ sich König René das noch gut erhaltene Schloß bauen. - Die Römerstraße nach Spanien überquerte hier den Fluß.

Tarascon wurde bekannt wegen zwei Fabelwesen: La Tarasque (die Tarasque): ist ein amphibisches, drachenähnliches Ungeheuer, welches zu Beginn der Zeiten in den Wassern der Rhône hauste. Es fraß Kinder, Frauen, Männer und überhaupt alle Lebewesen, die sich dem Fluß näherten. Besiegt wurde es erst von der heiligen Martha, die ihm als Waffe lediglich das Zeichen des Kreuzes entgegenhielt, als sie von Les-Stes-Maries-de-la-Mer herkam. Nach dieser Begegnung zog sich das Ungeheur in die Tiefen des Meeres zurück.

Le Tartarin de Tarascon: ist der komische Held in den Geschichten vom Prahlhans Tartarin des Dichters Alphonse Daudet (184o - 97). Tartarin, ein kleiner, dicker Provencale mit schwarzem Bart, sonnt sich gern im Ruf ein besonders agiler Jäger zu sein. In Wirklichkeit scheut er jegliche Strapaze. Lieber macht er mit seinen Kumpanen Jagd auf Mützen, als die Tiere umständlich aufzustöbern. Banale Begebenheiten bauscht er zu großen und gefährlichen Abenteuern auf. Kurz gesagt: im Tartarin macht Daudet sich über die menschlichen Schwächen "der Provenzalen" lustig. Ursprünglich sollte die lächerliche Gestalt Barbarin heißen, ebenso wie eine alteingesessene Tarasconer Familie, die bei derartiger Verunglimpfung Daudin erbost mit gerichtlicher Klage drohte. In Extremis wurde der Name auf den schon fertigen Druckfahnen noch geändert.

Rue des Halles, zweite Parallelstraße zum Rhôneufer. Geöffnet Mo. bis Sa. 9-19 Uhr, So. 1o-12.3o Uhr. In der Nebensaison Mittagspause und nur bis 18 Uhr geöffnet, sonntags geschlossen.

Post: Place Colonel Berrurier

Bus: nach Avignon, Arles und Nîmes mehrmals täglich. Auskunft im Touristburo. - **Zug**: Avignon, Arles, Nîmes, mehrmals täglich.

"Les Mazets des Roches": Route de Fontvieille, D 33, einige Km außerhalb. Erholsames Landhotel in einstöckiger Bastide. Schwimmbad, Tennis im Garten, unter Pinien. Klimatisierte DZ ca. 115- 2o5 DM, Frühstück 15 DM. Halbpension erwägenswert, da gutes Restaurant dabei. Menü 4o DM. November bis Ostern geschlossen.

"Hotel Saint-Jean": 24, Bd. Victor Hugo, Haus in Stadtzeile mit roten Fensterläden am Altstadtring. DZ mit Dusche/WC ca. 7o- 85 DM, Frühstück 1o DM. Restaurant empfehlenswert, da feine Provenceküche schon beim Menü für 26 DM.

"Roy René": 13, Rue Perrot unweit Rhôneufer. Eins der preisgünstigsten Hotels der Region, jedoch sehr einfach, Toilette auf Etage etc. DZ ca. 3o- 45 DM, auch Zusatzbett möglich. Frühstück 9 DM. Im Restaurant Menüs für 22-3o DM. Im Sommer wird auch draußen serviert.

Anzahl weiterer Hotels beim Bahnhof, wo die Züge oberhalb auf einem Damm vorbeifahren, wie "Terminus", ein rosa Fassade mit grün-weißer Markise oder "Hotel du Rhone", ein Flachdachbau neben Post. Fürs Zimmer hier je nach Ausstattung ab 5o/6o DM rechnen.

Jugendherberge: am Bd. Gambetta, von März bis Dez. geöffnet. Leider etwas laut.

Camping: Zwei kleine, einfache Plätze, beide etwa von Ostern bis September geöffnet:

Tartarin, am Rhôneufer, Route de Vallabrègues, gleich neben Château. - St. Gabriel, ca. 5 km außerhalb, Richtung Fontvieille, bei der St. Gabriel - Kapelle.

SEHENSWERTES

CHATEAU DU ROI RENÉ: das Schloß des guten Königs René, Herzog von Anjou, Graf der Provence. Eine mittelalterliche Bilderbuch-Burg zwischen Fluß und tiefen Festungsgräben, mit hohen, weißen Mauern, runden und eckigen Türmen. Die hauptsächlichen Bauarbeiten stammen aus dem 14./15. Jhd., wo es unter König René fertiggestellt wurde. Von außen karg und wehrhaft bezinnt, innen elegant, denn der König René liebte Künste, Wissenschaft, Feste und höfisches Leben.

Da die Burg bis 1926 als Gefängnis benutzt wurde, sind die Innenräume ziemlich leer. Es gibt einige schöne Kassettenplafonds, Gobelins und eine Sammlung von Apothekerfayencen zu sehen. Das Schönste aber ist der Blick von der Dachterrasse. Majestätisch! Die Rhône auf und ab und hinüber zu den Burgruinen von Beaucaire.

Geöffnet im Sommer von 9-19 Uhr, im Winter 9-12 und 14-17 Uhr, Eintritt: 8 DM.

SAINTE MARTHE - KIRCHE: schräg gegenüber vom Schloß. Größtenteils gotisch (13./14. Jhd.), gut restaurierte Bilder von Meistern des 17./18.Jahrhunderts (Van Loo, Parrocel). Das im 2. Weltkrieg beschädigte Südportal ist romanisch. Im ältesten Teil, der Krypta, ruht der Sarkophag der heiligen Martha. Ob er wirklich deren Überreste enthält, ist umstritten. Die Luken in der Felsmauer zeigen zu den einstigen Katakomben.

MAISON DE TARTARIN am Bd. Itam, bei Stadion und Arenen: Museum zu den Geschichten des Prahlhans Tartarin, mit kleinem Garten in dem auch die Tarasque ihr Unwesen treibt. Geöffnet im Sommer von 1o-12 und 14.3o-19 Uhr, im Winter 1o-12 und 14-17 Uhr. Eintritt 2 DM.

CHAPELLE ST-GABRIEL: sehr alte, romanische Kapelle, 5 km außerhalb Richtung Fontvieille, am Fuß eines Olivenhains. Fassade mit kleinen, naiven Relieffiguren: Maria und der Engel Gabriel, Adam, Eva und die Schlange. Schlüssel im Touristbüro.

Fête de la Tarasque: großes Stadtfest mit kostümierten Umzügen, Fußvolk und Chevalerie, am letzten Sonntag im Juni. Die Tarasque wird in großem Bruhaha durch die Straßen getrieben und das jedes Jahr seit 1474. Eingeführt hat es der lebenslustige König René. Seit die Tarasconer Daudet verziehen haben, nimmt auch der Tartarin am Umzug teil.

Einkaufen/Markt: jeden Dienstagvormittag in der Av. de la Republique sowie Seitengassen. Obst, Gemüse, Blumen, Wust, Käse etc., Kleidung und Souvenirs.

Zum Fressen gern: in den Patisseries des Ortes gibt es ulkige Schokokuchen-Tarasquen und Tartarinades, schokoladenüberzogene Kirschen mit Stil. Wer's deftiger mag probiert saucisson de taurreau, Wurst aus Stier- oder Ochsenfleisch.

✶ Beaucaire

Direkt gegenüber von Tarascon am anderen Flußufer. Der Ort mit engen, kühlen und auch etwas verkommenen Altstadtgassen, einer barocken Kirche, Notre-Dame-des-Pommiers, und mehreren schönen Stadthäusern aus dem 17. Jahrhundert. In einem davon das Rathaus.

Die Ruinen der BURG dominant auf einem schroffen Felsen neben der Rhône. Sie stammt aus dem 11. Jhd., ist aber bei weitem nicht so gut erhalten wie die von Tarascon. Der eckige Turm kann am frühen Nachmittag (außer Dienstag) bestiegen werden: schöner Rundblick auf Tarascon, Rhônetal und Alpillen.

MUSEUM AUGUSTE JAQUET (im Château): geöffnet von April bis September von 9.3o-11.3o und 14.15-18.45 Uhr, sonst von 1o.15 bis 12 und 14-17.15 Uhr, das ganze Jahr dienstags geschlossen. Zu sehen sind prähistorische, keltische, gallo-romanische und lokalpatriotische Sammlungen, aber vor allem Dokumente über die berühmte Messe.

La Foire de Beaucaire, die größte Handelsmesse Frankreichs fand hier statt. Zum erstenmal 1217, anfangs nur eine Woche, war sie bald ein enormer Erfolg (wohl auch weil Beaucaire zum Freihandelshafen erklärt wurde) und dauerte den ganzen Juli über. Das Messegelände "le pré" zwischen Château und Rhône konnte bald den Andrang nicht mehr fassen. Alle Straßen der Stadt wurden von Händlern und Kauflustigen überschwemmt, die von weither anreisten. Dazu kamen Akrobaten, Feuerschlucker und Gaukler. Elefanten, Bären, Kamele,Zwerge und bärtige Frauen wurden zur Schau gestellt. Nirgends war ein lausiges Nachtlager frei, viele schliefen in ihren Barken auf der Rhône. Die Einheimischen machten in den paar Wochen soviel Geld, daß sie den Rest des Jahres davon leben konnten. Im 19. Jhd. ging die Messe ein, denn die Wiese von Beaucaire konnte mit den Messegeländen moderner Zeiten nicht Schritt halten.

Beaucaire hat auch einen Weinberg. In der Cave Coopérative (Route de Fourque) gibt es preisgünsige Landweine vom Faß und Flaschen, auch Traubensaft, Traubenkernöl, Traubenschaumwein etc.

VALLABREGUES: kleines Nest, 6 km flußaufwärts in einer Rhôneschleife. Früher sollen hier an die 4oo Korbflechter (Vanniers) gelebt und geflochten haben. Im Lauf der Zeit ist dieses Gewerbe eingegangen, ein paar "Chaisier" reparieren noch durchgesessene Stühle. Die heutige "Attraktion" ist das Stauwerk (seit 197o). War eine der spektakulärsten Rhônebaustellen. So nützlich es im Hinblick auf Überschwemmungen und zur Stromerzeugung auch sein mag, bleibt es doch ein betonharter Hammer in der alten Kulturlandschaft und die ökologischen Schäden einer zu übertriebenen Flußregulierung kommen erst ganz allmählich ins Bewußtsein.

Letzter Korbflechter von Vallabregues

★La Montagnette

Bewaldeter Bergrücken mit Höhen bis ca. 17o m, der sich entlang der N 57o nordöstlich von Tarascon Richtung Avignon erstreckt. Lohnt sowohl als Abstecher, wie auch als Schlenker auf dem Weg Avignon <-> Arles (siehe unsere Karte). Nichts Spektakuläres erwarten, so doch schöne provenzalische Landschaften.

Der schönere Einstieg ab Tarascon ist die N 57o (Blick auf die Alpilles im Südosten) und nach 8 km links auf die D 81. Die Straße steigt rauf in die Montagnette (3 km), linker Hand die:

ABBAYE ST-MICHEL DE FRIGOLET

Das "mittelalterliche Aussehen" der Abtei täuscht. Zwar bestand im Mittelalter ein Kloster, aber erst im 19. Jhd. kam mit Père Edmond Boulbon der Durchbruch. Ein Großteil der Bauten, neogothische Kirche, Klostermauer mit Pechnasen und Wehrtürmen stammt aus dieser Zeit.

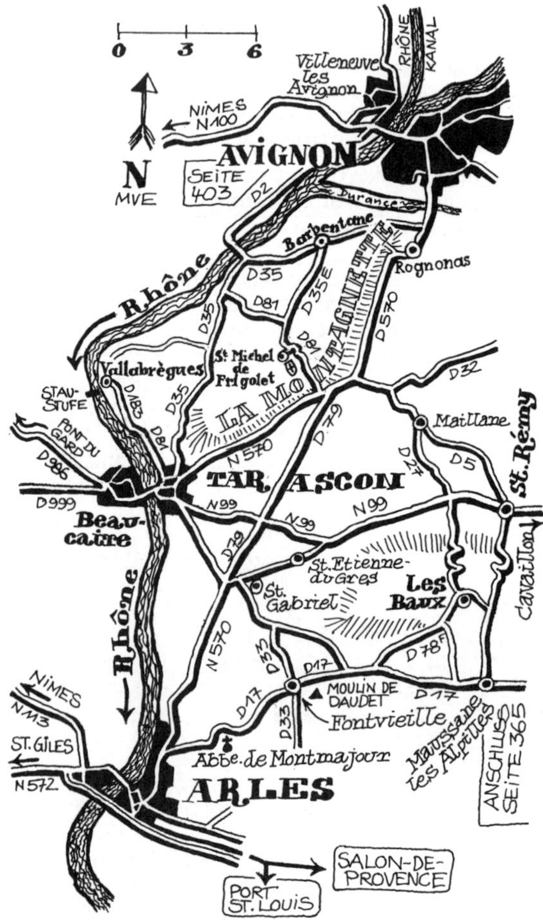

Die Abtei ist Pilgerort mit regelmäßigen Veranstaltungen, wie z.B. "Fête de la Jeunesse" (Fest der Jugend) am Pfingstmontag. Täglich werden Messen zelebriert.

Unterkunftsmöglichkeit für Seminare, Einkehrtage oder individuell.

Täglich Führung durch Mönche, die alles erklären (14.3o wochentags, 16 Uhr sonntags). Es gibt auch ein kleines Museum (provenz. Möbel und alte Apothekerfaiencen) sowie einen Shop, wo Honig, Seifen, Kräuterelexiere etc. verkauft werden.

Die D 81 führt landschaftlich schön runter zum Rhône Ufer, - die D 35 e nordwärts nach:

BARBENTANE: typisches Provencedorf mit großer Kirche, engen Gassen, alten Stadttoren und Dorffesten. Interessant die TOUR ANGLICA, ein mittelalterlicher Ausssichtsturm. Kann bestiegen werden.

CHATEAU DES MARQUIS DE BARBENTANE: Hauptsehenswürdigkeit des Ortes. Fertiggestellt Ende des 18. Jhd. und seither gehegt, gepflegt und noch immer in Besitz der Familie de Barbentane. Der Bauherr, ein direkter Vorfahre des heutigen Marquis, war Botschafter Ludwig XV. in Florenz, daher der italienische Einfluß. Besonders deutlich im Garten, mit Terrassen, Balustern, Wasserbecken. Schloßbesichtigung mit Führung von Ostern bis Allerheiligen 1o-12 und 14-18 Uhr, Eintritt 8 DM. Reich mit Stuck und Karrara-Marmor verzierte Audienzräume, wervolle getäfelte Holzplafonds, Stilmöbel Louis XV. und Louis XVI.

AVIGNON siehe Seite 4o3.

Wer von LES BAUX (Seite 367) kommt, erreicht ARLES via D 17. Als möglicher Stop die:

MOULIN DE DAUDET: wenige hundert Meter südlich des Ortes Fontvieille an der D 33. Die kleine Windmühle auf einer Anhöhe lohnt wegen schönem Panoramablick auf die Alpilles und die vorgelagerte Tiefebene zum Meer sowie auf Arles.

Gleichzeitig ist die Mini- Windmühle eines der Hauptziele des innerfranz. Provence-Tourismus. Warum? Weil jedes französische Schulkind Auszüge aus *"Les Lettres de mon Moulin"* (Briefe aus meiner Mühle) von Alphonse Daudet als Pflichtlektüre kennenlernt.

Dabei hat Daudet niemals hier gelebt. Seine Erzählungen schrieb er in Paris und wenn er auf Ferien in der Gegend war, logierte er bei Gönnern in Fontvieille im Château de Montauban. Zu seinen Lebzeiten (184o- 97) gab es in der Region mehrere solcher Mühlen, die er besuchte und sich zu seiner Erzählung inspirieren ließ.

Die Mühlen wurden zu Beginn unseres Jhds. unrentabel und stillgelegt. Stellvertretend erhielt man eine (de Daudet), in der ein kleines MUSEUM in Andenken an den Dichter eingerichtet wurde. Zu sehen: Müllerutensilien und das Mahlwerk. Im Untergeschoß Fotos und seltene Buchausgaben. Geöffnet Mai bis September von 9-12 und 14-19 Uhr, sonst 1o-12 und 14-17 Uhr. Januar geschlossen. Eintritt 4 DM.

Von der Mühle führt ein kurzer Wanderweg zum Château Montauban.

ABBAYE DE MONTMAJOUR: 6 km nordöstlich von Arles an D 17,

St. Michel de Frigolet

Route de Fontvieille. Die massigen Ruinen der mittelalterlichen Abtei auf felsigem Hügel sind nicht zu übersehen. Die Abtei wurde im 1o. Jhd. von Benediktinermönchen gegründet, die ihre Hauptaufgabe darin sahen, das Sumpfland zwischen Alpillen und Rhône trockenzulegen und landwirtschaftlich nutzbar zu machen.

Damit Geld in die Kasse kam, führten sie einen käuflichen Sündenablaß, den *"Pardon"* ein. Dies bewirkte, daß Montmajour ab 1o. Jhd. zu bedeutendem Wallfahrtsort erwuchs. Im 17. Jhd. kam es auch hier zum totalen Sittenverfall. Schließlich wurde das Kloster 1786 (noch vor der Revolution) auf Geheiß des Königs geschlossen, da der Abt in die Halsbandaffäre um Marie-Antoinette verwickelt war. Im 19. Jhd. kaufte die Stadt Arles die verkommenen Gemäuer auf.

Die würdig-ernsten romanischen Bauten (mit Krypta, Notre-Dame-Kirche und Kreuzgang) sind inzwischen renoviert und können besichtigt werden. Vom wuchtigen, rechteckigen Donjon schöner Rundblick über Alpillen, Arles, die Burgen von Tarascon und Beaucaire.

Geöffnet von April bis September von 9-19 Uhr, sonst von 9-12 und 14-17 Uhr. Eintritt 9 DM.

Chapelle de Ste-Croix: die kleine Kirche außerhalb der Abtei stammt aus dem 12. Jhd. und war einst Friedhofskirche. Im felsigen Boden sind noch Gräber zu erkennen. Kapelle zur Zeit geschlossen.

ARLES

(52.000 Einw.)

Das Tor zur Camargue war bereits bei den Römern Provinzhauptstadt und blieb bis ins Mittelalter bedeutend. Das spiegelt sich am besonderen Reichtum an Monumenten und Museumsschätzen wider. Darunter ein fast 2.000 Jahre altes Amphitheater, wo seit 183o wieder Stierkämpfe stattfinden.

Arles ist neben Avignon eine der interessantesten Städte des provenzalischen Rhôneabschnitts, von allen Seiten von menschenleerem, doch fruchtbarem Flachand umgeben.

Besonders lebendig, das Gewirr verwinkelter Altstadtgassen, die vor den kalten Winden des Mistrals schützen. Trotzdem überschaubar und alles Sehenswerte zu Fuß machbar. ARLES lohnt für mindestens 1 Tag, - bei entsprechenden Ambitionen für Kunst, Geschichte und Museen länger. Zur Hochsaison allerdings Urlaubermassen und ausgebuchte Hotels.

Office de Tourisme Centre, Esplanade Charles de Gaulle. Täglich geöffnet von Oktober bis März 9- 18 Uhr, sonntags 1o- 12 Uhr. Rest des Jahres 9- 19 Uhr, sonntags 9- 13 Uhr. An manchen Feiertagen geschlossen.

Office de Tourisme Gare (Bahnhof SNCF): täglich außer sonn- und feiertags Oktober bis März 9-13 und 13.3o-17 Uhr, sonst 9-13 und 15-19 Uhr. Zur Saison auch Sonntagvormittag geöffnet.

Die Touristbüros wechseln auch Geld, verkaufen Bustickets und vermitteln Zimmer gegen ein paar Francs Gebühr. Sprechen deutsch.

Post: 5, Bd. des Lices, unweit Office de Tourisme. Montag bis Freitag 8.3o-19 Uhr. Samstag 8.3o-12 Uhr.

Banken: mehrere an Place de la République und Bd. des Lices.

Geschichte: Der felsige Hügel an der Biegung der Rhône war günstig für eine Siedlung der Kelto-Ligurer (ca. 7. Jhd. v. Chr.): die Rhône als Schiffs- und Verkehrsweg, - während sich umliegend weites morastiges Schwemmland befand, für Siedlungen ungeeignet. Bedeutendster Handelspartner war Massalia (Marseille) an der Küste.

RÖMER: im Rahmen ihrer territorialen Expansion hatten sie 122 v. Chr. die Stadt Aquae Sextiae (das heutige Aix-en-Provence) gegründet: die erste römische Siedlung in Gallien. Neu gebaute römische Handelsstraßen (u.a. *Via Aurelia*) erschlossen die Region - sowohl in Versorgung mit Handelsgütern, wie auch im Nachschub von Soldaten, die weitere Gebiete der Region für das Römische Reich erschließen sollten.

Zwangsläufig führten die römischen Expansions- Aktivitäten zu Streit bis hin zu Angriffen der umliegenden Kelten auf römische Stützpunkte. Die waffentechnisch wie auch in Versorgung besser ausgerüsteten römischen Heere konnten jedoch Stück für Stück neue Gebiete erobern. So u.a. 118 v. Chr. Narbonne, welches auf dem Weg von Rom ins heutige Spanien lag und durch die neu erbaute *"Via Dormitia"* verbunden wurde.

Im "Bellum Gallicum" (58- 51 v. Chr.) und Lateinschülern von Gymnasien bestens bekannt wegen Übersetzungen, bzw. aus "Asterix und Obelix", - konnte Julius Cäsar weite Teile Galliens erobern.

In diesem Zusammenhang wurde die ehemalige Galliersiedlung *"Arelate"* (Stadt in den Sümpfen= heutiges Arles) zu einem der wichtigsten Stützpunkte der Römer in der Provence. Sie lag im Zentrum der Verkehrswege Wasser (Rhône) und Straßen.

49 v. Chr. beschnitt Julius Cäsar zunächst die Handelsrechte von Marseille, 46 v. Chr. Übernahme von Arles als römischer Handels- und Garnisonsstützpunkt. Damit beherrschten die Römer auch diese Provinz des ehemaligen Galliens.

Die jährlichen Generalversammlungen der Statthalter aller 7 gallischen Provinzen fanden fortan in Arles statt. Insbesondere fanden auch die ausgedienten Veteranen von römischen Legionen in Arles ihren Pensionärssitz.

Für Komfort sorgte ein Trinkwassersystem, das per Aquädukt Wasser aus den Alpillen heranschaffte sowie Abwasserkanäle. Weiterhin Bau von Thermen und des für damalige Verhältnisse riesige Arles- Amphitheaters (22.ooo Sitzplätze!) mit Veranstaltungen von Stierkämpfen. In Manufakturen fertigten die Römer Stoffe und Waffen, auf Werften entstanden Schiffe für den Warentransport auf der Rhône. Landwirtschaftliche Produkte wie Olivenöl, Wein und Weizen wurden in großem Umfang exportiert. Historiker nennen Arles das "Gallische Rom".

Als Rom im Jahre 395 n. Chr. durch Teilung des Römischen Reiches seine Bedeutung als Hauptstadt verlor, residierte der Westromkaiser Konstantin öfters in Arles. Durch die Sümpfe geschützt, erschien ihm die Stadt sicherer als Rom. Hinzu kam, daß sein Vater Kaiser Theodosius das Christentum seit 392 zur römischen Staatsreligion erhoben hatte, - und somit früh christianisierte Orte wie Arles an Image gewannen. Die Rhônemetrople wurde politische und religiöse Hauptstadt der Provinz Gallia Narbonensis.

Völkerwanderung und Sarrazenenüberfälle schwächten Arles im frühen Mittelalter vorübergehend, obwohl seit 9. Jhd. selbständiges Königreich Arelat. 1135 erklärte sich

Arles zur Stadtrepublik, die von einem Rat geleitet wurde. Dies brachte erneuten wirtschaftlichen Aufschwung, - weckte aber auch den Neid der Provence-Grafen: 1239 eroberte Karl von Anjou die Stadt Arles. Sie stand fortan im Schatten von Aix-en-Provence, dem Sitz der Anjou-Grafen. 1451 kam Arles zu Frankreich.

Der Maler Vincent van Gogh lebte seit Februar 1888 in Arles, bis er im Mai 1889 in die Heilanstalt St-Paul-de-Mausole von St-Rémy-en-Provence eingewiesen wurde. Seine 444 Tage in Arles waren von einer unglaublichen Produktivität gezeichnet, insgesamt schuf er rund 19o Gemälde und 1oo Zeichnungen.

Heute ist neben Tourismus vor allem Viehzucht und Landwirtschaft wichtig. Arles ist Zentrum des französischen Reisanbaus.

SEHENSWERTES

EINTRITT: günstiger als Einzeleintritt von je 5 DM ist das 18 DM-Sammelticket, gültig für die meisten städtischen Sehenswürdigkeiten und Museen. Auf angegebene Tarife gibt es ca. 4o % Ermäßigung für Jugendliche unter 18 Jahren, Studenten etc. Kinder unter 14 Jahren in Begleitung ihrer Eltern haben freien Eintritt.

AMPHITHEATER (les Arènes, Karte 5): auf der Anhöhe mitten im Zentrum. Mit 136 auf 1o7 m größte Römerarena der Provence. Anfang des 2. Jhd. entstanden, um den Legionärsveteranen "panem et circenses" (Brot und Spiele) zu bieten. Die ovale Anlage mit 34 Sitzreihen auf zwei Arkadengeschossen bot über 2o.ooo Zuschauern Platz. Es bestand die Möglichkeit, den Innenraum mit einem Zelt zu überdachen.

Im Mittelalter wurde die Arena zur Festung umgebaut, dazu die untere Arkadenreihe zugemauert und vier Wehrtürme oben draufgesetzt. Im Inneren pferchten die Bürger 212 Wohnhäuser und zwei Kirchen aneinander. Nötiges Baumaterial stammte vom halbgeschossigen Attika-Aufbau und deshalb heute nicht mehr existent. Von den mittelalterlichen Türmen existieren noch drei, was heute Blick in die Camargue erlaubt. 183o wurde die zwischenzeitlich zum Armenghetto verkommene Arenencity abgerissen und danach das Amphitheater renoviert.

Wie einst das Ringen der Gladiatoren mit wilden Tieren, bieten heute Stierkämpfer Unterhaltung. Geöffnet von April bis September 9-19 Uhr, sonst 1o-16.3o Uhr. Eintritt 5 DM.

ANTIKES THEATER (6): zwei Straßen südlich der Arena, ist weniger gut erhalten. Erbaut von den Römern um 15 n. Chr. bot es rund 1o.ooo Zuschauern Platz; die Bühne hatte eine Breite von rund 1oo m (heute nicht mehr erhalten). Zu sehen 2 röm. Säulen sowie der Zuschauerbereich mit Sitzreihen. Ansonsten war das antike Theater seit Völkerwanderung Ziel von Plünderungen - gewissermaßen ein "öffentlicher Steinbruch", um sich mit Baumaterial zu versorgen. Öffnungszeiten wie Arena.

PALAIS CONSTATIN (21): die Thermen an der Rhône gelten als die größten Südfrankreichs. Von

Brit

Säulen antikes Theater

den ursprünglichen Ausmaßen 1oo mal 45 m der römischen Badeanstalt ist heute nur wenig erhalten: das Warm- und Lauwasserbad, Caldarium und Tepidarium sowie ein Teil der Heizanlage. Erbaut wurde die Anlage unter Kaiser Konstantin im 4. Jhd. nach Chr. Besichtigung: April bis September 9-12 und 14-19 Uhr, sonst 1o-12 und 14-16.3o Uhr. Andere antike Freizeitkonstruktionen (z.B. Zirkus) von Arles existieren nicht mehr.

Der Obelisk des Rundkurs für Viergespann-Rennen steht heute auf der PLACE DE LA RÉPUBLIQUE (13), dem zentralen Platz in der Altstadt. An der Nordwestseite das RATHAUS (15): gebaut 1621- 29 nach Plänen des berühmten franz. Architekten Mansard. An der Westseite das Paien-Museum (14, Details siehe "Museen"). An der Ostseite des Platzes die:

KATHEDRALE ST.-TROPHIME (11): aus dem 11.- 12. Jhd., Ergänzungen und Veränderungen bis hin ins 18. Jhd. Sie besitzt eines der schönsten Eingangsportale der romanischen Bau-Epoche in der Provence. Eine Fülle an großartigen Reliefs mit Ornamenten und Figuren, - romanische Steinmetzkunst par excellence und vom Feinsten!

Baubeginn um 1o78, wobei eine naheliegende Kirche sowie das antike Theater als Steinbruch dienten. Der Vierungsturm und der Kreuzgang entstanden ab ca. 117o. Acht Jahre später war das Eingangsportal fertig, als Barbarossa 1178 nach Arles kam, um sich hier als "König der Provence" krönen zu lassen.

Eingangsportal: zu sehen direkt über den beiden Eingangstüren Christus. Im Fries von links nach rechts: der Sündenfall, Engel geleitet die Auserwählten, Auferstehung der Toten (direkt links über der Türe), anschließend die 12 Apostel, rechts über der Tür siegt die Großzügigkeit über den Geiz, - daneben thematische Fortsetzung: ein Engel als Wächter am Eingang zum Paradies, Zurückweisung der Verdammten, die in Ketten gefesselt vom Teufel in die Hölle geführt werden.

Darunter zwischen Säulen die Darstellung von Heiligen (beachte: die für die Romanik typische feine Ausgestaltung des Faltenwurfs der Gewänder und die perfekte Wiedergabe der Gesichtszüge). Der obere Teil der Säulen mit feinen Ornamenten, dazwischen (li.-> re.): das bibl. Thema der Flucht nach Ägypten, Kindermord in Betlehem, Könige fliehen nach Betlehem, Traum von Joseph, - anschließend die Doppeltüren, - dann: neugeborenes Kind wird gebadet, Verehrung der Könige sowie ein Engel, der ihnen im Traum erscheint, Hirten empfangen Botschaft. Eingerahmt ist die Säulenetage ganz links von einer Darstellung, wie die Seelen abgewägt werden - und ganz rechts die kirchliche Drohung mittels Teufel und Dämonen. - Unten links: Darstellung wie Herkules siegte, - unten rechts Daniel in der Löwengrube.

Das Innere der Kirche eine dreischiffige Basilika mit Spitzbogengewölbe im Mittelschiff bzw. Tonnengewölbe in den Seitenschiffen. Das geringe Licht im Inneren läßt einen in ein Halbdunkel eintauchen und verstärkt die Kraft der Architektur. An den Wänden Gemälde aus dem 17. Jhd. sowie Sakrophage (4. Jhd.), Grabmonumente bis 17. Jhd. und Tapisserien. Die Orgelempore stammt von 176o.

KLOSTER ST. TROPHIME (12): erhalten ist der Kreuzgang, der zu den schönsten der Provence zählt. Feingliedrige Säulen mit Ornamenten und Reliefs, die den Klosterheiligen St. Trophime zeigen sowie sonstige Heili-

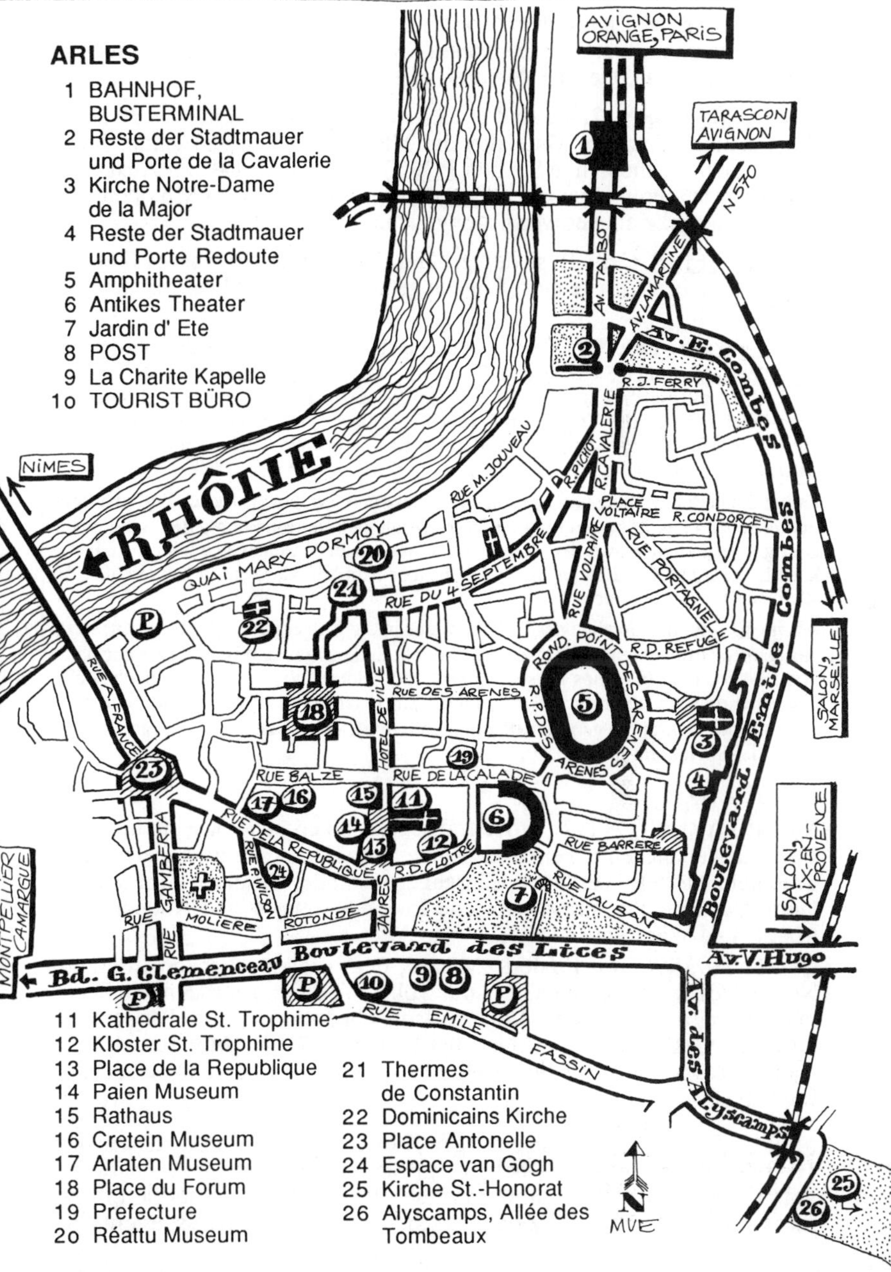
ARLES
1 BAHNHOF, BUSTERMINAL
2 Reste der Stadtmauer und Porte de la Cavalerie
3 Kirche Notre-Dame de la Major
4 Reste der Stadtmauer und Porte Redoute
5 Amphitheater
6 Antikes Theater
7 Jardin d' Ete
8 POST
9 La Charite Kapelle
1o TOURIST BÜRO
11 Kathedrale St. Trophime
12 Kloster St. Trophime
13 Place de la Republique
14 Paien Museum
15 Rathaus
16 Cretein Museum
17 Arlaten Museum
18 Place du Forum
19 Prefecture
2o Réattu Museum
21 Thermes de Constantin
22 Dominicains Kirche
23 Place Antonelle
24 Espace van Gogh
25 Kirche St.-Honorat
26 Alyscamps, Allée des Tombeaux
AVIGNON ORANGE, PARIS
TARASCON AVIGNON
N 570
NIMES
RHÔNE
QUAI MARX DORMOY
RUE M. JOUVEAU
R. PICHOT
R. CAVALERIE
AV. TALBOT
AV. LAMARTINE
AV. E. Combes
R. J. FERRY
PLACE VOLTAIRE
R. CONDORCET
RUE PORTAGNEL
RUE DU 4 SEPTEMBRE
RUE VOLTAIRE
ROND. POINT DES ARENES
R. D. REFUGE
Emile Combes
SALON, MARSEILLE
RUE A. FRANCE
RUE DES ARENES
HOTEL DE VILLE
R. P. DES ARENES
RUE BALZE
RUE DE LA CALADE
RUE DE LA REPUBLIQUE
R. D. CLOITRE
RUE BARRERE
RUE VAUBAN
Boulevard Emile Combes
SALON, AIX-EN-PROVENCE
MONTPELLIER CAMARGUE
RUE GAMBERTA
RUE P. WILSON
RUE MOLIERE
ROTONDE
JAURES
RUE
Boulevard des Lices
Bd. G. Clemenceau
Av. V. Hugo
RUE EMILE FASSIN
Av. des Alyscamps
N
MVE

ge, die Mutter Maria mit dem Jesuskind etc. Erbaut 12.- 14. Jhd. Wer sich für Details interessiert, sollte sich am Eingang die Broschüre zum Kloster besorgen. Zugang über die Rue du Cloitre.

STADTMAUERN (2, 4): sind in Resten und Teilabschnitten noch erhalten. Sie umrundeten im Mittelalter die Altstadt komplett und schützten vor Angriffen. Das ehemalige Stadttor PORTE REDOUTE (4) war Ausgangspunkt zur früheren römischen *"Via Aurelia"*, die auch im Mittelalter für Pferdefuhrwerke als Fernverbindung genutzt war.

ALYSCAMPS (26): Rest der größten Nekropole der spätantiken bis mittelalterlichen Christenheit. Eine lange und schattige Allee, gesäumt von Steinsärgen.

Von Römern gegründet befand sich hier eine umfangreiche Friedhofanlage mit entlang der Allee aufgereihten Sagrophagen. Genutzt bis hin ins Mittelalter. Damals waren hier rund 19 Kapellen über 2 km verteilt. Weil Heilige sowie der Märtyrer Genesius und der erste Bischof von Arles Trophimus (Tromphine) hier begraben waren, wollten soviele Menschen jener Epoche ihre eigenen sterblichen Überreste in deren unmittelbarer Nähe untergebracht wissen.

Es hielt sich der Volksglaube, daß damit Schutz und Fürsprache dieser Heiligen beim himmlischen Gericht bewirkt würde. Wer es sich nicht leisten konnte direkt bei einem Heiligen begraben zu werden, ließ sich wenigstens neben einer geweihten Heiligenkapelle bestatten. Die Leichname wohlhabender Familien wurden mit Barken über die Rhône nach Arles befördert.

Als im 12. Jhd. die Gebeine des hl. Trophimus in die Kathedrale verlegt wurden, setzte das dem Nachfrageboom für diesen Friedhof ein Ende. Alyscamp ist übrigens abgeleitet von Elysii Campi (Champs Elysées, Elysäische Felder). Wie die Pariser Prachtstraße, war auch dieses Gebiet einst Sumpfland. Dem Eisenbahnbau im 19. Jhd. wurde ein Großteil der Nekropole geopfert (Steinbruch). Am Ende der heutigen Anlage steht die Ruine der St.Honorat-Kirche (25).

MUSEEN

MUSÉE ARLATEN (17): provenzalisches Völkerkundemuseum im Palais Laval Castellane, einem ehemaligen Herrschaftshaus. Zeigt in vielen Sälen Trachten, Möbel, Werkzeug, Ziergegegenstände, Geschirr, Spielsachen, Gemälde, Bräuche, provenzalische Legenden etc. sowie Andenken an Mistral und Wärterinnen in Tracht von Arles.

Gegründet 1896 von Frédéric Mistral, dem provenzalischen Literatur-Nobelpreisträger gegründet. Mistral wollte mit diesem Museum ein Denkmal setzen, da er provenz. Regionalismus bedroht sah vom Pariser Kulturdiktat. Geöffnet: Nov.- März: 9-12 und 14-17 Uhr (Mo. geschl.), - in April - Okt. nachmittags bis 18 Uhr, im Sommer 9-12 und 14- 19.3o Uhr. Eintritt 5 DM.

MUSÉE RÉATTU (2o): im einstigen Kloster des Malteserordens aus dem 16. Jhd. an der Rhône. Es beherbergt Sammlung moderner Kunstwerke von César, Dufy, Gauguin, Matisse, Vasarely etc. Stierkampf-Fan Picasso schenkte Arles 57 Zeichnungen, die hier ebenfalls ausgestellt sind.

Außerdem Gemälde aus 16.-18. Jhd. sowie Sammlung des Malers Jacques Réattu (176o-1833). Zusätzlich photographische Kunstwerke und wechselnde Sonderausstellungen. Geöffnet: April bis September 9-12 und 14-19 Uhr, sonst 1o-12 und 14-16.3o Uhr. Eintritt 5 DM.

MUSÉE PAIEN (14): untergebracht in der Kirche Ste.-Anne (17. Jhd.) an der Place de la Republique. Das Museum zählt zu den wichtigsten der Provence für römische Kunst. Zu sehen u.a. Mosaike, röm. Keramikarbeiten und Skulpturen.

MUSÉE CRETEIN (16): Rue Balze, untergebracht in einer Jesuitenkapelle aus den 17. Jhd. Ausgestellt vorwiegend Sakrophage aus der frühchristlichen Zeit sowie Münzen und Keramik. Verbunden mit dem Museum der Zugang zu einer Säulenhalle, die sich unterhalb des römischen Forums befand. In der Nähe das Arlaten- Museum (siehe oben).

ESPACE VAN GOGH (24): im ehemaligen Armenkrankenhaus Hôtel-Dieu, wo 1889 auch van Gogh behandelt wurde. Das Kulturzentrum mit Unifakultäten, Mediathek und Institut für Literaturübersetzung bietet in drei Sälen wechselnde Ausstellungen.

FONDATION VAN GOGH (Palais de Luppé, bei der Arles- Arena (5), Rond. des Arenas): stellt Werke zeitgenössicher Künstler und Schriftsteller zu Ehren Vincent van Goghs aus, darunter Arman, César, Jasper Johns, Antonio Saura. Im Sommer 1o- 19 Uhr, sonst 1o- 12.3o und 14- 17.3o Uhr geöffnet.

MUSÉE ARCHÉOLOGIQUE (Chemin de Barriol): auf der kleinen Rhônehalbinsel befand sich einst der römische Zirkus. Zu sehen antike Fundstücke der geschichtsreichen Region. Oktober bis März 1o-18 Uhr, dienstags geschlossen. Sonst täglich 9-2o Uhr. Eintritt 11 DM.

MUSEON CAMARGUEN: heimatkundliches Camarguemuseum in ehemaligen Viehstall des Mas du Pont de Rousty. Liegt mitten in wilder Camargue- Landschaft, 12 km außerhalb an Straße nach Ste-Marie-de-la-Mer D 57o). Oktober bis März 1o-16.45 Uhr außer dienstags, April bis September 9.15-17.45 Uhr, im Hochsommer nachmittags eine Stunde länger. Eintritt 8 DM.

Verbindungen ab Arles

Auto/Parken: Parkraum im Bereich um die Altstadt von Arles ist extrem knapp, - vorallem zur Hochsaison. Am Bd. des Lices (siehe Karte) besteht ein kostenpflichtiger Parkplatz. Er ist der größte in der Nähe des Altstadbereiches. - Zwei weitere (siehe Karte) am Bd. des Lices/Rue Emile Fassin und an der Kreuzung Bd. G. Clemenceau/Rue Gamberta, ebenfalls gebührenpflichtig. - Hinzu kommt der Parkplatz an der Rhône im nordwestlichen Altstadtrand am Quai Marx Dormoy (siehe Karte). Nach Möglichkeit das Auto abseits der Altstadt parken!

Zug (1): Bahnhof SNCF Avenue Paulin Talabot. Stop für sämtliche Züge, auch des TGV von Paris zum Mittelmeer und von Arles weiter nach Marseille bzw. Aix-en Provence und Nizza.

Bus (1): gegenüber Bahnhof SNCF. Tägliche Verbindung nach Salon, Aix, Marseille, Les-Saintes-Maries, Salin-de-Giraud.

Schiff: Anlegestelle an Quai St-Pierre de Trinquetaille. Pro Tag für Boote bis 8 m ca. 13 DM, bis 12 m ca. 22 DM, inkl. Wasser und Stromanschluß.

STADTHOTELS

"Grand Hotel Nord Pinus": Place du Forum. Topadresse der Stadt, hier nächtigten schon Künstler wie Picasso und Cocteau. Nobler Salon mit alten Stilmöbeln und Flügel. DZ mit Bad und WC ca. 21o DM.

"Jules César": 9 Bd. des Lices, neben Touristoffice. Hotel im ehemaligen Kloster aus dem 17. Jhd. Edler Säuleneingang. Beheiztes Schwimmbad. Zwei Restaurants. DZ mit Bad/WC und Frühstück ca. 2o5- 34o DM, auch teurere Suiten.

"Hotel d'Arlatan": 26, Rue du Sauvage. Das einstige Herrenhaus der Comtes d'Arlatan de Beaumont ist stilvoll mit Antiquitäten möbliert. In den Zimmern alte Deckenbalken, Kamin. Klimatisierte ca. DZ 135- 21o DM, auch Suiten. Frühstück 17 DM. Schattiger Patio.

"Hotel Diderot": 5 Rue Diderot. Ruhig gelegenes Hotel in Stadthaus. Die meisten Zimmer mit Dusche und WC, ca. 7o-85 DM, Frühstück 8 DM.

"Régence": 5, Rue M. Jouveau, an der Rhône. Alle Zimmer mit Dusche oder Bad und WC. DZ ca. 83 DM, Frühstück 9 DM.

"Calendal": 22, Place Pomme. Stadthaus mit schattigem Patiogarten hinterm antiken Theater. Klimatisierte DZ mit Dusche/WC ca. 7o- 11o DM. Frühstück 1o DM.

"Mirador": 3, Rue Voltaire, nördlich des Amphitheaters. Einfach möblierte DZ, Dusche/WC ca. 75 DM, Frühstück 8 DM.

LANDHOTELS

"Le Mas de la Chapelle": Petite Route de Tarascon (D 35, nördlich). Provenzalisches Mas mit vielen Kaminen in großem Park mit Pool. Die Kapelle aus dem 16.Jhd. ist heute Restaurant, Menu ab 45 DM. DZ inklusive Frühst. ca. 175-23o DM.

"Auberge La Fenière": in Raphèle, RN 453, 6km westlich. Efeugrün beranktes Provencehaus in Blumengarten. DZ ab ca. 1oo DM. Chefin kocht selbst, weswegen Halbpension empfehlenswert, pro Person ab 1o5 DM.

"Longo Mai": Le Sambuc, D36. Landhotel 25 km südlich, mitten in der Camargue. Möglichkeit zu Reiten, Fahrradverleih. Schmale Zimmer, teilweise mit Sonnenbalkon ca. 8o- 125 DM, Frühstück 11 DM.

Jugendherberge: 2o, Av. Maréchal Foch. 1oo-Betten-Juhe. Übernachtung mit Frühstück ca. 25 DM.

Camping: alle außerhalb und mit Schwimmbad, Stromanschluß und Warmduschen.

Crin Blanc, östlich von Arles bei Saliers. Über N 572 Richtung St-Gilles, dann links auf D 37. Drei-Sterneanlage ist größter Camping der Ecke. April bis September geöffnet.

Camping City, 67, Route de Crau, gut beschattet, ganzjährig geöffnet.

Les Rosiers, in Pont-de-Crau, über Route de Raphèle-les-Arles (N 453), 2 km vom Zentrum.

Weitere Campings in Raphèle-les-Arles und St-Martin-de-Crau.

Zu den besten Lokalen von Arles gehören die beiden Restaurants des Hotel Jules César. Das Restaurant DU CLOITRE befindet sich im ehemaligen Kreuzgang. Preisgünstiges Mittagsmenü für 45 DM, abends ab 8o DM. Im LOU MARQUES kostet Menü ab 65 DM.

LE VACCARES, weiteres Schlemmerlokal am Place du Forum, Eingang Rue Favarin. Lokal im ersten Stock mit Balkon. Mittags gibt es kleines Menu Plaisir für 27 DM, sonst ab 42 DM.

LE MÉDIÉVAL, 9, Rue Truchet. Regionalküche, auch Fisch und Muscheln. Gute Grillgerichte. Menü ab 3o DM.

L'AFFENAGE, 4, Rue Molière beim Espace-Van-Gogh. Lokal mit Bistro-Ambiente in ehemaligem Postrelais aus 17. Jhd. Herzhafte Gerichte, die den deftig-rustikalen Einfluß Frankreichs Südwestens - auch in der Weinkarte - nicht leugnen wollen. Empfehlenswert. Menü 28- 4o DM.

LA PAILLOTTE, 28, rue Docteur Fanton unweit Place du Forum. Enges Lokal. Günstiges Mittagsmenü für 18 DM, aufwendiger für 38 DM.

GRAND BRASSERIE ARLESIENNE, 14 Bd. des Lices, unweit des McDonalds. Typisch französisches Boulevardlokal ohne Überraschungen. Bieten Mittagsplatte für 15 DM, auch Menü 27 DM.

Feste und Festivals:

FERIA PASCALE: Stierkämpfe in der Arena zu Ostern sowie Stierspiele in Straßen des Zentrums.

FETE DES GARDIANS am 1.Mai. Vormittags Messe in provenzalischer Sprache, nachmittags Volksfest mit Trachtenumzügen im Amphitheater.

FETE DE ST-JEAN am 23.Juni Place de l'Hôtel de Ville. Folkloretänze ums Johannisfeuer.

RENCONTRE INTERNAT. DE LA PHOTOGRAPHIE in der ersten Julihälfte ist bedeutendstes europäisches Jahrestreffen für Photographen, Photobuchverleger und Kritiker. Schwerpunkt dabei nicht nur klassische und künstlerische Photographie, sondern zunehmend auch Video und Multimedia. Kurse und Ateliers für Anfänger und Profis werden geboten, vom Kinderphotokurs bis hin zur High-Tech-Bildbearbeitung digitalisierter Photos am Computer. Auskunft bei RIP, 1o, Rond. Point des Arènes.

Im Juli/August viele weitere Veranstaltungen: erste Juliwoche Folklorefest Pegoulado mit Fackelzug am Freitagabend von Bd. des Lices bis zum Amphitheater. Außerdem Theater- und Tanzveranstaltungen. Ende August Filmfestspiele Peplum.

Les Prémices du Riz, Fest vor der Reisernte mit Folklore und Stierkampf.

Markt: Mittwochvormittag an Bd. Emile Combes. Samstagvormittag Bd. des Lices und Bd. Clémenceau.

Trödelmarkt jeden ersten Mittwoch des Monats am Bd. des Lices.

SPORT

Tennis: Latitudes Camargue, Quartier Fourchon/Autobahnausfahrt Arles-sud, 3o Plätze. Latitudes Camargue ist ein 35 Hektar Wohn-, Ferien und Freizeitpark mit See, Squashhalle, Reitclub, Golf etc. Dort auch Hotel (Halbpension pro Person 12o-19o DM) und Ferienwohnungen.

Schwimmen: Freibad beim Stade Municipal, Ende Bd. Emile Zola. Von Juni bis Mitte September geöffnet.

Hallenbad Piscine Couverte Guy Berthier, Av. Stalingrad. Mitte Februar bis Mitte März und Juli bis Ende September geschlossen.

Der sogenannte Plage d'Arles befindet sich 45 km südlich bei Salin-de-Giraud an der Mündung der Grand-Rhône. Dort ist 1 km östlich der Zufahrtsstraße auch FKK gestattet.

Golf: im Tennisdorf Latitudes Camargue (Quartier Fourchon) auch 6-Lochparcours und Practice. - 18 Lochplatz Domaine de Servanes bei Mouriès, 2o km westlich via D 17. - 9 Lochplatz Domaine de Manville vor Felsenstadt Les Baux, 15 km nordwestlich via Fontvieille.

Fahrradvermietung: Dall'Oppio, Rue Portagnel, von März bis Oktober.

Camargue

Schwemmland im Rhônedelta mit Salzsteppen, Reisfeldern, von Kanälen durchzogenen Sümpfen, Sanddünen und 4o km lange Strände. Neben Salzgewinnung wird in der Camargue intensive Landwirtschaft betrieben, vor allem Reisanbau.

Geographisch betrachtet ist zumindest die südliche Camargue ein Archipel. Sie hat keine beständigen Meeresgrenzen. Saintes-Maries beispielsweise lag im Mittelalter nicht am Ufer, sondern einige Kilometer landeinwärts.

Die Camargue zählt insgesamt nur 1o.ooo Bewohner, - hingegen jährlich fast eine Million Touristen. Im Juli nimmt alleine das 2.ooo Einwohner-Städtchen Les Saintes-Maries-de-la-Mer rund 4o.ooo Urlaubsgäste auf und muß damit erhöhten Verkehr, Müll, Abwässer etc. bewältigen.

Deshalb wurde 197o das ganze Delta zwischen Grand Rhône und Petit Rhône unter Naturschutz gestellt. In der Camargue lebt eine Vielfalt seltener Vögel, z.B. Bienenfresser, Austernfischer, Reiher, Stelzenläufer, Silbermöwen, Regenpfeiffer, Blaßhühner, Schnepfen, Seidenreiher, Kuhreiher. Die typischen Flamingos sind kurz vor Sonnenuntergang auf dem Damm zwischen Les Saintes-Maries und Salin-de-Giraud gut zu beobachten.

Gardians: als "Cowboy der Camargue" läßt sich ein Gardian nicht gerne bezeichnen. Eher schon als Tierhüter im Land der schwarzen Stiere und der weißen Pferde. In ihrer Tracht aus schwarzem Hut, schwarzer Jacke und weißer Hose mit einem schalartigen Gürtel sind sie Teil jeder Folkloreveranstaltung in der Camargue. Dann reiten sie vor Publikum die Ferrade. Dabei wird ein Jungstier von der Herde getrennt, um mit einem Eisen die Initialen des Besitzers einzubrennen.

Heute gibt es nur noch 6.ooo schwarze Camarguestiere. Wirtschaftlich bedeutender sind die 8o.ooo Schafe, die hier im Winter weiden. Die typi-

NÎMES
N
BvH.
WANDER-
TRAILS
0
5
10 Km
A9
D34
Montpellier
Montpellier Bas Rhône
Montpellier
Lunel
D24
D34
D113
D979
N572
Vauvert
Aimargues
N572
CANAL DU BAS RHÔNE-LAN
N572
Canal du Rhône
D979
St. Laurent
D704
CANAL DU RHÔNE
D61
D34E
VIDOURLE
D979
D46
D179
D179
CANAL DU RHÔNE
D58
D62
Aigues-
Mortes
Port-de-Sylvéréal
La-Grande-
Motte
Le-Grau-
-du-Roi
Port
Camargue
D979
D85
D38
Phare
de l'Espiguette
Fähre
Bac-du-
Sauvage
Golfe du Lion

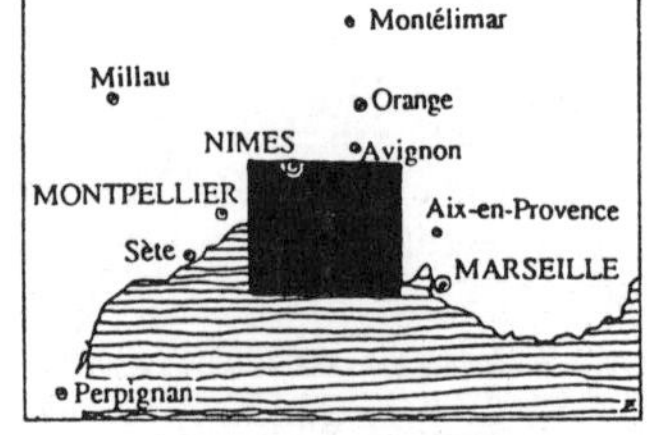
Montélimar
Millau
Orange
NIMES
Avignon
MONTPELLIER
Aix-en-Provence
Sète
MARSEILLE
Perpignan

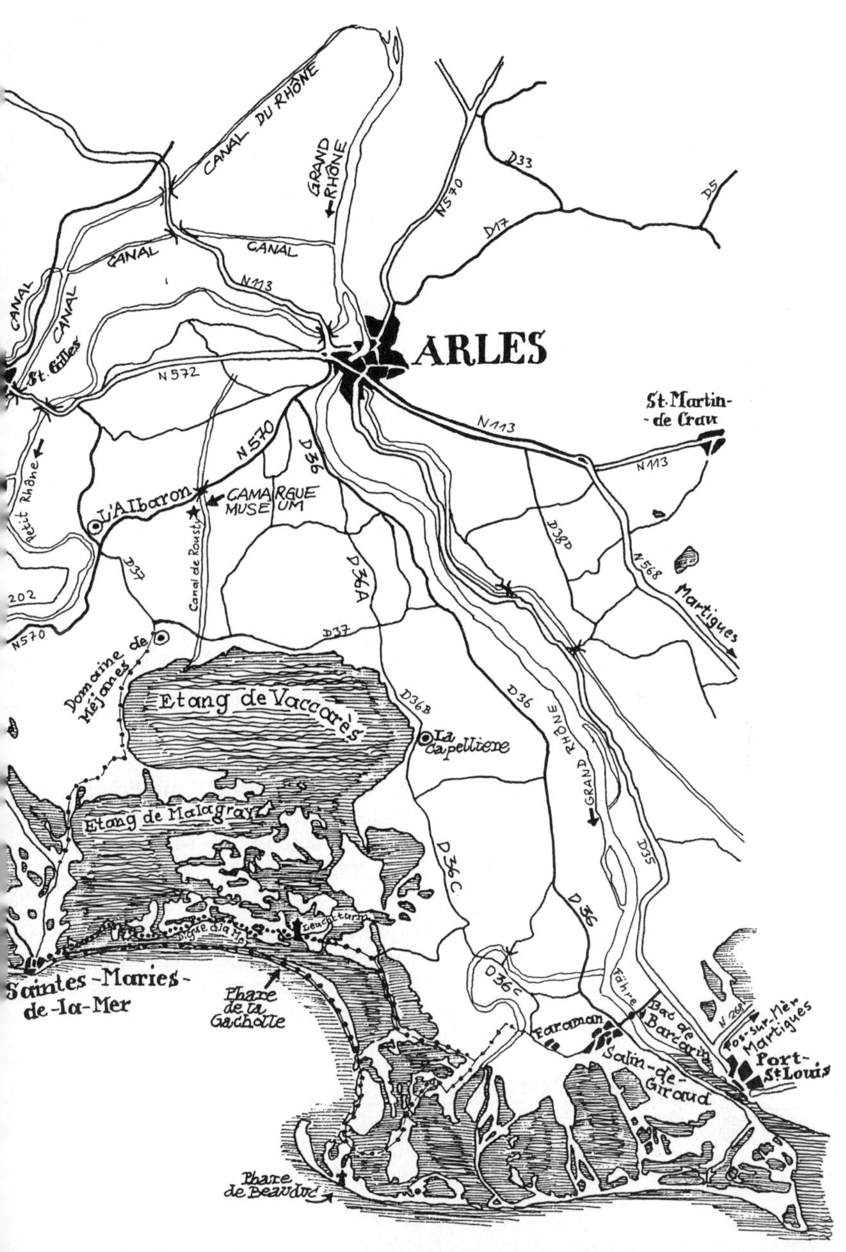
CANAL DU RHÔNE
GRAND RHÔNE
D33
D5
N570
D17
CANAL
CANAL
N113
CANAL
CANAL
ARLES
St. Gilles
N572
N113
St. Martin-de Crau
N570
D36
N113
Petit Rhône
L'Albaron
CAMARGUE MUSEUM
Canal de Rousty
D37
D36A
D38D
N568
Martigues
202
N570
D37
Domaine de Méjanes
Etang de Vaccarès
D36B
La Capelliere
D36
GRAND RHÔNE
Etang de Malagray
D36C
D35
D36
Saintes-Maries-de-la-Mer
Phare de la Gacholle
D36C
Fähre
Bac de Barcarin
Faraman
Salin-de-Giraud
Fos-sur-Mer Martigues
Port-St.Louis
Phare de Beauduc

schen weißen Pferde werden *"Le Camargue"* oder *"Crin Blanc"* genannt. In Herden verbringen sie das ganze Jahr draußen auf den mageren Weiden der Steppe. Die Camargue-Pferde leben jedoch nicht wild, sondern sind von ihren Besitzern mit Brandmarkierungen gekennzeichnet. Zumindest leben sie in der Freiheit des weiten Auslaufes. Die Fohlen kommen übrigens braun zur Welt. Die Ursprünge dieser Pferderasse sind nicht sicher geklärt. Es handelt sich wohl um einen Nachfahren des *Equus caballus*, der schon Motiv steinzeitlicher Felszeichnungen war.

LANDWIRTSCHAFT CONTRA TIERWELT: nach Ende des 2. Weltkrieges wurde zunächst der nördliche Teil der Camarge und das dortige Marsch-/Sumpfland durch Drenage und Kanäle urbar gemacht. Anbau von Reis vorwiegend südwestlich von Arles. Eine Region, geregelt durch ein umfangreiches Be- und Entwässerungssystem. Bereits in den 6o-er Jahren versorgte die Region rund 75 % des Reisbedarfes von Frankreich.

Für die Tierwelt (insbes. Vögel), die in den frühren Sümpfen und Wasserflächen ihre Nistplätze hatten, bedeutete dies eine erhebliche Einschränkung ihres Lebensraumes. Tierschützer forderten die Gründung von zumindest Natur- Reservaten, um die hier lebenden oft seltenen Vogel-Arten zu schützen.

197o wurde der Bereich zwischen kleiner und großer Rhône unter Naturschutz gestellt, - also das Dreieck zwischen Arles, Ste.-Maries-de-la-Mer und Port-St.-Louis-du-Rhône (letzterer ein riesiger Industriehafen!).

Zivilisation contra Tierwelt

INFO-CENTERS und NATURPARKS:
ab ARLES auf der D 36, Abzweiger 36 a, die östlich des Etang de Vaccarès entlang führt: ein Infocenter bei LA CAPALLIERE mit Präsentation und Filmvorführungen. Zudem rund 2o km Trail. - Ein weiteres Infocenter an der N 57o, rund 4 km, bevor die Straße in Ste.-Marie-de-la-Mer endet. Neben dem Museum der Parc Ornithologique (Vogelschutz Park), geöffnet Febr. - Nov. von 8 - 19 Uhr.

MOSKITOS: wegen der vielen stehenden Wasserflächen (Seen und Tümpel) der Camargue ist mit Moskitos zu rechnen, beginnend von Stechmücken bis hin zu den lästigen Bremsen, deren Stiche nicht nur jucken, sondern auch dicke Knuppel auf der Haut zurücklassen. Am Meer (z.B. in Ste.-Marie-de-la-Mer) sieht es besser aus.

Verbindungen

Bus: wegen der dünnen Besiedlung der Camargue gibt es nur sehr wenige Busverbindungen. Praktisch nur Arles -> Ste.-Maries-de-la-Mer: 2 mal täglich.

Fahrrad: das flache Land der Camargue bietet sich an für Fahrradtouren. Allerdings: im Sommer landein brütende Hitze; besser zu dieser Jahreszeit sind Touren entlang des Meeres, z.B. von Ste.-Maries-de-la Mer ostwärts zum Leuchtturm "Phare de la Gacholle" am Etang du Tampan. Fahrradvermietung in Ste. Maries. Achtung: im Frühjahr und Herbst sehr starke Winde, die einen bei Touren in Meeresnähe fast vom Rad blasen!

Schiff: Mitte März bis Anf. Okt. fährt auf der Petit Rhône ein Schaufelraddampfer für touristische Ausflugsfahrten. Dieser Mündungsarm der Rhône schlängelt sich in weiten Schleifen durch das Flachland mit Gras und niedrigem Buschwerk. Abfahrt rund 2,5 km westl. von Ste.-Maries-de-la-Mer, Details siehe dort.

KARTEN: beste Übersichtskarte der Region Port-St.-Louis-du-Rhône/ Arles/ Camargue / Montpellier und westwärts ist die Michelin 83. Beste Detailkarte zum Naturpark Camargue die IGN 3o3 im Maßstab 1: 5o.ooo.

CAMARGUE- MUSEUM (Musée Camarguais) an der N 57o, rund 1o km südwestlich von Arles und vor Albaron. Das kleine, aber in Präsentation gut eingerichtete Museum lohnt den Stop als Einführung der Camargue. Überblick über Vergangenheit und Gegenwart, geöffnet 9 - 18 Uhr, im Winter 1o - 17 Uhr, Di. geschlossen.

★Saintes-Maries-de-la-Mer (2.2oo Einw.)

Die weiße Stadt mit Turm ragt markant aus der flachen Lagunen- und salzkrustigen Steppenlandschaft heraus. Die eigentliche "Hauptstadt" der Camargue liegt null Meter über dem Meer und ist von einem Damm

St. Marie de la Mer – Festungskirche

geschützt. Saintes-Maries-de-la-Mer ist ausgesprochen schön mit seinen engen Gassen, weißen 2-stöckigen Steinhäusern, Plätzen und Restaurants.

Die Heiligenprozession im Mai machte sie zum südfranzösischen Mekka der Zigeuner. Im Sommerhalbjahr voll auf Tourismus eingestellt. Einheimische nennen das Städtchen verkürzt einfach "Saintes".

5, Avenue van Gogh. Juli/August durchgehend 9- 2o Uhr geöffnet, sonst 9-12.3o und 13.3o-18 Uhr. Auch Geldwechsel.

Avenue de la République. Montag bis Freitag 9-12 und 14-17 Uhr, Samstag 8.3o-11.3o Uhr.

Stadtgründung erklärt eine Legende. Im Jahre 42 nach Chr. sollen die nächsten Verwandten und Freunde Jesu von den Juden auf einem steuer- und segellosen Schiff im Mittelmeer ausgesetzt worden sein. Das Schicksal trieb sie an diesen Küstenabschnitt der Provence. Hier verbreiteten sie sich: Maria Magdalena verschlug es beispielsweise ins Ste-Baume-Massif, Lazarus nach Marseille. In Saintes-Maries blieben Maria Jakobaea, (die Tante von Jesus) und Maria Salome, die Mutter des Johannes und Jakob sowie ihre dunkelhäutige Dienerin Sara. An der Süßwasserquelle bauten sie eine Kapelle.

Der weiße Stein eines alten Altars ist tatsächlich ins Mauerwerk der heutigen Kirche von Ste.-Maries eingebunden. Dem Volksglauben nach kratzen Frauen davon Staub ab, den sie in einem Amulett bewahren, um Kindersegen zu erhalten. Im Quellwasser aufgelöster Steinstaub soll auch bei Tollwut helfen...

Während der folgenden Jahrhunderte nach Bau der Kirche (1489) blieb Ste.-Maries-de-la-Mer ein Fischernest im Randbereich der Provence und wurde häufig von Piraten heimgesucht. Daher Ausbau der Kirche zu einer Festung, in die sich die Ortsbewohner bei Angriffen flüchteten.

Ab Beginn 16. Jhd. wurde Ste.-Maries zur Wallfahrtsstätte wegen Wundertätigkeit der Sara. Seither alljährlicher Treff der Zigeuner, Details siehe Kasten.

KIRCHE (Notre Dame de la Mer): wuchtiges Bauwerk, das eher an eine Festung denn Kirche erinnert. Bereits in vorchristlicher Zeit befand sich an dieser Stelle (wegen Süßwasserquelle) ein heidnischer Tempel. Baubeginn der heutigen Kirche um 115o, Erweiterungen bis 1489 sowie bis hin Mitte 16. Jhd. Sie wurde zunehmend festungsartig ausgestattet (inkl. Schießscharten, Wehrgang etc.), um Angriffen von Piraten standzuhalten.

Im Inneren der dreischiffigen Kirche herrscht zunächst Dunkelheit, - bedingt durch den Festungsbau weitgehend ohne Fenster. Gegen Einwurf von Münzen kann man sich kurzzeitig Licht schaffen. Der Chor (1515 - 52) wurde von Dominique Bertin, einem Holzschnitzer aus Toulouse vollendet. Besonders schön die kleinen Figuren an den Lehnen der Chorsitze.

Rechts im Kirchenschiff der Ziehbrunnen besagter Quelle. Gegen Gebühr über Wendeltreppe hoch zum Turm mit Blick über Camargue. Die Gebeine der Sara liegen in Krypta. Da es in der Camargue keine Steine gibt, mußten sie für den Kirchbau aus Arles teuer herbeigeschafft werden. Bis

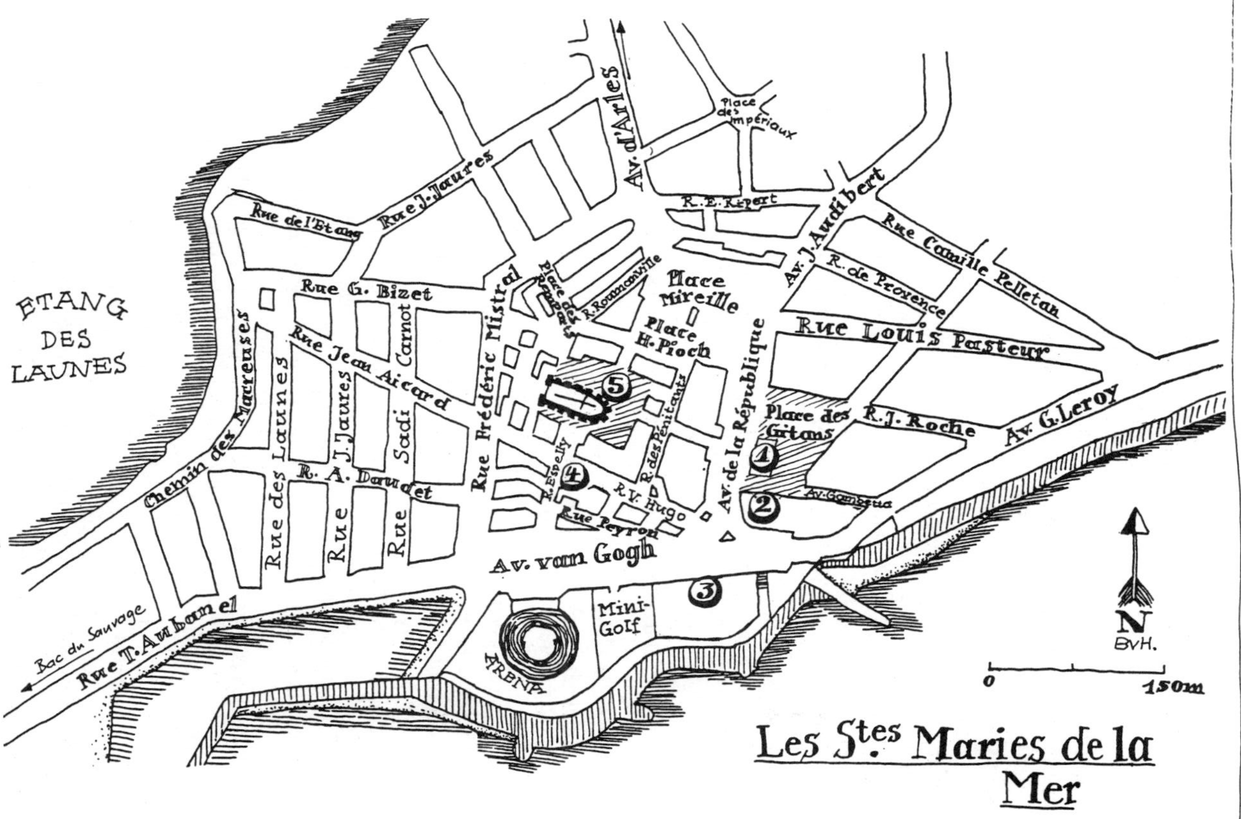

Les Stes Maries de la Mer
N
BvH.
0
150m
ETANG DES LAUNES
Rue de l'Etang
Rue J. Jaures
Av. d'Arles
Place des Impériaux
R. E. Repert
Av. J. Audibert
Rue Camille Pelletan
R. de Provence
Rue Louis Pasteur
R. J. Roche
Av. G. Leroy
Place des Gitans
Av. Gambetta
Av. de la République
Place Mireille
Place H. Pioch
R. Roumanille
Place des Remparts
R. des Pénitents
R. V. Hugo
Rue Peyron
R. Espelly
Rue Frédéric Mistral
Rue G. Bizet
Rue Jean Aicard
Carnot
Rue Sadi
Rue J. Jaures
Rue des Launes
R. A. Daudet
Chemin des Marreuses
Av. van Gogh
Mini-Golf
ARENA
Rue T. Aubanel
Bac du Sauvage
1
2
3
4
5

ins 18. Jhd. war der Ort von einer Befestigungsanlagen umgeben. Die Häuser darin bestanden aus Schilfrohr, was zu häufigen Bränden führte.

MUSÉE BARONCELLI (4): heimatkundliches Museum im Zentrum von Ste.-Maries. Benannt nach Maquis de Baroncelli, einem Freund des Dichters Mistral, der Anfang des Jahrhunderts einen Verein zur Erhaltung der Camarguetraditionen gegründet hat. Im Museum zu sehen: ausgestopfte Vögel, Photos, Schriftstücke.

ARENA: während der Urlaubersaison unblutige Stierkämpfe, wo Toreros die Schleifen und Quästchen von den Stierhörnern "abpflücken". Saintes-Maries ist bekanntes Torero-Zentrum. So heiratete beispielsweise die prominente Stierkämpferin Marie Sara Anna Bourseiller in der Festungskirche den Tennisstar Henri Leconte, letzterer bekannt durch Sportbekleidung.

RATHAUS (1) an der Place des Gitans, zur Zeit des Zigeunerfestivals der zentrale Platz für die Wohnwagen der Gitanos. Gegenüber die POST (2).

Im Sommer sind Unterkünfte in Ste.-Maries knapp. Es gibt nur wenige Zimmer, die man am besten langfristig vorab bucht (Liste vom Tourist-Büro). Bessere Chancen, wer campt oder mit dem Wohnmobil kommt.

"**Hotel Cacharel**": Route de Cacharel, D 85. Langgezogenes, weißes Camarguehaus mit Wohntürmen, ruhiger Innenhof. DZ mit Dusche/WC inklusive Frühstück ca. 18o DM.

"**Mas Sainte-Hélène**": Chemin Bas des Launes, ruhig auf einer Insel im Etang des Launes. DZ mit Frühstück ca.15o- 2o5 DM.

"**Lou Mas du Juge**": Quartier Pi-Fourcart. Hotel in weißem Bauernhof. Große DZ mit Dusche/WC ca. 11o- 13o DM. Frühstück pro Person 1o DM. Auch Restaurant der gehobenen Preisklasse.

"**Mas de Lavalle**": an D 57o. Einstöckiger Landgasthof mit Garten. Einfache Zimmer, je nach Ausstattung ca. 5o- 8o DM.

"**Les Palmiers**": 16, Rue Alphonse Daudet. Ganzjährig geöffnetes Familienhotel. Fahrräder können untergestellt werden. Angenehme Zimmer, alle mit Bad oder Dusche und WC. DZ mit Frühstück ca. 85- 1oo DM.

Ferienwohnungen: Liste gibt es im Touristbüro. Es werden auch Cabanes angeboten.

Jugendherberge: Pioch-Badet, 9 km nördlich Saintes-Maries an D 57o. Ganzjährig geöffnet. Zwei Säle in einem ehemaligen Schulgebäude. Übernachtung mit Frühstück ca. 2o DM. Busverbindung zum Ort.

Camping: Problem beim Campen sind staubiger Sand und Moskitos, auch nachts bei Lichtquellen. Zwei Riesenanlagen bei Stränden, zur Hochsaison vollgepfercht. Beide Stromanschluß, Warmwasser, Restaurant, Einkaufsladen etc.

Clos du Rhône, Route d'Aigues Mortes. 2 km auf D 38 westlich an der

Petit Rhône. Manche Plätze mit Wasseranschluß, Swimmingpool.

Brise, Rue Marcel Carrière, über die D 85 nordöstlich zu erreichen, ganzjährig geöffnet.

Die vielen Restaurants um die Hauptstraße von Saintes-Maries bringen nicht unbedingt Abwechslung auf den Teller. Preislich sind sie eher hoch angesetzt. Für kleinen Hunger gibt es auch Snacks, Pizza und Salate.

Die echte Camarguekũche verwendet im Gegensatz zur Provence keine Kräuter (wachsen hier nicht), sondern würzt lediglich mit Knoblauch. Speisekarten klingen zwar mit Boeuf à la Gardian oder Daube de Taureau nach Camargue, sind aber meist nur deren trauriger Abklatsch.

LE MAS DE FOUQUE, Route du Petit-Rhône (D 38), 4 km außerhalb. Eins der besten Camargue- Restaurants im gleichnamigen Luxushotel. Gegrilltes Rindfleisch, Fisch und Krustentiere, dazu raffinierter Camarguereis. Menü ca. 7o DM.

HOSTELLERIE DU PONT DE GAU, direkt am Vogelpark, kurz vor Saintes-Maries an der D 57o. Rustikaler Saal mit Deckenbalken, Menü ab 3o DM. Vermieten auch einige Zimmer, DZ ca. 75 DM.

HIPPOCAMPE, Rue C. Pelletan. Fischbetonte Küche, gut präpariert. Camarguegerichte mit provenzalischen Akzenten, z.B. Zitronenmarinade. Gutes Menü für knapp 4o DM, 4 Gänge und mehr Auswahl für 55 DM.

ZIGEUNER-WALLFAHRT: alljährlich am 24. und 25. Mai. Aus gesamt Europa treffen sich hier Zigeunerfamilien, die mit ihren Mercedes Benzen und sonstigen Kutschen plus Wohnwagen angereist kommen.

STE-MARIES-DE-LA-MER, Zigeunerwallfahrt

Die ZIGEUNERWALLFAHRT hat ihren Ursprung in der Verehrung der dunkelhäutigen Dienerin Sara. Das "fahrende Volk" pilgert seit dem 15. Jhd. aus ganz Frankreich und den angrenzenden Ländern nach Saintes-Maries. Nach Vertreibung der Zigeuner aus der indopakistanischen Heimat ums Jahr 1.ooo trafen sich Vertreter der beiden Flüchtlingsströme, dem nordafrikanisch-spanischen und mitteleuropäischen Zweig, hier im 15. Jhd. wieder. Zu dieser Zeit wurden auch die angeblichen Gebeine der beiden Marien in der Camargue entdeckt. Davon fasziniert, verehren die Zigeuner vor allem Sara, die wie sie dunkelhäutig war. Da Sara aber keine von Rom anerkannte Heilige ist, wehrte sich der örtliche Klerus lange gegen die Zigeunerwallfahrt. Erst seit 1935 ist sie offiziell gestattet.

Die Wallfahrt beginnt am 24. Mai mit einem Hochamt. Nachmittags wird der doppelte Reliquienschrein bei der sogenannten "Descente du Châsse" langsam aus der Turmkapelle in den Chor hinabgelassen. Kinder werden an den Schrein gedrückt, Kerzen entgegenhalten, jeder will ihn berühren. Die Zigeuner drängen sich aber um ihre Schutzpatronin Sara in der Gruft. Die Satue mit schwarzem Gesicht zieren sie mit Tüchern und Schmuck und tragen sie dann in einer Prozession durch den Ort zum Meer. Traditionell laufen viele Zigeuner barfuß. Als Ehrentribut reiten vorneweg die Gardians und dazwischen beten Trachtenmädchen aus Arles. An diesem Tag werden vom Zigeunerpriester auch die im Laufe des Jahres geborenen Kinder getauft. Die Eltern erhoffen für sie irdisches Glück.

Am 25. Mai folgt die Prozession einer Barke mit den beiden Marien. Daran nimmt auch der Bischof teil und weiht das Meer, sogenannte "Bénédiction de la Mer".

Am 26.Mai ist schließlich Volksfest ("Journée Baroncellienne") mit Reiterspielen der Gardians, Folkloretänzen und Handleserinnen. Ein fröhliches Fest, vor allem abends mit viel Musik und Flamencostimmung. Die Wallfahrt ist vor allem für die Einheimischen ein einträgliches Geschäft, denn sie lockt viele Touristen an.

Auf ernstere Leute wirkt die hier spontan zur Schau getragene Religiosität eher abergläubisch. Die Zigeuner jedenfalls sehen sich trotz allem, was Wahres oder Unwahres über sie behauptet wird, als gute Christen. Denn auch Jesus zog als Nomade herum und besaß kein Haus. Allerdings auch keinen Tabbert-Wohnwagen und keinen Mercedes.

Schaufelrad- Dampfer auf der Petit Rhône: Anlegestelle ca. 2,5 km westlich von Ste.-Maries-de-la-Mer beim Cam-ping. Abfahrten Mitte März bis Anfang Oktober, - in Vor- und Nachsaison einmal täglich, zur Saison (April - Sept.) mehrmals täglich. Die Fahrt dauert rund 8o Min., pro Person ca. 18 DM, Kinder die Hälfte. Zu sehen sind entlang der Flußschleifen flache Camargue- Landschaften mit Buschwerk, gegebenenfalls auch weiße Pferde und Vögel. Ansonsten ein mehr oder weniger relaxing Tourist-Trip.

DIEBSTAHL: Vorsicht, in den letzten Jahren sind mehrfach abgestellte

Autos aufgebrochen worden. Daher keine Wertsachen oder sonstigen Gegenstände im Auto offen rumliegen lassen. Eventuell auch das Handschuhfach öffnen, damit der Dieb sieht, daß sich das Aufbrechen des Autos auch diesbezüglich nicht lohnt.

SPORT: Wandern: brauchbare Karte zum Naturpark Camargue ist IGN 3o3 im Maßstab 1: 5o.ooo.

Reiten: an den Ausfallstraßen von Ste.-Maries gibt es mehrere Pferde-Ranchen. Dort Möglichkeit zu Ritt durch Camarguelandschaft unter Begleitung eines Führers.

Domaine Paul Ricard von Mejanes an D 37 ist eine Freizeitanlage am Ufer des Etang de Vaccarès. Möglichkeit zu Ausritt auf dem 33o-Hektar-Gut mit weiten Reisfeldern. Dabei auch eine Arena für Stier und Reitspiele.

Fahrradverleih: "Le Vélociste", Place Remparts und "Camargue-Vélos", Rue Mistral.

Kilometerlange Sandstrände. Im Sommer sind die Strände zwischen Stadt und den Campingplätzen sehr voll. Der 6-km Strand von Salin-de-Giraud ist weniger bevölkert.

FKK: 4 km östlich von Saintes-Maries, Richtung Leuchtturm Phare de la Gacholle, ist Nacktbaden geduldet.

FESTE

Ostern und Pfingsten: Stierkämpfe.

24.- 26. Mai: Zigeunerwallfahrt.

15.August: Grande Feria mit Stierspielen.

Ende Oktober, am Sonntag, der dem 22. am nächsten liegt: die Marienprozession der Einheimischen.

Markt: Place des Gitans am Montagvormittag, im Sommer zusätzlich freitags.

UMGEBUNG: schöne Straßen durch die Camargue sind die 1o km lange D 85 A (zwischen Saintes-Maries und Pioch Badet) und vor allem die D 36 A- C entlang des Ostufers des Etang de Vaccarès. Am Ende führt die Piste nach Beauduc, einem Cabanes-Dorf ohne Strom und fließend Wasser. Cabanes werden die Wochenedhäuschen genannt. Sie sind meist aus Holz, manche aber auch zur Wohnung umfunktionierte Omnibusse oder Wohnwägen. Einziges Steinhaus von Beauduc ist das einstöckige Wächterhaus mit Bastidedach unter dem schmalen, runden Leuchtturm.

★Aigues Mortes (5.ooo Einw.)

Festungsstadt in den Lagunen der Petite Camargue am westlichen Ende der Provence. Deren geduckte Häuser mit vielen Kaminschlöten bleiben hinter mächtigen Mauern verborgen. Aigues Mortes ist sehenswert allein wegen seines gewaltigen Festungsringes, der die Stadt komplett umrundet

(Länge rund 1,5 km) sowie seiner Befestigungstürme, die man besteigen kann. Im Sommer jede Menge an Besuchern, die Aigues Mortes als Ausflugsziel besuchen.

Office de Tourisme an der Porte de la Gardette

Post: innerhalb des Mauerrings an der Rue de la République.

PARKEN: an nördlicher Stadtmauer, Bd. Diderot. Weiterer Großparkplatz beim Südtor Porte des Moulins.

Geschichte: die Römer nannten die Stelle *"Aquae Mortuae"* (totes Wasser) wegen der salzhaltigen Inlandsseen und Tümpel. Damals ein Fischernest am Meer. Hieraus entstand der spätere Ortsname *"Aigues Mortes"*.

124o kaufte der franz. König Ludwig XI. (der "Fromme") das Marschland inkl. des Fischerhafens und erweiterte diesen für die Schiffe der Kreuzfahrer. Neben dem wuchtigem Festungsturm Tour de Constance entstand eine Stadt in Schachbrettmuster. Ein kurzer Kanal verband Aigues Mortes in mitten der Lagunen mit dem nahen Meer. Schon bald wurde die Stadt und ihr Hafen zum wichtigsten Ausgangspunkt Südfrankreichs für die Kreuzritter und damals wichtigste Bastion:

1248 brachen von hier rund 2.5oo Rittern, 5.ooo Bogenschützen und weitere Kämpfer nach Zypern mit Ziel Jerusalem auf, um das Christentum zu verteidigen. Den Krieg verlor das Christenheer im ägyptischen Mansura, wo der König in Gefangenschaft geriet. Auch der nächste Kreuzzug scheiterte 127o. Dabei starb der Ludwig IX. in Tunis an der Pest.

Ausbau der Stadtfestung Aigues Mortes um 13oo durch den Sohn Ludwig IX., Phillip, wobei ein kompletter Mauerring und weitere Festungstürme angelegt wurden.

Im 1oo-jährigen Krieg eroberten 1418 die Burgunder die Festungsstadt. Die Belagerung der Armagnaken endete in einem blutigen Gemetzel, als sie in einer nächtlichen Überraschungsaktion in die Stadt eindrangen. Die gefallenen Burgunder wurden in den Westturm gelegt und aus Angst vor Pestinfektion mit Salz überschüttet.

Danach verlor der Hafen wegen Kanalversandung an Bedeutung. Immer mehr Bewohner verließen Aigues Mortes, - eine mittelalterliche Stadtfestung in der weiten Lagunen- und Sumpflandschaft der Camargue, die heute eine der großen Urlauber-Ziele und Sehenswürdigkeiten der Camargue ist.

Die engen Straßen in Aigues Mortes ließen die Architekten rechtwinklig anlegen. PLACE ST-LOUIS bei der gotischen Kirche Notre-Dame-des-Sablons ist Zentrum mit Straßencafés, drumherum jede Menge Souvenirshops.

Interessantestes Bauwerk ist der nördliche Rundturm TOUR DE CONSTANCE, erbaut im 13. Jhd., mit bis zu 6 m dicken Mauern. Über die Jahrhunderte war hier ein Staatsgefängnis bis hin 18. Jhd. eingerichtet. Zu sehen auch die Räume der Wachmannschaften. Eine Wendeltreppe führt im Turm rund 4o m rauf in einen weiteren Raum mit steinerner Kuppel und zu einem Türmchen (14. Jhd.), das damals als Ausschaupunkt in Sachen eventueller Angreifer und später als Leuchtturm diente. Im schmiedeeisernen Käfig brannte das Signalfeuer.

Oben weiter Blick über das brettebene Umland der Camargue und zum entfernten Meer. Der Kerkerturm kann mit Führung besichtigt werden. Juni bis August von 9-19 Uhr, sonst 9.3o- 12 und 14- 17 Uhr. April, Mai und September nachmittags eine Stunde länger. Eintritt 9 DM.

STADTMAUER und -TORE: komplett erhalten. Insgesamt gibt es 1o Eingangstore, deren größte Richtung ehemaligem Hafen.

LE GRAU-DU-ROI: zu erreichen ab Aigues Mortes über die geradlinige D 979 in 8 km entlang des Kanals.

Le Grau-du-Roi

Badeort am Meer, entstanden aus einem ehemaligen Fischernest mit malerischem Kai und gewachsenem Ortskern, umgeben von glitzernden Salzlagunen. Feinsandiger Strand sowie moderne Hotelanlagen beim Yachthafen PORT CAMARGUE, eines der größten Tourismuszentren der Gegend. Im Winter absolute Ruhe, im Sommer mehr als 1oo.ooo Feriengäste in den Hotelanlagen, Restaurants und Discos. Im Umkreis mehr als ein Dutzend Campingplätze. Südlich der Leuchtturm Phare de l'Esspique, zu erreichen über eine Stichstraße, ebenfalls Camping sowie Dünen, Sandstrand und FKK.

LA GRANDE-MOTTE: westliches Ende der Camargue, via D 255 ab Le Grau-du-Roi. Entlang der Straße viele Ferienhäuser, im Ort selber zur HS jede Menge an Urlaubern.

AVIGNON Illustration Anfang des 19. Jhds. Rechts Stadtmauern und Papstpalast, links die Pont d'Avignon.

Aix-en-Provence -> Avignon

Schnellste Verbindung ist die gebührenpflichtige Autobahn (A 7), parallel verläuft die Landstraße. Auch mit öffentlichen Verkehrsmitteln gut zu bereisen, da Expressbus und der Zug beide Städte verbindet.

Größter Ort entlang der Strecke SALON-DE-PROVENCE, ein typisches Städtchen der Region mit Château aus dem 12. Jhd. und für Esoteriker ein Nostradamus Museum.

Lohnend sind Abstecher seitlich der Rhone- Autobahn auf Landstraßen, z.B. zum Luberon, dem Plateau de Vaucluse und zum Mont Ventoux. Details hierzu anschließend an Avignon.

✶ Avignon (100.000 Einw.)

Bestens erhaltene mittelalterliche Stadt der Päpste an der Rhône mit hochkarätigen historischen Monumenten wie Palais des Papes oder Pont d'Avignon. Dabei ist die City nicht zum touristischen Freilichtmuseum mit Souvenirshops und Touristenfallen verkommen, sondern lebt spürbar echt und mediterran, vor allem in den engen, schattigen Gassen zwischen den großen Plätzen innerhalb der alten, bezinnten Stadtmauern.

Avignon ist die heimliche Hauptstadt des französischen Theaters, - nicht nur im Sommer während des Festivals. Dann jedoch platzt sie aus allen Nähten, bis spät in die Nacht ist Spektakel. Die restliche Zeit des Jahres eine gemütliche Provencestadt und verkehrsgünstig gelegener Ausgangspunkt auch für Ausflüge in die Region.

GESCHICHTE: bereits im 6./5. Jhd. vor Chr. von den Galliern als Flußhafen benutzt, wurde später zur römischen Kolonie *Avennio*. Manövrierte sich als unbedeutender

Stadtstaat, der stets unabhängig von großen Fürstenhäusern blieb, durchs frühe Mittelalter und gelangte 1246 zusammen mit der übrigen Provence unter Herrschaft des Hauses Anjou.

Die Päpste zogen erst im 14. Jhd. unter Druck König Philipps IV. (des Schönen) nach Avignon. Er bekämpfte die Allmacht der Kirche über das Abendland, indem er den französischen Klerus zu Steuerabgaben zwang.

Auf Grund dieser Provokation drohte Papst Bonifaz VIII. mit Kirchenbann. Im Gegenzug ließ Philipp das Kirchenoberhaupt 13o3 in Italien kurzerhand gefangennehmen. Obwohl der Papst wegen Druck der öffentlichen Meinung wieder freikam, starb er bald darauf. Sein Nachfolger, der Franzose Papst Klemens V., wagte nicht mehr dem mächtigen König die Stirn zu bieten. Er verlegte 13o9 den Heiligen Stuhl nach Avignon, nahe der Grafschaft Venaissin (die ihm seit 1274 gehörte). Die meiste Zeit verbrachte er auf seinen Sommersitzen im Grünen am Mont Ventoux.

Die *"Babylonische Gefangenschaft der Päpste"* dauerte von 13o9- 77. Vom französischen König gezwungen residierten hinereinander 7 (!) französische Päpste und zwei Gegenpäpste auf großem Fuße, den sie durch recht weltliche Geschäfte und eine rigorose Steuerpolitik finanzierten.

Papst Gregor XI. kehrte wieder nach Rom zurück. Nach seinem Tod 1378 kam es zum "Großen Schisma", d.h. es gab zwei Päpste, einen italienischen in Rom (Urban VI., anerkannt von Italien, Deutschland und England), - und den französischen in Avignon (Klemens VII., anerkannt von Frankreich, Spanien und Schottland). Damit war die katholische Kirche de facto gespalten.

Erst 1417 im Konzil von Konstanz kam wieder ein von allen anerkannter Papst an die Kirchenspitze, was jedoch den fortschreitenden Verfall der Sitten innerhalb des Klerus nicht bremste.

Mit dem "Heiligen Stuhl" wurde Avignon zum kulturellen Mittelpunkt, da der Papst seinen ganzen Hofstaat nachzog, Welt- und Kirchenadel, Gelehrte, Dichter. Folglich kam es zu einem Wirtschaftsboom, wovon Baumeister, Künstler und Handwerker durch Großaufträge profitierten. Pilger wurden gespeist, in derem Gefolge wiederum fanden Gaukler Zuschauer und auch weniger christliche Gewerbe ihre Kunden.

Der schamlose Reichtum der Kirche empörte die verarmten Volksmassen. Im 17. Jhd. kam es zu ersten, schweren Aufständen. In Konsequenz wurde während der Französischen Revolution der Papstpalast besonders gründlich geplündert. Er diente schließlich bis 19o6 als Gefängnis und Kaserne, gehört heute der Stadt.

Tourist-Info: Office du tourisme, 41, Cours Jean Jaurés. Montag bis Freitag 9-13 und 14-18 Uhr, Samstag 9-13 und 14-17 Uhr. Zur Festivalszeit wochentags keine Mittagspause. Sprechen deutsch und beraten kompetent. Gutes Infomaterial, Veranstaltungskalender. Zur Saison auch Hotelreservierung, sonst Place Campana nördlich Place d'Horloge für Stadt und Departement Vaucluse gegen ein paar Mark Gebühr. Empfehlenswert zur Festivalszeit.

Zweigstelle auf Brücke Pont d'Avignon, April bis September täglich 9-18.3o Uhr, sonst 9-13 und 14-17 Uhr außer Montag.

Post: Cours J. F. Kennedy, Montag bis Freitag 8- 19 Uhr, Samstag 8- 12 Uhr. Auch Geldwechsel.

Bank: zahlreiche Banken im Zentrum, meist 8.3o- 12 und 14-16.3o geöffnet. Rund-um-die-Uhr-Geldwechselautomat hat Société Lyonnaise, Rue de la République.

Verbindungen ab Avignon

Auto/Parken: An Hauptautobahn in den Süden "Autoroute du soleil". Günstig das Auto vor der Stadtmauer parken und dann zu Fuß rein. Autoaufbrüche an der Tagesordnung selbst untertags. Deshalb nichts im geparkten Fahrzeug liegen lassen. Zwei große, kostenpflichtige Parkhäuser "Palais des Papes" und "Parking des gares" sind ausgeschildert.

Zug: (19) Bahnhof SNCF an Boulevard Saint Roch Höhe Cours Jean Jaurés. Zahlreiche Verbindungen nach Arles, Marseille, Côte d'Azur, Nimes/Montpellier, Orange, Paris. Eingesetzt u.a. der TGV, der ab Valance in Hochgeschwindigkeit Paris erreicht.

Autoreisezug: u.a. ab Deutschland. Beladung im Gewerbegebiet Fontcouverte. Etwas schwierig zu finden neben Gemüsegroßmarkt MIN (Marché d'Interét National).

Bus: (2o) Busterminal neben SNCF an Boulevard St. Roch. Verbindungen in alle wichtigen Orte der Umgebung, darunter via Autobahn nach Aix und auf Landstraße ganze Côte bis Nizza.

Hauptabfahrt Stadtbusse: vor Bahnhof (19) und Place Pie (26). Die Linie

Nr. 1o pendelt tagsüber ab Bahnhof via Campinginsel (Ile Piot) und Villeneuve-les-Avignon.

Zur Saison mehrmals täglich Stadtrundfahrt mit "Petit Train". Abfahrt vor dem Touristbüro und Platz vor Papstpalast.

Schiff: Ausflüge ab Rhônequai Allée de l'Oulle, z.B. Schiffrestaurant Mireio. Die Rhone rauf und runter mit Blick auf Stadtmauern, Papstpalast und Stadtmauern. Anzahl der Anlegestellen am Halte Nautique bei Pont d'Avignon.

Flugzeug: der Airport von Avignon "Airport Avignon-Caumont" befindet sich Nähe der Autobahnausfahrt "Avignon Sud". Regionale Verbindungen innerhalb von Frankreich - sowie interessant für Schweizer, da nur einstündiger Flug nach Genf.

STADTHOTELS

"**Hotel de la Mirande**": Place de l'Amirande unterhalb Papstpalast. Im Patrizierstil gestylt, sehr gutes Restaurant, gemütlicher Innenhof. Die 2o Schlafgemächer bieten jeglichen Komfort, kosten inkl. Frühstück ab 47o DM.

Weiteres Luxushotel das "**Cloitre Saint-Louis**", Rue Boquier, und "**Hotel d'Europe**", 12 Place Crillon ein Fürstensitz aus dem 17. Jhd., etwas billiger.

"**Primotel**": 1, rue Félicien David. Großes Patrizierhaus mit blauen Markisen über Passage St. Agricol. Klimatisierte DZ mit Dusche/WC 95-14o DM, Frühstück 14 DM.

"**Palais des Papes**": 17, Place Puits des Boeuf. Gepflegter Hoteleingang, Stilmöbel, Massivholz, Rundbogen. Alte Landkarte hinter Rezeption. DZ mit Dusche/WC 95-12o DM, Frühstück 14 DM. Auch gediegenes Restaurant der gehobenen Preisklasse, Menü auf schönen Tellern serviert ab 47 DM. Offener Kamin inmitten des Lokals, Polsterstühle.

"**Hotel Danielli**": 17, rue de la Republique unweit Bahnhof. Rezeption am Ende des langen Couloir. Moderne DZ mit Bad oder Du./WC 11o- 135 DM, Frühstück 11 DM.

"**Fimotel**": 8, Bd. Saint Dominique. Halbrundbau mit Betonarkaden und Innenhof, gleich beim Bahnhof. Funktionalmoderne, klimatisierte DZ mit Dusche/WC 1o5 DM. Sind die etwa 1oo Zimmer ausgebucht, ist gleich daneben noch "**Hotel Arcade**", selbe Kategorie und Preisklasse.

"**Hotel Garlande**": 2o, rue Galante. 2-stöckiges Eckhaus in Gasse. Fenster unten vergittert. Alte Holzmöbel, einfache DZ mit Dusche oder Bad und WC 87- 12o DM.

"**Hotel de Mons**": 5, rue de Mons. Gegenüber ein mit Theaterszenen bemaltes Haus. Rustikale Gemütlichkeit mitten in der Stadt, kein Zimmer gleicht dem anderen, einmal Stuckdecke, dann massive Balken. Frühstücksraum ist einstige Kapelle aus 13. Jhd. DZ, Dusche/WC 75-11o DM.

"**Hotel d'Angleterre**": Bd. Raspail. Korrektes Hotel hinter bescheidener Fassade, in nüchterner Moderne möbliert. DZ mit Bad oder Dusche und WC 8o-9o DM. Parkplatz im Hof.

"**Hotel Innova**": 1oo, rue Joseph Vernet. Zentrumshotel. 2-stöckige Fassade angegraut, Steintreppe zur Rezeption im 1. Stock. Wenige, schlichte DZ mit Dusche/WC für ca. 65 - 8o DM.

BILLIGHOTELS

Anzahl kleiner in Bahnhofsnähe. Dort ist nicht immer alles tiptop in Schuß, jedoch preislich korrekt. DZ kosten ca. 45- 65 DM. Frühstück mit Kaffee, Baguette, Butter und Marmelade ca. 7 DM. Nur wenige Zimmer mit Privatdusche/WC, meist auch 3-4 Bettzimmer. Nachteil, daß Züge zu hören sind:

"**Hotel des Arts**", 9, rue de l'Aigarden, - "**Hotel Splendid**", 17, rue Agricol Perdiguier (alle Zimmer mit Dusche/WC), - und wohl am besten das "**Hotel Monclar**", 13, Av. Monclar, mit Parkplatz und kleinem Garten.

LANDHOTELS

"**Hostellerie Les Frenes**": Av-les Vertes-Rives in Avignon Montfavet, in schönem Park. Schwimmbad. DZ 25o- 31o DM, mit Halbpension entsprechend teurer. Im Winter geschlossen.

"**Auberge de Cassagne**": Allée de Cassagne in Le Pontet, nordwestlicher Vorort von Avignon. Verschachteltes Landhaus neben Dornröschenschloß. Hinter dem unscheinbarem Eingang mit Empfehlungstafeln verbirgt sich urgemütlicher Gasthof. Terracotta-Böden, Zimmer im provenzalischen Stil, sonnige Terrasse um den Pool. DZ mit Frühstück ca. 2oo- 38o DM. Auch hervorragendes Essen, regionale Küche mit raffiniertem Touch von Nouvelle Cuisine.Wird im fein gedeckten Rustikalsaal oder im Hof unter dem Schatten einer mächtigen Platane serviert. Menü ab 65 DM.

"**L'Anastasy**": auf der Barthelasse-Insel. Ehemaliges Bauernhaus bietet ein paar einfache Zimmer für 11o DM mit Frühstück. Unbedingt die preiswerten Menüs probieren, da Hausherrin prima territoriale Landküche selbst zubereitet, auch Kochkurse. Terrasse ums Schwimmbad im Blumengarten. Angenehme, familiäre Atmosphäre. Ganzjährig geöffnet, oft ausgebucht.

JUGENDHERBERGE: gibt es nicht in Avignon, dafür als Ersatz: "**Pavillon Bleu Bagatelle**" auf der Rhôneinsel Barthelasse. Über 2oo Betten in den vielen Zimmern. Pro Person ca. 15 DM, mit Halbpension 4o DM. - "**Avignon-Squash-Club**", 32 Bd. Limbert am östlichen Altstadtrand. Übernachtung in großen Schlafsälen ca. 15 DM. Squashspielen möglich. - "**Foyer International YMCA**", Chemin de la Justice in Villeneuve-les-Avignon. Über Pont Edouard Daladier über die Rhône und kurz nach der Eisenbahn links. Prima Herberge mit über 2oo Betten in verschieden großen Schlafräumen. Superblick. Übernachtung inkl. Frühstück ca. 3o DM.

Camping: vier Anlagen auf der Rhôneinsel Barthelasse bei der Brücke Pont Edouard Daladier, preislich ein paar Francs hin oder her alle gleich. Dort auch ein Freibad. Alle haben Shop, Snackbar etc., Warmduschen und Stromanschluß. Stellplätze auf flachen Wiesen. Buslinie 1o führt in die City.

CAMPING MUNICIPAL: Pont St. Bénézet, Riesenanlage mit großen Stellplätzen und Tennis. Nur März bis Oktober geöffnet.

Der große BAGATELLE, zwischen Stadion und Freibad, und der kleinere LES DEUX RHONE sind ganzjährig geöffnet.

Außerdem der einfachere Camping PARC DES LIBERTÉS, nur von Mitte Juni bis Mitte September geöffnet.

Zur Festivalszeit sind die Plätze auf der Insel übervoll, dann Ausweichmöglichkeit im Vorort Le Pontet auf Camping du Grand Bois, 14, Chemin Vicinal oder dem sehr guten Camping Municipal in Villeneuve-les-Avignon, Chemin Saint Honoré.

RESTAURANTS

FRESSSTEMPEL:

Die Kochpäpste zu Avignon betreiben leider Hochpreispolitik.

CHRISTIAN ETIENNE: 1o, Rue de Mons, große Terasse. Festlich gedeckte Tische, feines Porzellan im Lokal mit Arkadenbögen. Das Haus ist älter als der Papstpalast daneben. Bäuerliche Küche, die filetierten Fisch, zartes Lamm oder Enten auf delikates Gemüse bettet. Menü ab 87 DM, auch vegetarisches 6-Gänge-Menü für 9o DM.

BRUNEL: 46, Rue de la Balance, westlich vom Papstpalast. Trotz Outfit eines klimatisierten Modernlokals ist Mittelmeerküche vom Feinsten geboten, vor allem was die Gemüse betrifft. Menü ab 65 DM. Gönnt sich selbst den Luxus Mitte Juli bis Mitte August zu schließen.

HIÉLY-LUCULLUS: 5, Rue de la Republique, unweit Place de l'Horloge. Traditionslokal seit 1938. Ist eine der Adressen, die Provencegerichte salonfähig gemacht hat. Verwendet nur regionale Frischprodukte für seine zwischenzeitlich klassischen Topfgerichte. Menü ab 62 DM.

LE GANGROUSIER: 17, Rue Galante. Stadthaus aus 17. Jh mit typisch hohem Plafond. Große Tische sind nicht zu eng gestellt, Menü ab 4o DM, für 73 DM mit Hummer. Umfangreiche Weinkarte, viele Chateauneuf-du-Pape.

Weitere Toplokale (Menüs abends 8o DM) sind LA MIRANDE im gleichnamigen Hotel an Place l'Amirande - und VIEILLE FONTAINE im Hotel Europe an Place Crillon.

GEHOBENE MITTELKLASSE

L'ISLE SONNANTE: 7, Rue Racine, hinter dem Theater, wo es nur ein einziges Schlemmer-Menü für 53 DM gibt.

LE VERNET: 58, rue Joseph Vernet. Gartenterasse mit blauweißem Zeltdach, Palmen und Platanen. Abwechslungsreiche, französische Landküche, 3-Gänge-Menü 5o DM.

L'AQUARELLE: 41, Rue Saraillerie. Klassisch einfach, geschmackvoll gedeckte Tische. Gerichte werden auf großen Tellern gereicht. Aquarell an Natursteinwand. 3-Gänge-Menü 45 DM, 4 Gänge 62 DM.

FOURCHETTE: 17, Rue Racine. Das enge Lokal ehrt die Region mit leckeren Gerichten, von Olivenöl und Provencekräutern parfümiert. Menü

35-45 DM, Landwein im Krug hilft Rechnung klein halten. Stets gut besucht. Am Wochenende geschlossen.

RESTAURANTSCHIFF MIREIO: am Rhônequai Allée de l'Oulle. Ausflugsfahrten mit Bewirtung ganzjährig außer Januar/Februar. Pro Person 65- 8o DM rechnen. Auch Diner bei Kerzenlicht mit Tanz.

PREISGÜNSTIGE STADTRESTAURANTS

Um die Rue Galante und Place Carnot, darunter zahlreich Chinesen und Vietnamesen.

Anzahl an Lokalen, auch Cafés und Brasserien um Place de l'Horloge vor Rathaus und Theater, Menüs 2o-4o DM. Keines sticht besonders hervor. Einfache Provenceküche gibt es im LE FORUM, das Bistro LOU MISTRAU ist etwas exotischer, große Terasse mit Korbstühlen unter Platanen. LA SI ROSE ist hauptsächlich Straßenlokal, innen eng. Korrekte Menüs mit Schnecken und Maigret du Canard.

JUJUBIER: 14, Rue Roi René beim Place Saint Didier. Sympathisches, kleines Lokal. Kurze Karte im Stil der Zeit. Gerichte wechseln nach Marktangebot. A la carte um 22 DM, Einzelgerichte um 12 DM. Am Wochenende außer zur Festivalszeit geschlossen.

MAMMA LEONE: 5, Rue Galante, grüne Eingangstüre zum gemütlichen Lokal. Italienische Spezialitäten, Menü 28 DM, Pastagerichte um 16 DM.

PIZZERIA LE BRANTES: 2, rue Petite Fusterie hinter Rathaus in Patrizierhaus, lange Tischreihen im kleinen Nebensaal, sonst recht gemütlich, vor allem die Patioterasse. Pizza 1o-14 DM, auch einfache Menüs.

ART-TEA-SHOW: 15, Place Crillon gleich hinter Stadttor Porte de l'Oulle, wo es zu den Campingplätzen geht. Somit auf junges Publikum eingestellt, flotte Musik, etwas freudlose Tagesplatten ab 12 DM, einfache Menüs 17-27 DM. Sonntags außerhalb Saison geschlossen.

TACHE D'ENCRE: 22, rue des Teinturiers bei Porte Limbert. Hübsch dekoriertes Lokal, enggestellte Tische. Einfaches Menü 15 DM, Einzelgerichte 12-16 DM. Wird auch draußen serviert. Sonntags außerhalb Saison geschlossen.

CAB VERT: 21, Rue des Teinturies. Minilokal mit Minipreisen, dennoch abwechslungsreiche Tagesplatten 13 DM, Menü 16 DM. Am Wochenende geschlossen.

TAPAS: 1o, Rue Galante. Spanisch angehauchte Studentenkneipe, immer proppenvoll. Trockenblumensträuße und Knoblauchzöpfe hängen von den Deckenbalken. Es gibt eine ganze Kreidetafel voll verschiedener warmer oder kalter Gerichte die in Schälchen serviert werden. Jedes kostet 3,5o DM. Viel Auswahl, auch Fisch und Meeresfrüchte, Fleischspieß, Gemüse etc. Von Mittag bis 1.3o früh geöffnet, zur Festivalszeit bis 3 Uhr.

Markt: Lebensmittelmarkt, vor allem Obst und Gemüse auf Place Pie, jeden Vormittag, außer Montag. Großer Markt am Samstag- und Sonntagvormittag an Rempart S St. Michel. Flohmarkt Sonntag vormittags Place des Carmes, dort samstags auch kleiner Blumenmarkt. Trödelmarkt ebenfalls samstags an Place Crillon, allerdings touristisches Preisniveau, da hinter Zugangstor Porte de l'Oulle zu Campinginsel.

SEHENSWERTES

1 PAPSTPALAST (Palais des Papes): auf dem Felsen über der Rhône, dort wo alle Wege hinführen. Respekteinflößende gotische Trutzburg, 15.ooo qm umbauter Raum. Es sind zwei Paläste, durch den großen Hof (für die Pilger) miteinander verbunden. Der ältere, Palais Vieux, wurde unter Benedikt XII. (Papst von 1334- 42), einem Zisterzienser, erbaut, daher nüchtern und mächtig. Den Palais Neuf gab der Nachfolger Klemens VI. in Auftrag. Er war Benediktiner und liebte Prunk und Kunst.

Besichtigung täglich vom 15. März bis 1. November 9-19 Uhr, sonst 9-12 und 14-18 Uhr. 1. Jan. und 25. Dez. geschlossen. Eintritt ohne Führung 1o DM, mit 14 DM. Führung (im Sommer und den Winterferien auch in Deutsch) dauert ca. 9o Minuten, günstig, um sich nicht zwischen Flaschenlager, Schlafgemach, Hirschzimmer, Schatzkammer und Ablaßfenster über den Kreuzweg zu verlieren. Leider oft zu große Gruppen.

Der Papstpalast von verschiedenen Blickwinkeln betrachtet: die Promenade des Papes umrundet ihn in seiner vollen Größe, beginnt Rue Peyrollerie, an der südwestlichen Ecke, Rue du Vice-Legat, Rue Banasterie, Escaliers Ste. Anne, Park Rocher des Doms. Vor dem Eingang des Hôtel des Monnaies (Münze) breitet sich brutal der riesige, ungeschützte Aufmarschplatz aus. Interessante Perspektive von Rue Jacob, ehemaliges Judenviertel. Romantische Gemüter lieben mehr den Postkartenblick mit Rhône im Vordergrund auf der Pont Daladier, vor allem bei untergehender Sonne im Rücken, die die Szene rosa anstrahlt.

3 ROCHER DES DOMS: Park mit Teich und Wasserspielen auf dem Felsen, zwischen Rhône und Papstpalast. Von hier schöne Blicke auf Avignon mit seinen Kirchtürmen, die St-Bénézet-Brücke, den trägen Fluß hinauf und hinunter und ins weite Land der Päpste bis zum Mont Ventoux.

8 PONT ST.-BÉNÉZET: die berühmte Brücke aus dem Kinderlied "Sur le Pont d'Avignon ...". Geöffnet täglich von April mit September 9-18.3o Uhr, sonst 9-13 und 14-17 Uhr, 5 DM, die man sich auch sparen kann.

> Der Legende nach befahl eine Stimme im Jahre 1177 dem heiligen Bénézet eine Brücke über die Rhône zu bauen und ein Engel wies die Stelle. Doch die Schatzmeister wollten keine Finanzmittel dafür locker machen. So versetzte er mit übernatürlicher Kraft riesige Steinbrocken, was jene überzeugte. Gebaut 1177- 85 und 166o durch ein Hochwasser zerstört, erhalten von 22 Arkadenbögen nur noch 4, heute Wahrzeichen der Stadt.

STADTMAUER (Remparts): stammt aus dem 14. Jhd., ist vollständig

PAPSTPALAST AVIGNON, Illustration verg. Jhd.

halten (renoviert) und umgibt die Stadt komplett. Mehrere Tore mit wuchtigen, zinnenbestückten Türmen. Gesamte Länge rund 4,3 km. Außen an der Wand sind noch Metallringe zu sehen, an denen früher die Pferde angebunden wurden. Heute empfiehlt es sich, eine Antidiebstahlkralle ans Stahlroß zu klemmen.

PLACE DE L'HORLOGE: der wichtigste Platz, nahe Papstpalast mit vielen Häusern aus dem 19. Jhd. Platanenbeschattet, Straßenterrasse der Cafés und Restaurants, - zur Zeit der Festspiele der aktivste Platz des
10 Sehens und Gesehen werdens. An seiner Westseite das Rathaus (Hôtel de
Ville) gebaut 1845- 51 mit Uhrenturm aus dem 14. Jhd. Gegenüber das
9 Theater (1846). Aus den aufgemalten Fenstern einiger Fassaden blicken
starre Schauspieler herunter.

RÉ (Rue de la République): Einkaufsstraße, sie führt schnurgerade vom Bahnhof zur Place de l'Horloch und heißt zuerst Cours Jean-Jaurès. Östlich die Fußgängerzone: Rue des Marchands (Händlerstraße), Rue Rouge etc. Weitere teure Einkaufsstraße ist RUE JOSEPH VERNET, zweigt halbkreisförmig von der Ré ab.

11 In allen Ecken sonnige Plätze: z.B. Place Crillon vor der Porte de l'Oulle, - bei Pont Daladier; interessante Straßenzüge wie Rue des Teinturiers (Färbergasse) nahe Porte Limbert im Südosten.

"Hôtel" werden die Patrizierhäuser auf Französisch genannt. Die ältesten stammen aus dem 15. Jhd., z.B. Hôtel de Sade (Rue Dorée), - Hôtel de Rascas (Rue Marchand), - oder Hôtel de Baroncelli-Javon (Rue Roure, direkt bei der Place de l'Horloge und Rathaus): heute ist dort ein provenzalisches Dokumentationszentrum untergebracht. Kann auf Termin besichtigt werden, Führungen dienstags 15 Uhr, Eintritt frei.

Weitere befinden sich um die Place St. Didier (13), so das Hôtel Borton de Crillon (14), das 1625 von einem genuesischen Architekten erbaut wurde, - das Hôtel Fertia de Montreal (15) von 1637 und das Hôtel Albert de Lynes (16).

KIRCHEN

NOTRE DAME DES DOMS (2): Kathedrale neben Papstpalast mit kitschiger, vergoldeter Marienstatue auf dem Turm. Die Kirche wurde in roman. Stil im 12. Jhd. erbaut , aber oft und in verschiedenen Stilrichtungen renoviert. Original ist noch der Bischofsstuhl aus weißem Marmor. Papst Johannes XXII. sollte in einer Seitenkapelle die ewige Ruhe finden, seine sterbliche Reste sind jedoch während der Französischen Revolution verloren gegangen.

SAINT AGRICOL: hinter dem Rathaus (Hôtel de Ville), 14. Jhd., erbaut an der Stelle einer älteren, vom heiligen Agricola (Schutzpatron der Stadt) gegründeten Kirche. Nur samstags 16-18 Uhr und sonntags 8-1o Uhr geöffnet.

SAINT DIDIER (13): Place St. Didier, südlich Papstpalast, 14. Jhd. Im provenzalisch-gotischen Stil, Seitenkapellen mit Fresken und bekanntem Gemälde "die Kreuztragung" von François Laurana.

SAINT PIERRE (29): Place St. Pierre, 14. Jhd., später mehrmals verschönert. Spätgotische Fassade von 1512 im Flamboyanct Stil, schöne geschnitzte Türflügel und Chorgestühl.

SAINT SYMPHARIEN (25): Eglise des Carmes, Place des Carmes, östlich vom Papstpalast, 14./15. Jhd. Die größte Kirche von Avignon, gehörte zum ehemaligen Karmeliterkloster daneben.

AVIGNON

1 Papstpalast
2 Notre Dame des Doms
3 Roches des Domes
4 Maison d'Arcét
5 Aussichtspunkt
6 Musée du Petit Palais
7 Tour de Châtelet
8 Pont St. Bénézet
9 Theater
1o Rathaus
11 Place Crillon, Port de l'Oulle
12 Musée Calvet, Musée Requien
13 Platz und Kirche St. Didier
14 Hotel Borton de Crillon
15 Hotel Fertia de Montreal
16 Hotel Albert de Lynes
17 Kirche St. Martial
18 HAUPTPOST
19 BAHNHOF
2o BUSTERMINAL
21 Porte Limbert
22 Maison du XV. Siecle
23 AUTOVERLADUNG
24 Porte St. Lazare
25 St. Symphorien
26 Place Pie
27 Halles Central
28 Place Carnot
29 Kirche St. Pierre

CAMPING:
A Camping Caravaning Bagatelle
B Camping St. Bénezet T.C.F.

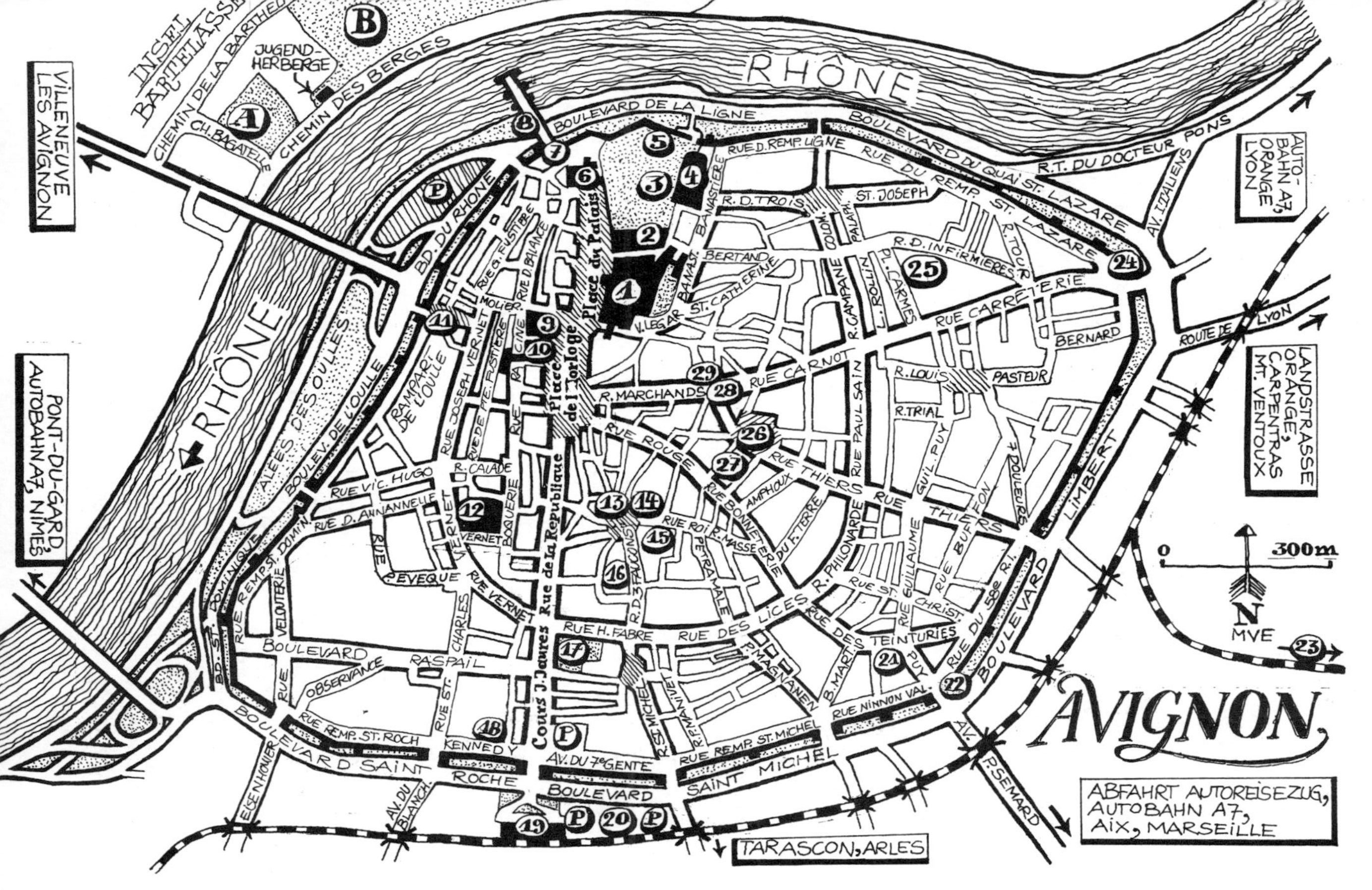

AVIGNON
VILLENEUVE LES AVIGNON
PONT-DU-GARD, AUTOBAHN A7, NIMES
AUTO-BAHN A7, ORANGE LYON
LANDSTRASSE ORANGE, CARPENTRAS MT. VENTOUX
ABFAHRT AUTOREISEZUG, AUTOBAHN A7, AIX, MARSEILLE
TARASCON, ARLES
RHÔNE
RHÔNE
INSEL BARTHELASSE
CHEMIN DE LA BARTHELASSE
CHEMIN DES BERGES
CH. BAGATELLE
JUGEND-HERBERGE
0 300m
N
MVE
BOULEVARD DE LA LIGNE
BOULEVARD DU QUAI ST. LAZARE
R.T. DU DOCTEUR PONS
AV. ITALIENS
RUE D. REMP. LIGNE
RUE DU REMP. ST. LAZARE
ROUTE DE LYON
BOULEVARD LIMBERT
AV. P. SEMARD
BOULEVARD SAINT MICHEL
BOULEVARD SAINT ROCHE
BOULEVARD
EISENHOWER
AV. DU BLANCH.
BD. ST. DOMINIQUE
BD. DU RHONE
BOULEV. DE L'OULLE
ALLEES DES OULLES
RAMPART DE L'OULLE
Place du Palais
Place de l'Horloge
Cours J. Jaures
Rue de la Republique
RUE CARNOT
RUE CARRETERIE
R. MARCHANDS
RUE ROUGE
RUE THIERS
RUE BONNETERIE
RUE DES LICES
RUE DES TEINTURIES
RUE H. FABRE
RUE VERNET
RUE JOSEPH VERNET
RUE DE PTE. FUSTERIE
RUE VIC. HUGO
RUE D. ANNANNELLE
RUE PEVEQUE
RUE REMP. ST. DOMIN.
VELOUTERIE
BOULEVARD RASPAIL
RUE CHARLES
RUE ST. CHARLES
RUE OBSERVANCE
RUE REMP. ST. ROCH
KENNEDY
AV. DU 7e GENTE
RUE REMP. ST. MICHEL
R. ST. MICHEL
R. P. MANIVET
P. MAGNANEN
B. MART.
RUE NINNON VAL.
PUY
RUE DU 58e R.I.
RUE BUFFON
RUE GUILLAUME PUY
RUE ST. CHRIST.
RUE GUILLAUME
R. PHILONARDE
DU F. TERRE
PETRAMALE
RUE ROI R. MASSE
R. D. 3 FAUCONS
AMPHOUX
RUE PAUL SAIN
R. TRIAL
R. LOUIS
PASTEUR
BERNARD
7 DOULEURS
R. CAMPANE
L. ROLLIN
PL. CARMES
R. D. INFIRMIERES
R. TOUR
ST. JOSEPH
R. D. TROIS
COLOM.
PALAPH.
BANASTIERE
BANAST.
BERTAND
ST. CATHERINE
V. LEGAR
MOLIER
RUE D. BALANCE
RUE G. FUSTIERE
R. CALADE
BOQUERIE
VERNET
RUE RA CINE
1 2 3 4 5 6 7 8 9 10 11 12 13 14 15 16 17 18 19 20 21 22 23 24 25 26 27 28 29
A B P

SAINT MARTIAL (17): Ecke Rue H. Fabre/ Cours Jean Jaurès, nahe Touristbüro. 14. Jhd., heute protestantisch. Der Kreuzgang wurde zu kleinem Park.

MUSEEN

LE PETIT PALAIS (Place du Palais) (6): ehemaliger Kardinalspalast aus dem 14. Jhd., Gemälde der italienischen Schule des 13. bis 15. Jhd. (Botticelli, Bréa), der Schule von Avignon des 15. Jhd. und einige romanische Skulpturen. Geöffnet: 9.3o-12 und 14-18 Uhr, dienstags und an Feiertagen geschlossen. Eintritt: 6 DM, sonntags im Winter frei.

MUSÉE CALVET (65, Rue J. Vernet) (Karte: 12) in Patrizierhaus aus dem 18. Jhd., teileröffnet, wird seit Jahren umgebaut. Reiche Gemäldesammlung verschiedener großer Schulen (italienisch, flämisch, deutsch, spanisch, französisch) des 16.- 19. Jhd., auch frühgeschichtliche Sammlungen, Skulpturen und Kunstgegenstände.

MUSÉUM REQUIEN: gleich daneben, Ausstellungen zur lokalen Geologie, Zoologie und Botanik. Geöffnet: Di. bis Sa. 9-12 und 14-18 Uhr, Eintritt frei.

MUSÉUM LAPIDAIRE (27, Rue de la République): in ehemaliger Barockkirche (17. Jhd.). Antike Funde, gallisch-römische Statuen, viele kopflos, z.B. Jupiter oder ein bulliger Gallier. Geöffnet: 1o-12 und 14-18 Uhr, Eintritt 5 DM, vom 1. Nov. bis 3o April frei.

MUSÉE VOULAND (17, Rue Victor Hugo): Sammlung dekorativer Kunst, Möbel, Porzellan und Faiencen, auch einige Stücke aus dem fernen Osten. Geöffnet: Di. mit Sa. vom 1. Juni bis 3o. Sept. 1o-12 und 14-18 Uhr. Den Rest des Jahres nur nachmittags. Eintritt 7 DM.

MUSÉUM MONT DE PIÉTÉ (6, Rue Saluces): im ehemaligen Pfandhaus sind die Stadtarchive untergebracht. Dabei eine kleine Ausstellung über die Seidenherstellung in Avignon. Geöffnet: Mo. mit Fr. 8.3o-11.3o und 13.3o-17.3o Uhr.

THEATERFESTIVAL

Wurde 1947 von Jean Vilar ins Leben gerufen. Dauert von zweiter Juli- bis zur ersten Augustwoche. Während dieser Zeit verwandelt sich Avignon zu einer einzigen gigantischen Bühne auf der gleichzeitig tausend Szenen ablaufen. Die Zuschauer sind für das Gelingen der Mammut-Performance genauso wichtig wie die Akteure. Besteht eigentlich aus drei Festivals, zwei offiziellen und einem improvisierten:

Festival IN: Im Ehrenhof des Papstpalastes. Daran nimmt teil, was in der Theater-Avant-Garde Rang und Namen hat. Programm, Preisliste und Platzvorbestellung ab Mitte Mai anzufordern bei Bureaux du Festival d'Avignon, 8, Rue de Mans, 84ooo Avignon.

Festival OFF: An 8o Plätzen über 3oo Vorstellungen. Neue und alteingefahrene Truppen, Experimentier-, Tanz-, Marionettentheater, Zirkusnummern, Pantomime... Untertags werben sie in auffälligen Kostümen mit Unmengen Flugzetteln für IHRE Abendvorstellung. Ganz Avignon ist mit Plakaten zugepappt. Die "Carte Public Adhérant", 2o DM, gewährt auf alle Vorstellungen 3o % Ermäßigung.

Festival der Straße: Jongleure, Musiker, Freaks und Folkloregruppen lassen den Hut kreisen.

Theater: ein gutes Dutzend Theater und Kleinkunstbühnen, darunter auch experimentierfreudige Theatergruppen. Programm und Veranstaltungshinweise im Touristbüro.

Besonders erwähnenswert die OPÉRA D'AVIGNON, da abwechslungsreiches Kulturangebot, nicht nur Opern, klassische Musik und Ballet, sondern auch Theater und Jazz. Vernünftige Eintrittspreise, auf den billigen Plätzen oft nur 5-2o DM.

Kochkurs: 32o DM pro Tag inklusive Übernachtung und Vollpension. Olga erklärt die kulinarischen Schätze der Region (z.B. Olivenmühle), Gerichte werden vom Einkaufen der Qualitätsprodukte auf dem Markt bis zum Rühren im Kochtopf gemeinsam bereitet. Anmeldung wenigstens 14 Tage vorher: Olga Manguin, L'Anastasie, Ile de Barthelasse, 84ooo Avignon. Tel. 9o.85.55.94.

Pferdekutschen (Attelages en Provence): Pferdenarr Joël Moyne verleiht seine Lieblinge, behäbige Kaltblüter, schweren Herzens an symphatische Touristen. 4- bis 7-tägige individuelle Abenteuertour mit exakter Wegbeschreibung in museumsreifen Zigeunerwägen. Übernachtung auf Bauernhöfen im Wagen oder/und Zelt. Kein Klo, keine Duschen, Selbstversorgung. Kosten für Gespann und Futter ab 1.ooo DM/Woche bis zu 6 Personen.

Informationen: Domaine de St. Sauveur, 8432o Entraigues-sur-Sorgues. Ab Autobahnausfahrt Avignon-Nord auf D 942 Richtung Carpentras. In Entraigues-sur-Sorgue auf D 16 Richtung Bedarrides. Sofort nach Bahngleis rechts in Av. du Jas, wovon links ein Feldweg, die Allée des Grands Devens, zum Bauernhof abzweigt.

Golf: 2 Greens in Umgebung,"Grand Avignon", Les Chênes Verts in Vedène bei Autobahnausfahrt Avignon Nord und "Golf-Club de Chateaublanc", Les Plans in Morières östlich der Stadt. Letzterer 18-Loch-Parcours wurde vom französischen Meister Gery Watine ausgetüfftelt.

Fahrradfahren: macht viel Spaß auf Nebenstraßen der Umgebung. Gilt auch für Touren mit Motorrollern, vermietet Thrifty, 58 Bd. Saint Roch beim Bahnhof.

★ Villeneuve-les-Avignon (ca. 9.ooo Einw.)

Zwillingsstadt am anderen Rhôneufer. Besuch lohnt, schöne Altstadt und Superblick vom Turm sowie Fort St. André aufs gegenüberliegende Avignon. Bequem mit Stadtbus Nr. 1o ab Avignon/Bahnhof zu erreichen. Wer mit eigenem Auto kommt: Parkplätze beim Fort St. Andre.

Villeneuve-les-Avignon war bereits zur Zeit der Römer wichtiger Flußhafen. Anfang des 14. Jhds. baute Phillip der Schöne/Frankreich auf dem Hügel oberhalb der Rhône eine Festung (Fort St. André), um die Päpste im gegenüberliegenden Avignon zu kontrollieren. Die Rhone war damals die natürliche Flußgrenze zwwischen Frankreich (westl. Flußufer) und der unabhängigen Provence (östl. Ufer/Avignon).

TURM PHILIPP DES SCHÖNEN: direkt am Fluß, gebaut 1293 - 13o7, im 15. Jhd. erhöht. Der 32 m hohe Turm kann bestiegen werden, oben ausgesprochen schöner Blick auf die Stadt sowie das gegenüberliegende Avignon und die Rhône. Geöffn. tägl. außer Di und Fr von April bis Sept. 1o-12.3o und 15-19 Uhr, sonst 1o-12 und 14-17 Uhr, Eintritt 3 DM.

FORT ST. ANDRÉ auf dem rund 25 m hohen Hügel Mont Adaon. Mit dem Bau der rundtürmigen Festung wurde unter Philipp dem Schönen 1362 begonnen. Die Mauer umfaßt rund 8oo m, im Inneren befand sich die erste Siedlung, als Ruinen erhalten. Von den Mauern schöner Blick auf Avignon.

CHARTREUSE DU VAL-DE-BÉNÉDICTION: direkt westl. unterhalb des Forts. Gegründet im 14. Jhd., lange Zeit war dieses große Kartauserkloster dem Verfall preisgegeben, nun teilweise wieder hergerichtet. Bei der Kirche ein kleiner Kreuzgang. Zu sehen auch Mönchszellen hinter großem Friedhofskreuzgweg (Cloitre du cimetière). Die Kartause beherbergt heute das CNES, eine Stiftung zur Förderung junger Autoren, veranstaltet im Sommer auch Theateraufführungen, Konzerte etc. Eintritt Fort und Kartause 1o DM, unterschiedliche Öffnungszeiten, außer feiertags 9.3o-17.3o für Kartause und 1o-12 und 14-17 Uhr für Fort. Zur Saison länger.

Weitere Sehenswürdigkeiten: die Kollegialkirche NOTRE-DAME aus dem 14. Jhd. und daneben das KUNSTMUSEUM Pierre de Luxembourg, am Bd. de la République, mit Werken aus 14. bis 17. Jhd., darunter "Couronnement de la Vierge" (Marienkrönung) von Enguerrand Quarton aus dem Jahre 1453. Gleiche Öffnungszeiten wie der Turm, Eintritt 5 DM.

Camping Municipal: direkt nördlich der Festung St. André an der Chemin de St. Honoré. Relativ großer Platz, der als Ausweichquartier zur Campinganlage auf der Ile de Piot dienen kann (z.B. zu Festspielzeiten). Auch für Wohnmobile. Grasboden, genügend Schatten. Gegenüber ein öffentliches Schwimmbad.

LOS ANGELES: südwestlich von Villeneuve-les-Avignon mit kleinem verwinkeltem Ortskern und malerischen Gassen. Der Ort geht fast nahtlos in Villeneuve-les-Avignon über.

Pont-du-Gard

Westlich von Avignon, zu erreichen über die RN 1oo bis Remoulins, dort noch 3 km, ausgeschildert.

Berühmtes Römeraquädukt, im Jahre 19 v. Chr. von Agrippa erbaut. Beeindruckend mit 273 m Spannweite und einer Gesamthöhe in drei Arkadenreihen von 5o m über dem Wasser. War Teil des 5o-km-Wasserversorgungssytems der Stadt Nimes. Teilweise verlief diese unterirdisch, Gefälle im Schnitt nur 34 cm/km oder umgerechnet insgesamt 17 m.

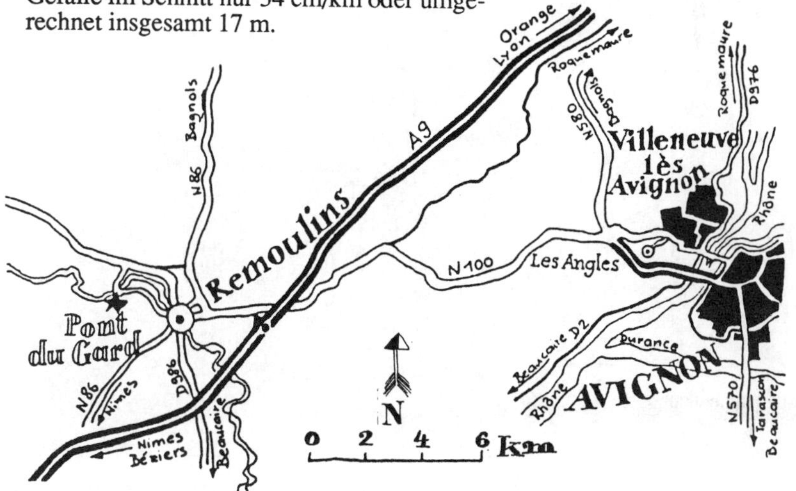

Während die Griechen bereits bei manchen ihrer Wasserleitungen das *"Drucksystem"* verwendeten, - bauten die Römer zunächst *Aquädukte* zur Wasserversorgung.

Im "Drucksystem" werden geschlossene Rohre verlegt. Man kann damit Hügel überwinden, wobei das Wasser den Anstieg "raufdrückt", wenn anschließend das Rohr wieder bergab führt. Dieses System hatte den Nachteil, daß es nur dann zufriedenstellend funktionierte, wenn die Rohre dicht waren. Die Instandhaltung der Rohre war bei damaliger Technik sehr aufwendig und führte nicht immer zu befriedigendem Ergebnis. Vor allem bei weiten Entfernungen funktionierten derartige Wasserleitungen nicht wegen Vielzahl von schadhaften Stellen.

Das älteste Aquädukt von ROM war die Aqua Appia, gebaut 312 vor Chr., Länge beachtliche 16,5 km. Im Jahre 272 v. Chr. folgte der Ano Ventus mit bereits 6o km Länge. 144 v. Chr. entstand die 9o km lange Aqua Marcia, die 11 km auf Aquädukten verläuft. Die Aqua Claudia, gebaut rund 5o v. Chr. war Teil eines Systems von 15o km Aquäduktlänge. Bis 5o v. Chr. gab es in Rom eine Vielzahl weiterer Wasserleitungs-Systeme der Bauweise *TUNNEL & AQUÄDUKT*, die tägl. rund 1 Million Kubikmeter Wasser in die Hauptstadt Rom transportierten

Eine Technologie, die bald auch in anderen, dicht besiedelten Regionen des Römischen Reiches Anwendung fand. In Südfrankreich war es NIMES, eine florierende Handelsstadt, die wegen ihrer Expansion zunehmend Trinkwasser sowie Wasser für die Badeanlagen benötigte. Das Wasser wurde in Quellen Nähe Uzes gefaßt und nach Nimes geleitet, wobei der PONT DU GARD das wichtigste, heute noch erhaltene Aquädukt der 5o km langen Strecke war.

Bauweise: anfangs wurden für Aquädukte große Steinquader verwendet, die keilförmig behauen waren, so daß sie sich an den Bögen (Tonnengewölbe) selbst abstützten. Später wurrde die Technik verfeinert und kleinere Steine genommen, die leichter zu transportieren waren. Trotzdem besitzen die größten Steine des Pont-du-Gard immer noch ein Gewicht von 6 Tonnen und wurden mit Seilwinden und Flaschenzügen in die Höhe

Teil des Aqua Virgo Aquäduktes bei Rom. Deutlich zu sehen die relativ großen Steinquader.

geschafft. Faszinierend, mit welch einfachen und primitiven Werkzeugen und sonstigen Hilfsmitteln die Römer derartig gewaltige Bauwerke schufen:

Zur Steinbearbeitung dienten Hammer, Meißel sowie Holzkeile, die in reihenförmig angeordnete Löcher getrieben wurden, so daß der Steil an dieser Linie auseinanderplatzte. - Weiterhin Hacke, Schaufel und Schubkarren. Zum Abtransport der Steine dienten Esel- bzw. Ochsen-Fuhrwerke.

Römisches Tretrad
Im Inneren der Holztrommel Menschen, die das Rad antrieben.

Die Steine für Pont-du-Gard wurden in einem nahen Steinbruch geschlagen und dort bereits in ihre endgültige Form gemeißelt. Dabei kennzeichnete der Steinmetz bereits die einzelnen Quader mit Nummern und Buchstaben betreffend der späteren Position im Brückenwerk: FRD IV bedeutete z.B. "rechte Fassade 5 Stein", FRD V "6. Stein" etc. Dies zeigt die perfekte Organisation auf der Baustelle. Die Markierungen sind heute noch zu sehen, - allerdings auch eine Vielzahl zusätzlicher, die in späteren Jahrhunderten Besucher anbrachten: nicht selten waren dies Architekten und Baumeister, die zum berühmten Bauwerk gepilgert kamen und sich dort mit ihren Berufs-Symbolen (z.B. Hammer, Meißel, Zirkel etc.) verewigten.

Rauftransportiert in Höhen bis fast 5o m (!) wurden die Steine mit Seilwinden, die von Treträdern angetrieben waren. Dies waren Holztrommeln, die einen seitlichen Einstieg besaßen (siehe Abb.). Ins Innere kletterten Menschen, die dort wie die Mäuse den ganzen Tag an der inneren Rundwand raufliefen, indem sie sich zugleich mit ihren Armen an den angebrachten Querstäben raufzogen. Je nach Gewicht der Steinbrocken war es oft ein ganzer Schwung an Menschen, die im Inneren der Holztrommel tätig waren.

Wichtigste Arbeitskraft (und darüber verfügten die Römer reichlich) waren Sklaven. Dies half, die immens hohen Baukosten noch in passablen Dimensionen zu halten.

Im Zusammenhang der Wasserleitung Uzes -> Nimes war der Pont-du-Gard der teuerste und aufwendigste Bauabschnitt. Das Steinbauwerk besaß mit bis zu 5o m eine für damalige Zeiten außergewöhnliche Höhe und stellte eine Herausforderung für Architekten wie Statiker dar. Gewählt wurde ein System von 3 übereinanderliegenden Bogenbrücken, deren einzelnen Brückenbögen keinesfalls identische Spannweite besitzen. Auch ist die Höhe der einzelnen Brücken- Etagen unterschiedlich.

Daten: 1. Brückenebene in 22 m Höhe, Länge 142 m. Die dortigen Bögen besitzen unterschiedliche Spannweite, der größte 25 m. Dortige Breite 6,36 m.

Die 2. Ebene befindet sich 2o m oberhalb, Länge 242 m, mit 11 unterschiedlich weiten Bogenöffnungen (kleiner am rechten und linken Ende der Etage). Breite 4,56 m.

3. Ebene: besitzt 35 Bögen mit konstanter Spannweite von 4,8o m, variiert aber in der Breite ihrer Stützsäulen. Der Architekt schuf damit einen optischen Ausgleich zu den beiden unteren Brückenebenen und ihren unterschiedlichen Spannweiten. Länge der 3. Ebene: 274 m; sie beinhaltete die Wasserleitung, die in ihrem Inneren heute noch begangen werden kann.

MARCUS VIPSANIUS AGRIPPA
Gouverneur von Gallien und Schwiegersohn von Kaiser Augustus. Gab 19. v. Chr. den Bau des Pont-du-Gard in Auftrag

Die oberste Ebene war (und ist es heute teils noch) mit Steinplatten abgedeckt. Diese schützten vor Wasserverdunstung in der südfranz. Hitze, aber auch vor Verschmutzung des Wassers.

Beim Bau wurde keinerlei Mörtel in den unteren beiden Etagen verwendet. Die Fundamen sitzen auf Felsboden im Fluß und bestehen aus Steinblöcken von bis zu 2 Kubikmeter. Auch von daher eine statische Meisterleistung der Konstruktion und der Gewichte, die in den darüberliegenden Rundbögen und Höhe von 5o m aufgebaut sind.

Teils nehmen die Gesteinsplatten in der unteren Ebene der Säulen fast die gesamte Breite der Säulen ein. Eine großartige Leistung damaliger Steinmetze, die Platten derart zu bearbeiten, daß sie in der Horizontale nicht schief waren, welches zu einem seitlichen "Abrutschen" der (ohne Mörtel) daraufgestellter Steinplatten der Bogensäulen geführt hätte.

Teils besitzt die Steinkonstruktion herausragende Steine. Man nimmt an, daß die damaligen Baumeister vorhersahen, daß spätere Reparaturarbeiten an der Brücke notwendig werden, - sprich: herausragende Steine zum Anbringen von Baugerüsten.

NAPOLEON III. Frankreich. Setzte sich für Instandsetzung der Brücke ein.

Der PONT-DU-GARD ist nicht nur technisches Meisterwerk damaliger römischer Wasserbaukunst. Gleichzeitig erhebt er sich über normale "Nutzbauwerke" der Römer wegen hervorragender Proportionierung und architektonischer Ästetik.

Der Architekt (unbekannt, vermutlich Baumeister in Diensten des röm. Heeres) hatte das Problem von 3 unterschiedlich hoher Etagen und Bogenspannweiten sowie eines wegen Höhe gewaltigem Bauwerk. Trotzdem wirkt der Pont-du-Gard als harmonische Einheit innerer Symetrie. Er gilt auch von daher als eines der bedeutensten Bauwerke der Römer und ist heute von der UNESCO in ihrer Liste des Kulturerbes der Menschheit verzeichnet.

Erbaut wurde der Pont-du-Gard 19. v. Chr. im Auftrag von Marcus Vipsanius Agrippa. Er war Gouverneur von Gallien und Schwiegersohn des Kaisers Augustus.

PROSPER MÉRIMÉE Schriftsteller und im 19. Jhd. wichtigster Verfechter des Erhalts der Pont-du-Gard.

In Betrieb war die Wasserleitung nach Nimes bis ca. 9. Jhd. nach Chr., wie Analysen der Kalkablagerungen in der obersten und wasserführenden Ebene bewiesen. Zu dieser Zeit wurde Nimes belagert, wobei die Angreifer auch die Wasserversorgung zerstörten.

Anschließend keine Wiederaufnahme. Nimes war von rund 8oo.ooo Einwohnern zu Zeiten Christi Geburt und Kaiser Augustus anschließend bis zum 9. Jhd. als unbedeutende Provinzstadt abgestiegen und litt unter ständigen Angriffen. Örtliche Brunnen für die erheblich kleinere Stadt Nimes waren daher sinnvoller, als die Instandhaltung der römischen Wasserleitung.

In Folge wurde Pont-du-Gard zwar nicht zerstört, litt aber unter zunehmendem Verfall wegen Nicht-Nutzung und fehlender Instandhaltung. Im Mittelalter wurde der Pont-du-Gard als Fußgängerbrücke über den Fluß genutzt. Im 18. Jhd. entstanden zunehmende Bestrebungen der örtlichen Bevölkerung, die Brücke abzureißen und daneben eine neue und für damalige Zeiten modernere Brücke zu errichten. Pläne, die zum Glück nicht realisiert wurden.

Einer der wichtigsten Verfechter des Brückenerhalts im 19. Jhd. war der Schriftsteller Prosper Mérimée, der bis hin zu obersten Behörden und zum franz. König vordrang mit der Bitte, den Pont-du-Gard nicht nur zu erhalten, sondern auch wegen seiner ästetischen Schönheit zu renovieren. Aktivitäten, die Erfolg hatten.

Heute zählt der Pont-Du-Gard zu einer der meistbesuchtesten Sehenswürdigkeiten in diesem Teil Südfrankreichs. Derartige Urlaubermassen besuchen die unter UNESCO- Denkmalsschutz gestellte Brücke, so daß schwere Schädigung vorprogrammiert ist. Umfangreiche Programme dienen dem Schutz.

LUBÉRON

Bergkette mit Erhebungen bis 1.100 m, die sich südöstlich von Avignon nach Ost zieht. Eldorado für Wanderungen, - aber auch in Bezug der Dörfer des Lubéron, die sich zum Teil mit malerischen Gassen und gemütlichen Restaurants an den Hängen der Montagne Lubéron befinden.

Der Lubéron ist südlicher Teil des franz. VAUCLUSE DEPARTEMENT.

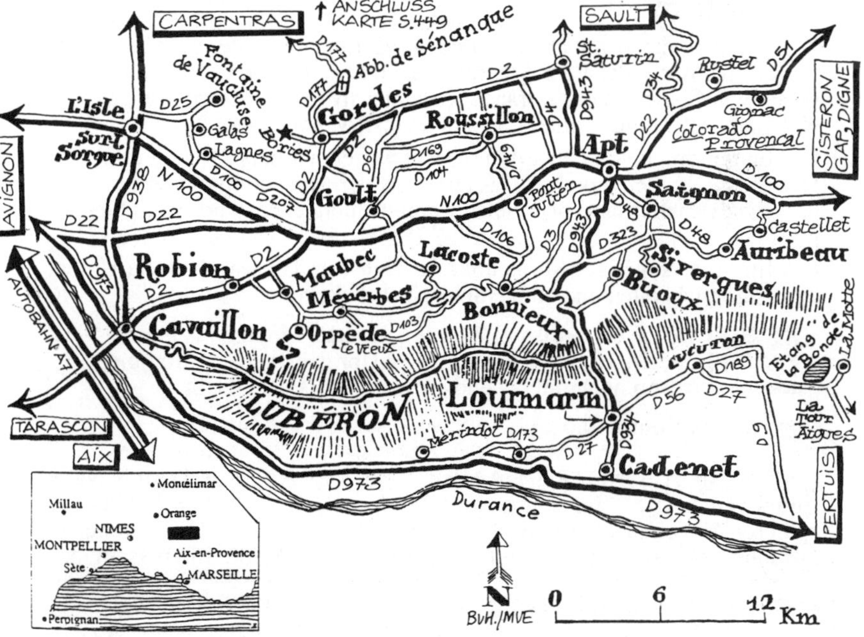

GEOGRAPHIE: ein bewaldetes Kalkgebirge zwischen Cavaillon und Manosque, - begrenzt vom nördlichen Plateau de Vaucluse und südlichem Durance-Fluß. Geographisch vom sommertrockenen Flußlauf Aigue Brun bei Lourmarin in den *Kleinen* und *Großen Lubéron* unterteilt.

Höchster Gipfel der Mourré Negre (1.125 m), südöstl. von Apt. Das dünn besiedelte Gebiet ist von malerischen Provencedörfern durchzogen. Käufer von Ferienimmobilien haben die Gegend vor dem Aussterben bewahrt. So gibt es in den kleinen Orten gemütliche Hotels, die leider aber dem Andrang zur Hauptsaison nicht gewachsen sind.

Landschaftlich besteht ein krasser Unterschied zwischen dem nördlichen und südlichen Lubéron. Die Nordhänge sind unwirtlich herb, steiler und oft naturbelassen wild. Im Süden hingegen dominiert eine üppige Pflanzenwelt, besonders schön im Mai bei Ginster und Thymianblüte.

1977 wurde ein Teil der Gebirgskette als regionaler Naturpark (14o.ooo Hektar) geschützt. Der Lubéron zählt zu den schönsten Wandergebieten Südfrankreichs. Günstige Stützpunkte sind Cavaillon im Westen sowie Apt und Bonnieux im Norden.

Zwei HAUPTROUTEN führen durch Lubéron: * die Nordverbindung über Ménèrbes und Bonnieux sowie die * Südroute entlang der Durance.

★ Cavaillon (24.ooo Einw.)

Kleinstadt an der Autobahn A 7 und westl. Einstieg in den Lubéron. Mildes Klima, nur 75 m über Meeresspiegel. Das wasserreiche Mündungsgebiet von Coulon in die Durance wird intensiv landwirtschaftlich genützt, viel Gemüsebau (auch unter Glas) und Obst, Melonen und Spargel.

Der Ersteindruck von Cavaillon täuscht wegen häßlicher Randviertel und Hektik des Straßenverkehrs. Das alte, teils verkehrsberuhigte Zentrum mit provenzalischem Markt und vielen Boutiquen bildet dazu positiven Gegenpol.

Cavaillon ist günstiger Stützpunkt für Lubéron-Touren, da viele Unterkunftsmöglichkeiten und einige Sehenswürdigkeiten.

Office de tourisme, 79, rue Saunerie. Montag bis Freitag 9-12 und 14-18 Uhr, Samstag 9-12 Uhr geöffnet. Zur Sommersaison nachmittags und auch samstags bis 19 Uhr.

Post: Cours Bournissac.

KATHEDRALE NOTRE-DAME-ET-ST.VÉRAN, Rue Detroit Nähe Cours Sadi Carnot: Ein spätromanischer Kirchenbau aus dem 13. Jhd., in späteren Epochen mehrmals vergrößert und umgebaut. Die Kirche ist zwischen die Altstadthäuser eingepfercht und düster. Interessant der geschnitzte Chor aus dem 17. Jhd. sowie eine der besten Barockorgeln (1592) der Region und Gemälde alter Meister wie Mignard, Parrocel und

Daret. Die Kirche erhielt ihren Namen vom heiligen Véran, der im Jahre 563 erster Bischof der Stadt wurde und heute noch als Schutzheiliger der Hirten gilt. Er behütet Mensch und Tier vor infektiösen Tierbissen, wie Schlangengift oder Tollwut.

SYNAGOGE und ehemaliges Judenghetto, Rue Hébraique. Die Synagoge ist ziemlich identisch mit der von Carpentras: Schnitzereien, Schmiedeeisengeländer und -balustraden, Säulen, in Mauer eingelassener Tabernakel, wo die Torah aufbewahrt wird etc. Sie wurde 1774 an Stelle einer alten Synagoge aus dem 14. Jhd. erbaut. Hier ist auch das Museum Musée Juif Comtadin in der ehemaligen Bäckerei untergebracht. Darin viele Dokumente zur Geschichte der jüdischen Gemeinde von Cavaillon, alte Bibeln und Relikte der ersten Synagoge. Zur Geschichte der Juden in der Provence siehe auch Carpentras. Eintritt und Öffnungszeiten wie Archäologisches Museum.

RÖMERMONUMENT (1.Jhd.) am Marktplatz, Place du Clos, nennen die Einheimischen fälschlicherweise "Arc-de-Triomphe". In Wirklichkeit handelt es sich nicht um einen Triumphbogen, sondern um eines der Stadttore der ehemaligen Römersiedlung, wie an den beiden verbliebenen Rundbögen zu ersehen. Die Römersiedlung aus dem ersten Jahrhundert hieß Cabellium und war Nachfolger eines keltisch-ligurischen Oppidums.

MUSÉE ARCHÉOLOGIQUE: Grand Rue. Neben Fundstücken der Römerepoche auch prähistorische Sammlung. Es befindet sich im ehemaligen Hotel de Dieu, dem Armenkrankenhaus des 17. und 18. Jhd., weshalb in einem Saal auch alte Keramikgefäße für Arzneimittel, Heilkundebücher etc. ausgestellt sind. Täglich außer Dienstag geöffnet 1o- 12 und 14- 18 Uhr, im Winter nachmittags nur bis 17 Uhr. Eintritt 6 DM inklusive Musée Juif Comtadin.

Bei Stadtbummel fallen schöne STATUEN auf, z.B. von Castil-Blaze (Musiker, 1784- 1857, der große Rossini-und Mozart-Opern in Frankreich einführte) oder Gambetta, jeweils an gleichnamigen Plätzen.

CHAPELLE ST. JACQUES: Wallfahrtskirchlein auf einer Bergkuppe westlich oberhalb von Cavaillon, schöner Panoramablick! Die Kapelle wurde an der Stelle eines Jupitertempels im 12. Jhd. errichtet und in den folgenden Jahrhunderten mehrfach umgebaut. So stammt beispielsweise das fünfflüglige Tor aus dem 17. Jhd. Der Hügel war zur Zeit der Sarrazenenüberfälle im Mittelalter ziemlich dicht besiedelt. Zu erreichen: in einem kurzen Spaziergang ab Place Tourel über Treppenweg. Anfahrt mit Auto über Route d'Avignon (D 938) und Chemin St. Baldou möglich.

"**Hotel Christel**": Digue des Grands Jardins an südlicher Stadteinfahrt, zwei Kilometer vom Zentrum, unweit Autobahn. Bestes Hotel von Cavaillon, viele Geschäftsreisende als Gäste. Gut 1oo Zimmer mit jedem Komfort, von Klima über Tennis bis Pool, entsprechend großes Restaurant, gutes Menü, Spezialität hausgemachte Hasenpastete und Hasenbraten, ab 42 DM. DZ mit Frühstück ca. 145 DM.

"Hôtel du Parc": 183, Place Tourel beim Römermonument. Zwei Sternehotel in ansprechendem Stadthaus direkt im Zentrum am Südenede des Place Carnot. DZ mit Dusche, WC ca. 8o DM, Frühstück 1o DM pro Person.

"Hotel Bel-Air": 62, rue du Bel-Air. Kleines Hotel, ganzjährig geöffnet. Madame Moulin macht ihre Früstücksmarmelade selbst. Ordentliche Zimmer mit Dusche/WC für zwei ca. 5o- 7o DM. Frühstück 8 DM pro Person.

"Terminus": beim Bahnhof, 165, Avenue Maréchal Joffre. Billigstes Hotel in Cavaillon, jedoch sehr einfach. DZ je nach Komfort ca. 4o- 5o DM, auch ein Einzelzimmer für 25 DM. Frühstück 7 DM.

Camping de la Durance am Fluß, Digue des Grands Jardins. Kleine, beschattete Anlage. Warmduschen, Stromanschluß, Shop etc. Ganzjährig geöffnet.

PRÉVOT, 353, Avenue de Verdun. Das Feinschmeckerlokal von Cavaillon, Menü ab 6o DM. Je nach Saisonangebot wechselnde Spezialitäten, auch Seefisch. Kleines Lokal mit etwa 3o Plätzen Sonntagabend und Montag geschlossen. Reservierung nötig, Tel. 9o 71 32 43.

LA FONTAINE: 47, Place Castil Blaze unweit der Synagoge. Typische Regionalküche mit Soupe au Pistou (Gemüsesuppe mit geknofelter Basilikumpaste). Menü leider preislich hoch angesetzt, 52 DM.

FIN DE SIECLE, 46, Place Clos, beim gleichnamigen Epoque-Bistro. Entsprechend Namen, stilvoll eingerichteter Speisesaal im ersten Stock. Wirt hat verstanden, daß Bescheidenheit im Preis sich auszahlen. Menüs ab 27/3o DM.

In Cavaillon gibt es auch eine Anzahl preisgünstiger Lokale, wie Pizzeria Le Club, 37, Cours Bournissac, Menü 22 DM oder La Dentellière, 14o, Cours Gambetta, Mittagsmenü 2o DM, sonst 26 DM.

Markt: Montagvormittag, Place du Clos.

Verbindungen ab Cavaillon

Zug: SNCF-Bahnhof an Avenue Semard und Bushalt gleich daneben, Avenue Joffre. Günstige Zugverbindung tägl. mehrmals nach Marseille, Nizza sowie in Richtung Avignon-> Paris.

Bus mehrmals täglich nach Carpentras via Isle-sur-la-Sorgue. Wenige nicht tägliche Busverbindungen in die Lubéron Dörfer, z.B. mehrmals pro Woche nach Bonnieux via Oppède und Lacoste.

Nordroute: Cavaillon -> Bonnieux -> Apt

Abwechslungsreiche Landschaft: vom Sellerie-Anbaugebiet Robion über nackte Felslandschaften bis hin zu weiten Lavendelfeldern. Dazwischen typische Luberondörfer mit alten Kirchen und Festungsruinen. Jede davon verbirgt Legenden und Mythen.

★ Robion (3.2oo Einw.)

6 km östlich von Cavaillon. Was für ersteres die Melone bedeutet, ist für's Provencedorf Robin der der Sellerie, dem in der Region aphrodisische Wirkung zugeschrieben wird. Beim traditionellen Selleriemarkt am 8. September kann das jeder selbst ausprobieren.

Camping: ANC Les Cerisiers, winziger, sehr ländlicher Platz, gut beschattet, Strom, Warmduschen. April bis September geöffnet.

Einige Restaurants, z.B. an Avenue Aristide Briand:

LE LUBÉRON, kleines Lokal, auch draußen wird serviert. Bodenständige Provenceküche wie Daube, aber auch Lasagne und Paella. Menu 23 DM, mittags Tagesplatten und Einfachmenü für 2o DM sowie Snacks.

Ebenda bietet MAISON DE SAMANTHA in einem Rustikosaal exzellente Landküche, Menüs ab 3o DM.

★ Oppède-le-Vieux (1.15o Einw.)

Mitten in schöner, felsiger Wildlandschaft ein sehr ursprüngliches Dorf mit alten Befestigungsmauern. Die verwinkelten Gassen waren städtebauliche Planung, um den kalten Mistralwind zu brechen. Bis vor kurzem war Oppède ein verlassenes Ruinendorf. Doch seit Ende der 6oer/Anfang 7oer Jahre Zweitwohnsitze im Vaucluse in Mode kamen, wurde es nach und nach renoviert.

Oberhalb des Dorfs befindet sich auf einem steil abfallenden Felsen die BURGRUINE (Vorsicht vor allem mit Kindern, da nicht mit Geländer gesichert!) des Barons, Beispiel mittelalterlichen Festungsbaus aus dem 12. Jhd. An den dicken Mauerresten ist gut zu erkennen, wie zwischen zwei Wänden aus geglättetem Stein das Bollwerk mit Felsbrocken ausgefüllt wurde.

Geschichte: exemplarisch für die Dörfer des Luberon, die seit dem frühen Mittelalter in geschützten Lagen als Agglomeration aneinadergepferchter Natursteinhäuser entstanden. Die Bewohner dieses Gebietes bekannten sich zur christlichen Laienbewegung der Waldenser. Ihr Stifter Petrus Waldes, ein reicher Kaufmann aus Lyon, war über die Hungersnot von 1176 so empört, daß er sich aufs Urchristentum besann und Armut zu seinem Ideal erkor.

Schnell fand er Anhänger, die nach Vorbild der Apostel als Wanderprediger für die

Bewegung warben. Die Waldenser waren u.a. gegen Kriegsdienst, Todesstrafe und Ablaß. Dies mißfiel dem Klerus, und spätestens seit dem Konzil von Verona 1184 konnten die Waldenser wegen päpstlicher Inquisition nur mehr als geheime Laienprediger einer Undergrund-Kirche arbeiten. Dennoch fanden sie bis Oberitalien, Süddeutschland und Böhmen viele Anhänger, ebenso in den Dörfern des Lubéron.

Lange vor der Bartholomäusnacht (23./24.August 1572, Ermordung von 14.ooo Hugenotten in Frankreich) hatte der französische König am 1. Februar 1545 einen Rachefeldzug in der Provence angeordnet. Dabei wurden rund 2.5oo Hugenotten und Waldenser im Lubéron ermordert und viele andere zum Sklavendienst auf Galeeren herangezogen. Einigen gelang die Flucht nach Böhmen, wo sie sich den Hussiten anschlossen. Das Massaker gegen 2o Lubérondörfer führte der Baron Maynier d'Oppède an. Da er bereits lange in Aix-en-Provence residierte, machte es ihm auch nichts aus, sein eigenes Dorf niederzubrennen.

"Mas des Capelans": altes Landhaus in schönem Blumengarten mit Maulbeerbaum und Pool, an Route Nationale. Geräumige DZ mit Bad und WC je nach Ausstattung und Saison ca. 125- 25o DM. Das Frühstück geht mit ca. 15 DM pro Person extra. Eines der gemütlichsten Hotels der Gegend!

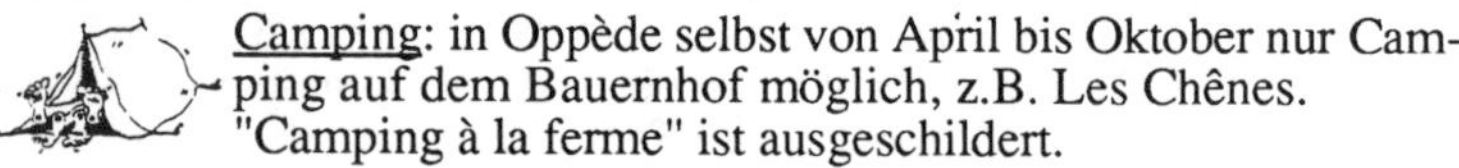

Camping: in Oppède selbst von April bis Oktober nur Camping auf dem Bauernhof möglich, z.B. Les Chênes. "Camping à la ferme" ist ausgeschildert.

Nächster Platz ist Camping Municipal Royères du Prieuré im Nachbarort Maubec, La Combe St.-Pierre. April bis September ist die einfache Anlage mit Warmduschen und Stromanschluß geöffnet.

★ Ménérbes (1.1oo Einw.)

Weiteres Lubérondorf, dessen graue Steinhäuser mit den patinierten Dachziegeln und geduckten Kaminen von Zweitwohnsitz-Investoren vor dem Aussterben gerettet wurden. Darunter - wie in anderen Luberondörfern auch - zahlreiche Künstler und Schriftsteller. Nicolas de Stael war einer der ersten, die sich in Ménérbes ein Haus kauften.

Von der KIRCHE aus dem 14. Jhd. ein schöner Blick ins Tal bis zum Mont Ventoux.

FESTUNG aus dem 13. Jhd., sie wurde in den folgenden Jahrhunderten ständig ausgebaut. Im 16. Jhd. verschanzten sich darin ein paar Dutzend Calvinisten über fünf Jahre erfolgreich vor der katholischen Belagerung. Das päpstliche Heer soll aus über 12oo Mann bestanden haben.

Etwas Ausgefallenes ist das KORKENZIEHERMUSEUM (Musée du Tire Bouchon), Domaine de la Citadelle, an RN 1oo, drei Kilometer vor Beaumettes. Yves Rousset-Rouard hat in Frankreich, England, Deutschland, Holland und Amerika weit über 1.ooo Korkenzieher zusammengetragen. Es handelt sich dabei übrigens um eine französische Erfindung aus dem 17. Jhd. In dem renovierten Landhaus aus dem 16. Jhd. ist die Sammlung ausgestellt. Eintritt ins Museum 6 DM, Weinkeller mit Probe gratis.

Öffnungszeiten Montag bis Freitag 1o-12/14-18 Uhr, samstags 9-12 Uhr, Juli/August täglich 1o-12/15-19 Uhr.

"Hostellerie Le Roy Soleil": Route de Beaumettes, an der D 1o3, die südlich nahe des Lubéron Bergkammes entlang führt. Komfortables Landhotel unterhalb des alten Dorfes. Beheiztes Schwimmbad, Garten. Klimatisierte DZ je nach Saison für ca. 145- 265 DM. Früstück pro Person 2o DM.

✶ Lacoste (31o Einw.)

Jedem Lubérondorf sein Hügel und seine Festung. Die CHATEAU-RUINE von Lacoste jedenfalls verbirgt exzentrische Geheimnisse. Es gehörte ehemals dem berüchtigten Romanschriftsteller *Donatien-Alphonse-François Marquis de Sade* (174o- 1814, davon 27 Jahre im Gefängnis, angeklagt wegen Giftmord, politischer Vergehen und ausschweifender Lebensart und ab 18o3 in Irrenhaus). Zentralthema seiner Bücher ist das "Recht auf vollkommenen Egoismus". De Sade weilte mehrmals kurz in seinem Schloß, das er mit Kapelle, Theatersaal und 42 Zimmer ausbaute. Für sein extravagantes Sexualleben logierte er darin neben seiner Gattin und mitgebrachten Dirnen auch Mädchen aus dem Dorf. Nicht umsonst heißt heute Lustbefriedigung durch Quälen anderer "Sadismus".

Auf halbem Weg zwischen Ménérbes und Lacoste liegt rechterhand die ABTEI ST.HILAIRE. Kirche und Kreuzgang können besichtigt werden.

Restaurant Le Simiane: das Altstadtlokal von Lacoste bietet wechselnde Menüs ab 45 DM. Die Gewölbedecke erhöht den Stil. Gerichte der Region sorgsam präpariert.

✶ Bonnieux (14oo Einw.)

Aneinandergepferchte Altstadthäuser unterhalb der Kirche ziehen sich den Hügel hinab, darunter neuere Wohnbauten. Auch hier sind die Fensterläden die meiste Zeit des Jahres zu, da viele Zweitwohnsitze. Der heutige Haupttouristenort im Kleinen Lubéron ist historisch bedingte Ausnahme: zu Zeiten der eigenständigen Grafschaft Provence gehörte es nämlich als Exklave zum päpstlichen Avignon, stand deshalb in gewisser Rivalität zu seinen damals protestantischen Nachbarorten.

ALTE KIRCHE (12. Jhd.): ein Treppenweg führt ab Dorfzentrum hinauf. Oben Aussichtsplateau mit Fernsicht über Vaucluselandschaft bis zum Mont Ventoux. Die interessanten Gemälde dieses Gotteshauses hängen heute in der neuen Kirche unterhalb an Avenue des Tilleuls. Im Sommer nachmittags geöffnet.

MUSEUM DES BÄCKERHANDWERKS (Musée de la Boulangerie): 12, rue de la République. Zur Saison von 1o-12 und 15-18.3o geöffnet, sonst nur an Wochenenden. Dienstag geschlossen. Eintritt 3,5o DM.

PONT JULIEN: Römerbrücke, 6 km nördlich an Kreuzung von D 149 und RN 1oo. Sie war Teil der antiken Alpenstraße nach Arles. Die Römer hatten hier bewußt eine Schmalstelle des Calavon-Fluß gewählt, um das mehrbögige Bauwerk möglichst preiswert zu realisieren.

7, Place Carnot, Dienstag bis Samstag 1o-12 und 15- 18.3o Uhr geöffnet.

Post: Avenue des Tilleuls.

"**Hostellerie du Prieuré**": 3-Sterne-Hotel in altem Gemäuer der Altstadt. DZ je nach Saison ca. 11o- 18o DM. Menüs im Restaurant ab 45 DM, im Sommer wird auch draußen serviert, im Winter geschlossen.

"**Hotel César**": Place de la Liberté. Gemütliche Zimmer als Doppel ca. 65- 115 DM. Frühstück pro Person 11 DM. Dabei ein rustikales Restaurant mit schönem Panoramablick. Provenzalische Küche, Menü ab ca. 35 DM.

GRILL DU PONT JULIEN, RN 1oo neben Römerbrücke. Obwohl auf Laufkundschaft eingestellt, wird ordentliche Regionalküche geboten. Preislich sehr korrekt. Menü 25 DM, mittags etwas einfacher für 21 DM.

Massif des Cèdres

Ein Kammweg mit geringem Höhenunterschied führt durch die Bergwelt des Kleinen Lubéron und verbindet Bonnieux mit Cavaillon. Der Weg ist Grenze zweier Landschaftstypen: im Norden karg, - im Süden grün bewaldet. Rund 2o km davon in seinem westlichen Abschnitt sind für Autos gesperrt, daher ideal für Wanderer und Radfahrer.

Zum Ausgangspunkt des Weges ab Bonnieux den Ort auf der D 36 Ri. Lourmarin verlassen, aber bereits nach etwa 2 km rechts abbiegen und nochmals 5 km hoch. Hier beginnt der Kammweg, der Ri. West bis zu einem Aussichtspunkt oberhalb von Oppède-le-Vieux mit dem Auto befahrbar ist. Hier führt ein Trail runter nach Oppede, bzw. ab Aussichtspunkt weiter auf dem Kammweg: nunmehr nur für Fußgänger und Radfahrer, schöner Blick. Der Weg führt bis Vidauque, einem kleinen Ort rund 4 km östl. von Cavaillon.

Wanderkarte: IGN 3142 Apt Ouest/Bonnieux, deckt den Kleinen Lubéron im Maßstab 1: 25.ooo ab.

Wandern im Großen Luberon

Seit 1977 regionaler Naturpark von 14o.ooo Hektar. Im Schnitt 2oo-3oo m höher gelegen als der kleine Gebirgsbruder im Westen. Höchster Berg ist Mourre Nègre (1.125 m).

Standardwerk zum Wandern in der Region ist die Broschüre Le Luberon von François Morenas, die es in Buchläden und Touristenshops der Region gibt. Der Autor ist Patron der Jugendherberge Regain bei Saignon, die sich zum Treff für Wanderer entwickelt hat.

Außerdem: Randonnées Pédestres dans le Luberon von P.Griffon, Edisud, Aix-en-Provence.

Bestes Kartenmaterial bietet die Blaue Reihe von IGN im Maßstab 1:25.ooo, IGN 3241 Apt Est/Grand Luberon für Großen Lubéron.

Besteigung des Mourre Nègre: von Apt oder Bonnieux kommend nach Saignon, dort bis Auribeau fahren. Kurz vor dem Ort zweigt rechts der GR 92 ab. Einfacher Aufstieg dauert gut zwei Stunden.

Auch der Große Lubéron ist in anstrengender Zweitagestour (Höhenunterschiede) am Bergkamm zu durchwandern.

Südroute entlang der Durance: Cavaillon -> Cadenet -> Pertuis

Die Adlerhorst- Dörfer entlang dieser wichtigen Verkehrsstraße am Fluß Durance waren im Mittelalter in der Regel Unterschlupf von Raubrittern. Der Landstrich ist geprägt von Weinbau. Wer genügend Zeit hat,sollte die flotte D 973 kurz nach Mérindol verlassen und auf den engen, romantischeren Straßen D 173 und D 27 über Lourmarin nach Cadenet/Pertuis fahren. Ab Lourmarin zwischen Kleinem und Großen Lubéron besteht auch landschaftlich reizvolle Verbindungsstraße via Bonnieux nach Apt.

MÉRINDOL: die ehemalige Waldenserhochburg wurde bei den Glaubensverfolgungen Mitte des 16. Jhd. ebenfalls zerstört, ein Teil der Bevölkerung lebendig verbrannt.

4 km westlich Mérindol führt nordwärts eine Straße in die Gorges du Régalon, wo am Fluß ein Wanderweg beginnt. Bringt auf etwa 2 km durch die Schluchten, und danach (GR 6-97) anstrengend über gut 1o km hoch zum Bergkamm des kleinen Lubéron.

LAURIS: der Spargelort besitzt schönen Panoramablick vom Chateau. Weintraubenliebhaber sollten Mitte September bis Mitte November dem täglichen Eßtrauben-Markt besuchen.

★ Cadenet (2.7oo Einw.)

Ruine eines ehemaligen Raubrittersitz, der seit dem 11. Jhd. den Duranceverkehr kontrollierte und Kirche aus dem 14. Jhd.

"**Mas du Colombier**": Route de Pertuis. Garten, Schwimmbad. Alle Zimmer mit Dusche und WC, 82- 1o5 DM. Frühstück 11 DM.

"**Aux Ombrelles**": Avenue de la Gare. Kleines Hotel mit Garten. Einfache Zimmer je nach Ausstattung 37- 65 DM, die besseren haben Dusche und WC. Frühstück 11 DM pro Person. Dezember und Januar geschlossen. Im Restaurant Menü ab 28 DM.

Camping: Val de Durance, Les routes, am Fluß. Von April bis Mitte November geöffnet.

✶ Lourmarin (2.ooo Einw.)

Im Château Lourmarin logierten schon illustre Persönlichkeiten wie Churchill oder Queen Elisabeth II. Kann nachmittags von 14.3o-17.3o, im Sommer zusätzlich auch vormittags 1o.3o-12 Uhr besichtigt werden. Dienstags und von 1.November bis 31.März geschlossen. Eintritt 8 DM. Beherbergt heute auch eine Stiftung zur Förderung junger Künstler. Hier verbrachte Albert Camus seine letzten beiden Lebensjahre. Sein Grab liegt auf dem Ortsfriedhof.

"Hotel de Guilles": Route de Vaugines. Gemütliches Landhaus mit patinierten Dachziegeln und kleinen Kaminen. Im Garten Swimmingpool und Liegewiese. Sehr ruhig. DZ mit Dusche/WC 15o DM, Frühstück pro Person 19 DM. Im hauseigenen Restaurant L'Agneau Gourmand kostet Menü ab 5o DM.

Camping: Hautes Prairies, Route de Vaugines. Im Winter geschlossen. Warmduschen, Stromanschluß.

Reihe kleiner Speiselokale in den alten Häusern Lourmarins. Meist provenzalische Gerichte wie "Daube". Gemütlich beim CHATEAU L'OUSTALLET DE GEORGES, Menü ab 32 DM und La Récréation, 15, Rue de Girard, mit großer Terrasse, Menü ab 27 DM.

CUCURON (1.6oo Einw.): Dorf am Fuße des Lubéronmassivs mit interessantem Maibaumbrauch. Am 21.Mai holt sich die Dorfjugend einen Pappelbaum von den Duranceufern, um ihn vor die Kirche zu stellen. Der Brauch geht auf die Pest von 1721 zurück. Nach Bittgebeten zum Dorfheiligen Tulle fand damals die Epidemie ein Ende.

✶ Pertuis (15.8oo Einw.)

Die größte Stadt im südlichen Lubéron besitzt einige historische Monumente wie Uhrturm aus dem 13. Jhd. und Reste eines Château. Doch das heute so ruhig bourgoise Provencenest mit weitläufiger Besiedelung täuscht über verruchte Vergangeheit hinweg: Zur Jahrhundertwende, in der sogenannten Belle-Epoque-Zeit, gab es für die reichen Wintertouristen aus Nordeuropa in der Kleinstadt nicht weniger als 4 Bordelle und 35 meist einschlägige Cafés voller Gelegenheitsdirnen.

"Sevan": Av. de Verdun, Richtung Manosque. Erstes Hotel im Ort. gemütlicher Garten mit Pool. Klimatisierte, geräumige DZ mit Frühstück 18o DM. Im hauseigenen Restaurant Olivier gibt es Mittelmeerküche, Menü ab 34 DM.

Weitere einfachere Hotels im Ortszentrum, darunter günstig Hotel

L'Aubarestiero, Place Garin. DZ 5o-68 DM, Frühstück pro Person 11 DM.

Camping: Les Pinèdes, Avenue Pierre Augier, großer, teilweise gut beschatteter Platz. Strom, Warmdusche. Von Ende Oktober bis Anfang März geschlossen.

Markt: Freitagvormittag großer Wochenmarkt.

✶ La Tour d'Aigues (3.1oo Einw.)

Das Château de la Tour d'Aigues aus dem 14. Jhd. wurde 1575 im Renaissancestil erweitert. Den Etang de la Bonde, 5 km nördlich, ließ ein Schloßherr im 18. Jhd. als Versuchsweiher angelegen, um durch Zucht spezieller Laichkarpfen, schmackhafteres Karpfenfleisch in die Provence einzuführen. Heute Privatbesitz, daher nur kleiner vielbevölkerter Strand mit Tretbootverleih.

Camping: Chénes Verts am See, Mai bis Sept. geöffnet.

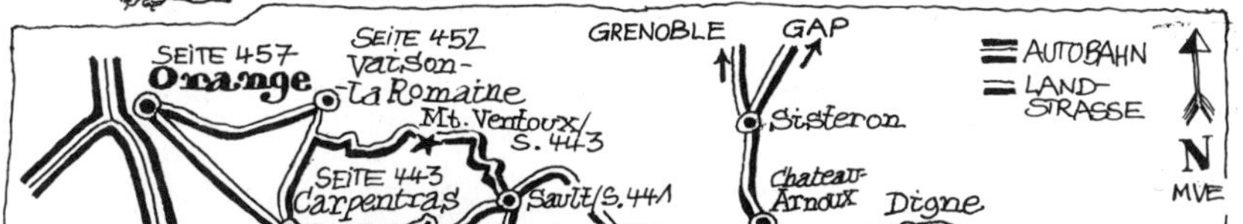

Querverbindungen LUBERON zu Nachbar- Regionen mit jeweiligem Seiten-Verweis zur betreffenden Textstelle im Buch.

✶Le Thor

An der N 1oo rund 18 km östlich von Avignon. Ein weiteres Bilderbuchdorf mit wuchtiger romanischer Kirche. Interressiert wegen der Tropfsteinhöhle "Grotte de Thouzon", 3 km nördlich an der D 16. Am Fuße eines Hügels mit Burgruinen. Der lange Zugang der Höhle ist das

Bett eines versiegten, unterirdischen Flusses. Täglich 1o-12 und 14-18 Uhr, Juli/August 9.3o-19 Uhr, März und November nur sonntags 14-18 Uhr, Dez., Jan., Feb. geschlossen. Eintritt: 9 DM.

VAUCLUSE

Westl. von Avignon und nördl. des Lubéron Massivs beginnt der eigentliche Vaucluse, der dem ganzen Departement den Namen gab.

ISLE-SUR-LA SORGUE ist Einstieg für diese Region und über die N 1oo zu erreichen. Authentische Provencedörfer in sommertrockener, fast karger Landschaft. Dennoch viele Quellen, da das Kalkstein- Plateau von unterirdischem Fluß- und Grottensystem durchzogen ist. Dabei am interessantesten FONTAINE-DE-VAUCLUSE.

★ L'Isle-sur-la-Sorgue

Von den Armen der Sorgue umschlungen, bei leisem Plätschern läßt es sich unter schattigen Platanen gut aushalten. An verschiedenen Stellen drehen sich noch gemütliche, hölzerne Wasserräder. Sie gehörten früher zu den vielen Oliven- und Kornmühlen sowie den Webereien, die alle möglichen Stoffe, vom brettharten Leinen bis zur feinen Seide herstellten. Weiterer Erwerbszweig war die Fischerei.

Heute viele Antiquitätenläden (Village des Antiquaires). Die Kirche im provenzalischen Barock mit Gemälden und sehenswerter Orgel.

Office de Tourisme, Place de l'Eglise, in einem ehemaligen Getreidespeicher.

Hotel-Restaurants

"**Mas de Cure-Bourse**": etwa 2 km außerhalb, Route de Caumont-sur-Durance. Renoviertes Postrelais mit großem Garten und Pool. Geräumige, ländlich eingerichtete DZ mit Bad und WC 11o-18o DM. Gekocht wird nach Großmutterrezepten, Menüs ab 55 DM.

"**La Gueulardiere**": 1, Route d'Apt. Landhaus, große Terrasse mit Brunnen im Schatten hundertjähriger Platanen. DZ mit Bad und WC 9o DM. Hausmacher-Menüs ab 3o DM, sonntags etwas teurer.

"**Le Pescador**": Partage des Eaux, dort wo sich die Sorgue in zwei Hauptarme teilt. Großes Haus mit Terrasse zum Fluß. Traditionelle Küche, viel Fisch, frische Forelle aus dem Vivarium, Menüs ab 25 DM. Einfache DZ mit Bad und WC 8o DM.

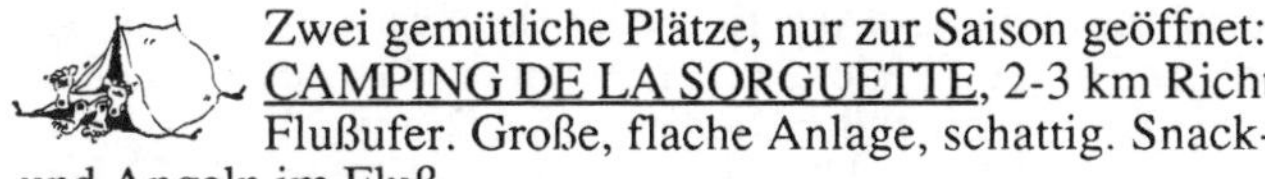

Zwei gemütliche Plätze, nur zur Saison geöffnet:
CAMPING DE LA SORGUETTE, 2-3 km Richtung Apt, am Flußufer. Große, flache Anlage, schattig. Snack-Bar, Baden und Angeln im Fluß.

LE JANTOU bei Le Thor, Quartier le Bourdis, am Fluß. Sehr schattig, Snack-Bar, Shop, Pool, Angeln.

Markt: Lebensmittel donnerstags, jeden Sonntag Antiquitäten- und Trödelmarkt.

✶ Fontaine-de-Vaucluse

Im Talkessel "Vallis Clausa" am Ufer der unglaublich grünen Sorgue. Um platanenbeschatteten Dorfplatz, Place de la Colonne, Petrarca-Gedenksäule und Restaurants mit Terrassen zum Fluß.

Parken: nur auf den gebührenpflichtigen Plätzen möglich, 5 DM.

Tourist-Info: Office de Tourisme, Chemin de la Fontaine.

Camping: Camping Municipal des Prés, an Route de Cavaillon, nahe dem Aquädukt. Schöner Platz am Flußufer.

LA FONTAINE: die sogenannte Quelle der Sorgue, wo der Fluß in einer Grotte aus seinem unterirdischen Höhlensystem wasserreich an die Oberfläche tritt. Gespeist wird sie durch Regenwasser, das durch den kalkreichen Boden des Plateaus sickert, sich auf den tiefen, undurchlässigen Schichten staut und in unterirdischen Kanälen zusammenfließt. Nach sehr starken Regenfällen sprudelt das Wasser über den Rand der Grotte wie ein Springbrunnen.

Bisher schlugen alle Versuche die genaue Tiefe festzustellen fehl. Der erste 1878 mit 23 m, 1946 Untersuchungen durch Cousteau, 1983 tauchte Jochen Hasenmeyer 2o5 m tief (damaliger Weltrekord). Eine Sonde verkantete sich 1985 nach 3o5 m, ohne mit wissenschaftlicher Sicherheit auf Grund gestoßen zu sein.

Der geheimnisvolle Zauber des Naturphänomens ist gebrochen durch die modernen Erungenschaften, elektrisches Licht, Autos, Touristen, Souvenirshops. Die Restaurants am Flußufer sind trotzdem ganz angenehm, Spektakel und Animation um die Grotte im Sommer.

VALLIS CLAUSA: alte, noch funktionierende Papierfabrik mit großem Wasserrad, Chemin de la Fontaine. Besichtigung möglich.

MUSÉE NORBERT CASTERET: Chemin de la Fontaine. Sammlung von in Höhlen gefundener Kalkkokretionen und Erkenntnisse über die Quelle. Besichtigung nur mit Führung, täglich außer Mo. und Di., Mai mit August 1o-12 und 14-18.3o Uhr, im Winter um 11, 14, 15, 16 und 17 Uhr. Eintritt 8 DM.

MUSÉE DE LA RÉSISTANCE (1939- 45): Chemin de la Fontaine, zeigt Heimatkundliches zum Vaucluse, das Entstehen der Résistance sowie Beiträge von Schriftstellern und Malern zur "Freiheit des Geistes". Geöffnet: 15. April bis 15. Okt. täglich außer Dienstag 1o-1 2 und 14- 18 Uhr, im Juli/August durchgehend 1o-2o Uhr, im Winter 1o- 12 und 14- 17 Uhr, Januar und Februar geschlossen, Eintritt 3 DM.

MUSÉE PETRARQUE: am linken Ufer der Sorgue. Lange Jahre seines Lebens verbrachte der italienische Humanist Petrarca (13o4- 74) zurückgezogen nahe der Quelle des Vaucluse. In einer Kirche in Avignon hatte er

FONTAINE-DE-VAUCLUSE: Illustration Anfang 19. Jhd.

Laura gesehen und sich sofort unsterblich in sie verliebt. Die Schöne war aber schon mit einem de Sade verheiratet. Ohne etwas davon zu ahnen, wurde sie Muse seines dichterischen Schaffens, die Liebe blieb platonisch. Sein Wohnhaus soll an dieser Stelle gestanden haben.

Geöffn: Juni mit Sept. täglich außer Dienstag 9.3o-12 Uhr und 14-18.3o, vom 15. April bis 3o. Mai sowie die erste Oktoberhälfte täglich 1o-12 und 14-18 Uhr, im Winter nur Sa./So. 1o-12 und 14-17 Uhr, Jan., Febr. und feiertags geschlossen, Eintritt 3 DM.

★ Gordes

Zu erreichen über die N 1oo bis Courttellet, dann auf die D2. Der Adlerhorst zählt offiziell zu den schönsten Dörfern Frankreichs, die Inkarnation des *"Village perché"*. Je nach Tages- und Jahreszeit rosa-orange oder gleißend-hell vorm blauen Himmel. Dominierende mächtige Burg, zu deren Füßen sich erdfarbene Häuschen an den Hang schmiegen, dazwischen runde grüne Baumkronen. Auffällige Anhäufung idyllischer Luxus-Landgasthöfe.

MUSÉE VASARELY: im Château von Gordes. Ausgestellt sind die geometrischen, optischen Täuschbilder Vasarelys und gelegentlich moderene Künstler. Den offenen Burgherrenkamin im oberen Stock beachten. Geöffnet: tägl. außer Di. 1o-12 und 14-18 Uhr, Eintritt 6 DM.

ABBAYE DE SÉNANQUE: 4 km nördlich von Gordes über die schmale

D 177 zu erreichen. Schon bei Anfahrt Fotoblick: dunkles Klostergemäuer hinter kerzengeraden, violetten Lavendelstreifen. Das Zisterzienserkloster wurde im großen Aufschwung 1148 gegründet, hielt sich trotz Sittenverfall der Mönche, die die Regeln der Armut und Einfachheit immer mehr vernachlässigten. 1544 wurde es von einer relgiösen Splittergruppe überfallen und angezündet. Ende 17. Jhd. blieben nur noch zwei Mönche. Nach der Revolution als Staatsgut verkauft, dann wieder von der Kirche zurückgekauft, wurde es seither gut unterhalten. Seit 1989 haben eine Handvoll Mönche wieder das klösterliche Leben aufgenommen.

Besichtigung von März mit Oktober 1o-12 und 14-18 Uhr, sonst nur nachmittags 14-17 Uhr, nicht Sonntag vormittags und an religiösen Festen. Kirche, ehemaliger Schlafsaal, Kreuzgang, puritanisch karg, um nicht die Gedanken der Mönche durch unnötigen Zierrat abzulenken. In einem Extragebäude lebten die sogenannten Hilfsmönche, die bei den landwirtschaftlichen Tätigkeiten halfen.

VILLAGE DES BORIES: in Gordes Richtung Cavaillon halten, ca. 2 km nach dem Ort geht von der D 2 eine kleine Straße ab. Eine Ansammlung iglu-förmiger Steinhütten ohne Bindemittel aufgeschlichtet, keine Fenster. In Art eines Freilichtmuseums. Die Steinhütten waren Behausung, Unterschlupf oder Vorratsspeicher und sollen noch im 19. Jhd. bewohnt gewesen sein. Ihr Alter wird auf 2oo- 5oo Jahre geschätzt. In der Provence, vor allem ländlichen Gegenden des Luberon, gibt es noch viele. Geöffnet tägl. von 9 Uhr bis Sonnenuntergang. Eintritt 7 DM.

Steinhütten von Borries

MUSÉE DU MOULIN DU BOUILLONS: auf der D 2 ein kurzes Stück weiter, dann links Richtung St. Pantaléon, danach beschildert. In Bastide aus dem 18. Jhd., alte Olivenpresse und Geschichte der Beleuchtung.

MUSÉE DU VITRAIL: gleich daneben, in moderner Architektur werden Glaskunsttechniken des mittleren Orients und Glasfenster und Skulpturen von F. Duran gezeigt. Beide Museen geöffnet täglich außer Di., 1o-12 und 14-18 Uhr, Februar, März, April nur bis 17 Uhr, ab Mitte Dez. bis Ende Januar geschlossen, Eintritt 7 DM.

★ Roussillon (1.2oo Einw.)

Zu erreichen in rund 1o km ab Gordes, bzw. von der N 1oo über Nebenstraßen. Der Ort Roussillon liegt ausgesprochen schön auf einem Hügel, die Häuser eng zusammengepfercht. Die Fassaden spiegeln die vorgefundenen, rot- und ockerschimmernden Farben der nahen Steinbrüche wider.

Malerischer Dorfkern mit kühlen Plätzen. Schöner Ausblick an der Orientierungstafel beim nördlichen Castrum: großartiger Panoramablick teils bis zum Mount Ventoux. Um den Ort sattes Grün der Nadelbäume und Föhren, umgeben von roten und ockerfarbigen Felsen.

In einigen Souvenirshops (z.B. bei der Kirche) gibt es abgepackt Ockersubstanz zu kaufen.

gegenüber der Post, Place de la Poste, nur von April bis Oktober wochentags geöffnet.

Roussillon hat der amerikanische Soziologe Laurence Wylie für den Massentourismus entdeckt, als er das Ergebnis seiner Studien über provenzalisches Landleben in dem Buch "Dorf in der Vaucluse" (Fischer Tb.) veröffentlichte. Roussillon heißt darin Peyrane.

Auch der Schriftsteller Samuel Beckett (19o6- 9o) versteckte sich während des 2. Weltkrieges ab 1942 für 2 Jahre in Roussillon. Sein Haus befand sich südlich des Ortes, Kreuzung Apt/Goult. Eines seiner bedeutendsten Werke ("Warten auf Godot", 1952) resultiert aus den Erlebnissen, die Becket während dieser Zeit in Roussillion hatte.

"**Mas de Garrigon**": Route de Saint-Saturnin d'Apt, 5 km nördl. von Roussillon an der D 2. Kleineres Hotel im Landhausstil mit schönem Blick, aber nur wenigen Zimmern. Geschmackvoll eingerichtet, mit Bad und Terrasse sowie Swimming Pool in der Anlage. DZ ca. 22o DM, zur Saison langfristig vorab reservieren. Frühstück ca. 2o DM pro Person. Im Restaurant kostet gutes Menü ab 5o DM. Ganzjährig geöffnet.

"**Res. Les Ocres**": Rue de Gordes, ruhiges Haus mit klimatisierten DZ inkl. Frühstück ab ca. 11o DM je nach Saison.

"**Hostellerie des Comandeurs**", im Ort Roussillon. Preiswerte Übernachtung mit allerdings nur wenigen Zimmern. Im Haus Restaurant.

"**Mas Herbes Blanches**": rund 3 km außerhalb an der D 1o2. Luxusherberge.

Camping Arc en Ciel, Route de Goult. Pinienbeschattet. Einfache und ordentliche Anlage mit Warmduschen, Stromanschluß und kleinem Shop.

Die ehemaligen OCKERBRÜCHE beginnen gleich hinter dem Wohnort und können bei einem Spaziergang besichtigt werden. Die Region hat die bedeutendsten Ockervorkommen der Welt. Erosion wusch in die Sandsteinhügeln schroffe Formen, die Böden sind federnd weich.

Der ABBAU erfolgte nicht nur an der Oberfläche, sondern auch in grottenähnlichen Höhlen. Bereits die Steinzeitmenschen des Paläolithikums holten sich hier sporadisch die rote Farbe für ihre Kulthandlungen und Höhlenmalerei.

Intensiver wurden die Steinbrüche zur Zeit der Römer genutzt, die "industriellen Abbau" betrieben. Höhepunkt des Abbaus, der sich bis Rustel (östl. von Roussillon) erstreckte, war das 18./19. Jhd. Damals fanden rund 3.ooo Menschen Beschäftigung in Gewinnung des röstlich-ockerfarbigen Minerals (Ton - Sand und Eisenoxyd).

Heute wird die natürliche Ockerfarbe nur noch im Colorado Provençal bei Rustrel (nordöstl. von Apt) in kleinem Umfang gewonnen. Zwischenzeitlich verdrängten chemisch hergestellte und damit billigere Farbsubstanzen das Naturprodukt vom Markt.

Das gelbrote Mineralgebilde besteht hauptsächlich aus Ton mit Quartzsand und nur zu 1o % aus den farbbestimmenden Eisenoxyden, die je nach Abbauort unterschiedliche Farbintensitäten besitzen. Bei der Ockergewinnung wird der Sand ausgewaschen und danach die verbleibenden Farbpartikel in Becken getrocknet.

Die Herkunft des roten Ockers erklären Einheimischen in einer gruseligen Legende: der Edelmann Raymond d'Avignon erwischte seine Gattin Sirmonde im Schlafgemach des Château beim Liebesspiel mit Minnesänger Guillaume de Cabestang. Er ließ sich aber nichts anmerken. Vielmehr lud er den jungen Troubadour zur Jagd ein, um den Nebenbuhler dabei umzubringen. Beim abendlichen Festgelage servierte Raymond seiner Gattin eine Wildbrett-Platte, in deren Mitte ein besonderes Fleischstück lag. Die schöne Sirmonde aß es mit gesundem Apetit. Als die Tafel aufgehoben wurde, erklärte der betrogene Ehemann, daß seine Gattin gerade Guillaumes Herz vertilgt habe. Sirmone stürzte sich daraufhin den Abhang hinab in den Tod. Seither sei die Roussilon-Erde von ihrem Blut rotgefärbt.

Im Ort Roussillon mehrere Antiquitäten-Geschäfte, Töpfereien sowie Restaurants. - Details zu Rustel siehe Seite 44o.

★Apt (11.5oo Einw.)

Die heimliche Hauptstadt der Region wurde als "Apta-Julia" von den Römern gegründet. Im Zentrum geduckte Häuser, weitflächig drumherum Wohnsilos für Garnisonssoldaten und Arbeiter der Marmeladenfabriken sowie häßliche Industriebauten.

Als Verkehrsknoten zwischen Cavaillon/Manosque und Aix/Cadenet-Sault/Mont Ventoux entwickelte sich eine touristische Struktur mit Hotels und Campingplätzen. Somit günstiger Stützpunkt zwischen dem Plateau de Vaucluse und dem Lubéron.

Place Bouquerie/Avenue Philippe-de-Girard (direkt westl. des Ortszentrums am Fluß Coulon). Geöffnet: 9-12 und 14-18 Uhr, So. und Mo. geschlossen. Im Juli/August abends bis 19 Uhr geöffnet.

Avenue Victor Hugo, westlich des Ortszentrums Nähe Touristbüro, aber auf der anderen Seite des Flusses Coulon.

Maison du Parc Naturel Régional du Lubéron: 1, Place Jean-Jaurès im Ortszentrum, wenige Meter von der Kathedrale Ste. Anne. Ausstellungen und Infos zum Lubéron Naturpark.

Das ORTSZENTRUM von Apt ist klein und bei ca. 2oo x 2oo m überschaubar. Zentrale Einkaufsstraße die RUE MARCHANDS (Fußgängerzone) mit Boutiquen und sonstigen Geschäften.

ST-ANNA-KATHEDRALE, Rue des Marchands. Uhrturm mit provenzalischem Glockenkäfig. Die Kirche entstand im 11./12. Jhd. und wurde bis hinein ins 18. Jhd. baulich ergänzt und verändert.

Am interessantesten die romanischen Teile des Sakralbaus sowie die frühchristlich-römischen Relikte, z.B. ein Sarkophag und ein Altar in der rechten Seitenapside.

Außerdem zwei übereinanderliegende Krypthen, wobei die untere aus der Merowingerzeit datiert. Der Legende nach sollen hier die Gebeine der heiligen Anna (die Mutter der Hl. Jungfrau Maria) liegen. Jedenfalls pilgerte Königin Anna von Österreich und Gemahlin Ludwig XIII. im Jahre 166o in diese Kathedrale und ließ die linke Seitenkapelle anbauen. Sie heißt seither Chapelle Royale. Zum Kirchenschatz gehört auch der sogenannte "Schleier der hl. Anna", ein orientalisches Stoffgewebe aus dem 11. Jhd.

ARCHÄOLOGISCHES MUSEUM (Rue de l'Amphithéatre): mit Fundstücken von Vorgeschichte bis Fayencen des Mittelalters. Zahlreiche Relikte auch aus der Römerzeit, als Aptia-Julia Provinzhauptstadt war.

APTUNION: weltgrößte Fabrik für kandierte Früchte, liegt 2 km außerhalb an Route d'Avignon. Besichtigung möglich, Montag-Freitag gibt es je zwei Führungen. Auskunft im Touristbüro. Auch Direktverkauf: kandierte Früchte, Nougat, Aixer-Calisson, Marmeladen.

Markt: Samstagvormittag, schönster Markt der Gegend. Er findet statt zwischen Place de la Bouquerie und Porte de Saignon. Gemüse, Obst, Oliven, Souvenirs, Kleidung etc. - Antiquitätenmarkt: Ende Juli.

"**Auberge du Luberon**": 17, Quai Léon Sagy im Zentrum oberhalb des Calavon-Fluß. Einziges Dreisterne Hotel im Ort. DZ mit Bad/WC 85-15o DM, Frühstück pro Person 14 DM.

"**Hotel du Palais**": 12, Place Péri, preisgünstiges Cityhotel mit Restaurant (Menü 25 DM) unweit des Marktplatzes. DZ je nach Komfort ca. 4o- 55 DM, Frühstück 8 DM.

"**Hotel Le Ventoux**", Av. Victor Hugo. Preiswerte Übernachtung DZ um ca. 45 DM, allerdings wegen Lage an der Ausfallsstraße N 1oo nach Avignon nicht immer leise.

"**Hotel Lubéron**": 17 Quai Léon am Fluß. Preiswert mit gutem Restaurant.

"**Auberge du Persbytère**": 4 km außerhalb in Saignon, D 48. In drei aneinandergereihten, uralten Dorfhäusern am Brunnenplatz. Innen rustikale Räume, provenzalisch dekoriert, Antiquitäten. DZ mit Bad und WC ca. 95 DM, einfacher ab 55 DM. Frühstück 11 DM. Bei längerem Aufenthalt Halbpension verpflichtend. Ländliches Menü im Restaurant 42 DM.

Jugendherberge: Auberge de Jeunesse Le Regain, 2,5 km außerhalb vom Nachbarort Saignon an der D 48. Übernachtung inkl. Frühstück ca. 2o DM/Person, inkl. Halbpension ca. 4o DM/ Person.

Camping: 3 Plätze in Apt, alle nur März bis Nov. geöffnet. Gut sind "Le Luberon", Route de Saignon, Quartier Cape-Plan CD 48, - und "Camping Municipal Les Cèdres", Route de Rustrel, ziemlich nahe am Stadtzentrum. Etwas einfacher "Aire Naturelle de Camping", La Clé des Champs.

RESTAURANTS PEUZIN, das Restaurant der Auberge du Luberon (17, Quai Léon Sagy) nennt sich nach dem Küchenchef Serge Peuzin. Es gilt als bestes der Region. Provenzalische Gerichte werden mit feinen, kandierten Früchten und Feigen serviert. Nougat und leckeres Backwerk als Nachspeise. Menü ab 6o DM.

In der Altstadt eine Reihe preisgünstiger Lokale, z.B. die alteingesessene PIZZERIA O'GRILL (Rue St.Elzear) preiswertes Mittagsmenü, Pizzas um 13 DM, -und LA TAVERNE DE LOWENBRAU (17, Place de la Bouqerie). Genannt: "Tawern dö Lauenbroh". Einfache Gerichte, kleines Menü 2o DM.

★Südöstlich von Apt

SAIGNON: 4 km südöstlich von Apt über die D 48. Das Dorf liegt wie ein Adlerhorst auf Felsvorsprung über der Ebene. Zu erreichen ab Apt auch über einen Wanderweg (Teil des GR 2o), Details vom Touristbüro in Apt. Im Ort ein nüchterner Kirchenbau aus dem 11. Jhd., dominiert den ehemaligen Bischofssitz. Übernachtungsmöglichkeit in der "Auberge du Presbytere", allerdings nur wenige Zimmer.

SIVERGUES: auf einer Anhöhe, umgeben von Lavendelfeldern, rund 11 km südlich Apt über die schmale D 114 durch reizvolle Hügellandschaft zu erreichen. Etwa 4 km nach Apt sind an der Straße an dem seltsamen Felsen Rocsalière die Reste des sogenannten Druidentempels zu finden. Hierbei handelt es sich um einen Gebetsort frühchristlicher Gemeinden, die sich wegen Verfolgung außerhalb der römischen Stadt Apia-Julia trafen. In diesem Fels befand sich eine künstliche Höhle, die als Treff diente.

BIOUX: kleines Nest mit knapp 1oo Einwohner. Hier wieder Spaziergang zur Festungsruine mit Panoramablick oberhalb, außerdem schlichte Kirche mit Steindach aus dem 12. Jhd. und provenzalischer Glockenturm. Anfahrt ab Apt südlich über D 113.

★Colorado Provençal

Das Gebiet zwischen Rustrel und Gignac wird Provenzalisches, manchmal auch Französisches Colorado genannt, da hier die ehemaligen Ocker-Steinbrüche liegen.

Bereits in praehistorischer Zeit sowie zur Zeit der Römer genutzt (Details siehe "Roussillon"). Das Mineral wurde zunächst auf Mauleseln bzw. in Fuhrwerken, die Pferde zogen, abtransportiert. Ende des 19. Jhds. bediente eine Eisenbahn ab Marseille die Region. Ausbeute in den 3o-er Jahren unseres Jahrhunderts noch rund 4o.ooo Tonnen jährlich, stagnierte in den 5o-er Jahren auf rund 1o.ooo Tonnen. 1958 wurde dann der Abbau wegen Unretabilität eingestellt.

Diese südliche Hügellandschaft ist heute Wandergebiet mit einigen markierten Wegen., z.B. führt südlich der D 22 am Dôa-Fluß ein Weg nach Gignac.

"**Auberge du Rustreou**": 3, Place de la Fête im Ort Rustel. Kleineres Dorfhotel mit wenigen Zimmern, passabel ausgestattet. Das DZ ca. 75 DM, Frühstück pro Person 9 DM. In der Auberge ein Restaurant, Menü ab ca. 3o DM.

Camping: Colorado, Notre-Dame-des-Anges, 2 km südlich des Ortskerns an der D 22. März bis Mitte Oktober geöffnet. Gut beschattet, üblicher Komfort.

Zwei weitere Plätze 1o km nordwestlich im Vauclusedorf mit Burgruine St.Satrunin-les-Apt: Nur im Juli und August geöffnet hat der kleine, komfortlose Camping Municipal im Dorf. Gut der Camping les Chênes Blancs, Route de Gargas, Ostern bis Oktober geöffnet. Einer der größten Plätze der Region, beschattet, Warmduschen etc.

Querverbindung Apt-> Sault/Mt.Ventoux (siehe Folgekapitel): verschiedene Nebenstraßen (D 943, D 22, D 34, D 3o und D 32o) führen nordwärts. Querverbindungen, die mit eigenem Auto Zeit benötigen wegen vieler Kurven und Serpentinen. Öffentlicher Transport (Bus) sehr dünn in Bezug Häufigkeit; eigenes Fahrzeug sinnvoll.

★ Sault (1.2oo Einw.)

Am südöstlichen Rand des Mount Ventoux. Der Ort gruppiert sich um die mittelalterliche Kirche (12. Jhd.) und liegt auf einer Anhöhe inmitten karger Vorgebirgslandschaft mit Lavendelanbau. Haupteinkünfte neben Lavendel die Nougatherstellung.

Wegen Unterkünften, Restaurants sowie Lebensmittelgeschäften ist Sault günstiger Stützpunkt für Touren zum Mt. Ventoux.

Avenue de la Promenade. Zur Saison Montag bis Samstag 9-12 und 14- 18 Uhr geöffnet. Infomaterial zur Region, darunter gegen Gebühr auch eine Wanderbroschüre. Helfen auch bei Vermittlung von Ferienwohnungen, im Juli/August allerdings auch hier hohes Preisniveau.

Hotel/Restaurants: eine Anzahl an Unterkunftsmöglichkeiten, leider viele im Winter geschlossen:

"**Hostellerie du Défends**": Route de Saint Trinité, DZ mit Bad/ WC ca. 1o5 DM, Frühstück 15 DM/Person. Sehr erholsam im Grünen, Sonnenterrasse um den Pool. Mit Restaurant "L'Epéautre", provenzalisches Menü, auch Fisch für ca. 45 DM.

"**Hotel d'Albion**": Avenue de l'Oratoire im Dorf, DZ mit Du/WC 8o DM. Frühstück ca. 1o DM pro Person.

"**Relais du Ventoux**": 5 km nördlich über die D 942 im Nachbarort Aurel. Vermieten einige Zimmer mit Bad und Frühstück, DZ ca. 8o DM. Halbpension empfehlenswert, da Landgasthof, auch gutes Menü für 26 DM. Sprechen deutsch.

Camping Municipal du Defends, Route de Saint Trinit, nur Juni bis September geöffnet. Großer, schattiger Platz mit Shop, Warmduschen und Stromanschluß.

ANSCHLUSS ab SAULT:

* die D 164 führt in vielen Serpentinen rauf zum Gipfel des Mt. Ventoux, Details siehe Seite 448.
* die D 942 ist landschaftlich lohnende Querverbindung nach **Carpentras**. Details siehe unten:

★ Gorges de la Nesque

Abseits lavendelblühender Felder und kultivierter Agrarlandschaften sind die Gorges de la Nesque das andere Gesicht der Provence: eine kühle, menschenleere Welt, brüsk unterbrochen von tiefen Schluchten mit schroffen Felsabgründen. Die Schluchten sind eigentlicher Trennstrich zwischen dem Ventoux-Gebirge und der Vaucluse-Ebene.

Die D 942 führt entlang der Schlucht an ihrem nördlichen Steilrand. Besten Blick auf die Gorges vom Aussichtspunkt unterhalb des eigenartig geformten, hohen ROCHER DU CIRE. Kontrastreiche Landschaft, da nicht nur Abgründe zum Flußbett, sondern auch der fast 2.ooo m hohe Mont Ventoux als Panoramahintergrund. Details zu Carpentras siehe nächste Seite.

Der höchste Berg (1.9o9 m) der Provence dominiert diesen Landstrich mit weitflächigem Lavendelanbau. Eine Mont Ventoux- Tour lohnt vor allem wegen schöner Blicke auf den darunterliegenden Midi.

Die Straße D 974 führt bis zum Gipfel durch alpine Bergwelt, an der ganzjährig unerwartet kalte Winde zehren. Oben bei klarem Wetter grandioser Rundblick aufs Rhône Tal und die vorgelagerten umliegenden Bergketten.

Idealer Ausgangspunkt für diese Region ist VAISON-LA-ROMAINE, da bedeutende römische Ruinenfelder. Hier auch Unterkunftsmöglichkeit jeder Art, Camping, ferienwohnungen, gute Hotels und Restaurants. Zur Hochsaison oft recht voll, dann Ausweichmöglichkeit CARPENTRAS.

★Carpentras (3o.ooo Einw.)

Landwirtschaftliches Städtchen. Das mittelalterliche Zentrum wird an Stelle der ehemaligen Mauer von einer verkehrsreichen Ringstaße umrundet. Wirkt sehr in sich geschlossen. Im Südosten eine lange, breite Platanenallée als Parkplatz. Drumherum weitläufige Neubauviertel.

Geschichte: Schon im 5. Jhd. vor Chr. Hauptstadt des Keltenstammes Memini. Später Markflecken der Griechen und Phöniker, die hier außer Weizen, Honig und Schafen auch Pferde und Kampfwägen eintauschten. Unter römischer Herrschaft wurde "Carpentoracte meminorum" zu Forum Neronis. Seit dem 3. Jhd. christianisiert. 1229 wurde Carpentras päpstlicher Besitz und 132o zur Hauptstadt der Grafschaft Venaissin.

Im 14. Jhd. betrachtete die Kirche Juden als "Ketzer". So kam es zu Verfolgung und 1394 definitver Verbannung aus dem Französischen Königreich. Die Avignon-Päpste boten ihnen jedoch in ihrer unabhängigen Grafschaft bescheidene Existenzmöglichkeiten. Gegen hohe Steuern durften sie in Carpentras und anderen Orten, wie Avignon oder Cavaillon, jeweils einen einzigen Straßenzug bewohnen. Diese "carrière juive" (carriera provenzalisch: Straße) wurde nachts geschlossen. Darin befand sich auch die Synagoge, die gleichzeitig Schule und Kulturstätte war. Das Ausüben "ehrlicher" Gewerbe war Juden untersagt, so blieb lediglich Geldverleih und Handel (Trödel, Tiere) als Broterwerb. Erst nach der Revolution wurden die Juden offiziell in die französische Gesellschaft integriert. Eine recht bedeutende jüdische Gemeinde blieb bis heute in Carpentras bestehen. Hier starb z.B. der jüdische Philosoph Anselm Ruest (Pseudonym für Ernst Samuel) nach Flucht aus Berlin und Internierung 1943.

Der zu Lebzeiten nicht sehr beliebte, da recht streitbare Bischof Inguimbert (1683-1757) ließ ein Spital, das Hôtel Dieu, einrichten und gründete die Bibliothek. In dieser Zeit wurde auch das Aquädukt im Westen, an der Straße nach Bedoin, neben dem jüdischen Friedhof, errichtet. Der Architekt hieß Antoine d'Allemand.

Daladier, der 1938 das Münchner Abkommen im Namen Frankreichs mitunterzeichnete, ist bekannter Sohn der kleinen Stadt.

Tourist-Info: Office de Tourisme, 17o, Allée Jean-Jaurès, gegenüber dem Platanenallée-Parkplatz. Geöffnet im Juli/ August täglich 9-19 Uhr; sonst 9-12.3o und 14-18.3o Uhr, So. geschlossen.

Bank: Credit Lyonais, am Place du 25 Aout, schräg gegenüber dem Hôtel Dieu. Geldwechsel 9-12 und 13.3o-16 Uhr.

Post: Rue d'Inguimbert, im Zentrum, hinter Justizpalast und Kathedrale. Schönes Jugendstilhaus mit stuckverziertem Rundtürmchen über dem Eingang. Auch Geldwechsel. Öffnungszeiten: Mo mit Freitag 8.3o-19 Uhr, Samstag 8.3o-12.

Bus: Voyages Arnaud an Av. Victor Hugo 2x täglich nach Marseille (über Cavaillon und Aix-en-Provence), 2o DM. 5x täglich nach Orange, 6,5o DM.

Cars Comtadins an Av. Wilson nach Avignon, 6 DM, etwa jede Stunde, sonntags weniger oft. Bus zu kleinen Orten, z.B. Bédoin, 5,5o DM, Vaison-la-Romaine, 6,5o DM, Méthamis oder Sault, oft nur 1x am Tag.

"Forum": 24, rue du Forum, Seitenstraße des Umgehungsringes. Ockerfarbener Neubau im moderenen Römerstil. Helle Zimmer mit Naturholzmöbeln, Teppichboden, Klimaanlage. Geräumige Bäder. DZ mit Dusche und WC 83-91 DM. Frühstück 12 DM pro Esser.

"Le Coq Hardi": 36, Place de la Marotte, 2-stöckiges Haus mit Kletterpflanzen. Rezeption mit kleiner Bar. Alte Maschinen als Dekoration im Gang, Pfaff-Nähmaschine, Schreibmaschine. In Rot gehaltene DZ mit Dusche und WC 7o-95 DM, mit Etagenklo 46 DM. Frühstück pro Person 9 DM. Restaurant Roméo et Juliette nebenan mit Menüs ab 25 DM.

"Le Théatre": 7, Bd. Albin-Durand. Unauffälliger, etwas enger Eingang, Rezeption in Ecke des Frühstückräumchens, Zimmer korrekt mit Holzschrank, Tisch und Fernseher. DZ, Dusche, WC ca. 55 -65 DM. Ausgiebiges Frühstück 9 DM. Leider etwas laut.

Camping: nächstgelegener Platz in Caromb, 6 km nordöstlich an D 13. CAMPING MUNICIPAL LE BOUQUIER, vor dem Ort, terrassierter Platz unter Pinien.

RESTAURANTS

Fast alle im Zentrum, Crêperien, Snacks, Chinesen (Kim Long, 15- 3o DM) oder Marokkaner (l'Oriental um 25 DM).

LE VERT GALANT, 12, rue de Clapiès. Gediegenes Fischspezialitäten-Restaurant in Altstadthaus mit leicht angestaubtem Jugendstileingang. Feines 4-Gänge-Menü stilvoll an weiß gedeckten Tischen serviert 5o DM, kleines Mittagsmenü 3o DM. Gag, die Plat Confiance, wo Jaques seine Gäste für 74 DM kulinarisch überrascht, Vertrauenssache.

L'ORANGERIE: 26, rue Duplessis, Seitenstraße der Av. Clemanceau. Außen orange Markise über schmucklosem Eingang, innen Chromstühle und Spiegel. Typische, gute französische Küche, 3 Gänge 27 - 36 DM bzw. 4 Gänge 45 DM.

LA LAVANDE: 282, Bd. Rogier, am Umgehungsring. Außen einfallslos, aber innen sehr nett, provenzalisch gedeckte Tische in Blautönen, Grünpflanzen. Freunliche Bedienung, gutbürgerliche Provence-Küche. 3-Gänge-Menü 26 DM, 4 Gänge 35 DM. Tip: Mittagsmenü, 3 leckere Gänge mit Schoppen Wein für 2o DM. Vermieten auch sehr simple Zimmer, Etagendusche und -klo, DZ 35 DM.

LE MARIJO: 73, rue Raspail, im Zentrum. Gelbgestrichener Eingang, kleine Viereckstische. 3-Gänge-Menü 25 DM, übliches Kinder-Menü mit Pommes 12 DM.

Pizzeria LA MAMMA: 258, Av. Victor-Hugo. Eingang mit Wandbildern umrandet, lindgrün gestrichene Holzdecke, Tische und Stühle, Natursteinmauer. Holzfeuerofen hinter dem Tresen. Riesenauswahl, über 3o verschiedene Pizzen, 1o- 15 DM. Alle auch für 2, 3/4 und 5/6 Personen möglich.

Markt: Großer Markt Freitag vormittags im ganzen Ort. Trüffelmarkt von Dezember bis Anfang März Freitags, 9- 12 Uhr an der Place Aristide Briand.

SEHENSWERTES

In der Altstadt kleine Gassen, schattige Plätze, Brunnen, Häuser mit schönen Details, Schmiedeeisengitter, geschnitze Holzportale, Heiligenfiguren, Uhrturm mit Glockenkäfig an Place de l'Horloge. Einzelne Straßen sind Fußgängerzone.

ST.-SIFFREIN: die gothische Kathedrale wurde 14o4 vom Papst zu Avignon in Auftrag gegeben. Der Bau selbst dauerte über 1oo Jahre und auch später wurden Details verändert, z.B. Schmiedeeisenarbeiten, Marmorbelag des Altars, Gemälde, vergoldete Schnitzereien, Chorgestühl. Der innere Aufbau besteht aus einem Schiff mit zentralem Hauptaltar und 12 Seitenaltären, die verschiedenen Heiligen geweiht sind. Die ganze Kathedrale wirkt renovierunsbedürftig, Wände und Gemälde sind rissig, nachgedunkelt und blättern ab. Porte Juive wird das seitliche Eingangsportal am Place St. Siffrein genannt, ein prächtiger Vorbau mit vielen gotischen Verzierungen. Jungfrau Maria und Dreifaltigkeit sind sinnigerweise gerade hier dargestellt. Darüber als Wimperg eine Kugel mit komischen Anhängseln, angeblich Ratten. Die Bedeutung ist noch nicht geklärt, soll wohl eine unfreundliche Anspielung auf die sogenannten "Juden des Papstes" sein.

Die Heilige Kandare (le Saint Mors) ist der Legende nach unter Verwendung eines Kreuzigungsnagels Christi geschmiedet. Bis 12o4 wurde sie in Konstantinopel verehrt, gelangte auf dunklen Wegen, wahrscheinlich mit heimgekehrten Kreuzrittern, nach Carpentras. Früher im Reliquienschrein der Seitenkapelle des Heiligen Nagels, Chapelle du Saint Clou, aufbewahrt, neuerdings im Kirchenschatz, also nicht mehr zu sehen. Sie ist im Stadtwappen dargestellt.

PALAIS DE JUSTICE: ehemaliger Bischofspalast mit Prunkräumen. Kann Montag und Freitag vormittags besichtigt werden. Im Hof dahinter, unscheinbar mit der Mauer verwachsen das einzige römische Denkmal, ein schon ziemlich verwitterter Triumphbogen, l'Arc Romain.

SYNAGOGE (Place Juiverie, im ehemaligen Ghetto): die älteste Frankreichs, ihr heutiges Erscheinugsbild erhielt sie hauptsächlich durch eine Renovierung in 18. Jhd. Wegen der damals bestehenden speziellen Bauvorschriften für Israeliten mußte sie von außen möglichst unauffällig wirken. Kann besichtigt werden, Montag mit Donnerstag 1o-12 und 15-17 Uhr, Freitag 1o-12, außer an jüdischen Festen. Klingeln.

HOTEL DIEU: das von Bischof Inguimbert im 18. Jhd. erbaute Krankenhaus. Kostenloser Blick in Eingangshalle mit Spendentafeln. Im Hof ein Brunnen, dahinter weiteres Gebäude mit Spendentafeln und monumentaler Zentraltreppe ins obere Stockwerk, Krankenhausgeruch. Blick in die Apotheke 2,5o DM, bei der Concierge gegenüber bezahlen. Sie besteht noch so, wie sie im 18. Jhd. eingerichtet wurde, mit Fayencegefäßen und Schubladenschränken zum Aufbewahren der Drogen, riesigen Marmormörsern. Im Trakt dahinter ist die aktuelle Krankenhausapotheke untergebracht. Mo., Mi. und Do. 9-11.3o Uhr.

Bischof Inguimbert gründete auch die BILIOTHEK, ein ehrwürdiges Gebäude am Bd. Albin Durand. Reiche Sammlung alter Handschriften.

Vom gleichen Vorgärtlein aus zu betreten die Museen COMPTADIN (Heimatkunde) und DUPLESSIS (Gemälde lokaler Meister). Weitere Museen: SOBIRATS (rue du Collège): schönes Stadthaus mit Sammlung zum Kunsthandwerk. LAPIDAIRE (rue des Stes Maries): ehemalige Klosterkapelle, Sammlungen zur Eisenzeit und Naturgeschichte.

Entritt für alle vier: 1 DM. Geöffnet im Sommer 1o-12 und 14-18 Uhr, im Winter 1o-12 und 14-16 Uhr, Dienstags geschlossen.

PORTE D'ORANGE: wuchtiges Stadttor aus dem 14. Jhd., der Ort war ganz von einer Mauer umgeben. Kann bestiegen werden, Schlüssel im Office de Tourisme holen. Herunterstürzen auf eigene Verantwortung.

LES BERGES DE L'AUZON: Flußauen mit Pappeln, Eschen, Ulmen und Platanen zum frische Luft schnappen, mit Trimmpfad. Am Chemin de la Roseraie hinab.

Tennis municipale: unterhalb des Platanenallee-Parkplatzes.

Hallenbad mit schönem Glasdach im Zentrum, rue du Mont de Piété, geöffnet Mittwoch und Samstag nachmittags 15-2o Uhr, sonntags 1o-12 und 14.3o-18 Uhr.

AUSFLÜGE

In der Umgebung von Carpentras viele gemütliche kleine Orte, die zum Relaxen lohnen. Platanenbeschatteten Dorfplätze mit steinernen Brunnen, große Kirchen, alte Burgschlösser und Stadtmauern. Z.B. Le Barroux im Norden oder Mazan im Westen, auf dessen Friedhof gallisch-römische Sarkophage ruhen.

MONTEUX: 5 km südwestlich von Carpentras, zu erreichen über die D 942. Geburtsort von St. Gens, Patron der Provencebauern, der gemäß Volksglaube Regen herbeiführen konnte. Viel Frühgemüseanbau.

Gutes Restaurant Le Saule Pleureur: 145, Chemin de Beauregard. Eines der besten Lokale der Gegend. Gemütliche Terrasse neben Trauerweide, Ahorn und Pinien. Provençeküche vom Feinsten, Menü 6o DM.

CAROMB: 6 km nordöstlich von Carpentras. Kleiner Ort auf sanftem Hügel, Kirche mit schönem Glockenkäfig auf rundem Turm. Im Nachbarort MODENE empfehlenswertes Restaurant:

La Table de la Truffe: unscheinbares Eckhaus mit Wappen, Tip für Trüffelfans und Snobs! Trüffel zum Probieren mit Brot und Butter rund 17 DM pro 1o g bzw. Trüffel-Omlett mit Ziegenkäse und Desert ca. 3o DM. Weine ab 18 DM.

TRÜFFEL: ist ein Pilz, der unter der Erde wächst, eine absolute Rarität darstellt und deswegen extrem teuer ist. Bereits die alten Griechen und Römer aßen gerne Trüffel. Heute findet er Verwendung in Feinschmeckerrestaurants als Zutat in Soßen, Suppen etc.

Der Kilopreis auf dem Markt variiert je nach Ernteergebnis in Frankreich zwischen ca. 3oo und 8oo DM und ist damit noch relativ billig, denn in ital. Spitzenlagen wird bis zu 7.ooo DM/kg (!) gezahlt.

Die Region um Carpentras ist eines der wenigen Gebiete in Frankreich, wo man Trüffel findet. Saison ist Nov. - Jan. Der bedeutendste Trüffelmarkt befindet sich in St. Remy (südl. von Avignon). Zur Trüffelsuche werden u.a. speziell dressierte Schweine und Hunde verwendet, die mit ihrer Nase den Pilz aufspüren. So zahlt man in Frankreich für derartige Spezialhunde bis zu 4.ooo DM, - ein Preis, der sich schnell bezahlt macht, wenn der Hund gut ist! - Daß man dagegen auch speziell dressierte "Trüffelfliegen" zur Suche einsetzt, dürfte eher im Bereich des großen "Trüffel-Mysteriums", sprich der Zeitungsente liegen...

Carpentras -> Vaison la Romaine

Die D 938 überquert in Serpentinen bei Malaucène die Bergausläufer des Mont Ventoux, rund 3o km bis Vaison la Romaine. Wer will (benötigt allerdings mehr Zeit), kann auch auf kleine Nebenstraßen via Dentelles de Montmirail fahren: ab Carpentras die D 7 bis Beaumes de Venise, dort auf die D 9o nach Malaucene. Besonders im letzten Abschnitt großartige Ausblicke, allerdings sehr viele Serpentinen (siehe auch Seite 456).

✶ Malaucène

Wehrdorf anstelle der ehemaligen Mauer von einer Platanenallee umgeben. Zwei Tore sind noch erhalten. Gemütlicher Dorfplatz, große Kirche aus dem 14. Jhd., sehr schöne, vergoldete Orgel. Malaucène war beliebter Erholungsort der Päpste von Avignon. - Markt: Mittwoch.

Etwa 1 km außerhalb in Richtung Mont Ventoux entspringt der Groseau. Das Wasser kommt direkt aus dem Felsen, es läuft zuerst in ein ovales Becken und dann als Bächlein weiter. Darumherum schattige Pichnick-Bänke, Snackbar, Mini-Golf. Zur Römerzeit leitete ein Aquädukt das frische Quellwasser bis nach Vaison.

Camping: einfaches Areal. Ca. 15 DM für 2 Erwachsene, Auto, Zelt und Strom. Der Campingplatz ist der, dem Mont Ventoux am nächsten gelegene.

Wandern: Syndicat d'Initiative organisiert im Sommer Wanderungen um den Ventoux, u.a. Aufstieg bei Nacht (Freitag auf Samstag), um den Sonnenaufgang am Gipfel zu erleben.

Malaucène ist Ausgangspunkt für Rundtrips auf der D 974 um den Mont Ventoux, siehe Folgekapitel. - Vaison-la Romaine: Seite 452.

✶ Mont Ventoux (1.9o9 m)

Der Riese der Provence ist oben kahl und wurde im Lauf der Jahrhunderte abgeholzt. Auf dem Gipfel eine große Sendeanlage für den Funkverkehr (Radio, Fernsehen etc.). Das weiße Kalkgeröll blendet im Sommer, im Winter Schnee. Ständig bläst ein kalter Wind, - der Name *"Ventoux"* kann aber genausogut vom keltischen Ausdruck *"ven-top"* eingeschneiter Gipfel abstammen.

Da von allen Seiten ungeschützt der Witterung preisgegeben, sind auf nur kurzem Weg auffällige Veränderungen der Vegetation zu beobacheten. Unten mittelmeerisch-üppig-artenreich, dann zunehmend nordisch-karg-alpin, ganz oben das nackte Gestein. Großer Unterschied auch zwischen der zerklüfteten, steilen Nordseite und der bequemeren Südseite. Interessanter Zedernwald bei Bédoin, wurde Mitte des 19. Jhd. aufgeforstet.

Bei Wanderungen Fernglas nicht vergessen: es gibt Falken, Adler, Bartgeier, Eulen und Raben zu beobachten. Im Unterholz leben einige Wildschweine, auch Fuchs und Hirsch wurden schon gesichtet, Mufflons seltener. Gefährlich, aber selten und scheu ist die giftige Sandviper.

Schon immer forderte der Ventoux mutige Bergsteiger heraus. Die Straße um den Gipfel wurde erst Ende des 19./Anf. 2o. Jhds. angelegt, so daß früher die Besteigung eine mühsame Angelegenheit war. Als einer der ersten kam 1336 der italienische Humanist, Gelehrte und Dichter Petrarca wieder heil herunter. In seinem Bericht verglich er den peniblen Aufstieg mit dem ebenso mühsamen Streben nach moralischer Vollkommenheit.

Im 15. Jhd. wurde eine Kapelle nahe dem Gipfel errichtet und während der großen Pestepedemien gewallfahrtet. Die jetzige Kapelle ist jedoch neueren Datums, da die alte vom Observatorium verdrängt wurde.

Mitte des 19. Jhd. inspirierte "Lou Ventour" die neuprovenzalischen Lokalpatrioten um F. Mistral, die sich Félibres nannten. Ab 1885 funktionierte ein Observatorium am Gipfel, welches ab Bédoin auf einer eigens dafür gebauten Straße (heutige D 974) zu erreichen war.

Auf dieser Straße wurden auch nationale Fahrradwettkämpfe (Rekord 19o8: 2 Std. 29 Min.) und bis 1973 internationale Automobilrennen ausgetragen. Spektakulärer Sieger 1931: unser Rudolph Caracciola auf Mercedes. Die knapp 22 km mit 1.6oo m Höhenunterschied realisierte er in damals spektakulären 15 Min. 22 Sek. Im Herbst sollen immer noch streng geheim neue Prototypen getestet werden.

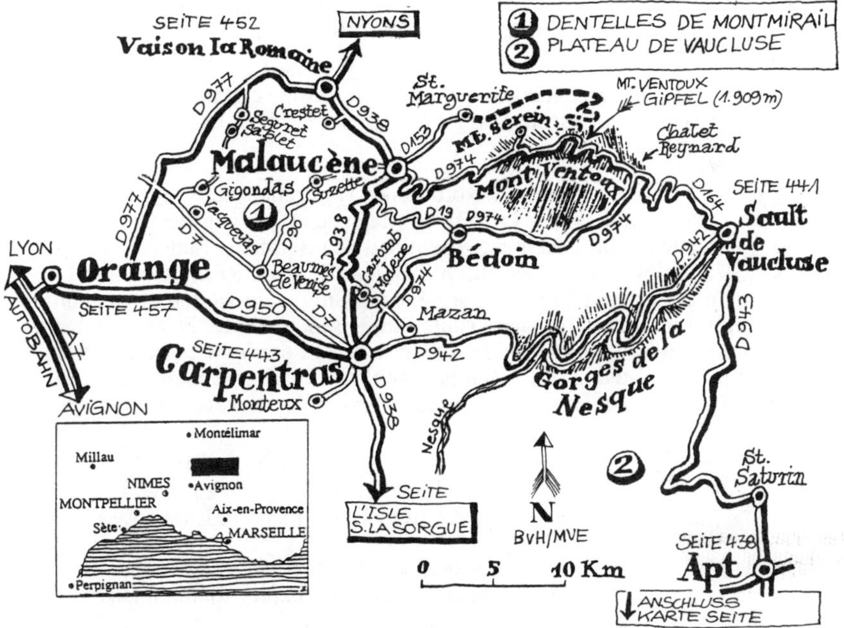

RUNDTOUR: die D 974 steigt von Malaucène in Serpentinen am Nordhang in 2o km hinauf bis zum Gipfel und von hier 6 km in Serpentinen Richtung Ost runter zum Abzweiger bei Chalet-Reynard:

* Als kleine Rundtour auf der D 974 entlang des Südhanges in 15 km nach Bedoin und via D 19 weiter nach Malaucène (insges. ca. 55 km).
* Als große Rundtour ab Chalet-Reynard weiter auf der D 164 nach Sault de Vaucluse (Unterkünfte, Restaurants) und durch den Georges de la Nesque (Details Seite 442) nach Carpentras.

Im Winter ist die Bergstraße zum/vom Gipfel (D 974) bei viel Schnee gesperrt, bzw. nur mit Schneeketten bis zu den beiden Skigebieten (Mt. Serein und Chalet-Reynard) befahrbar. Weiterhin ist im Frühjahr Vereisung der Straße im Gipfelbereich möglich. Man sollte sich daher vorab in Malaucéne nach dem Straßenzustand erkundigen.

Am VENTOUX- GIPFEL befindet sich in fast 2.ooo m Höhe neben dem Sendeturm eine Aussichtsplattform. Bei klarem Wetter gradioser 36o Grad Rundblick, der von den Alpen bis zum Mittelmeer und der Rhône reicht. Sehr stimmungsvoll und klar bei Sonnenaufgang, - noch romantischer bei Sonnenuntergang, wenn oben die Sterne und unten die vielen Lichter der Dörfer und Städte zu funkeln beginnen.

Gutes Wetter allerdings nötig. Im Sommer oft dunstig, bzw. Gipfelbereich in dichter Nebelsuppe. Wenn der *"Mistral"* aktiv ist, herrschen Winde von bis zu 27o km/h! Nicht nur warme Daunenjacke nötig, zugleich muß man sich beim Gehen in Schieflage gegen den Wind ankämpfen: das "andere" Ventoux- Erlebnis.

Beim Gipfelparkplatz jede Menge an Souvenirshops, Imbiß und im Sommer satte Besuchermassen. Die Parkplatzsuche für's Auto ist mit gewissem Aufwand verbunden.

Ab Gipfel entlang der Nordflanke Trail runter nach St. Marguerite (Endpunkt der D 153 von Malaucène. Anfangs gehts über steile Geröllhalden in Serpentinen den Berghang runter (gutes Schuhwerk!), später durch schattige Bergwälder mit Quellen. Der Trail ist markiert und benötigt bergab ca. 3 Std. - Ein weiterer Trail führt vom Gipfel über die Südflanke runter nach Bedoin an der D 974. Weitere Infos zu Wanderungen von den Touristbüros in den umliegenden Orten, die Infomaterial teils mit Plänen bereithalten. Beste Übersichtskarte: Michelin 81 (Avignon-Digne), sowie detailierte Wanderkarten im örtlichen Handel.

2 Skigebiete: MONT SEREIN knapp nördlich des Ventoux- Gipfels und über eine Stichpiste zu erreichen. Das Gebiet liegt in 1.5oo m Höhe, mehrere Lifte sowie nicht präparierte Abfahren ins Tal. Es gibt wenige Unterkünfte, die in der Regel langfristig vorab ausgebucht sind. Im Sommer Wandern, Klettern und Mountain Bike.

CHALET-REYNARD: Skigebiet am Osthang, D 974. In beiden Skigebieten auch Vermietung von Ausrüstung, weitere Infos: Chalet d'Acueil in Mt. Serein.

Der Mont Ventoux war nicht nur Austragungsort früherer Radwettbewerbe, sondern ist auch heute einer der Höhepunkte der *"Tour de France"*. Der steile Anstieg von Malaucène (377 m) rauf zum Gipfel (1.9o9 m) in nur 2o km ist Extremherausforderung der internat. Radfahrer Welt-Elite. - Urlauber betreiben den Sport geringfügig sanfter per Mountainbikes, die z.B. in Bedoin vermietet werden und teils auch zum Gipfelbereich mit seiner Steinwüste rauftransportiert werden. Details siehe Bedoin.

LAVENDELANBAU: typisch für die Gegend um den Mont Ventoux. Eine der wenigen, halbwegs rentablen Kulturen auf den steinigen, trockenen Böden. Schon die Römer parfümierten mit Lavendel ihr Wasch- und Badewasser. Bis heute die geeignetste Verwendungsart (frischer Geruch und antibakterielle Wirkung).

Gehandelt wird das durch Destillation gewonnene ätherische Öl, die Essenz. Anfang des Jahrhunderts schnitten ihn Frauen und Kinder wild, ein lukrativer Nebenerwerb. Bald schon gingen Besitzer lavendelreicher Gründe dazu über, diesen unter Kultur zu nehmen. Wildgewachsenene Stauden wurden gehackt, ausgelichtet, gedüngt, selektiert. Größere Anwesen schafften sich eigene Destillierapparate an.

Derzeit wird fast ausschließlich *"Lavandin"* (Lavendula latifolia), eine Hybride angebaut. Wächst besonders üppig und ergibt eine hohe Ausbeute an Essenz. Kann aber nur durch Stecklinge vermehrt werden (Hybriden produzieren keinen Samen), die Pflanzen sind Clone mit identischem Erbgut. Daher sehen Lavendelfelder so wunderbar gleichmäßig aus. - Bienen steigern die Ausbeute an Essenz und produzieren im Lavendelfeld besonders fleißig Honig, der außerdem sehr gut schmeckt. Erntemonat ist der heiße August.

★ Bédoin (2.2oo Einw.)

Kleines Provencedorf am Südhang des Ventoux mit engen Gassen, Platanenallee und wuchtiger Jesuitenkirche. Bédoin ist wichtigster Stützpunkt im Süden des Mt. Ventoux für Wanderungen und sportliche Aktivitäten wie Mountain Bike, Reiten, Klettern (La Combe Obscure). Weiterhin Tennis, Minigolf. - Markt: Montag.

Mehrere Campingplätze, einfache Hotels sowie Gästezimmer in Privatquartieren. Auskunft im Office de Tourisme. Dort auch Broschüre mit der Beschreibung (auf Französich) von 6 markierten Wanderwegen, 1o DM.

Camping LE MÉNEQUE: sehr schattig, Snack-Bar, mit Pool.

PASTORY: an der Route de Malaucène. Ein einfacher, kleiner Platz, aber schattig.

FKK-DOMAINE NATURISTE DE BELEZY: 35-ha-Camping in lichtem Wald. Mauern und Schilfrohrmatten schützen vor indiskreten Blicken. Restaurant, Supermarkt, 2 Pools, Tennis, Sauna, Disco, Kurse für Töpfern, Yoga, Bogenschießen, Chorgesang etc. In der Hauptsaison Platz mit Strom für 2 Personen ca. 55 DM, sonst rund 1o DM weniger. Vermietung von Mobilheimen: 680 DM, Ferienhäuschen: 950-1.250 DM. Preise für 2 Personen und eine Woche, ist aber auch tagesweise möglich.

Fahrradverleih (Mountain-Bike): halber Tag 20 DM, ganzer 30 DM, z.B. bei "Le Passe Montagne" an Route de Carpentras, oder "Midi Cycle", Quartier du Pont. Transport auf den Mont Ventoux mit geliehenem oder eigenem Rad möglich. Mini-Bus für 9 Personen fährt je nach Nachfrage, ab April praktisch jedes Wochenende. Anmelden. Preis: ca. 6 DM/Person mit Rad.

✶Vaison-la-Romaine (5.700 Einw.)

Nordöstlich des Mont Ventoux. Von der römischen Stadt am flachen Flußufer des Ouvéze sind nicht nur einzelne Prestigegebäude freigelegt, sondern ganze Wohnviertel, gepflasterte Straßen und Grundrisse der Häuser mit Mosaikfußböden.

Daneben das geschäftige, neuzeitliche Zentrum: Marktplatz, Restaurants, Läden. Außenrum kleine Villen in großen Gärten. Die Anlage spiegelt den Lebensstil wieder: anpassungsfähig, zugänglich, gastfreundlich. - Gegenüber das mittelalterliche Vaison auf seinem Felsen, durch eine enge, steile Straße zu erobern. Eine römische und eine moderne Brücke führen über den Fluß hinüber.

Geschiche: Auf dem Felsen über dem Ouvèze betätigten sich bereits prähistorische Töpfer (Fundstücke im Museum).

In der Eisenzeit war Vasio eine Hauptstadt der Voconen (= Keltenstamm). Diese verbündeten sich nach vergeblichem Widerstand ab 51 vor Chr. mit den siegreichen Römern. Aus Überlieferungen und Funden läßt sich schließen, daß sie die römische Kultur begeistert übernahmen. Der Stadt Vasio erlebte im Augustinischen Frieden einen wahren Bauboom: Aquädukt, Theater, Thermen, Triumphbogen, Brunnen, Wohnviertel, Geschäftsstraßen, Villen der reichen Gutsbesitzer nach römischen Vorbild, aber ohne das übliche städteplanerische Schema einzuhalten. Ein Vocone (Burrus) wurde Nero's Hauslehrer, ein anderer (Trogus Pompeius) bekannter Historiker.

Um sich vor Raubüberfällen und Angriffen feindlicher Fürsten im Mittelalter zu schützen, zogen die Untertanen auf den Felsen. Zum Bau dieses Wehrdorfs verwendeten sie teilweise Materialien der Römerstadt, welche langsam verfiel und in Schlamm und Erde versank. Später entstand darauf das neue Vaison.

Überschwemmungskatastrophen: Punktuelle Wolkenbrüche lassen friedliche Flüßchen des Vaucluse bisweilen urplötzlich zu reißenden Strömen anschwellen. Besonders hart traf es Vaison am 22. September 1992, nachmittags bei heftigsten Regenfällen. In Entrechaux, 6 km flußaufwärts, wurden 300 mm in 24 Stunden gemessen. Im (vermutlich durch Kiesentnahmen zu) glatten Flußbett schaukelten sich die Wassermassen zu zig Meter hohen Wellen mit brausender Geschwindigkeit auf. Häuser wurden eingerissen, Wohnwägen und Autos samt Insassen weggeschwemmt, ganze Stadtviertel zerstört. Die römische Brücke widerstand, die neue nicht. Es gab 34 Tote und 1 Milliarde DM geschätzten Sachschaden. Die Spuren des Unglücks werden noch jahrelang zu sehen sein. Wer gut versichert war, konnte renovieren, die anderen streiten um die Summe. Alle hoffen darauf, daß die Touristen nicht ausbleiben.

Tourist-Info: Maison du Tourisme, Place du Chanoine Sautel. Verschachtelte Pavillons gegenüber großem Parkplatz. Tips und Anregungen für Wanderungen, Sightseeing etc., Geldwechsel und Verkaufsausstellung lokaler Produkte (Honig, Olivenöl), Weinproben.

Post: schräg gegenüber, Place du 11 Novembre. Geöffnet Montag mit Freitag 8.3o-12 und 14-17 Uhr, Samstag 8.3o-12 Uhr.

Bank: Crédit Lyonais, Grand Rue, kurz vor der Fußgänger zone. Geldwechssel: 9.3o-11.3o und 14-15.3o Uhr.

Bus: 2x täglich nach Orange und Avignon.

"Le Burrhus": Place Montfort. 3-stöckiges Eckhaus mit stahlblauen Fensterläden. Rezeption im 1. Stock. Dicke Deckenbalken. Gepflegter Frühstücksraum mit Billardtisch und gemütlicher Balkon mit Blick auf Marktplatz. Angenehme Zimmer mit Bad oder Dusche, WC 74-1oo DM, Frühstück 9 DM pro Person. Sam bewacht das Haus.

"Le Théâtre Romain": Place de l'Abbé Sautel, neben Tourist-Info. Graues Haus mit grünen Markisen, Balkon. Über alte Marmortreppe zu den Zimmern mit Teppichböden und Holzmöbeln. DZ mit Waschbecken 43 DM, mit Du/WC 65-75 DM. Frühstück 9 DM pro Person. Freundlich. Im Restaurant nebenan provenzalische Menüs für 23 und 35 DM.

Zwei Hotels am anderen Flußufer, beide von Ende November bis Mitte März geschlossen:

"Le Beffroi": rue de l'Evéché. Altes Gemäuer in der oberen Stadt, komplett mit edlen Stilmöbeln eingerichtet. Parkplatz, Garten. DZ mit Dusche oder Bad und WC 185 DM, mit Gemeinschaftsbad nur etwa die Hälfte. Frühstück stolze 14 DM pro Person. Das dazugehörige Restaurant La Fontaine bietet kräuterduftende Provenceküche der gehobenen Klasse, Menü 6o DM, mittags 3o DM.

"Le Logis du Chateau": Hauts de Vaison, Neubau in ruhiger Sackgasse. Schriftzug auf dem Dach von weitem zu sehen. Pool, Tennis, Garage für Autos und Räder. DZ mit Dusche und WC 77-13o DM. Restaurant, traditionelle provenzalische Küche, Menü 3o oder 5o DM.

Ferienwohnungen und Gästezimmer von Privat: sehr viele, ideal für längeren Aufenthalt. Adressenliste der Anbieter im Umkreis von 15 km mit Kurzbeschreibung im Maison du Tourisme. Die Preise liegen etwa bei 3oo-6oo DM für Appartements und kleine Häuschen, um 5o-7o DM für Zimmer.

Camping: mehrere in und bei Vaison, meist von Ostern bis Herbst geöffnet.

CAMPING DU THÉATRE ROMAIN, Chemin du Brusquet, Quartier des Arts, nördlich der Ruinen. Mobilheim-Vermietung, Shop, Snack-Bar.

LE VASIO, Route de Malaucène, etwas außerhalb. Ländliche Atmo phäre, Schwimmbad, Shop, Snack-Bar, Tennis.

Weitere Plätze in der Umgebung: außer denen um Bedoin gibt es z.B. LE VOCONCE an D 51, Route d'Entrechaux in St Marcellin oder LES TROIS RIVES in Entrechaux, 6 km von Vaison. Schattig, erholsam, Baden im Fluß, Snack-Bar, Shop.

Ganzjährig geöffnet LE SAGITAIRE, Le Pont de Mirabel in Vinsobres, 12 km nördlich. Richtung Nyons bis Mirabel, dann links auf D 4.

RESTAURANTS

An Place Montfort sind einige Terrassenrestaurants, übliche Touristenmenüs um 3o DM, auch Tagesgerichte, Snacks.

AUBERGE DE LA BARTAVELLE: Place Auze nahe Place Montfort. Grün-weiße Markise. Gediegenes Provencelokal mit festlich gedeckten Tischen. Fotos aus Pagnol-Filmen. Menüs benannt nach Pangnol-Personen, z.B. "Angèle", 4 Gänge, mit Lachscarpaccio und flambiertem Steak für 36 DM, Mittagsmenüs 2o und 24 DM.

LE CIGALOU: 45, Cours Taulignan. Terrasse, rosa Fenstertüre. Tische eng in Reih und Glied gestellt. 3-Gänge-Menü 25 und 3o DM, Kinder-Menü 12 DM, gute Pizzas 11-15 DM.

LE BATELEUR: Place Aubanel, am Ende der Grand Rue. Über rotbrauner Fenstertüre, ein auf alt gemachtes Schild mit dem Gaukler (bateleur). Innen geräumig, runde Tische. Französische Familienküche mit Pfiff. Frische Produkte der Saison. 3-Gänge-Menü 37 DM.

TAVERNE ALSACIENNE: Grande Rue, an der römischen Brücke. Rote Markise über Kellereingang, die Treppen hinunter ins düstere Gewölbe. Rustikaler Speisesaal, Tische an kleinen Fenstern haben Blick auf Fluß und Glockenkäfig der Altstadtkirche. Spezialitäten wie Wurstsalat, Eisbein oder Krautplatte. Menü 23 und 35 DM, 1/2 l Elsässer Wein 12 DM.

SEHENSWERTES

Zwei AUSGRABUNGSFELDER römischer Ruinen, 15 ha. Die Ausgrabungen von 19o7 bis 1955 sind hauptsächlich Abbé Sautel zu verdanken. Sie sind noch nicht abgeschlossen, und vieles ist unter der neuen Stadt vergraben. Bei den Überschwemmungen von 1992 wurden Teile der bis dahin freigelegten Ruinenfelder zugeschüttet und mußten nochmals ausgegraben werden.

Eintrittspreis für beide einschließlich Museum und Kreuzgang der Notre-Dame 1o DM, Schüler, Studenten 4 DM. Geöffnet: 9-12.3o und 14-17.45 Uhr, im Winter 1o-12 und 14-16.3o Uhr. Das Ticket gilt mehrere Tage, Führungen inbegriffen. Finden im Quartier Puymin täglich am späten Vormittag (in französisch) statt, deutsch oder englisch je nach Andrang. Im Quartier Villasse Mittwoch und Samstag, Kreuzgang Dienstag und Freitag. Führung durch die mittelalterliche Stadt Montag, Donnerstag und Sonntag.

FOUILLES DE PUYMIN: Eingang an Place de l'Abbé Sautel, neben Maison du Tourisme. Gleich am Eingang Grundmauern eines luxuriösen Domus, Haus der Messii. Um das Atrium gruppieren sich viele Zimmer, Eingangshalle, Bäder, Küche. Im weiteren Reste mehrstöckiger Mietshäuser nahe öffentlicher Säulenhalle. Ein Aquädukt leitete sauberes Trinkwasser vom Mont Ventoux (Quelle des Groseau bei Malaucène) ins Nymphеum, wo es in Privathäuser und Brunnen verteilt wurde.

Im Museum werden verschiedene Aspekte des römischen Lebens dargestellt, Inschriften, Urnen, Werkzeuge, Münzen, Schmuck. Außerdem die Orginalstatuen aus weißem Marmor (Exponate im Freien sind nur Kopien).

Das Theater wurde renoviert und es finden darin Veranstaltungen statt. Interessant die römische Theaterkasse.

FOUILLES DE LA VILLASSE: gegenüber dem Maison du Tourisme, unterhalb des Parkplatzes. Gepflasterte Geschäftsstraßen, Thermen (wurden anfangs für Basilika gehalten), weitläufige Wohnsitze, Haus der Silberbüste, Haus mit Delphin.

NOTRE-DAME DE NAZARETH (an Av. Jules Ferry, westlich des Quartiers Villasse): ehemalige Kathedrale. Wirkt außen streng und schwer, innen düster, im romanisch-provenzalischen Stil. Die Grundmauern stammen aus der Römerzeit, Gebäude diente als frühchristliche Kirche. Wurde im 6. oder 7. Jhd. zur Basilika umgebaut und jeweils im 11. (Apsis und Nebenapsiden) und 12. Jhd. (Mauerverstärkung, Gewölbebogen) nochmals verändert. An der Nordwand Kreuzgang aus dem 12. Jhd., kunstvolle Säulenkapitelle und lateinische Rätselinschrift.

Die mittelalterliche OBERSTADT, Haute Ville oder Ville Médiévalle stammt aus 13. und 14. Jahrhundert. Über die römische Brücke, dann steil hinauf und durch das fallgitter-geschütze Stadttor, darüber Wachturm mit Uhr und Glockenkäfig. Enge Gäßchen, Kieselsteinpflaster, romantische Brunnen, Kirche, Marktplatz, Renaissance-Fassaden. Ganz oben verwildert die Ruinen der Burg des Grafen von Toulouse (1195), wo sich einst die Bewohner von der Ebene bei Überfällen verschanzten. Seit der Französischen Revolution ist sie dem Verfall preisgegeben. Schöner Ausblick bis zum Mont Ventoux, aber ungesicherte, steile Abhänge, also Vorsicht.

Radfahren: ab Vaison zwei markierte Rundtouren "querfeldein", nicht auf Straßen: 18 km über St. Romain, Puyméras, Marcellin-les-Vaison. 4o km über Séguret, Roaix, Rasteau, St. Romain, Buisson, Villedieu. Kennzeichnung: 2 Kreise auf rot-gelbem Dreieck.

Fahrrad- und Montain-Bike-Verleih: halber Tag 2o, ganzer 3o DM. Ets. Lacombe, Av. Jules-Ferry und Mag 2 Roues-Gitane, Cours Taulignan; nur Montain Bikes bei Intersport, Place Montfort.

★ Dentelles de Montmirail

Markante, kalkweiße Felszacken, die wie ein steifer Spitzenkragen in die Höhe stehen, - südlich von Vaison bzw. westlich von Malaucène.

Entlang der Bergkette (Ausläufer des Mt. Ventoux): mittlalterliche Wehrdörfer, Burgruinen, Kirchen, Brunnen und gemütliche Landgasthöfe sowie Wandern und Natur pur. Ein kleinräumiges und für Abstecher lohnendes Gebiet.

Viel Weinanbau wegen fruchtbarer Böden und intensiver Sonneneinstrahlung Es sind vorwiegend milde Rote und Rosés. In den Dörfern Möglichkeit der Weinprobe ("Degustation"); - allerdings bitte die kurvenreiche Weiterfahrt auf den engen Landstraßen beachten und die Promillegrenze!

An den Nordhängen Eichenwald und typische Alpengewächse wie Bergflockenblume, Bärenschote (süßer Tragant), nesselblättrige Glockenblume und Türkenbundlilie (geschützt).

CRESTET: zu erreichen ab Vaison über die D 938 südlich (3,5 km) bis zum Abzweiger D 76, der steil den Hang rauf in 3 km zum Dorf führt. Oben schöner Blick übers Tal. Ein kuscheliges Nest mit engen Gassen.

SEGURET: am westlichen Hang der Dentelles und oberhalb des Ouvèze, zu erreichen über die D 977 ab Vaison in 5,5 km bis zum Abzweiger D 88, der rauf zum Ort führt. Am Dorfplatz Brunnen und Waschplatz, gotische Kirche St. Denis, davor Aussichtspunkt.

LA TABLE DU COMPTAT: Feinschmeckertip. Trüffelsoufflet, Täubchen, Honigkuchen. Menü 7o/15o DM.

DOMAINE DE CABASSE: billiger und trotzdem Tip. Steak de loup flambé, Tournedos de Canard, Soupe de Figues.

Im Ort zwei kleinere Hotels, die allerdings nur über wenige Betten verfügen und zur Saison ausgebucht sein können.

Auf der D 23 oberhalb des Tales von Seguret via Sablet (Camping) nach:

GIGONDAS: wichtigstes Weinbaudorf der Region. Minihotel und Weinprobierstube am Place du Portail. Außerhalb das Ortes "Les Forets" mit wenigen Zimmern und riesiger Restauranterrasse und Blick auf die Dentelles, Menü 3o - 6o DM.

Das Touristbüro am Place du Portail informiert über Wanderungen und gibt Tips für Bergsteiger. Abstecher zum COL DU CRAYON, dort bei klarem Wetter weiter Blick bis zu den Cévennen. Auf Felsenruine eines Sarrazenenturms, an senkrechten Felswänden oft Kletterer.

Bei VACQUEYRAS an der D 7 Abzweigung nach **MONTMIRAIL**: rund 2 km. Hier befinden sich heiße Schwefelquellen sowie gleichnamiges Hotel (DZ ca. 8o DM).

BEAUMES-DE-VENISE: an der D 7 südlich von Gigondas. Ebenfalls wichtiges Dorf für Weinanbau, hier vorwiegend Muskateller. Degustation im "Cave des Vignerons". Mehrere Grotten (Beaumes) in der Umgebung.

Rund 1 km vor dem Ort die romanische Kapelle N.-D. D'Aubune am Hang; aus dem grünen Blätterdach ragt ein viereckiger Turm heraus. Mehrere Weinkeller in der Umgebung, z.B. "Cave des Vignerons".

D 9o ab Beaumes ist Querverbindung in Süd/Nord entlang der weißen Felsspitzen der Dentelles de Montmiral nach Malaucène. Eine enge und in späterem Verlauf ab Suzette sehr serpentinenreiche Nebenstraße entlang des Cirque Saint-Amand, einem Felskessel mit steil abfallenden Wänden.

zum Gipfel SAINT AMAND, dem höchsten Punkt (734 m) der Dentelles. In Suzette auf D 9o Richtung Beaumes-de-Venise. Am Ortsausgang die erste Straße nach rechts, "Château Redortier" in Serpentinen hinauf. Am Ende der Teerstraße Fahrzeug stehen lassen und Schotterpiste geradeaus zu Fuß weiter, Richtung Crestet (Ferme de la Verrière). Schon bald gelbe Kreise als Markierung. Ab jetzt diesen Zeichen folgen. Führen steil durch duftende Macchia zum Kamm hinauf. Oben Panoramablick über fruchtbare Ebene, auf bizzarren Felsen, auch steil hinunter in den Abgrund. Das verrostete Gipfelkreuz ist von vielen Blitzeinschlägen ganz verbogen.

(28.2oo Einw.)

Lebhafte Kleinstadt auf dem Weg in den Midi. Berühmt sind das römische Theater und die im Juli/August darin stattfindenden Musik-Festspiele. Dann wimmelt es von Touristen. Im Umland Landwirtschaft, vor allem Wein, aber auch Industrie (Nähe zu AKW's). Einst bewohnt von römischen Legionärsveteranen, heute Stützpunkt der Fremdenlegion.

Geeignetes Etappenziel am Zusammentreffen der Autobahn von Südwesten (Camargue, Spanien) und Südosten (Côte d'Azur, Italien), da überschaubar und preisgünstige Mittelklassehotels.

Geschichte: Die keltische Siedlung Arausio wurde 36 v. Chr., nach dem Sieg des Feldherrn Marius bei Pourriéres, römische Kolonie der Veteranen der 2. Legion. Die Römer errichteten nach dem üblichen geometrischen Schema eine recht große Stadt. Grund und Boden, auch des Umlandes wurden kadastriert, die besten Parzellen erhielten die Veteranen, der Rest wurde von der Gemeinde verwaltet oder verpachtet. 5oo Jahre lang herrschte gallisch-römischer Friede, dann fielen als erste die Wisigoten und plünderten.

Bis es 1713 zu Frankreich kam, war Orange eigenständiges Fürstentum, Enklave in der päpstlichen Grafschaft Venaissin, und bis zur Revolution Bischofsitz. Einer der ersten Fürsten Raimbaut III. (sprich Rambo), 115o-117o, war ein bekannter Troubadour.

Im Lauf der Zeit wechselten die Herrscher. Orange kam im Jahre 153o an das Haus Nassau. Der Prinz Wilhelm von Oranien (W. der Schweiger), ein zum Calvinismus Übergetretener, wurde erster Statthalter der Vereinigten Niederlande. 1584 fiel er dem Attentat eines fanatischen Katholiken zum Opfer. Orange war in der zweiten Hälfte des 16. Jahrhunderts mehrheitlich antipaptistisch. Es kommt zu schweren Kämpfen zwischen Katholiken und Reformierten. Der 2. Februar 1571, ein Marienfeiertag, blieb als "Notre-Dame la Massacreuse" im Gedächtnis der Prodestanten, die sich am Ostermontag 1572 blutig an den Paptisten rächten.

Moritz von Oranien-Nassau ließ 1622 Wehrburg und schützende Stadtmauern errichten. Als Baumaterial verwendete er die antiken Bauten, daher sind nur noch Siegestor und Theater erhalten. 5o Jahre später wurden Burg und Mauern im Auftrag des katholische Ludwig XIV. wieder eingerissen. Der Name Oranien ging mit holländischen Emigranten nach Südafrika (deren Nachfahren wollen heute dort den unabhängigen, weißen Staat Oranien gründen).

Die Französische Revolution fraß auch in Orange ihre eigenen Kinder: Vom 19. Juni bis 4. August 1794 wurden 332 Menschen am heutigen Cours A. Briand geköpft.

Das Horn im Wappen von Orange soll das Horn Olifant aus dem Rolandslied sein. Um einen Bezug zur Stadt herzustellen, wurden zwei mittelalterliche Dichtungen miteinander verwoben: Im Wilhelmslied vertreibt der Held die Sarrazenen aus Orange und gewinnt das Herz der maurischen Königin. Im Kampf verlor er ein Stück Nase, deshalb Guillaume au court nez (Wilhelm mit der kurzen Nase) genannt. "Court nez" wurde durch Wortspiel zu "cornet" (= Hörnchen), und fortan konnte das Rolandslied den Ursprung des Wappensymbols erklären: Der tödlich verletzte Held Roland weigerte sich stolz auf seinem Horn Olifant um Hilfe zu rufen und starb.

Tourist-Info: Office de Tourisme, 5, Cours Aristide Briand. Mo.-Sa. 9-19, So. 1o-18 Uhr. Im Winterhalbjahr Mo.-Sa. 9-18 Uhr, sonn- und feiertags geschlossen. Zweigstelle Place des Frères-Mounet, neben dem Römertheater, nur im Sommer geöffnet, 1o-18 Uhr.

Bank: Mehrere, z.B. Crédit Agricol am Cours A. Briand. Geldwechsel Montag mit Freitag 8.45-16.45 Uhr.

Post: Betonklotz am Cours Pourtoules. Öffnungszeiten: Montag bis Freitag 8.3o-18.3o Uhr, Samstag 8.3o-12 Uhr.

Verbindungen ab Orange

Auto/Parken: Parkplätze am Cours A. Briand beim Office de Tourisme, bei Anfahrt über Autobahn, oder Tiefgarage am Cours Pourtoules, wer die Landstraße von Avignon kommt.

Zug: Bahnhof S.N.C.F. am östlichen Stadtrand. Zug braucht nach Avignon keine halbe Stunde.

Bus: 3x täglich nach Carpentras ab Bahnhof S.N.C.F., 2x ab Cours Pourtoules, kein Busverkehr am 1. Mai, Weihnachten und Neujahr.

Orange liegt günstig für Zwischenstop auf der Südfrankreich-/Spanienroute. Viele Hotels haben sich darauf eingestellt.

Direkt an der Autobahnausfahrt Übernachtungsmaschinen wie "**Hotel Formule 1**" oder "**Première Classe**" mit Zimmern für 1-3 Personen um 45 DM. Komfortabler die Häuser der Hotelketten "**Campanile**" DZ 85 DM, oder "**Ibis**" DZ 115 DM.

Gemütliche Individualhotels erst im Stadtzenrum:

"**Hotel Arène**": Place de Longes. Gepflegtes rosa Stadthaus an schattigem Platanenplatz, ruhig. Traditionshotel von Orange seit 174o, familiär geführt. Geräumige Zimmer, liebevoll möbliert, Wollteppichböden, Klima, Schallschutz. Stilvolle Salons mit Originalgemälden und offenem Kamin. Parkplatz oder Garage. DZ mit Dusche, WC ca. 95 DM, mit großem Bad und separatem WC 125 DM. Reichhaltiges Frühstück 12 DM. Ist sein Geld wirklich wert.

"**Le Glacier**": 46, Cours A. Briand, am Ring, Nähe Touristbüro. Rezeption im Frühstücksraum, Aufzug, lange Gänge. Korrekte, geräumige DZ mit Dusche und WC ca. 8o DM.

"**Lou Cigaloun**": 4, Rue Caristie. Renoviertes Haus in Altstadtzeile, Natursteinrezeption, Salon mit Polstersesseln, Hinterhofparkplatz. Simple Kammer ab 45 DM, enge DZ mit Dusche/WC 65- 75 DM, größer mit Bad 9o DM.

"**Saint Jean**": 7, Cours Pourtoules, am Busbahnhof. Frisch aufpoliertes Haus in Stadtzeile. Pflegeleichte Plastikpflanzen an den Fenstern, ein Hauch von Sparsamkeit. DZ mit Dusche, WC 7o oder 8o DM, die billigeren winzig-eng, Frühstück 8 DM. Garten am Hügel. Parkplatz.

Hotels direkt beim Bahnhof, nicht nur für müde Zugreisende. Alle drei mit Minischwimmbad.

"**Le Français**": Rue des Lilas, auch Vereinslokal des Boules-Clubs "Boule Atomique" DZ, Dusche WC 8o-15o DM, mit Etagenklo ab 52 DM. Frühstücksterrasse im Garten.

"**Louvre et Terminus**": gleich daneben, 2-stöckig mit abblätternder Fassade. Enger Aufzug, mit viel Gepäck besser gleich die Treppe nehmen. Zimmer teilweise im Sixties-Stil. Je nach Komfort 5o DM (Gemeinschaftssanitärs) bis 12o DM.

"**Hotel de la Gare**": 6o Av. Mistral, 2-stöckiges Eckhaus. Familienbetrieb seit Generationen, ehemaliges Postkutscherrelais. In der heutigen Gratisgarage sind noch die Ringe zum Anbinden der Gäule zu sehen, und mit der alten Kaffeemaschine im Salon müßte man auch Schnaps brennen können. Sehr korrekte DZ mit Dusche um 5o DM, mit Dusche und WC 62 DM. Anständiges Frühstück 9 DM.

CAMPING LE JONQUIER, rue Alexis-Carrel, am Stadtrand im Nordwesten. Von Hecke umgeben, aber etwas wenig Schatten. Tennis, Pool, Minigolf, Shop, Poneys, Mobilheimvermietung. 2 Personen mit Auto 22 DM, Kind und Strom jeweils 5 DM.

TRIMALCION: Rue Petite Fusterie, kleine Gasse parallel zum Theater. Der bekannte Geheimtip. Im Stil klassisch-einfach, festlich ohne unnötigen Zierrat. 3-Gänge-Menü zum Sattwerden 31 DM, Schlemmermenü mit einem Hauptgericht 4o, mit zweien 55 DM. Patricia Kaas wurde hier schon mal gesehen.

LE PIGRAILLET, am Colline St Eutrop. Für einen Ausflug ins Grüne. Restaurant mit schönem Garten, Sicht aufs Rhônetal, Speiseterrasse und als Clou ein Swimmingpool. Pro Gast mit ca. 5o DM rechnen.

Um das Theater mehrere gutbürgerliche Restaurants, Menüs mit großer Auswahl, für jeden etwas.

L'AIGO BOULIDO, 2o, Place Silvain. Eingangsportal im römischen Stil aus gehauenem Stein. Innen gediegen-rustikal mit offenem Kamin und interessanten botanischen Kunstdrucken. 4-Gänge-Menü 3o DM, aufwendiger mit Langustensalat oder Jakobsmuscheln 4o DM.

LE GAULOIS gegenüber ist etwas billiger, 3 Gänge 24 oder 31 DM. Terrasse hinter Oleanderhecke sicht- aber nicht lärmgeschützt.

LE YACCA im Eckhaus mit roten Markisen. Speisesaal mit Natursteinbogen. 3-Gänge-Menü je nach Auswahlmöglichkeiten 2o oder 26 DM.

LA FRINGALE: 1o, Rue de Tourre, ein paar Schritte weiter stadtauswärts. Klein und preiswert. Wechselnde Tagesgerichte, z.B. Moussaka, an nackten Marmortischchen ab 13 DM.

Unter den Pizzerien ist die LOU CRESPÉOU an der Av. de l'Arc de Triomphe am Ende der Fußgängerzone ganz nett, rustikal mit Natursteintresen, oder die MARCO POLO, klein, mit chinesischen Schlangenbeschwörerbildern. Pizzas zum üblichen Preis von 12-15 DM.

Markt/Einkaufen: Donnerstag vormittags.

Wein: zu Orange gehören etwa 2o Weingüter, alle mit Weinprobemöglichkeit und Kellerbesichtigung auch für Privatpersonen. Liste der Weingüter im Touristoffice verlangen (les vignerons d'Orange). Prädikate: Châteauneuf-du-Pape, Côtes-du-Rhône, Vin de pays. Domaine Bouvachon Nomine, chemin de la Patrasse liefert auch nach Deutschland.

SEHENSWERTES

THEATER: gilt als das besterhaltenste des römischen Reiches. Mächtige Bühnenwand, 1oo m lang und an die 4o m hoch, mit Augustus-Statue in der Mitte, die Bühne faßt 5oo Artisten. Davor, kostensparend den Hügel hinauf, halbkreisförmig die Zuschauerränge, bieten 8.ooo-9.ooo Menschen Platz. An den hervorspringenden Kragsteinen konnte ein riesiges, sonnenschützendes Segeltuch (Velum) befestigt werden.

MUSEUM: gegenüber. Wichtigstes Ausstellungsstück sind Fragmente des römischen Kadasters auf Marmorplatten (ältestes Kadaster Europas). Historiker erkennen einen in Parzellen aufgeteilten Plan der Region sowie Angaben über Besitzer und zu entrichtende Steuern. Öffnungszeiten im Sommer wochentags 9-19 Uhr, sonntags 9-12 und 14-19 Uhr; im Winter 9-12 und 13.3o-17.3o Uhr. Eintrittspreis für Theater und Museum 8 DM.

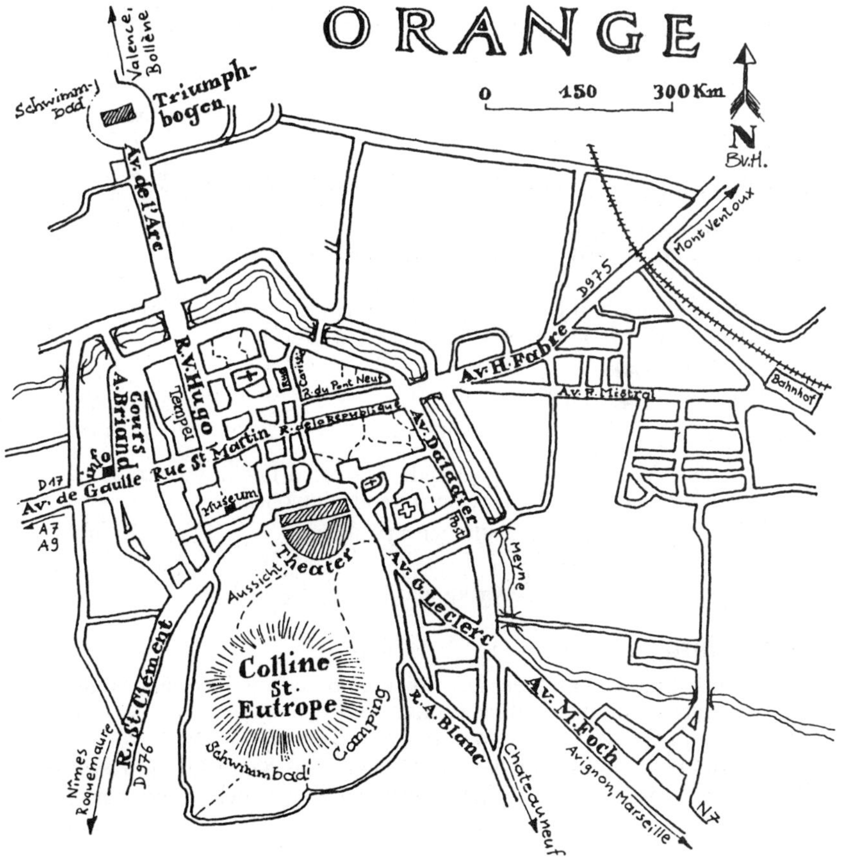

TRIUMPHBOGEN: nördlich, inmitten eines Kreisverkehrs der Straße nach Lyon, die schon zur Römerzeit bestand. Sehr gut erhalten (vor allem die Nordseite), wirkt wuchtig-elegant. Ca. 2o m breit und ebenso hoch, 8 m tief. Drei Bögen. Mit Reliefdarstellungen verziert, Kampfszenen, in Ketten gelegte Gefangene, Galeren, Anker, Rüstungen, militärische Abzeichen etc. Wurde etwa 2o v. Chr. erbaut und sollte römische Siege verherrlichen...

Kathedrale NOTRE-DAME, geht auf römisches Gebäude zurück, wurde aber während der Religionskriege stark beschädigt und danach zum Großteil neu erbaut.

SAINT-EUTROP-HÜGEL: größtenteils ein naturbelassener Park mit Trimmpfad, Freibad, Burgruinen (Vorsicht, nachts Gespenster). Am Gipfel eine große Marienstatue, die "Vierge Blanche" und immer wieder schöne Ausblicke auf die roten Dächer von Orange, über das Rhônetal, zum Mont Ventoux und den Dentelles de Montmirail.

Festivals: Musikfestspiele Juli/August im antiken Theater. Nähere Informationen und genaues Programm am Office de Tourisme oder schriftlich anfordern bei Chorégies d'Orange, BP 2o5, 841o7 Orange Cedex. Karten kosten je nach Platz und Vorstellung 5o bis 25o DM. Kartenvorverkauf beginnt schon Monate vorher an der Theaterkasse.

Unter dem Motto "Nuits d'Eté du Théâtre Antique" auch klassische und moderne Konzerte. Auskunft Office de Tourisme oder Centre Culturel, Place Sylvain.

April: Pferdemarkt mit Défilé und Eselsrennen, ca 6o Pferde am Cours A. Briand, daneben Markt für Zubehör, Sättel, Stiefel, Jeans.

Ostern: Trödelmarkt.

Mai: Comics im antiken Theater.

Sport:
Tennis: Mehrere Plätze an der Av. du Marechal Foch, der Straße nach Avignon/Carpentras, in der Nähe der Fremdenlegion.

Golf: 9-Loch-Platz am nordöstlichen Stadtrand, Av. H. Fabre, Richtung Camaret/Vaison.

Surfen: Auf dem See von Caderousse.

✶ Serignan

5 km nordöstlich von Orange. Die Stadt auf der RN 7 Richtung Montélimar verlassen, dann rechts ab, beschildert.

Sehr fotogenes Dorf mit mächtiger Kirche, Glockenturm und -käfig, Gasthof, Café, Bäcker und Metzger. Alle Häuser aus Naturstein mit bunten Fensterläden. Außerdem ein poetisches Willkommen des Bürgermeisters: "Ihr Besuch wird von den Zikaden besungen und von der Sonne gefeiert" und zwei interessante Sehenswürdigkeiten: HARMAS JEAN HENRY FABRE gleich am Ortseingang. Wohnhaus mit Garten des berühmten Entomologen (Insektenforscher).

JEAN-HENRI FABRE (1823 – 1915)

Jean-Henri Fabre (1823- 1915) begann als 19-Jähriger, nach schwieriger Schulzeit mit häufigem Wohnortwechsel und finanziellen Sorgen, seine Karriere als Lehrer. Gleichzeitig ver folgte er autodidaktisch naturwissenschaftliche Studien und erwarb mehrere akademische Titel. In Avignon hielt er sehr naturnahe Vorlesungen, u.a. über die Befruchtung der Blumen, was zu wiederholtem Ärger mit bigotten Eltern führte.

Schließlich hatte er die Schnauze voll und kündigte. Mit Frau, 5 Kindern und geliehenem Geld zog er nach Orange und verfaßte fortan Handbücher und allgemeinverständliche Werke zu vielen Themen (Physik, Chemie, Hauswirtschaft...), die sich gut verkauften.

187o erwarb er das Anwesen in Sérignan, wo er den Rest seines Lebens verbrachte. Insgesamt schrieb er knapp 1oo Bücher, die in viele Sprachen (auch japanisch) übersetzt wurden. Am bekanntesten sind die 1o-bändigen "Souvenirs Entomologiques". Ferner malte er bemerkenswerte Pilzaquarelle, komponierte Rundgesänge und Wiegenlieder, dichtete provenzalische Verse und philosophierte. 191o wurde er für den Literaturnobelpreis vorgeschlagen, den aber F. Mistral erhielt.

Der Arbeitsraum mit diversen Gerätschaften zum Beobachten der Insekten befindet sich im 1. Stock des schon etwas rissigen Hauses. Darin eine umfangreiche Schnecken- und Muschelsammlung. Tageslichtempfindliche Aquarelle und Bücher sind in einem fensterlosen Nebengebäude ausgestellt. Im Garten einheimische Vegetation, recht naturbelassen, ohne chemische Keule, damit sich die Krabbeltiere wohlfühlen können. Auf Schildchen steht auch der deutsche Name, obwohl uns inzwischen die Japaner in punkto Besucherzahl überrundet haben, wie ein Blick ins Gästebuch beweist. Also, kleine Anstrengung bitte! Geöffnet täglich außer sonntags, dienstags und an bestimmten Feiertagen 9-11.3o und 14-17 Uhr im Winter, bis 18 Uhr im Sommer. Eintritt 3 DM.

MUSÉE-ATELIER WERNER LICHTNER-AIX: Montée du Château, rechts neben der Mairie durch den Torbogen. Im ehemaligen Atelier, ein ganzes Haus mit drei Etagen, sind seine Werke und Arbeitsgeräte (Staffelei, Radierpresse etc.) ausgestellt. Gewohnt hat er in einem mittelalterlichen Haus daneben, welches ihm von der Gemeinde zum symbolischen Preis von einem Franc überlassen worden war, um es stilgerecht zu renovieren. Geöffnet nur im Sommer, 14-17.3o Uhr, dienstags und an Feiertagen geschlossen.

Werner Lichtner-Aix (1939- 87) gilt als bedeutendster Landschaftsmaler neuerer Zeit. In der Provence faszinierten ihn - wie so viele andere Künstler - die Farben und das Licht. Seine Bilder sind gegenständlich und doch verfremdet. Die gedachte Lichtquelle liegt in der Ferne und läßt die Darstellung des Bildvordergrundes in interessanten Hell-Dunkeleffekten erscheinen, teils klare, teils nebelig verschwommene Umrisse. Auch seine Graphiken wirken nicht hart, sondern malerisch.

★ Châteauneuf-du-Pape

15 km südlich von Orange, zu erreichen über D 976 und D 17. Mittelalterlicher Ort, weltberühmt wegen seinem Wein, den schon die Päpste schätzten. Johannes XXII. ließ sich die Burg errichten. Von der Ruine schöner Blick über das Rhônetal bis nach Avignon, Papstpalast klar erkennbar.

Der Turm westlich am Rhôneufer, Tour de l'Hers, war ein Beobachtungsposten, um den mautpflichtigen Flußtransport zu kontrollieren.
Der Weinberg umfaßt 3.2oo ha, teilweise auf Gemeindegebiet Orange, Sorgues, Courthézon, Bédarrides. Produziert samtige, dunkle Rotweine. Eines der ersten Anbaugebiete, die sich ab 1923 um Qualitätsnormen und -kontrollen bemühte.

Im Ort einige Restaurants, empfehlenswert LE VERGER DES PAPES, nahe Burgruinen. Sternekoch im Austrag bietet Menüs für 3o-4o DM. Auch der Wein hält sich preislich in Grenzen, solange man nicht mit in den Keller geht, um sich ein Spezialtröpfchen auszusuchen.

Ortsfest: "Fête de la Veraison", am ersten Augustwochenende, wenn sich die Trauben zu färben beginnen. Umzüge in mittelalterlichen Kostümen, Papst, Ritter zu Fuß und zu Pferde, Gaukler und einfaches Volk.

Kleiner Wortschatz

Einige wichtige Redewendungen und Wörter:

bonjour, Madame	guten Tag (Frau)
au revoir, Monsieur	auf Wiedersehen (Herr)
ça va, les filles?	wie geht's Euch Mädchen?

(im Französischen läßt man einzelne Wörter nicht gerne nackt, sondern setzt die entsprechende Anrede dazu.)

oui	ja
non	nein
s'il vous plait	bitte
merci	danke
excusez-moi	Entschuldigung
de rien	keine Ursache, macht nichts
parlez-vous allemand?	sprechen Sie deutsch?
anglais?	englisch?
je ne parle que francais	ich spreche nur französisch
je ne comprend pas	ich verstehe nicht
qu'est-ce que c'est?	was ist das?
la cabine télé phonique	Telefonzelle
introduire la carte	Telefonkarte einschieben
numérotez	wählen Sie (die Telefonnummer)
ne quittez pas	bleiben Sie dran
attendez	warten Sie
allez-y	jetzt sind Sie dran (sinngemäß übersetzt, wörtlich heißt es: Gehen Sie hin)
où	wo
quand	wann
combien	wieviel
et	und
ou	oder
l'entrée	Eingang, Einfahrt
la sortie	Ausgang, Ausfahrt
ouvert	geöffnet
fermé	geschlossen
au-dessus	darüber (örtlich gemeint)
au-dessous	darunter

Orientierung

pardon, Madame, où se trouve...?	Entschuldigung (Anrede), wo findet sich...?
la gare	Bahnhof
la banque	Bank
la poste	Post
le chateâu	Schloß
le centre-ville	Zentrum
la vieille ville	Altstadt
les toilettes	Toiletten
à gauche	links
à droite	rechts
tout droit	geradeaus
vers l'est	nach Osten
l'ouest	Westen
le nord	Norden
le sud	Süden
le midi	der Süden (und seine Lebensweise)
la montagne	Gebirge
le pic	Berggipfel

la colline	Hügel	la rivière	fließendes Gewässer
le lac	See	l'ile	Insel
la mer	Meer	la vallée	Tal

Uhrzeiten

quelle heure est-il?	wieviel Uhr ist es?
trois heures	genau drei Uhr
trois heures et quart	drei Uhr und 15 Minuten
trois heures et demi	drei Uhr und 3o Minuten
quatre heures moins le quart	drei Uhr und 45 Minuten
midi	Mittag, 12 Uhr
minuit	Mitternacht, 24 Uhr
le matin	Vormittag
la fin de la matinée	gegen Ende des Vormittags (bei dieser Angabe ab 11 Uhr bis durchaus 14 Uhr rechnen)
l'après-midi	Nachmittag
une heure	eine Stunde
un quart d'heure	eine Viertelstunde
dix minutes	zehn Minuten (gemeint ist meistens eine halbe Stunde)
trois secondes	drei Sekunden (mindestens fünf Minuten)

Monate

janvier	Januar
juillet	Juli
février	Februar
août	August
mars	März
septembre	September
avril	April
octobre	Oktober
mai	Mai
novembre	November
juin	Juni
décembre	Dezember
j'arriverai au mois de juin	ich komme im Juni

Wochentage

lundi	Montag
vendredi	Freitag
mardi	Dienstag
samedi	Samstag
mercredi	Mittwoch
dimanche	Sonntag
jeudi	Donnerstag
une semaine	eine Woche

Verkehr:

la route	Straße
l'autoroute	Autobahn
le carrefour	Kreuzung
un rond point, un sens giratoire	Kreisverkehr (eine französische Spezialität)
vous n'avez pas la priorité	Sie haben keine Vorfahrt
l'impasse	Sackgasse
sens unique	Einbahnstraße
stationnement interdit	Parken verboten
péage	Maut
préparez votre monnaie	halten sie Kleingeld bereit
le chantier	Baustelle
une deviation	Umleitung
toutes directions	alle Richtungen
le danger	Gefahr
la police	Polizei
la ceinture	Sicherheitsgurt
la casque	Sturzhelm
faire de l'auto-stop	per Anhalter fahren
la station d'essence	Tankstelle
l'essence (ordinaire)	(Normal-) Benzin
sans plomb	bleifrei
le gazoil	Diesel
être en panne	eine Panne haben
le dépannage	Abschleppdienst
le garage	Reparaturwerkstatt
... ne marche pas	... geht nicht
les freins	Bremsen
le demarreur	Anlasser
l'alternateur	Lichtmaschine
le carburateur	Vergaser
le radiateur	Kühler
passer une vitesse	einen Gang einlegen
le pneu	Reifen
la bougie d'allumage	Zündkerze
l'huile	Öl
l'accident	Unfall
l'ambulance	Rettungswagen
appelez les pompiers	rufen Sie den Notdienst (die "pompiers"sind nicht nur die Feuerwehrleute, sondern auch der Rettungsdienst bei Unfällen)

Öffentliche Verkehrsmittel

la gare	Bahnhof
le train à destination de	der Zug nach ...
l'horaire	Fahrplan
l'arrivée	Ankunft
le départ	Abfahrt
avoir 3 minutes de retard	3 Minuten Verspätung haben
quai Nr 1	Gleis 1 (Bahnsteig 1)
le ticket	Fahrkarte
composter	entwerten
valable	gültig
aller et retour	Hin- und Rückfahrt

faire enregistrer les bagages	das Gepäck aufgeben	l'aeroport	Flughafen
la grève	Streik	prendre le bateau	mit dem Schiff fahren
l'autocar, le car	Bus	le paquebot	Passagierdampfer
l'arret	Bushaltestelle	le ferry-boat	Fährschiff
l'avion	Flugzeug	la croisière	Kreuzfahrt
le vol	Flug	l'embarquement	Einschiffung

Im Hotel

avez-vous une chambre pour 2 personnes?	haben sie ein Zimmer für zwei Personen?
avec un lit supplementaire pour notre enfant?	mit einem zusätzlichen Bett für unser Kind?
qui donne sur le jardin?	das zum Garten hinausgeht?
elle a vue mer	es hat Meerblick
pour une nuit	für eine Nacht
quelques jours	ein paar Tage
avec douche et W.C.	mit Dusche und W.C.
salle de bains	Bad
peut-on regarder la chambre?	kann man das Zimmer sehen?
et le prix?	und der Preis?
le petit déjeuner	Frühstück
la demi-pension	Halbpension
la pension complète	Vollpension
réserver	reservieren

CAMPING

la tente	Zelt	chiens non admis	Hunde nicht zugelassen
l'emplacement	Stellplatz		
la caravane	Wohnwagen	l'ombre	Schatten
le camping car	Wohnmobil	le soleil	Sonne